David Römer

Wirtschaftskrisen

Sprache und Wissen

Herausgegeben von
Ekkehard Felder

Band 26

David Römer

Wirtschaftskrisen

Eine linguistische Diskursgeschichte

DE GRUYTER

Gedruckt mit freundlicher Unterstützung der Geschwister Boehringer Ingelheim Stiftung für Geisteswissenschaften in Ingelheim am Rhein.

ISBN 978-3-11-051750-7
e-ISBN (PDF) 978-3-11-052122-1
e-ISBN (EPUB) 978-3-11-051898-6
ISSN 1864-2284

Library of Congress Cataloging-in-Publication Data
A CIP catalog record for this book has been applied for at the Library of Congress.

Bibliografische Information der Deutschen Nationalbibliothek
Die Deutsche Nationalbibliothek verzeichnet diese Publikation in der Deutschen Nationalbibliografie; detaillierte bibliografische Daten sind im Internet über http://dnb.dnb.de abrufbar.

Satz: PTP-Berlin, Protago-TEX-Production GmbH, Berlin
Druck und Bindung: CPI books GmbH, Leck
♾ Gedruckt auf säurefreiem Papier
Printed in Germany

www.degruyter.com

Vorwort

Wer den akademischen Habitus nicht kennt – und vielleicht desgleichen der, der das Privileg hat, diesen zu kennen –, braucht für ein Vorhaben wie dieses akademische Lehrer, die an einen glauben, bevor man selbst es tut. Mein größter Dank gilt Martin Wengeler für Vertrauen, Wohlwollen, Unterstützung und die Möglichkeit, selbstständig wissenschaftlich zu arbeiten. Größter Dank gebührt zugleich Jochen Bär für neue Perspektiven, Rat, Ermutigung und dafür, dass ich meine Arbeit bei ihm auf gewohnte Weise mit allen Freiheiten fortsetzen und schließlich fertigstellen konnte.

Die vorliegende Untersuchung ist nicht nur in der Studierstube entstanden. Sie ist auch das Ergebnis von Erfahrungen, die ich während meiner Stationen an den Universitäten Düsseldorf, Trier und Vechta sowie auf Tagungen im regen Austausch mit Kolleginnen und Kollegen sammeln durfte.

In den Jahren 2010 bis 2012 hat die Deutsche Forschungsgemeinschaft (DFG) ein Projekt mit dem Titel „Sprachliche Konstruktionen sozial- und wirtschaftspolitischer ‚Krisen' in der BRD von 1973 bis heute" gefördert. Die Idee, den öffentlichen Krisendiskurs zu untersuchen, geht auf meine Mitarbeit in diesem Projekt zurück. Ich danke der Kollegin Kristin Kuck und den Kollegen Martin Wengeler, Alexander Ziem und Ronny Scholz für anregende Diskussionen im Rahmen der Projektarbeit.

Von Josef Klein erhielt ich wertvolle Hinweise zu Fragen der Argumentationsanalyse. Ekkehard Felder bin ich für die Aufnahme in die Reihe „Sprache und Wissen" verbunden; profitiert habe ich zudem vom gleichnamigen Forschungsnetzwerk durch die Möglichkeit, Zwischenergebnisse in stets angenehmer und konstruktiver Atmosphäre zu präsentieren und wissenschaftlich Inspiration zu bekommen.

In freundschaftlicher Verbundenheit danke ich: Christian Kreuz – bei ihm konnte ich neben inhaltlichen Dingen meine Klagen loswerden; Nina Kalwa und Sören Stumpf fürs Korrekturlesen, mitunter sehr spontan, und für Zerstreuung; Jana Tereick für ein offenes Ohr, den goldenen Registerorden am Bande im Voraus und den goldenen Registerpokal nach getaner Arbeit; mit besonderem Nachdruck: Theo Kierdorf für Lesbarkeit. Er nahm es auf sich, das Manuskript meiner Arbeit vollständig in seiner ursprünglichen Länge zu lesen.

Meinen Eltern danke ich für Resilienz, Renitenz und Unabhängigkeit.

Fördern und Fordern heißt es: Sehr gefreut habe ich mich darüber, dass die Universitätsgesellschaft Vechta mir für meine Dissertation den „Förderpreis 2016" verliehen hat. Der Universität Vechta sei für ihre Bemühungen um *Aktivierung* meines Leistungswillens gedankt. Ein Zuviel an Sicherheit wäre vielleicht nicht

DOI 10.1515/9783110521221-001

konstruktiv gewesen. So lag es in meinem Interesse, die Dissertation abzuschließen. Der ein oder andere Tippfehler ist womöglich auf die Daumenschrauben zurückzuführen.

Euch zu danken, scheint mir an dieser Stelle fehl am Platz. Eher müsste man um Entschuldigung bitten. Ich widme dieses Buch meiner Frau Anne Kühnen und meinen Kindern Jonathan Kühnen und Emil Kühnen. Ohne dich, Anne, wäre es mir nicht möglich gewesen, die Arbeit zu schreiben.

Inhalt

1 Einleitung

Wirtschaftskrisen sind iterative historische Ereignisse. Nicht zu vergleichen mit den Unheil bringenden Agrar- und Ernährungskrisen der Vormoderne oder den „Krisen“ der Zwischenkriegszeit im 20. Jahrhundert mit verheerenden sozialen Folgen und Veränderungen des gesellschaftlichen und politischen Gefüges, haben die „Krisen“ der Gegenwart gemeinsam, dass ihre Erfahrbarkeit auf Vermittlung angewiesen ist. In diesem Sinne schreibt der Wirtschafts- und Sozialhistoriker Werner Plumpe (2010: 11): Alle makroökonomischen Umschwünge ließen sich als „Krisen“ begreifen; aber ob sie auch zu „Krisen“ würden, hänge weder von den gesamtwirtschaftlichen Dimensionen noch von den sozialen Folgen ab, sondern davon, „wie insbesondere die Zeitgenossen auf das wirtschaftliche Geschehen reagieren.“ Die Wahrnehmung von „Krisen“ habe mit Darstellung und Deutung zu tun.

Die vorliegende Arbeit basiert auf dem Ansatz der linguistischen Diskursgeschichte. Sie führt in dieses Forschungsparadigma ein und schreibt es unter theoretisch-programmatischen, methodologischen und methodischen Gesichtspunkten fort (Kap. 2). Untersucht werden sozial- und wirtschaftspolitische Krisendiskurse. Die Analyse geht von der eingangs angedeuteten Leitthese aus, dass die gesellschaftliche Wahrnehmung von „Krise“ auf das Medium Sprache angewiesen ist. Mittels zu Gehör gebrachter Laute und/oder mittels schriftlicher Zeichen werden in diskursiven Praktiken bzw. in kommunikativen Handlungen Wahrnehmungsereignisse (Artefakte) geschaffen, die es ermöglichen eine „Krise“ zu erleben. Gewiss sind „Krisen“ nicht ausschließlich diskursiv oder sprachlich konstruiert. Der Diskurs ist nur *ein* Wirklichkeitsbereich. Aber es handelt sich dabei um jenen Komplex gesellschaftlicher Wirklichkeit, der sich u. a. als an sprachlich konstituiertes Wissen gebunden linguistisch interpretieren lässt. Nicht die Dinge in der Welt bewirken soziale und politische Veränderungen, sondern erst ihre gesellschaftliche und politische Wahrnehmung. Insofern ist die diskursiv-sprachlich geprägte Wirklichkeit ersten Ranges.

„Krisen“ sind Zeiten, in denen Kommunikationsroutinen, und damit ein Aspekt der normativen Bedingungen sozialer Interaktion, durchbrochen und Geltungsansprüche infrage gestellt werden. „Krisen“ sind Herausforderungen der gesellschaftlichen und politischen Legitimität. Gewissheiten, Meinungen, Überzeugungen scheinen in Krisenzeiten zu erodieren. Dies provoziert Sprechhandlungen wie Argumentationen, um Strittiges zu legitimieren, um durch bestimmte Entscheidungen Unsicherheiten zu absorbieren und um die gesellschaftliche und politische Geltungsbasis zu sichern. Mit dem Ziel der linguistischen Interpretation des Krisendiskurses wurde – nach grundlegender Auseinandersetzung mit

DOI 10.1515/9783110521221-002

methodologischen Modellen der linguistischen Diskursanalyse und den daraus erwachsenen (nicht unproblematischen) Ansprüchen an Wissenschaftlichkeit sowie im Anschluss an etablierte methodische Ansätze der diskursorientierten Argumentationsanalyse – ein methodisches Verfahren entwickelt, das die computergestützte argumentationsgeschichtliche Analyse von Diskursen ermöglicht (Kap. 3).

Empirische Grundlage der Arbeit ist ein Korpus aus Pressetexten (Kap. 4). In historisch-vergleichender Perspektive nehme ich die „Ölkrise" 1973/74, den Wendediskurs 1982 und den Diskurs um die *Agenda 2010* genannten „Reformen" im Jahr 2003 in der Bundesrepublik Deutschland in den Blick (Kap. 5). Von Interesse ist, wie das Wissen darüber geschaffen wird, dass sich die Bundesrepublik in einer „Krise" befindet bzw. wie „Krisen" mit dem sprachlichen Handlungsmittel der Argumentation öffentlich als Faktum begründet werden. Die Analyse der genannten sozial- und wirtschaftspolitischen Krisendiskurse versteht sich als Beitrag zur Sprachgeschichte nach 1945, von dem u. a. auch die Zeitgeschichte, die viel zu selten nach der Relevanz von Diskursen und Sprache für historische Realitäten fragt, profitieren kann.

An der zeitgeschichtlichen Forschungsdiskussion zu Wirtschaftskrisen seit den 1970er Jahren (u. a. Kap. 5.3) fällt aus der Sicht des linguistischen Diskursforschers auf, dass Fragen nach dem Alltagshandeln, der Relevanz von Sprache und Kommunikation sowie von öffentlichen Diskursen und gesellschaftlichem Wissen, nach der politischen und gesellschaftlichen Wahrnehmung der Wirklichkeit, kaum Berücksichtigung finden; es entsteht leicht der Eindruck distanzloser wissenschaftlicher Bewertungen der historischen Entwicklung. Es fehlt an allgemein kulturwissenschaftlichen Perspektiven sowie lebensweltlich verankerter empirischer Evidenz der historiographischen Annahmen, Feststellungen und etablierten Interpretationen; und es fehlt an sprach- und diskurstheoretisch reflektierten Untersuchungen zu – wie Historiker sagen – Krisensemantiken. Nach Geyer (2010: 648) „dominiert eine Strukturgeschichte, die kaum vom Menschen bevölkert wird." Offen sei, so Geyer (2010: 650), „wie Krisendiskurse in die politische Kultur der Bundesrepublik eingeschrieben wurden." Diese Arbeit bewegt sich an der Schnittstelle zur Zeitgeschichte und versteht sich als Angebot der wechselseitigen kritischen Reflexion zwischen den Disziplinen. Für die Zeitgeschichtsschreibung bietet eine sprach- und diskursanalytische Perspektive die Chance, ihre Diagnosen zu fundieren, eventuell neue Fragestellungen zu generieren und möglicherweise festgefahrene Narrative „gegen den Strich [zu] bürsten" (Geyer 2010: 669).

„Krisen" implizieren Zeitnot und Handlungsbedarf. Man muss auf „Krisen" reagieren. Die Begründungen der „Krisen" gehen mit vielschichtigen Prozessen der Legitimation politischer Handlungen, die der Lösung der Probleme dienen würden, einher. Ausgehend von dieser Beobachtung frage ich danach, welche Handlungsoptionen aus den argumentativen Konstruktionen der „Krisen" gefolgert werden. Daran schließen sich die Fragen an, wie sich die „Krisen"-Konstruktionen und Prozesse der Legitimation politischen Handelns in Krisenzeiten historisch und – insofern „Krisen" im Auge des Betrachters existieren – im Lichte der an den Diskursen teilnehmenden Akteure unterscheiden. Nur bestimmte Akteure, die wiederum divergierende Wissenshorizonte und Wertesysteme zu Eigen haben, können Ereignisse glaubhaft als „Krise" definieren und Handlungsoptionen plausibilisieren. Hieraus ergeben sich rivalisierende Wirklichkeitskonstruktionen und Lösungsvorschläge. In diesem Zusammenhang geht es schließlich um die Fragen, welche Akteure mit ihrem Wissen oder mit ihren „Krisen"-Konstruktionen und welcher politische Wille sich im Laufe der Zeit durchsetzen sowie welche alternativen Sichtweisen unterlegen sind. Dies ermöglicht auch Einsicht in die politische Kultur der BRD in Sinne Geyers (2010).

Zur Konzeption dieser Arbeit und zum Gang der Untersuchung bleibt Folgendes zu sagen: Diskursanalyse nach Foucault ist eine Art erschöpfende hermeneutisch-philologische Textexegese. Sie versucht, ein Aussagenfeld (*Archiv*) möglichst im Ganzen und bis auf die Wurzel zu explorieren. Gleichwohl kommt man im Rahmen einer *Archäologie des Wissens* in Bezug auf die Quellen nicht umhin, eine Wahl zu treffen. „Aber eigentlich", so Foucault (2001 [1966]: 646), „dürfte es keine Auswahl geben, um historisch erfolgreich arbeiten zu können. Man müsste alles lesen, alles studieren. Anders gesagt, man müsste über das gesamte Archiv einer Zeit verfügen."

Die Arbeit dokumentiert eine Fülle an Lesefrüchten in Form von Belegen. Diese Form der Ergebnispräsentation sei den Leserinnen und Lesern zugemutet, auch wenn die Lektüre sich streckenweise als etwas ermüdend erweisen sollte; nur so kann die intensive korpusbasierte Forschung intersubjektiv nachvollziehbar gemacht werden. Den Ausdauernden wird nicht entgehen, dass die Belege neben einem metasprachlichen auch einen objektsprachlichen Sinn haben und dass sie einen narrativen Zusammenhang ergeben: Sie erzählen die Geschichte des sozial- und wirtschaftspolitischen Krisendiskurses, der öffentlichen Begründung von „Krisen" und der Legitimation politischen Handelns in Krisenzeiten in der Bundesrepublik Deutschland von der „Ölkrise" 1973/74 bis zur *Agenda 2010* genannten Reformdebatte 2003.

2 Linguistische Diskursgeschichte

Obgleich in der Sprachwissenschaft verschiedene Diskursbegriffe kursieren und keine generelle Übereinstimmung hinsichtlich Gegenständen, Zugriffsobjekten, Methodologien und Methoden besteht – weshalb jede Diskursanalyse sich mit der Herausforderung konfrontiert sieht, ihr eigenes Analyseprogramm zu entwickeln –, kann es, neben der erkenntnistheoretischen Annahme, dass Sprache Wissen und Wirklichkeit bildet, zum Grundkonsens der linguistischen Diskursforschung gezählt werden, dass Diskursanalyse über Wort-, Satz- und Textgrenzen hinweggeht und, vereinfacht ausgedrückt, „stets ein Ensemble von Texten (ein sogenanntes Textkorpus) in den Blick nimmt" (Niehr 2014a: 29). Jürgen Spitzmüller und Ingo Warnke (vgl. 2011: 24f.) sprechen deshalb von einer transtextuellen Sprachanalyse bzw. verstehen unter Diskursen transtextuelle Sprachstrukturen. Gleichwohl zeichnet sich die Diskursanalyse durch eine theoretische, methodologische und methodische Vielfalt aus, die mitunter in unterschiedlichen Auslegungen der Werke Michel Foucaults, Schulbildungen und spezifischen Interessen begründet ist. Schon allein in den Selbstbezeichnungen der diversen Spielarten sprachwissenschaftlicher Diskursanalysen schlägt sich die Pluralität nieder.[1]

Wenn im Folgenden von *Linguistischer Diskursanalyse* die Rede ist, dann bezeichnet dieser Ausdruck jene sprachwissenschaftlichen Formen der Diskursanalyse, die sich im Anschluss an Michel Foucault verstanden wissen wollen.[2] Mit den Ausdrücken *(Historische) Diskurssemantik*, *Historisch-Semantische Diskursanalyse* und *Linguistische/Semantische Epistemologie* wird auf die Beiträge der „Hei-

---

1 Grundlegende theoretisch-methodologische Annahmen und Prinzipien, Diskurskonzepte und Methoden der linguistisch-diskursanalytischen Schulen, deren Gemeinsamkeiten und Unterschiede, Rezeptionsgeschichtliches sowie zentrale Bezugswerke skizzieren u. a. Bluhm et al. (2000); Wengeler (2003); Gardt (2007); Hermanns (2007); Spieß (2011); Spitzmüller & Warnke (2011) und Niehr (2014a). Wengeler (2013b) stellt zudem zentrale Gesichtspunkte des linguistischen Diskursbegriffs heraus.

2 Erstmals wird die linguistische Diskursanalyse in der Pionierarbeit von Busse (1987) einschlägig begründet; Busse & Teubert (1994) arbeiten das Konzept der historischen Diskurssemantik mit Blick auf die Forschung aus. Der aktuelle Stand der linguistischen Diskursforschung ist dokumentiert in den Sammelbänden herausgegeben von Warnke (2007b); Warnke & Spitzmüller (2008b) und Busse & Teubert (2013b). Spitzmüller & Warnke (2011) legen eine Einführung in die Diskurslinguistik und Niehr (2014a) legt eine Einführung in die linguistische Diskursgeschichte vor. Die genannten Schriften eignen sich aber auch für einen allgemeinen Überblick; in gleicher Weise die jüngste Einführung in die linguistische Diskursanalyse, mit tendenziell kritischem Impetus, von Larcher (2015).

DOI 10.1515/9783110521221-003

delberger/Mannheimer Gruppe“ (vgl. Bluhm et al. 2000: 8–10) Bezug genommen.[3] Mit *Diskurslinguistik* referiere ich auf die textlinguistisch geprägte Variante der linguistischen Diskursanalyse bzw. auf eine Diskursanalyse, die sich als Erweiterung der Textlinguistik versteht.[4] Eine weitere Fachrichtung firmiert unter dem Namen *Linguistische Diskursgeschichte*. Dieser der vorliegenden Arbeit zugrundeliegende Ansatz wurde erstmals von Matthias Jung (1994b)[5] als diskursgeschichtlich erklärt.[6] Alternative Etiketten sind: *Sprachgeschichte als Problemgeschichte der Gegenwart*, *Sprachgeschichte als Zeitgeschichte*, *Sprachgeschichtsschreibung für die Zeit nach 1945*, *Geschichte des öffentlich-politischen Sprachgebrauchs (in der BRD)*, *Diskursgeschichtsschreibung*, *Diskursorientierte Sprachgeschichtsschreibung* oder *Düsseldorfer/Trierer Schule*.

---

3 Hierzu zählen u. a. Dietrich Busse, Fritz Hermanns und Wolfgang Teubert. Im Sinne dieser Präzisierung merkt Busse (2013a: 32) an, dass sein Ansatz „oft – historisch nicht ganz zu Recht – als sogenannte Düsseldorfer Schule bezeichnet [wird], selten (historisch schon zutreffender) als Heidelberger-Mannheimer Ansatz referiert [wird], am treffendsten öfters aber auch schlicht als Ansatz der Diskurssemantik zitiert“ wird. Die Uneindeutigkeit rührt wohl daher, dass Dietrich Busse später auf den Lehrstuhl für Germanistische Sprachwissenschaft in Düsseldorf berufen wurde und dass sich die seinerzeit dort ansässigen Vertreter der linguistischen Diskursgeschichte grundsätzlich auf Busses Programm stützen. Die Diskurssemantik wird erstmals in Busse (1987) formuliert. Theoretische und methodische Zusammenfassungen wie Vertiefungen, Präzisierungen und Nachjustierungen hin zu einer Linguistischen Epistemologie finden sich u. a. in Busse & Teubert (1994); Busse (2000, 2003a, 2003b, 2003c, 2005, 2006, 2007, 2008a, 2008b, 2009a, 2012, 2013a, 2013b, 2013c).

4 Vgl. Warnke (2000, 2002a, 2002b, 2004, 2007a); Warnke & Spitzmüller (2008a); Spitzmüller & Warnke (2011). Spitzmüller und Warnke schreiben zwar *auch* ein Einführungsbuch mit allgemeinem Charakter, wenn sie beispielsweise die unterschiedlichen Ansätze der linguistischen Diskursanalyse darstellen. Mit fortschreitender konzeptioneller Zuspitzung ihres Buches gebrauchen sie gleichwohl den „homogenisierende[n] definite[n] Artikel *die*“ (Spitzmüller & Warnke 2011: 1) vor *Diskurslinguistik*, auf den sie zu Beginn bewusst verzichtet haben, um damit – wie sie klarstellen – die von ihnen präferierte „spezifische Form“ (S. 4) von linguistischer Diskursanalyse zu bezeichnen, die „Inspirationen aus vielen der angesprochenen Varianten aufgreift“ (S. 4). Hier verdeutlichen die beiden Autoren also, dass sie letztlich den Varianten der linguistischen Diskursanalyse eine weitere Spielart hinzufügen. Daher ist der Terminus *Diskurslinguistik* – wie ich ihn verwende – nicht synonym zum „Sammelbegriff“ (Spitzmüller & Warnke 2011: 4) *Linguistische Diskursanalyse*, sondern ihm untergeordnet.

5 Zitiert wird nach der in Wengeler (2005d) wiederabgedruckten Fassung.

6 Nach Jung eignet sich der Ausdruck *Diskursgeschichte* deshalb am besten, weil sich – im Sinne des von Dietrich Busse (1987) und Busse & Teubert (1994) entwickelten Diskurskonzepts – mit seiner Hilfe eine so apostrophierte Sprachgeschichte von „reinen Wortschatzstudien, der Begriffsgeschichte bzw. der historischen Semantik“ abgrenzen lasse; durch die Benennung könne deutlich gemacht werden, dass es der linguistischen Diskursgeschichte „primär nicht um einzelne Wörter oder Bedeutungen geht, sondern um ein darüber hinausgehendes Zugriffsobjekt“ (Jung 2005 [1994]: 80).

Bevor nun die linguistische Diskursgeschichte thematisiert wird, sei darauf hingewiesen, dass ich nicht beabsichtige, diesen Forschungszweig *en détail* aufzuarbeiten bzw. seine theoretische und methodologische Rechtfertigung im Einzelnen zu reflektieren sowie die methodische Entwicklung nachzuzeichnen. Das wurde bereits mehrfach und auch vollständiger geleistet, als ich es hier tun könnte.[7] Nicht oder nur sporadisch werden andere Spielarten der linguistischen Diskursanalyse dargestellt (siehe dazu den Forschungsüberblick in Anmerkung 1 und 2). Vielmehr geht es in diesem Kapitel zunächst darum, ohne große Umschweife das Fundament der vorliegenden Untersuchung zu legen und zu verdeutlichen, welcher wissenschaftliche Diskurs aus mir spricht. Es handelt sich um eine problemorientierte Auswahl zentraler Axiome der linguistischen Diskursgeschichte – wie ich sie verstehe. Auf dieser Grundlage schließen sich Überlegungen zu methodologischen Grundsätzen und zur Methodik (Kap. 3), die Präsentation des Korpus (Kap. 4) und die empirische Analyse (Kap. 5) an.

2.1 Ausgangspunkte

Je nach Blickwinkel – aus fachgeschichtlicher Sicht – ist die linguistische Diskursgeschichte eine Forschungsrichtung der (sozio)pragmatisch orientierten Sprachgeschichtsschreibung des Deutschen (vgl. von Polenz 2000: 14).[8] Zweifelsohne

---

7 Eine Zusammenfassung theoretischer und methodologischer Grundlagen sowie einen Überblick über Methoden und empirische Forschungsergebnisse der linguistischen Diskursgeschichte – von ihren Anfängen bis hin zu neueren Ansätzen – bietet der Sammelband *Sprachgeschichte als Zeitgeschichte* herausgegeben von Martin Wengeler (2005d). Die Zusammenschau enthält einerseits Wiederabdrucke zentraler Texte für die Entwicklung der Teildisziplin (kanonische Schriften von Vordenkern wie Dietrich Busse, Wolfgang Teubert und Fritz Hermanns wurden in die Sammlung nicht aufgenommen). Andererseits enthält sie, in Form von Originalbeiträgen, weiterführende Arbeiten. Einen forschungshistorischen Überblick gibt der Einleitungsaufsatz zu diesem Band (Wengeler 2005b). Einen umfassenden Überblick bietet ferner Wengeler (2003: 5–171), wo auch Ansätze, Positionen und Forschungsergebnisse aus benachbarten Fächern wie Geschichtsschreibung und Sozialwissenschaft in ihrer Relevanz für die linguistische Diskursgeschichte referiert werden. Allerdings sind beide Übersichten zeitbedingt nicht mehr auf dem aktuellen Forschungsstand. Eine Zusammenfassung von Methoden auf den Untersuchungsebenen Lexik, Metaphorik und Argumentation findet sich u. a. im Aufsatz von Böke et al. (2000). Daneben wären die Überblicksdarstellungen von Wengeler (2005a, 2008b); Niehr & Böke (2010) und Niehr (2014a) zu nennen.

8 Das hier noch vorzustellende Konzept wurde, so Stötzel (vgl. 1993: 111), durch die sprachgeschichtlichen Ansätze bei Peter von Polenz (2009 und 2000) sowie von Hugo Stegers (1983 und 1989) Ansatz zu einer Sprachgeschichte der Bundesrepublik Deutschland angeregt.

ist sie eng verwoben mit einer Linguistik der politischen Sprache[9] und der linguistischen Sprachkritik[10]. Heute gilt die linguistische Diskursgeschichte als fest etablierte Spielart der linguistischen Diskursanalyse (vgl. Spitzmüller & Warnke 2011: 87–91). Ebenfalls fachhistorisch gesehen konvergieren im Ansatz der linguistischen Diskursgeschichte zwei Fluchtlinien paralleler Entwicklungen:

1. Sie ist hervorgegangen aus der Auseinandersetzung Dietrich Busses (1987) mit der historischen Semantik im Forschungsgebiet der von Geschichtswissenschaftlern wie Reinhart Koselleck angeregten und geprägten historiographisch-lexikalischen Begriffsgeschichte zur politisch-sozialen Sprache in Deutschland.[11] Im Zuge der Beschäftigung Busses mit dieser Variante historischer Semantik hat die Begriffsgeschichte eine sprachwissenschaftliche Neuorientierung erfahren. Weiterhin, in diesem Zusammenhang, ist die linguistische Diskursgeschichte hervorgegangen aus Busses produktiver Rezeption und sprachwissenschaftlicher Konkretisierung der Arbeiten Michel Foucaults, insbesondere der *Archäologie des Wissens* (Foucault 1981 [1969]), hin zu einer linguistisch fundierten Diskursanalyse nach Foucault und Diskurssemantik bzw. Linguistischen Epistemologie.[12] Mit Blick auf die empirische Umsetzbarkeit, d. h. auf die Frage danach, wie das Foucault'sche Diskurskonzept zum Gegenstand linguistischer Forschung gemacht werden kann, wurde die frühe theoretische Grundlegung einer sprachwissenschaftlichen Diskursanalyse in einem gemeinsamen Aufsatz von Dietrich Busse und Wolfgang Teubert (1994)[13] und in einem Beitrag von Fritz Hermanns (1995)[14] programmatisch ausgearbeitet. Diese Studien bilden wichtige Bezugspunkte für die linguistische Diskursgeschichte. (Siehe Kap. 2.6.)

2. Die von Dietrich Busse geleistete sprachwissenschaftliche Adaption von Foucaults Diskurkonzept ist zwar in der Anlage der linguistischen Diskursgeschichte erkennbar, jedoch, wie Matthias Jung (2000: 34) anmerkt, „nicht als Filiation misszuverstehen." Ihr Ausgangspunkt ist weniger die linguistische Foucault-Rezeption (eher noch die Begriffsgeschichte). Vielmehr sind ihr Ausgangspunkt die initialen theoretischen Arbeiten und empirischen Einzeluntersuchungen Georg Stötzels zu einer Sprachgeschichte der Gegenwart als Problemge-

---

9 Einen einführenden Überblick gibt Niehr (2014b).

10 Den aktuellen Stand der linguistisch begründeten Sprachkritik fassen Kilian, Niehr & Schiewe (2010) zusammen.

11 Vgl. u. a. Koselleck (1967, 1979b, 2006) und stellvertretend für die Begriffsgeschichte Brunner, Conze & Koselleck (1972–1997).

12 Auch etwa Stierle (1979) oder Maas (1984 u. a.) bemühen sich früh um sprachwissenschaftliche Adaptionen des Diskursbegriffs.

13 Zitiert wird nach der in Busse & Teubert (2013b) wiederabgedruckten Fassung.

14 Zitiert wird nach der in Kämper, Linke & Wengeler (2012) wiederabgedruckten Fassung.

schichte (oder Themengeschichte) sowie die Arbeiten zum öffentlich-politischen Sprachgebrauch der Forschergruppe um Georg Stötzel. (Siehe Kap. 2.5.)

Es ist das Verdienst der damaligen Forschergruppe um Stötzel, zwischen den ersten sprach- und diskurstheoretischen sowie methodologischen Grundlagen der linguistischen Diskursanalyse und Diskurssemantik einerseits (Busse, Hermanns, Teubert) und den Forschungsaktivitäten und Überlegungen Georg Stötzels zur Geschichte des öffentlich-politischen Sprachgebrauchs in Deutschland nach 1945 andererseits vermittelt, diese Prämissen methodisch operationalisiert und sie im Rahmen zahlreicher empirischer Untersuchungen zur Geschichte des öffentlich-politischen Sprachgebrauchs in der Bundesrepublik Deutschland angewendet zu haben.[15] Seit nunmehr 35 Jahren wird der Ansatz der linguistischen

15 Erste Ansätze und Ergebnisse dieser Forschungsrichtung wurden 1989 unter dem Titel *Sprachgeschichte nach 1945* in zwei Heften der Zeitschrift *Sprache und Literatur in Wissenschaft und Unterricht* publiziert. Meilensteine für die theoretische, methodische und empirische Entwicklung der linguistischen Diskursgeschichte sind die Dissertationen von Martin Wengeler (1992) und Matthias Jung (1994b). Beide untersuchen jeweils unterschiedliche Ausschnitte aus thematisch bestimmten öffentlich-politischen Diskursen (Rüstungsdebatte und Atomenergie-Diskussion). Verschiedene für die Geschichte der BRD zentrale Themenfelder wie Wirtschaftspolitik, Rüstungsdiskussion und Umweltdebatte werden im Rahmen einer Kommunikationsgeschichte in Stötzel & Wengeler (1995) untersucht (u. a. eingeleitet durch die oben genannten Pionierarbeiten von Wengeler und Jung). Die *Kontroversen Begriffe* sind ein für die linguistische Diskursgeschichte zentrales sprachhistorisches Werk zu den wichtigsten öffentlich-politischen Diskursen der Nachkriegszeit in der BRD und ihrem Wortschatz (vgl. zum Entwurf des Bandes und zur Programmatik des ihm zugrundeliegenden Ansatzes die Einleitung von Stötzel 1995). Als „Add-On" zu den *Kontroversen Begriffen* und Ausweitung ihrer empirischen Basis kann der von Böke, Liedtke & Wengeler (1996) herausgegebene Band angesehen werden – in dem die Dissertation von Karin Böke erschienen ist –, der *Politische Leitvokabeln* in den Westzonen und der Bundesrepublik Deutschland von 1945–1961 zum Gegenstand hat. Sind die genannten Studien hauptsächlich lexembezogen (vgl. zur wortbezogenen Methodik der linguistischen Diskursgeschichte am Beispiel des Migrationsdiskurses etwa Jung 1997), so begründet Böke (1996a) – zunächst für die Analyse des Einwanderungsdiskurses in der Bundesrepublik Deutschland seit 1945 – die Metaphernanalyse als methodischen Baustein der linguistischen Diskursgeschichte (exemplarisch angewendet in Böke 1997). Einen weiteren Baustein für die diskursgeschichtliche Untersuchung des öffentlich-politischen Sprachgebrauchs über die Wortebene hinaus liefert Martin Wengeler mit seiner Begründung der Analyse von Argumentationsmustern als Topoi. Am ausführlichsten wird sie hergeleitet, dargestellt und angewendet (ebenfalls auf den Migrationsdiskurs) in Wengeler (2003). Zusammenfassungen finden sich u. a. in Wengeler (2000, 2007, 2008b, 2013a und 2013d). Jung (1996, 2000 und 2011) – die Aufsätze ähneln sich stark – gibt das bis zu diesem Zeitpunkt erarbeitete Methodenset wieder und entwickelt außerdem methodologisch Grundlegendes. Bekannt geworden ist sein „Würfelmodell", das die verschiedenen Aspekte der linguistischen Diskursgeschichte integriert, im Sinne einer auf allen Ebenen arbeitenden diskursgeschichtlichen Analyse (vgl. das Methodenset zusammenfassend außerdem u. a. Böke et al. 2000; Wengeler 2005a, 2008b; Niehr & Böke 2010; Niehr 2014a). Diskursgeschichtliche Forschungser-

Diskursgeschichte – inzwischen in der zweiten oder dritten Forschergeneration – in verschiedenen Projekten konsequent weiterentwickelt.[16]

2.2 Erkenntnisinteressen

Die linguistische Diskursgeschichte geht von den grundlegenden Annahmen aus, dass gesellschaftliches Wissen durch Sprache konstituiert wird und dass Sprache Wirklichkeit schafft (siehe dazu ausführlich Kap. 2.5 und 2.6). Sie verfolgt das Ziel, etwas zum Verständnis der „realitätskonstitutiven und handlungsorientierenden“ (Stötzel 1993: 117) Funktion von Sprache und zum Verständnis der Rolle des Gebrauchs von Sprache im menschlichen Handeln (vgl. Stötzel 1993: 117) beizutragen. Kernfragen in diesem Zusammenhang sind: Was verrät uns die Verwendung von Sprache in verschiedenen Themenfeldern (hier: im Themenfeld sozial- und wirtschaftspolitische „Krisen“) über das in diesen Bereichen verbreitete gesellschaftliche Wissen und kollektive Wirklichkeitsbewusstsein? Welche Denk- und Bewertungsmuster werden in der alltäglichen Praxis der sprachlichen Verhandlung von Gegenständen in öffentlichen Diskursen auf diese angewendet und welchen Effekt hat dies „auf die Gestaltung der sozialen und politischen Welt und damit [auf] die Sinn- und Weltorientierung von Sprechern und Rezipienten“ (Wengeler 2005b: 2)? Die linguistische Diskursgeschichte will darüber aufklären, dass und wie durch Sprache, durch die alltägliche Praxis der Sprachverwendung, Wirklichkeit hergestellt wird, dass und wie im sprachlichen Handeln „jeweils bestimmte Perspektiven auf die Gegenstände benannt und schließlich [als aner-

---

gebnisse referieren darüber hinaus Jung, Wengeler & Böke (1997) (zur Sprache des Migrationsdiskurses); Niehr & Böke (2000) und Niehr (2004) (zu Einwanderungsdiskursen im internationalen Vergleich) und ebenfalls zur Einwanderung seit 1945 das *diskurshistorische Wörterbuch* von Jung, Niehr & Böke (2000). Alexander Ziem ergänzt den Entwurf einer Sprachgeschichte als Zeitgeschichte theoretisch und methodisch um das Framekonzept (ausführlich begründet und an einem empirischen Beispiel erprobt in Ziem 2008b, in zusammengefasster Form dargestellt u. a. in Ziem 2008a und Ziem 2013a).

16 So etwa in dem zwischen 2009 und 2013 von der DFG geförderten Projekt „Diskursanalyse des öffentlichen Sprachgebrauchs der Weimarer Republik“, das im Stile der *Kontroversen Begriffe* verschiedene Themenfelder der Weimarer Zeit wie Außenpolitik, Frauenpolitik, Rüstungs- und Bildungspolitik auf der Grundlage eines großen Zeitungskorpus und von Parlamentsprotokollen diskurshistorisch analysiert und beschreibt (vgl. Eitz & Wengeler 2013a; Eitz & Wengeler 2013b; Eitz & Engelhardt 2014). Schließlich auch in dem zwischen 2010 und 2012 ebenfalls von der DFG geförderten Projekt „Sprachliche Konstruktionen sozial- und wirtschaftspolitischer ‚Krisen‘ in der BRD von 1973 bis heute“. Einen Einblick in einige Forschungsergebnisse geben zusammenfassend Wengeler & Ziem (2014).

kannte Wirklichkeit; Anm. d. Verf.] durchgesetzt“ (Wengeler 2005b: 3) werden. Es geht darum herauszufinden, welche Weltsichten mit den sprachlichen Handlungsweisen verbunden sind und sich schließlich gegen konkurrierende Ansichten durchsetzen bzw. welche Weltsichten gesellschaftlich hegemonial sind und welche anderen Sichten auf die Dinge und die Welt innerhalb eines Geltungsbereiches außerhalb des zu sagen Möglichen bzw. im Bereich des Unsagbaren liegen. Es geht somit zentral um die Frage nach politischen und sozialen Leitbildern und Wertesystemen, Einstellungen oder Mentalitäten – in einem neutralen Sinne des Wortes: Ideologien –, die sich im Sprachgebrauch und im Einsatz bestimmter sprachlicher Mittel manifestieren.

2.3 Motive

Die genannten Erkenntnisinteressen werden u. a. durch die Beobachtung motiviert, dass Sprache im politischen Meinungskampf strategisch zum Machterhalt und zur Machterhaltung genutzt wird, beispielsweise in Form des Besetzens bestimmter Begriffe[17] in semantischen Kämpfen (siehe hierzu auch Anmerkung 22). Außerdem resultieren die Interessen daraus, dass in der Sprachwissenschaft bis in die 1980er Jahre eine „rein systembezogene strukturalistische Betrachtungsweise hinsichtlich ihres als zentral betrachteten Gegenstandes Grammatik bzw. Sprachsystem“ (Wengeler 2005b: 4) und eine „formale, ohne gesellschaftliche Bezüge arbeitende Betrachtung der Sprache“ (Wengeler 2005b: 4) dominierte (so in Untersuchungen in den Bereichen der Phonologie, Morphologie oder Syntax). Die Frustration über solche Reduktionen des sprachwissenschaftlichen Gegenstandes führte zu Bemühungen um eine Sprachgeschichte jenseits von Laut- und Flexionswandel, Rechtschreibung und Grammatik, die gegenüber historischen, gesellschaftlichen und politischen Ereignissen nicht indifferent sein möchte und die sprachliche Entwicklungen in Zusammenhang mit solchen Kontexten zu erklären versucht und darüber hinaus auch nach dem Einfluss der Weltsichten, Absichten und Intentionen der Sprachbenutzer auf den Sprachgebrauch fragt.

17 Zum Begriffe besetzen vgl. Liedtke, Wengeler & Böke (1991). Der Grundgedanke ist dabei, dass derjenige, der über die Definitionsmacht politischer und sozialer Leitvokabeln verfügt, sich mit seinen Konzepten in der politischen Auseinandersetzung durchsetzt.

2.4 Gegenstandsbereiche

Die linguistische Diskursgeschichte versteht sich als Sprachgeschichtsschreibung, die einen Beitrag zur Zeitgeschichte leistet; sie will das „Pendant zur Zeitgeschichte im sprachlichen Bereich" (Wengeler 2005b: 2) sein. Das Forschungsgebiet linguistische Diskursgeschichte beschäftigt sich vor allem mit der jüngsten Sprachgeschichte seit Ende des Zweiten Weltkrieges. Es liegen auch Forschungsarbeiten zur Sprachgeschichte der Weimarer Republik vor (siehe Anmerkung 16).

Linguistisch-diskursgeschichtliche Studien untersuchen insbesondere den öffentlichen Sprachgebrauch in der Bundesrepublik Deutschland im Kommunikationsbereich Politik (so untersucht die vorliegende Arbeit den massenmedialen Diskurs in der BRD über sozial- und wirtschaftspolitische „Krisen"). Gelegentlich wird ihnen vorgeworfen, öffentlich-politische Debatten und Themenentwicklungen anhand von deren Wortschatz nur nachzuzeichnen. Dem ist entgegenzuhalten, dass die inhaltliche Entwicklung eines Diskurses bzw. die Aufzählung sprachlicher Phänomene oder die Interpretation von Belegen als unmittelbarer Ausdruck des Diskurses weniger im Vordergrund stehen. Sprachliche Erscheinungen, so Jung (2005 [1994]: 82), „werden erst auf einer höheren Abstraktionsebene, d. h. *mittelbar*, als gesellschaftliche [oder diskursive; Anm. d. Verf.] Phänomene interpretiert."

Seit je beschäftigt sich die linguistische Diskursgeschichte mit den sprachlichen Dynamiken, die innerhalb von Textkorpora deutlich werden, d. h. sie orientiert sich streng am Textmaterial (siehe zur Korpusorientiertheit Kap. 2.6.4). Dieser allgemeine Leitsatz trifft auch heute noch zu. Typischer Gegenstand sind historische Kontinuitäten und Veränderungen auf den sprachlichen Ebenen der Lexik, Metaphorik und Argumentation; mittels einer Analyse der erwähnten und im Gebrauch vorherrschenden sprachlichen Mittel soll etwas über die genannten Erkenntnisziele herausgefunden werden.

Besondere Merkmale der Analyse sprachlicher Dynamiken im Sinne der linguistischen Diskursgeschichte seien neben einer Abgrenzung von kritischen (in der Terminologie Jungs 2005 [1994]: 81: von „philosophisch-ideologiekritischen") wissenschaftlichen Perspektiven, bei gleichzeitiger Berufung auf eine sich als deskriptiv verstehende wissenschaftliche Tradition, die „Anbindung an die Sachgeschichte und die intensive Quellenrecherche" (Jung 2005 [1994]: 82). Das von Jung formulierte Selbstverständnis einer sachgeschichtlichen Anbindung und durchdringenden Quellenrecherche kann als programmatisches und methodologisch-empirisches Grundprinzip der linguistischen Diskursgeschichte – respektive der Beobachtung sprachlicher Dynamiken in Textkorpora – verstanden werden; die prinzipielle Abgrenzung von „kritischen" Perspektiven hingegen ist nicht als programmatische Richtlinie aufzufassen und muss diskutiert werden (siehe hierzu Kap. 2.8).

Für die Auswahl des Gegenstandes sind traditionell sprachliche Thematisierungen leitend, an denen sprachliche Entwicklungen, Wirklichkeitskonstruktionen, sprachlich gebundenes gesellschaftliches Wissen, Weltsichten usw. untersucht werden:

> Nicht subjektive Beobachtungen und Einschätzungen von Wissenschaftlern, nicht heterogene Auswahlkriterien und Forschungszusammenfassungen führen zur Herstellung einer Sprachgeschichte, sondern ein objektives Kriterium, eine sprachliche Selbstindikation dient als Problem- und Relevanzanzeige.
> (Stötzel 1994: 42)

Demnach beschäftigt sich die linguistische Diskursgeschichte hauptsächlich mit kontroversen und brisanten Gegenständen, die in der Öffentlichkeit als „konfliktträchtig" empfunden und „implizit oder explizit [als Problembereich; Anm. d. Verf.] deklariert und thematisiert" (Wengeler 2005b: 2) werden. Ohne Frage gilt dies für den Diskursgegenstand „Krise".

Auf diese Weise begründet die linguistische Diskursgeschichte ihre gesellschaftliche Relevanz, anders als eine vom Menschen entfremdete Sprachwissenschaft, die zu gesellschaftlichen Gegenwartsproblemen nichts zu sagen weiß. Dass Thematisierungen von Sprache in der Öffentlichkeit auf gesellschaftlich relevante Probleme hinweisen können, hatte bereits Harald Weinrich (1976) erkannt. Eine Sprachwissenschaft, die sich mit von der Öffentlichkeit selbst als konfliktträchtig ausgewiesenen Problemen befassen würde, entgehe dem Vorwurf, so Stötzel (1994: 42) in Anlehnung an Weinrich, „daß sie sich ihre ‚Probleme selber mache', indem sie sich nur an den traditionellen, fachwissenschaftlich anerkannten Fragestellungen und Problemen" orientiere. Dieses methodische Vorgehen bietet der Gegenstandsbestimmung eine *Alternative zum Elfenbeinturm* (Bär & Niehr 2012). Die Linguistik solle, wenn sie ihrer Verantwortung gegenüber der Öffentlichkeit gerecht werden wolle, fragen, „was angesichts der bestehenden Verhältnisse gebraucht wird" (Bär & Niehr 2012: 282).[18]

---

18 Thematisierung von Sprache zeigt sich vor allem in heterogenem Sprachgebrauch, in semantischen Kämpfen bzw. in Bezeichnungs- und Bedeutungskonkurrenzen (siehe zu Letzterem Klein 1989 und Anmerkung 23), die lange Zeit zentraler Gegenstand linguistischer Diskursgeschichten waren, so z. B. in Stötzel & Wengeler (1995), und es immer noch sind. Die genannten Phänomene wiederum verweisen auf unterschiedliche Interpretationen von Welt, in ihnen gelangen Wissenssegmente verschiedener Akteure zum Ausdruck, und es wird versucht, diesen mithilfe der Sprache allgemeine Akzeptanz zu verschaffen. Allerdings ist die Thematisierung von „Krise" und anderen strittigen Diskursobjekten kein Relevanzkriterium für die Gegenstandsbegründung und Korpusbildung der vorliegenden Arbeit (siehe dazu Kap. 4).

2.5 Die realitätskonstitutive Kraft der Sprache

In seinen Vorarbeiten zu einer gegenwartsbezogenen Historiographie des öffentlichen Sprachgebrauchs nach Problem- oder Themenbereichen zeigt Georg Stötzel (1978: 57), der den Diskursbegriff nie systematisch in Anspruch genommen hat, bereits Ende der 1970er Jahre die „realitätskonstituierende Funktion von Sprache“ auf. Die sprachliche Konstruktion der Wirklichkeit ist seither ein zentraler Erkenntnisgegenstand der linguistischen Diskursgeschichte. Dabei wird ein Sprachbegriff vertreten, der „die Sprache bzw. die sprachlichen Zeichen wie Wörter und Sätze nicht herabwürdigt zu bloßen Bezeichnungen bzw. Etiketten für Sachen und Sachverhalte, die als von der Sprache unabhängig gedacht werden könnten“ (Stötzel 1978: 57). Gegebenheiten seien vielmehr das Ergebnis perspektivischer sprachlicher Interpretationen (vgl. Stötzel 1978: 71).

Dass Sprache die Dinge nicht abbildet, ist in der heutigen linguistischen Diskursanalyse eine anerkannte Meinung. Sachen und Sachverhalte, unsere Wahrnehmung von den Dingen in der Welt, sind vielmehr als sprachabhängig anzusehen. Diese relativistische oder konstruktivistische Auffassung von Sprache eint die linguistische Diskursanalyse. Sie wurde in einer sprachphilosophischen Tradition entwickelt, die u. a. mit dem Namen Wilhelm von Humboldt verbunden ist.

Der Sprachrelativismus oder -konstruktivismus geht von der erkenntnistheoretischen Prämisse aus, dass „die Bedingung der Möglichkeit jeder Welterfahrung in der Sprache begründet ist“ (Gerhardt 1974: 14). Der Mensch erlebt die außersprachliche Wirklichkeit sprachlich vermittelt, d. h. in Kategorien der Sprache, die ihm als „Wahrnehmungsinstrument“ zur Verfügung steht. Erkenntnis ist nur als sprachliche Erkenntnis möglich (vgl. Gerhardt 1974: 17). Wie wir denken und wahrnehmen, hängt von der Sprache und ihren Strukturen ab.

In diesem Sinne bezeichnet Humboldt (1972 [1827–1829]: 191) die Sprache als das „bildende Organ des Gedanken“; Sprache und Denken seien „Eins und unzertrennlich von einander.“ Die „Vorstellungsart, als thue die Sprache nicht mehr, als die an sich wahrgenommenen Gegenstände zu bezeichnen“ (Humboldt 1972 [1827–1829]: 223), treffe nicht zu. Das Wort, eine Bezeichnung, sei nicht „ein Abdruck des Gegenstandes“, sondern Produkt der „subjectiven Wahrnehmung der Gegenstände“ (Humboldt 1972 [1827–1829]: 223). Und weiter: „Der Mensch lebt auch hauptsächlich mit den Gegenständen, so wie sie ihm die Sprache zuführt, und da Empfinden und Handeln in ihm von seinen Vorstellungen abhängt, sogar ausschließlich so“ (Humboldt 1972 [1827–1829]: 224). Aufgrund der Sprachgebundenheit der Erkenntnis (bzw. des Denkens oder Wissens) – so also die zentrale These im Anschluss an Humboldt – ist die Realität für den Menschen in ihrer unabhängig vom Bewusstsein existierenden Objektivität nicht erkennbar.

Wenn die Welterfahrung oder das Denken und Wissen sprachlich geprägt sind, dann hat dies wiederum zur Konsequenz, dass unterschiedliche Sprachen (bei Humboldt: „Nationalsprachen“) unterschiedliche Wirklichkeitserfahrungen ermöglichen bzw., deterministischer gesprochen, bedingen. Jede Sprache ist somit Symptom einer „eigenthümliche[n] Weltansicht“ (Humboldt 1972 [1827–1829]: 224): Der Mensch spinne sich in die Sprache ein, und jede Sprache

> zieht um die Nation, welcher sie angehört, einen Kreis, aus dem es nur insofern hinauszugehen möglich ist, als man zugleich in den Kreis einer andren Sprache hinübertritt. Die Erlernung einer fremden Sprache sollte daher die Gewinnung eines neuen Standpunktes in der bisherigen Weltansicht seyn, da jede Sprache das ganze Gewebe der Begriffe und die Vorstellungsweise eines Theils der Menschheit enthält.
> (Humboldt 1972 [1827–1829]: 224f.)

Bedeutsam an dieser Sichtweise ist nun, so Gardt (1999: 235): Wenn der Mensch die Dinge unabhängig von *seiner* Sprache in ihrer Objektivität nicht wahrnehmen kann, weil seine Erkenntnismöglichkeiten in ihr verstrickt sind, dann tritt „an die Stelle der absoluten Existenz der Wirklichkeit, [...] eine Vielfalt von Perspektiven – und damit, wenn auch bei Humboldt noch unausgesprochen, eine Vielfalt von Wirklichkeiten“, die auch unterhalb der Ebene von Einzelsprachen, etwa – mit Blick auf die vorliegende Arbeit – in historischen Differenzen oder akteurstypischen Sprechweisen bzw. bei verschiedenen politischen und sozialen Gruppen im öffentlichen Diskurs das jeweils zugrundeliegende Denken, Wissen, Einstellungen, Weltsichten usw. erkennen lassen. Die Wirklichkeit löst sich bei Humboldt letztlich in Sprache auf; es gibt so viele Wirklichkeiten, „wie es Sprachen gibt“ (Gardt 1999: 237).

Grundgelegt worden als elementarer sprachtheoretischer Baustein für die linguistische Diskursgeschichte ist die hier angesprochene Sprachauffassung zuerst in der Dissertation von Martin Wengeler (1992: 12–16). Als Ergebnis seiner Auseinandersetzung mit den Gedanken Humboldts resümiert Wengeler (1992: 12) u. a.:

> Es ist zwar nicht davon auszugehen, daß ‚Dinge‘, ‚Gegenstände‘, ‚Sachverhalte‘, die ‚Welt‘ ohne die Sprache nicht existent sind, aber für den Menschen (er)faßbar und sinnvoll werden sie erst durch die Sprache. Durch die Sprache kann der Mensch Bezug nehmen auf die Welt, sie sinnhaft ordnen und interpretieren und dialogisch-intersubjektiv die vorgegebene Wirklichkeit der Dinge und Sachverhalte als Wirklichkeit für sich erfassen [...]. Insofern kommt der Sprache für den Menschen eine realitätskonstitutive Funktion zu.[19]

---

19 Im Zusammenhang des zugrundeliegenden Sprachbegriffs sind neben den Überlegungen Wilhelm von Humboldts (vgl. dazu auch Scharf 1977) die Konzeption des sprachlichen Zeichens von Ferdinand de Saussure in nicht strukturalistischer Lesart (vgl. dazu etwa Jäger 1975) und die Bedeutungstheorie der Spätphilosophie Ludwig Wittgensteins (vgl. z. B. Stetter 1974) von zentraler

Vor allem am Beispiel konkurrierender Äußerungen verschiedener Sprecher zu einem Sachverhalt bzw. sprachlicher Benennungen von im öffentlichen Sprachgebrauch in ihrer Deutung umstrittenen Gegenständen, die aber Anspruch auf objektive Gültigkeit erheben, also Begriffe zu definieren versuchen, sowie der sprachreflexiven Kommentierung des Gültigkeitsanspruches der Definitionsversuche durch andere Sprecher im Diskurs macht Stötzel in seinen Vorläuferstudien zur linguistischen Diskursgeschichte die realitätskonstitutive Kraft der Sprache bewusst.[20] Ganz in der Tradition Humboldts weist Stötzel (1978: 59) in diesem Zu-

---

Bedeutung. Der entsprechende Sprachbegriff lässt sich wie folgt zusammenfassen: Wie mit Humboldt dargelegt, nimmt der Mensch die Dinge perspektivisch durch Sprache wahr. Insofern der Mensch die Dinge sprachlich wahrnimmt, kommt der Sprache eine realitätskonstitutive Funktion zu. Sprache ist kein starres Gebilde (*Ergon*), sondern Tätigkeit (*Energeia*) bzw. Handeln, d. h. zweckgebunden, dynamisch und veränderbar. Mit Saussure wird zum einen das Prinzip der Arbitrarität des sprachlichen Zeichens betont, welches deutlich macht, dass die Zuordnung von materieller Zeichenform und konzeptueller Zeichenbedeutung gesellschaftlich festgelegt ist und zum anderen die Rolle der sozialen Kräfte bei der Umgestaltung der Beziehung zwischen Ausdruck und Inhalt akzentuiert (in der Logik des bilateralen Zeichenmodells Saussures findet Veränderung potentiell in jedem einzelnen Sprechakt statt). Mit Wittgenstein wird der Aspekt betont, dass Sprache Handeln ist und dass sprachliche Bedeutung erst im Gebrauch von Sprache entsteht. Sprache, sprachliche Bedeutung, sprachlich konstituierte Wirklichkeit entwickeln und wandeln sich in der sozialen Interaktion. Sie sind historisch geworden und abhängig von den Absichten und Intentionen der Sprachbenutzer sowie den Situations- und Kontextfaktoren des jeweiligen Handlungsvollzugs (*Sprachspiele*). Die Sprachspiele unterliegen gewissen Regeln des Sprachgebrauchs. Diese Regeln sind Teil gesellschaftlicher Handlungsmuster. Das Individuum erlernt sie im Prozess seiner Sozialisation. Sie, und letztlich der Sprachgebrauch, der diese Regeln befolgt bzw. dem gesellschaftliche Handlungsmuster zugrunde liegen, sind Ausdruck einer *Lebensform*. Wichtig für die Sprachbetrachtung, für das Verstehen der Funktionsweise von Sprache und sprachlicher Bedeutungskonstitution und Wirklichkeitskonstruktion, sind die Ebene der *parole* und eine diachrone Perspektive. Die individuelle Sprachverwendung ist durch die gesellschaftliche Praxis überformt bzw. durch ein Netz von sprachlichen Konventionen oder Regeln (*langue*) geprägt, die als Teil der gesellschaftlichen Handlungsmuster erlernt werden. Wie erwähnt: Da die sprachtheoretischen Grundlagen der linguistischen Diskursgeschichte schon hinreichend erarbeitet wurden (vgl. Wengeler 1992: 12–19), möchte ich es bei diesen Hinweisen bewenden lassen. Ausführlichere Erläuterungen hierzu finden sich u. a. bei Eitz (2003: 13–18); Domasch (2007: 20–31); Spieß (2011) oder auch bei Kreuz (2014). Insofern der in den genannten Arbeiten entwickelte Sprachbegriff als bekannt vorausgesetzt werden kann, bleibt er eher unexpliziert, ist aber selbstverständlich wirksam.

20 Etwa am Beispiel von ‚Zensur' (vgl. Stötzel 1978), ‚Berufsverbot' oder ‚Aufschwung' (vgl. Stötzel 1980), ‚Wiedergutmachung' oder ‚Deutsche' (vgl. Stötzel 1986). Gemeint ist z. B. die Behauptung eines Sachverhaltes und die anschließende Zurückweisung des Geltungsanspruches der Behauptung durch das Aufstellen einer Gegenbehauptung. Für Äußerungsweisen, in denen apodiktisch gesagt wird, was der Fall ist: „x ist y", „Krise ist da", „Deutschland stehen goldene Jahre bevor", hat sich in linguistisch-diskursgeschichtlichen Studien der Terminus „realistische

sammenhang darauf hin, dass Sachverhaltsbezeichnungen stets Ausdruck subjektiver Interpretationen der Welt sind und zugleich alternativen Benennungen und Denkweisen gegenüberstehen.[21]

Gerade in kontroversen Kommunikationsbereichen wie dem des öffentlichen Diskurses über politische Themen, d. h. in einem Bereich abstrakter immaterieller Sachverhalte und daher vorwiegend sprachvermittelter Vorstellungen, in dem es um Persuasion oder Meinungsbildung und Einstellungsbeeinflussung mithilfe sprachlicher Mittel für oder gegen politische Entscheidungen geht, schlägt sich die subjektive Wahrnehmung sozialer Akteure von den Gegenständen, über die sie sprechen, in einem heterogenen Sprachgebrauch nieder, der wiederum als Anzeichen für unterschiedliche (politische) Denkweisen oder Einstellungen gedeutet werden kann. In semantischen Kämpfen[22] wird um die „authentische" Be-

Diktion" (Stötzel 1980: 44) bzw. „apodiktische realistische Diktion" (Stötzel 1980: 50) etabliert. In argumentativer Funktion können sie als Realitäts-Topos bezeichnet werden (vgl. Römer & Wengeler 2013b: 269). Im Sinne einer „ontologischen Dogmatik" (Stötzel 1978: 71) heben solche Sprechhandlungen bestimmte Aspekte hervor und verdecken andere, etwa indem – wie in den beiden oben zuerst genannten Beispielen – die Subjektivität und damit auch die dem Sprachgebrauch oder der Konstitution einer sprachlichen Bedeutung zugrundeliegenden Auffassungen, Handlungsorientierungen und -zwecke bzw. die Vermitteltheit des bezeichneten Gegenstandes nicht durch reflexive Ausdrücke bewusst gehalten werden (anders in der Äußerung: *Das nenne ich Zensur*). Dadurch entsteht der Eindruck, dass der Sprecher im Besitz der Wahrheit, der Zuordnungsmacht im Verhältnis von Sprachzeichen und Bezeichnetem, ist, weil Geltungsansprüche von Äußerungen unthematisiert bleiben. Unter demokratietheoretischem Gesichtspunkt entzieht sich der Sprecher so seiner „generellen Legitimationsverpflichtung" (Stötzel 1978: 71).

21 Besonders in einer nach demokratischen Prinzipien aufgebauten Gesellschaft kann sprachliche Diversität – als Ausdruck unterschiedlicher Lebensformen – auch nur der Normalfall sein. Sprachvereinheitlichungen, etwa in Form von diskreten Implikationen (subjektiver) Wahrheitsansprüche und darin eingeschriebener Auffassungen, Handlungsorientierungen und -zwecke in öffentlichen Diskursen bemerkbar zu machen bzw. in Beziehung zu anderen (subjektiven) Geltungsmöglichkeiten im Verhältnis von Zeichen und Bezeichnetem zu setzen, kann ein Ansatz für kritische Sprachbetrachtungen im Rahmen linguistischer Diskursgeschichten sein (siehe dazu Kap. 2.8). Stötzel (1978: 72) nennt sie auch „Klischeebildungen." In argumentationstheoretischer Hinsicht lassen sie sich als Topoi begreifen (siehe zum Toposbegriff Kap. 3.3).

22 Vgl. zum Stellenwert von Sprache allgemein und besonders heterogenem und in der Folge konkurrierendem Sprachgebrauch sowie von semantischen Kämpfen für die Wissens- und Wirklichkeitskonstitution in öffentlich-politischen Diskursen Stötzel (1978, 1980, 1986, 1990, 1993, 1995). Der Begriff ‚semantischer Kampf' ist in den diskurslinguistischen Forschungsarbeiten zur Sprachgeschichte nach 1945 seit je von zentraler Bedeutung (vgl. etwa Wengeler 1992: 68f.; Böke 1996b: 43–50; Stötzel & Wengeler 1995). Der Sammelband herausgegeben von Felder (2006) unterstreicht die Relevanz semantischer Kämpfe für die Wissenskonstitution in Fachdiskursen. Warnke (2009) spricht ihnen den Rang eines zentralen Gegenstandes im Rahmen der Diskurslinguistik überhaupt zu. Bereits Rudi Keller 1977 (vgl. 1977: 24) verwendet den Begriff des ‚semantischen Kampfes' im hier gemeinten Sinne.

zeichnung für ein Problem oder um die „wahre“ Bedeutung eines Ausdrucks gerungen, um nur zwei Beispiele zu nennen, wobei, je nachdem wer spricht, jeweils eigene Prädikationen, Wirklichkeitsauffassungen, Handlungsorientierungen und -zwecke einfließen.[23]

Zusammenfassend möchte ich festhalten, dass der klassische linguistisch-diskursgeschichtliche Untersuchungsgegenstand ‚reflexive Sprachhandlung‘ oder ‚Thematisierung von Sprache in der Öffentlichkeit‘ für meine empirische Untersuchung keine besondere Rolle spielt (auch nicht, wie bereits in Anmerkung 18 erwähnt, als Maßstab oder Relevanzkriterium für die Text- und Belegauswahl). Das Theorem von der Bedeutsamkeit des heterogenen und konkurrierenden Sprachgebrauchs sowie semantischer Kämpfe als Anzeichen für die sprachliche Wirklichkeitskonstruktion in öffentlichen Diskursen hingegen – verstanden als Ausdruck subjektiver, in Konflikt stehender, interessengebundener Wissenssegmente, Denkweisen, Einstellungen, Weltsichten usw. in einer Gesellschaft – ist für meine Arbeit von zentraler Bedeutung.[24]

Wer sich im sprachlich ausgefochtenen politischen Wettbewerb um Meinungen im öffentlichen Diskurs mit seinen Bezeichnungen (oder allgemein: Sprachverwendungsweisen) gegen konkurrierenden Sprachgebrauch durchsetzt und wem es hier gelingt, Bedeutungen zu festigen, allgemeine Akzeptanz bzw. Deutungshoheit über kontroverse Sachverhalte zu erlangen, erhöht auch seine Chancen, die Zustimmung zu politischen Entscheidungen oder deren Ablehnung zu erreichen bzw. die eigene Sichtweise, beispielsweise die eigene politische Ideologie, durchzusetzen, womit etwa auch „die Anerkennung der ‚Notwendig-

---

23 Die Verwendung verschiedener, semantisch unterschiedlich geprägter Ausdrücke zur Bezeichnung eines Gegenstandes – wobei die „zutreffende“ Bezeichnung umstritten ist – durch unterschiedliche Sprecher(gruppen) nennt man in der Sprache-und-Politik-Forschung *Bezeichnungskonkurrenz*. Die Verwendung eines Ausdrucks mit perspektivisch verschiedener semantischer Prägung eines Begriffs – der Ausdruck ist also (ideologisch) polysem und in seiner Bedeutung umstritten – durch unterschiedliche Sprecher(gruppen) nennt man dort *Bedeutungskonkurrenz* (vgl. Klein 1989).

24 Meiner Auffassung nach sollte für die allgemeinen Erkenntnisziele der linguistischen Diskursgeschichte nicht nur jener Sprachgebrauch wichtig sein, der zum Gegenstand des öffentlichen Diskurses wird. Erkenntnisse über die Wirklickeitskonstruktion durch Sprache lassen sich nicht bloß durch die Analyse einschlägiger explizit gekennzeichneter Thematisierungen (etwa durch Anführungszeichen in distanzierend-modalisierender Funktion) gewinnen. Dennoch muss der Gebrauch sprachreflexiver Mittel bzw. die explizite oder auch implizite Thematisierung von heterogenem Sprachgebrauch durch verschiedene Sprecher(gruppen) in einer gemeinsamen Kommunikationssituation und bezüglich bestimmter Sachverhalte als relevanter Indikator für semantische Kämpfe und damit auch für ein Bewusstsein über die subjektive Sprachvermitteltheit der verhandelten Gegenstände verstanden werden (vgl. zu unterschiedlichen Typen der Thematisierung Stötzel 1980).

keit' bestimmter Verhaltensweisen" (Stötzel 1978: 62) in der Gesellschaft etabliert werden kann. Für die linguistische Diskursgeschichte und die vorliegende Arbeit lässt sich hieraus das Ziel ableiten, den Blick auf die Konstruktion der Wirklichkeit durch den Gebrauch dabei wirksamer sprachlicher Mittel zu richten. Vor allem gilt es, gesellschaftliche Konflikte und Auseinandersetzungen um Gegenstandsdefinitionen zu untersuchen. Insofern mit jedem Definitionsakt auch Einstellungsbekundungen einhergehen, sind ebenso die in den Sprachgebrauch eingeschriebenen subjektiven Weltinterpretationen sowie Handlungs- und Zweckorientierungen im Lichte verschiedener sozialer Akteure und im historischen Vergleich von zentralem Erkenntnisinteresse. Daran anschließend kann auch danach gefragt werden, welche Einstellungen sich jeweils durchsetzen und welche unterlegen sind. Das Genannte mit den Mitteln der Analyse von Argumentationsmustern für den sozial- und wirtschaftspolitischen Krisendiskurs herauszuarbeiten, ist ein Anliegen meiner Untersuchung. Dabei richtet sich der Blick auf die sprachliche Konstruktion von „Krise" durch das sprachliche Handlungsmittel der Argumentation. Untersucht wird, wie politische Entscheidungsprozesse in die sprachlichen Konstruktionen von „Krise" eingebunden sind und welche Akteure im Krisendiskurs zwischen 1973 und 2003 auf welche Argumentationsmuster zurückgreifen, um ein bestimmtes politisches Handeln zu legitimieren. Auf diese Weise können auch die verschiedenen konkurrierenden Weltinterpretationen sowie Handlungs- und Zweckorientierungen in den Blick genommen werden.

2.6 Diskurs, Sprache und Wissen

2.6.1 Rezeptionsgeschichtliches zu Foucault

Der wichtigste Vordenker, auf den sich die Vertreter der verschiedenen Varianten der Diskursanalyse berufen, ist Michel Foucault. Insbesondere in den Geistes- und Sozialwissenschaften werden ab den 1970er Jahren die Gedanken Foucaults aufgegriffen und verarbeitet. Bevor ich auf die für die vorliegende Arbeit wesentlichen Aspekte des Foucault'schen Diskursbegriffs und auf dessen sprachwissenschaftliche Adaption eingehe, soll auf einige Probleme aufmerksam gemacht werden, die – insbesondere in der Linguistik – mit der Rezeption Foucaults zusammenhängen.[25]

25 In den Kulturwissenschaften gibt es kaum Disziplinen, die sich nicht in irgendeiner Weise auf das Diskurskonzept Michel Foucaults berufen. An dieser Stelle sei auf einige einschlägige Überblicksdarstellungen zur Diskursforschung, zu Grundbegriffen und Konzepten der Diskursanaly-

Bezeichnend für die Foucault-Rezeption ist, dass Protagonisten der einen Disziplin bzw. Fachrichtung Vertretern anderer Disziplinen oder Fachrichtungen dann und wann vorwerfen, Foucault nicht richtig verstanden, sich nicht in angemessener Lektüre mit dem Stoff auseinandergesetzt zu haben oder sich nur einseitig auf bestimmte Aspekte zu berufen. Thomas Niehr (2014a: 11) merkt in diesem Zusammenhang an, die Foucault-Rezeption sei

> zu einem erbitterten Streit darüber degeneriert, wer sich überhaupt mit welchem Recht auf welche Werke oder Passagen Foucaults berufen darf. Dass die Äußerungen und die Terminologie Foucaults ihrerseits nicht immer besonders präzise sind, kommt erschwerend hinzu. Die Auseinandersetzungen um die ‚richtige' Interpretation Foucaults haben jedenfalls in Teilen pseudo-religiöse Züge angenommen.

Dass die Foucault-Rezeption nicht einheitlich verläuft, ist weder bedauerlich noch beklagenswert; die Diskurstheorie und -analyse ist nun einmal ein uneinheitliches wissenschaftliches Feld.

Zum einen mag die Diversität an der unpräzisen Äußerungsweise und Terminologie Foucaults liegen. Nicht wenige erkennen hierin das Prinzip des Vorführens der diskursanalytischen Position und Methodik. Mit einigem Wohlwollen wird der Grund für die Diversität dann in der konsequenten Inkonsequenz im theoretischen Arbeiten Foucaults gesehen, etwa als „Verweigerungshaltung gegenüber gängigen wissenschaftlichen Erwartungen" und vor allem als eine folgerichtige „Umsetzung eines epistemologischen Programms" (Spitzmüller & Warnke 2011: 66), im Sinne der Einsicht in die kulturelle, soziale und historische Relativität der Erkenntnis, des Wissens und der Wirklichkeit. Dies vergrößert den Interpretationsspielraumraum für die Aneignung der Foucault'schen Gedanken.

Zum anderen passen die Disziplinen und Fachrichtungen Foucaults Diskurskonzept vor dem Hintergrund ihrer spezifischen Erkenntnisinteressen an die eigenen theoretischen und methodologischen Paradigmen an und operationalisieren es vor dem Hintergrund ihrer spezifischen methodischen Verfahrensweisen.

Ein dritter Grund für die Diversität können Konzentrationen auf Phasen bzw. unterschiedliche Gewichtungen der Themen im Werk Foucaults durch die Rezipienten sein, wie etwa „Archäologie" (wissensanalytische Frühphase um die *Ordnung der Dinge*[26] und besonders die *Archäologie des Wissens*[27]), „Genealogie"

---

se und zur Foucault-Rezeption auch jenseits der Sprachwissenschaft verwiesen: Bogdal (2007); Kerchner & Schneider (2006); Kammler & Parr (2007); Kammler, Parr & Schneider (2008); Ruoff (2007); Keller et al. (2011) und Keller et al. (2010); Maset (2002); Landwehr (2009); Sarasin (2010); Wrana et al. (2014); Angermüller et al. (2014a); Angermüller et al. (2014b).

26 Foucault (1974 [1966]).

27 Foucault (1981 [1969]).

(Zuwendung zum Macht-Komplex)[28] und „Ethik" (Spätphase um das dreibändige Werk *Sexualität und Wahrheit*[29]). Es wird allerdings davor gewarnt, dass solche Einteilungen ex post-Konstruktionen sind. Gerate das Gesamtwerk aus dem Blick, so die Kritik, bestehe die Gefahr einer unverbundenen Interpretation Foucaults, was zu Fehlschlüssen führen könne (vgl. Spitzmüller & Warnke 2011: 66f.).[30]

Hier ist nicht der Ort, sich auf die terminologischen Auseinandersetzungen um den Diskursbegriff Foucaults einzulassen. Dass dem Foucault-Kult, um in der religiösen Metaphorik Niehrs zu bleiben, nicht in einer weiteren Apologetik für die Wahrheit der richtigen Auslegung des Diskurskonzepts gehuldigt wird, lässt sich damit begründen, dass Foucault selbst seine Arbeiten als die vielzitierte Werkzeugkiste bezeichnet hat, aus der man etwas für seine Zwecke Nützliches herausgreifen könne. Natürlich „hat jedes Werkzeug spezifische Funktionen und will sachgerecht behandelt werden" (Spitzmüller & Warnke 2011: 65). Aber wenn man einen Hammer gefunden hat und Nägel in eine Wand schlagen will, warum sollte man dann dazu sämtliche Werkzeuge verwenden? Für die Analyse des öffentlichen Sprachgebrauchs und die Rekonstruktion gesellschaftlichen Wissens wie kollektiven Wirklichkeitsbewusstseins ist in der Linguistik bereits ein spezifisches Diskursverständnis im Anschluss an Foucault entwickelt worden. Die vorliegende Arbeit greift darauf zurück. Wengeler (2013b: 58) konstatiert: „Wir müssen also diesbezüglich kein Rad neu erfinden, sondern uns tatsächlich nur vergegenwärtigen, wie dieser Diskursbegriff aussieht."

In der gemeinten auch für die linguistische Diskursgeschichte einschlägigen sprachwissenschaftlichen Anpassung des Diskursbegriffs wurden vor allem die *Archäologie des Wissens*, die *Ordnung der Dinge* und die *Ordnung des Diskurses* rezipiert. Spätere Arbeiten Foucaults zum Macht-Komplex und zur Genealogie werden in Deutschland hauptsächlich von der kritischen Diskursanalyse aufgenommen. Insbesondere Dietrich Busse (1987) begründet in seiner Auseinandersetzung mit den von Reinhart Koselleck angeregten Forschungen zur historischen Semantik – auf der Grundlage des Diskursbegriffs von Michel Foucault – eine Erweiterung der Koselleck'schen Begriffsgeschichte hin zu einer sprachtheoretisch fundierten und sprachwissenschaftlich arbeitenden Diskurssemantik.

Als diskurstheoretischen Ausgangspunkt und begriffliche Basis meiner Untersuchung gilt es im Folgenden, ausgewählte Aspekte des Foucault'schen Diskursbegriffs wiederzugeben; anschließend beleuchte ich seine Adaption durch

---

28 Etwa Foucault (2012 [1972]) und Foucault (1977 [1975]).

29 Foucault (1983 [1976], 1989a [1984], 1989b [1984]).

30 Vgl. zur Kritik an den Phaseneinteilungen in Werkabschnitte auch Maset (2002: 14–15) und Kammler, Parr & Schneider (2008: 10–11).

Dietrich Busse und einige andere Erweiterungen und Akzentsetzungen. Wie Spitzmüller & Warnke (2011: 197) plädiere ich für einen offenen Diskursbegriff, denn:

> Immer dort, wo Positionen verfestigt sind, mit Wahrheitsansprüchen auftreten, können sie ‚ideologisch' werden, dort wo ‚Mentalitäten' mit Herrschaftsansprüchen versehen sind, können sie ein Instrument im Gefüge der ‚Gouvernementalität' sein. Auch und gerade Wissenschaft ist davon nicht frei. Gerade deshalb plädieren wir als Wissenschaftler aber nicht für *die* Diskurslinguistik, sondern für *eine* Diskurslinguistik mit offenem Diskursbegriff.

2.6.2 Foucaults Diskursbegriff

Foucaults Diskurskonzept ist nicht bruchlos in die Linguistik übertragen worden, was begründet ist in einem „reduzierten Sprachbegriff" (Busse 1987: 240) Foucaults bzw. in Abgrenzungsversuchen Foucaults gegen die Paradigmen des Strukturalismus (Saussure) und der Generativen Grammatik (Chomsky), mit dem Ergebnis einer gewissen „Sprachfeindlichkeit" (vgl. Busse 1988: 263) seines Diskursbegriffs (siehe dazu ausführlicher Busse 1987: 242–246; Spitzmüller & Warnke 2011: 75–78 oder auch Sarasin 2010: 63–121). Hierzu ein Beispiel:

> Wenn man die Formationen der Gegenstände eines Diskurses beschreibt, versucht man, die hergestellten Beziehungen, die eine diskursive Praxis charakterisieren, aufzufinden, bestimmt man nicht eine lexikalische Organisation oder die Skansionen eines semantischen Feldes [...]. Die Analyse der lexikalischen Inhalte definiert sowohl die Bedeutungselemente, über die die sprechenden Wesen zu einer gegebenen Zeit verfügen, als auch die semantische Struktur, die an der Oberfläche der schon geäußerten Diskurse erscheint; sie betrifft nicht die diskursive Praxis als Ort, an dem eine verschachtelte Vielfalt, die lückenhaft und übereinandergelegt zugleich ist, von Gegenständen sich formiert und deformiert, erscheint und erlischt. [...] [Ich möchte zeigen; Anm. d. Verf.], daß die ‚Diskurse', so wie man sie hören kann und so wie man sie in ihrer Textform lesen kann, nicht, wie man vielleicht erwarten könnte, eine reine und einfache Verschränkung der Dinge und der Wörter sind. [...]; ich möchte zeigen, daß der Diskurs keine dünne Kontakt- oder Reibefläche einer Wirklichkeit und einer Sprache, die Verstrickung eines Lexikons und einer Erfahrung ist; ich möchte an präzisen Beispielen zeigen, daß man bei der Analyse der Diskurse selbst die offensichtlich sehr starke Umklammerung der Wörter und der Dinge sich lockern und eine Gesamtheit von der diskursiven Praxis eigenen Regeln sich ablösen sieht. Diese Regeln definieren keineswegs die stumme Existenz einer Realität, keinesfalls den kanonischen Gebrauch eines Wortschatzes, sondern die Beherrschung der Gegenstände.
> (Foucault 1981 [1969]: 73f.)

Eine Aufgabe von Diskursanalyse sei es, wie von Foucault (1974 [1966]) in *Die Ordnung der Dinge* vorgeführt und in der *Archäologie des Wissens* (Foucault 1981 [1969]) theoretisch-programmatisch untermauert,

> nicht – nicht mehr – die Diskurse als Gesamtheiten von Zeichen (von bedeutungstragenden Elementen, die auf Inhalte oder Repräsentationen verweisen), sondern als Praktiken zu behandeln, die systematisch die Gegenstände bilden, von denen sie sprechen. Zwar bestehen diese Diskurse aus Zeichen; aber sie benutzen diese Zeichen für mehr als nur zur Bezeichnung der Sachen. Dieses *mehr* macht sie irreduzibel auf das Sprechen und die Sprache. Dieses *mehr* muß man ans Licht bringen und beschreiben.
> (Foucault 1981 [1969]: 74)

In den zitierten Textstellen wird Foucaults strukturalistische Sprach- und Bedeutungsauffassung deutlich: Er denkt das sprachliche Zeichen als Signifikant, das nur zur Bezeichnung von bereits gegebenen Sachen dient, die auf Diskurse referieren. In der Sprache bildeten sich schon produzierte Diskurse bzw. diskursiv produzierte Gegenstände nur ab. Demzufolge sei es nicht möglich, sprachliche Handlungen respektive diskursive Praktiken mittels Sprachanalysen als Ort der sprachlich-diskursiven Produktion von Wirklichkeit zu untersuchen. Offenbar hatte sich Foucault Entwicklungen im Zuge des *linguistic turn* und der linguistischen Pragmatik verweigert.

Vor allem in der *Archäologie des Wissens* und in *Die Ordnung des Diskurses* ist der Diskursbegriff von zentraler Bedeutung. Insofern sich Foucault in der *Archäologie des Wissens* durchaus einem sprachlich orientierten Diskursbegriff annähert bzw. die sprachliche Performanz von Diskursen betont[31] – obgleich, wie gesagt, repräsentationistisch gedacht –, ist dies auch der Diskursbegriff, an den sprachwissenschaftliche Arbeiten aus dem Umfeld der linguistischen Diskursanalyse zumeist anknüpfen.

In der *Archäologie des Wissens* bemüht sich Foucault um eine theoretische Klärung der Frage, wie die diskursive Gegenstandsbildung erfasst werden kann. Der Diskurs wird von Foucault (1981 [1969]: 156) definiert als „eine Menge von Aussagen, die einem gleichen Formationssystem zugehören." Aussagen können nach Foucault nicht mit sprachlichen Einheiten gleichgesetzt werden. Zwar würden sie sich in konkreten sprachlichen Zeichen und Äußerungen materialisieren und so erfahrbar werden, als abstrakte Einheiten seien sie aber nicht an eine bestimmte sprachliche Gestalt gebunden. Deshalb ließen sich keine sprachlichen Kriterien für die Definition von Aussagen aufstellen. (Vgl. Foucault 1981 [1969]: 117–122.) In diesem Sinne spricht Dietrich Busse (2013b: 150) statt von Aussagen

31 „[A]uf die allgemeinste und uneindeutigste Weise bezeichnet er [der Terminus Diskurs; Anm. d. Verf.] eine Menge von sprachlichen Performanzen" (Foucault 1981 [1969]: 156).

von „*Wissenssegmenten*, die in verschiedener sprachlicher Gestalt artikuliert werden können."[32] Diskurse seien für Foucault

> in erster Linie als Formationssysteme von Wissenssegmenten wichtig, die [...] die Bedingung der Möglichkeit der Produktion bestimmter Äußerungen steuern. Diskurse stellen damit für ihn ein epistemisch wirksames ‚historisches Apriori' dar, welches die Produktion, das Erscheinen, die Serienbildung, die Formation und die Wirkungskraft von Aussagen steuert. (Busse 2013b: 150)[33]

Dieser Begriffsbestimmung schließe ich mich an.

Aussagen oder Wissenssegmente liegen vor, wenn sich in einer Serie von Zeichen regelhafte, die Zeichen in ihrer Anordnung erscheinen lassende sinnkonstitutive Elemente zeigen (vgl. Foucault 1981 [1969]: 126). Aussagen in ihrer diskursiven Gesamtheit bringen Formationssysteme des Wissens hervor. So gesehen kann man sich den Diskurs auch

> als ein Netz von Aussagen vorstellen, dessen Maschen die ‚diskursive Formation' bilden. Das Formationssystem ist die Struktur, die es erlaubt, dass sich eine bestimmte Form von Wissen zu einem gegebenen Zeitpunkt konstituieren kann oder eben nicht.
> (Spitzmüller & Warnke 2011: 70)

Der Zweck einer Diskursanalyse nach Foucault liegt darin, diese als Diskurse verstandenen Formationssysteme oder Beziehungsnetze über die Analyse von Aussagen – bzw. deren Vergegenständlichungen im Diskurs – in ihrer Verbundenheit zu beschreiben. Ziel ist eine Analyse der Entstehungsbedingungen von Sinn, gesellschaftlichem Wissen und Annahmen über die Wirklichkeit. In historischer Perspektive soll beschrieben werden, wie sich Diskurse und damit die Konstitutionsbedingungen des gesellschaftlichen Wissens und kollektiven Wirklichkeitsbewusstseins verändern.

Für die Analyse von Diskursen schlägt Foucault (vgl. 2012 [1972]: 35) vier Begriffe vor: ‚Ereignis', ‚Serie', ‚Regelhaftigkeit' und ‚Möglichkeitsbedingung'. Diskurse seien als „Ensembles diskursiver Ereignis se" (Foucault 2012 [1972]: 36) zu behandeln. Ein Ereignis steht für das Moment des zufälligen unerwarteten Erscheinens eines Wissenssegmentes in der Geschichte. Würden sie häufiger in bestimmten Diskursbereichen auftreten, könnten die Ereignisse Serien bilden und damit zu „Keimzellen diskursiver Formationen" (Busse 2013b: 150) werden. Unter Serien versteht Foucault (2012 [1972]: 37) „homogene, aber zueinander dis-

32 In linguistischer Perspektive kann man sich Aussagen als Abstraktionen aus dem Vorkommen von einzelnen konkreten sprachlichen Einheiten vorstellen. Dies entspricht der Unterscheidung zwischen Token und Type.

33 Vgl. dazu ausführlicher u. a. Busse (1987: 222ff.) und Busse (2003a: 23f.).

kontinuierliche“ Beziehungen zwischen den Ereignissen, was er als Gegenentwurf zu Kontinuitätssetzungen der Geschichtsschreibung, besonders der Ideengeschichte, konzipiert. Diese Beziehungen seien weder kausal erklärbar noch auf „Vorstellungen hinter den Diskursen“ (Foucault 2012 [1972]: 38) (wie Ideen) zurückführbar. Vielmehr sei das Auftreten der Ereignisse konstituiert durch Regelhaftigkeiten oder Muster, zu denen sich die Diskursserien verdichteten, womit sich zugleich neue diskursive Formationen etablierten (vgl. Busse 2013b: 150). Die diskursiven Formationen wirkten als

> Möglichkeitsbedingungen der Produktion zukünftiger, thematisch benachbarter diskursiver Ereignisse. Sie steuern nicht nur das aktuale Auftreten, sondern die Auftretensmöglichkeit einzelner epistemischer Elemente in bestimmten Kontexten überhaupt.
> (Busse 2013b: 150)

Eine Wissensgeschichte nach Foucault sucht also

> nicht die Ereignisse in der formlosen Einheit eines großen – einigermaßen homogenen und starr hierarchisierten – Werdens, in der Relation von Ursache und Wirkung, zu verstehen; aber es geht auch nicht darum, Strukturen zu finden, die dem Ereignis vorausliegen, ihm fremd und feindlich sind. Es gilt, die verschiedenen, verschränkten, oft divergierenden aber nicht autonomen Serien zu erstellen, die den „Ort“ des Ereignisses, den Spielraum seiner Zufälligkeit, die Bedingungen seines Auftretens umschreiben lassen.
> (Foucault 2012 [1972]: 36)

Die herausgestellten Aspekte des Foucault’schen Diskursbegriffs lassen sich wie folgt zusammenfassen: Diskurse werden von Foucault (2012 [1972]: 38) letztlich als „geregelte und diskrete Serien von Ereignissen“ aufgefasst, „in deren Analyse es vor allem auf die Identifizierung von Regelmäßigkeiten [oder Musterhaftigkeiten; Anm. d. Verf.] ankommt“ (Busse 2013b: 150), um auf diese Weise die diskursiven Formationen zu rekonstruieren. Die Regelhaftigkeiten sind an eine Materialität gebunden, die Foucault in der *Archäologie des Wissens* noch hauptsächlich als sprachlich denkt, allerdings in einem abbildungstheoretischen Sinne (sprachlich performierte Diskurse sind Abbilder von in diskursiven Praktiken hergestellten Gegenständen). Es geht aber nicht um Entitäten als kontextunabhängige „Urbilder“ hinter dem Diskurs, die prädiskursiv den sinnlich wahrnehmbaren Gegenständen zugrunde liegen, sondern um das, was im Diskurs hervorgebracht wurde. Gegenstand von Diskursanalysen sind das Erscheinen (und Nicht-Erscheinen) von Aussagen, Ereignissen, Wissenssegmenten in ihrer spezifischen sprachlichen Materialität in bestimmten Handlungszusammenhängen, die auf „Möglichkeitsbedingungen von Regeln der Aussagen befragt und hinterfragt“ (Spitzmüller & Warnke 2011: 123) werden. Es geht darum, „für die jeweilige historische Situation herauszufinden, was die Bedingungen sind, dass das, was gesagt und getan wurde, so geschehen ist und warum nichts Anderes geschehen ist, gesagt wurde bzw. möglich war zu sagen oder zu tun“ (Wengeler 2013b: 62). Oder, mit Foucaults (1981 [1969]: 42) eigenen Worten: „Die Beschreibung der diskursiven Ereignisse stellt eine völlig andere Frage: Wie kommt es, daß eine bestimmte Aussage erschienen ist und keine andere an ihrer Stelle?“

Auf den nächsten Abschnitt vorausgreifend sei noch darauf hingewiesen, dass der Diskursbegriff seitens der Linguistik bzw. linguistischen Diskursgeschichte eher als „*erkenntnistheoretische* Kategorie wie als [...] sozialhistorisch-‚archäologisch‘-machtkritische Kategorie“ (Busse 2013a: 33) interessiert. Der philosophisch-erkenntnistheoretische Anspruch Foucaults komme darin zum Tragen, dass der Diskursbegriff „in die alte Dichotomie ‚Sprache vs. Denken‘ als dritte Kategorie, als zusätzliche Ebene eingezogen wird, die, Foucaults berühmtem Diktum folgend, ‚zwischen Denken und Sprache‘ residiert und wirkt“ (Busse 2013a: 33). Angespielt wird auf die Ebene des Sozialen und auf die zentrale Frage nach der Wirksamkeit der Gesellschaft (ihres Gefüges, ihrer Strukturen und Machtbeziehungen) in der Sprache, im Denken und Wissen der Menschen (eine Frage, die auch schon Humboldt, Saussure oder Wittgenstein gestellt haben) (vgl. Busse 2013a: 34). Denken und Wissen erscheinen als etwas sozial und historisch Gewordenes und damit grundsätzlich als etwas Relatives. Mit dieser erkenntnistheoretischen Haltung, mit der Idee vom Diskurs als Ebene zwischen Denken und Sprache, richtet sich Foucault gegen die Vorstellungen der intellektuellen Freiheit, des freien Willens und der Autonomie der Subjekte (was nicht heißen soll, dass Foucault sich nicht fragte, wie wir Menschen frei leben können).[34]

Wengeler (2013b: 63) betont im angedeuteten Zusammenhang, dass Foucault in der *Archäologie des Wissens* den Diskurs sehr deterministisch anlegt: „Es wird den sich im Diskurs ausdrückenden Regelhaftigkeiten die Möglichkeit unterstellt, die historisch wissbaren und sagbaren Wissensformationen zu tragen, die also aus den sprachlichen Regelhaftigkeiten auch zu erschließen sind.“ Ganz so deterministisch wird der Diskurs in der linguistischen Diskursgeschichte nicht gesehen. Ich gehe davon aus, dass die sozialen Akteure in ihrem Denken bzw. ihrer Erkenntnisfähigkeit und ihrem Wissen sozial geprägt sind, dass sie aber mit ihren Absichten und Intentionen in Interdependenz zu den diskursiven Beziehungen

---

34 „Foucault interessiert das Wissen aber nicht in seiner schlichten Gegebenheit, sondern gerade in den Bedingungen seines Erscheinens, und damit in seiner historischen und gesellschaftlichen Relativität, die sich erst nachträglich als determinierte Folge von durch Individuen nicht steuerbaren und beherrschbaren Einflüssen darstellt. Der in Foucault (1969) so oft gebrauchte Terminus der Positivität meint gerade die Normativität epistemischer Strukturen; er soll gerade die gesellschaftliche Bedingtheit des Wissens und seiner Strukturen und Bewegungen herausstellen“ (Busse 2013a: 35).

oder Formationen stehen (siehe zu den Diskursakteuren ausführlicher Kap. 2.7.3). Erst in späteren Werkabschnitten, auf die ich mich jedoch nicht beziehe, kommt dem Subjekt und seinem Handeln im Foucault'schen Denken mehr Bedeutung zu, allerdings wendet sich Foucault dann auch von sprachlichen Erscheinungen von Diskursen ab und widmet sich den nicht-diskursiven/außersprachlichen Praktiken. Wie eingangs betont: Sprache und Handeln gehen bei Foucault nicht zusammen.[35]

2.6.3 Linguistischer Diskursbegriff

Bei allen seinen Bemühungen um Abgrenzung von der Sprachwissenschaft sind es vor allem die erkenntnistheoretischen Implikationen und das Interesse Foucaults an der diskursiven Erzeugung von Wissen und Wirklichkeit, was den Diskursbegriff und die Diskursanalyse für die Linguistik interessant macht. Und insofern ein Sprachbegriff zugrunde gelegt wird, der Sprache als gesellschaftliche Praxis auffasst, ist das Foucault'sche Diskurskonzept auch anschlussfähig an die Sprachwissenschaft. So betonen Spitzmüller & Warnke (2011: 40), die gegenstandskonstitutiven diskursiven Praktiken sind „im Sinne sprachlicher Handlungen zu verstehen, die Aussagen und Wissen hervorbringen." Foucaults (1981 [1969]: 74) Bestimmung von Diskursen als Praktiken, „die systematisch die Gegenstände bilden, von denen sie sprechen", kann im linguistischen Sinne also ergänzt werden um den Gesichtspunkt, dass im sprachlichen Handeln jene Dinge geschaffen werden, von denen gesprochen wird, wobei dieses sprachliche Handeln, wie eben erwähnt, als diskursive Praktik aufzufassen ist.

Die linguistische Diskursgeschichte folgt im Wesentlichen der Lesart und sprachwissenschaftlichen Revision des Foucault'schen Diskurkonzepts durch Dietrich Busse (1987). Mit der Adaption des Diskurkonzeptes von Foucault im Rahmen seiner Erarbeitung des Ansatzes der historischen Diskurssemantik liefert Busse wichtige theoretische Grundlagen für eine linguistisch-diskursgeschichtliche Analyse des gesellschaftlichen Wissens und gesellschaftlicher Konstruktionen von Wirklichkeit durch Sprache, indem er den Zusammenhang zwischen Sprache als Handeln, kommunikativer Bedeutungs- und Wissenskonstitution als gesellschaftlicher Wirklichkeitskonstruktion und dem Diskurskonzept Foucaults

---

35 Wengeler (2013b: 64) merkt hierzu an, dass der Foucault'sche Diskursbegriff für eine linguistische Diskursanalyse nur bedingt brauchbar sei, „[d]enn soweit es bei ‚Diskursen' um Sprache geht, geht es um die Gesamtheit, die ‚Regelhaftigkeit' der Realisierungen der im ‚System' angelegten Möglichkeiten. Der Handlungsaspekt spielt dabei keine Rolle. Wo dieser dann eine Rolle spielt, geht es eher allgemein um kulturelle Praktiken, aber nur noch am Rande um Sprache."

herausstellt. Busse & Teubert (1994) sowie Fritz Hermanns (1995) stellen darüber hinaus wegweisende Überlegungen zu der Frage an, auf welche linguistisch beschreibbaren Gegenstandsbereiche Diskurse im Rahmen konkreter Forschungsprojekte begrenzt werden können. Eine grundlegende praxisorientierte Fortschreibung des historisch-diskurssemantischen Ansatzes leistet außerdem Matthias Jung (1996, 2000, 2011). Insgesamt liegt mit den genannten Texten ein sprachtheoretisch fundierter und forschungspraktisch modifizierter Diskursbegriff im Anschluss an Foucault vor. Auf Basis des gegenwärtigen Forschungsstandes möchte ich diesen Diskursbegriff im Folgenden kurz rekapitulieren und so wieder ins Bewusstsein bringen.

2.6.3.1 Begriffsgeschichte als Anstoß

Ein Movens des Wirkens von Busse (1987) ist es, die historisch-semantische Forschung, präzis: die historiographische Begriffsgeschichte, mit sprachtheoretischen Grundlagen zu unterfüttern. Ohne hier die Kritik an der historischen Semantik in Form der *Geschichtlichen Grundbegriffe* bezüglich theoretischer Annahmen und des methodischen Vorgehens seitens der Sprachwissenschaft im Einzelnen wiederholen zu wollen, sei dazu nur so viel gesagt: Reinhart Koselleck geht davon aus, dass „Begriffe" (gemeint sind Wörter mit herausgehobener historischer Bedeutung) historische Aussagekraft haben und dass in der Semantik politisch-sozialer „Begriffe" menschliche Erfahrungsbestände und geschichtliche Wirklichkeiten liegen, die über die Auffächerung des Bedeutungsgehaltes der „Begriffe" erschließbar sind. Die Analyse des Gebrauchs und der Bedeutung politisch-sozialer „Begriffe" ist nach Koselleck von sozialgeschichtlichem Wert. In den „Begriffen" ließen sich soziale und politische Zustände erkennen. (Vgl. Koselleck 1979a: 19–23.) Koselleck (1979a) behandelt „Begriffe" als „Indikatoren für politisch-sozialen Wandel" (S. 23) sowie als „Faktor" (S. 29) sozialer und politischer Veränderungen (die Funktion von „Begriffen" als „Spiegel" der Wirklichkeit wird stärker betont). Bedeutungsveränderungen hergebrachter „Begriffe" würden nicht nur auf historischen Wandel schließen lassen, sondern auch den Erfahrungsraum verändern und neue Erwartungshorizonte setzen, weshalb der „Kampf um die ‚richtigen' Begriffe" an „sozialer und politischer Brisanz" (Koselleck 1979a: 23) gewinne. Besonders in Krisenzeiten gehe es um die Definition, Aufrechterhaltung und Durchsetzung politischer oder sozialer Positionen mittels semantischer Kämpfe (vgl. Koselleck 1979a: 24). Aus seinen Überlegungen leitet Koselleck die Forderung ab,

> daß nämlich soziale und politische Konflikte der Vergangenheit im Medium ihrer damaligen begrifflichen Abgrenzung und im Selbstverständnis des vergangenen Sprachgebrauchs der beteiligten Partner aufgeschlüsselt werden müssen.
> (Koselleck 1979a: 24)

Trotz des Interesses am Sprachgebrauch vergangener Epochen und an den sich in der Semantik von „Begriffen" zeigenden Erfahrungs- oder Wissensbeständen und geschichtlichen Wirklichkeiten fällt die Begriffsgeschichte auf einen „isolierten Wortbedeutungsbegriff" (Busse 2003a: 18), d. h. auf eine reduktionistisch verfahrende Semantik, zurück, so die geläufige Kritik am Begriffs-Begriff. Das Erkenntnisinteresse der Begriffsgeschichte geht nicht mit der Betonung der Darstellungsfunktion von „Begriffen", die damit zu Paten der Realgeschichte herabgestuft werden, überein (vgl. Busse 1987: 52 und Wengeler 2003: 14). Insbesondere Dietrich Busse traut einer solchermaßen sprach- und bedeutungstheoretisch unreflektierten und der isolierten Analyse einzelner Wörter verpflichteten Methodik eine historisch-epistemologische Erkenntnisleistung nicht zu. Eine andere Schwäche des begriffsgeschichtlichen Paradigmas wird in der Beschränkung des Quellenmaterials auf sogenannte Höhenkammliteratur gesehen. Damit sei die Begriffsgeschichte Ideengeschichte geblieben (die sie aber nicht sein will).[36]

In kritischer Auseinandersetzung mit der Begriffsgeschichte entwickelt Busse eine handlungstheoretisch begründete Bedeutungstheorie, ein Modell kommunikativen Handelns, das die Bedingungen für und das Funktionieren von Entstehung, Tradierung und Veränderung sprachlicher Bedeutung oder sprachlichen Sinns erklärt. Das Modell bietet eine sprach-, bedeutungs- und diskurstheoretisch fundierte Erklärung dafür, weshalb die Analyse sprachlicher Phänomene geeignet ist, etwas über gesellschaftliches Wissen, kollektives Wirklichkeitsbewusstsein und sprachlich-diskursive Gegenstandskonstruktionen in Erfahrung zu bringen. Als Historiographie des gesellschaftlichen Wissens und kollektiven Wirklichkeitsbewusstseins benötigt die linguistische Diskursgeschichte eine solche Begründung.

2.6.3.2 Sprache und Bedeutungskonstitution

Der dieser Arbeit zugrundeliegende Sprachbegriff und der Vorgang der Bedeutungskonstitution sind in der menschlichen Interaktion verankert. Demnach ist

---

36 Vgl. zur sprachwissenschaftlichen Kritik an den *Geschichtlichen Grundbegriffen* ausführlicher Busse (1987: 43–76). Bereits Peter von Polenz (1973) kritisiert – m. W. als Erster – den Begriffs-Begriff des Lexikons, die nicht am alltäglichen Sprachgebrauch orientierte Quellenauswahl und Weiteres aus linguistischer Sicht.

Sprache ein „Instrumentarium zeichenhafter Mittel", „dessen sich Menschen zu Zwecken der Kommunikation und wechselseitigen Information bedienen" (Busse 2013b: 151). Sprachliche Laute und Zeichen haben allerdings keine feste Bedeutung, die zu den genannten Zwecken in Äußerungen zwischen den an der Kommunikation Beteiligten ausgetauscht werden kann. Vielmehr schafft ein Sprecher, indem er sich mündlich oder schriftlich äußert, „künstlich Wahrnehmungsereignisse (Artefakte)", so Busse (2013c: 152), die ein Hörer interpretieren muss, um ihre Bedeutung, den vom Sprecher intendierten Sinn, zu verstehen.[37] Eine sprachliche Äußerung kann daher beschrieben werden als „‚Schaffen von Wahrnehmungsereignissen als Basis für interpretative Schlussfolgerungen für andere (Menschen)'" (Busse 2013b: 152). Insofern ist Sprache Medium „zwischen den unmittelbar nicht zugänglichen Denkwelten der an einer kommunikativen Interaktion beteiligten Individuen" (Busse 2013b: 151). Und sprachliche Bedeutung ist somit das Ergebnis von Sprachverwendung und Interpretation.

Das Verstehen zu Gehör gebrachter Laute oder visuell wahrnehmbarer sprachlicher Zeichen bzw. das Verstehen einer Äußerung und des vom Sprecher intendierten Sinns kommt durch interpretierende Schlussfolgerung zustande. Dieser Deutungsakt ist situations- und kontextgebunden, d. h. relativ einzigartig, da kommunikative Situationen und Kontexte in ihren spezifischen Konstellationen im Moment der Äußerung nicht wiederholbar sind. Sprachliche Bedeutung ist somit nur im Augenblick der einzelnen kommunikativen Handlung, d. h. im Augenblick der Schaffung und Interpretation eines sprachlichen Artefakts in bestimmten Situationen und Kontexten, gegenwärtig. Nur in diesen kann Sprache Bedeutung haben. Dauerhafte Bedeutungen existieren nicht. Bedeutung erscheint hiernach als Funktion oder Effekt der Interpretation und der Beziehungen der Äußerungshandlung zu den Situations- und Kontextfaktoren. Für die historisch-semantische Analyse von Diskursen folgt aus dieser Prämisse, dass im Grunde für jede einzelne sprachliche Handlung sämtliche Situations- und Kontextfaktoren rekonstruiert werden müssen, um eine sprachliche Bedeutung vollständig zu erschließen. (Vgl. Busse 2013b: 151–153.)

2.6.3.3 Verstehen und verstehensrelevantes Wissen

Verstehen zwischen Menschen gelingt nur, weil kommunikative Interaktion in gesellschaftliche Handlungsmuster eingebettet ist, die Menschen im Laufe ihrer

---

37 Busse (vgl. 2013b: 152) spricht neuerdings statt von Sprecher und Hörer vom „Arrangeur" (Sprecher) und vom „Wahrnehmenden" oder „Interpreten" (Hörer), was m. E. den Rollen der am Kommunikationsprozess Beteiligen gerechter wird.

Sozialisation erlernen. Intersubjektive Erschließung von Sinn wäre anders nicht möglich. Das Eingebundensein in einen übergreifenden Handlungskontext kann man mit Wittgenstein *Sprachspiel* nennen. Erst die regelhafte Verwendung von Sprache in kommunikativen Handlungen stellt sicher, dass der kommunikative Zweck erreicht wird, „durch das Schaffen [von] Wahrnehmungsereignisse[n] die Aktvierung von bestimmten Sektionen von verstehensrelevantem Wissen durch die (angezielten) Wahrnehmenden (Interpreten) zu induzieren" (Busse 2013b: 153), d. h. einen intendierten Sinn zu evozieren. Mit *verstehensrelevantem Wissen* ist jenes Wissen gemeint, das ein Verstehen der Bedeutung sprachlicher Einheiten seitens des Hörers im vom Sprecher gemeinten Sinne ermöglicht. „Sprachwissen", das Wissen über die „Zeichengebrauchskonventionen" (Busse 2013b: 155), ist nur ein Teil dieses lebenspraktisch erworbenen verstehensrelevanten Wissens einer Diskursgemeinschaft, das im kommunikativen Handeln zur Anwendung kommt und auf dessen Boden Bedeutungen intersubjektiv konstituiert werden. Es kann aus den Wissens-Voraussetzungen sozialer Verständigung nicht als Bedeutung isoliert werden (vgl. Busse 1987: 306).

Wenn Sprecher ihre kommunikativen Ziele erreichen wollen, müssen sie ein komplexes Wissensnetz berücksichtigen, das dem Hörer als Prämisse seiner interpretierenden Schlussfolgerung aus dem Geäußerten dient. Im Vollzug der sprachlichen Handlung formieren sich die einzelnen epistemischen Elemente zu einer Matrix (bzw. zu einem Begriff/Schema/Wissensrahmen), welche die verstehensrelevanten Voraussetzungen der kommunikativen Handlungen zu einem Sinnganzen zusammenfassen. In einer Partnerhypothese unterstellt der Sprecher, dass die Wissens-Voraussetzungen beim Hörer vorliegen und von diesem rekonstruiert werden können, um den Sinn der Äußerung in der vom Sprecher erwarteten Weise zu erschließen. Aus dieser Erwartung mit dem Ziel, ein Verstehen beim Hörer herbeizuführen, ergibt sich die Auswahl der epistemischen Elemente. Der Hörer wiederum muss den vom Sprecher hergestellten Sinnzusammenhang auf der Basis der ihm als gegeben unterstellten epistemischen Voraussetzungen nachvollziehen; darin liegt seine ein Verstehen des Geäußerten bedingende interpretative Leistung. (Er kann auch seinerseits nur Vermutungen darüber anstellen, wie er zu verstehen hat, d. h. welches für das Verstehen relevante Wissen ihm seitens des Sprechers als gegeben unterstellt worden ist.) Sprecher und Hörer unterstellen sich den Sinnhorizont also wechselseitig. Handlungsvollzug und Handlungsnachvollzug bilden zusammen die kommunikative Interaktion, als Prozess der intersubjektiven Sinnsetzung und -erschließung bzw. Begriffsbildung oder Gegenstandskonstitution. Ob eine sprachlich konstituierte Bedeutung im gemeinten Sinn verstanden worden ist, ob der Hörer aufgrund der verstehensrelevanten „Mitgift" (die ihm unterstellt worden ist und über die er vermutet, *dass* sie ihm unterstellt worden ist) die richtigen Schlussfolgerungen gezogen hat, zeigt sich im Gelingen oder Nicht-Gelingen der Kommunikation.[38] (Vgl. Busse 1988: 253–255.)

Jede einzelne Äußerung ist demnach Symptom für das wechselseitig unterstellte verstehensrelevante Wissen der sprachlich Handelnden. Das komplexe Beziehungsnetz des gesellschaftlichen Wissens ist nicht als Ganzes zu erfassen, sondern allein durch interpretative Rekonstruktionen einzelner sprachlicher Handlungen und der darin wirkenden Faktoren, die im Einzelfall zur Bedeutungskonstitution beitragen, beschreibbar. Nach Busse (1987: 306) sind „[s]ämtliche Faktoren" zu untersuchen, „welche durch ihre Kombination in einer kommunikativen Handlungsmatrix wirksam werden, in ihrer Funktion und ihrem Anteil am Zustandekommen des konstituierten Sinns." Im Rahmen linguistischer Diskursanalysen sei festzustellen, inwiefern verstehensrelevantes Wissen in die „individuellen Deutungsakte sprachlicher Einheiten einfließt" bzw. in die einmalige situations- und kontextgebundene Bedeutungskonstitution eingeht, und es müsse beschrieben werden, auf welche Weise die verwendeten sprachlichen Mittel

> dabei wirksam werden und *detailliert, genau wie* und *aufgrund welcher Strukturen und Relationen* innerhalb der Zeichen-Verkettungen sie dazu beitragen, eben genau ein bestimmtes (und nicht irgendein) Wissen zu evozieren, und zwar eines, das in einer bestimmten (und eben nicht: in einer beliebigen) Struktur aktiviert wird.
> (Busse 2013c: 157)[39]

Wie dargelegt, lässt sich die Bedeutung einer sprachlichen Einheit definieren als die Möglichkeit, durch das Evokationspotential sprachlicher Äußerungen aufgrund ihrer regelhaften Verwendung beim Rezipienten bestimmte verstehens-

---

38 Folgende Typen verstehensrelevanten Wissens sollten intersubjektiv mindestens gegeben sein, „wenn ein Sprecher sein Ziel, einen bestimmten Sinn in einem Publikum hervorzurufen, erfüllen will" (Busse 1988: 255) (hier in leichter Abänderung wiedergegeben): Wissen über die Handlungssituation, Wissen über das Wissen der Kommunikationsteilnehmer, Wissen über soziales Normverhalten/gesellschaftliche Handlungsmuster, Wissen über das, was dem kommunikativen Ereignis an sprachlichen Handlungen vorausgegangen und was dafür von Bedeutung ist, Wissen über den Relevanzbereich/thematischen Fokus/Diskurs, Wissen über die Handlungsziele, -motive, -absichten, -intentionen, Wissen über die sprachlichen Handlungsmittel (z. B. sprachliches Regelwissen oder lexikalisches Wissen). (Vgl. dazu Busse 1988: 255 und ausführlicher Busse 1987: 145–174.)

39 Busse schlägt in seinen neueren Arbeiten vor, dieses Wissen in seinen Beziehungen mit den Mitteln einer linguistischen Epistemologie, wie er diese Forschungsrichtung in Abgrenzung zu seinen früheren Arbeiten zur Diskurssemantik – die er aber in einer engen Verbindung sieht – nennt, zu untersuchen. Im Kern entspricht dies einer framesemantischen Analyse von Diskursen, wie sie in Busse (2012) ausführlich dargestellt wird. Auch Alexander Ziem (2008a, 2008b, 2013a) verbindet linguistische Diskursanalyse mit Frame-Semantik.

ermöglichende Wissenssegmente zu aktivieren. Entscheidend ist, dass sprachliche Zeichen durch ihre konventionelle Verwendung an solche Wissensbestände gekoppelt sind, was es erlaubt, den Vorgang der Bedeutungskonstitution im kommunikativen Handeln aus seiner Einmaligkeit zu lösen, d. h. sprachliche Bedeutung unabhängig von jenen Wissensbestandteilen zu betrachten, die situations- und kontextbezogen aktiviert werden. Hieraus resultiert jedoch nicht, dass die Bedeutung einer sprachlichen Einheit ohne Situations- und Kontextwissen vollständig erschlossen werden kann.[40]

Nachdem dargelegt wurde, was als ‚Sprache' bzw. ‚sprachliche Bedeutung' angesehen wird und wie bzw. durch welche potentiellen Faktoren sprachliche Bedeutung entsteht, muss im Hinblick auf eine historische Analyse wie die hier beabsichtigte noch genauer geklärt werden, inwiefern und wodurch Bedeutung stabil bleibt und sich ändert und welche Folgen dies für das gesellschaftliche Wissen hat.

2.6.3.4 Kontinuität und Wandel von Bedeutung und Wissen

Es wurde festgestellt, dass sprachliche Bedeutung ein äußerst flüchtiger Effekt der Interpretation sprachlicher Äußerungen in nicht wiederholbaren Situationen und Kontexten ist. Somit ist die „Kontinuität sprachlicher Bedeutungen durch die Zeit eigentlich eine Fiktion" (Busse 1988: 257). Der einzigartige kommunikative Akt der Bedeutungskonstitution vollzieht sich aber, wie im Kapitel zuvor bereits erwähnt, nach gesellschaftlichen Handlungsmustern und es fließen relativ beharrliche, als selbstverständlich unterstellte, zwischen den Menschen ein Verstehen ermöglichende Wissenselemente ein. Was nun den Eindruck von Bedeutungskontinuität erweckt, und damit ja die gesellschaftliche Verständigungsmöglichkeit sichert, ist

---

40 Busse (2013b: 154) selbst fasst seinen Bedeutungsbegriff heute wie folgt zusammen: „Was wir üblicherweise die ‚Bedeutung' eines sprachlichen Zeichens (und, daraus abgeleitet, die Bedeutung von strukturierten Gebilden aus sprachlichen Zeichen, wie Sätze, Satzteile, Textteile und Texte, bzw. sprachliche ‚Äußerungen') nennen, ist wissensanalytisch gesehen das auf Konventionen und in einer Kommunikationsgemeinschaft geteilten Kommunikations- bzw. Symbolische-Interaktions-Erfahrungen beruhende Potential physisch realisierter Wahrnehmungs-Ereignisse (bzw. -objekte), in regelmäßig erwartbarer (und wiederholbarer, iterierbarer) Weise als Basis schlussfolgernder (inferenzieller) interpretativer Aktivitäten der Rezipienten (Wahrnehmenden) die Aktivierung eines bestimmten Wissens bei diesen Rezipienten zu induzieren (‚evozieren'), oder zumindest nach Maßgabe des gemeinsamen, konventionellen gesellschaftlichen Wissens geeignet zu sein, diese Aktivierung regelmäßig induzieren zu können. Damit bekommt das Verhältnis von ‚Bedeutung' (sprachlicher Instrumente) und gesellschaftlichem Wissen eine zentrale Rolle für jede linguistische Semantik und Sprachverstehenstheorie und damit indirekt auch für jede (text-)semantische und diskursanalytische Forschung."

die Musterhaftigkeit des sprachlichen Handelns (vgl. Busse 1988: 257). Musterhaft zu handeln heißt,

> gemäß den Erfahrungen zu handeln, die man mit bestimmten Handlungsweisen in Präzedenzfällen gemacht hat, die dem vorliegenden Handlungsproblem (der Situation) analog sind. Da kommunikatives Handeln (wie jede soziale Interaktion) immer auf Koordination abzielt, muß der Handelnde seine Handlungen an den erwartbaren Reaktionen seiner Partner ausrichten. Die Wahrscheinlichkeit des Erreichens des Handlungsziels (der Verständigung) ist umso größer, je verläßlicher die erwarteten Reaktionen des Publikums sind. Die Verläßlichkeit einer Handlungsweise steigt, je größer die Zahl der schon erlebten erfolgreichen analogen Präzedenzfälle ist; d. h. je regelmäßiger sie ist.
> (Busse 1988: 258)

Wenn also ein bestimmter Sinn auf eine bestimmte Weise, d. h. in bestimmten sprachlichen Handlungen, mit bestimmten sprachlichen Mitteln, immer wieder – regelmäßig – erfolgreich realisiert worden ist, kann man von einem sprachlichen Handlungsmuster sprechen. Und was als stabile Bedeutung erscheint,

> ist die Fortdauer einer gesellschaftlich gebundenen Praxis; es ist die Konsistenz einer Handlungsweise, einer aus den Analogien gemeinschaftlicher kommunikativer Handlungen gewonnenen Handlungsanweisung, die nur solange Bestand hat, wie die Handlungen (annähernd) gleich bleiben.
> (Busse 1988: 259)

Eine sprachliche Handlung lässt sich demnach fassen als eine wiederkehrende Äußerungsweise, entstanden durch frühere Erfahrungen mit dem Gelingen oder Misslingen kommunikativer Akte (d. h. mit ihrer Zweckerfüllung) bzw. als wiederkehrende Äußerungsweise auf der Grundlage der in einer Diskursgemeinschaft von den Diskursteilnehmern für wahrscheinlich gehaltenen Verhaltensnormen, in denen sich verstehensrelevantes Wissen verdichtet, das in der sprachlichen Handlung zur Anwendung kommt und die Sprachzeichen interpretativ sinnvoll zu machen erlaubt. Das verstehensrelevante Wissen ist, wenn man so will, ein Wissen aus kommunikativen Erfahrungen darüber, wie künftig in ähnlichen Handlungszusammenhängen erfolgreiche kommunikative Interaktion stattfinden kann, woran sich dieses zukünftige sprachliche Handeln orientiert. Da eine Äußerungsweise „fortlaufend ausgeübt wird, bleibt sie im Gedächtnis der Subjekte einer Sprachgemeinschaft präsent und kann dadurch ihren Anleitungscharakter behalten" (Busse 1988: 259).

Das heißt, wenn Äußerungen seriell erscheinen, bilden sie deshalb zugleich Konventionen (Handlungsmuster) der Sinnkonstitution, in denen sich die persönlichen Kommunikationserfahrungen der Individuen aus vergangenen Handlungen als organisierte Wissenkomplexe sedimentieren. Diese lenken wiederum die individuelle Wahrnehmung und steuern das zukünftige Verhalten des Einzelnen, sie sind also handlungsleitend und -koordinierend. Neue individuelle Erfahrungen werden durch dieses sozial überformte „Raster" gedeutet und in es eingeordnet (*Assimilation*). Gleichzeitig verändert jede sprachliche Handlung, insofern sie einmalig ist, die kommunikativ konstituierten und daher sozial überformten Wissenskomplexe, die dementsprechend auch immer wieder an die neuen Erfahrungen angepasst werden (*Akkommodation*).[41]

Sprachliches Handeln nach gesellschaftlichen Handlungsmustern bzw. eine Bedeutung ist umso stetiger, je mehr sprachliche Musterfälle es gibt. Je öfter sich die Menschen regelhaft verhalten haben, desto ausgeprägter ist ein handlungsleitendes Wissenssegment und desto stärker ist die intersubjektive Verlässlichkeit des Handelns. Im intersubjektiv begründeten seriellen Handeln liegt nach Busse (1988: 259) die „diachrone Komponente sprachlichen Handelns."

Da sprachliches Handeln in immer anderen Situationen und Kontexten, unter immer anderen Voraussetzungen, stattfindet, ist in der Assimilation die Veränderung der Bedeutungen, des Wissens, der Wirklichkeitswahrnehmung und der Handlungsmuster angelegt. Der Wandel ist ein inhärenter Vorgang des menschlichen Verständigungsprozesses.[42] Er steht in Relation zu geschichtlichem Wandel. Gerade disruptive Ereignisse wie „Krisen", in denen die Einheit des sozia-

---

41 Die Begriffe ‚Assimilation' und ‚Akkommodation' sind aus der kognitiven Entwicklungs- oder Lerntheorie bekannt. Die Konvergenz ist offenkundig, ohne dass sich Busse explizit darauf beruft. Einer der führenden Vertreter der kognitiven Entwicklungstheorie ist Jean Piaget. Piaget nimmt an, dass Handlungsweisen in Schemata zusammengefasst werden. Busse nennt solche kognitiven Schemata in seinen ersten Ausführungen *Matrix*, später dann *Begriffe*, *Schemata* oder *Wissensrahmen*. Als organisierte Wissenskomplexe stellen solche Schemata typische Zusammenhänge einer „Erfahrungsgeschichte" oder eines Wirklichkeitsbewusstseins dar. Sie repräsentieren generalisierte Erfahrungen, die in der Interaktion mit der Welt oder eben in der zwischenmenschlichen kommunikativen Interaktion gemacht worden sind. Unter ‚Assimilation' versteht Piaget nun die Einordnung von Erfahrungen/aus der Erfahrung erworbenem Wissen in vorhandene Schemata; d. h. Erlebnisse werden auf der Basis vorhandener kognitiver Strukturen gedeutet. Menschliche Wahrnehmung vollzieht sich folglich nur in den Bahnen existierender Deutungsmuster. Assimilation ist somit stets auch eine Reduzierung neuer Erfahrungen. Unter ‚Akkommodation' versteht Piaget, dass die Schemata gleichzeitig durch zusätzliche neue Erfahrungen der Umwelt angepasst werden. Wissenserwerb ist hiernach zwar ein individueller Prozess. Der Mensch interpretiert die Welt vor dem Hintergrund seines Vorwissens bzw. bestehender Wissensstrukturen oder Schemata. Daraus leitet er Auffassungen und Konzepte von der Wirklichkeit ab. Die „objektive Wirklichkeit" wird also subjektiv organisiert. In der Kommunikation erlangt das Wissen aber kollektive Verbindlichkeit. Im Grunde beschreibt Busses Modell unter diesem Gesichtspunkt einen Zusammenhang, den man als „kommunikative Vergesellschaftung des Subjektes" fassen könnte.

42 „Keine Handlungssituation ist mit einer anderen völlig identisch; in der Übertragung der Erfahrung einer erfolgreichen Handlungsweise (in Präzedenzfällen) auf eine neue Situation ist die

len Handlungszusammenhanges bricht bzw. unterbrochen wird, lassen vermuten, dass in Krisenzeiten aufgrund von Wissensverschiebungen auch ein Wandel sprachlicher Muster, ein Bewusstseinswandel, beobachtbar ist.[43] Jedenfalls ist die „Annahme eines bestimmten Wissensausschnitts (eines Sachverhalts etc.), der für eine bestimmte Gruppe von Menschen über eine bestimmte Zeit hin beständig bleibt, [...] ein Idealkonstrukt" (Busse 1987: 292).

Schon *eine* Veränderung der im sprachlichen Handeln verknüpften verstehensrelevanten Voraussetzungen des Wissens bewirkt nach Busse potentiell semantischen Wandel bzw. kann zu neuen Verknüpfungen des Wissens führen und somit, „wenn sie sich intersubjektiv durchsetzen, die Handlungsmuster verändern" (Busse 1987: 307). So wird erklärbar, dass selbst das sprachliche Handeln einzelner Akteure im Diskurs und die zugrundeliegenden Absichten wie Intentionen einen gewissen Einfluss auf Bedeutungsveränderungen usw. haben. Allerdings ist davon auszugehen, dass es nicht „die da" sind, die den Diskurs „machen", sondern immer eine Vielzahl individueller ähnlich gerichteter Handlungen – im Sinne Rudi Kellers, obgleich theoretischer Ausgangspunkt von Veränderungen die analytisch kaum zu bestimmende einzelne Äußerung „als Präzedenzfall für weitere Handlungen" (Busse 1987: 307) ist.[44] Daher erscheint es notwendig, über die Analyse vieler serieller Äußerungen respektive von Sprachhandlungsmustern grobe Linien der semantischen Entwicklung bzw. dominante Strömungen zu verfolgen. Interessant in linguistisch-diskursgeschichtlicher Hinsicht sind neben den Regelmäßigkeiten des Handelns auch Brüche und Verschiebungen in den sprachlichen Handlungsmustern als Veränderungen im gesellschaftlichen Wissen und kollektiven Wirklichkeitsbewusstsein.

Möglichkeit der Veränderung der Handlungsmuster und Verwendungsregeln immer mitgegeben. Die vorhandenen Differenzen zwischen paradigmatischen ‚Beispielhandlungen' und aktuellem Handlungsvollzug können allmählich zur Veränderung der Regel führen. Indem die Regel durch jede neue Befolgung bestätigt wird (da sie zur Klasse der Präzedenzfälle hinzutritt), kann sie auch verändert werden (indem alte Präzedenzfälle aus dem Gedächtnis verschwinden); Regelveränderung ist also ein der Regelbefolgung innewohnender Vorgang" (Busse 1988: 260).

43 „Indem die wahrgenommenen Zeichen-Ausdrücke in neuen und überraschenden Kombinationen auftreten können [etwa eingeleitet durch „Krisen"; Anm. d. Verf.], können im Zuge ihrer inferenziellen Verarbeitung (Interpretation) durch die Wahrnehmenden (die Rezipienten) emergent Konstellationen von Wissenselementen entstehen, die durch die Rezipienten in dieser Kombination bisher noch nicht ‚in ihrem Kopf' aktualisiert worden sind. Man nennt dies auch *Information* oder *neues Wissen* (für die jeweiligen Rezipienten). Foucault sprach in diesem Zusammenhang vom Unvorhergesehenen, Ereignishaften mancher diskursiver Ereignisse (enoncés)" (Busse 2013b: 155).

44 Oder anders formuliert: Diskursiver Wandel ist nicht „subjektivistisch" misszuverstehen „als personale Herrschaft" (Busse 2013a: 36), was die Beschreibung von Machtstrukturen als das sozial Determinierende nicht ausschließt.

2.6.3.5 Individuelles und gesellschaftliches Wissen und Wirklichkeit

Auf der Grundlage des dargestellten Modells des kommunikativen Handelns entwickelt Busse auch sein Konzept der kommunikativen Wirklichkeitskonstruktion. Diese wird von Busse (1987: 303) konzipiert als „Wissenskonstitution im kommunikativen Handeln."

Die epistemischen Voraussetzungen für das Gelingen einer Kommunikation als Sedimente vergangener (Kommunikations-)Erfahrungen liegen in den Gedächtnissen der Individuen und sind insofern individuell geprägt. Das ist anders nicht denkbar. Der kommunikative Wissensaustausch aber

> bietet die Möglichkeit, [dieses Wissen; Anm. d. Verf.] intersubjektiv verbindlich zu machen. In der sprachlichen Kommunikation werden die subjektiven Erfahrungen der Einzelnen objektiviert, d. h. mit einer intersubjektiv gültigen gemeinsamen Bedeutung versehen.
> (Busse 1987: 279f.)

Das ist der Vorgang, den man auch *sprachliches Verhandeln von Gegenständen* nennt.

Da im kommunikativen Handeln zwischen Menschen das unvermittelt nicht zugängliche individuelle Wissen intersubjektiv geltend gemacht wird – Sprache ist Medium zwischen den Gedankenwelten der Kommunikationsbeteiligten –, ist die soziale kommunikative Interaktion nicht nur der „Ort der Erscheinung" (Busse 1987: 250) verstehensrelevanten Wissens, sondern auch der Ort der Konstitution *gesellschaftlichen* Wissens im Sinne einer „Sozialisierung" des verstehensrelevanten Wissens, das durch seine kommunikative Überführung vom Privaten ins Gesellschaftliche verstehensermöglichend wird. Demnach ist der Terminus *verstehensrelevantes Wissen* synonym zu den Termini *gesellschaftliches*, *geteiltes* oder *kollektives* bzw. *soziales Wissen*.

Die individuelle Erfahrung, das private Wissen, wird also verallgemeinert, indem sie im Prozess der Kommunikation, in Serien diskursiver Ereignisse, im Verlauf einer Kommunikationsgeschichte verhandelt wird und damit soziale Faktizität oder Verbindlichkeit erlangt. Kommunikatives Handeln als intersubjektive Geltendmachung subjektiven Wissens stellt sich im Rahmen dieses Modells daher zugleich als soziale Konstruktion von Wirklichkeit dar:

> Subjektive Welten (einschließlich aller subjektiven Auffassungen) bedürfen ihrer intersubjektiven Anerkennung, um als Wirklichkeit bestätigt zu werden. Diese Bestätigung ist die Funktion der Sprache; ihr Ort ist die kommunikative Handlung. Mit der Konstitution von Sinn in der kommunikativen Interaktion wird die Wirklichkeit gesetzt, bestätigt und so als gesellschaftliche erst geschaffen.
> (Busse 1987: 284)

Das individuelle Wissen „spiegelt" daher immer auch den gesellschaftlichen Bestand des Wissens und der gesellschaftlichen Wirklichkeit bzw. des kollektiven Wirklichkeitsbewusstseins, insofern es in der sozialen Interaktion auf das gesellschaftlich Gültige rückbezogen wird (zumindest innerhalb einer Diskursgemeinschaft bzw. relativ zu Akteuren und Zeiten). Abweichendes privates Wissen ist intersubjektiv nicht verbindlich (was nicht heißen soll, dass es dies nicht werden kann). Daher haben alternative Wirklichkeitssichten es schwer, sich in Diskursen durchzusetzen, da sie die „Normativität der gesellschaftlich verbindlichen Wirklichkeit" (Busse 1987: 278) untergraben bzw. infrage stellen.

Die Kommunikationsteilnehmer unterliegen dem gesellschaftlichen Wissen insofern, als dass es als gesellschaftlich verbindliche Grundlage des Handelns den Möglichkeitsraum zur Sinnrealisierung mittels Sprache begrenzt. Durch das

> sprachliche Ausdrücken wird subjektives Wissen an das gesellschaftlich Wißbare angeglichen; wird der Versuch gemacht, auf der Andersartigkeit einer Vorstellung durch Explizierung der in einer Äußerung aktualisierten Wissenselemente zu bestehen, entstehen die sog. semantischen Kämpfe, in denen es um die Beherrschung des mit einer bestimmten sprachlichen Äußerung aktivierbaren Wissens geht.
> (Busse 1987: 278)

Die subjektive Wirklichkeitswahrnehmung ist letztlich geprägt durch die gesellschaftliche Überformung des individuellen Wissens, welche die Aufmerksamkeit der Individuen steuert. Die gesellschaftliche Überformung geschieht in der Sozialisation, die individuell verschieden verläuft. Als Resultat sozialer kommunikativer Interaktion ist sie jedoch neben der privaten Handlungsgeschichte „immer auch gesellschaftliche Handlungsgeschichte" (Busse 1987: 303). Das Gesellschaftlichwerden des Wissens in der Kommunikation schafft also ein geteiltes Wirklichkeitsbewusstsein.

Die Anpassung des individuellen und gesellschaftlichen Wissens vollzieht sich in jedem einzelnen kommunikativen Akt. Das „zu gesellschaftlichem Wissen sedimentierte Wirklichkeitsbewußtsein" (Busse 1987: 303) ist Voraussetzung für soziale kommunikative Interaktion. Wir unterstellen es oft als selbstverständlich gegeben. Es bildet den Boden, „auf dem wir überhaupt wahrnehmen, handeln und kommunizieren" (Busse 1987: 303). Wirklichkeitskonstitution ist als Wissenskonstitution im sprachlichen Handeln zu verstehen. Dieser Prozess verläuft in jeder Diskursgemeinschaft anders, „so daß die Wirklichkeitsauffassungen der verschiedenen Gesellschaften niemals völlig übereinstimmen können" (Busse 1987: 303).

Wenn „gesellschaftliches Wissen und gesellschaftliche Wirklichkeit" eine „Sache der *Geltung*" sind, wenn in einer Gesellschaft das wirklich, wiss- und sagbar ist, „was als solches gilt" und der „Ort der Geltendmachung [...] die kommunikativen Handlungen“ als das Befolgen von Handlungsmustern ist, müsste bei der historisch-semantischen Analyse im diskursanalytischen Interesse dieses Wissen auch und insbesondere inhaltlich untersucht und beschrieben werden (vgl. Busse 2013b: 161). Neben der Analyse wissens- und wirklichkeitskonstitutiver Äußerungen und den Formationen des Wissens als den sinnermöglichenden diskursiven Beziehungen des gesellschaftlichen Wissens – durch die textübergreifende Analyse von Serien einzelner Äußerungen und die Bestimmung der Musterhaftigkeit ihres Erscheinens – wäre eine solche inhaltliche Untersuchung die Voraussetzung für das Verständnis dessen, was gesagt wird und was somit Geltung *hat.* In Form von semantischen Kämpfen geraten dabei auch die verschiedenen Wirklichkeitsauffassungen in den Blick, nämlich als Versuche der Umstrukturierung des gesellschaftlich vorherrschenden Wissens in seiner bestehenden Ordnung, der Handlungsmuster und damit der Handlungsmöglichkeiten und der Möglichkeiten, einen Sinn zu realisieren. Eine linguistische Diskursanalyse muss insofern die Strukturanalyse bzw. Analyse der Beziehungen zwischen sprachlichen Einheiten mit einer Analyse der durch diese Strukturen oder Einheiten und einzelnen sprachlichen Handlungen konstituierten Bedeutungen oder Segmente verstehensrelevanten gesellschaftlichen Wissens verbinden. In Kapitel 3 wird eine solche Verbindung auf der Ebene von Argumentationsmustern vorgeschlagen.

2.6.3.6 Zusammenfassung: Szenario des Wissens

Gemeinsam ist den von Georg Stötzel angeregten Arbeiten zur Sprachgeschichte nach 1945 und zum öffentlich-politischen Sprachgebrauch und den Arbeiten Dietrich Busses, dass sie von der These ausgehen, dass Sprache konstitutiv ist für gesellschaftliches Wissen und Wirklichkeit schafft. Ziel ist dabei, mittels der Analyse des Sprachgebrauchs etwas zum Verständnis gesellschaftlichen Wissens und des Wirklichkeitsbewusstseins beizutragen. Busses sprachtheoretisches Grundmodell erklärt die Vorgänge der Bedeutungskonstitution, der Bedeutungstradierung und der Bedeutungsveränderung sowie Entstehung und Einwirkung verstehensrelevanten gesellschaftlichen Wissens in diesem bzw. auf diesen Prozess. Die Konstitution von Bedeutung und gesellschaftlichem Wissen im kommunikativen Handeln wird im Sinne dieses Modells als sprachliche Konstruktion von Wirklichkeit bzw. eines kollektiven Wirklichkeitsbewusstseins aufgefasst – und zwar in jedem einzelnen kommunikativen Akt. So resümiert auch Wengeler (2013: 65f.):

> Die Konstitution der für die Kommunikationspartner gültigen ‚Wirklichkeit‘ [...] erfolgt also in kommunikativen Handlungen. Jede Sprachhandlung ist gleichzeitig Produkt und

> Produzent gesellschaftlichen Wissens. Sie speist sich einerseits aus bisher in allgemeinen Deutungs- und Handlungsmustern gegebenem gesellschaftlichem Sinn, andererseits variiert sie durch die jeweils anderen Bedingungsfaktoren ihres Zustandekommens, wenn auch minimal, diese intersubjektiven Deutungs- und Handlungsmuster. Die Analyse von Sprachhandlungen in einem gegebenen Zeitraum unter Berücksichtigung der für die Handelnden zu beachtenden Voraussetzungen erlaubt daher Rückschlüsse auf die Wirklichkeitssicht, das Wissen, die Mentalitäten (als die Gewohnheiten des Denkens, Fühlens und Wollens) der Handelnden.

Busses Modell lehrt, dass das „Spektrum des bedeutungsrelevanten Wissens sehr viel weiter" zu fassen und „eine größere Menge und größere Reichweite von epistemischen Voraussetzungen" in die linguistisch-diskursgeschichtliche Analyse des gesellschaftlichen Wissens und der sprachlichen Wirklichkeitskonstruktion einzubeziehen ist, „als es der eng gefasste Bedeutungsbegriff der herkömmlichen linguistischen Semantik nahelegt" (Busse 2003a: 26). In diesem Zusammenhang ist die Rede von einer „reichen" Semantik oder einer „Tiefensemantik". Eine tiefensemantische Analyse sprachlicher Äußerungen hat (virtuell) für jede einzelne sprachliche Handlung die Matrix sämtlicher verstehensrelevanter Faktoren des geteilten Wissens zu beschreiben, da Äußerungen erst im Gefüge ihrer epistemischen Handlungsmatrix bedeutsam werden.[45] Dies macht es notwendig, das „zugrundeliegende, versteckte, normalerweise übersehene, weil als selbstverständlich unterstellte Wissen" (Busse 2003a: 26) zu verdeutlichen, das den Sprechern und Rezipienten nicht unbedingt bewusst ist, dass aber Bedeutungen (mit)konstituiert und die menschliche Aufmerksamkeit oder Wirklichkeitswahrnehmung (mit)lenkt. Einzelne Aspekte dürfen nicht „zu ‚*der* Bedeutung' isoliert werden" (Busse 1987: 306).

Zu diesem Wissen zählen auch die Absichten und Intentionen der Diskursteilnehmer, die in jede einzelne sprachliche Äußerung einfließen und daher in der Analyse zu berücksichtigen sind. Das heißt gleichzeitig,

> dass die Subjekte mit ihren Interessen und Intentionen das Wissen, die Konstitution von Bedeutungen und Wirklichkeit, jeweils auch modifizieren. Sie sind nicht vollständig vom (herrschenden) Diskurs determiniert, auch wenn sie von ihm stark geprägt sind, d. h. auch, wenn *auch* ‚der Diskurs' aus ihnen spricht [...] Dies schließt z. B. aus – wie es andere diskursanalytische Ansätze favorisieren –, in den einzelnen Äußerungen nur *den Diskurs*, die jeweils für den Sprecher vorgegebenen Bedingungen des zu sagen Möglichen ausgedrückt zu sehen und so *Diskurs* quasi als Subjekt des Sprechens aufzufassen. Neben dieser Beachtung gruppenspezifischer bzw. individueller Interessen und Intentionen ermöglicht BUSSES theoretischer Ansatz aber auch die komplementäre Beachtung ebensolcher Bedingungen sprachlicher Handlungen. Das handelnde Subjekt ist eben nicht frei in seinen Äußerun-

45 Ebendies versucht übrigens auch Bär (2015) aus grammatisch-semantischer Sicht.

gen, sondern in einen sozial- und kulturgeschichtlichen Zusammenhang ‚verstrickt', der das *mit*bestimmt, was zu sagen möglich ist und was konkret gesagt wird.
(Wengeler 2013b: 67f.)

Den Foucault'schen Diskursbegriff führt Busse letztlich als Bindeglied der skizzierten Zusammenhänge, der „gesellschaftlichen, wissensmäßigen und sprachlichen Voraussetzungen, die die einzelnen sprachlichen Handlungen überindividuell beeinflussen" (Wengeler 2013b: 68), und als historisch-semantisches Analyseinstrument ein.[46] Er integriert sein sprachtheoretisches Grundmodell in seine diskurstheoretischen Überlegungen, indem er den Diskurs im Sinne Foucaults als Formationssystem von Aussagen oder als sozial- und kulturgeschichtlich gewordenes Denksystem, das unsere Wahrnehmung strukturiert und handlungsleitende Verbindlichkeit für die Mitglieder einer Diskursgemeinschaft hat, an die Stelle des kognitiv-epistemischen Hintergrundes treten lässt.[47] Das Diskurskonzept soll die „Produktionsebene von gesellschaftlichem Sinn [in den einzelnen kommunikativen Akten; Anm. d. Verf.] mit der Analyse der [überindividuellen; Anm. d. Verf.] wissensformierenden Möglichkeitsbedingungen diskursiver Zusammenhänge verbinden" (Busse 1988: 263). Mit seiner Hilfe schlägt Busse die Brücke von den „theoretisch-philosophischen Grundlagenfragen [Sprache und Wirklichkeitskonstitution, Zusammenspiel von Bedeutungskonstitution, -tradierung, -veränderung; Anm. d. Verf.] zur konkreten historischen und empirischen Verortung einer historischen Epistemologie" und öffnet noch einmal „den Blick für [...] Aspekte epistemisch-semantischer Prädispositionen" (Busse 2003a: 19).

Historisch-semantische Diskursanalyse zielt letztlich auf eine Offenlegung unhinterfragter Ablagerungen gesellschaftlichen Wissens einer Kultur, welche die Erkenntnisweisen organisieren, die das Erscheinen eines bestimmten Sinns in seiner spezifischen Form steuern (vgl. Busse 1988: 263ff.). Linguistisch gesehen ist die Diskursanalyse konzipiert als „Analyse der epistemischen Voraussetzungen für die Bedeutungshaftigkeit sprachlicher Einheiten" (Busse 2013b: 150). Die Beziehung zwischen Macht, Herrschaft und Diskurs ist nicht Dreh- und Angelpunkt von Busses Adaption der Foucault'schen Überlegungen. Historisch-semantische Diskursanalyse in der von Busse vorgeschlagenen Form versteht sich als „Methode der historischen Wissensanalyse [oder Epistemologie; Anm. d. Verf.]" (Busse 1987: 251), die „deskriptiv und analytisch zugleich" (Busse 2000: 46) verfährt

---

46 Vgl. zur ausführlichen Begründung Busse (1987: 221–272).

47 „Die in unserem Konzept kommunikativen Handelns angesprochenen Voraussetzungen und Bedingungen kommunikativen Handelns haben einige Ähnlichkeit mit den von Foucault beschriebenen Bedingungen diskursiven Wissens" (Busse 1987: 243).

(siehe zur Diskussion, ob Diskursanalyse deskriptiv sein kann oder kritisch sein darf, Kap. 2.8). Ihr Gegenstand ist der Sprachgebrauch einer Diskursgemeinschaft in gegebenen Zeiten bezüglich eines thematischen Bereiches (vgl. Busse 1987: 267). Sie schreibt die Geschichte „kommunikativ konstituierten Sinns, d. h. sprachlich vermittelten gesellschaftlichen Wissens“ (Busse 1987: 105) bzw. hat eine „Wissens- und Bewusstseinsgeschichte“ zum Ziel, welche „die Repräsentation des gesellschaftlichen Wissens einer Zeit [...] offenlegt“ (Busse 2000: 39). Für die vorliegende Arbeit lässt sich daraus die Zielsetzung der Analyse des gesellschaftlichen Wissens in seinen historischen Ausgestaltungen und bei verschiedenen Akteuren ableiten.

Abschließend sei darauf verwiesen, dass das Modell des kommunikativen Handelns zwar wichtig ist, weil es ein sprachtheoretisches Fundament für die Analyse des gesellschaftlichen Wissens und der gesellschaftlichen Wirklichkeitskonstruktion schafft und den diskursanalytischen Blick für die „bedeutungsrelevante[n] Faktoren“ (Busse 1986: 53) sprachlicher Äußerungen schärft. In der empirischen Praxis ist es jedoch nicht möglich, alle Faktoren der Bedeutungskonstitution oder sprachlichen Wirklichkeitskonstruktion zu untersuchen. Der Diskurssemantik liegt deshalb ein „gegenstandsbezogenes Szenario-Konzept“ (Busse 2008b: 65) zugrunde (siehe dazu ausführlicher Kap. 3.1). Demnach soll eine linguistische Diskursanalyse sich nicht zum Ziel setzen, „das gesamte verstehensrelevante Wissen einer Epoche [zu] erfassen und [zu] beschreiben“ (Busse 2008b: 64f.). Historische Diskurssemantik

> entwirft das Szenario des kollektiven Wissens einer gegebenen Diskursgemeinschaft in einer gegebenen Epoche hinsichtlich des zum Untersuchungsgegenstand erwählten thematischen Bereichs bzw. des Bedeutungsfeldes bzw. der Diskursformation.
> (Busse 1987: 267)

Die Beschreibung des gesellschaftlichen Wissens kann also „immer nur erfolgen hinsichtlich eines zum Gegenstand gemachten Diskursbereichs“ (Busse 1987: 267). Die vorliegende Arbeit fokussiert deshalb – wie jede linguistische Diskursanalyse – auf bestimmte Wissenssegmente. Sie tut dies hinsichtlich ihres thematisch bestimmten Gegenstandes, bestimmter Zeitpunkte, aufgrund bestimmter Quellen und durch die Auswahl einer bestimmten sprachlichen Ebene. Diesen Einschränkungen gehen interpretative Schritte voraus, die offenzulegen sind (siehe Kap. 3 und 4).

2.6.4 Diskurs als Forschungsartefakt

2.6.4.1 Diskurs als Textkorpus

Ein Diskurs existiert als Forschungsgegenstand nur, weil der Analysierende ihn sich in Abhängigkeit von Erkenntnisinteressen, Untersuchungszielen und -methoden schafft. Er konstituiert somit ein Forschungsartefakt. Als Versuch, „den schillernden Begriff des Diskurses in operationable Kriterien der Quellenauswahl im Rahmen einer empirischen Analyse zu überführen" (Busse 2013a: 38) oder „Foucaults aspektreiches Nachdenken über den Diskurs in ein realistisches operationalisierbares Programm zu überführen" (Teubert 2013: 55), letztlich als methodische Präzisierung der erstmaligen Begründung einer linguistischen Diskursanalyse nach Foucault durch Busse (1987), veröffentlichen Busse & Teubert (1994) ihren einflussreichen vielzitierten Beitrag, in dem sie die Frage „Nach welchen Parametern lassen sich Diskurse sprachwissenschaftlich bestimmen?" behandeln.

Im linguistisch präzisierten forschungspraktischen Sinne werden Diskurse über Textkorpora greifbar. Da die potentiell verfügbare Gesamtheit aller Texte, die einem Diskurs zurechenbar sind – dazu zählen zunächst alle Texte, die dem zum Forschungsgegenstand gewählten Thema entsprechen und inhaltliche oder semantische Beziehungen aufweisen –, nur schwerlich erfasst und untersucht werden kann – Busse & Teubert (2013 [1994]: 16) verstehen in diesem Sinne unter Diskursen „virtuelle Textkorpora" –, gelte es aus dem zur Verfügung stehenden und zugänglichen Material konkrete Textkorpora zu bilden (vgl. Busse & Teubert 2013 [1994]: 17), d. h. den Gesamtdiskurs einzugrenzen. Konkrete Textkorpora sind nach Busse & Teubert (2013 [1994]: 17) „Teilmengen der jeweiligen Diskurse", d. h. einer diskurslinguistischen Untersuchung zugrundeliegende Textsammlungen. Sie enthalten folglich immer eine Auswahl jener Texte, die in ihrer virtuellen Gesamtheit einen Diskurs bilden. Nicht ein ganzer Diskurs, sondern immer nur Diskurs*ausschnitte* können demgemäß Gegenstand einer Diskursanalyse sein.[48]

---

48 Nach welchen Kriterien konkrete Diskurskorpora bestimmt werden sollen, unter welchen Bedingungen nach Auffassung von Busse und Teubert Texte zu einem Diskurs gehören, muss hier nicht noch einmal ausführlich zitiert werden. Eine Zusammenfassung der für die vorliegende Arbeit wichtigen Kriterien aus der einschlägigen linguistischen Literatur zu Diskurs-als-Korpus-Fragen erfolgt am Ende dieses Kapitels. Die Beschreibung dessen, wie auf der Grundlage dieser methodologischen Prinzipien aus dem virtuellen Korpus das konkrete Korpus als Basis der Untersuchung gewonnen wurde, erfolgt in Kapitel 4. Denkwürdig und erwähnenswert erscheint mir, dass inzwischen deutlich geworden ist, dass die von Busse & Teubert (2013 [1994]) vertretenen Positionen zur Diskursanalyse, und das damals noch als geteilt bekundete sprachwissenschaftliche Interesse an Diskursen, nicht mehr vereinbar sind. Eine entsprechende Diskussion wird ausführlich in Busse & Teubert (2013b) geführt. Dabei unterscheiden sich die beiden Autoren nicht so sehr in der Frage,

In enger Übereinstimmung mit Busse und Teubert definiert Fritz Hermanns (2012 [1995]) in seinem Entwurf einer *Sprachgeschichte als Mentalitätsgeschichte* „Diskurs als Textgeflecht“ (S. 22), „als Dialog zu einem Thema“ (S. 23) oder „Zeitgespräch (S. 24)“ und „als Korpus“ (S. 24). Das Hermanns'sche Diskurskonzept

---

was linguistisch-forschungspraktisch als Diskurs anzusehen sei. Beide verstehen unter Diskurs in diesem Sinne nach wie vor (im Anschluss an Michel Pêcheux) eine vom Forscher unter bestimmten (inhaltlichen) Gesichtspunkten definierte Textsammlung (vgl. Teubert 2013: 139 und Busse 2013b: 148). Ein fundamentaler Unterschied zwischen den beiden liegt jedoch in sprach- und bedeutungstheoretischen Grundannahmen wie in daraus resultierenden Analyseinteressen. Teubert, der sich dem korpuslinguistischen Ansatz verschrieben hat, hält an einem nicht-kognitiven Sprach- und Bedeutungsverständnis fest: „Bedeutung ist nur im Diskurs, und nur im Diskurs wird dem, was gesagt worden ist, Sinn zugeschrieben. Der Blick in den Kopf erübrigt sich“ (Teubert 2013: 59). Für die Praxis schlussfolgert Teubert (2013: 113) aus dieser Prämisse eine rein ausdrucksseitige Orientierung am im Diskurs Gesagten (etwa Ermittlung positiver sprachlicher Zeichen, Distributionsanalysen, Kontextualisierungen): „[D]as Wissen, mit dem sich Diskursanalyse beschäftigen sollte, [kann] prinzipiell nur öffentliches Wissen sein [...], also all das, was im Diskurs über Diskursobjekte ausgesagt wird.“ Busse hingegen entwickelt seinen dargestellten diskurssemantischen Ansatz konsequent weiter zu einer kognitivistischen linguistischen Epistemologie als „linguistisch gestützte Analyse des diskursrelevanten Wissens und seiner Bewegungen und Strukturen“ (Busse & Teubert 2013a: 8). Er plädiert dabei, wie Teubert, für eine linguistisch-methodisch regulierte Interpretation von empirischen Sprachdaten (vgl. Busse 2013b: 156f.), allerdings – wie erörtert – im Sinne einer Analyse des durch Inferenzen erschließbaren, „der Bedeutungsfunktion sprachlicher Einheiten vorausgesetzte[n] verstehensrelevante[n] Wissen[s]“ (Busse 2013b: 150), also auch des Ungesagten, weil etwa wechselseitig als selbstverständlich gegeben unterstellt (siehe dazu auch Busse 1987: 40f. und die Ausführungen in Kap. 2.6.3 dieser Arbeit). In diesem Analyseinteresse unterscheiden sich Teubert und Busse grundlegend. Implizites oder unbewusstes Wissen lässt sich nach Teubert (vgl. 2013: 113) nicht explizieren, weil es im Diskurs nicht geäußert werde und daher privat wie vorsprachlich sei. Dies ist ein materialistisch-positivistisches Verständnis von Semantik, das Erkenntnisse der kognitiven Linguistik (vgl. dazu den Beitrag von Alexander Ziem 2013a) wie der linguistischen Pragmatik ausklammert. Der von Dietrich Busse präferierte Ansatz einer Linguistischen Epistemologie ist, auch dies wurde erwähnt, die Frame-Semantik. Das dürfte ein Grund dafür sein, dass Teubert Busse, aber auch der linguistischen Diskursanalyse im Allgemeinen, eine Nähe zur Kompetenzorientierung der generativen Grammatik bzw. kognitivistischen Systemlinguistik unterstellt, obgleich das der erkenntnistheoretischen und analytischen Einstellung der Diskurssemantik (und linguistischen Diskursanalyse im Allgemeinen) diametral entgegengesetzt ist (!), die ihren Zugriff auf *gesellschaftliches* Wissen gleichermaßen über die Performanz „echter“ diskursiver/kommunikativer Handlungsmuster oder serieller Äußerungen rechtfertigt (als ein Aspekt des Wissenserwerbs bzw. der Wissensaktivierung oder -konstitution durch soziale Interaktion): „Genauer gesagt geht es in einer epistemisch reflektierten linguistischen Semantik, auch und gerade einer Diskurssemantik nach Foucault, darum, durch akribische linguistische Beschreibung den Beitrag jedes einzelnen Sprachzeichens und jeder Konstellation von Sprachzeichen zur Aktivierung von Teilelementen oder Sektionen des verstehensrelevanten Wissens möglichst exakt zu spezifizieren. Dies geht nur durch korpusgestützte Analyse auf der Basis größerer Zeichen- oder Textmengen“ (Busse 2013b: 153). Eine Diskursanalyse, die sich nur oberflächig mit dem beschäftigen soll, was geschrieben steht, weil Wissen sich nicht in Relation zu einer außerhalb der von Teubert postulierten textlichen Diskurswelt stehenden Wirklichkeit finden lasse, verfährt m. E. reduktionistisch und ist unterspezifiziert: „Nur die Wirklichkeit, mit der uns der/ein Diskurs konfrontiert [im Sinne Teuberts

ist für die linguistische Diskursgeschichte sowohl theoretisch als auch und insbesondere in seiner forschungspraktischen Ausarbeitung wichtig.[49]

Mit der Bestimmung von Diskurs als Textgeflecht bringt Hermanns (2012 [1995]: 23) zum Ausdruck, dass die Quellentexte einer mentalitäts- und diskursgeschichtlichen Untersuchung in „einen Kontext anderer Texte eingebettet" sind, den es mit zu bedenken gelte. Einzeltexte und die pragmatische Funktion wie semantische Bedeutung der in ihnen verwendeten sprachlichen Einheiten seien „nur als Fragmente oder Elemente solcher Textgeflechte angemessen zu verstehen. Und für die Bezeichnung solcher Textgeflechte bietet sich Diskurs als Name an" (Hermanns 2012 [1995]: 23). Diskurs in diesem linguistisch-methodischen Sinne meint also einzeltextübergreifende Funktions- und Sinnzusammenhänge, aber auch außertextuelle historische Zusammenhänge, weshalb Diskursgeschichte oder historische Semantik „als Bestandteil von Gesellschafts- und Sozialgeschichte zu verstehen und zu praktizieren" (Hermanns 2012 [1995]: 23) sei.[50] Die Untersuchung von Texten in diskursanalytischer Perspektive hat also den einzelnen Text übergreifende Zusammenhänge zwischen den Texten und über die Texte hinaus – „kulturgeschichtliche, soziale, ökonomische, politische" (Hermanns 2012 [1995]: 23) – zu berücksichtigen.

Die Textzusammenhänge würden „die Einheit des Diskurses stiften" (Hermanns 2012 [1995]: 23). Diese seien thematisch und intertextuell. Der thematische Zusammenhang der Quellentexte sichere,

---

als überlieferte geschriebene Sprache; Anm. d. Verf.], kann Gegenstand der Diskursanalyse sein. Inwieweit diese diskursiv konstituierte Wirklichkeit sich auf eine diskursexterne Wirklichkeit (ob materiell außerhalb oder mental innerhalb der Diskursteilnehmer) bezieht, kann nicht Gegenstand der Diskursanalyse sein" (Teubert 2013: 139). Wenn ich Teubert richtig verstehe, dürften etwa auch Erkenntnisse aus anderen Disziplinen, wie beispielsweise der Geschichtsschreibung oder der Wissenssoziologie, gar nicht einbezogen werden, was die Möglichkeit einer interdisziplinären Zusammenarbeit prinzipiell ausschließen würde. Das kann nicht im Interesse der Diskursanalyse sein. Es ist nicht davon auszugehen, dass Bedeutung ausschließlich im Diskurs liegt, dass sich gesellschaftliches Wissen und gesellschaftliche Wirklichkeit nur in Texten bzw. in Textorpora zeigen. Die Korpusorientierung hat fachliche Gründe und ist ein forschungspraktischer Notbehelf. Sprachliche Bedeutung ist im Kern ein kognitives Phänomen gesellschaftlicher und historischer Prägung.

49 Unter einer Mentalität versteht Hermanns (2012 [1995]: 13) „1) die Gesamtheit von 2) Gewohnheiten bzw. Dispositionen 3) des Denkens und 4) des Fühlens und 5) des Wollens oder Sollens in 6) sozialen Gruppen." Der „Königsweg der wissenschaftlichen Erkenntnis von Mentalitäten" sei die „Beobachtung von Sprachgebrauch" (2012 [1995]: 7), insbesondere der Lexik in ihrer kognitiven, emotiven und präskriptiven Bedeutungsdimension. Nur über die Analyse dieser drei Wortbedeutungs-Komponenten sei eine Mentalität linguistisch vollständig beschreibbar (vgl. Hermanns 2012 [2002]: 223).

50 So auch Busse & Teubert (2013 [1994]: 26): „Begriffs- und Diskursgeschichte sollte [...] einen Beitrag zur Sozial- und Kulturgeschichte leisten. Sprachgeschichte wird so zu einem wichtigen Baustein einer Sozialgeschichte des sprachlich vermittelten und organisierten Wissens."

> daß auch wirklich in den Quellen die semantischen Zusammenhänge existieren, wie sie die Semantik dann rekonstruieren möchte. Denn die Wörter jeder Sprache ordnen sich semantisch so zu Gruppen, daß man sagen kann: sie ordnen sich nach Themen.
> (Hermanns 2012 [1995]: 23)

Hieraus folgt, dass der Gegenstandsbereich einer linguistischen Mentalitäts- und Diskursgeschichte ein thematischer ist. Neben der thematischen Verbundenheit der Texte bestehe die Intertextualität im „*quasi-dialogischen* Charakter, den Diskurse haben" (Hermanns 2012 [1995]: 25). Diskurs bedeute insofern auch

> eine Art Gespräch [...]. Also die Diskurse sind zunächst die Zeitgespräche. Für die Sprachgeschichte geht es darum, sich in diese Zeitgespräche sozusagen einzuhören. Quellentexte sind für sie Fragmente der in ihrer Ganzheit nicht mehr existenten Zeitgespräche.
> (Hermanns 2012 [1995]: 24)

Texte sind also nur unter Berücksichtigung anderer Texte zu einem Thema, das zeitlich gebunden verhandelt wird, zu verstehen.

Des Weiteren versteht Hermanns (2012 [1995]: 24) unter Diskursen Mengen der „thematisch-dialogisch-intertextuell" verknüpften Einzeltexte. Mit Blick auf die Forschungspraxis und in Anlehnung an Busse & Teubert (1994) definiert Hermanns (2012 [1995]: 25) solche wie auch immer eingegrenzten Textmengen als „Korpora von Einzeltexten." In Ergänzung zu Teubert und Busse schiebt Hermanns allerdings eine weitere Korpusebene ein:

> Der zu einem Thema wirklich abgelaufene historische Diskurs ist vorzustellen als ein (je nach Thema) schlechterdings immenses Korpus aller jener – mündlichen und schriftlichen – Einzeltexte, die das Thema irgendwie behandelt haben oder auch nur streiften. In der Regel sind die Texte dieses Korpus – gottseidank, ist man versucht zu sagen – bis auf kleine Reste nicht mehr existent und haben keine Spuren hinterlassen. Dieses als real gewesen vorgestellte oder phantasierte Korpus wirklich aller Texte des Diskurses ist im Rückblick nunmehr ein *imaginäres Korpus*.
> (Hermanns 2012 [1995]: 25)

Der Ebene des virtuellen Korpus wird somit ein *imaginäres* Korpus vorgeschoben.[51] Diese Denkfigur schließt alle Texte, die jemals zu einem Thema produziert worden sind, auch die mündlichen und nicht mehr existenten, in den Diskurs ein. Insofern transzendiert Hermanns (obgleich nur hypothetisch) das materialistisch-positivistisch anmutende Verständnis vom Diskurs als einem vir-

51 Spitzmüller & Warnke (vgl. 2011: 83) schreiben in ihrem Einführungsbuch diese Unterscheidung Busse & Teubert (1994) zu. Jene Ebene wird aber von den beiden Autoren nicht eingeführt. Folglich ist nicht nur die Idee, sondern auch die Bezeichnung eines imaginären Textkorpus zuerst bei Fritz Hermanns (1995) formuliert worden.

tuellen Textkorpus, weil auch die Mündlichkeit und die nicht zugänglichen Texte dennoch als im Diskurs präsent gedacht werden. Wie Lasch (vgl. 2013: 389) anmerkt, hält Hermanns damit die Möglichkeit offen, auch sprachliche Einheiten jenseits von Texten oder der Einbettung in Texte in die Analyse einzubeziehen. Das ist ein wichtiger Punkt u. a. im Hinblick auf die Kritik am textbezogenen Diskursbegriff (siehe Kap. 2.7). Zweifelsohne ist davon auszugehen, dass sich diskursive Beziehungen, Wissensstrukturen, gesellschaftliches Wissen, kollektives Wirklichkeitsbewusstsein, Mentalitäten etc. nicht nur in „strukturierten schriftsprachlichen Diskursen", sondern auch in „anderen kulturellen [...] Zeichensystemen" (Lasch 2013: 389) erschließen lassen.[52]

Im Anschluss an Busse und Teubert definiert Hermanns (2012 [1995]: 25) den „Restbestand" der verfügbaren Texte eines Diskurses als virtuelles Korpus, aus dem ebenfalls durch „gezielte Sammlung, Sichtung und Gewichtung [...] (nach Elimination des Unbrauchbaren und des weniger Ergiebigen)" das einer mentalitäts- und diskursgeschichtlichen Untersuchung zugrundeliegende konkrete Korpus zu bilden sei.

Was die Quellenauswahl angeht, werde eine Begriffsgeschichte im Sinne der *Geschichtlichen Grundbegriffe* erst vollends zur Mentalitäts- und Diskursgeschichte, wenn sie sich einerseits – was schon Busse (1987) und Busse & Teubert (1994) vorschlagen – von einer Untersuchung von Höhenkamm-Texten, wie in der traditionellen Ideengeschichte praktiziert, lossagt und stattdessen auf alltagssprachliche Textsorten (etwa Pressetexte) fokussiert; andererseits setzt sich ein Diskurs nach Hermanns (2012 [1995]: 21) aus „‚serielle[n]' Texten ‚kollektiven Charakters'" zusammen.[53]

Dass sich Busse & Teubert (1994) und Fritz Hermanns (1995) in diesem Punkt unterscheiden, ist in der Rezeption der beiden Diskurskonzepte bisher kaum problematisiert worden. Ein inhaltliches Relevanzkriterium für die Korpuserstellung ist nach Busse & Teubert (2013 [1994]: 17), dass vorzugsweise solche Texte aufgenommen werden, die „die Struktur und den Verlauf des Diskurses maßgeblich

52 Zu erwähnen wären in diesem Zusammenhang nicht nur die *discourse analysis* und gesprächslinguistisch orientierte Diskursanalysen in der germanistischen Sprachwissenschaft. Mit der *Oral History* liegt ein aus meiner Sicht anschlussfähiger mentalitätsgeschichtlich interessierter methodischer Ansatz der Geschichtsschreibung vor.

53 Als Vorbild für eine solche konzeptionelle Erweiterung der *Geschichtlichen Grundbegriffe* hin zu einer linguistischen Mentalitäts- und Diskursgeschichte nennt Hermanns (vgl. 2012 [1995]: 21) das von Rolf Reichhardt initiierte *Handbuch politisch-sozialer Grundbegriffe in Frankreich 1680–1820*. Vgl. zu einer Rezeption des Handbuchs aus Sicht der linguistischen Mentalitäts- und Diskursgeschichte und zu dessen theoretischer wie methodischer Anschlussfähigkeit an die Studien zur deutschen Sprachgeschichte nach 1945 Wengeler (2003: 32–45).

beeinflusst haben." Redundanzen sollen vermieden werden. Lasch (2013: 387) bezeichnet solche Texte als „diskursveränderungsrelevante Texte." Dieses Kriterium der „Diskursveränderungsrelevanz" (Lasch 2013: 387) ist vor dem Hintergrund des diskursanalytischen Programms und der methodologischen Annahmen des hier vertretenen Ansatzes bei der Korpuserstellung nicht tragfähig. Denn es geht um die Analyse stabiler sprachlicher Muster, die sich nur aus relativ gleichbleibenden Serien sprachlicher Äußerungen erschließen lassen, mit dem Ziel, etwas über gesellschaftliches Wissen und Wirklichkeitskonstruktionen zu erfahren. Ferner ist davon auszugehen, dass sich überhaupt erst auf der Folie historisch langer Reihen (*longue dureé*) sprach-, mentalitäts- und diskursgeschichtlich relevanter Wandel oder Brüche beobachten lassen. Grundlage der vorliegenden Untersuchung sind thematisch bestimmte Textserien und insofern „diskursbestätigende Texte" (Lasch 2013: 391).[54]

2.6.4.2 Diskurs als Aussagenkorpus

In Anlehnung an Busse & Teubert (1994) und Hermanns (1995) formuliert Matthias Jung (2000: 20) eine „aus der Praxis" abgeleitete Diskurskonzeption und macht weitere Vorschläge zur Erstellung von Diskurskorpora. Die Abgrenzung einzelner Themen ist dabei Leitkriterium.

Gegenstand der vorliegenden Arbeit ist der sozial- und wirtschaftspolitische Krisendiskurs. Jung zufolge muss dieser allgemeine thematisch definierte Diskurs zunächst nach Kommunikationsbereichen spezifiziert werden (z. B. öffentlich-politischer Mediendiskurs). Diese Spezifikation sei durch eine weitere Aufteilung „nach inhaltlich abgrenzbaren Teildiskursen" (Jung 2000: 23) zusätzlich einzugrenzen (etwa „Ölkrise"). Als ergänzende Ebene könnten die Parameter „Redekonstellation bzw. Textsorte" (Jung 2000: 23) einbezogen werden (beispielsweise Pressetexte).[55]

---

54 „[G]erade serielle Texte und Quellen [verweisen] auf das in der Gemeinschaft Gefühlte, Gewollte, Gedachte und Gewusste [...], indem sie es durch stetige Wiederholung stabilisieren – was sowohl die sprachliche Explikation einschließt als auch das Schweigen über für die Kommunikationsgemeinschaft relevante, aber tabuisierte Themen" (Lasch 2013: 391). Auch in der Historischen Diskursanalyse wird dieser Gedanke methodisch umgesetzt: „Ein zentrales Kriterium für die Korpusbildung ist dabei die Wiederholung und die Gleichförmigkeit von immer wieder ähnlich Gesagtem oder Geschriebenem. Denn es ist dieser Charakter diachroner Reihung und synchroner Häufigkeit von miteinander verbundenen Aussagen, der die Diskursanalyse empirisch begründet" (Landwehr 2009: 102).

55 Matthias Jung (vgl. 2000: 24) fasst seine Überlegungen in einem Würfelmodell zusammen. Es macht deutlich, dass eine Diskursanalyse nur einzelne Würfelchen untersucht, damit aber da-

Im Gegensatz zu Busse & Teubert (1994) und Hermanns (1995) lehnt Matthias Jung die Definition von Diskurs als Textkorpus ab und bestimmt Diskurs als in Texten realisiertes Aussagenkorpus.[56] Nach Jung (2000) beziehen sich „nicht ganze Texte [...] aufeinander, sondern Aussagen, Behauptungen, Topoi" (S. 26) oder „singuläre Sprechakte" (S. 27). Nicht Texte, sondern Aussagen konstituierten in ihrem Relationsgefüge einen Diskurs.

Aussagen seien „irgendwo zwischen Wort-, Satz- und Textebene" (Jung 2000: 27) anzusiedeln:

> Eine Aussage, Meinung, Behauptung, Position, ‚Idee' kann in einem ganzen Text ausführlich erläutert werden, das Resümee eines Textabschnitts bilden (vor allem wenn argumentiert wird) oder aber in einzelnen Wörtern (insbesondere Komposita und/oder Metaphern) lediglich impliziert sein.
> (Jung 2000: 27)

Mit ‚Aussage' ist letztlich keine bestimmte sprachliche Einheit gemeint, sondern „eine bestimmte thematische Behauptung" (Jung 2000: 27). Schließlich definiert Jung (2000) Diskurs auch als „*Aussagengeflecht*" (S. 27) oder „als die Gesamtheit der Beziehungen zwischen thematisch verknüpften Aussagekomplexen" (S. 29). Der Unterscheidung zwischen Text- und Aussagenkorpus folgend verstehe ich in Anlehnung an Jung (vgl. 2000: 27) unter Diskurs den Bestand aller in Texten realisierten Aussagen zu einem Thema. In einem Text können Aussagen aus verschiedenen Diskursen realisiert sein und es kann zu Überschneidungen kommen.

Nützlich ist, dass in dieser Diskurskonzeption nicht Texte das Zugriffsobjekt sind, sondern Aussagen. Das heißt, der Analysefokus verschiebt sich von „Texten zu Aussagen" (Jung 2000: 27). Fragestellungen der Textlinguistik oder aufwendige und deshalb nicht auf große Textmengen oder weite Zeitspannen übertragbare textlinguistische Analyseebenen und -kategorien können in dieser Perspektive vernachlässigt werden.[57] Dagegen seien bei

---

zu beiträgt, einen Gesamtdiskurs auszuleuchten. Nicht erfasst sind durch das Forschungsdesign bedingte Einschränkungen des Untersuchungsgegenstandes wie beispielsweise Untersuchungszeiträume (vgl. Jung 2000: 23). Bei der Erstellung des der vorliegenden Arbeit zugrundeliegenden Korpus (siehe dazu Kap. 4) erfolgte im Wesentlichen eine Anlehnung an die Modelle von Teubert, Busse, Hermanns und Jung.

56 Die Definition ist zugleich eine Annäherung an Foucaults Bestimmung von Diskursen als Formationssystem sprachungebundener Aussagen (*enoncés*), die aber nur in „Form und Umgebung von Texten" (Busse 2013a: 39) auffindbar seien.

57 Dietrich Busse (2013a: 39) führt in Zusammenhang mit der Definition von Diskursen als virtuellen Textkorpora aus: „Es ist eine der eklatanten Fehldeutungen dieses rein methodisch und praktisch begründeten Schritts, das hier vertretene Modell einer Diskursanalyse innerhalb der

> ‚Aussagen'- oder ‚Argumentations'- oder ‚Topos'-Korpora [...] größere Textmengen zu bewältigen, da der Text nur wegen seiner Kontextualisierungsfunktion für die Interpretation von Aussagen interessiert; er ist lediglich eine notwendige Zwischenetappe der Diskursanalyse, nicht aber eigentlicher Untersuchungsgegenstand.
> (Jung 2000: 27)

Wie schon Hermanns (1995) den Diskurs-als-Korpus-Begriff transzendiert, überschreitet Jung (2000: 27) den Diskurs-als-Text-Begriff hin zu „[v]irtuellen Aussagekorpora" (besser wäre von imaginären Aussagekorpora zu sprechen); beide verfolgen das Ziel, den Gegenstand aus praktischen Überlegungen nicht unnötig zu verkürzen, sondern „den Blick auf die Differenz zwischen dem theoretisch Wünschenswerten und dem empirisch Machbaren" (Jung 2000: 28) zu lenken. Diese Differenz gelte es, „methodisch zu reflektieren, möglichst klein zu halten, vor allem aber offenzulegen" (Jung 2000: 28).

Aussagen könne man nur insofern auffinden, „als ihr Auftreten in bestimmten Texten erwartbar ist. Außerhalb eines text-thematischen Rahmens ist die Erfassung solcher [Aussagen; Anm. d. Verf.] zufällig, und ihre Repräsentativität [für das Thema; Anm. d. Verf.] lässt sich nur selten sichern" (Jung 2000: 29).[58] Die Bezugnahme auf Texte ist also nach Jung (2000: 29) in forschungspraktischer Hinsicht nicht hintergehbar, denn:

> Aussagen existieren nicht an sich, sondern nur als zeichenhaft-materielle Manifestation. Folglich stehen sie notwendigerweise in einem Äußerungszusammenhang, durch den

---

Linguistik (ob gewollt oder aus Unkenntnis) auf das Niveau einer durchschnittlichen Textlinguistik herabstufen zu wollen. Als Beitrag zu einer wie auch immer verstandenen Textlinguistik war dieses Modell nie gedacht. Dass Texte (und nur Texte) das Korpus einer linguistischen Diskursanalyse bilden (und nur sie es bilden können), ist eine Binsenweisheit und unabweisbare Tatsache, aus der zunächst keinerlei weitere methodische Schlüsse gezogen werden können. Man kann sich (wie in der Begriffsgeschichte) für Einzelwörter oder (wie Foucault) für als sprachentbunden konzipierte *enoncés* interessieren, suchen und auffinden kann man sie stets nur in der Form und Umgebung von Texten. Es sind die Art und Weise, wie man mit diesem Korpus umgeht, die Untersuchungsobjekte, die man in diesem Korpus identifiziert, die eine Diskursanalyse von einer Textlinguistik und Textsemantik unterscheiden. Allenfalls könnte man versucht sein, etwa den von Kristeva formulierten Gedanken der Intertextualität (und Intertextualitätsrelationen) als eines der Mittel einer Diskursanalyse zu etablieren." Eine Textlinguistik darf sodann auch nicht als Filiation der linguistischen Diskursanalyse und -geschichte missverstanden werden. Das wird auch an der Diskurskonzeption Matthias Jungs deutlich. Vielmehr sei der Zweck verfolgt worden, und das trifft auch auf Jungs Überlegungen zu, „die Korpusauswahl zu einem überlegten, vordefinierten, rationalen, der reinen subjektiven Willkür entkleideten (so weit dies überhaupt möglich ist) empirischen Verfahrensschritt zu machen, und damit von der Zufälligkeit und Subjektivität der individuellen Intuition der Forscher etwas unabhängiger zu machen" (Busse 2013a: 39).

58 Jung hält an einem quantitativen Verständnis von Repräsentativität fest.

> Sprechsituation und Sprecherintention, auf deren Kenntnis eine angemessene Interpretation von Äußerungen nicht verzichtet werden kann, fassbar werden.

Trotz der Bestimmung von Diskurs-als-Aussagengeflecht führt demnach in der Praxis nichts an Texten vorbei:

> Die Erfassung von thematisch einschlägigen und chronologisch geordneten Texten ist zwangsläufig der erste Schritt bei der Zusammenstellung von Diskurskorpora. Anschließend erfolgt die Auswertung nach Aussagen bzw. daran gekoppelten sprachlichen Phänomenen und dem spezifischen linguistischen Forschungsinteresse und erst dann ihre Interpretation im Verweis- und Textzusammenhang [...]. Der Vorteil dieses aussage- und textorientierten Vorgehens besteht darin, dass [...] der Textzusammenhang und sogar der darüber hinausgehende Diskurszusammenhang gewahrt bleiben. Andererseits ermöglicht dieses Verfahren empirische Untersuchungen bestimmter sprachlicher Phänomene quer durch große Textmengen, bei denen sich aufwendige textlinguistische Analysen verbieten.
> (Jung 2000: 29)

2.6.4.3 Zusammenfassung: Prinzipien der Korpusbildung

Diskurse als Gegenstand der linguistisch-diskursgeschichtlichen Analyse sind artifizielle Produkte. Erst der Vorgang der Korpusbildung formt den Diskurs. Diskurse in einem forschungspraktischen Sinne sind etwas vom Forscher Gemachtes oder Forschungsartefakte. Das heißt, das Korpus kann nicht mit dem Diskurs, den es an sich nicht gibt, gleichgesetzt werden. (Vgl. Busch 2007: 150f.) Die Konstitution eines Diskurses als Forschungsartefakt, die Zuordnung eines Textes zu einem Diskurs, was dabei als diskursive Beziehung und somit relevantes Auswahlkriterium angesehen wird, ist letztlich ein interpretativer Abgrenzungsakt, bei dem das Interesse der Wissenschaftler, deren Untersuchungsziele usw., entscheidend bleiben. Die Einheit des Diskurses, die Bestimmung der Grenzen potentiell unaufhörlich vernetzter Texte, ist folglich nur hypothetisch. Ob ein Korpus einen sinnvollen Zugang zum fraglichen Diskurs bietet, ob die Zuordnung von Texten (oder von Aussagen bzw. unterhalb der Textebene liegenden sprachlichen Einheiten) zu einem Diskurs überzeugend ist, kann nur die Analyse zeigen:

> Erst wenn die Ergebnisse, d. h. die aufgewiesenen Beziehungen, Strukturen, Gruppierungen von Aussagen, Aussageelementen, Aussageverknüpfungen usw. durch das vorgewiesene Korpusmaterial und seine diskurssemantische Analyse als plausibel erscheinen, wenn sie durch die vorgefundene bzw. vorgeführte Materialität eine These ergeben, die – soweit dies bei semantischen Aussagen überhaupt möglich ist – am Material objektivierbar ist, dann ist die Existenz des fraglichen Diskurses als sinnvolles Untersuchungsobjekt vollends erwiesen.
> (Busse & Teubert 2013 [1994]: 17)

Aus den genannten Gründen ist das Verhältnis des „spezifischen Korpusartefaktes zur Grundgesamtheit des jeweiligen Diskurses [zu] explizieren und zur Herstellung empirischer Adäquatheit [sind] die Gütekriterien der Gültigkeit (Validität), Zuverlässigkeit (Reliabilität) und Generalisierbarkeit zu beachten", so Busch (2007: 151). Außerdem sollten die Kriterien und Parameter, nach denen ein Diskurs eingegrenzt wird, möglichst genau angegeben und dadurch die Datenerhebung intersubjektiv durchsichtig gemacht werden (die Begründung der Datenbasis als angemessenes Forschungsartefakt in Bezug auf den Untersuchungsgegenstand und die Ziele der Untersuchung erfolgt in Kap. 4). In Übereinstimmung mit einschlägigen linguistischen Ansätzen, die sich mit Fragen der Korpusbildung für diskursanalytische Zwecke befassen,[59] sind für die Zusammenstellung eines Korpus im Rahmen linguistisch-diskursgeschichtlicher Untersuchungen folgende methodologische Grundüberlegungen und Prinzipien wichtig (ungeachtet der Anforderungen an ein digitales Korpus)[60]:

- *Korpusreflexion*: Auswahlkriterien werden bei der Korpuszusammenstellung fortlaufend im Hinblick auf die Untersuchungsziele reflektiert, z. B. die Adäquatheit der Quellen oder Textsorten und Texte im Hinblick auf den allgemeinen Gegenstands- und Erkenntnisbereich.[61]
- *Offenes Korpus:* Das Korpus kann im Verlauf der Analyse mit fortschreitendem Erkenntnisprozess erweitert werden.
- *Themenbezug:* Die Korpuszusammenstellung erfolgt in Bezug auf thematische Gegenstände. So kann die semantische Verknüpftheit der Einzeltexte und Textfragmente sichergestellt werden. Hieraus ergibt sich die Diskursivität (vgl. Spieß 2011: 106).
- *Diachronizität/Zeitbezug:* Ein Textkorpus sollte sich über einen gewissen Zeitraum erstrecken, damit die diachrone Reihung der diskursiven Ereignisserien, historische Konstanz und historischer Wandel, deutlich werden. Die Kor-

59 Vgl. u. a. Busse & Teubert (1994); Hermanns (1995 und 2008); Jung (2000 u. a.); Gardt (2007); Busch (2007); Spieß (2011); Spitzmüller & Warnke (2011); Busse (2013c) und Niehr (2014).

60 Vgl. hierzu Busch (2007: 157f.) und Bubenhofer (2009).

61 Busch (vgl. 2007: 154f.) nennt als zu reflektierende und belegende Kriterien die (1) Adäquatheit der Texte in Bezug auf den Diskursgegenstand/das Thema, (2) ob die Texte angemessen sind, etwas über Öffentlichkeit auszusagen, bzw. öffentlichen Sprachgebrauch „abbilden", (3) ob durch das Korpus verschiedene Perspektiven oder Meinungen in ihrer gesellschaftlichen Breite erfasst sind, (4) ob das Korpus, wenn es als Grundlage für eine diskursgeschichtliche Analyse dient, für eine historische Analyse geeignet ist und (5) ob das Korpus – im Falle einer entsprechenden Fragestellung – für das kommunikative Verhältnis zwischen Experten und Laien aussagekräftig ist. Bis auf den letzten Punkt treffen alle Kriterien der Adäquatheit im Verhältnis von Korpus und Diskurs auf das Datenkorpus der vorliegenden Untersuchung zu (siehe zur Offenlegung und damit intersubjektiven Nachvollziehbarmachung und Begründung Kap. 4).

puszusammenstellung erfolgt entweder hinsichtlich vorab definierter Untersuchungszeiträume, die so weit gefasst sind, dass sie sich für eine historische Analyse, d. h. für eine Analyse diachroner Reihen, eignen. Oder die Korpuszusammenstellung erfolgt hinsichtlich bestimmter zeitlicher Punkte für einen historisch vergleichenden Längsschnitt.

- *Synchronizität:* Ein Textkorpus sollte auch in der Gleichzeitigkeit breiter gestreut sein, um die synchrone Häufigkeit der diskursiven Ereignisserien zu erfassen. Nur so kann man etwas darüber herausfinden, dass es sich bei den auf synchroner Ebene aufgefundenen, zu Mustern verdichteten, iterativen sprachlichen Einheiten tatsächlich um Instanziierungen gesellschaftlichen Wissens und sprachlich hergestellter Wirklichkeit handelt. Auch über das diskursgeschichtlich relevante Vorherrschen bestimmter sprachlicher Muster kann man nur auf der Grundlage einer breiten synchronen Streuung der Quellen etwas herausfinden, indem man sie beispielsweise auf ihre quantitative Distribution hin befragt (über Quellen, Akteure, Textsorten o. Ä.).
- *Raumbezug:* Die Korpuszusammenstellung erfolgt hinsichtlich bestimmter Areale.
- *Textbezug:* Texte bilden das Korpus.
- *Quellenverfügbarkeit:* Die zu untersuchenden Texte müssen verfügbar sein.
- *Repräsentativität:* Repräsentative Aussagen lassen sich nur in Bezug auf die untersuchte Grundgesamtheit – das Korpus – treffen. Ein Korpus kann einen Diskurs in einem statistischen Sinne nur annäherungsweise repräsentieren. Das Korpus soll den Diskurs, der den Untersuchungszielen entsprechend festgelegt wurde, möglichst „spiegeln“. Entscheidend sind qualitative Relevanzkriterien für die Auswahl von Texten (siehe dazu den Punkt „Korpusreflexion“).
- *Serialität der Quellen:* Da sprachliche Einheiten nur etwas über gesellschaftliches Wissen und kollektives Wirklichkeitsbewusstsein aussagen, „wenn sie seriell und regelhaft in einer Vielzahl von Texten vorkommen“ (Wengeler 2008b: 211), kann darüber nur etwas in Erfahrung gebracht werden, wenn „Regelhaftigkeiten in einer [homogenen; Anm. d. Verf.] Serie von diskursiven Ereignissen identifiziert werden“ (Wengeler 2012: 46).

2.7 Sachliche und unsachliche Kritik am linguistischen Diskursbegriff

2.7.1 Textbezug

Ein Punkt der Kritik am hier vertretenen linguistischen Diskursbegriff ist der Textbezug. So konstatiert Kersten Sven Roth (2008: 323), die linguistische Diskursanalyse im Sinne der Diskurssemantik würde sich weitgehend auf „massenmediale Diskurse" fokussieren; dies gelte „vor allen Dingen für die synchron oder an der neueren Diskursgeschichte ausgerichteten Untersuchungen: Pressetexte, politische Dokumente, literarische Texte und ähnliches waren und sind ihre bevorzugten Objekte."

Martin Reisigl (2013: 253) wendet ein,

> dass der Mündlichkeit bzw. der mündlichen Kommunikation in Busses und Teuberts (1994) Diskursmodell kein expliziter und systematischer Platz zugewiesen wird, dass der Ansatz der Diskurssemantik mithin weitgehend schriftsprachzentriert ist – im Unterschied zur Funktionalen Pragmatik und zum Oldenburger sowie Wiener Ansatz einer kritischen Diskursanalyse.

Und aus soziologischer Sicht stellt Rainer Diaz-Bone (2013: 280) fest: „Für die Diskurslinguistik ist Diskurs in erster Linie eine textliche Realität." Insbesondere Wolfgang Teubert propagiert einen Diskursbegriff, der davon ausgeht, dass sich Diskurse und gesellschaftliches Wissen oder Bedeutung vornehmlich in Textkorpora manifestieren (so auch Ziem 2013: 228).

Die Annahme, gesellschaftliches Wissen lasse sich nur in textlichen Interaktionsformaten auffinden, ist wenig überzeugend. Die Kritik an der weitgehenden Ausklammerung nicht schriftsprachlicher (massenmedialer) Kommunikationsformen – wie etwa der mündlichen Alltagskommunikation – aus der Diskurssemantik und der linguistischen Diskursgeschichte erscheint gerechtfertigt.

Die gesprächsanalytisch ausgearbeitete Diskursanalyse in der anglo-amerikanischen Tradition der *discourse analysis* ist ein Beispiel dafür, dass ein Diskursbegriff jenseits der engen Fokussierung auf einen Textbegriff fruchtbar gemacht werden kann: „Diskurs in diesem Sinne bezeichnet entweder eine größere gesprochensprachliche Äußerungseinheit oder aber eine durch Interaktivität gekennzeichnete größere (gesprochen- oder schrift-)sprachliche Entität" (Spitzmüller & Warnke 2011: 8). Obwohl eine produktive Verbindung mit diesem Ansatz möglich wäre, wird die konversationsanalytisch gefasste Diskursanalyse von Seiten der linguistischen Diskursanalyse im Anschluss an Foucault so gut wie gar nicht rezipiert (was allerdings wohl auch umgekehrt gilt). An dieser Stelle sei auf die Arbeiten von Kersten Sven Roth (2008 und 2015) verwiesen, der die Diskursbegriffe der textorientierten Diskurssemantik bzw. linguistischen Diskursgeschichte und der gesprächsorientierten *discourse analysis* bzw. *Critical Discourse Analysis* (CDA) aufeinander bezieht. Unter dem Begriff „‚interpersonale Diskursrealisationen'" betrachtet Roth (2008: 325) die nicht massenmediale und nicht öffentliche Peripherie öffentlich-massenmedialer Kommunikation als „Realisierungsformen thematisch einheitlicher Diskurse" – etwa Smalltalk in der Frühstückspause, Familiengespräche am Esstisch oder Gespräche in der Straßenbahn (vgl. Roth 2008:

325–328). Die Erweiterung der Diskurssemantik um eine solche Ebene der sekundären Kommunikation (vgl. Wichter 1999: 270) zielt darauf,

> eine strukturell eigenständige Ausprägung eines jeden Diskurses mit in den Fokus der Diskurssemantik zu bekommen, ohne dessen methodisch angemessene Erfassung die Beschreibung von diskursiv hergestellten kollektiven Wissenssystemen letztlich immer unvollständig bleiben muss.
> (Roth 2008: 325)

Diese Ausdehnung des Fokus auf den Gegenstand Diskurs ist ein guter Grund für die Loslösung vom eher textbezogenen Diskursverständnis und, wie von Roth (vgl. 2008: 337) auch angedacht und in seiner Habilitationsschrift (vgl. Roth 2015) praktiziert, für die methodische Weiterentwicklungen in Richtung einer Analyse mündlicher Kommunikation. Obwohl Gespräche bis dato nicht im Interesse der linguistischen Diskursgeschichte und auch nicht im Interesse dieser Untersuchung liegen, gibt es keinen Anlass, am Status quo festzuhalten bzw. diese als Gegenstand auszuschließen, wie Roth plausibel macht. Die Einbeziehung mündlicher Kommunikation würde auch keine Neubegründungen der linguistischen Diskursanalyse erfordern, da man sich mit diesem Interesse vielmehr speziell auf das Diskurskonzept von Fritz Hermanns und dessen Denkfigur des imaginären Korpus berufen kann (siehe Kap. 2.6.4). Anzumerken bleibt, dass eine Analyse interpersonaler Diskursrealisationen, im engeren Sinne von Gesprächen, mindestens so unvollständig wie eine rein textbezogene Diskursanalyse bleiben muss, wenn sie sich scheut, die Ebene der massenmedialen Diskursrealisation, etwa Pressetexte, integrativ in die Analyse einzubeziehen, um die von Roth (2008: 355) anvisierten „Rückkoppelungseffekte" zwischen interpersonalen Diskursrealisationen und massenmedial konstituiertem gesellschaftlichem Wissen zu erfassen. Wie das neben der aufwendigen Sammlung, Aufbereitung und Analyse interpersonaler Diskursrealisationen in seriellen Quellen, beispielsweise in Form von Interviews, forschungspraktisch zu bewältigen ist, muss empirisch erst noch erprobt und geklärt werden. Generell ist aber aus methodologischer Sicht der Meinung zuzustimmen, dass ein Verfahrensproblem, „eine forschungspraktische Hürde" (Roth 2008: 326), kein Grund sein sollte, eine interessante Fragestellung nicht aufzugreifen. Dass dies nicht immer so gesehen wird, ist Gegenstand des folgenden Kapitels.

2.7.2 Themenbezug

Ein weiterer Punkt der Kritik, den ich aufgreifen möchte, betrifft die Fokussierung auf Themen und die damit verbundene Begrenzung von Diskursen und Textkorpora. Vor allem von der korpuslinguistisch ausgerichteten Diskursanalyse wird dieses Vorgehen angezweifelt.

So empfinden Scharloth, Eugster & Bubenhofer (2013: 346) das diskurssemantische bzw. diskurslinguistische Angebot an ausgefeilten Methodenmodellen[62] der integrativen Analyse und Interpretation von Texten wie von Diskursen auf verschiedenen sprachlichen Ebenen als „Korsett", dessen „Umsetzung immer mehr Ressourcen verschlingt", obwohl ein „heuristischer Mehrwert" nicht belegt sei. Wegen des als methodische Fesseln empfundenen linguistischen Rüstzeugs einer tendenziell korpusgestützten, qualitativ verfahrenden Diskursanalyse, die quantitative Analysearten eher als Hilfsmittel einsetzt, seien Diskurslinguisten genötigt, ihre Datenkorpora nach bestimmten Kriterien einzugrenzen. Da der Erkenntnisgegenstand der linguistischen Diskursanalyse – wie diskursive Wissensstrukturen – jedoch eher themenunabhängig aufzufinden sei, erscheint den Autoren die traditionelle forschungspraktische Bestimmung von Diskursen, wie Busse & Teubert (1994), Hermanns (1995) oder Jung (2000) sie vorschlagen, das Prinzip der begründeten Auswahl nach Themen, als gestrig. Im Zeitalter der Digitalisierung, d. h. unter anderem einer leichten Zugänglichkeit der Texte, und vor dem Hintergrund der korpus- wie computerlinguistischen Fortschritte und textanalytischen Möglichkeiten könne an solchen als Selbstbegrenzung apostrophierten Einschränkungen aufgrund der Anwendung aufwendiger interpretativer Analysekategorien und Verfahrensweisen – gemeint ist etwa auch das manuelle Kodieren von Texten – nicht mehr länger festgehalten werden. (Vgl. Scharloth, Eugster & Bubenhofer 2013: 346f.) Der Schmähgesang auf die linguistische Diskursanalyse mündet in einen Topos der düsteren Zukunftsprognose:

> Die linguistische Diskursanalyse steht an einem Scheideweg. Wenn sie sich nicht bemüht, Anschluss an die sprachtechnologischen Entwicklungen zu finden, dann wird Spitzenforschung im Bereich der Sprachanalyse als Gesellschaftsanalyse nicht mehr an Universitäten stattfinden, sondern in privatwirtschaftlichen Unternehmen. Es ist zu befürchten, dass damit auch das kritische Potential dieser Forschung verloren geht. Die Marginalisierung der traditionellen akademischen Diskurslinguistik wird dann weiter fortschreiten.
> (Scharloth, Eugster & Bubenhofer 2013: 347)

Zuzustimmen ist dieser Kritik insofern, als dass ein diskurslinguistisches Erkenntnisinteresse nicht durch einzelne Methoden oder ein Methodenrepertoire determiniert werden sollte; ebenso wenig sollte durch einen „byzantinischen Methodismus" bzw. das Befolgen wohlüberlegter Methodenrituale das Ziel aus den

62 Entsprechende Modelle finden sich etwa in Busse (1987); Spitzmüller & Warnke (2011); Spieß (2011); Kalwa (2013); Kreuz (2014). Siehe zur Diskussion bestimmter Methodenmodelle Kapitel 3.

Augen verloren werden (insofern dieses Ziel nicht der Nachweis für die Tragfähigkeit einer Methode ist).

Zurückzuweisen ist diese Kritik deshalb, weil das Erkenntnisinteresse der linguistischen Diskursanalyse – und insbesondere der hier vertretenen Variante – nun einmal inhaltlich und an Themen orientiert ist. Wie in Kapitel 2 dargelegt, ist die linguistische Diskursgeschichte als Themengeschichte konzipiert; ihr Interesse gilt inhaltlichen Fragestellungen und bestimmten Diskursgegenständen; deshalb hat sie auch thematische Korpora zum Untersuchungsobjekt und nicht etwa, wie unterstellt, aufgrund von Restriktionen durch interpretative linguistische Analysekategorien. Matthias Jung (2000: 34) hat es schon vor Jahren auf den Punkt gebracht: „Von der traditionellen Korpuslinguistik unterscheidet sich die linguistische Diskursgeschichte dadurch, dass die thematische Verbundenheit der Textstücke konstitutiven Charakter besitzt und der Untersuchende sich auf die Inhalte einlässt."[63]

Die mittels Algorithmen auf die Materialität der sprachlichen Oberfläche gerichtete Berechnung von allgemeinen sprachlichen Mustern (vgl. Bubenhofer 2009) geht sodann mit Fragestellungen und Verfahrensweisen einher, die von Seiten der Korpuslinguistik an die linguistische Diskursanalyse herangetragen werden. Und aus den in Scharloth, Eugster & Bubenhofer (2013) angeführten Gründen, etwa große Datenmengen möglichst exhaustiv auswerten zu können oder datengeleitet neue Fragestellungen und Analysekategorien zu generieren, erscheint es mir nachvollziehbar, nicht für jedes Forschungsdesign an einer rein thematischen Bestimmung von Diskursen oder im engeren Sinne qualitativen Auswertungen festzuhalten. Die Frage ist, ob man aus individuellen Forscherinteressen Basispostulate ableiten muss:

63 Alexander Ziem (2013a: 227f.) nennt aus kognitionstheoretischer Sicht einen weiteren Grund für die thematische Ausrichtung: „Diskursive Prägungen von sprachlichem Wissen finden stets innerhalb von inhaltlich-thematischen Zusammenhängen statt. Diese These stützen empirische Befunde kognitionswissenschaftlicher Experimente. So haben etwa Informationen zum übergeordneten thematischen Zusammenhang – der etwa in Zeitungsartikeln durch Überschriften angezeigt [...] oder durch Textkenntnis vorausgesetzt werden kann [...] – nachweisbare Priming-Effekte auf die semantische Konzeptualisierung von neu eingeführten Diskursreferenten und ambigen Begriffen. Anders formuliert: Wissen über thematische Zusammenhänge ko-determiniert sprachliche Bedeutungen. Daran anschließend hat sich durch systematische Analysen thematischer Korpora zudem gezeigt, dass sich schon innerhalb eines recht kurzen Zeitraums bestimmte Wissensaspekte so stark verfestigen können, dass SprachbenutzerInnen diese als geteiltes Hintergrundwissen präsupponieren."

> Eine forschungspraktische Beschränkung auf thematische, gegenstands- oder wissenskomplexspezifische Bestimmung von Diskursen erscheint uns nicht geboten. Diskurse sollten vielmehr anhand strukturentdeckender Verfahren aus den Daten selbst berechnet werden. (Scharloth, Eugster & Bubenhofer 2013: 349)

Die referierte Kritik erscheint als ein nicht ganz ernst zu nehmender wissenschaftsstrategischer Stigmatisierungsversuch mit dem Ziel, den eigenen Ansatz im „offenen wissenschaftlichen Feld" (Scharloth, Eugster & Bubenhofer 2013: 377) der linguistischen Diskursanalyse prominenter zu platzieren. Ich sehe nicht, weshalb eine datengeleitete linguistische Diskursanalyse nicht mit anderen Modi der linguistischen Diskursanalyse koexistieren und bei Bedarf ergänzend eingesetzt werden kann.

In der vorliegenden Arbeit werden die sprachliche Konstruktion des thematischen Diskursgegenstands „Krise" und darin sedimentierte Segmente gesellschaftlichen Wissens und kollektiven Wirklichkeitsbewusstseins untersucht. Dieser Fragestellung gemäß wurde das Untersuchungskorpus zusammengestellt. Die Bevorzugung einer Methode, nämlich der Topos-Analyse, richtet sich ebenfalls nach diesem Interesse. Dennoch habe ich Anregungen aus einer datengeleiteten linguistischen Diskursanalyse aufgenommen und hier und da methodische Aspekte in die Analyse eingesponnen, ohne mir dabei die Logik korpuslinguistischen Arbeitens oder einen korpuslinguistischen Denkstil (vgl. Scharloth, Eugster & Bubenhofer 2013: 347) mit eigenen (wissenschafts-)theoretischen Haltungen aufzuerlegen – in dieser Hinsicht sind der Kompatibilität m. E. Grenzen gesetzt.[64]

2.7.3 Diskursakteure

> „Die Menschen machen ihre eigene Geschichte, aber sie machen sie nicht aus freien Stücken, nicht unter selbstgewählten, sondern unter unmittelbar vorgefundenen, gegebenen und überlieferten Umständen."
> (Marx 1972 [1852]: 115)

Das Verdikt, die Ebene der Akteure sei in der linguistischen Diskursanalyse „notorisch unterspezifiziert" (Spitzmüller 2013: 284), trifft insofern zu, als es in entsprechenden Arbeiten oft an geeigneten Konzeptionen von ‚Akteur' als sprach- und

64 Gemeint ist etwa die dichotomische Vorstellung, entweder möglichst ohne Vorwissen inhaltlich unspezifische sprachliche Strukturen und Wissensstrukturen in einem Korpus zu explorieren (*corpus-driven*) oder datenunabhängig formulierte Hypothesen an einem Korpus zu überprüfen (*corpus-based*).

diskurstheoretisch reflektierter Untersuchungskategorie mangelt. Das allgemeine Unbehagen an einer akteurlosen linguistischen Diskursanalyse, die nicht handlungstheoretisch begründet sei, teile ich hingegen nicht; ebenso wenig stimme ich dem Einwand zu, dem Konzept der Diskurssemantik und der linguistischen Diskursgeschichte liege ein „deterministischer Systembegriff" (Liebert 2004: 150) bzw. eine deterministische Lesart der Foucault'schen Diskurstheorie zugrunde.

So unterstellen manche der Kritiker, im Rahmen der Diskurssemantik/Diskursgeschichte werde ein Sprach- und Diskursbegriff vertreten, dem die Annahme zugrunde liegen würde, Akteure seien in ihrem sprachlichen Handeln durch die Formationen des Diskurses, seine Regeln oder das Sprachsystem bestimmt und hätten keine Gestaltungsmacht, weshalb die strukturellen Möglichkeitsbedingungen der Kommunikation im analytischen Fokus stünden (vgl. hierzu neben Liebert 2004: 138 und 150ff. zuletzt Gredel 2014: 14–18). Inwiefern der Einwand nicht zutrifft, wurde bereits in Kapitel 2 in Zusammenhang mit der Erläuterung des handlungsorientierten Diskursbegriffs und im Zuge der Bestimmung von Sprache und Diskurs als gesellschaftliche Praxis ausführlich dargelegt. Gredel (2014: 16), die wie Liebert mit ihrer Kritik explizit den hier vertretenen Ansatz adressiert, macht neben einem angeblichen „Beharren auf der Vorgängigkeit sprachlicher Regeln vor Akteuren" auch „terminologische Defizite" bezogen auf Begriffe wie ‚Akteur' aus. Im Folgenden werde ich zum einen erneut verdeutlichen, weshalb Ersteres – zumindest in theoretischer Perspektive – ein Irrtum ist, und zum anderen werde ich versuchen, den unterspezifizierten Akteursbegriff zu schärfen, ohne jedoch ein hinreichend differenziertes Konzept von Diskursakteuren zu entwickeln (jedenfalls aus Sicht der Wissenssoziologie beispielsweise).[65]

Mit Wengeler (vgl. 2013b: 59) stimme ich darin überein, dass die wissenssoziologische Begründung von Akteuren als Analysekategorie an den hier vertretenen Diskursbegriff hochgradig anschlussfähig ist. Im Sinne der wissenssoziologischen Diskursanalyse gehe ich davon aus, dass „weder der Diskurs noch die Diskurse ‚das Subjekt machen' – auch wenn sie daran sehr wohl beteiligt sind" (Keller 2012: 70) – und dass nicht Einzelne den Diskurs oder die Diskurse machen, sondern dass einerseits die Diskursakteure in ihrem Denken, Wissen und Sprechen u. a. sozial geprägt oder gesellschaftlich geformt sind und dass sie anderer-

65 Keller (2012) legt ein solches für die wissenssoziologische Diskursanalyse vor. Spitzmüller (vgl. 2013: 263–273) legt im Anschluss an metapragmatische Forschungen und den Begriff der ‚sozialen Positionierung' ein anregendes Modell zur linguistischen Präzisierung der Untersuchungskategorie ‚Akteur' vor. Vgl. zur diskurslinguistischen Analyseebene der Akteure im Einzelnen auch Spitzmüller & Warnke (2011: 172–187). Neben der angelsächsischen wie deutschsprachigen kritischen Diskursanalyse macht auch Spieß (2011) die Akteursebene stark.

seits durch eine Vielzahl ähnlich gerichteter Handlungen bzw. durch Handlungsserien, denen jeweils ähnliche individuelle Zwecke, Absichten und Intentionen zugrunde liegen, zu den diskursiven Formationen in einer Interdependenzbeziehung stehen.[66] Demnach können Akteure durch ihr Handeln Diskurse beeinflussen, werden aber durch Diskurse *mit*subjektiviert, d. h.

> können aber jeweils nicht autonom agieren, sondern sind in Strukturen eingebunden, die mit darüber entscheiden, was die Subjekte sagen und tun, was sie sagen und tun können (Stichwort Möglichkeitsbedingungen, Grenzen des Sagbaren etc.).
> (Wengeler 2013b: 62)

Zielvorstellungen, Werte, Absichten und Intentionen der Diskursakteure, die in jede sprachliche Äußerung einfließen und die sprachlichen Muster/diskursiven Strukturen potentiell verändern und Wirklichkeitskonstruktionen perspektivisch prägen, werden unter diesem Gesichtspunkt zu einem wichtigen Untersuchungsgegenstand.

Auf der anderen Seite gilt es, den Einfluss sozialer/struktureller Wirkungsfaktoren auf das Denken, Wissen und Wirklichkeitsbewusstsein sowie auf die Äußerungsweisen der Akteure, die in jeder einzelnen sprachlichen Handlung aktualisiert/verändert werden, zu berücksichtigen. In diesem Sinne sind menschliches Sprachverhalten und Sprachwandel träge, dem Bewusstsein oft nicht zugängliche, aber immerwährende Resultate der diskursiven Praxis.

Obgleich Foucault (1974: 462) in der *Ordnung der Dinge* schreibt: „[D]er Mensch verschwindet wie am Meeresufer ein Gesicht im Sand", sind der Diskurs und seine Ordnung als entwicklungsgeschichtliche Komponente für den Menschen, der auch in andere lebensweltliche Bedingungen außerhalb von Diskursen und in biologische, psychologische und weitere Determinationen eingebunden ist, jedoch nicht zu überschätzen. Gewiss ist der Mensch kein unbeherrscht Handelnder, auch wenn er sich in seinem Handeln frei fühlt, doch der „menschliche Faktor" ist stets im Blick zu halten,

> d. h. die Frage, wie unter Mitwirkung gesellschaftlicher Akteure im Kulturprozess ‚Inseln der Geschichte' (Sahlins 1992b), Kristallisationen von Ordnung – etwa als Institutionenbil-

66 Ganz im Sinne der Trampelpfadtheorie Rudi Kellers (2003). Jedoch sei dahingestellt, ob Eigennutz Triebfeder jeglichen menschlichen Handelns ist. Selbst wenn es so wäre, bleibt fraglich, ob eigennütziges Handeln vieler ganz von selbst („unsichtbare Hand") dem Interesse aller zugutekommt. Und schließlich ist auch zweifelhaft, ob jeglicher Sprachwandel als freies Marktgeschehen – das für Keller, der sich auf Adam Smith beruft, in jeder Hinsicht vernünftig zu sein scheint – und als Nebenfolge rationalen Handelns erklärbar ist. Wäre es so, dann würde sich in der Tat die Frage nach den Akteuren als Handlungsträger und deren Zielvorstellungen, Werten, Absichten und Intentionen als Faktoren von Sprachwandel nicht stellen.

> dung, als Arrangement symbolischer Ordnungen, als strukturierte Praxis – entstehen und vergehen.
> (Keller 2012: 76)

Unter ‚Diskursakteuren' verstehe ich sprachlich handelnde Teilnehmer an Diskursen. Sprachlich Handelnde nehmen zeitweise als Sprecher/Arrangeure und als Hörer/Adressaten/Wahrnehmende an Diskursen teil. In Übereinstimmung mit Spitzmüller & Warnke (2011: 172) gehe ich davon aus, dass der Handelnde „nicht notwendigerweise eine personale Größe" ist. Vielmehr können Akteure „Individuen, Gruppen von Individuen, Netzwerke von Individuen, aber auch nicht-personale Handlungsinstanzen wie Institutionen, Parteien, Medien etc. sein" (Spitzmüller & Warnke 2011: 172).

Durch ihre Äußerungen und darin enthaltene Wertungen, durch explizite oder implizite Bezugnahmen auf Weltanschauungen sowie aufgrund (eigensinniger) Interpretationen sprachlicher Artefakte, die wiederum nur über konkrete Äußerungen erschließbar sind, positionieren sich Diskursakteure zu den Gegenständen der sozialen Interaktion, d. h. sie nehmen ‚Diskurspositionen' ein. Darunter verstehe ich verschiedene Schichtungen des Wissens, von Meinungen und Werten, sowie – im Sinne der kritischen Diskursanalyse – den „politisch-ideologische[n] Standort einer Person, einer Gruppe oder eines Mediums" (Jäger 2012: 85), an dem sich das Handeln der Diskursakteure jeweils orientiert. Jäger (2012: 85) weist zwar darauf hin, dass sich Diskurspositionen „erst als Resultat von Diskursanalysen ermitteln" lassen; zugleich jedoch seien „Diskurspositionen innerhalb eines herrschenden bzw. homogenen Diskurses sehr homogen" (im Sinne der KDA wohl meistens rechts und neoliberal). Ob Letzteres zutrifft, lässt sich ebenfalls nur durch die Untersuchung von Diskursen sicher feststellen und sollte bei der Analyse möglichst nicht als Vorannahme an die immer polyphonen Texte herangetragen werden.

Aufgrund ihrer gemeinsamen weltanschaulichen Handlungsorientierung formieren sich Akteure zu ‚Diskursgemeinschaften', d. h. zu am Diskurs teilnehmenden Gruppen, die sich aufgrund von Übereinstimmungen im Denken, Fühlen und Wollen ähnlich äußern.[67] Verschiedene Äußerungsweisen sind Ausdruck unterschiedlicher Diskurspositionen, die zueinander in Konflikt stehen können, was sich z. B. in semantischen Kämpfen zeigt. Diskursakteure nehmen zumeist verschiedene Diskurspositionen ein, d. h. sie äußern sich entsprechend der einen

67 Siehe hierzu den Mentalitätsbegriff in Anmerkung 49, wie ihn Fritz Hermanns (1995) fruchtbar macht. Vgl. zum Terminus ‚Diskursgemeinschaft' im hier gemeinten Sinne auch Spitzmüller & Warnke (2011: 181).

und/oder der anderen Position, gehören also unterschiedlichen Diskursgemeinschaften an.

Nicht jeder ist in der Lage, sich Gehör zu verschaffen und seine Diskursposition geltend zu machen, weil der Zugang zum Diskurs reguliert wird. Das Plausibilitätspotential des Gesagten hängt u. a. vom hegemonialen Diskurs bzw. vom aktuellen gesellschaftlichen Konsens ab. Die Analyse der Distribution von Äußerungen hinsichtlich verschiedener Diskursakteure und -positionen, dessen, was vorherrschend oder marginal ist und was nicht gesagt wird, ist daher immer auch Analyse hierarchischer gesellschaftlicher Verhältnisse und von Macht. Bei entsprechenden Zugangsmöglichkeiten können abweichende Diskurspositionen Gegendiskurse etablieren. (Vgl. Keller 2012: 92f. und 97ff.) Ein Beispiel für eine alternative Diskursposition im neoliberalen Mainstream Mitte der 1990er Jahre, die von einem Akteur besetzt wird, der sich Gehör zu verschaffen vermag, ist im „Sozialwort der Kirchen" zu sehen.[68] Noch vor der Gründung von ATTAC und des WELTSOZIALFORUMS initiiert das Sozialwort als diskursives Ereignis einen Gegendiskurs, der zentrale Begründungsmuster der Globalisierungskritiker vorwegnimmt.[69]

Neben der Beschreibung von Diskursakteuren und -positionen über ihre Praktiken und Handlungsorientierungen stellt die ‚diskursive Rolleninszenierung' ein weiteres interessantes Differenzierungskriterium für die Analyse von Diskursakteuren dar. Reiner Keller (2012: 100) spricht auch von *„Subjektpositionen"*, die von den Diskurspositionen zu unterscheiden seien.[70] ‚Interaktionsrollen' im Sinne der Textlinguistik oder Spitzmüller & Warnkes (vgl. 2011: 174–177), d. h. dass Akteure nach ihren „äußeren" Rollen unterschieden werden können, in denen sie an Diskursen partizipieren, sind damit also nicht gemeint. Die herkömmliche all-

68 Das Sozialwort der Kirchen ist ein gemeinsames Papier der evangelischen und katholischen Kirche zur wirtschaftlichen und sozialen Lage in Deutschland mit dem Titel *Für eine Zukunft in Solidarität und Gerechtigkeit*. Das Sozialwort wurde am 28. Februar 1997 vorgestellt und am 1. März 1997 in seinen Hauptgedanken in der FAZ abgedruckt.

69 Vgl. hierzu und zum Globalisierungs- und Reformdiskurs in den 1990er Jahren im Allgemeinen Römer & Wengeler (2013a).

70 Nach Keller (2012: 100) entwerfen Diskurse „eine komplexe Subjekt-Kartographie des Feldes, von dem sie handeln. In antagonistischen Auseinandersetzungen konstituieren sie beispielsweise Identifikationsangebote für Subjektivierungen – also Subjektpositionen – entlang von Gegensätzen zwischen einem positiv besetzten ‚Wir' und den ‚gegnerischen Anderen'. In komplexeren Konstellationen werden umfangreiche Aktantenstrukturen von Helden und Bösewichtern, Rettern in der Not und ihren Helfershelfern, von Unbeteiligten, Problemverursachern und Verantwortlichen usw. entfaltet. Zugleich entstehen wie am Reißbrett Modellsubjekte, mitunter verbunden mit entsprechenden Technologien des Selbst, welche den unterschiedlichen Adressaten eines Diskurses als Verheißung, ‚Blaupause' oder mahnendes Beispiel vorgehalten werden."

gemeine Unterscheidung zwischen „sprachlichen Produzenten und Rezipienten" (Spitzmüller & Warnke 2011: 174) reicht für die Untersuchungsziele der vorliegenden Arbeit vollkommen aus. Gemeint ist vielmehr die Frage, in welchen Rollen Akteure inszeniert werden,[71] d. h. wie Subjekte durch Akte der Zuschreibung bzw. durch Prädikationsakte diskursiv „eingerichtet" werden. Die Frage nach der diskursiven Rolleninszenierung zielt stärker auf den Konstruktionscharakter von Diskursteilnehmerschaft, Diskursakteuren und Diskursgemeinschaften. So hat jede „Krise" ihre Helden, Schurken und Betroffenen. Beispielsweise werden in der „Banken- und Finanzkrise" 2008/09 Banken und Banker als Schurken und Schuldige und Sparer als Opfer inszeniert, was wiederum Auswirkungen auf die gesellschaftliche Wahrnehmung und Bewertung der „Krise" und auf die gefolgerten Handlungsmöglichkeiten und Lösungsvorschläge zu ihrer Überwindung hat. Nicht zuletzt gehen mit Rolleninszenierungen Identitätskonstruktionen einher, im Diskurs zur „Ölkrise" 1973/74 beispielsweise die Konstruktion einer bestimmten arabischen Identität durch Fremdzuschreibungen, was ebenfalls weitere Auswirkungen auf die gesellschaftliche Wahrnehmung der „Krise" hat (siehe Kap. 5.4.2.2.1). Ausgehend von diesen Überlegungen untersucht die vorliegende Arbeit, wie Diskursakteure „referenziert werden, mit welchen Ausdrücken sie in welchen Verbindungen gesehen werden" (Spitzmüller & Warnke 2011: 181), wie sie benannt werden und welche Perspektiven auf die Diskursakteure mit den Benennungen verbunden sind, was die Rolleninszenierungen also über die Diskursposition der Sprecher „verraten".

Zusammenfassend gesagt, erscheint es nicht nachvollziehbar, dass als Kritik gegen den hier vertretenen Diskursbegriff gelegentlich vorgetragen wird, Akteure seien aus diskurstheoretischen Erwägungen ausgeschlossen und würden nicht in die Analyse einbezogen. Das In-Beziehung-Setzen der *heterogenen* sprachlichen Wirklichkeitskonstruktionen – die immer als „kontingent, d. h. nicht durch bestimmte soziale oder diskursive Strukturen bereits determiniert" (Liebert 2004: 139) angesehen werden – zur diskursiven Praxis *verschiedener* Akteure, die aufgrund *unterschiedlicher* Diskurspositionen gleichzeitig *plurale* und *konfligierende* Wissensordnungen hervorbringen, ist stets Teil und Technik der sprachhistoriographischen Narrationen im Rahmen linguistisch-diskurslinguistischer Arbeiten (wenn auch theoretisch nicht exponiert und methodisch kaum reflektiert). Das Interesse an konkurrierendem Sprachgebrauch, an semantischen Kämpfen etc. setzt die Fragen voraus, wer was zu wem gesagt hat, wonach er oder sie trachtet bzw. was die den Äußerungen zugrundeliegenden kommunikativen Zwecke

71 Vgl. hierzu auch Scholz & Wengeler (2012).

sind und welche Prinzipien, Normen und Werte sich dahinter verbergen.[72] Letztlich ist der Vorwurf, historisch-semantische Studien seien unterspezifiziert und simplifizierend, weil Akteure aus dem Erkenntnisinteresse ausgeklammert würden (vgl. u. a. Warnke & Spitzmüller 2008a: 4), zwar nicht völlig von der Hand zu weisen, doch mit Blick auf die empirische Praxis ist er zumindest abzumildern. Das sprachliche Handeln unterschiedlicher Akteure und die Frage danach, wie sich Akteure durch ihre Äußerungsweisen zu den Gegenständen, über die sie sprechen, positionieren und welche Diskursgemeinschaften sich aufgrund welcher geteilten Diskurspositionen formieren, sind – vielleicht nicht zentraler, aber dennoch wichtiger – Untersuchungsgegenstand auch dieser Arbeit.

Abschließend sei erwähnt, dass der linguistischen Vorgehensweise, die stets auf die Art der Kommunikation fokussiert, dann Grenzen gesetzt sind, wenn es darum geht, etwas über jene Akteure herauszufinden, die in Dispositiven die Kommunikationsweisen und damit in einem gewissen Maße auch die gesellschaftliche Konstruktion der Wirklichkeit, den Legitimationsprozess politischen Handelns in Krisenzeiten, prägen. Es wäre naiv zu behaupten, die Medien oder die in unseren Texten zu Wort kommenden Menschen und Institutionen seien ausschließlich jene Handelnden, die das Feld des Wissens über eine „Krise“ konstituieren. Dem Zusammenspiel zwischen diskursiven und nicht-diskursiven Wirklichkeitsbereichen Rechnung zu tragen, führt jedoch an die Grenzen der Möglichkeiten einer *linguistischen* Diskursforschung im hier vorgeschlagenen Sinne. Denn:

> Die tatsächlichen Subjektivierungsweisen (oder synonym: Subjektivierungen) zu analysieren, ist wohl selbst nicht Diskursanalyse, sondern Analyse von Lebenswelten, Handlungsfeldern, Handlungsweisen und Erfahrungen bzw. Erfahrungsformen, die anderer Zugänge – ethnographischer Annäherung, Interviews, Gruppendiskussionen – bedarf.
> (Keller 2012: 102f.)

---

72 Argumentationsanalytisch wird diese Fragestellung bearbeitet, indem Sprachhandlungstypen in den Blick genommen werden, denen eine Berufung auf handlungsleitende Maximen und/oder auf (politische) Zielvorstellungen in argumentativer Funktion zugrunde liegt, um politisches Handeln im Krisendiskurs zu legitimieren. Siehe zum Topos der Maxime und zum Finaltopos sowie zu deren Stellenwert im Rahmen eines argumentationstheoretisch fundierten Musters der Legitimation politischen Handelns in Krisenzeiten Kapitel 5.1. Solche argumentativen Sprachgebrauchsmuster lassen Schlüsse über die Diskursposition der Akteure zu den Diskursobjekten, über die gesprochen wird, zu. Hieran knüpft die Frage an, wo die Diskursakteure mit ihren Bewertungen und Zielvorstellungen in Relation zu Bewertungen anderer Diskursakteure stehen und welche Mentalitäten sich hieraus ableiten lassen. Im Hinblick auf die diskurskritische Ausrichtung der vorliegenden Arbeit – siehe hierzu das folgende Kapitel 2.8 – ist dies ein wichtiges Erkenntnisziel, denn soziale Positionierung ist „die Grundlage für Prozesse sozialer Stratifizierung bzw. der Aushandlung und Verfestigung von gesellschaftlichen Hierarchien (Dynamiken der Macht)“, wie Spitzmüller (2013: 268) im Anschluss an die soziolinguistische Forschung erläutert.

Es bräuchte eine soziologische Perspektivierung, wenn man die nicht-sprachliche Handlungsebene, die Dispositive, die „Agenten der Diskurse" (vgl. hierzu Keller 2012: 99f.) als Kontext diskursiver Wirklichkeitskonstruktionen in den Blick bekommen wollte.[73] So fragt beispielsweise Jens Maeße (2013), wie die Akteure entstehen, die als legitim geltende Krisendefinitionen hervorbringen. Er untersucht, welche Akteure und wirtschaftstheoretischen Dogmen hinter den Aussagepraxen stehen. Dabei kann er zeigen, dass Krisenwahrnehmungen stark von akteursgebundenen wirtschaftstheoretischen Paradigmen abhängen. Auf diese Weise bekommt er zwar die Akteure besser „in den Griff" als es bislang im Rahmen linguistisch-diskursgeschichtlicher Untersuchungen möglich war, allerdings ist es ihm im Rahmen seines Ansatzes nicht möglich, die Art der öffentlichen Kommunikation, der Vermittlung akteursgebundenen Wissens, erschöpfend zu untersuchen (was auch nicht sein Anliegen ist).

2.8 Diskurskritik

Normen, ja bitte – aber meine!

2.8.1 Diskursanalyse: deskriptiv – kritisch – wissensanalytisch – wissenskritisch – wie auch immer

Die Differenzen zwischen linguistischer Diskursanalyse und kritischer Diskursanalyse sind bekannt.[74] Die linguistische Diskursanalyse versteht sich als deskriptiv. Im Allgemeinen ermittelt sie sprachliche Eigenschaften von Diskursen und

---

73 Keller (2012: 92) spricht in diesem Sinne vom „in den Dispositiven eines Diskurses eingesetzte[n] weitere[n] Personal der Diskursproduktion und Weltintervention." In Bezug auf den wirtschaftlichen Krisendiskurs wäre beispielsweise an Menschen zu denken, die Konjunkturtheorien entwickeln, an den Universitäten bestimmte Theorien unterrichten, makroökonomische Daten erheben oder über die Vergabe von Wirtschaftsnobelpreisen entscheiden.

74 Vgl. zur Diskussion u. a. die Beiträge von Jäger (2005) und Wodak (2005) sowie die Replik auf die beiden von Wengeler (2005c). Kilian, Niehr & Schiewe (2010) legen eine Einführung in die Sprachkritik vor und befassen sich u. a. mit unterschiedlichen Ansätzen linguistischer Sprachkritik. Wengeler (2011) diskutiert die Frage, inwiefern linguistische Diskursanalyse *deskriptiv, kritisch oder kritisch durch Deskription* sein kann. Niehr (2012b: 77ff., 2014a: 50–65 und 2014b: 133ff.) diskutiert ebenfalls die Frage Deskription oder Kritik. Reisigl (2013: 265–268) nähert sich dem Problem aus Sicht der kritischen Diskursanalyse bzw. des Wiener diskurshistorischen Ansatzes. Meinhof, Reisigl & Warnke (2013) publizieren einen Sammelband zur *Diskurslinguistik im Spannungsfeld von Deskription, Präskription und Kritik*, dessen Beiträge, so die von Wengeler (2013c), Dreesen (2013) und Vogel (2013), sich jeweils damit auseinandersetzen, inwiefern Kritik in der

das zugrundeliegende soziale Wissen; in gesellschaftliche und politische Fragen möchte sie sich nicht einmischen. Sie sieht ihre Aufgabe überwiegend darin, Diskurse möglichst wertfrei zu beschreiben, ihren Ist-Zustand zu erfassen, und zu rekonstruieren, wie sie historisch geworden sind – ohne für bestimmte Akteure oder eine Diskursposition Partei zu ergreifen. Methodologisches Prinzip der sich als deskriptiv verstehenden Diskursanalyse ist eine gewisse Art der Abstinenz des Forschers dem Prozess des Forschens gegenüber. Gegen die kritische Diskursanalyse wird eingewendet, sie sei nicht erkenntnisorientiert und damit nicht Wissenschaft, weil politische Interessen vertreten würden. (Vgl. u. a. Busse 1987, 2000, 2013a.)[75] Die kritische Diskursanalyse dagegen tritt für gesellschaftliches und politisches Engagement ein. Sie untersucht schwerpunktmäßig Machtwirkungen von Diskursen und scheut sich nicht vor Bewertungen ihrer Ergebnisse und vor Ratschlägen dazu, was gegen Missstände infolge von Machtausübung getan werden kann. (Vgl. u. a. Jäger 2005, 2012.) So in etwa lässt sich die kultivierte Frontstellung zwischen deskriptiver und kritischer Diskursanalyse zusammenfassen.

Im Sinne dieser Frontstellung unterteilen Spitzmüller & Warnke (vgl. 2011: 98) die Diskurslinguistik in ein epistemologisch-diskurssemantisches[76] und

linguistischen Diskursanalyse eine Rolle spielen kann. Hervorzuheben ist außerdem die einleitende Diskussion zum Band von Reisigl & Warnke (2013).

75 Das methodische Primat der Deskription beruht im Grunde auf einem tief im strukturalistischen Sprachbegriff verankerten Denkstil, dem die wissenschaftstheoretische Haltung zugrunde liegt, dass objektive Erkenntnis zwar nicht möglich, aber ein anzustrebendes Ziel ist, weswegen Sprachkritik aus den meisten Bereichen der Sprachwissenschaft ausgeschlossen wurde und wird (vgl. Schiewe 1998: 13–27). Gardt (2007: 41) sieht in der Sprachkritik – wie sie im *Bozener Manifest* (Lanthaler et al. 2003) entfaltet wurde – einen linguistischen Ort für die Diskursanalyse: „Aber auch in den anderen Fällen muss sich die Diskursanalyse nicht notwendigerweise mit der Rolle der bloßen Hilfsdisziplin zufriedengeben. Ihre linguistische Identität wahrt sie zum einen dann, wenn sie sich als Sprachkritik versteht. Eine Aufwertung einer linguistisch fundierten Sprachkritik zu einem integralen Bestandteil der Sprachwissenschaft wird in jüngster Zeit ohnehin gefordert. Wenn Sprachwissenschaftler durch das kritische Kommentieren öffentlichen Sprachgebrauchs tatsächlich stärker in der Gesellschaft präsent sein wollen, sind damit auch jene Vertreter der Diskursanalyse angesprochen, deren Arbeiten solche gesellschafts- und ideologiekritischen Züge tragen."

76 Hierzu zählen sie die Diskurssemantik im Sinne Dietrich Busses, die Linguistische Mentalitätsgeschichte im Sinne Fritz Hermanns', die linguistische Diskursgeschichte, die Kognitive Diskursanalyse, die mit Namen wie Claudia Fraas, Klaus-Peter Konerding, Dietrich Busse und Alexander Ziem verbunden ist, sowie eine Variante der linguistischen Diskursanalyse, die metadiskursives Wissen und Diskursbewusstsein untersucht (Brigitte Schlieben-Lange, Klaus Gloy u. a.) (vgl. Spitzmüller & Warnke 2011: 81–97).

ein kritisch-machtanalytisches[77] Lager.[78] Sie weisen aber darauf hin, dass der analytisch-deskriptive Anspruch der epistemologisch-diskurssemantischen Ansätze die Untersuchung von Machtstrukturen nicht ausschließt (vgl. Spitzmüller & Warnke 2011: 98). Auch Machtstrukturen können Gegenstand von Beschreibungen der Wissenssysteme sein, wie sogar Dietrich Busse (2013a: 36) – der unter Sprachwissenschaftlern vielleicht vehementeste Verfechter einer rein deskriptiven Lesart des Foucault'schen Diskurskonzepts – einräumt:

> Ziel einer linguistischen Epistemologie (mit den Mitteln der Diskursanalyse) kann die Deskription und Analyse aller Formen gesellschaftlicher Strukturen und Einflüsse im Denken, in der Sprache, im Wissen sein, auch solcher, die sich unter der Überschrift der ‚Machtstrukturen' versammeln lassen. Sie sollte aber immer Analyse bleiben (und damit ausschließlich erkenntnisorientiert sein) und nicht selbst zur politischen Aktion werden und damit ihr Aufklärungspotential mutwillig verspielen.

Insofern eine machtanalytisch-kritische Perspektive auch nach meinem Verständnis in zumindest manche Spielarten der linguistischen Diskursanalyse, so auch in den Ansatz der linguistischen Diskursgeschichte, eingeschrieben ist, lässt sich die vorliegende Arbeit weder in die eine noch in die andere Richtung auf die gepflegten Gegensätze ein. Und insofern es im Rahmen linguistischer Diskursanalysen auch um eine machtanalytisch-kritische Perspektive geht, die vorherrschenden Wissensstrukturen im Diskurs aber nicht explizit kritisiert wer-

---

77 Hierzu zählen sie die *Critical Discourse Analysis* (CDA). Prominente Vertreter sind Teun A. van Dijk, Ruth Wodak, Norman Fairclough, Paul Chilton oder Gunther Kress und Theo van Leeuwen. Daneben wird die deutschsprachige kritische Diskursanalyse (KDA) genannt, deren prominenteste Vertreter Ruth Wodak sowie Siegfried Jäger sind. Ebenfalls mit kritischem Impetus arbeitet Jan Blommaert, dessen Konzept der Analyse von Akteuren für die Programmatik der Diskurslinguistik wichtig ist. (Vgl. Spitzmüller & Warnke 2011: 97–114.)

78 Entgegen der in Spitzmüller & Warnke (2011) vorgenommenen Einteilung diskurslinguistischer Ansätze verortet Siegfried Jäger (vgl. 2010: 32) die kritische Diskursanalyse, die sich ungefähr zeitgleich mit dem Erscheinen der Dissertation von Dietrich Busse im Jahre 1987 entwickelte, außerhalb der *sprachwissenschaftlichen* Diskursanalyse. Die KDA beziehe sich zwar „*auch* auf linguistische Phänomene bzw. die Linguistik", sie sei aber ein „Konzept qualitativer Sozial- und Kulturforschung" (Jäger 2012: 10). Der Hauptgrund für diese Abgrenzung von der Sprachwissenschaft liegt wohl in unterschiedlichen Zugängen zum Werk Foucaults. Während die Vertreter der KDA sich dezidiert auf den Macht-Wissens-Komplex berufen, was bei Jäger (2012: 77) in Überlegungen zur Rekonstruktion von Wissens-Macht-Relationen auch „nicht sprachlich performierter Diskurse", einer so verstandenen Dispositivanalyse, mündet, womit eine deutlichere sozial- und politikwissenschaftliche Profilierung einhergeht, knüpft die linguistische Diskursanalyse, die demgegenüber eher an der sprachlichen Performanz von Diskursen orientiert ist, bisher stärker an den frühen Diskursbegriff insbesondere der *Archäologie des Wissens* (Foucault 1981 [1969]), aber auch der *Ordnung der Dinge* (Foucault 1974 [1966]) an.

den (sollen), ziehe ich es vor, statt von epistemologisch-diskurssemantischen und kritisch-machtanalytischen von *wissensanalytischen* und *wissenskritischen* Ansätzen zu sprechen.

Unter wissensanalytischen Ansätzen verstehe ich jene, die angeben, im Sinne einer „genealogischen Geschichts-(be)schreibung der Episteme" (Busse 2008b: 61) in interpretativ-rekonstruktiven und/oder quantitativen Forschungsprozessen methodisch deskriptiv zu verfahren und dabei das Ziel zu verfolgen, verstehensrelevantes gesellschaftliches Wissen zu erfassen, was – wie bereits gesagt – die Beschreibung von Machtstrukturen einschließt bzw. einschließen kann. Busse (2013a: 35f.) merkt hierzu an:

> Die von vielen Anhängern der Diskursanalyse so sehr geschätzte *kritische* Perspektive ist dann ein Add-On, etwas, das man mit Berufung auf Foucault auch tun *kann*, aber mit ebenso berechtigter Berufung auf Foucault keineswegs tun *muss*.

Gardt (2007: 33f.) formuliert Ähnliches: Das „aufklärerische und ideologiekritische Moment ist keine Voraussetzung für diskursanalytisches Arbeiten, denn als Methode ist die Diskursanalyse nicht an solche Vorgaben gebunden." Die Möglichkeit, den Sprachgebrauch in Diskursen kritisch zu kommentieren, wird aber von beiden – Busse und Gardt – eingeräumt.

Die wissenskritischen Ansätze verfahren ähnlich. Dementsprechend geht es auch ihnen darum – dies sei betont –, analytisch-methodisch „herauszufinden, was als jeweiliges *Wissen* mit dem Anspruch, wahr zu sein, jeweils kursiert oder gar behauptet, absolut und objektiv wahr zu sein" (Jäger 2012: 12). Das von Jäger Genannte deckt sich eins zu eins mit den Erkenntniszielen der linguistischen Diskursgeschichte. Den wissenskritischen Ansätzen muss also zugutegehalten werden, dass auch sie gesellschaftliches Wissen zunächst analytisch erfassen müssen, um es bewerten zu können. Davon zu unterscheiden ist das weitere Anliegen der machtpolitischen Nutzung von Diskursanalysen durch explizite Parteinahmen für die durch einen Diskurs und seine Machtstrukturen Unterdrückten mit dem Ziel der gesellschaftlichen und politischen Willensbildung, d. h. einer direkten Beeinflussung der vorherrschenden Episteme im Diskurs zugunsten der Benachteiligten. Ein solches Ziel verfolgen die wissensanalytischen Ansätze nicht. Die vorliegende Arbeit versucht im Streit um eine sogenannte deskriptive oder kritische Diskursanalyse eine vermittelnde Position einzunehmen.

2.8.2 Was Diskurskritik will und was nicht

Linguistische Diskurskritik im versöhnlichen Sinne ist nicht bloß eine „unvermeidliche Nebenerscheinung" der Analyse gesellschaftlich brisanter Diskurse, die „nicht zum Hauptziel der Analyse gemacht werden" (Kalwa 2013: 11) dürfe. Sie ist weder etwas, das man lieber vermeiden sollte, noch erschöpfen sich ihre Wirkungsmöglichkeiten in sich aus der Deskription von Diskursen ergebenden Zufallsprodukten. Diskurskritik ist traditionell ein erwünschter Zweck linguistischer Diskursanalysen. Sie verfolgt zunächst das Ziel, auf heterogenen Sprachgebrauch und die wirklichkeitskonstitutive Funktion von Sprache aufmerksam zu machen. In Sprachgeschichten über die Durchsetzung von Gegenstandsbezeichnungen, Wortbedeutungen, Metaphern und Argumentationen gegenüber alternativen Äußerungsweisen in semantischen Kämpfen im Laufe eines Diskurses – und damit auch von bestimmten Geltungsansprüchen, Wissenssegmenten, Vorstellungen und Interessen sozialer Akteure – sind dabei auch Machtstrukturen vielfach zum Gegenstand von linguistischen Diskursanalysen gemacht worden. Ein Ziel solcher Analysen ist die Relativierung in pseudo-naturgesetzlicher Notwendigkeit gefolgerter Geltungsansprüche (die im öffentlich-politischen Diskurs nicht selten mit apodiktischem Wahrheitsanspruch versehen und als alternativlos und unumgänglich deklariert werden) durch Aufzeigen der alternativen Wirklichkeitssichten.

Diese bereits Ende der 1970er Jahre von Georg Stötzel praktizierte Form der Zurückhaltung beim Urteilen über Sprache nennt sich auch *implizite Sprachkritik* (vgl. hierzu u. a. Schiewe 2003 und Wengeler 2011). Dabei wird ein

> im Sprachgebrauch selbst vorhandenes „sprachkritisches Potential" herausgearbeitet und bewusst gemacht [...]. Das Urteil wird dem Rezipienten der Analyse überlassen, wobei die Analyse selbst jedoch die Bedingung der Möglichkeit eines begründeten Urteils ausmacht. (Schiewe & Wengeler 2005: 6)

Diskurskritik sollte sich aber darüber hinaus nicht scheuen, es als erstrebenswertes Ziel wissenschaftlicher Analyse zu erachten, durch Beschreibungen der Heterogenität des Sprachgebrauchs, durch Verdeutlichung der wirklichkeitskonstitutiven Funktion von Sprache, der Relativität der Wirklichkeitsvorstellungen/des Wissens und alternativer Denkweisen *aktiv* zur Hinterfragung der Selbstverständlichkeit herrschender Diskurse anzuregen. Dabei lässt sich weiterhin auf dem eleganten methodologischen Standpunkt beharren, das im Sprachgebrauch vorhandene sprachkritische Potential zu nutzen, dass die Kritik also implizit sei bzw. zu sein habe und dass es folglich dem Rezipienten überlassen bleibe, ob und wie er urteilt. Eine aktive Beteiligung „an den diskursiven Kämpfen selbst" (Jäger 2012: 12), sich also der Macht des Diskurses zu bemächtigen, gilt als mit den anerkannten wissenschaftstheoretischen Prämissen nicht mehr vereinbar und ist von der vorliegenden Arbeit auch nicht beabsichtigt (womit nicht ausgeschlossen ist, dass eine solche Bemächtigung bzw. Emanzipation als Begleiterscheinung von Untersuchungsergebnissen stattfinden kann).

So verstandene Diskurskritik steht im Dienste einer anwendungsbezogenen Sprachwissenschaft. Ihr geht es um die Klärung der Frage, „welche Sicht der Wirklichkeit von wem aus welchen Gründen konstituiert worden ist" (Schiewe & Wengeler 2005: 7). Dabei sollte es gelingen, zum kritischen Nachdenken über „unsere Wahrnehmung von Welt" (Schiewe & Wengeler 2005: 1), über für die Öffentlichkeit relevant erscheinende Gegenwartsprobleme, über Inhumanität, Benachteiligungen und soziale Ungleichheiten u. a. als Wirkung von Diskursen anzuregen und den Rezipienten zu Stellungnahmen zu provozieren.

So aufgefasste Diskurskritik versteht sich nicht als Kritik an Abweichungen von der „Standardsprache". Sie grenzt sich deutlich von jeder Form ästhetischer oder stilbezogener Sprachkritik ab. Es geht um mehr als um die Förderung eines Sprach(regel)bewusstseins, von Sprachreflexion, -kultivierung o. Ä., nämlich auch darum, ein Bewusstsein für gesellschaftliche Probleme und ein gesellschaftliches Problembewusstsein zu schaffen. Es soll nicht nur verdeutlicht werden, dass und wie Wirklichkeit sprachlich konstruiert wird, sondern auch, dass die soziale Wirklichkeit das Produkt intentionalen Handelns ist, d. h. divergierende Sichtweisen und Interessen fließen ebenso wie handlungsleitende Werte in die Wirklichkeitskonstruktionen ein, dass Diskurspositionen also miteinander konkurrieren. Außerdem geht es darum zu zeigen, dass und wie sich dominante Sagbarkeitsfelder und Wissensräume ausbilden, nach deren Regeln – etwa einer bestimmten Bezeichnungspraxis, die das Denken über einen Sachverhalt prägt – sich die öffentliche Anerkennung politischen Handelns vollzieht, während andere Meinungen unsagbar sind und nicht zur Geltung kommen. Mit den vertikal organisierten Möglichkeiten des Zugangs zum Diskurs – Spitzmüller & Warnke (vgl. 2011: 182f.) sprechen von *sozialer Stratifizierung* – sind Macht- und Herrschaftsstrukturen verbunden, die schließlich zur Entstehung sozialer Ungleichheit beitragen. Ihre Diagnose kann aus der Analyse von Dominanzen im gesellschaftlichen Wissenshaushalt abgeleitet werden, da diese über die soziale Schichtung informieren. Angesichts dieser Zielsetzung klingt das Vorgehen einer impliziten Sprachkritik nach einem Umweg, der aber als erforderlich erscheint, will man den Exklusionsmechanismen des Fachdiskurses bzw. dem fachwissenschaftlichen Damoklesschwert der „Unwissenschaftlichkeit" und Äußerungen, die als Totschlagargumente fungieren, wie „das ist aber nicht linguistisch" sich nicht ausgesetzt sehen.

2.8.3 Kriterien der Angemessenheit oder korrekt kritisch und Selbstskepsis

Als dennoch erkenntnisorientierter Sprachwissenschaftler muss man sich also die Frage stellen, wie es möglich ist, in einem wissenschaftlichen Sinne *korrekt kritisch* zu argumentieren. Um diese Frage beantworten zu können, ist es ratsam, sich des Weiteren damit auseinandersetzen, was – vor dem Hintergrund der eigenen Fachkultur – in einem wissenschaftlichen Sinne *angemessen* bedeutet (z. B.: Inwiefern darf/soll/muss Wissenschaft kritisch oder auch politisch sein?). Anschließend sollte geklärt werden, was bezogen auf den Untersuchungsgegenstand angemessene Sprechweisen sind. Ohne es ausführlich vertiefen zu können, sei hier festgestellt: Die Richtschnur der Kritik ist stets offenzulegen und ein sprachkritisches Urteil im Einzelfall fachlich zu begründen.

Es ist klar, dass es keinen richtigen Sprachgebrauch gibt, den man als Bewertungskriterium heranziehen könnte. Die „Auffassung von der einen und einzigen Richtigkeit der Wörter, der Sätze, der Texte, der Äußerungen" ist aus sprachwissenschaftlicher Sicht „nicht haltbar" (Schiewe & Wengeler 2005: 4). Ebenso wenig kann es um die Wahrheit von Äußerungen gehen, und Hinweise auf die „eigentliche Bedeutung" oder ästhetische Verdikte über Sprachverwendungsweisen sind für die verfolgten diskurskritischen Ziele auch kaum nützlich. Ohne einem konservativen bildungsbürgerlichen Humanismus und Idealismus das Wort reden zu wollen, d. h. ohne sich anzumaßen, kulturelle Orientierung bzw. eigene Normsetzungen bezüglich richtigen und falschen Verhaltens auf der Basis eines wie auch immer gearteten universellen Menschen(vor)bildes zu propagieren, muss sich der Sprachgebrauch in öffentlichen Mediendiskursen im Kommunikationsbereich der Politik in der Bundesrepublik Deutschland an Grundsätzen und Werten der Demokratie als der legitimen sozialen Ordnung messen lassen, betrachtet man es als erstrebenswertes Ziel, dieses System aufrechtzuerhalten.

In unserer Gesellschaftsordnung ist es Aufgabe der Medien, Gesellschaft und Politik zu beobachten und die gesellschaftlich-politische Meinungsbildung zu unterstützen, weshalb sie für die Funktionsfähigkeit der Demokratie unverzichtbar sind. Man könnte sie als systemrelevant bezeichnen, insofern sie den Bestand der sozialen Ordnung sichern, die Gesellschaft stabilisieren und für einen Ausgleich zwischen den gesellschaftlichen Kräften sorgen. Wenn man bedenkt, dass die Existenz verbindlicher Werte und Normen die Voraussetzung für das Zusammenleben der Menschen ist, dass die Medien den Konsens darüber fördern, indem sie das gesellschaftliche und politische Geschehen beobachten und so eine Meinungsbildung erst ermöglichen, ergeben sich für eine diskurskritische Beobachtung öffentlich-politischer Diskurse zwangsläufig fundamentale Kriterien für die Angemessenheit des Sprachgebrauchs und für die Wahl sprachlicher Mittel, die das Erreichen des angestrebten kommunikativen Zwecks ermöglichen. Nur wenn solche Kriterien und Motive benannt werden, wird Diskurskritik nachvollziehbar. Es geht hier um in den Grund- und Menschenrechten verbürgte Werte, um Begriffe wie ‚Freiheit', ‚Gerechtigkeit', ‚Menschenwürde' und ‚Vielfalt'; grundlegende Maßstäbe allgemeinster Art, an denen Sprachwissenschaftler öffentliches und politisches Sprachhandeln kritisch messen sollten.

Wer nicht zweifelt, dem droht die Einnahme einer elitären Perspektive. Die Berufung auf Ideale wie die genannten als Maßstab für Kritik ist aus verschiedenen Gründen problematisch. Sie sind vom Standpunkt einer privilegierten Schicht formuliert. Was der privilegierte Kritiker unter ‚Freiheit' oder ‚Gerechtigkeit' versteht, kann aus Sicht der Betroffenen, z. B. von Menschen mit geringem sozialen Status, ganz anders verstanden sein. Hieraus lässt sich folgern, dass aus elementaren Handlungsorientierungen der genannten Art für alltägliches Sprechen keine verbindlichen Normen abzuleiten sind und dass immer, soweit dies gelingen kann, die Sicht der Leidtragenden einzunehmen ist, um Ignoranz zu vermeiden.

In diesem Zusammenhang sei darauf hingewiesen, dass es problematisch ist, Ideale zu Normen zu erheben, weil dies mit der Gefahr verbunden ist, dass man sich eine Perspektive moralischer Überlegenheit zu eigen macht und damit wieder auf Machtaneignung zielt und Machtausübung droht (betrifft etwa auch die *political correctness*). Dies ist ein generelles Dilemma hermeneutischer Praxis, das sich auch mit der Begründung, man betreibe „deskriptive Linguistik", nicht vermeiden lässt.

Weiterhin erscheint mir an der Berufung auf Ideale problematisch, dass dabei nur das vermeintlich Beste als gut genug akzeptiert wird und Abweichungen vom utopischen Idealzustand oft zu kulturpessimistischen Klagen animieren und (vermeintlich) „Krisen" hervorrufen können: Wirtschaftskrisen, weil „Vollbeschäftigung" nicht erreicht wird, Verwahrlosung der Jugend, weil diese nicht mehr lernt, sich „gut zu benehmen", bis hin zur Degeneration der Sprache, weil „Sprachregeln" ignoriert werden.

Die gesellschaftliche Vielfalt zu akzeptieren und auch einmal eine Betroffenenperspektive einzunehmen, wäre wirklich kultiviert.

Es ist also zu berücksichtigen, dass Diskurse bzw. sprachliches Handeln „trotz der in einer bestimmten Dimension festgestellten ‚Fehler' gemäß einer anderen Dimension sprachlicher Kompetenz gut gestaltet und insgesamt hoch akzeptabel sein können" (Kienpointner 2005: 217f.). Das rigorose Insistieren auf bestimmten moralischen Prinzipien als kanonischer Richtschnur für gesellschaftliches Sprachhandeln kann deshalb beim Sprachbenutzer nicht nur Unverständnis hervorrufen, sondern – was schwerwiegender ist – auch ein Gefühl der Unvollkommenheit, Inkompetenz, Frustration etc., letztlich Exklusion oder Nicht-Teilhabe an gesellschaftlichen Diskursen zur Folge haben und damit zum Produzenten und Reproduzenten sozialer Ungleichheit werden.

Aus diesen Gründen plädiere ich zwar für die Orientierung an den genannten Werten als einem Maßstab für die Kritik öffentlich-politischer Diskurse, aber für äußerste Zurückhaltung beim Urteil, insbesondere wenn es darum geht, handfeste Standards für wünschenswertes (Sprach-)Verhalten festzulegen. Man wird im empirischen Einzelfall entscheiden und linguistisch begründen müssen, inwiefern der öffentlich-politische Sprachgebrauch gegen bestimmte Grundwerte „verstößt" – und das erscheint mir wichtig, wenn man sich nicht dem Vorwurf der „Unwissenschaftlichkeit" aussetzen will. Grundsätzlich ist es also notwendig, für jeden diskursiven Kontext, für jede Kommunikationssituation (wie historischer, politischer und soziokultureller Hintergrund, Kommunikationsbereich, Textsorte usw.) spezifische Angemessenheitskriterien zu formulieren, die sich an den Funktionen und Zwecken des jeweiligen Sprachhandelns orientieren. Beispielsweise wäre es nicht sinnvoll, Werbesprache daran zu messen, ob es sich um indoktrinierenden Sprachgebrauch handelt.

In der Praxis sollte Diskurskritik stets auf der Basis epistemologisch-diskurssemantischer Analysen formuliert werden. So erfolgt die kritische Kommentierung des untersuchten Diskurses hier erst im Anschluss an die linguistisch-diskursgeschichtliche Untersuchung, d. h. komplexe Wissensformationen und einzelne Segmente des gesellschaftlichen verstehensrelevanten Wissens dokumentierend, die wissenskonstitutive Funktion bestimmter sprachlicher Mittel klärend, Diskursakteure und die Durchsetzung bestimmter Diskurspositionen identifizierend und historisch vergleichend.

Selbstverständlich muss sich das Verfahren an den spezifischen Erfordernissen der genutzten Methode orientieren. Für die Argumentationsanalyse bedeutet dies, nicht zu fragen, ob Argumentationen richtig oder falsch sind, ob sie gegen die Regeln der Logik verstoßen (das tun sie in Alltagsdiskursen ohnehin meistens). Argumentationen in öffentlich-politischen Diskursen sind kritikwürdig, wenn sie unzweckmäßig sind, etwa unverständlich, unplausibel, situativ unpassend, sachlich inadäquat, nicht adressatenorientiert oder wenn sie – wie schon gesagt – ethische Prinzipien verletzen. (Vgl. Kienpointner 2005: 202.)

Konkret könnte man danach fragen, ob die argumentativen Mittel der Kommunikationssituation angemessen sind, beispielsweise im Falle des öffentlich-politischen Diskurses beratend im demokratisch-freiheitlichen Sinne oder unangemessen und manipulativ im propagandistisch-autoritären Sinne. Man könnte beurteilen, ob Diskurse doktrinär sind, weil ihnen eine bestimmte Denkweise zugrunde liegt, die sie möglicherweise sogar als „alternativlos" erscheinen lässt. Werden nur die Ansichten politischer Eliten wiedergegeben? Werden soziale Unterschiede berücksichtigt? Oder ergeben sich aus den Argumentationen Vor- und Nachteile für bestimmte gesellschaftliche Gruppen, sodass der Sprachgebrauch möglicherweise soziale Unterschiede verstärkt? Weiterhin könnte man sich über Argumentationsweisen empören, die Sachverhalte zu verzerren und zu verbergen versuchen oder eher einem Überreden mit unfairen Mitteln als redlichem Überzeugen gleichkommen. Aber all dies und vieles mehr muss, wie gesagt, im empirischen Einzelfall in Form sprachkritischer Kommentare an den Analyseergebnissen linguistisch begründet werden.

2.8.4 Zusammenfassung: Diskurskritik als sprachlich-kommunikative Aufklärung

Es ist ein wissenschaftstheoretischer Mythos, dass es möglich wäre, Diskurse wertfrei zu beschreiben, dass Forscher strikte Neutralität wahren könnten und dass sich somit Beschreibung und Interpretation trennen ließen. Eine solche Trennung wäre aber unverzichtbare Voraussetzung für eine rein deskriptive Analyse von Diskursen. Da Interpretation Voraussetzung einer Diskursanalyse ist, können diskursanalytische Erkenntnisse nur so objektiv sein, wie Interpretationen es sein können. Auch Forschungsergebnisse sind Artefakte im Sinne von Konstruktionen. Deshalb sind methodologische Reflexionen ein wichtiger Bestandteil von Diskursanalysen.

Zwei Unterschiede zwischen dem kritischen Anspruch dieser Arbeit und der kritischen Diskursanalyse liegen darin, dass erstens Diskurse, Wissen, Ideologien o. Ä. nicht an sich infrage gestellt und zweitens keine konkreten „Vorschläge zur Vermeidung herrschender Mißstände" (Jäger 2005: 69) entwickelt werden. Diese Arbeit verfolgt das diskurskritische Ziel zu verdeutlichen, wie – mit welchen sprachlichen Mitteln – erreicht wird, dass Wirklichkeiten als gültig, verbindlich, vernünftig, plausibel usw. erscheinen und wie dadurch bestimmte Arten politischen Handelns als akzeptabel und andere als inakzeptabel suggeriert werden und so ganz generell die Macht des vorherrschenden Diskurses verstärkt wird. Durch diese Vermessung des Sagbarkeitsfeldes werden Indizien für Herrschaftsstrukturen, die hierarchische Organisation des Diskurses und das Ausgegrenzte sowie für durch den Diskurs produzierte soziale Ungleichheiten gewonnen.

Letztlich verstehe ich Diskurskritik als Versuch, den Blick der Sprachforschung auf den gesellschaftlichen Wettbewerb um Wirklichkeiten, die Art und Weise ihrer sprachlichen Verhandlung, zu richten. Nach Georg Stötzel (1991: 8) kann eine solche Linguistik „Sprecherin einer zweiten, sprachlich-kommunikativen, in einer massenmedialen demokratischen Gesellschaft notwendigen Aufklärung" werden. Dieses Postulat impliziert ein nicht agitatives Verständnis von Kritik bzw. Sprachkritik, das analytisch die sprachliche Konstruktion des in Gruppen sozialer Akteure als objektiv wirklich Geltenden (oder Behaupteten) reflektiert. Eine in diesem Sinne kritisch verfahrende Wissenschaft vermag beispielsweise zu zeigen, dass und nach welchen Regeln eine Wirklichkeit erst durch diverse Kämpfe ihre aktuelle Form angenommen hat. Sie lädt ein, das als selbstverständlich Angesehene zu hinterfragen.

Es entspricht einer prominenten Position im Feld der linguistischen Diskursanalyse, dass die „kritische Bewertung [von] Wirklichkeitskonstruktionen [...] im Grunde [für] unnötig“ gehalten und darin „ein [...] Bruch mit dem wissenschaftlichen Duktus der Analyse“ (Kalwa 2013: 11) gesehen wird. Es liegt in der Verantwortung der Forschenden, gerade bei der Beschäftigung mit kontroversen Gegenständen und brisanten Themen, Erkenntnisse vor dem Hintergrund bestimmter Maßstäbe kritisch zu kommentieren oder eine solche Auseinandersetzung zu unterlassen. Dies ist eine Gewissensfrage, die erst einmal nichts mit dem Anspruch an die Wissenschaftlichkeit zu tun hat. Diskurskritik im hier vorgeschlagenen Sinne ist engagierte Gesellschaftsanalyse.[79]

79 Ähnlich auch Vogel (2013).

3 Zugänge zum Diskurs und Methode

Gemäß den bislang formulierten Erkenntnisinteressen und Fragestellungen wähle ich als Zugang zum Diskurs eine Argumentationsanalyse. Um welchen methodischen Zuschnitt es sich dabei handelt und welche verfahrenspraktischen Ergänzungsvorschläge gemacht werden, ist zentraler Gegenstand dieses Kapitels. Doch zur besseren Einordnung und Begründung des Vorgehens erfolgt vorab eine Diskussion methodologischer Konzepte der linguistischen Diskursanalyse.

3.1 Mehrdimensional – integrativ – exhaustiv: Modelle der linguistischen Diskursanalyse in der Diskussion

Die Argumentationsanalyse jeglicher Provenienz ist nur einer von vielen denkbaren Zugängen zum Diskurs. Wie ein Diskurs mit welchen sprachwissenschaftlichen Methoden zu untersuchen ist, darüber kursieren verschiedene Auffassungen. Eine immer anwendbare Universalmethode gibt es nicht.

Schon Dietrich Busse (vgl. 1987: 261–266) listet denkbare Untersuchungsperspektiven sowie konkrete Analyseschritte auf gestuften sprachlichen Ebenen auf und spricht sich für deren integrative Analyse aus. Grundeinheit der diskurssemantischen Analyse sei die einzelne kommunikative Handlung. Die Frage nach den epistemischen Voraussetzungen, die ein Verstehen der kommunikativen Handlungen erst ermöglichen, nach den Bedingungen der Möglichkeit ihrer Produktion, wird dabei als erkenntnisleitend deklariert (vgl. Busse 1987: 260 und Busse 1987: 262). Des Weiteren unterscheidet er die Einzeltextebene, die Ebene der thematischen Tiefenstruktur und das Paradigma einer Epoche. Die Untersuchung einzelner Texte müsse sich mit dem Aufzeigen „der thematischen Linie" beschäftigen, „die die einzelnen kommunikativen Akte eines Textes miteinander verknüpft" (Busse 1987: 262). Darunter lässt sich die Analyse des semantischen Zusammenhangs der einzelnen kommunikativen Handlungen verstehen, die sich zu thematischen Diskurssträngen verdichten. Auf der Ebene der thematischen Tiefenstruktur müsse gezeigt werden, „welches der Sinnkontext ist" (Busse 1987: 262), in dem die einzelne kommunikative Handlung erscheint, und „durch die Regelmäßigkeit des Auftauchens diskursiver Einheiten" (Busse 1987: 263) müssten diskursive Strategien bestimmt werden. Auf der Ebene des Paradigmas einer Epoche gehe es darum, den „Möglichkeitsraum diskursiver Strategien bzw. Formationen selbst", die „unhinterfragten Sedimente der Erkenntnis, die Voraussetzungen jeglichen Denkens und Erkennens sind" (Busse 1987: 263), anzusprechen. Dies alles ist gewiss nicht aus sich selbst heraus verständlich, und

DOI 10.1515/9783110521221-004

auch die ausführlicheren Erläuterungen Busses zu den eben genannten Punkten bleiben – so der bekannte Kritikpunkt – im Hinblick auf die empirische Umsetzung vage. Busses Intention ist, Ausgangspunkte, Gegenstandsbereiche und Ziele zukünftiger diskurssemantischer Untersuchungen zu beschreiben. Eine „genauere Ausdifferenzierung" (Busse 1987: 259) sei Sache der Forschung.

Aus den diskurssemantischen Untersuchungsperspektiven ergibt sich nach Busse (1987: 264ff.) ein Analyseraster, wobei es sich um „Anhaltspunkte" handle, die „auf jeden Fall" zu berücksichtigen seien:

1. Vorab-Bestimmung des Themas (Bedeutungsfeldes, Diskursbereiches); Bestimmung der als Leitlinie und Titel fungierenden Sprachzeichen.

2. Zeitliche Eingrenzung des Untersuchungsbereiches, heuristische Bestimmung der Kriterien der Eingrenzung.

3. Auswahl der Quellen und Zusammenstellung eines Textkorpus; Erarbeitung der Auswahl-Kriterien, Präzisierung des Erkenntnis-Interesses.

4. Differenzierung nach Sprechergruppen (wer spricht, in welchem Medium, mit welcher Haltung, in welcher Textgattung?).

5. Bestimmung der Adressaten (zu wem wird gesprochen: a. explizit, b. mit wem wird gerechnet; welche fiktiven, welche realen Adressaten werden angesprochen; wen kann die Äußerung überhaupt erreichen; welche Öffentlichkeit besteht?).

6. Differenzierung nach Medien (Rede, Zeitung, Zeitschrift, Buch, Pamphlet, Akten, Protokolle etc.).

7. Bestimmung des Sprachstils (Gemeinsprache-Fachsprache; Hochsprache-Dialekt/ Soziolekt; funktionale Varianten: politische Rede, private Rede, wissenschaftlicher Stil, literarischer Stil; polemische vs. „neutrale" Rede usw.).

8. Differenzierung nach Diskursbereichen/Bedeutungsvarianten.

9. Bedeutungsbestimmung auf den diskursanalytischen Ebenen
   I. der einzelnen Äußerung(shandlung),
   II. des Textes (Kontext der Einzeläußerung),
   III. der thematischen Tiefenstruktur (Bedeutungsfeld, Diskursbereich),
   IV. des diskursübergreifenden Paradigmas.

10. Bestimmung der Funktion einzelner zentraler Sprachzeichen
    a. im Kontext des Quellentextes,
    b. in anderen Texten,
    c. im Zusammenhang mit anderen Zeichen des Kontextes.

11. Bildung von Serien der Äußerungen, in denen das Bezugs-Zeichen vorkommt; Überprüfung des Zeichens auch in anderen Kontexten (Seitenblick auch auf diejenigen Bedeutungsfelder, die in Schritt 8 ausgeschieden wurden; erneute Überprüfung der Auswahl).

12. Bestimmung der Regelmäßigkeit bestimmter Verwendungen, Kontexte, Situationen; Rekonstruktion der Verwendungsregeln.

13. Rekonstruktion der (epistemischen, diskursiven) Möglichkeitsbedingungen der rekonstruierten Verwendungsregeln; d. h. Bestimmung der übergreifenden epistemischen, sozialen, historischen, institutionellen, handlungs-praktischen etc. Kontexte der Verwendungsweisen der Bezugs-Zeichen.

Bestimmungen auf der epistemischen Ebene:

14. Stellung der Einzelaussage (und ihrer Verstehungsbedingungen):
    a. im Text,
    b. im Diskurs (vorausgesetztes, ausgeschlossenes, widerlegtes Wissen),
    c. im diskursübergreifenden Paradigma.

15. Stellung der Textaussage:
    d. Funktion der zentralen (Bezugs-)Aussagen für sie,
    e. betrifft sie einen Diskurs oder mehrere?,
    f. Stellung im diskursübergreifenden Paradigma.

16. Diskurs:
    g. Entsprechen ihm alle Einzel- und Textaussagen?
    h. Wo stößt ein Diskurs auf (einen) andere(n) (Brüche, Überlagerungen, Abreißen von Diskursen)?
    i. Konstituiert der Diskurs das Paradigma oder opponiert er dagegen (stillschweigend oder offen)?
    j. Welche Funktion haben außerdiskursive Fakten für den Diskurs und die Möglichkeit, seine Aussagen zu verstehen?

17. Paradigma:
    k. Wie wird es konstituiert (mit welchen Mitteln, Aussagen?, wo?, offen oder verdeckt?, in rein diskursiven oder in außerdiskursiven [lebenspraktischen; Anm. d. Verf.] Bereichen?)
    l. In welcher Form greift es in die einzelne Kommunikationshandlung ein? (in welcher Form ist es Voraussetzung für konkrete Sinnkonstitution und Sinndifferenzierung, als Angesprochenes oder als selbstverständliches Fundament?)
    m. In welchem Verhältnis steht es zu den Diskursen?

Wie man sieht: Neben seinen grundlagentheoretischen Ausführungen zur linguistischen Diskursanalyse hat Busse mit seinen Vorschlägen zur historisch-semantischen Analyse auch ein methodologisch-methodisches Fundament für anschließende empirische Forschungen in diesem Bereich gelegt, obwohl, wie er rückschauend anmerkt, der Katalog kaum rezipiert worden sei (vgl. Busse 2013a: 36). Die neuesten elaborierten Überlegungen zur Vorgehensweise von linguistischen Diskursanalysen legen etwa Constanze Spieß (2008, 2011) und Spitzmüller & Warnke (2008a, 2011) vor. Beide Methodologien sind *State of the Art*. Ferner entwickeln beispielsweise Spitzmüller (2005), Kalwa (2013) und Kreuz (2014) integrative Analysekonzepte.

Spieß (vgl. 2011: 185–232) begründet ein auf ihre Untersuchung zugeschnittenes ausgefeiltes Programm von linguistischer Diskursanalyse als Mehrebenenanalyse mit differenzierten Beschreibungsdimensionen auf Makro- und Mikroebene des Diskurses.[1] Aus Sicht des Verfassers ist dieses Modell u. a. deshalb hervorzuheben, weil es die drei hergebrachten Untersuchungsebenen bzw. -kategorien der linguistischen Diskursgeschichte (Lexik und semantische Kämpfe, konzeptuelle Metaphern, Argumentationsmuster) systematisch aufeinander bezieht.[2]

Spitzmüller und Warnke stellen desgleichen Überlegungen zur Vorgehensweise von linguistischen Diskursanalysen an und geben mit ihrem Mehrebenenmodell (DIMEAN) eine systematische Zusammenstellung von möglichen Zugängen zum Diskurs. Das DIMEAN-Modell ist u. a. deshalb zu würdigen, weil es den aktuellen Bestand an Methoden dokumentiert, Orientierung ermöglicht und bei der Vermittlung von linguistischer Diskursanalyse hilft:

1 Auf der Makroebene werden etwa „Teildiskurse und Diskursakteure" differenziert, wobei sich „erste thematische Stränge und Themenverläufe des Diskurses entdecken" (Spieß 2011: 187) ließen. Es gehe dabei um eine „erste Grobstrukturierung des Diskurses" (Spieß 2011: 187; vgl. zu weiteren Faktoren der Makroebene Spieß 2011: 185f.). Auf der Mikroebene des Diskurses wird der Einzeltext „in seinen Bezügen zum Diskurs untersucht", wobei die Untersuchung bestimmt wird durch einen „sprachpragmatischen Textbegriff", dessen Dimensionen („Situationalität und Kontextualität, [...] Funktionalität, [...] Thematizität sowie [...] sprachliche Struktur") (Spieß 2011: 187) im Zentrum der Analyse stehen. Vgl. dazu ausführlich Spieß (2011: 187–195).

2 So betont auch Thomas Niehr (2012a: 254) in einer Rezension des entsprechenden Buches von Spieß, dass „[d]ies [...] in den bislang vorliegenden Arbeiten [der Düsseldorfer Schule; Anm. d. Verf.] zwar immer wieder gefordert worden (vgl. Böke u. a. 2000: 18ff., Wengeler 2003: 167ff., Niehr 2004: 49), bislang jedoch nicht oder weniger systematisch (vgl. Jung, Niehr & Böke 2000) eingelöst worden" sei. Spitzmüller (2005) verknüpft ebenfalls die drei klassischen Untersuchungsebenen des linguistisch-diskursgeschichtlichen Methodensets.

Transtextuelle Ebene	Diskurs-orientierte Analyse	[...]	
		Ideologien, Gouvernementalität, Mentalitäten	
		Historizität	
		Indexikalische Ordnungen, Sozialsymbolik	
		Diskurssemantische Grundfiguren	
		Frames, Topoi	
		Intertextualität	
Akteure	*Diskursregeln* ↑ ↓ *Diskursprägung*	Medialität	– [...] – *Handlungsmuster* – *Kommunikationsformen* – *Medium*
		Diskurspositionen	– [...] – *Soziale Stratifizierung, Macht* – *Diskursgemeinschaften* – *Ideology brokers* – *Voice* – *Vertikalitätsstatus*
		Interaktionsrollen	– [...] – *Rezipientenrollen* – *Produzentenrollen*
Intratextuelle Ebene	Textorientierte Analyse	Visuelle Textstruktur	– [...] – *Text-Bild-Beziehungen* – *Typographie* – *Materialität*
		Makrostruktur: Textthema(ta) Mesostruktur: Themen in Textteilen	– [...] – *Metaphernfelder* – *Lexikalische Felder* – *Isotopie- und Oppositionslinien* – *Themenentfaltung* – *Textfunktionen* – *Textsorte*
	Propositions-orientierte Analyse	Textuelle Mikrostruktur: Propositionen	– [...] – *Syntaktische Muster* – *Rhetorische Tropen und Figuren* – *Metaphernlexeme* – *Deontische Bedeutung* – *Implikaturen, Präsuppositionen* – *Sprechakte*
	Wortorientierte Analyse	Mehrwort-Einheiten Einwort-Einheiten	– [...] – *Okkasionalismen* – *Schlagwörter* – *Schlüsselwörter* – *Nomina continuativa* – *Nomina appellativa, Nomina collectiva* – *Nomina propria*

Abb. 1: Diskurslinguistische Mehr-Ebenen-Analyse (DIMEAN), zitiert nach Spitzmüller & Warnke (2011: 201)

Die referierten Modelle haben gemeinsam, dass sie zu erklären versuchen, unter Berücksichtigung welcher Größen Diskurse in linguistischer Perspektive angemessen zu erfassen sind. Einerseits liefern sie wichtige Hinweise für die empirische Praxis, weil die Konzepte den Blick des Forschers für Faktoren schärfen, die bei der sprachlich-diskursiven Konstruktion der Wirklichkeit bzw. Bedeutungs- und Wissenskonstitution durch sprachliches Handeln zum Tragen kommen. Andererseits veranschaulichen sie beispielhaft, wie problematisch angesichts ethischer Dekrete wissenschaftlichen Arbeitens – z. B. die Forderung nach einer möglichst exhaustiven Analyse – und der prinzipiellen theoretischen Nicht-Eingrenzbarkeit ihres Bereichs respektive von Diskursen sowie daraus resultierend ihres potentiellen Umfangs jeder Versuch ist, „einen Methodenkanon für die Diskursanalyse zu formulieren“ (Busse 2013a: 38). Dies trifft insbesondere zu, wenn die Autoren „in toto mangels eigener empirischer Erfahrungen“ nicht erklären können, wie sich die von ihnen an eine Diskursanalyse gestellten Ansprüche in die Praxis umsetzen lassen, was Busse (2013a: 38) zweifelsfrei selbstkritisch konzediert. Letztlich muss man sich im Klaren darüber sein, dass die empirische Forschungspraxis der linguistischen Diskursanalyse den theoretisch und methodologisch formulierten Wissenschaftsidealen, etwa mittels diskurslinguistischer Mehrebenenanalyse der „komplexen Morphologie des Diskurses“ (Warnke & Spitzmüller 2008a: 24) beizukommen, nicht gerecht werden kann. Eine öfters vorgetragene Kritik an solchen Modellen lautet ähnlich. Exemplarisch sei hier auf die Rezensionen über Dietrich Busses *Historische Semantik* von Roelcke (1989) und Dieckmann (1989) verwiesen. Und auch Thomas Niehr (2014a: 68) stellt fest, dass „Zweifel an der forschungspraktischen Umsetzbarkeit solcher Diskursanalysen kaum von der Hand zu weisen“ sind.

Abgesehen davon, dass Busse die Einwände gegen sein Konzept mit der in Kapitel 2.6.4 dargelegten sprachwissenschaftlichen forschungspraktischen Definition von Diskursen aufgreift (vgl. Busse & Teubert 1994: 14), hat er die Kritik an seinem anspruchsvollen programmatischen Entwurf von 1987 hinsichtlich der nicht vollumfänglichen Durchführbarkeit teilweise akzeptiert (vgl. etwa Busse 2003c: 12f.). Dennoch entgegnet Busse seinen Kritikern, er sei falsch verstanden und nicht gründlich gelesen worden, indem er in späteren Rekapitulationen seines Ansatzes erwähnt, er habe sich bereits in seinem ersten programmatischen Entwurf der Diskurssemantik von 1987 für ein *Szenariokonzept* ausgesprochen, weil es mittels einer Diskursanalyse nicht möglich sei, nach gegebenen wissenschaftlichen Maßstäben „das gesamte verstehensrelevante Wissen einer Epoche [zu] erfassen und [zu] beschreiben“ (Busse 2008b: 64f.):

> Historische Diskurssemantik, wenn sie die einzelnen Untersuchungsebenen vollständig durchlaufen hat, entwirft das Szenario des kollektiven Wissens einer gegebenen Diskursgemeinschaft in einer gegebenen Epoche hinsichtlich des zum Untersuchungsgegenstand erwählten thematischen Bereiches bzw. des Bedeutungsfeldes bzw. der Diskursformation. [...] Die Beschreibung des kollektiven Wissens kann immer nur erfolgen hinsichtlich eines zum Gegenstand gemachten Diskursbereiches; nur für diesen werden die epistemischen Bedingungen, angeschlossenen Bedeutungsfelder, thematischen Vorläufer, verwor-

> fenen, aber dennoch präsenten Gegenentwürfe, paradigmatischen Voraussetzungen etc. zu formulieren versucht. Das Szenario beschreibt somit immer nur das Umfeld eines einzelnen Bereiches, es kann nicht das gesammelte Wissen einer Epoche erfassen.
> (Busse 1987: 267)

Dem Szenariokonzept, auf das bereits in Kapitel 2.6.3.6 hingewiesen wurde, liegt also folgender einfacher Gedanke zugrunde: Da die theoretische Reichweite von Diskursen empirisch nicht zu (v)ermessen ist, müssen begründete Schnitte gesetzt werden, „welche den Bereich des zu Berücksichtigenden einschränken" (Busse 1987: 268). Veranlasst durch die Notwendigkeit des Wählens von Ausschnitten, das interpretativen Vorentscheidungen des Forschers gleichkomme, sei das

> durch eine historisch-diskurssemantische Analyse erstellte Szenario kollektiven Wissens [...] immer ein rekonstruktives Produkt des analytischen Blicks [...]. Eine ‚objektive' Erkenntnis des ‚wirklichen Wissens' läßt sich durch diese Analyseform ebenso wenig gewinnen wie durch irgendeine andere Untersuchungsmethode.
> (Busse 1987: 268)

Für die empirische Praxis schlägt Busse (vgl. 1987: 298–300) insgesamt vor, (i) Einschränkungen hinsichtlich der heranzuziehenden Situations- und Kontextfaktoren vorzunehmen, die bei der sprachlich-diskursiven Konstruktion der Wirklichkeit bzw. Bedeutungs- und Wissenskonstitution durch sprachliches Handeln zum Tragen kommen; (ii) ein Untersuchungsziel zu bestimmen, indem man auf einen bestimmten diskursiven Bereich fokussiert (thematisch, zeitlich etc.); (iii) durch Einschränkung des Quellenmaterials den Gegenstand zu begrenzen; (iv) eine Untersuchungsebene auszuwählen (kommunikative Handlung, Textaussage, thematisch-diskursive Strategie, Epochenparadigma). All dies wurde bereits in Zusammenhang mit Korpusfragen erörtert (siehe Kap. 2.6.4).[3]

Auch das „gegenstandsbezogene Szenario-Konzept einer diskursanalytischen historischen Epistemologie" (Busse 2008b: 65) – auf dessen Wortlaut hier nochmals verwiesen sei (vgl. Busse 1987: 266–269) – erscheint aufgrund seiner Komplexität und der Vielfalt der „theoretisch für jeden einzelnen kommunikativen Akt zu berücksichtigenden [...] Faktoren der Bedeutungskonstitution" (Wen-

---

3 Mit der Benennung von Untersuchungsperspektiven oder -ebenen regt Busse, wie gesagt, mögliche Ausgangspunkte, Gegenstandsbereiche und Ziele für zukünftige diskurssemantische Forschungen an. Mit der Formulierung des Analyserasters benennt er konkrete methodische Schritte. Und mit dem Szenariokonzept wird nicht nur das Erfordernis der Begrenzung hervorgehoben, sondern auch gesagt, *wie* begrenzt werden kann. Der Vorwurf, in seiner *Historischen Semantik* seien keinerlei Hinweise auf die empirische Praxis zu finden (vgl. Spitzmüller & Warnke 2011: 82), ist also zurückzuweisen.

geler 2003: 162) nicht umsetzbar. Dietrich Busse (1987) wird in diesem Zusammenhang nicht müde, relativierend zu betonen, dass die historisch-semantische Untersuchung von Diskursen ein „schwieriges Geschäft“ (S. 289) sei; „[d]ie Grenzen einer diskursanalytischen Studie“ seien „wohl eher Grenzen der Kapazität (zeitlich und umfangsmäßig) als Grenzen des diskursiven Bereiches“ (S. 268); „Diskurssemantik als Szenario“ sei „ein anspruchsvoller Entwurf“; es könne „keine Garantie dafür abgegeben werden, ob er im vollen Umfang realisierbar ist“ (S. 269); die „Forderung nach Berücksichtigung der kognitiven, situativen und kontextuellen Voraussetzungen historischer kommunikativer Handlungen“ sei eine „theoretisch entwickelte“ (S. 289); ihre „vollständige Erschließung“ möge zwar „als utopische Hoffnung am Horizont der Ethik des forschenden Handelns stehen, kann jedoch aus prinzipiellen Gründen nie zur Verwirklichung gelangen“ (S. 299). Noch einmal verlagert Busse (1987: 308) in seiner betont grundlagentheoretischen Arbeit zur linguistischen Diskursanalyse bzw. Diskurssemantik das Problem der Praxis auf später zu realisierende Forschungen: „Die Theorie der historischen Semantik kann nur die allgemeinen sprachtheoretischen Voraussetzungen der Bedeutungsanalyse benennen, auf denen aufbauend die Forschung konkrete Untersuchungskriterien formulieren kann.“

Spitzmüller & Warnke (2011: 121) äußern sich bei ihrem Versuch, „eine Diskurslinguistik zu entwerfen“, ähnlich relativierend, wenn sie beteuern, es sei nicht ihr Anliegen, das „bunte Bild von der Diskurslinguistik als Disziplin [...] mit der Forderung nach *einer* Methode grau einzufärben“ oder eine „Globalmethode“ (S. 198) vorzustellen. Entscheidend ist: Auch sie betonen, dass ihr Modell „nicht als Methode, die schrittweise, konsekutiv in der Folge der Darstellung [von der intratextuellen Ebene über die Akteure zur transtextuellen Ebene; Anm. d. Verf.], abzuarbeiten ist“ (Spitzmüller & Warnke 2011: 135), zu verstehen sei; es gehe ihnen nicht um eine „Anleitung zur schrittweisen Analyse von Texten“ (Spitzmüller & Warnke 2011: 135). Es genüge ihnen, eine „Entscheidungshilfe“ (Spitzmüller & Warnke 2011: 135) für die Auswahl von Methoden bereitzustellen. Das Mehrebenenmodell ermögliche „für konkrete empirische Untersuchungen die Auswahl je relevanter Gegenstandsbereiche bei gleichzeitiger Benennbarkeit dessen, was nicht im Fokus des Interesses liegt“ (Warnke & Spitzmüller 2008a: 24). Die Wahl der Methode bleibe offen (vgl. Spitzmüller & Warnke 2011: 135).

Dass das, was möglich ist, nicht auch das Nötige ist bzw. zum Ziel führt, merkt schließlich auch Constanze Spieß (2011: 107) an, indem sie beispielsweise betont, dass die „einzelnen Untersuchungsebenen der Diskurse [...] jeweils entsprechend dem Forschungsziel festgelegt werden [müssen].“ Generell sei aber „die Untersuchung eines Diskurses auf allen sprachlichen Ebenen möglich“ (Spieß 2011: 107).

Wie sich zeigt: Jede Diskursanalyse, so umfassend sie auch sein mag, ist eine Reduktion des nur theoretisch bestimmbaren diskursiven Bereichs. *Den* Zugang zum Diskurs, eine Universalmethode, um Diskurse zu (be)greifen, gibt es nicht. In der empirischen Praxis gilt es, sich vom methodologischen Anspruch nicht überfordern zu lassen. Die diskutierten Modelle dürfen nicht „dahingehend missverstanden werden, dass für eine Diskursanalyse jeweils das gesamte mögliche Programm zu durchlaufen wäre“ (Niehr 2014a: 66). Je nach Erkenntnisinteresse und Forschungsfrage sind einzelne Aspekte (Gegenstandsbereiche, Methoden) herauszugreifen bzw. in interpretativen Vorentscheidungen begründet Ausschnitte zu wählen. Die vorliegende Arbeit leistet nicht mehr (aber auch nicht weniger) als eine möglichst gründliche Untersuchung definierter Diskursausschnitte, deren Ergebnisse ebenso Artefakte sind wie die in dieser Arbeit untersuchten Diskursgegenstände. Zu diesem Zweck wurde ein entsprechendes Korpus zusammengestellt und ein passendes Verfahren zur Analyse der sprachlichen Daten entwickelt.

3.2 Diskurslinguistische Methodologie: *genial einfach*

Die hier durchgeführte Studie zum wirtschaftlichen Krisendiskurs trumpft weder mit der Ausarbeitung geschweige denn mit der Umsetzung eines methodologisch ausgeklügelten, raffinierten Konzepts der Diskursanalyse auf. Gegen den Trend zu Mehrebenenanalysen, Methodenkombinationen etc. wird bei der Untersuchung nur auf ein Plateau des Diskurses fokussiert, und zwar die topologische Ebene, in der Hoffnung, dass dies noch „erlaubt“ ist.[4] Ganz im Sinne einer „Kunst des Möglichen“ (Jung 1996: 458) sind Gegenstand meiner Arbeit seriell auftretende diskursive Praktiken als sprachliche Handlungen/Äußerungen in Pressetexten in argumentativer Funktion – d. h. Argumentationsmuster – zum Thema „Krise“. Damit wird an *eine* Untersuchungsperspektive und -methode der oben erwähnten praxisorientierten Fortschreibung der linguistischen Diskursanalyse angeknüpft, nämlich an die Toposanalyse (siehe Kap. 3.3). Im Kontrast zu ausgefeilten Modellen wie den zuvor dargestellten gehe ich dabei von einigen einfachen methodologischen Grundüberlegungen aus, die für die Untersuchung von Diskursen wichtig sind. Vornehmlich beziehe ich mich auf Überlegungen von Fritz Hermanns (2007).

Linguistische Diskursgeschichte will Diskurse oder Diskursausschnitte verstehen, sie ist also eine hermeneutische interpretative Wissenschaft. Diskursverstehen und -interpretation vollzieht sich auf der Grundlage der Bildung von Hy-

4 So fragt Dieckmann (vgl. 1989: 221) vor dem Hintergrund der von Dietrich Busse formulierten Ansprüche an eine linguistische Diskursanalyse, ob denn Wortsemantik vielleicht doch noch erlaubt sei? Dass man heute unter Rechtfertigungsdruck gerät, wenn man eine die Wortsemantik überschreitende Methode wählt, aber eben nur *eine*, ist wohl Ausdruck der Potenzierung der Ansprüche.

pothesen und deren allmählicher, vorläufiger, korrigierender Bestätigung (oder Verwerfung) durch empirische Erfahrung. Dabei tastet man sich Stück für Stück weiter vor und fühlt sich allmählich in den Diskurs ein. (Vgl. Hermanns 2007: 188.) Was soll man tun, um Diskurse in diesem Sinne zu verstehen und zu interpretieren?

Diskursverstehen und -interpretation zielen auf Verständnis und anschließendes Erklären von Handlungen anderer, d. h. beispielsweise darauf, die im Sprachgebrauch sichtbar werdenden Perspektiven von Sprachbenutzern auf die Wirklichkeit aufzuzeigen. Dementsprechend werden die Ergebnisse der vorliegenden Arbeit, d. h. das Resultat des Diskursverstehens, in einer erläuternden narrativen Form präsentiert. Dabei folge ich keiner strengen Methode, die diktiert, was man zu tun hat, um zu gesicherter Erkenntnis zu gelangen. Im Sinne Fritz Hermanns (vgl. 2007: 195) sollten jedoch einige Arbeitsschritte beachtet werden: Die Definition eines Themas (hier: Wirtschaftskrisen in der BRD); Literaturrecherche auch über die Fachgrenzen hinaus; Bestimmung und Eingrenzung eines Diskurses (hier: sozial- und wirtschaftspolitischer Krisendiskurs in der BRD zwischen 1973 und 2003) sowie Erstellung eines Korpus aus Texten, die den Diskurs mitkonstituieren (siehe Kap. 4); Formulierung eines Untersuchungsziels (siehe dazu Kap. 1 u. a.); Quellenstudium (*lesen, lesen, lesen*); Bemühen um Textverständnis, ggf. weitere Literaturrecherchen zur Beschaffung von Hintergrundinformationen; Notieren von Beobachtungen und Ideen; Konzipieren des Aufbaus der Arbeit; *schreiben, schreiben, schreiben*. Soweit die Methodenschritte nach Hermanns, die immer und mehrmals ausgeführt werden müssten, denn

> im Laufe des Nachdenkens und des Schreibens über den Diskurs verändern sich die Fragen, die man an ihn stellt, es ändert sich oft das vorläufige erste Verstehen, und es ändert sich auch oft das Korpus, mit dem man arbeitet. Man muss noch nachrecherchieren oder nichtssagende Texte aus dem Korpus, das man hat, eliminieren. Auch der ganze untersuchte Diskurs kann sich ändern, man kann ihn einengen oder ihn erweitern wollen. Und damit natürlich auch das Thema eines diskurshermeneutischen Arbeitsvorhabens. Eine solche Flexibilität ist wohl charakteristisch für diskurshermeneutische Arbeit.
> (Hermanns 2007: 196)

Zu den Methodenschritten kommen spezifische Fragen/Erkenntnisinteressen, wie sie in den vorstehenden Kapiteln entwickelt wurden, und spezifische methodische Anforderungen an Analyseinstrumente, die ich in den nachstehenden Kapiteln ausführe; beides fließt in das Diskursverstehen und die Interpretation ein. Insbesondere im Rahmen hermeneutischer interpretativer Analysen größerer Korpora tauchen Probleme der Umsetzung einzelner Vorgehensweisen auf, etwa bezüglich des Quellenstudiums bzw. des Umgangs mit Belegen. Die vorliegende Arbeit verfährt bei der Anwendung der beschriebenen als philologisch zu bezeichnenden Methode grundsätzlich computergestützt (siehe Kap. 3.4).

3.3 Toposanalyse als Methode der linguistischen Diskursanalyse

Bereits Ende der 1970er Jahre wurde in der Geschichtswissenschaft eine Erweiterung von Konzepten und Forschungen – insbesondere von Zugriffsobjekten der historischen Semantik und Begriffsgeschichte (im Sinne Reinhart Kosellecks) – um argumentationsanalytische Elemente gefordert. So schlägt Schultz (1979: 67–74) vor, historische Semantik und Begriffsgeschichte als Argumentationsgeschichte zu betreiben, weil die Einschränkung auf einzelne Lexeme und deren Bedeutungen bzw. diachrone Bedeutungsentwicklungen in sozialen und politischen Gebrauchskontexten für eine Analyse politisch-sozialer Diskurse unzureichend sei. Auch Vertreter der linguistischen Diskursanalyse, die ja u. a. aus der Würdigung und Kritik an der Geschichtsschreibung über soziale und politische Begriffe hervorgegangen war (siehe Kap. 2.6.3.1), erhoben von Anfang an den Anspruch, das herkömmliche – auf der sprachlichen Oberfläche angesiedelte – Zugriffsobjekt sprachwissenschaftlicher historisch-semantischer Forschungen (ebenfalls einzelne Wörter bzw. Wortformen und deren Bedeutungen) zu erweitern um eine tiefensemantische Analyse der „Voraussetzungen, Implikationen und Möglichkeitsbedingungen [...], die für einzelne Aussagen charakteristisch sind“ (Busse & Teubert 2013 [1994]: 25).

Im Sinne dieses programmatischen Erweiterungspostulates halten Busse und Teubert u. a. die argumentationstheoretischen Überlegungen Stephen Toulmins und Josef Kopperschmidts für an die Erkenntnisziele der von ihnen rezipierten französischen Diskursanalyse (gemeint sind die Werke Michel Foucaults und Michel Pêcheuxs) anschlussfähig. Hierzu ein längeres Zitat:

> Zumindest ein Teil der Intentionen der französischen Diskursanalyse scheint uns auf einen semantischen Phänomenbereich zu zielen, der in der deutschen Linguistik mit dem Begriff ‚Argumentationsanalyse‘ (vgl. etwa Kopperschmidt 1980) bezeichnet wird. So gesehen liegen Diskursanalyse und etablierte linguistische Methoden gar nicht so weit auseinander, wie es manchmal den Anschein haben mag. Argumentationsanalyse ist (ebenso wie die Analyse und Beschreibung von Präsuppositionen) eine von mehreren denkbaren Formen, in denen in einer Art von ‚Tiefensemantik‘ das Nicht-Gesagte, nicht offen Ausgesprochene, nicht in den lexikalischen Bedeutungen explizit artikulierte Element von Satz- und Textbedeutungen zu analysieren und offenzulegen versucht wird. Argumentationsanalyse (meist unter Anwendung des Toulmin-Schemas) soll die impliziten inhaltlichen Voraussetzungen explizit machen, die einzelne Textaussagen oder Aussagefolgen in ihrer gegebenen (seman-

> tischen, inhaltlichen) Form überhaupt erst möglich gemacht haben, bzw. die überhaupt erst vorauszusetzen sind, damit etwa eine bestimmte Aussagenfolge in einem Text eine innere semantische Kohärenz gewinnt. Vermutlich ist die Argumentationsanalyse in Frankreich ebenso wenig üblich wie in der germanistischen Linguistik die Diskursanalyse. Beide Perspektiven können aber, wie wir glauben, sehr gut verknüpft werden.
> (Busse & Teubert 2013 [1994]: 25)

Es ist das Verdienst von Martin Wengeler (1992), in seiner Dissertation die angedachte Verknüpfung historisch-diskurssemantischer Forschung mit der Argumentationsanalyse realisiert und später (2003), angeregt durch die oben zitierte Vermutung Busses und Teuberts, die „Argumentationsanalyse könne eine Art von Tiefensemantik leisten und damit einen Ausschnitt einer Diskursanalyse im Foucault'schen Sinne darstellen" (Wengeler 2013a: 189), im Anschluss an den Toposbegriff ausführlich als Methode der linguistischen Diskursanalyse – im engeren Sinne der linguistischen Diskursgeschichte – begründet zu haben. Bevor ich auf den argumentationsanalytischen Ansatz, der dieser Arbeit zugrunde liegt, eingehe, wobei ich zwischen einer inhaltsbezogenen und einer strukturbezogenen Toposanalyse unterscheide (siehe Kap. 3.3.2), sollen zunächst einige grundlegende Begriffe der modernen Argumentationstheorie, die Rüstzeug jeder diskursorientierten Argumentationsanalyse sind, sowie der Toposbegriff selbst (siehe Kap. 3.3.1.4) geklärt werden. Auf dieser Grundlage präsentiere ich die konkreten methodischen Verfahren, die bei der Untersuchung des Krisendiskurses zur Anwendung kommen. Außer dem diskursinhaltsbezogenen Ansatz Martin Wengelers (Kap. 3.3.2.1), wird auch der diskursstrukturbezogene Ansatz der Argumentationsanalyse Josef Kleins (Kap. 3.3.2.2) fruchtbar gemacht. Dabei handelt es sich um zwei argumentationsanalytische Vorgehensweisen, die sich durch unterschiedliche Abstraktionsniveaus unterscheiden. Ihre Zusammenführung zum Zweck der argumentationsgeschichtlichen Diskursanalyse wird in Kapitel 3.4 skizziert.

3.3.1 Argumentationstheoretische und wissenschaftshistorische Voraussetzungen

3.3.1.1 Grundbegriffe: ‚Argumentation', ‚Argument', ‚Argumentationsmuster'

Sprachliche Handlungen bzw. diskursive Praktiken erheben Ansprüche auf Wahrheit oder Geltung. Jedes Handeln kann hinsichtlich dieses Anspruchs problematisiert, infrage gestellt werden (vgl. Kopperschmidt 2005: 45).[5] Im Anschluss an die

5 Im sprachlichen Handeln, um nur ein Beispiel zu nennen, geschieht die Problematisierung solcher Ansprüche durch metasprachliche Reflexionen der Wahrheit oder Geltung apodiktischer

rhetorisch und pragmatisch orientierte moderne Argumentationstheorie (neben Josef Kopperschmidt, dessen Terminologie ich mich im Wesentlichen anschließe, sind u. a. Stephen Toulmin, Chaïm Perelman sowie Manfred Kienpointner zu erwähnen), ist ‚Argumentation' zunächst als ein komplexes sprachliches Verfahren für den Umgang mit problematisierten und in der Folge rechtfertigungsbedürftigen Geltungsansprüchen bestimmbar. Mit seiner Hilfe lässt sich infrage Gestelltes wieder in Unfragliches überführen.[6]

Kopperschmidt (vgl. 2005: 34–51) sieht die Problematisierung von Geltungsansprüchen als Anlass dafür an, dass man überhaupt argumentiert. Der Bedarf nach Argumentation entwickle sich, wenn ein „situative[r] Problemdruck" bestehe, der öffentliche, sozial relevante Problemlagen schaffe, „die eine angemessene Lösung einklagen", um Störungen, die „eine Problemlage für die soziale Existenz von Subjekten darstell[en]" (Kopperschmidt 2005: 97), kooperativ bewältigen zu können. Krisenzeiten lassen sich als Phasen eines solchen „situativen Problemdrucks" begreifen. Während der „Ölkrise" 1973/74 etwa deutet sich der Problemdruck im bedrohlichen Szenario steigender Ölpreise und der prognostizierten Gefahr, dass Deutschland das Öl ausgeht, an. Infrage gestellt wurden daraufhin die Versorgungssicherheit, die Politik bzw. bestimmte politische Ordnungsvorstellungen, welche die gewünschte Sicherheit (auch die materielle) scheinbar nicht mehr garantieren konnten, bis hin zum gesamtgesellschaftlichen System

---

realistischer Diktionen (siehe zum Terminus und zum Stellenwert realistischer Diktionen Kap. 2.1, insbesondere Anmerkung 20) bzw. im Streit um die richtige Bezeichnung oder Bedeutung eines Ausdrucks. In semantischen Kämpfen wird dann die Begebenheit eines infrage gestellten Sachverhalts, dessen Behauptungscharakter etwa durch die Thematisierung seiner Pseudo-Objektivität bewusstgemacht wurde, ausgefochten. Dies hat Georg Stötzel, wie in Kap. 2.5 dargestellt, in seinen Arbeiten zum realitätskonstitutiven Charakter der Sprache deutlich gemacht. Ähnlich äußert sich Josef Kopperschmidt (2005: 47) im argumentationstheoretischen Zusammenhang: „Durch das Reflexivwerden des Redens werden aus Dingen bzw. Personen, über die informiert wird, Sachverhalte, über deren Tatsächlichkeit bzw. Wahrheit gestritten wird" – da, wie gesagt, reflexiver Sprachgebrauch einen Anspruch auf Wahrheit oder Geltung infrage stellt, indem er ihn durch das Aufzeigen von Alternativen relativiert.

6 Kopperschmidt bezieht sich in seinen argumentationstheoretischen Überlegungen stark auf die Theorie des Kommunikativen Handelns von Jürgen Habermas. Die Problematisierung von Ansprüchen kommunikativen Handelns auf Wahrheit oder Geltung, die dieses Handeln als rechtfertigungsbedürftig erscheinen lässt und Argumentationen zur Sicherung der Geltungsansprüche des Handelns veranlasst, nennt Habermas Diskurs. Diskurse in dieser Perspektive „sichern die Geltungsbasis kommunikativen Handelns" (Kopperschmidt 2005: 49). Der Diskurs als Verfahren der Problematisierung und argumentativen Einlösung von Geltungsansprüchen kann nach Habermas, wie allgemein bekannt, möglichst rational und moralisch in einer sogenannten herrschaftsfreien idealen Sprechsituation gestaltet werden, wobei sich ein Konsens allein auf Basis des *zwanglosen Zwangs des besseren Arguments* ergeben soll.

der BRD. Aus dem mangelnden Gefühl an Sicherheit oder Zukunftsgewissheit entstand ein Bedarf an Problemlösung. Das Streben nach Problemlösung kann sich z. B. in Form politischer Entscheidungen und Maßnahmen manifestieren. Zur Bewältigung der „Ölkrise" wurden u. a. verkehrspolitische Maßnahmen getroffen – an vier Sonntagen wurde ein Fahrverbot für Autos verhängt, und es wurde dazu aufgerufen, den privaten Ölverbrauch einzuschränken. Die Gewissheit, dass dies die richtigen Maßnahmen zur Lösung der Probleme waren, und die Akzeptanz der Öffentlichkeit für politische Entscheidungen wie die, das geliebte Auto stehen zu lassen und den eigenen Konsum einzuschränken, wurden in Prozessen der Argumentation herzustellen versucht bzw. hergestellt.

Doch nicht nur die Problematisierung von Geltungsansprüchen und das Bestehen eines situativen Problemdrucks sollen hier, wie bei Kopperschmidt, als Voraussetzungen für die komplexe Sprechhandlung ARGUMENTIEREN verstanden werden (obwohl dieses Verständnis von Argumentation, wie ausgeführt, sich gut auf den Krisendiskurs übertragen lässt). Denn abgesehen von ihrer Nutzung zur Lösung von Problemen dienen Argumentationen generell dazu, etwas plausibel zu machen, der Positionierung oder der Stärkung einer Position, der Überzeugungsschaffung und Meinungsbildung oder auch dazu, Menschen für Ziele und Vorhaben zu gewinnen bzw. sie zu Handlungen in einem intendierten Sinne zu motivieren. Damit sind nur einige Beispiele für mögliche Argumentationsanlässe und -ziele genannt, weitere sind denkbar.

Betrachtet man den Vorgang des Argumentierens, lässt sich eine Argumentation als die Abfolge von funktional verschiedenen, aber miteinander vernetzten Äußerungen beschreiben. Innerhalb dieser Sequenz wird im Wesentlichen eine Äußerung mit fraglichem, problematischem oder strittigem Geltungsanspruch durch ein bestimmtes Denkprinzip an als zweifelsfrei unterstellte oder „legitimierte bzw. legitime Geltungsansprüche" (Kopperschmidt 2005: 75) angeschlossen und auf diese Weise in eine Äußerung mit unstrittigem, unproblematischem oder nichtfraglichem Geltungsanspruch überführt. In einem allgemeinen Sinn kann auch von einem mentalen Verknüpfungsvorgang gesprochen werden, bei dem es darum geht, Unvertrautes vertraut oder abstrakte Begriffe begreiflich zu machen bzw. komplexe Sachverhalte in ihrer Komplexität zu reduzieren, indem an Bekanntes angeschlossen wird. In dieser Hinsicht unterscheidet sich eine Argumentation nicht von anderen sprachlichen Verfahren wie der Metapher. Im Gegenteil: Dem In-Beziehung-Setzen von Metaphern liegen ähnliche, wenn nicht dieselben kognitiven Prozesse zugrunde wie Argumentationen.[7] (Vgl. Kopperschmidt 2005 80ff.) Jedenfalls ist Argumentation ein Verfahren, das unsichere

7 Vgl. zur Analogie zwischen Schlussregeln bzw. Topoi und Metaphern Pielenz (1993).

Geltungsansprüche durch regelhafte Bezugnahme auf sichere Geltungsansprüche einlöst. Kopperschmidt (2005: 63) bringt dies in die logische Grundformel des *Modus ponendo ponens*: „p gilt, weil q gilt (aufgrund von R)." (Zur Prozedur von Argumentationen im Einzelnen siehe Kap. 3.3.1.2.)

Ein Geltungsanspruch (in diesem Fall: q) kann als zweifelsfrei, legitim oder sicher unterstellt werden, wenn er – wie es in der alltäglichen Praxis öffentlicher Diskurse gewöhnlich der Fall ist – an „geteilte Gewissheiten" (Kopperschmidt 2005: 20) anknüpft. Diese sind im kollektiven Bewusstsein so fest verankert, dass sie nicht mehr expliziert werden müssen und unausgesprochen oder stillschweigend als Geltungsgrundlage von Argumentationen funktionalisiert werden können.[8] Als „Teil jenes kollektiven Wissens, das keiner Begründung bedarf, des *topischen* Wissens", sind nach Jürgen Spitzmüller (2005: 272) gerade diese geteilten Gewissheiten „für die Diskursanalyse interessant."[9] Spitzmüller hebt nun – ähnlich wie Wengeler (vgl. 2003: 209) – ausschließlich auf die Schlussregeln im Sinne Toulmins (siehe Kap. 3.3.1.2) ab. Die in Argumentationen zum Zweck der Geltungssicherung funktionalisierten „Tatsachen", welche mittels einer Schlussregel zu den unsicheren Geltungsansprüchen in Beziehung gesetzt werden, sind aber ebenso als Bestandteil des topischen Wissens anzusehen. In der vorliegenden Arbeit wird neben der Rekonstruktion von Schlussregeln auch versucht, das als wahr und wirklich Gewusste bzw. die unhinterfragten Sedimente des als selbstverständlich unterstellten und daher kaum noch wahrnehmbaren gesellschaftlichen Wissens in seiner Funktion als Legitimitätsgrundlage freizulegen.

Ein wesentlicher Punkt für das Verständnis von Argumentation auf der Grundlage des nicht zu begründenden gesellschaftlichen Wissens ist, dass sie nicht analytisch ist. Ihre formallogische Gültigkeit bzw. die des Schlusses spielt also keine Rolle, und sie ist für das alltägliche Sprechen der Menschen im öffentlichen Diskurs und insbesondere für den Kommunikationsbereich der Politik realistisch, d. h. durch Plausibilitäten zustimmungsfähig und überzeugungskräftig. Überzeugend im Sinne von plausibel[10] ist eine Argumentation dann, wenn

---

8 Solange sozial geteilte Gewissheiten als Kommunikationsgrundlage der Gesellschaft und Basis von Argumentationen existieren, besteht die Gefahr eines infiniten Regresses nur in der Theorie. Dennoch warnt Kopperschmidt (2005: 106) vor der Möglichkeit eines unendlichen Zirkels: „Wir sind nicht so reich ausgestattet, dass wir allzu leichtfertig mit unseren tragenden Gewissheiten umgehen könnten."

9 Es handelt sich dabei um nichts anderes als um besonders fest verankerte Sedimente des verstehensrelevanten gesellschaftlichen Wissens im Sinne Dietrich Busses.

10 *Plausibel* ist vom französischen Wort *plausible* bzw. dem Lateinischen Wort *plausibilis abgeleitet*, was ›Beifall verdienen‹ oder ›Applaus finden‹ bedeutet.

sie anschließt an das von vielen Menschen Geglaubte bzw. Gewusste, um es als „Ressourcen für [...] Geltungsgründe zu nutzen" (Kopperschmidt 2005: 81f.).

Unter einem ‚Argument' verstehe ich eine einzelne Äußerung mit einem intersubjektiv als unstrittig angesehenen Geltungsanspruch, einen einzelnen überzeugungskräftigen Geltungs*grund*, „der eine strittige Annahme glaubwürdig macht" (Kienpointner 1992b: 889). Insofern im Rahmen linguistisch orientierter Argumentationstheorien ein Argument ein Element von Sprechhandlungen ist (vgl. Kienpointner 1992b: 890), werden Äußerungen und das ihnen zugrundeliegende gesellschaftliche Wissen erst dann zu Argumenten, wenn sie in Argumentationen als Geltungsgründe verwendet werden, d. h. in einem kommunikativen Moment, in dem sie ins Feld geführt werden, um eine Äußerung mit einem als fraglich angesehenen Geltungsanspruch möglichst überzeugend glaubhaft zu machen, zu rechtfertigen, zu legitimieren, zu begründen oder einzulösen.

Kopperschmidt (2005: 81) betont, dass es „erst aufgrund einleuchtender oder einleuchtend gemachter Geltungsbeziehungen [...] eine Chance der Geltungssicherung durch überzeugungskräftiges Anschließen problematisierter Geltungsansprüche an ergiebige Geltungsressourcen geben" kann. Die Beziehung zwischen den epistemischen Geltungsressourcen bzw. dem Argument und dem problematisierten Geltungsanspruch, aufgrund derer etwas Strittiges einlösbar ist, die Geltungsbeziehung, muss also ebenfalls plausibel sein, was – wie die Plausibilität der einzelnen Argumente – abhängig ist von ihrer „Anerkennung durch die jeweiligen Argumentationspartner" (Kopperschmidt 2005: 57). Das Auffinden solcher Geltungsbeziehungen – oder, in der gängigen Terminologie Toulmins: Schlussregeln –, die aber, wie oben angedeutet, nur einen Teil des diskursanalytisch interessanten, nicht zu begründenden und argumentativ funktionalisierten gesellschaftlichen Wissens ausmachen, ist eine elementare Aufgabe der linguistisch-diskursgeschichtlichen Argumentationsanalyse.

Infolge der vielgestaltigen Fülle der sprachlichen Realisierungen tatsächlich vorkommender Argumentationen und der Argumente hat es sich diskursanalytisch bewährt, auf Argumentationsmuster bzw. Regelmäßigkeiten zu fokussieren, die den natürlichen Argumentationen zugrunde liegen (vgl. Niehr 2014: 101 und 116). Unter einem ‚Argumentationsmuster' kann zunächst der ganze Zusammenhang, die Struktur konkreter Argumentation als ihr mehr oder weniger abstraktes und komplexes Beziehungsgefüge verstanden werden. Hierfür bietet sich allerdings eher die Bezeichnung des *Argumentationsmodells* oder *-schemas* an. In der Hauptsache verstehe ich unter einem Argumentationsmuster Gruppen konkreter wiederkehrender Argumentationen und rekurrent auftretender Elemente von Argumentationen – wie etwa die Argumente oder Geltungsbeziehungen bzw. Schlussregeln –, „die sich argumentationspraktisch wegen ihres hohen Plausibilitätsgrades bewährt haben" (Kopperschmidt 2005: 31) und entsprechend immer wieder angewendet bzw. sprachlich realisiert werden. Argumentationsmuster sind in diesem Sinne zu Kategorien zusammengefasste, in einer Lebenswelt/Soziokultur erprobte „Problemlösungsmuster" (Kopperschmidt 2005: 60) bzw. Routinen der Problemlösung, in denen sich die Erfahrungen vergangener Argumentationen zu ähnlichen Zwecken verdichten. (Solche Problemlösungsroutinen werden in Krisenzeiten ungewiss.) Die Argumentationsmuster stehen als Schemata zur Verfügung und machen einen Teil der sprachlichen Kompetenz des Menschen aus. Sie und das ihnen zugrundeliegende gesellschaftliche Wissen bilden den Hauptgegenstand meiner Untersuchung.[11]

Zusammenfassend lässt sich festhalten, dass Argumentation der ganze sprachliche Handlungsvorgang der Glaubhaftmachung auf der Basis gesellschaftlichen Wissens ist.[12] Als „geregelte Abfolge (Sequenz) von Sprechhandlungen [...], die zusammen ein mehr oder weniger komplexes, kohärentes und intensionales Beziehungsnetz zwischen [Äußerungen] bildet", dient Argumentation „der methodischen Einlösung von problematisierten Geltungsansprüchen" (Kopperschmidt 2005: 59), Überzeugungsschaffung, Meinungsbildung, Handlungsmotivation usw. Ein Argument ist eine Äußerung mit glaubhaftem Geltungsanspruch, die auf der Grundlage einer anerkannten Regel des In-Beziehung-Setzens an einen strittigen Sachverhalt anschließt, um ihn in einen unstrittigen Sachverhalt zu überführen. Unter einem Argumentationsmuster kann man eine Gruppe oder Kategorie verstehen, die sich aus einer Vielzahl konkreter Argumentationen zusammensetzt. Es handelt sich um typische musterhafte Weisen des Argumentierens, abstrahiert aus den einzelnen Bestandteilen sprachlich realisierter Argumentationen.

11 Dass jeder Argumentation bestimmte Muster zugrunde liegen, die als diskursive Phänomene über Verknüpfungs- oder Kohärenzstrukturen in Texten hinausgehen, hat einschlägig Manfred Kienpointner (1992a) nachgewiesen. Für die Alltagsargumentation hat Kienpointner zirka 60 solcher Muster, als kontextabstrakte Grundstruktur inhaltlich verschiedener Argumentationen, entdeckt – etwa der Schluss vom Ganzen auf seine Teile: „Was vom Ganzen ausgesagt wird, wird auch von den Teilen ausgesagt. Vom Ganzen wird X ausgesagt. Also: Von den Teilen wird X ausgesagt" (Kienpointner 1992a: 274). Nach diesem Muster lässt sich beispielsweise schließen, dass die Mitarbeiter eines Exzellenzclusters ausgezeichnete Wissenschaftler sind. Solche Argumentationsmuster sind plausibel, aber nicht zwingend. Für eine linguistische Diskursanalyse, der es darum geht, die für einen thematisch definierten Diskurs spezifischen Muster von Argumentationen herauszuarbeiten, sind Kienpointners Argumentationsmuster inhaltlich zu unbestimmt. Sie bedienen, ähnlich wie Josef Kleins abstrakte Basistopoi, das inhaltliche Interesse nicht, sondern sind bezeichnend für die alltägliche Praxis des Argumentierens im Allgemeinen bzw. mit Blick auf Josef Klein für den öffentlich-politischen Diskurs.

12 Ähnliches konstatieren auch Nussbaumer (vgl. 1995: 2) und Wengeler (2016).

Gesellschaftliches Wissen, welches die Basis von Argumentationen bildet, ist ein relativer Begriff. Was als anerkannt gilt und daher als Ressource für überzeugungskräftige Argumente und Argumentationen zur Verfügung steht, ist immer nur im Hinblick auf spezifische Diskursbereiche bzw. -ausschnitte, Problemgebiete oder Wissensareale in Erfahrung zu bringen. Nur wenn an diskursbereichsspezifische Elemente gesellschaftlichen Wissens angeschlossen wird, kann eine Argumentation überzeugend sein. Mit Verweis auf Toulmin und Kopperschmidt stellt auch Wengeler (2003: 265) klar, dass „Argumente [...] nur innerhalb eines bestimmten Problemverständnisses" funktionieren; sie seien „bereichs- oder feldabhängig". Solche Bereiche lassen sich gegenstandsbezogen, nach Sachgebieten oder thematisch bestimmen, aber auch akteursbezogen und zeitspezifisch umzäunen. Weitere Eingrenzungsparameter, die Gültigkeitsdistrikte bzw. Sagbarkeitsgrenzen abstecken, sind denkbar, etwa Kommunikationsbereiche oder Textsorten. Insofern Argumentationen im eben genannten Sinne rezipientenorientiert sind, da sie an etabliertes Wissen anknüpfen, verraten sie etwas über das in der Kommunikation innerhalb eines Diskursbereichs vorausgesetzte gesellschaftliche Wissen.

Große Schnittmengen an Gewissheiten im kollektiven Wissen bestehen innerhalb einer Kultur, einer Gesellschaft, einer Gruppe von Menschen, die sich aufgrund ihrer geteilten Überzeugungen und Denkarten zu Wissensgemeinschaften formieren (Akteursspezifik). Und natürlich ist das, was auf der Grundlage gesellschaftlichen Wissens als legitimer Geltungsanspruch angesehen wird auch zeitabhängig und unterliegt historischem Wandel (Zeitspezifik). Nicht zuletzt sind sozial geteilte Gewissheiten besonders wahrscheinlich innerhalb eines thematisch eingegrenzten Diskursbereichs (Themenspezifik). Hieraus ergeben sich drei Kriterien für die linguistisch-diskursgeschichtliche Argumentationsanalyse: Die Frage nach der Distribution des Untersuchten über soziale Akteure und im Zeitkontinuum sowie der thematische Bezug sind erkenntnisleitend; Ziel ist, das vorherrschende gesellschaftliche Wissen in seinen Strömungen über diese sich differenzierenden Gültigkeitsbereiche zu erfassen.

Eine Konkretisierung der Grundstruktur alltagssprachlicher Argumentation und ihrer Elemente stellt das bekannte Argumentationsmodell von Stephen Toulmin dar, das ich deshalb im Folgenden ausführlicher wiedergeben möchte, weil es hilft, den Aufbau von Argumentationen tiefreichender zu verstehen, insofern es Aufschluss gibt über die Frage, wie das Verfahren Argumentation funktioniert, und weil es für die vorliegende Arbeit einige Kriterien bereithält, anhand derer sich argumentative Äußerungen, Argumentationen und Argumentationsmuster typ(olog)isieren lassen.

3.3.1.2 Das Argumentationsmodell von Stephen Toulmin

In seinem Buch *The Uses of Argument* entwickelt Toulmin (2008 [1958]) ein für das sprachwissenschaftliche Verständnis von Argumentation grundlegendes Schema. Damit wendet er sich „gegen die formale Logik als Modell zur Rekonstruktion argumentativer Problemlösungen", so Pielenz (1993: 16); vielmehr beschreibt Toulmin die Struktur und den Prozess alltagssprachlicher Argumentation.[13]

Im Rahmen dieser Struktur erfüllen Äußerungen oder Sprechhandlungen aufgrund ihrer Stellung im Argumentationsvorgang unterschiedliche argumentative Funktionen. Die Äußerungen stehen über ihre einzelnen Funktionen hinaus in Relationen zueinander, woraus sich im Vorgang des Argumentierens ein komplexes Beziehungsnetz ergibt und es zur Anerkennung einer Konklusion kommt:

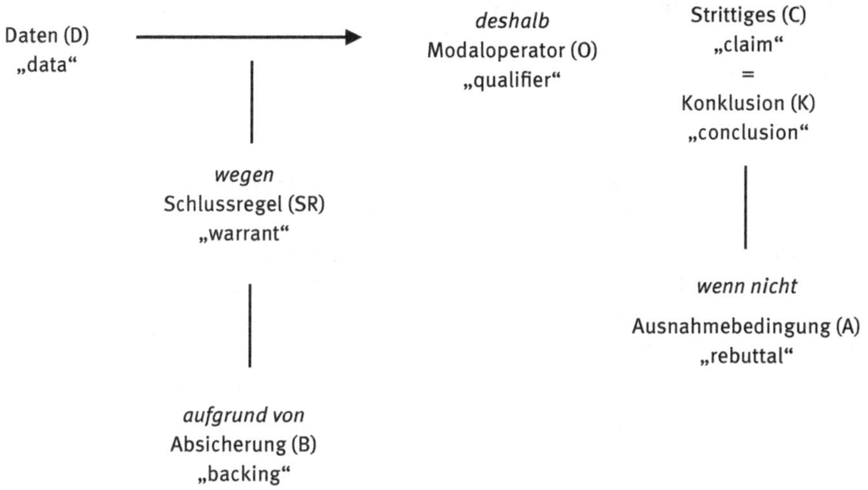

Abb. 2: Argumentationsmodell in Anlehnung an Toulmin (2008 [1958]: 97)

13 Vgl. zur Kritik Toulmins an der formalen Logik ausführlicher Pielenz (1993: 16–21). Dieser merkt an, dass das Argumentationsmodell von Toulmin nicht nur als Analyseinstrument zu verstehen sei, sondern auch wissenschaftstheoretische Zielsetzungen verfolge. Im Kontext seines philosophischen Programms stelle Toulmin mit seinem Modell Begriffe wie „Gültigkeit, Vernunft und Rationalität zur Disposition" (Pielenz 1993: 15). Eine ähnliche Zielsetzung verfolgen auch Perelman & Olbrechts-Tyteca (2004 [1958]). Die Werke „markieren den Wendepunkt einer Entwicklung, die von der formalen Logik zu einer informellen Logik innerhalb der Argumentationstheorie geführt hat" (Pielenz 1993: 15). Sie schaffen im Rückgriff auf die antike Rhetorik-Tradition eine der realen Argumentationspraxis – dem öffentlichen Sprechen – angemessenere Argumentationstheorie.

Die Abbildung zeigt, dass Argumentation nach Toulmin ein auf das Begründen oder Etablieren von Thesen, Behauptungen, Ansichten oder Meinungen ausgerichteter Prozess ist. Der erste Akt einer Argumentation besteht im Aufstellen einer solchen. Die Position der These wird *claim* (= C) genannt. (Vgl. Toulmin 2008 [1958]: 90.)

Wird der Geltungsanspruch des Geäußerten problematisiert, setzt die Argumentation zur Begründung von C ein. Die Akzeptabilität der Argumentation ist abhängig vom Bezug auf die „Standards“ des durch die Äußerung evozierten Wissensfeldes bzw. Diskursbereichs (vgl. Pielenz 1993: 25). Dass die Überzeugungsfähigkeit einer Argumentation auf diskursspezifische Anknüpfungspunkte bezogen zu sehen ist, nennt Toulmin *feldabhängig*. Entscheidend ist, dass damit auch bei Toulmin der Vorgang des Argumentierens in bestimmten Diskursen situiert ist, d. h. Argumentationen sind „gültig“ oder „rational“, wenn sie den Wissensformationen, Regelmäßigkeiten, Mustern des Diskurses, in dem argumentiert wird, folgen. Auch die Analyse von Argumentationen nach Toulmin scheint hiernach geeignet, etwas über diskursspezifische Wirklichkeitsvorstellungen in Erfahrung zu bringen.

Ist die Argumentation durch Infragestellung der These, die damit strittig wird, initiiert, besteht der zweite Schritt darin, die Gegebenheiten aufzudecken, auf denen die vorgebrachte Behauptung beruht. Durch Anführen informativer Daten, Tatsachen oder Fakten (Argumente) – Toulmin (vgl. 2008 [1958]: 90) nennt dies *data* (= D) – soll die nun strittige Behauptung als unstrittig begründet werden. Im Ergebnis der Argumentation wird die strittige These (C) in ihrer Geltung gesichert. Insofern ist C eine prozedurale Kategorie und steht im Toulmin-Modell zugleich für *conclusion*. (Vgl. Toulmin 2008 [1958]: 90f.) Um diese Differenz genauer darstellen zu können, unterscheidet Kopperschmidt (2005: 111) „zwischen K (conclusion) und C (claim).“ Dieser Unterscheidung schließe ich mich, wie aus Abbildung 2 ersichtlich, an.[14]

Voraussetzung dafür, dass D die argumentative Stützung von C übernehmen kann, ist, dass D nicht angezweifelt wird[15] und dass es eine anerkannte Denkge-

14 Typischerweise werden die Daten (D) in Sprechhandlungen mit apodiktischem Wahrheitsanspruch angeführt, z. B.: „Die Krise ist da, sie ist so schlimm wie noch nie, wir haben 4 Millionen Arbeitslose“, um etwa die strittige These (C): „Es muss dringend etwas Bestimmtes getan werden, der Arbeitsmarkt muss reformiert werden“ zu untermauern.

15 Sollten Daten oder Argumente angezweifelt werden, können neue Tatsachen genannt werden, bis D akzeptiert wird. Das infrage gestellte Datum wird in diesem Fall zu einer Schlussfolgerung funktionalisiert, die dann ihrerseits einer Stützung durch Anführung eines Datums bedarf. Pielenz (vgl. 1993: 29) spricht in diesem Zusammenhang von der Notwendigkeit argumentativer Schleifen. Toulmin nennt solche Schleifen *vorbereitende Argumentationen*, „ein Terminus, der

wohnheit, ein allgemeines Prinzip der Verknüpfung gibt, die oder das die Vermittlung zwischen D und C regelt. Toulmin (vgl. 2008 [1958]: 90) nennt dies *warrant* (= W), wofür sich im Deutschen der Terminus *Schlussregel* (= SR) durchgesetzt hat.

Die Schlussregel (SR) legitimiert die Relation zwischen D und C; sie gibt Antwort auf die Frage: „How do you get there?" (Toulmin 2008 [1958]: 92); sie übernimmt die Rolle einer Brücke oder eines „Garanten", wie Kopperschmidt (2005: 108) sagt, „sich bei der Stützung [von C; Anm. d. Verf.] auf D argumentativ berufen zu dürfen." Im Gegensatz zu den Daten, die als faktisches Fundament der Argumentation ausdrücklich genannt werden (können), bleiben die den Sachverhaltszusammenhang zwischen Daten und Konklusion erklärenden Schlussregeln häufig(er) implizit. Es handelt sich mehr um stillschweigend akzeptierte Präsuppositionen.[16] (Vgl. Toulmin 2008 [1958]: 90.)

Die drei Instanzen: das Aufstellen einer Behauptung (C) als Ausgangspunkt der Argumentation, die Angabe von Daten (D), um den in Zweifel gezogenen Geltungsanspruch der Äußerung in der Funktion einer Behauptung zu belegen, und die Schlussregel (SR) als Verknüpfungsprinzip zwischen C und D bilden die konstitutiven Grundelemente, das *Skelett*, wie Toulmin (vgl. 2008 [1958]: 90) sagt, einer jeden Argumentation.

Wird die Schlussregel infrage gestellt, kann sie durch Äußerungen induktiv abgesichert werden, die – in Abhängigkeit vom aufgerufenen Diskursbereich – ihr Zutreffen belegen bzw. ihre Plausibilität erhöhen. Toulmin (2008 [1958]: 96) nennt dies *backing* (= B).[17] Das auf diese Weise argumentativ Gesicherte, der nun legitime Geltungsanspruch, ist, wie gesagt, die Schlussfolgerung (K), welche –

---

optimistisch unterstellt, daß man an einer Stufe zur Einigung gelangt, um schließlich zum Ausgangspunkt der Argumentation zurückkehren zu können" (Pielenz 1993: 29). Toulmin geht also davon aus, dass es eine Basis kollektiv geteilter Gewissheiten gibt, die es in die Argumentation einfädelnden Argumentationsgängen herauszufinden gilt, wenn der Geltungsanspruch eines Datums infrage gestellt wird. Das entspricht, wie dargestellt, auch Koppersschmidts Interpretation des Argumentationsprozesses. Pielenz (vgl. 1993: 30) macht deutlich, dass das Toulmin-Modell reflexiv zu verstehen ist, insofern es auf sich selbst angewandt werden kann, um Rechtfertigungen des Datums und der anderen Positionen zu ermöglichen. Hier wird die Komplexität des ansonsten so simpel anmutenden Toulmin-Modells deutlich. Natürlichsprachliche Argumentationen setzen sich häufig aus mehreren solcher elementarer Schemata zusammen. Die ständige Infragestellung des Geltungsanspruchs eines Datums würde zu einer unendlichen Spirale bzw. einem infiniten Regress führen.

16 Hinsichtlich des in Anmerkung 14 angeführten Beispiels könnte die Schlussregel reformuliert werden als: „In einer schlimmen Situation müssen bestimmte Dinge getan werden, um die Probleme zu bewältigen".

17 Beispiele bezüglich des Themas „Krise" wären etwa das Anführen hoher (oder niedriger) Zahlen („Die Krise wird schlimmer als befürchtet. Im nächsten Jahr ist mit vier Millionen Arbeitslosen zu rechnen"), Verweise auf Autoritäten („Wirtschaftsnobelpreisträger Paul Krugman hat gesagt,

auch darauf wurde schon hingewiesen – nicht mit einer strittigen Äußerung mit unsicherem Geltungsanspruch (C) zu verwechseln ist.

Das Ausmaß des Anspruchs auf Geltung, d. h. die Evidenz der Schlussregel (SR), kann nach Toulmin (vgl. 2008 [1958]: 93) mithilfe von Modaladverbien angezeigt werden, wodurch sich eine Schlussfolgerung (K) z. B. als zwingend, höchstwahrscheinlich oder auch nur möglich einschränken lässt. Diese Funktion übernimmt der Modaloperator (= O) (bei Toulmin Q genannt, was für *qualifier* steht), „der sprachlich etwa durch Ausdrücke wie ‚ganz sicher', ‚ziemlich sicher', ‚vermutlich' repräsentiert werden kann" (Kopperschmidt 2005: 111).[18]

Eine Schlussfolgerung (K) kann auch eingeschränkt werden, wenn Vorbehalte existieren, die eine Schlussregel (SR) und den durch sie legitimierten Geltungsanspruch als nicht haltbar erscheinen lassen. Dies nennt Toulmin *rebuttal* (R), während man im Deutschen von der *Ausnahmebedingung* (= A) spricht. (Vgl. Toulmin 2008 [1958]: 93f.) Diese kann sprachlich durch Ausdrücke wie „es sei denn", „außer" usw. realisiert sein.[19] Die erörterten Funktionen, die sprachliche Handlungen im Rahmen einer Argumentation erfüllen können, lassen sich mit Kopperschmidt (vgl. 2005: 111) formal wie folgt zusammenfassen (hier in leichter Abänderung): C = (O) K, weil D wegen SR aufgrund von B (wenn nicht A).

3.3.1.3 Kritik am Toulmin-Modell aus diskursanalytischer Sicht

Das Argumentationsmodell von Stephen Toulmin veranschaulicht Grundstruktur und Prozess alltagssprachlicher Argumentation. Demnach gibt es keine der Argumentation äußerlichen Kriterien logisch notwendiger Gültigkeit. Die Gültigkeit oder besser Akzeptabilität einer Argumentation wird vielmehr als abhängig vom Diskursbereich, in dem argumentiert wird, vom dort anerkannten Wissen sowie von den Formationen und Regeln dieses Bereichs angesehen. Toulmin (vgl. 2008 [1958]: 114–118) spricht in diesem inhaltsbezogenen Sinne auch von einer *substantiellen* Argumentation im Unterschied zur *analytischen* Argumentation.

Des Weiteren verdeutlicht das Modell, dass im Vorgang des Argumentierens verschiedene Äußerungen miteinander vernetzt sind und eine mehr oder weniger

---

dass die Finanzkrise nur durch Maßnahme X zu lösen ist"), Geschichtsvergleiche („Schlimmste Krise seit 1929") oder Ländervergleiche („In Schweden wurde Maßnahme X erfolgreich umgesetzt, um die Krise zu bewältigen").

18 Ein Beispiel: „Weil die schlimme Krise da ist, sind Maßnahmen X unumgänglich notwendig, um die Probleme zu bewältigen".

19 Ein weiteres Beispiel: „Die Krise am Arbeitsmarkt macht Maßnahmen X notwendig, die dazu dienen, die Probleme zu bewältigen. Es sei denn, die Arbeitslosenzahl überschreitet in der nächsten Zeit nicht die Grenze von 5 Millionen".

komplexe argumentative Sprechhandlungssequenz bilden. Mit seiner Hilfe lassen sich Argumentationen in ihre Bestandteile zerlegen. Die segmentierten Äußerungen können dann jeweils nach der Funktion unterschieden werden, die sie aufgrund ihrer Stellung in der argumentativen Sprechhandlungssequenz innehaben (daher die Bezeichnung *funktionale Argumentationsanalyse* bei Kopperschmidt). Ob das Toulmin-Modell jedoch auch als Instrument für diskursanalytische Zwecke geeignet ist, erscheint fraglich.

Mit Toulmins Argumentationsmodell lässt sich zwar der Aufbau von Argumentationen rekonstruieren, doch sind konkrete Argumentationen „noch sehr viel weniger bzw. anders" und wesentlich komplexer strukturiert, „als es das Toulmin-Schema nahelegt" (Niehr 2014: 108). Seine schablonenhafte Anwendung würde deshalb in der konkreten Analyse von Diskursen grundsätzlich zu Problemen führen, zumal es schwierig ist, Äußerungen „innerhalb einer Argumentation eindeutig in ihrer Funktion festzulegen" (Pielenz 1993: 42).

Ferner muss im Hinblick auf diskursanalytische Forschungsziele hinterfragt werden, ob das eher textlinguistische mikrostrukturelle Sezieren von Argumentationen bzw. argumentativer Sprechhandlungssequenzen und der argumentativen Funktionen einzelner Äußerungen angebracht ist.[20] Nach Niehr (2014: 110) ist es das nicht, denn eine

> ‚Zerlegung' von Argumentationen in Daten, Konklusionen, Schlussregeln und Stützungen [trägt] nicht dazu [bei], den Zusammenhang diskursiver Konstellationen im Blick zu behalten: Die einzelnen Daten, Konklusionen und Schlussregeln wären nicht mehr ohne Weiteres als Bestandteile der Argumentation eines Diskurses zu erkennen.

Das Anwendungsgebiet des Toulmin-Modells liegt auf der isolierten Ebene des einzelnen Textes und betrifft die Analyse der Feinstruktur einzelner Argumentationen. Über die Abfolge einzelner Äußerungen in argumentativer Funktion in Texten und deren funktional-semantische Kohärenz Hinausgehendes vermag es nicht zu erfassen. Bei einer linguistisch-diskursgeschichtlichen Argumentationsanalyse geht es aber zentral um die Frage, „ob es bei der Vielzahl tatsächlich vorkommender Argumentationen eine identifizierbare Menge an Argumentationsmustern gibt, die diesen Argumentationen zugrunde liegen" (Niehr 2014: 116). Im Fokus sind also wiederkehrende Weisen des Argumentierens, die sich textübergreifend aufgrund gewisser Gemeinsamkeiten und Regelhaftigkeiten zu Mustern zusammenfassen lassen. Demnach ist das Toulmin-Modell für diese diskursanalytische Zielsetzung als Analyseschema tatsächlich ungeeignet. Im Übrigen ist seine

20 So etwa die mikroskopische Argumentationsanalyse von Eggler (2006) am Beispiel zweier Leitartikel zum Golfkrieg 1991.

Anwendung auf größere Textkorpora, in deren Untersuchung sich Musterhaftes eher entdecken lässt als in einer Analyse weniger Texte, sehr aufwendig.

Gleichwohl hat das Toulmin-Modell einen diskursanalytischen Nutzen, weil es hilft, den sprachlichen Handlungsvorgang des Argumentierens besser zu verstehen. Die von Toulmin formulierten Funktionen von Äußerungen innerhalb einzelner argumentativer Sprechhandlungssequenzen in Texten vermitteln einen Eindruck von möglichen Relationen textübergreifender argumentativer Muster. Ein Ziel der vorliegenden Untersuchung ist die Erarbeitung einer an das Argumentationsmodell von Toulmin angelehnte und krisendiskursspezifisch erweiterte Typologie inhaltlich bestimmter Argumentationsmuster nach argumentativen Funktionen, die über die Abfolge einzelner argumentativer Äußerungen in einzelnen Texten hinausgeht, indem sie auch nach dem Zusammenspiel textübergreifender Argumentationsmuster fragt.

Neben den erörterten Grundbegriffen ‚Argumentation', ‚Argument', ‚Argumentationsmuster' und dem Toulmin-Modell ist der Toposbegriff von zentraler Bedeutung für diskursorientierte argumentationsanalytische Verfahren. Insofern erscheint mir eine Reflexion und gleichzeitige Zuspitzung desselben als erforderlich. Im Wissen, dass Martin Wengeler (2003) eine intensive Auseinandersetzung mit dem Begriff ‚Topos' für das Vorhaben einer linguistisch-diskursgeschichtlichen Analyse des öffentlich-politischen Sprachgebrauchs und der Rekonstruktion des gesellschaftlichen Denkens und Wissens bereits geleistet hat, versuche ich im Folgenden einige Akzente in Bezug auf diskursanalytische Fragestellungen und die eigenen Forschungsziele zu setzen.

3.3.1.4 Was ist ein Topos?

Der Plural von *Topos* ist *Topoi* oder *Topen*. Die lateinische Entsprechung des griechischen Wortes τόπος *tópos* ist *locus*, was Ort, Stelle, Thema oder auch Gemeinplatz bedeutet. Damit ist allerdings wenig erklärt. Prägend für den Toposbegriff ist seine von teils gegensätzlichen Auslegungen gezeichnete über zweieinhalbtausendjährige Rezeptionsgeschichte, die ähnlich dogmatische Züge wie die Foucault-Rezeption aufweist, wobei die markanteste Demarkationslinie zwischen allgemeinen und besonderen oder formalen und materialen bzw. kontextabstrakten und kontextspezifischen Topoi verläuft.[21] Aufgrund dieser Schwierigkeit gilt hier, was schon bezüglich des Diskursbegriffs gesagt wurde: *Den* Toposbegriff gibt

21 Von der schon bei Aristoteles (vgl. Rhet. 1358a 20–22) getroffenen Unterscheidung zwischen allgemeinen und besonderen Topoi ausgehend bilden sich in der Rezeption des Toposbegriffs – spätestens im Mittelalter (bereits bei Cicero ist das Verhältnis unausgewogen zugunsten der bereichsspezifischen Sondertopoi) – eine logisch-formale und eine rhetorisch-materiale Tradition

es nicht. Lothar Bornscheuer (1976: 223, Anm. 82) zufolge lässt er sich nicht „auf ein streng definiertes und differenziertes Begriffskorsett [...] spannen.“ Auch ist es nicht zweckdienlich, ihn in seiner semantischen Vielfalt darstellen zu wollen.[22]

In der modernen Argumentationstheorie werden unter Topoi so verschiedene Dinge verstanden wie: deduktive oder nicht-deduktive Schlussverfahren, Fundorte für Argumente, Heuristiken für das Auffinden von Prämissen oder Prämissen selbst, wissenschaftliche, dialektische und/oder rhetorische Syllogismen, allgemein anerkannte Meinungen, Schlussregeln im Sinne Toulmins, allgemeine/besondere bzw. formale/materiale oder kontextabstrakte/kontextspezifische Argumentationen, Argumente, aber auch Argumentationsmuster, die zwingend notwendig oder auch nur überzeugend sind. Der wissenschaftshistorische Ausgangspunkt dieses Toposbegriffs liegt in der klassischen Antike, genauer gesagt in der Aristotelischen Argumentationslehre, die durch die moderne Argumentationstheorie wiederentdeckt wurde.[23]

---

und entsprechend voneinander abweichende Toposkonzeptionen heraus, die sich aber jeweils auf Aristoteles berufen (vgl. Gessmann et al. 2009: 650). Und auch für die Neuzeit bleibt die „antik-mittelalterliche Aufgliederung des Toposbegriffes in eine logisch-formale und rhetorisch-materiale oder rhetorisch-stoffliche Komponente“ grundlegend, wie Gessmann et al. (2009: 662) beobachten. Mit der Entstehung und zunehmenden Spezialisierung der Fachwissenschaften habe sich der Toposbegriff zudem um eine „Vielfalt [von] an den jeweiligen Disziplinen und ihren Erfordernissen“ (Gessmann et al. 2009: 663) orientierten Auffassungen erweitert, etwa in juristische, theologische usw. Topiken. Hier kündige sich „das im Laufe der Jahrhunderte immer weiter gezogene Bedeutungsfeld an, in das sich der Begriff funktional auffächert“ (Gessmann et al. 2009: 663).

22 Breit bekundet sind die historische Entwicklung und Rezeptionsgeschichte des Toposbegriffs z. B. in dem Sammelband *Topik und Rhetorik*, der im Jahr 2000 von Thomas Schirren und Gerd Ueding herausgegeben wurde (Schirren & Ueding 2000). Auch einzelne Artikel des *Historischen Wörterbuchs der Rhetorik*, so etwa jene zu den Lemmata *Topik* (Wagner 2009) oder *Topos* (Gessmann et al. 2009), geben einen Überblick. Doch finden sich im Rahmen der Mainstream-Rhetorikforschung kaum Hinweise auf die hier interessierenden sprachwissenschaftlichen toposanalytischen Verfahren für eine Analyse gesellschaftlichen Wissens und kollektiven Wirklichkeitsbewusstseins in Diskursen. Ausnahmen sind die Beiträge von Klein (2000 und 2003) – allerdings erfolgt die Darstellung auch dort nur aus der von ihm favorisierten Perspektive. Bornscheuer (1976 und 2001) rekonstruiert ebenfalls die historische Entwicklung und Rezeptionsgeschichte des Toposbegriffs.

23 Vgl. Toulmins 1958 zuerst erschienene Arbeit *The uses of Arguments* (Toulmin 2008 [1958]) und die im selben Jahr veröffentlichte Abhandlung *Traité de l'argumentation* von Perelman und Olbrechts-Tyteca mit dem Untertitel *La nouvelle rhétorique* (Perelman & Olbrechts-Tyteca 2004 [1958]). Nach Kienpointner (1992b: 900) ist es das Verdienst dieser beiden Autoren, „die Topiktradition wiederbelebt zu haben.“ Eine Einführung in die Reinterpretation der Topik und Rhetorik durch Perelman gibt der im Jahr 2006 von Kopperschmidt herausgegebene Sammelband *Die neue Rhetorik* (Kopperschmidt 2006) oder der Artikel *Nouvelle Rhétorique* von Kienpointer

Aristoteles gilt als Verfasser „der ältesten theoretischen Grundlagenschriften" zur Toposforschung, so Gessmann et al. (2009: 630). Inwiefern gerade der Aristotelische Toposbegriff, bei dem es weniger um wissenschaftliche Exaktheit geht als häufig angenommen, in seiner ursprünglichen argumentationsorientierten Bedeutung derjenige ist, der sich für eine linguistisch-diskursgeschichtliche Analyse eignet, weil mit ihm die „nur" einleuchtenden aber nicht zwingend logisch wahren Argumentationen und Argumentationsmuster untersucht werden können, gilt es nun zu beleuchten.

Wer in den Aristotelischen Schriften zur *Topik* nach einer einigermaßen präzisen Definition des Toposbegriffs sucht, wird sie dort nicht finden; ebenso wenig wie in den Büchern des Aristoteles zur *Rhetorik*. Nach Kienpointner (1992b: 890) kann der Aristotelische Toposbegriff in zweifacher Hinsicht definiert werden: „als Suchformel, die zur Auffindung von Argumenten dient, und als Beweisformel, die den Übergang vom Argument zur Konklusion legitimiert."

Der Aspekt der Suchformel betont den heuristischen Charakter eines Topos als Ort, an dem geeignete Voraussetzungen oder einleuchtende Prämissen bzw. Argumente aufzufinden sind, d. h. „zu wissen, *welches* Argument *wo* zu suchen ist" (Pielenz 1993: 37), um ein Problem zu lösen. Dieses Verständnis entspricht etwa dem rechtswissenschaftlichen Toposkonzept von Theodor Viehweg. Topik wird dort als ein rein „prämissensuchendes Verfahren" (Viehweg 1974: 39), ein Verfahren zur Suche nach allgemeinen Gesichtspunkten oder Grundsätzen, die zur argumentativen Lösung juristischer Probleme herangezogen werden können, verstanden. Der Aspekt der Beweisformel betont den Charakter eines Topos als auf ein Ziel gerichtete argumentative Denkbewegung bzw. Schlussregel im Sinne Toulmins, welche den Übergang von der These zur Schlussfolgerung erlaubt und damit die Überzeugungskraft einer Argumentation sichert. Letztere Betrach-

im *Historischen Wörterbuch der Rhetorik* (Kienpointner 2003). Eingeleitet wurde die Rückbesinnung auf die Rhetorik im 20. Jahrhundert durch die literaturhistorischen Arbeiten Ernst Robert Curtius' (1993 [1948]) und seine einflussreiche Rezeption des Toposbegriffs. Curtius setzt sich allerdings vom „rhetorisch argumentativen" Toposbegriff ab und begründet einen „literarisch-poetischen" (Wengeler 2003: 190). Damit einher ging eine semantische Expansion und Unschärfe des Toposbegriffs insbesondere in der Literaturwissenschaft, die wohl auch seinem bildungssprachlichen Gebrauch entspricht: Von Klischee, (Leit)Motiv oder Thema, Redewendung bis hin zu Stereotyp und Gemeinplatz konnte fortan alles, was in der Literaturgeschichte immer mal wieder formelhaft auftaucht, als Topos bezeichnet werden. Einschlägig für den linguistisch-diskursgeschichtlichen Toposbegriff im Dienste einer Argumentationsanalyse hingegen ist dessen literaturwissenschaftliche Rezeption durch Lothar Bornscheuer (1976). Bornscheuer begrenzt den Toposbegriff wieder stärker auf seine ursprüngliche Bedeutung (siehe dazu Kap. 3.3.1.5).

tungsweise entspricht weitestgehend dem in der linguistischen Diskursanalyse verbreiteten Toposbegriff.

Gleichermaßen in einer doppelten Perspektive verstehe ich unter einem Topos ein in der sprachlichen Handlung ARGUMENTIEREN eingesetztes bzw. evoziertes Segment kollektiven Wissens, das für das Verstehen der sprachlichen Handlung und der durch sie konstituierten Bedeutung eine notwendige, oft präsupponierte Voraussetzung ist und – wie Wengeler (2003: 227) – ein „argumentativ in der Funktion von Schlussregeln gebrauchtes Denkmuster." Dieses Verständnis umfasst sowohl die Bestimmung eines Topos als Suchformel als auch als Beweisformel. Greifbar werden solche Topoi in den sprachlich realisierten Bestandteilen von seriell auftretenden Argumentationen, in denen sie häufig nur impliziert sind, weshalb sie interpretativ rekonstruiert werden müssen.

In seiner Schrift *Topik* behandelt Aristoteles den Toposbegriff nur am Rande. Er beabsichtigt, eine Methode zu entwickeln, die dazu befähigen soll, aus allgemein geteilten „anerkannten Meinungen" zu notwendigen Schlussfolgerungen über „jedes vorgelegte Problem" oder jede vorgelegte Frage gelangen zu können und, „wenn wir selbst ein Argument vertreten, nichts Widersprüchliches zu sagen" (Aristoteles: Top. 100a 18). Allein dieser Eingangssatz verdeutlicht, dass der Gegenstandsbereich der *Topik* offen ist. Mit dem Ziel, Begründungen zu jeder Frage zu ermöglichen, beschreibt und sammelt Aristoteles mehrere hundert Schlussverfahren, sogenannte dialektische Syllogismen. Neben der Verfügbarmachung von dialektischen Syllogismen hält die *Topik* einige wichtige argumentationstheoretische Grundlagen für eine interpretative Rekonstruktion und Beschreibung echten Argumentierens in öffentlich-politischen Diskursen bereit.

Eine für unsere Interessen wesentliche Differenzierung der *Topik* ist, dass Aristoteles die dialektischen Syllogismen von den strengen wissenschaftlichen Syllogismen abgrenzt, wobei die Unterscheidung im Kern von der Art des Gesichtspunktes oder der Prämissen, aus denen die Schlussverfahren gebildet werden, abhängt:

> Ein Beweis liegt dann vor, wenn die Deduktion aus wahren und ersten (Sätzen) gebildet wird oder aus solchen, deren Kenntnis ursprünglich auf bestimmte wahre und erste (Sätze) zurückgeht. Dialektisch ist dagegen die Deduktion, die aus anerkannten Meinungen deduziert.
> (Aristoteles: Top. 100a 18)

Dialektisches Argumentieren beruht im Gegensatz zum wissenschaftlichen Argumentieren also auf bloß wahrscheinlichen Prämissen, „die nicht als wahre oder sogar evidente [wissenschaftliche; Anm. d. Verf.] Prinzipien qualifiziert sind" (Rapp & Wagner 2004: 18). Bei beiden Schlussverfahren aber folgt etwas, das Bewiesene, zwingend aus den Prämissen.

Die dem dialektischen Argumentieren zugrundeliegenden kollektiv anerkannten Meinungen oder bloß wahrscheinlichen Prämissen nennt Aristoteles *Endoxa*; diese haben eine gewisse Nähe zum Toposbegriff. Nach Bornscheuer (1976: 30) bezeichnen Topos und Endoxa „verschiedene Aspekte derselben Sache und ließen sich als allgemeine Grundlagen der dialektischen Problemerörterung [...] zusammenfassen.“ Insofern die Endoxa kollektiv anerkannt sind, muss man sie nicht nennen, der Adressat fügt sie von selbst hinzu, was bedeutet, dass ein Sprecher im Diskurs zum Zweck der Argumentation „ohne weiter Vorverständigung“ (Ptassek 1994: 1134) an sie anschließen kann.[24] (Vgl. Aristoteles: Rhet. 1357a 13.) Demnach lässt sich festhalten, dass die Endoxa einen Teil des gesellschaftlichen verstehensrelevanten Wissens ausmachen (siehe dazu Kap. 2.6). Dieses unhinterfragte und als selbstverständlich unterstellte gesellschaftliche Wissen freizulegen und in historisch-vergleichender Perspektive zu untersuchen, welche Wissenssegmente wie von verschiedenen Akteuren im sozial- und wirtschaftspolitischen Krisendiskurs seit den 1970er Jahren als Ressource genutzt werden, um plausible Argumentationen zu bilden, ist ein Ziel der hier durchgeführten diskursorientierten Toposanalyse.

Die Struktur des dialektischen argumentativen Verfahrens wird allerdings nicht näher expliziert. Letztlich präsentiert die *Topik* ein nur sehr unzulänglich fassbares „Argumentationsreservoir“ (Bornscheuer 1976: 34) universeller – als Topoi verstehbarer – Gesichtspunkte, die zur Argumentation über jedes Problem befähigen sollen (wie logische Beziehungen zwischen Äußerungen, etwa Gegensatz und Ähnlichkeit). Der Anschluss an die Endoxa ist nach Aristoteles (vgl. Rhet. 1357a 13) die überzeugungskräftigste Form der Argumentation in praktischen Lebenszusammenhängen.

In seiner Schrift *Rhetorik* knüpft Aristoteles an die Überlegungen der *Topik* an und konturiert das Verfahren der „Alltagsargumentation“ sowie – in diesem

---

24 Allgemein anerkannt sind die Endoxa, wenn sie „entweder von allen oder den Meisten oder den Fachleuten und von diesen entweder von allen oder den meisten oder den bekanntesten und anerkanntesten für richtig gehalten werden“, so die einschlägige Definition nach Aristoteles (Top. 100b 18). Es wird deutlich, dass es nicht um private, sondern um kollektive Meinungen geht oder um Meinungen, deren kollektive Anerkennung durch gewisse Autoritäten legitimiert ist. Aristoteles begründet mit dem dialektischen Argumentieren erstmals die Anerkennung von Wahrheiten auf der Grundlage von „Normen des gesamtgesellschaftlichen Meinungsgefüges bzw. der gesellschaftlich repräsentativen und ‚tonangebenden‘ Bildungselite“ (Bornscheuer 1976: 27). Die von Aristoteles an Autoritäten gebundene Anerkennung von Meinungen ist, wie G. W. Leibniz schon forderte, zu relativieren (vgl. Wagner 2009: 621). Endoxa haben ihre Legitimität aus praktischen Lebenszusammenhängen. Sie sind nicht, wie bei Cicero, an einen Bildungsbegriff und damit an herausragende Individuen oder Persönlichkeiten (für die er sich selbst hielt) gebunden. Sie haben auch nichts mit unqualifizierten auszuräumenden Vorurteilen zu tun (Bacon).

Zusammenhang – den Toposbegriff. Sie orientiert sich stärker am praktischen Sprachgebrauch und ist rezipientenorientiert, weil auf ein öffentliches Publikum und die öffentliche Meinungsbildung ausgerichtet.

Aristoteles (Rhet. 1355b 1) definiert Rhetorik als die „Fähigkeit [...], das Überzeugende, das jeder Sache innewohnt, zu erkennen." Das „bedeutendste Überzeugungsmittel" (Aristoteles: Rhet. 1355a 11) in der rhetorischen Praxis sei das *Enthymem*. Enthymeme haben zwar auch den Charakter universeller Gesichtspunkte, meinen aber spezifische, auf einen inhaltlich bestimmten Problembereich bezogene Schlussverfahren. Nach Spitzmüller (2005: 280) ist die Gültigkeit von Enthymemen folglich

> im Diskurs verankert [...]. Dies gilt aber in der Tat nur innerhalb der Grenzen des Diskurses, denn aus der Perspektive eines anderen [...] Diskurses stellen sich eine Menge Fragen, die die Gültigkeit der [Enthymeme] tangieren [...]. Es sind allerdings Fragen, die zeigen, dass die ‚Gewissheit' der [Enthymeme] eben nur in den Augen der Betrachter liegt.

Ein Ziel dieser Arbeit ist die Identifikation solcher Enthymeme, die für das Sprechen im öffentlichen Diskurs zu sozial- und wirtschaftspolitischen „Krisen" gebräuchlich sind. Damit verfolgt sie ein genuin rhetorisches Erkenntnisinteresse.

Wie für den dialektischen Syllogismus ist für das Enthymem, den „rhetorischen Syllogismus", charakteristisch, dass seine Prämissen „nur wahrscheinlich sind" und außerdem, „daß sie teilweise implizit bleiben und schließlich, daß die Struktur nicht immer die eines logisch gültigen Schlusses ist" (Kienpointner 1992b: 891). Der letzte von Kienpointner genannte Punkt benennt den wesentlichen Unterschied zwischen dialektischen Syllogismen – die dem wissenschaftlichen Syllogismus in ihrer Struktur gleich sind und sich nur in den Ausgangsprämissen von diesem unterscheiden – und rhetorisch-enthymematischen Syllogismen: Es handelt sich eben nicht um formallogisch korrekte und aus den Prämissen notwendige Schlüsse, sondern um „quasi-logische oder alltagslogische Schlussverfahren, die auf [...] Plausibilitäten zielen" (Wengeler 2003: 178).[25]

25 So auch Gessmann et al. (2009: 639): „Die Akzeptabilität der Prämissen für Diskurspartner wie Zuhörer basiert in beiden Verfahren [dem dialektischen und rhetorischen; Anm. d. Verf.] auf ihrer Herleitung aus und ihrer Übereinstimmung mit allgemein geteilten Überzeugungen, wahrscheinlichen, d. h. zustimmungsfähigen Sätzen oder Grundannahmen, über die es keiner Vorverständigung bedarf, den anerkannten Meinungen oder Endoxa [...]. Im problemorientierten dialektischen Schlußverfahren oder Syllogismus geht es also darum, dem Diskurspartner deutlich zu machen, daß das, wovon er überzeugt werden soll, aus den Prämissen, von denen er bereits überzeugt ist, notwendig oder zwingend folgt. Im rezipientenorientierten rhetorischen Schlussverfahren oder Enthymem gilt es, den Zuhörern deutlich zu machen, daß das, wovon sie

Im Rahmen der Erläuterung von Enthymemen in der *Rhetorik* erfolgt auch eine Präzision des Toposbegriffs, wobei Topoi als „Quellen“ von Enthymemen verstanden werden können (vgl. Aristoteles: Rhet. 1396b 13–1397a 17). Diese Bestimmung geht weniger vom methodisch-heuristischen Toposbegriff der *Topik* als Suchformel zur Auffindung geeigneter Prämissen aus, um ein infrage stehendes Problem zu lösen; vielmehr geht sie vom methodisch-analytischen Toposbegriff als Beweisformel aus, um die Frage „Wie lässt sich mein Argumentationsziel möglichst überzeugend begründen?“ zu beantworten. Die Struktur eines Enthymems lässt sich wie folgt veranschaulichen:

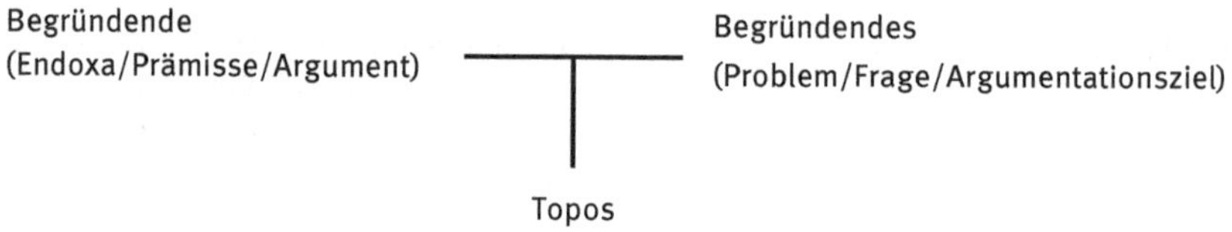

Abb. 3: Struktur der rhetorisch-enthymematischen Argumentation

Bilden die Endoxa die epistemische Substanz der Enthymeme, so lassen sich die Topoi als allgemeine Denkungsart auffassen, nach der die Wissenselemente aufeinander bezogen werden, d. h. als das kollektiv anerkannte Verknüpfungsprinzip zur Erreichung des Argumentationsziels (vgl. Aristoteles: Rhet. 1358a 21–22; siehe auch Rapp & Wagner 2004: 9 und 29). Ein Topos ist demnach ein gesellschaftliches Denkmuster zur Bildung von rhetorisch-enthymematischen Argumentationen deren Schlüssigkeit – die Konklusion – aus Prämissen folgt, die anerkannte Meinungen sind. Die Ähnlichkeit zum Argumentationsmodell von Stephen-Toulmin ist frappierend (siehe Kap 3.3.1.2).

Nach gängiger Auffassung beruht das allgemeine Konstruktionsprinzip eines Topos in den meisten Fällen auf den schon in vorherigen Kapiteln dargelegten aussagenlogischen Schlussmustern, nämlich dem *Modus ponendo ponens* – wenn p, dann q; nun p; also q – und dem *Modus tollendo tollens* – wenn p, dann q; nun nicht p; also auch nicht q (vgl. Rapp & Wagner 2004: 33f.). Deshalb lassen sich Topoi gut in einem Konditionalsatz oder mit der kausalen Konjunktion *weil* reformulieren. Ein Topos schafft nun die Überzeugungskraft, indem er auf diese (oder andere) Weise nichtfragliche mit problematischen Wissensinhalten verknüpft. Er verweist von dem menschlichen Bewusstsein unmittelbar verfügbaren epistemi-

überzeugt werden sollen, aus den Prämissen, von denen sie bereits überzeugt sind, überzeugend folgt.“

schen Grundlagen, den Endoxa, auf ein Argumentationsziel (vgl. Gessmann et al. 2009: 631).

Als generische Schemata zur Bildung von Wahrscheinlichkeitsschlüssen – indem sie Wissensinhalte verbinden, dadurch Einheit stiften und Kohärenz herstellen – kommt den Topoi zugleich der Status kultureller Muster der Sinnkonstitution zu. Der auf diese Weise rhetorisch-enthymematisch konstituierte Sachverhaltszusammenhang, die so sprachlich konstruierte Realität, ist für die diskursgeschichtliche Untersuchung von öffentlich-politischem Sprachgebrauch und für die Belange dieser Arbeit von größtem Interesse; ihn gilt es aus den sprachlich realisierten Bestandteilen von Argumentationen zu erschließen. Dass die interpretative Rekonstruktion nicht immer ganz einfach ist, hat u. a. den folgenden Grund:

Ein stilistisches Charakteristikum von Enthymemen ist ihre sprachliche Kürze, die erreicht wird, weil einzelne Teile, die allgemein bekannt sind, unausgesprochen bleiben können. Auch die Schlussfolgerung kann fehlen, muss aber dann intuitiv oder bewusst auf der Grundlage des vorausgesetzten gesellschaftlichen Wissens inferiert werden, um einen plausiblen Zusammenhang bzw. ein Verstehen herbeizuführen.[26] Ferner ist die Anordnung eines Enthymems in der Abfolge seiner Elemente nicht festgelegt und kann sprachlich verschieden realisiert sein.

Fassen wir zusammen: Viele Begriffe der klassischen antiken Topik und Rhetorik des Aristoteles spielen in der modernen Argumentationstheorie eine zentrale Rolle. Explizite Bezüge werden aber selten hergestellt. Eine präzise Bestimmung und eine Abgrenzung des Toposbegriffs von Begriffen wie Endoxa oder Enthymem scheint nicht möglich.

Als sinnentleerte Kategorien größter Allgemeinheit sind Topoi zwar universell gültig und in verschiedenen Diskursbereichen anwendbar (so etwa der Topos des Mehr oder Weniger). Die allgemeinen Topoi sind in ihrer Zahl begrenzt. Eine Typologie allgemeiner Topoi im alltäglichen Denken und Argumentieren legt Kienpointner (1992a) in seiner Sammlung kontextabstrakter Argumentationsmuster vor.

Topoi sind allerdings nur in spezifischer Form geeignet zu überzeugen, d. h. inhaltlich angereichert im Hinblick auf den jeweiligen Diskursbereich bzw. das jeweilige Wissensgebiet, in dem argumentiert wird. Mit anderen Worten: Sprachli-

---

26 Die rhetorisch-enthymematische Argumentation ist auf Überzeugung im Moment des kommunikativen Aktes aus. Sprachliche Kürze hat dabei Komplexität reduzierende Wirkung und erfüllt den Zweck der Einfachheit und Verstehbarkeit. Das ist also kein Defizit, sondern ein Vorzug, denn „ein vollständiger Syllogismus“ würde in der diskursiven Praxis „pedantisch und ermüdend wirken“ und die Gefahr bergen, „mit langatmiger Erwähnung von längst Bekanntem und Unstrittigem zu langweilen oder gar zu beleidigen“ (Kraus 1994: 1200).

che Interaktion ist immer in konkrete Zusammenhänge eingebettet. Daher können Topoi nur als inhaltlich bestimmte Kategorien im Rahmen der durch die Endoxa gesteckten Grenzen, die den Bereich des Sagbaren vermessen, überzeugungskräftig sein.[27]

Grundsätzlich sei hier unter einem Topos eine argumentative Denkbewegung verstanden, die an diskursspezifische Segmente verstehensrelevanten gesellschaftlichen Wissens anknüpft und auf ein Argumentationsziel gerichtet ist. Das Verfahren ist regelgeleitet, aber im wissenschaftlichen Sinne nicht logisch. In diesem Sinne ist ein Topos ein Verknüpfungsmuster, das ermöglicht, aus inhaltlich bestimmten Prämissen im kollektiven Bewusstsein angestrebte Schlussfolgerungen zu evozieren/herbeizuführen. Je nach Forschungsperspektive unterscheiden sich Topoi hinsichtlich ihres Abstraktions- und Komplexitätsgrads.

Als Ausgangspunkte regelhafter Muster zur Bildung rhetorisch-enthymematischer Schlussverfahren erleichtern Topoi die Konstruktion der theoretisch unbegrenzten Zahl einzelner Argumentationen. Als gedankliche Brücken bzw. kognitive Schemata stehen sie den Diskursteilnehmern – wie mit Kienpointner eingangs gesagt wurde – einerseits als „Suchformeln" zur Auffindung von Gedächtnisinhalten im Sinne von Argumenten zur Verfügung; andererseits übernehmen sie die Funktion von Schlussregeln oder „Beweisformeln", die den Übergang vom Argument zur Konklusion legitimieren.

Eine Toposanalyse kann Aufschluss über die diskursbereichsspezifischen Segmente des verstehensrelevanten gesellschaftlichen Wissens geben, die in sprachlichen Handlungen als Voraussetzungen der auf ein Argumentationsziel gerichteten Denkbewegungen funktionalisiert werden. Es handelt sich dabei um die verborgenen Prämissen alltagssprachlicher Argumentationen, ihre „unhintergehbaren Präsuppositionen" (Kopperschmidt 2005: 91). Und eine Toposanalyse kann Aufschluss über die kohärenzbildenden bedeutungs-, wissens- und realitätskonstitutiven Verknüpfungsmuster geben, die ebenfalls Teil des kollektiven Denkens und Wissens sind. Ein kurzes Beispiel mag dies veranschaulichen: Wird im Krisendiskurs nach den Verursachern gefragt, so verfährt man u. a. nach dem Prinzip *cui bono*: man entwickelt Argumentationen zum Überführen derjenigen Akteure, denen die Schurkenrolle zugeschrieben wird. Dies geschieht gemäß der Schlussregel: *Wenn jemand zu seinem Vorteil handelt, dann hat er ursäch-*

27 Dies betont auch Aristoteles (Rhet. 1358a 22): „Die meisten Enthymeme werden aber aus derartigen Topoi, die speziell und auf einen bestimmten Gegenstand bezogen sind, gebildet, weniger aus allgemeinen Topoi." Die „allgemeinen Topoi" hingegen seien in keinem konkreten Redezusammenhang in der Lage, „Vernünftiges zu vermitteln", weil ihnen „jede Grundlage" fehle. An anderer Stelle heißt es: „[F]ür den Gebrauch sind die speziellen Sachverhalte von größerem Gewicht als die Allgemeinen" (Aristoteles: Rhet. 1393a 27).

lich Schuld an der „Krise", etwa die multinationalen Ölkonzerne an der „Ölkrise" (1973/74) oder die Banken und Banker an der „Finanzkrise" 2008/09 in ihrem jeweils unterstellten Streben nach Profit. Schuld und Rollen werden also nach dem Grundsatz *is fecit cui prodest* (der hat es getan, dem es nützt) zugeschrieben, der in einem Diskursbereich, hier im Krisendiskurs zur „Öl-" und „Finanzkrise", die Funktion der Bildung plausibler Argumentationen übernimmt (insbesondere auf Seiten politisch links orientierter Akteure).

3.3.1.5 Strukturmomente eines allgemeinen Toposbegriffs

Ein Meilenstein in der kaum zu überblickenden Rezeption des Toposkonzeptes ist Lothar Bornscheuers 1976 erschienenes Buch *Topik. Zur Struktur der gesellschaftlichen Einbildungskraft*. Sein Ziel ist es, „einen nicht fachspezifisch eingeschränkten Horizont topischen Bewußtseins zurückzugewinnen" (Bornscheuer 1976: 11–26), d. h. den Toposbegriff auf seine rhetorischen Wurzeln zurückzuführen, nachdem dieser in der Neuzeit auf fachwissenschaftliche Anforderungen, insbesondere auf logisch-formale Aspekte, verengt worden war.

Mit Bornscheuer (1976: 28) kann ein Topos zunächst als „Sammelbegriff für alle die spezifischen Merkmale, die [...] als Bedingungsmomente" einer Alltagsargumentation wirken, definiert werden: „Jeder allgemeine oder konkrete, formale oder inhaltliche Gesichtspunkt, der in einem jeweils vorliegenden Problemzusammenhang eine neue und wichtige Perspektive eröffnet" (Bornscheuer 1976: 45), dürfe als Topos gelten. Man könne einen Topos auch als „einen ‚Argumentationsgesichtspunkt von allgemeinverständlicher Relevanz' bezeichnen", die sich „aus den gesellschaftlichen Denkgewohnheiten" (Bornscheuer 1976: 45) bildeten.

Wie man sieht: Bornscheuer rekonstruiert einen über einzelne Fachbereiche hinausgehenden, allgemeinen Toposbegriff.[28] Konstitutiv für diesen sind die vier Strukturmomente: ‚Habitualität', ‚Potentialität', ‚Intentionalität' und ‚Symbolizität'. Insbesondere Bornscheuers Darstellung der vier Strukturmomente weist den Toposbegriff als ein „geeignetes Konzept für diskursanalytische Erkenntnisinteressen" (Wengeler 2016: 8) aus.

Topoi könne der „Charakter einer soziokulturell bestimmten Habitualität" (Bornscheuer 1977: 209) zugesprochen werden. Topoi sind habituell, weil sie an die vorherrschende Meinung (Endoxa) bzw. das unhinterfragte gesellschaftliche Wissen anknüpfen. Auf dieser Eigenschaft eines „habitualisierte[n] Standard[s]" beruhe die „primäre Überzeugungskraft eines Topos" (Bornscheuer 1976: 100). Der vorherrschende Meinungs- und Wissenshorizont ist schöpferische Quelle

28 Vgl. insbesondere Bornscheuer (1976: 91–108) und (1977: 208–210).

alltagssprachlicher Argumentation und Beurteilungskriterium für ihre Gültigkeit.[29] Aufgrund seiner in den Endoxa verankerten Habitualität kommen in den argumentativen Sprachformen eines Topos die Mentalitäten einer Zeit zum Ausdruck.

Der Aspekt der Habitualität ist auf der Ebene des Wissens im Sinne Foucaults (vgl. 1974 [1966]: 22) angesiedelt, insofern dieser nach der generativen Ordnung, dem inneren Gesetz, dem verdeckten Netz, den Epistemen fragt, durch die wir im Erkenntnisprozess „hindurchschauen", wenn wir die Dinge, die an sich nicht erfahrbar sind, sondern nur vermittelt, als Gewissheiten wahrnehmen. ‚Habitualität' meint demnach die soziale Vorprägung sprachlichen Handelns, der Sinn- und Bedeutungskonstitution.[30]

Bornscheuer selbst (vgl. 1989: 24f.) deutet den Zusammenhang zwischen dem Toposbegriff und der Foucault'schen Wissens-Archäologie an. Insbesondere durch die Aufdeckung des Selbstverständlichen, dessen, was soziale Akteure als gültiges Wissen und gültige Fassung der Wirklichkeit anerkennen und in der diskursiven Praxis bzw. im sprachlichen Handeln produktiv einsetzen, um Argumentationsziele zu verwirklichen, leistet die Toposanalyse einen Beitrag zur Entschlüsselung der „fundamentalen Codes einer Kultur, die ihre Sprache, ihre Wahrnehmungsschemata, ihren Austausch, ihre Techniken, ihre Werte, die Hierarchie ihrer Praktiken beherrschen" (Foucault 1974 [1966]: 22) „und die allem bewußten und allem fachwissenschaftlichen Wissen [...] voraus- bzw. zugrundeliegen, oft ganz unbewußt bleiben und daher nur auf der ‚archäologischen Ebene des Wissens' erkennbar werden" (Bornscheuer 1989: 25).

Das schöpferische Moment, die von Aristoteles betonte Offenheit des Topik-Konzeptes, aus allgemein geteilten anerkannten Meinungen zu notwendigen Schlussfolgerungen über jedes vorgelegte Problem oder jede vorgelegte Frage gelangen zu können, setzt eine Interpretations-Flexibilität des Topos voraus, der nur dann kommunikativ bzw. in mannigfaltigen Diskursbereichen kreativ einsetzbar ist, wenn er sich auf die gegebenen Erfordernisse applizieren lässt. Dieses Merkmal der „polyvalenten Auslegbarkeit eines Topos" (Bornscheuer 1977: 209)

---

29 Den Geltungsbereich steckt Bornscheuer (1977: 209) wie folgt ab: „Dazu gehören sämtliche mündlichen und schriftlichen, bewußt übernommenen und unbewußt internalisierten Spielregeln und Bedeutungsgehalte der Tradition und Konvention."

30 Nach Pielenz (1993: 126) charakterisiert das Habitualitätsmerkmal den Topos als einen „kollektiv aktiven *modus operandi*, der als organisierendes Moment in einer Kommunikationsgemeinschaft, von deren Teilhabern als ein erlerntes Grundmuster, als Standard ihrer Kompetenz implizit gewußt, jedwedem argumentativen Handeln vorausliegt." Wengeler (2003: 194) zufolge betont das Habitualitätsmerkmal, „dass Topoi allgemein verbreitet und aus der gesellschaftlichen Tradition überliefert und weitergegeben sind."

nennt Bornscheuer *Potentialität*. Es ist Bedingung der Möglichkeit für den kommunikativen Einsatz von Topoi in konkreten Problemzusammenhängen.[31]

Mit dem Potentialitätsmerkmal macht Bornscheuer aus der vermeintlichen Schwäche des unscharfen Charakters des Toposbegriffs bei Aristoteles – das „Unbestimmt-Allgemeine“ (Bornscheuer 1976: 98), der „definitorischen Mangel“ (Pielenz 1993: 128) – eine Stärke: Es erklärt die konstruktive Leistungsfähigkeit, das Geeignet-Sein von Topoi für argumentative Problemlösung in verschiedensten Problemlagen und mithin die potentiell unbegrenzte semantische Vielfalt und den potentiell unbegrenzten sprachlichen Realisierungs-Reichtum von Topoi. Insofern ein Topos in unterschiedliche Richtungen auslegbar ist, ermöglicht er es, für und gegen alles zu argumentieren.[32] Außerdem erlaubt das Merkmal der Potentialität „die Interpretation verschiedener Äußerungen [...] als Vorkommen *eines* Topos“ (Wengeler 2003: 195).

Nach Pielenz (1993: 127) offenbare sich im Potentialitätsmerkmal das

> generative Prinzip der Topik *in actu*: Eine implizit überschaubare und zugleich unendlich konfigurierbare topische Ressource erzeugt je nach kontextuell motivierter Bedürfnislage und assoziativ-interpretatorischer Kompetenz des Disputanten eine unbeschränkte Vielfalt argumentativer Problemlösungen.

Die damit angedeutete Eigenschaft eines Topos, im Vollzug des Sprechens „als konkreter Argumentationsgesichtspunkt zu dienen“ (Bornscheuer 1977: 210), bezeichnet Bornscheuer als *Intentionalität*. Hierin liegt die praktische Relevanz des Topos, der nur dann als Argumentationsgesichtspunkt fungiert, wenn er in spezifischen Diskursbereichen zu bestimmten Zwecken argumentativ funktionalisiert

---

31 Nach Bornscheuer (1976: 99) bleibe die „Anwendung eines Topos, das Wissen, welcher Topos in welchem Augenblick am brauchbarsten ist, [...] der schöpferischen Einbildungskraft, dem Einfall bzw. dem durch Übung geschulten Assoziations- und Interpretationsvermögen des einzelnen Disputanten überlassen.“

32 Bornscheuer (1977: 209) schreibt hierzu: „Jeder Topos kann je nach Problemlage als Ausgangspunkt oder Stütze einer Argumentation dienen und jedem anderen Topos vor- oder nachgeordnet werden. Aus jedem Topos lassen sich ganz verschiedenartige, ja entgegengesetzte Argumentationen ableiten (in utramque partem-Prinzip). Ausschlaggebend ist stets, in welchem Sinne ein Topos jeweils interpretiert wird. Jeder Topos zeichnet sich daher durch eine erhebliche Allgemeinheit und Unbestimmtheit aus, die zugleich seine Interpretationsfähigkeit ausmacht.“ Pielenz (vgl. 1993: 128) hebt in diesem Zusammenhang den anarchischen Charakter der Topik hervor. Wengeler (2003: 195, Anm. 24) betont, dass die Topik, da alles infrage gestellt werden könne, das Gegenteil dessen sei, wofür sie kritisiert worden ist: „Dass sie nämlich aufgrund der Aristotelischen Bestimmung der Topik als Verfahren, auf der Grundlage der herrschenden Meinungen [...] zu einem Urteil zu kommen, nur bereits herrschende, verbreitete Auffassungen als Begründungsinstanzen liefere und somit herrschaftslegitimierend sei.“

wird. Erst die deutende, strategische Anwendung eines Topos im „Sinne des je eigenen Argumentationsinteresses" hebt ihn aus der Kontext- und damit Bedeutungslosigkeit auf die Bühne des Performativen, wo er dann als eine „im konkreten Streitzusammenhang [gebrauchte] Argumentationshandlung" (Bornscheuer 1976: 101) Gestalt und Sinn annimmt. Als derart kommunikatives Phänomen verstanden, ist ein Topos somit nicht nur an Problemzusammenhänge, sondern auch an soziale Akteure bzw. Sprecher in Diskursen und deren Absichten und Intentionen gebunden. Ein Topos ist zwar von habitueller Qualität, gilt aber immer nur anwendungsbezogen. Topisches Argumentieren stellt deshalb „das Ergebnis, aber auch das Wertgefüge eines je historisch-gesellschaftlichen Selbstverständnisses dar" (Pielenz 1993: 130).

In diesem Zusammenhang ist ein weiterer Punkt für die vorliegende Arbeit wichtig: Topoi sind veränderbar, da sich Habitualität und kommunikativer Gebrauch gegenseitig beeinflussen:

> Die Normativität der Topoi bleibt durch den dialektischen Reflexionsprozeß nicht unberührt, sie tritt vielmehr – bereichert, modifiziert oder vermindert – am Ende einer Diskussion in Erscheinung. Die Geltungsdauer von Topoi beruht auf permanenter Selbstlegitimation. Topoi besitzen nur solange Überzeugungskraft, wie sie sich bei Lösungen der gesellschaftlich lebensbedeutsamen Probleme bewähren. Sie können mit anderen Worten auch durch Problemsituationen verändert oder gar überholt werden.
> (Bornscheuer 1976: 101)

Das Intentionalitäts-Merkmal stellt also heraus, „dass handelnde Menschen Topoi und somit Sprache verwenden und damit auch ihre Interessen und Intentionen die Entwicklung der sprachlichen, diskursiven, topischen Strukturen beeinflussen" (Wengeler 2003: 196). Es gesteht den Menschen „auch eigene Handlungsfreiheiten zu, mit denen der gesellschaftlich geltende und verbreitete Bestand an Topoi auch sukzessive verändert werden kann" (Wengeler 2003: 196).

Die Auslegung und damit die Symbolisierung bzw. sprachliche Realisierung eines Topos ist motiviert durch die Intentionalität, aufgrund derer Menschen mit der Verwendung bestimmter Topoi den vorherrschenden Meinungs- und Wissenshorizont, die sprachlichen, diskursiven, topischen Strukturen umorganisieren können. Das Intentionalitäts-Merkmal legt nahe, die Äußerungen und Topoi nach Haltung, Absicht, ideologischem Standpunkt usw. der Akteure zu unterscheiden.

Schließlich gehöre zum Charakter des Topos als maßgeblicher Bestandteil eines Enthymems, dass es sich um nicht weiter reduzierbare „Elementarbausteine der Vorstellungskraft" (Bornscheuer 1977: 210) handelt. Dieses Strukturmoment bezeichnet Bornscheuer als *Symbolizität*. Damit ist der modellhaft-idealtypische Charakter eines Topos gemeint, seine spezifische Sprachform, die nicht archetypisch ist, sondern soziokulturell und historisch geworden: „Ein Topos ist im Blick auf seine Symbolizität ein elementarer, kategorialer Bedeutungsträger, dessen Ausdrucksform vor allem von sprach- und bildungssoziologischen Formen abhängt" (Bornscheuer 1976: 104).

Die Eigenschaft der Symbolizität ist Voraussetzung für die Möglichkeit, einen Topos sprachlich zu realisieren, da Topoi sonst oder anders als kognitiv nicht verfügbar sind (obgleich sie ja nur situativ, gruppen- oder allgemein diskursbereichsspezifisch konkretisiert bzw. wirksam werden). Topoi werden nach Bornscheuer (1976: 105) als „Merkformen" symbolisiert, wobei jedes sprachliche Zeichen und jeder sprachliche Ausdruck einen Topos realisieren kann, beispielsweise bestimmte Lexeme bzw. Metaphern oder Phraseologismen.[33]

Die Merkmale der Habitualität und Potentialität stehen in einem Wechselverhältnis zu den Merkmalen der Intentionalität und Symbolizität, da hier die Ebenen des transzendental-vordiskursiven und diskursiven, kollektiv unbewussten Kommunikationsgefüges und individuellen Gebrauchs, ineinandergreifen. In der Topik, so Pielenz (1993: 131), „bündeln sich die Kräfte der *Tradition* – Ort bewährter Meinungsnormen – und der *Innovation*" – Veränderung des gesellschaftlichen Wissenshorizontes.

Mit den umrissenen Momenten eines Toposbegriffs begründet Bornscheuer (1976: 91–108) ein „integrales Topos-Verständnis", das in der Tradition der antiken Rhetorik steht und eine Synthese der in Kapitel 3.3.1.4 aufgeführten Aristotelischen Grundgedanken leistet. Er fasst seinen Toposbegriff wie folgt zusammen:

> Topisches Wissen ist ein ‚Horizontwissen'. Ein Topos ist die Quelle und zugleich Resultante verschiedener historisch-gesellschaftlicher Kräfte, ein erlerntes, prägendes aber zugleich auch flexibles, veränderbares Bildungsmedium. Ein Topos ist der Konzentrationspunkt eines Bedeutungs-‚Horizonts' und daher prinzipiell nur ‚im Umriß' beschreibbar. Er ist das tragende Bauelement jedes sprachlich-sozialen Kommunikationsgefüges, Umschlagplatz zwischen Kollektiv und Individuum, Bewußtsein und Unbewußtem, Konvention und Spontanität, Tradition und Innovation, Erinnerung und Imagination.
> (Bornscheuer 1976: 104f.)

33 Bornscheuer (1977: 210) formuliert dies so: „Zum Wesen des Topos gehört ein gewisser Elementarcharakter, der nicht weiter reduzierbar ist. Der kategoriale oder prinzipielle Wert eines Topos verleiht ihm seine ursprüngliche Evidenz, Abgrenzbarkeit, Erkennbarkeit, Merkfähigkeit. Das Wesen eines Topos macht sein konzentrierter Gehalt, nicht unbedingt eine starre sprachliche Formel aus. Die Formulierung von Topoi (und zwar auch derselben Topoi) kann von bloßen Stichworten oder Bildformeln bis zu ganzen Sentenzen oder Vorstellungskomplexen reichen. In jedem Fall sind Topoi Elementarbausteine der Vorstellungskraft [...]. Sie stellen die syntaktischen, semantischen und pragmatischen Grundmuster eines soziokulturellen Kommunikationssystems dar."

Bornscheuers Reflexion des antiken Toposbegriffs ist zentral für die Begründung der Toposanalyse als eines methodischen Instrumentariums der linguistischen Diskursanalyse und insbesondere der linguistischen Diskursgeschichte.[34] Sie macht den Toposbegriff zu einem geeigneten Werkzeug für eine Analyse der Tiefenstruktur des gesellschaftlichen Wissens im sprachlich-argumentativen Handeln in öffentlich-politischen Diskursen wie dem hier untersuchten sozial- und wirtschaftspolitischen Krisendiskurs.

3.3.2 Angewandte Argumentationstheorie in Form diskursorientierter Argumentationsanalyse

Es ist deutlich geworden, dass die moderne Argumentationstheorie auf der antiken Rhetorik gründet, insbesondere auf dem Wahrheitsbegriff als Übereinstimmung in den Meinungen und auf einer Theorie der Realitätskonstruktion durch argumentative Meinungsbildung auf Grundlage des für wahr Gehaltenen und wahrscheinlicher Schlüsse. In Anlehnung an die Argumentationstheorie der Rhetorik hat sich in der Linguistik eine Form der Argumentationsanalyse etabliert, die als *diskursorientiert* bezeichnet werden kann.[35] Dabei geht es darum, in thematisch bestimmten Diskursen in einer Vielzahl von Texten

> sich wiederholende Argumente, Argumentationen oder Argumentationsmuster, etwa solche inhaltlicher und formaler Art im Sinne der antiken Topik, [herauszuarbeiten]. Es geht um Argumentationen, die für die ‚Domäne' Politik kennzeichnend sind, die von sozialen oder politischen Gruppen oder unterschiedlichen Kulturen bevorzugt werden oder die sich geschichtlich verändert oder durch die Zeit bewahrt haben.
> (Wengeler 2016: 2)

Ziel einer solchen diskursorientierten Argumentationsanalyse ist, „Aufschlüsse über das jeweils dominierende gesellschaftliche Bewusstsein, das kollektive Denken und Meinen einer Zeit oder bestimmter Gruppen in einer Zeit zu gewinnen" (Wengeler 2016: 2). So untersucht die vorliegende Arbeit das Vorkommen vorherrschender Topoi im sozial- und wirtschaftspolitischen Krisendiskurs seit 1973, deren Gebrauch bei bestimmten Akteuren und die diachrone Veränderung dieser Topoi. Dies wird versucht als die „zu dieser Zeit vorkommenden, sich verändernden und möglicherweise dominanten Denkfiguren, Denkmuster, als das in einer Zeit Sagbare" (Römer & Wengeler 2013a: 141) zu interpretieren.

34 Vgl. u. a. Wengeler (2003); Spitzmüller (2005); Spieß (2011).

35 Siehe zu Ansätzen diskursorientierter Argumentationsanalysen neben den beiden hier vorgestellten (Kap. 3.3.2.1 und 3.3.2.2) Wengeler (2003: 238–261) und Wengeler (2016).

Diskursanalytische Argumentationsanalysen, die explizit auf den Toposbegriff zurückgreifen, lassen sich in zwei Forschungsperspektiven einteilen, die an den Enden ein und derselben Skala liegen. In seiner Zusammenstellung von Spielarten der linguistischen Diskursanalyse unterscheidet Fritz Hermanns (2007: 200f.) dementsprechend zwischen „*Einzeldiskursinterpretation*“ und „*Diskursstrukturanalyse*“. Einzeldiskursinterpretationen sieht Hermanns (vgl. 2007: 200f.) in den inhaltsorientierten Analysen der linguistischen Diskursgeschichte verwirklicht. Wenn es darum geht, verstehbar zu machen, was an gesellschaftlichem Wissen für einen Diskurs spezifisch ist, bietet sich die Methode der Toposanalyse nach Martin Wengeler an. In diesem Sinne ist von einer inhaltsbezogenen Toposanalyse zu sprechen.[36] Diskursstrukturanalyse sieht Hermanns (vgl. 2007: 201) in den argumentationsanalytischen Arbeiten von Josef Klein verwirklicht. Klein legt dar, dass in öffentlich-politischen Diskursen jedes Handeln bzw. die Begründung jeden Handelns, etwa Maßnahmen zur Krisenbewältigung, gewissen Strukturelementen folgt.[37]

Besonders in den inhaltsbezogenen Argumentationsmustern und in der Lexik – aber auch in der Metaphorik – bilden sich, so auch meine Beobachtung, solche Strukturelemente ab.[38] Voraussetzung für deren Erkenntnis ist, dass man die materialen sprachlichen Einheiten auf einer basaleren Ebene des Diskurses in ihrer Stellung zueinander interpretiert. Daraus können sich Hinweise auf topologische Strukturen des Diskurses ergeben, im besten Fall eine komplexe Topologie als ein Sinngefüge, das jenseits der semantischen und pragmatischen Spezifik einzelner Diskurse Aufschluss gibt über das Organisiertsein von Aussagen und damit über wichtige Eigenschaften des Diskurses nach Foucault, verstanden als Formationssystem. Deshalb (in einer etwas anderen Abfassung) spricht sich Fritz Hermanns (2007: 201) dafür aus, „auch bei Einzeldiskursanalysen (d. h. Einzeldiskursinterpretationen) systematisch insbesondere auf sie [die Strukturelemente; Anm. d. Verf.] zu achten“, ohne dass er jedoch weitere Vorschläge für eine Zusammenführung der beiden Untersuchungsperspektiven und -methoden unterbreitet. Obgleich ja strukturbezogene Analysen von der an Inhalten interessierten linguistischen Diskursgeschichte skeptisch beäugt und als abstrakt, formal etc.

---

36 Dass man dies auch anders verstehen kann, zeigt die Arbeit von Klug (2012), der die Toposanalyse nach Wengeler zu formal ist, weswegen sie eine Mesoebene einführt, die aber im Grunde durch die Ansiedlung der Toposanalyse auf einer mittleren Abstraktionsebene zwischen Materialität und Struktur schon in der ursprünglichen Konzeption enthalten ist.

37 Zuerst beschrieben in Klein (1995) und u. a. in Klein (2000, 2001a, 2001b, 2002, 2003, 2007a, 2007b, 2010b, 2011a) theoretisch ausgearbeitet sowie empirisch unterfüttert.

38 Vgl. u. a. Römer (2012); Kuck & Römer (2012); Römer & Wengeler (2013a); Römer & Wengeler (2013b).

eher abgelehnt werden,[39] bin ich der Auffassung, dass eine Zusammenführung der inhaltsbezogenen Toposanalyse mit der strukturbezogenen Toposanalyse für linguistisch-diskurshistorische Untersuchungen einen Mehrwert hat. Dies gilt es im Folgenden zu begründen. Zu diesem Zweck müssen zunächst die jeweiligen toposanalytischen Herangehensweisen auf den unterschiedlichen Abstraktionsniveaus vorgestellt werden.

3.3.2.1 Diskursinhaltsbezogene Argumentationsanalyse

In seiner im Jahr 2003 erschienenen Abhandlung *Topos und Diskurs* setzt sich Martin Wengeler intensiv mit dem Toposbegriff auseinander. Er beschäftigt sich nicht nur mit dem Toposkonzept der Antike bei Aristoteles, sondern auch mit den verschiedenen fachwissenschaftlichen Topos-Verständnissen des 20. Jahrhunderts in Literaturwissenschaft (Curtius, Bornscheuer), Rechtswissenschaft (Viehweg u. a.), Sozialwissenschaft (Kesting, Knoblauch u. a.), Philosophie und allgemeiner Rhetorik (Ueding und Steinbrink, Kopperschmidt, Habermas, Toulmin, Perelman, Oesterreich u. a.) sowie Sprachwissenschaft (Kindt, Kienpointner u. a.) und betrachtet sie kritisch im Hinblick auf ihren Nutzen für die linguistisch-diskursgeschichtliche Analyse. Daraus destilliert er den Ansatz der diskursinhaltsbezogenen Argumentationsanalyse, der inzwischen als „wegweisend“ (Busse 2008b: 63, Anm. 2) gilt und zu den „zentralen und erfolgreichen Konzepten der transtextuell orientierten Linguistik“ (Spitzmüller & Warnke 2011: 191) im Dienste der Erforschung des historischen verstehensrelevanten gesellschaftlichen Wissens zählt.

Wengeler (2003: 169) entwickelt einen Ansatz, der es ermöglicht, „Muster des expliziten oder impliziten Argumentierens in einer Vielzahl sich mit einem Thema befassender Texte“ zu erfassen sowie die Argumentationsmuster in Bezug auf ihre zeitliche und akteursspezifische Distribution hin zu beschreiben. Wie jede linguistische Diskursgeschichte soll eine solche Analyse

> Erkenntnisse über das Denken, (Fühlen) und Wollen historischer Subjekte und Gruppen und somit über das soziale Wissen, die Konstruktion bzw. Konstitution sozialer Wirklichkeiten

---

39 So äußert sich Wengeler (2003: 184f.) wie folgt: Eine Analyse abstrakter Topoi würde „zu sehr nur auf allgemeine, in beliebigen inhaltlichen Zusammenhängen vorkommende Argumentationsmuster abheben. Dabei würden z. B. die meisten vorkommenden Schlussmuster als Kausalschlüsse, als Schlüsse aus Ursachen und Wirkungen bzw. aus Grund und Folgen eingeordnet. Dies könnte dann als typisch für politische Diskussionen allgemein oder für den Einwanderungsdiskurs speziell deklariert werden, sagte aber m. E. nichts über die inhaltlich für diesen Themenbereich relevanten Denkweisen und Argumentationsmuster aus. Nur diese aber vermögen dem bewusstseins- und mentalitätsgeschichtlichen Interesse der Analyse gerecht zu werden.“

> durch Sprache liefern und somit auch Mentalitäts-, Wissens- und Bewusstseinsgeschichte sein.
> (Wengeler 2003: 170f.)

Unter einem Topos versteht Wengeler (2007: 166) einen „Argumentationstopos", wie ihn Aristoteles in den Schriften zur *Topik* und *Rhetorik* einführt. Dabei macht er sich die Vagheit des Toposbegriffs insofern zunutze, als ein Topos bei ihm kategorial im Raum zwischen inhaltlich unbestimmter, formaler und inhaltlich bestimmter, materialer Topik oszilliert.

Wengeler (2003: 184f.) geht es weder um die „abstrakten, formalen allgemeinen Topoi der Argumentation", wie etwa um die Feststellung, dass in politischen Diskursen mit Kausalschlüssen argumentiert wird, noch um „die einzelnen, mit singulären Tatsachen angereicherten Argumente." Er untersucht „sprachlich-argumentativ hergestellte Sachverhaltszusammenhänge" (Wengeler 2003: 185), semantisch angereicherte Schlussregeln (vgl. Wengeler 2007: 169), die einerseits auf allgemein-formalen Schlussmustern beruhen und andererseits an diskurstypische Besonderheiten, an „generelle Aussagen oder Meinungen, die für [...] ein bestimmtes Wissensgebiet spezifisch sind" (Eggs 1984: 341), anknüpfen. In diesem Sinne ist die Rede von kontextspezifischen Topoi, die für einen Themenbereich im öffentlich-politischen Diskurs signifikant sind und mit denen für diesen Bereich plausible Argumentationen realisiert werden (vgl. Wengeler 2007: 169). Auch wenn sich die so verstandenen kontextspezifischen Topoi nach Wengeler (2003: 186) „auf formale Schlussmuster zurückführen lassen", fasst er Topoi dennoch „als eine eher inhaltlich bestimmte Kategorie" auf; nur als eine solche Kategorie sei „der Toposbegriff für die Interessen der Diskurs- oder Mentalitätsgeschichte brauchbar."

Wengeler (2003: 276) betont immer wieder, dass der diskursgeschichtliche Blick nicht auf die „allgemeinsten Formprinzipien der Argumentation" gerichtet sei. Damit meint er die „maximal kontextabstrakten Versionen von Argumentationsschemata" Kienpointners, der sich eine „möglichst vollständige Erfassung aller Klassen von plausiblen Mustern der Alltagsargumentation" (Kienpointner 1992a: 232) zum Ziel gesetzt hat.[40] Eine rein materiale Argumentationsanalyse (im Sinne Kopperschmidts) sei aber auch nicht zielführend. Vielmehr müssten, wie erwähnt, an die formalen Prinzipien der Alltagsargumentation angelehnte, mit Inhalten aus dem thematisch bestimmten Diskurs gefüllte Topoi – im Sinne inhaltlich spezifizierter Schlussregeln – erschlossen werden. Es sei eine Typologie „themen- bzw. kontextspezifischer Argumentationsmuster zu entwerfen [...],

---

40 Die entsprechende Typologie findet sich in Kienpointner (1992: 246).

die zwischen formaler und materialer Topik anzusiedeln ist“ (Wengeler 2003: 277).

Der Status eines Wengeler’schen kontextspezifischen Topos lässt sich an folgendem Beispiel veranschaulichen: Ein häufig zu beobachtender Topos im Krisendiskurs ist ein Argumentationsmuster, das eine Schlussfolgerung mittels Voraussagen auf mögliche, als positiv oder negativ bewertete Konsequenzen gewisser Anlässe plausibilisiert, die bei positiver Bewertung den Anlass in seiner Geltung zu bestätigen und ihn bei negativer Bewertung infrage zu stellen scheinen (siehe hierzu die Definition des Topos der düsteren Zukunftsprognose in Kap. 5.2). Im Falle einer negativen Bewertung beispielsweise wird häufig vor prognostizierten fatalen Konsequenzen gewarnt, weshalb der Anlass, der ihnen als Triebfeder zugeschrieben ist, aufzuheben sei. Als rein formale Kategorie wäre dieser Topos, wie leicht ersichtlich, dem normativen Kausalschema, das im Falle des öffentlich-politischen Sprachgebrauchs meist mit Grund und Folge argumentiert, bzw. einem Konsequenztopos zuzuordnen: Bestimmte Gründe im Sinne menschlicher Handlungen führen zu bestimmten prophezeiten Folgen. Aus der positiven oder negativen Bewertung der Folgen wird dann auf bestimmte Konsequenzen für das Handeln geschlossen. Diese Schemata zählen nach Kienpointner (1992a: 352) zu den „wichtigsten und häufigsten Argumentationsschemata der Alltagsargumentation“ und, wie Wengeler (vgl. 2003: 280) ergänzt, eben auch der Argumentation im Kommunikationsbereich Politik, weshalb sie im sozial- und wirtschaftspolitischen Krisendiskurs weit verbreitet sind.[41] Formallogisch reformuliert Wengeler (2003: 275) das Grund-Folge-Schema in Anlehnung an Kienpointner so: „*Handlung A führt zu Folge* B. B *ist positiv/negativ zu bewerten. Also: Handlung A ist positiv/negativ zu bewerten und daher zu vollziehen/zu unterlassen.*“ Wengeler (2003: 277) zustimmend ist aber im diskursgeschichtlichen Erkenntnisinteresse nicht nur nach dem formalen Muster zu fragen, was im Ergebnis nicht über die Feststellung hinausreichen würde, dass im Krisendiskurs kausale Kontinuitäten zwischen Prämissen und Schlussfolgerungen (neben Grund und Folge z. B. Ursache und Wirkung oder Mittel und Zweck) hergestellt werden, sondern vor allem auch nach den semantischen Ge-

41 Die Bewertung der Handlung oder eines Grundes im Hinblick auf ihre Folgen (ob eingetreten oder zukünftig) ist ein zentrales charakteristisches Verfahren im alltäglichen und insbesondere im politischen Sprachgebrauch. Der Vorgang wird „pragmatisches Argument“ genannt (vgl. Perelman & Olbrechts-Tyteca 2004 [1958]: 375ff). Kienpointner (1992: 352) definiert das pragmatische Argument wie folgt: „In der politischen Argumentation wird das pragmatische Argument eingesetzt, um positive oder negative Folgen bestimmter Handlungen als Bekräftigung oder Widerlegung der Richtigkeit der Politik zu verwenden, die mit diesen Handlungen verfolgt wird.“ (Siehe zum ‚pragmatischen Argument‘ auch Kap. 5.1.1.)

halten solcher Topoi. Argumentations*strukturen* als aus dem Vorkommen vieler materialer Argumentationen abstrahierte Größen lassen sich wiederum nicht ohne ein gewisses Maß an Formalisierung darstellen, wenn man nicht jede einzelne vorkommende Argumentation aufführen will. Eben deshalb beschreitet Wengeler (2003: 277f.) einen „Mittelweg" zwischen „konkreter Sachargumentation auf der einen und universellem rhetorischen Schema auf der anderen Seite."

Für die vorliegende, als Längsschnitt angelegte Studie verschiedener Krisendiskurse ist in diesem Zusammenhang wichtig, dass ein solches Vorgehen auf einem mittleren Abstraktionsniveau es ermöglicht,

> das Vorkommen von Argumentationsmustern in verschiedenen Teildiskursen, also für verschiedene Fragestellungen [thematisch, zeitlich, akteursgebunden; Anm. d. Verf.] zu vergleichen, ohne nur Argumentationsschemata zu analysieren, die völlig unabhängig vom sachlichen Gehalt der Diskurse sind. Dabei kann es nicht um die Erfassung und Analyse aller, sondern nur der wichtigsten, relevantesten, herausragenden Phänomene gehen, die natürlich sowohl von der Auswahl der Texte wie von der Interpretationsleistung des Analysierenden abhängig sind.
> (Wengeler 2003: 278)

In seinen Erörterungen betont Wengeler immer wieder verschiedene Punkte, die für die linguistisch-diskursgeschichtliche Toposanalyse nicht interessant seien, etwa „ob ein Text selber explizit argumentiert, oder gar, ob eine solche explizite Argumentation richtig, überzeugend oder plausibel ist" (Wengeler 2003: 333). Dem ist beizupflichten, denn es geht ja weder um den einzelnen Text bzw. die Beschreibung einer Textsorte noch – wie in der rhetorischen Ratgeberliteratur – darum, jemanden in die Lage zu versetzen, in allen möglichen Kommunikationssituationen und zu beliebigen Themen Überzeugungen schaffen zu können, ohne sich angreifbar zu machen. Dass im Rahmen linguistisch-diskursgeschichtlicher Toposanalysen „nicht die ganz allgemeinen Formprinzipien, sondern an diese Prinzipien angelehnte, mit Inhalten aus dem thematisch bestimmten Diskurs gefüllte Muster" (Wengeler 2003: 268) zu erschließen seien, ist aus meiner Sicht nicht ganz erklärlich. Ich bin der Auffassung, dass es sehr wohl im diskursanalytischen Interesse ist, über die Analyse der kontextspezifischen Topoi hinaus auf einer höheren Abstraktionsebene zusätzlich die Muster erster Ordnung zu berücksichtigen, welche die inhaltlichen Argumentationsmuster verbinden. Zu diesem Zweck soll in Ergänzung zur Analyse der kontextspezifischen Topoi der toposanalytische Ansatz Josef Kleins fruchtbar gemacht werden. Auch Klein verwendet den Toposbegriff der klassischen antiken Rhetorik und bezieht sich ebenfalls auf die moderne Argumentationstheorie.

3.3.2.2 Diskursstrukturbezogene Argumentationsanalyse

Wengeler (2003: 260) hält für sein Erkenntnisinteresse und das der linguistischen Diskursgeschichte sowohl „Kienpointners als auch Kleins Topoi" für „zu kontextabstrakt". Allerdings erläutert er, inwiefern seine analysierten kontextspezifischen Topoi „zu Kienpointners Kausalschemata gehören", wobei auf eine Zuordnung „zu Kleins handlungstheoretisch begründeten Topoi [...] verzichtet" (Wengeler 2003: 260) wird. In der vorliegenden Arbeit verzichte ich auf eine Zuordnung zu Kienpointners alltagslogischen Schlussschemata; stattdessen wird der Ansatz Kleins für die Analyse von öffentlich-politischen Diskursen erschlossen. Dabei ist das Ziel, *eine* Methode diskursorientierter Toposanalyse auf *zwei* Abstraktionsniveaus zu entwickeln (zum Versuch der Zusammenführung der beiden argumentationsanalytischen Verfahren siehe Kap. 3.4).

Josef Klein (1995, 2000 u. a.) entfaltet die Idee einer ziemlich stabilen Konstellation von Topoi für den Kommunikationsbereich der Politik. In verschiedenen Analysen politischen Sprachgebrauchs formuliert er ein komplexes topisches Muster, das kultur- und epochenübergreifend der Begründung politischen Handelns diene. Dieses Muster lässt sich für die Analyse politischen Sprachhandelns in öffentlichen Diskursen wie dem Krisendiskurs nutzen. Das Wichtigste am Ansatz Kleins ist, dass die Analyse von Topos-Geflechten, die als Einheit betrachtet werden, gegenüber der listenartig unverbundenen Aufzählung einzelner Topoi Priorität hat. Klein fokussiert zwar auf abstrakte themenübergreifende Basistopoi, doch ist das soeben Gesagte auch für das niedrigere Abstraktionsniveau der themenspezifischen Topoi Wengelers von Bedeutung.

Der Grundgedanke Kleins ist, dass ein Topos niemals nur für sich existiert. Wie eine einzelne Äußerung im Rahmen einer Argumentation (so Toulmin) erfüllt auch jeder kontextspezifische Topos auf der Makroebene des Diskurses eine Funktion. Um diese zu ermitteln, kann man die Relationen ermitteln, in denen die einzelnen materialen Topoi im Diskurs zueinanderstehen. So ist es möglich, einen Diskurs als kohärentes Argumentationssystem aus den rekurrent auftretenden kontextspezifischen Argumentationsmustern zu beschreiben. Das Ergebnis ist ein Muster, das verbindet, ein Muster erster Ordnung. Klein (1995: 34) bezeichnet dies als topisches Muster.[42]

---

42 An anderer Stelle (Römer 2012) habe ich ein solches Verfahren als „relationale Toposanalyse" beschrieben und auch dessen sprachkritisches Potential ausgelotet. Auf die Möglichkeit der Analyse von Topos-Konstellationen hat schon Otto Pöggeler hingewiesen: „‚Ein einzelner Topos steht jedoch niemals für sich allein; er fügt sich immer ein in das Geflecht anderer mit ihm verwandter oder ihn ergänzender Topoi, die auf das gleiche Problem zielen wie er'" (Pöggeler 1973: 30, zitiert nach Gessmann et al. 2009: 694). „Überzeugende Bestätigung und Präzisierung", so Gessmann et al. (2009: 694) mit Verweis auf die Arbeiten Josef Kleins, würden „diese Beobach-

Josef Klein (2000: 623) versteht unter Topoi zunächst im Aristotelischen Sinne „semantisch gehaltvolle Schemata für den argumentativen Einzelschritt." Das deckt sich mit der bislang entwickelten Toposdefinition. Klein (2000: 623) geht der Frage nach, „ob es nicht regelmäßig wiederkehrende Konfigurationen aus mehreren Topoi gibt, in denen sich – u. U. diskursdominierend oder textsortenprägend – Schemata höherer Ordnung manifestieren." Ausgehend von der Frage nach diskurs- oder textsortenspezifischen Topos-Konstellationen ermittelt er über die Analyse der regelhaften Verbundenheit einzelner Topoi ein komplexes topisches Muster, das – je nach Gegenstandsbereich in leichter Variation – für Argumentationen im Kommunikationsbereich der Politik, in politischen Reden und Debatten, aber auch für den öffentlich-politischen Mediendiskurs (Pressetexte) charakteristisch ist. Nach Klein handelt es sich um ein Muster, das der Legitimation politischen Handelns zugrunde liegt. Es sei „zeit- und kulturübergreifend, textintern und transtextuell" (2011b: 291). Klein beschreibt es wie folgt:[43]

> Politisches Handeln oder Handlungsforderungen werden durch Ziele/Zwecke argumentativ gestützt [...]. Ziele/Zwecke werden vielfach durch Situationsbewertungen motiviert. Diese wiederum stützen die Argumentierenden einerseits auf Situationsdaten, andererseits auf Prinzipien/Normen/Werte, die auch als Rechtfertigungsbasis für Ziele/Zwecke fungieren

tungen durch die Forschungen J. Kleins in einem ganz anderen Bereich" erfahren. Gemeint sind die Linguistik und der Bereich der politischen Kommunikation. Gessmann et al. (2009: 695) resümieren: „[D]iese Arbeiten gehen aus von der sicheren Basis der durch die vertikalen Kontexte der diachronischen Toposforschung sicher ermittelten Konstanten, sehen diese aber nicht mehr als Glieder von Traditionsketten, sondern primär als Strukturelemente in Texten und fragen dann nach dem horizontalen Kontext, der Art und Weise der Einstrukturierung und der Funktion in einem mehr oder weniger kohärenten Bedeutungsgefüge oder Syntagma."

43 Zuerst beschrieben als induktiv ermittelter empirischer Befund bezogen auf Bundestagsdebatten zum Asylrecht wurde dieses Muster in Klein (1995). In einem späteren Aufsatz (Klein 2000) fundiert Josef Klein seinen Befund handlungstheoretisch im Handlungsmodell nach Austin (1977) und entwickelt die Idee einer relativ festen Konstellation von Topoi für den Kommunikationsbereich der Politik am Beispiel einer Parlamentsrede zum Asylthema weiter. Eine Erweiterung der theoretischen Basis findet sich in Klein (2001a). Kleins im Anschluss an Austin entwickelte Vermutung, das Muster werde kultur- und epochenübergreifend bzw. diskursübergreifend verwendet, wurde durch eine Untersuchung der Geschichte der politischen Rede bestätigt (Klein 2003). Dass auch Schlagwörter häufig von der Ordnung des topischen Musters bestimmt sind, untersucht u. a. Klein (2001b) und Klein (2002). Der letztgenannte Beitrag schlägt eine Brücke zwischen Frametheorie und argumentationstheoretisch fundierter Topik. Neuere Arbeiten verbreitern lediglich die Beleglage, bieten unter theoretischen und methodischen Gesichtspunkten aber nichts Neues, so etwa Klein (2007a, 2007b, 2010a, 2010b, 2011a, 2011b). Interessant für die vorliegende Arbeit sind einige der genannten Beiträge auch deshalb, weil Klein ähnliche Themen untersucht (z. B. den Reformdiskurs um die „Agenda 2010") und zeigt, dass das Schlagwortnetz des neoliberalen Reformdiskurses der Systematik des komplexen topischen Musters folgt.

> können. Dazu kommt häufig der (warnende oder empfehlende) Hinweis auf Konsequenzen, die sich entweder aus den Situationsdaten oder aus dem thematisierten politischen Handeln ergeben.
> (Klein 2002: 168)

An der Beschreibung wird deutlich, dass das Muster handlungstheoretischen Kategorien folgt. Es ist fundiert und hat eine Entsprechung im Handlungsmodell nach Austin (1977 [1957]).[44] Fasst man die Bestandteile des komplexen Argumentationsmusters in eine Topos-Terminologie, ergeben sich nach Klein folgende handlungstheoretisch begründete Topoi:[45]

> (1) bei Begründung durch Situationsdaten der ‚Datentopos', (2) bei Begründung durch Prinzipien (Normen/Werte) der ‚Prinzipientopos', (3) bei Begründung durch Situationsbewertung der ‚Motivationstopos', (4) bei Begründung durch Ziele/Zwecke der ‚Finaltopos' und (5) bei Begründung durch Hinweis auf Folgen/Auswirkungen der ‚Konsequenztopos'.
> (Klein 2002: 168)

In späteren Ausführungen nennt Klein den Motivationstopos *Valuationstopos* und misst dem Konsequenztopos eine geringere Bedeutung für das topische Muster bei, da er ihn nur noch bei den Argumenttypen in stützender Funktion aufführt.[46] Die wichtigsten Grundelemente sind daher: Das Anführen von Situationsdaten (Datentopos), die Bewertung der Situation (Motivationstopos bzw. Valuationstopos), das Anführen handlungsleitender Prinzipien/Werte/Normen (Prinzipientopos) und das Benennen von Zielen (Finaltopos). Diese handlungsbezogenen To-

---

44 Austin bestimmt den Vorgang des Handelns durch sechs aufeinanderfolgende Stufen: 1. Information über die Situation, 2. Einschätzung der Situation, 3. Berufung auf Prinzipien, 4. Planung, 5. Entscheidung, 6. Durchführung und ihre Kontrolle. Vgl. zu Austins Handlungsmodell auch Harras (2004: 67–74). „Argumentativ verwendet", so Klein (2003: 1468), „werden aus den Handlungskategorien [nach Austin; Anm. d. Verf.] Handlungstopoi, d. h. Begründungschemata für die Rechtfertigung von Handlungen, Handelnden oder handlungsbezogenen Einstellungen oder für Angriffe auf dieselben." Insofern Kleins Topoi „die grundlegenden Kategorien des Handelns bilden", wie sie Austin herausgearbeitet hat, seien sie „universell" (Klein 2003: 1486). Die Konstituenten fünf und sechs finden im topischen Muster Kleins keine Entsprechung.

45 Die Bezeichnungen der Topoi des topischen Musters sind also „funktionale Bezeichnungen für die entsprechenden Handlungskonstituenten" (Klein 2000: 637). Bei Klein tauchen sie als Handlungsgründe oder Prämissen für Argumentationen auf, womit er z. T. neue Kategorien in die Topik einführt.

46 Die „topische Basiskonstellation" wird nach Klein (2011b: 293) zur argumentativen Stützung durch die folgenden Argumenttypen ergänzt: Hinweise auf Konsequenzen des politischen Handelns oder Nicht-Handelns (Konsequenztopos), Anführen von Beispielen (Exemplumtopos), Berufung auf Autoritäten/Expertenurteile (Autoritätstopos), Hinweise auf die Relevanz des politischen Handelns (Relevanztopos), Behauptung der Realisierbarkeit des favorisierten Handelns (Realisierbarkeitstopos).

poi bilden in ihrem Zusammenspiel das „Grundmuster politischer Argumentation“ (Klein 2011b: 291) und seien unverzichtbar für die Rechtfertigung politischer Vorhaben. Wichtig sei die Einsicht, dass politisches Handeln „nicht durch den einen oder anderen Einzeltopos gekennzeichnet [ist], sondern durch ein *komplexes topisches Muster*, das auf den Kategorien des Handelns beruht“ (Klein 2003: 1469).

Die Topoi bilden also die Prämissen, aus deren Vernetzung im sprachlichen Handeln „sich die Zustimmung zum favorisierten politischen Handeln als Schlussfolgerung ergeben soll“ (Klein 2011a: 7). „In logischer Hinsicht“, so Klein (2011b: 292), „handelt es sich um ein Schema für handlungstheoretisch vernetzte Prämissen“, d. h. gemäß Kategorien sprachlichen Handelns verbundene argumentativ nutzbare Wissensbestände, die über Folgerungsbeziehungen miteinander verbunden sind. (Vgl. Klein 1995: 35.) Die Folgerungsbeziehungen sind im Wesentlichen kausal: Ursache-Wirkung, Grund-Folge, Zweck-Mittel. So verhält sich das angestrebte zu legitimierende politische Handeln zu den Zielen (Finaltopos) „wie das *Mittel* zum *Zweck*“ (Klein 2003: 1468). Damit hat das Modell auch eine Entsprechung in der alltagssprachlichen Topik, genauer: in den Kausalschemata nach Kienpointner (1992a).[47]

Für die handlungstheoretische Vernetzung, d. h. für die Abfolge der Äußerungen in argumentativer Funktion in Texten bzw. der Topos-Kategorien, „gibt es keine festen Regeln“ (Klein 2011a: 7). Ebenso wenig wie es Regeln gibt für die „sequentielle Gesamtordnung“, existieren „auf sie bezogene eindeutige sprachliche Indikatoren“, so Klein (2000: 632). Topische Muster seien „nur auf der Basis von Analyse und [interpretativer; Anm. d. Verf.] Rekonstruktion erkennbar“ (Klein 2000: 632). Weiterhin kann das Muster nur in Teilen sprachlich realisiert sein, d. h. die Kategorienbelegung ist fakultativ, „so daß von Argumenten beliebiger Kategorie eine unmittelbare Verknüpfung mit der Hauptposition und damit eine direkte Stützung der Hauptposition [...] möglich ist“ (Klein 2000: 632). Außerdem können sich die Topoi überlagern. Beispielsweise sind Situationsdaten und Situationsbewertungen nur schwer auseinanderzuhalten, denn mit dem Anführen von Daten gehen häufig auch Bewertungen der Lage einher. (Vgl. Klein 2000: 633.) Deskripti-

47 Das topische Muster der politischen Argumentation lässt sich argumentationslogisch wie folgt zusammenfassen: Angeführte Situationsdaten (und/oder daraus abgeleitete Konsequenzen) geben den Anlass zur Argumentation und werden auf der Basis von Prinzipien bewertet, was zu Zielbildung und Handlungsforderung motiviert. So werden etwa sinkende Konjunkturzahlen unter dem Aspekt ihrer Konsequenzen wie steigende Arbeitslosigkeit negativ bewertet, woraus sich auf der Basis wirtschaftspolitischer Normen (z. B. das „Magische Viereck“) die Forderung ergeben kann, „Lohnnebenkosten“ zu senken, um das Ziel, die Arbeitslosigkeit zu verringern bzw. Vollbeschäftigung zu erreichen, zu verwirklichen.

on und Evaluation oder Prädikation lassen sich kaum trennen.[48] Wichtig ist, dass die Bestandteile des Musters zueinander in einem Begründungsverhältnis stehen und also, ähnlich wie im Argumentationsmodell von Toulmin, funktional – über sprachliche Handlungsfunktionen, die die einzelnen kontextspezifischen Topoi einnehmen – miteinander vernetzt sind.

In konkreten Diskursen sind diese Topoi jeweils mit kontextspezifischen Argumentationsmustern besetzt, aber auch mit Schlag- und Schlüsselwörtern, in denen sich Argumentationen kondensieren. So etwa im neoliberalen Reformdiskurs der Jahre 1995–2005: Den Datentopos belegt hier u. a. das Schlagwort *Globalisierung* in der Funktion eines Argumentes. Den Prinzipientopos nehmen etwa Hochwertwörter wie *Freiheit*, *Eigenverantwortung* und *Wettbewerb* ein. Der Finaltopos ist beispielsweise gefüllt durch die Schlagwörter *Wettbewerbsfähigkeit* oder *Sicherung des Standortes Deutschlands*. Hieraus ergeben sich die Schlussfolgerungen *Reformen*, *Flexibilisierung des Arbeitsmarktes* oder *Deregulierung der Wirtschaft*. (Vgl. Klein 2011a, 2011b.)

Angeregt durch dieses topische Muster fragt die vorliegende Arbeit danach, ob sich auf der Makroebene des öffentlich-politischen Krisendiskurses eine ähnliche Konstellation von Topoi finden lässt, in deren Rahmen die Argumentation im Krisendiskurs abläuft und die charakteristisch ist für das Legitimieren und Rechtfertigen politischen Handelns bzw. politischer Vorhaben in Zeiten sozial- und wirtschaftspolitischer „Krisen". Weder in der linguistischen noch in der politikwissenschaftlichen Diskursforschung, so Klein (2010a: 135), sei die Makro-Ebene des massenmedialen Diskurses „unter dem Aspekt argumentationstheoretisch verorteter Legitimationsmuster untersucht worden" – zumindest nicht in der Breite und schon gar nicht für den Krisendiskurs. Das Ergebnis nenne ich *topologische Diskursformation* (siehe Kap. 5.1).

Analysiert wird nicht nur das topische Muster für den öffentlich-politischen Krisendiskurs, sondern auch, mit welchen kontextspezifischen Topoi das Muster jeweils gefüllt ist. Auf diese Weise soll ein substantieller Beitrag zur linguistischen Diskursgeschichte des Krisendiskurses geleistet werden. Dabei wird sich herausstellen, ob solche Topos-Konstellationen, ähnlich wie bei Toulmin die Argumentation, diskursbereichsspezifisch – d. h. von bestimmten Differenzierungskriterien abhängig – sind, ob sie sich „innerhalb von Diskurstraditionen [...] zeitüberdauernd" (Klein 2000: 626) halten und ob sie themen- oder akteursgebunden sind. Als methodisches Instrumentarium ist das vorgeschlagene Vorgehen im Gegen-

48 Da mir eine Unterscheidung zwischen Datentopos und Motivationstopos bzw. Valuationstopos nicht sinnvoll erscheint, weil mit der Beschreibung von „Krisen" per se meist negative Situationsbewertungen einhergehen, habe ich diese Kategorien in meinem eigenen Modell zusammengefasst (siehe dazu Kapitel 5.1).

satz zum Argumentationsmodell von Toulmin geeignet, die kontextspezifischen Topoi eines Diskurses überschaubar zu machen und im Sinne von für das politische Handeln relevanten Kategorien zu untersuchen.

3.4 Linguistische Diskursgeschichte als Argumentationsgeschichte

Ausgehend vom bewährten Verfahren der linguistischen Diskursgeschichtsschreibung kontextspezifischer Topoi wird hier eine Vorgehensweise entwickelt, die auch – mit Josef Klein gesprochen – komplexe topische Muster untersucht. Mir scheint, dass so neben dem sprachlichen Konstruktionsaspekt das Organisiert-Sein der Wirklichkeit bzw. des Diskursgegenstandes „Krise" besser erklärbar ist. Unter Einbeziehung der diskursstrukturorientierten Argumentationsanalyse Josef Kleins kann außerdem eine stärkere methodische Konvergenz zu Foucaults theoretischer Bestimmung von Diskursen als Formationssystem von Aussagen erreicht werden. In der *Archäologie des Wissens* geht es Foucault (1981 [1969]: 44) bei der Beschreibung von Diskursen u. a. um „Beziehungen der Aussagen untereinander" und um daraus ableitbare Regelmäßigkeiten oder Muster. Dabei verfolgt er das Ziel, die „Regeln ihres Erscheinens zu erfassen" (Foucault 1981 [1969]: 46), d. h. diskursive Strukturen oder Formationen, in denen die Möglichkeitsbedingungen des Erscheinens von Aussagen zu erkennen sind. So wie sich bei Foucault in seiner frühen Diskurstheorie „die Aussagen (*énoncés*) mit anderen Aussagen zu einem komplexen System [verbinden], dessen Struktur der ‚Archäologe' zu beschreiben hat" (Spitzmüller & Warnke 2011: 69), verbinden sich die Äußerungen in argumentativer Funktion und kontextspezifischen Topoi, in denen sich die Aussagen im Sinne Foucaults materialisieren, zu einem Diskursmuster, das sich mittels diskursstrukturbezogener Analyse abstrakter Basistopoi beschreiben lässt. Jeder Basistopos eröffnet wiederum einen Katalog kontextspezifischer Topoi, die durch die diskursinhaltsbasierte Analyse der Argumentationsmuster beschreibbar werden.[49] Einer linguistischen Diskursgeschichte als Argumentationsgeschichte im hier angedachten Sinne liegen die folgenden methodologischen

49 Die Grundidee dieser Analyseperspektive steht durchaus in der Tradition de Saussures. Im entsprechenden Zeichenmodell wird ein Zeichen in seiner Bedeutung durch seine Beziehung zu anderen Zeichen bestimmt, wodurch die Struktur – die Ebene der *langue* – in den Vordergrund rückt. Das Sprachsystem wiederum ist geprägt durch die kommunikative Verwendung von Sprachzeichen. Über den Sprachgebrauch, die *parole* als die Ebene der Hervorbringung von Sinn, die diskursive Praxis oder konkrete Argumentationen, lässt sich auf die *langue*, das Formationssystem von Aussagen oder auf argumentative Diskursmuster, schließen.

Prinzipien und Arbeitsschritte zugrunde, wobei die Analyse grundsätzlich computergestützt (siehe Kap. 3.5) verfährt:

(1) Rekonstruktion der historischen, kulturellen, sozialen, politischen Problemlage bzw. des Sinnzusammenhangs der Aussagen. So muss für den Krisendiskurs beschrieben werden, welche Ereignisse oder Zustände jeweils wann in der Öffentlichkeit als „Krise" wahrgenommen wurden. Dies erfolgt in Form von Diskurschroniken (siehe hierzu die erläuternden Ausführungen in Kap. 5.4.1).

(2) Auf der Mikroebene des Diskurses: Rekonstruktion in einer Vielzahl von Texten rekurrent auftretender kontextspezifischer Argumentationsmuster gemäß diskurshermeneutischer Methodologie (siehe Kap. 3.2). Ausgehend von den konkreten sprachlichen Realisierungen der Argumentationen im Text gilt es – die entsprechenden Textstellen abstrahierend, klassifizierend und schließlich paraphrasierend –, Argumentationsmuster zu formulieren, und zwar als kontextspezifisch angereicherte Schlussregeln, die dann „meine" Topos-Kategorien ausmachen. Bei der Formulierung der einzelnen kontextspezifischen Topoi gehe ich vor, wie Wengeler (vgl. 2003: 300f.) es nahelegt. Es wird nicht ein vollständiger Syllogismus ausgearbeitet, sondern gemäß der „Gleichsetzung von Topoi mit Oberprämissen eines solchen Schlussverfahrens bzw. mit Schlussregeln" (Wengeler 2003: 301) wird auch nur die Oberprämisse als Topos-Definition wiedergegeben. Formuliert man den Topos dazu mit der Konjunktion *weil*, kommt auch der Schlussregelcharakter deutlich zum Ausdruck, d. h. die regelhafte quasi-logische Verknüpfung, der hergestellte sinnkonstitutive Sachverhaltszusammenhang zwischen allgemein Geglaubtem und einer Konklusion.

Sind nach einer ersten Quellenlektüre kontextspezifische Topoi ermittelt worden, fungieren diese im weiteren Forschungsprozess als Suchhypothesen bzw. Suchfragen, d. h. anschließend wird deren Vorkommen in den Texten geprüft. Dennoch ist dieses Vorgehen nicht hypothesenprüfend, sondern -generierend. Die Forschungsstrategie ist explorativ-iterativ. Sich allmählich vortastend sind die kontextspezifischen Argumentationsmuster induktiv aus den Quellen bzw. den sprachlich realisierten Bestandteilen von Argumentationen zu erschließen; es werden keine aus anderen Zusammenhängen – z. B. aus früheren Untersuchungen oder aus einem ideengeschichtlichem Kontext – gewonnenen Topoi deduktiv an den Texten bestätigt bzw. den Texten übergestülpt.

Die so anfänglich gebildeten Topos-Kategorien sind einerseits in mehreren Analysedurchgängen durch Zuordnung weiterer Textstellen zu ergänzen, zu modifizieren und zu präzisieren; andererseits „werden bei der Einzelinterpretation der Topoi wiederum die unterschiedlichen Ausgestaltungen berücksichtigt" (Wengeler 2003: 278), was nur im Zuge einer detaillierten Erörterung der Argumentationsmuster erfolgen kann. Im weiteren Verlauf der Auswertung ist es möglich, dass neue Kategorien hinzukommen, und bei manchen wird sich erweisen, dass sie qualitativ keine wichtige Rolle spielen oder kaum Anwendung finden, weswegen man sie bei der Analyse fortan vernachlässigen kann. In anschließenden Untersuchungsgängen müssen sich die aus den Daten abgeleiteten Kategorien dann bewähren.[50]

Für die einzeltextübergreifende Analyse und den diskurshistorischen Vergleich der Topoi ist zentral, dass „nicht konkrete Argumente oder Konklusionen [...] verglichen werden“ (Wengeler 2003: 278) – im Sinne einzelner sprachlicher Token, die aufgrund ihrer Situations- und Kontextabhängigkeit in unendlicher Zahl vorkommen und daher individuell-unvergleichlich sind –, sondern auf einer Mesoebene angesiedelte abstraktere Vorkommenstypen von Argumentationen (Types). Schließlich ist wichtig, die Argumentationsmuster vom Abstraktionsniveau her so zu formulieren, dass „sie eine überschaubar große Zahl bilden und dabei doch den Großteil der vorkommenden Realisierungen abdecken“ (Wengeler 2003: 279).[51]

50 Es wird deutlich, dass einige Konvergenzen zur Grounded-Theory-Methodologie (vgl. Glaser & Strauss 2010) bestehen.

51 Das bereits erwähnte Beispiel für ein Argumentationsmuster aus dem Krisendiskurs, das u. a. mit prognostizierten fatalen Konsequenzen arbeitet und dem das kausale Grund-Folge-Schema zugrunde liegt, würde sich in weniger kontextabstrakter Form, nämlich angereichert mit einem semantischen Gehalt, wie folgt verfassen lassen: Lohnerhöhungen haben negative Folgen für die Wirtschaft, z. B. für Arbeitsplätze, Wachstum und Wohlstand, also sind Lohnerhöhungen abzulehnen. Eine typische sprachliche Realisierung dieser Argumentation während der „Ölkrise“ 1973/74 ist der folgende Beleg: „Der wirtschaftspolitische Sprecher der FDP-Bundestagsfraktion Otto Graf Lambsdorff erklärte zur Veröffentlichung des Sachverständigengutachtens, die ‚fünf Weisen‘ und die Bundesbank hätten eindeutig darauf hingewiesen, daß zu hohe Lohnforderungen die Arbeitsplätze gefährdeten. Die durch die Ölverknappung bedingte ‚Begrenzung‘ des Lebensstandards könne nicht durch die Erhöhung der Nominaleinkommen überwunden werden“ (SZ, 19.12.1973). Wegen zu hoher Lohnforderungen wird dem Verbraucher eine ursächliche Schuld an der „Krise“ gegeben bzw. es werden düstere Folgen für Arbeitsplätze prognostiziert, wenn die Löhne zu stark steigen würden. Lohnforderungen sind also etwas Schlechtes, sie helfen nicht, die „Krise“ zu bewältigen, und sind daher abzulehnen, zumindest maßvoll zu gestalten. Im thematisch anders gelagerten Diskurs zur „Banken- und Finanzkrise“ (2008/09) wird ebenfalls das kausale Grund-Folge-Schema genutzt, allerdings mit einem anderen semantischen Gehalt und in einer anderen sprachlichen Realisierung, so etwa im nachstehenden Beleg: „Bundesfinanzminister Steinbrück (SPD) hat in seiner Regierungserklärung ein dramatisches Bild der Finanzkrise gezeichnet. ‚Wir müssen uns in nächster Zeit weltweit auf niedrigere Wachstumsraten und eine ungünstigere Entwicklung auf den Arbeitsmärkten einstellen‘. Er sprach von der schwersten Finanzkrise seit Jahrzehnten. Nur dank eines insgesamt erfolgreichen Krisenmanagements habe man den ‚Super-GAU‘, den Kollaps des Weltfinanzsystems, bisher verhindern können. Doch werde die Finanzmarktkrise tiefe Spuren hinterlassen“ (FAZ, 26.9.2008). Aus nicht genannten Gründen wird eine missliche kommende Zeit vorausgesehen. Die Katastrophe sei nur durch als positiv bewertete Handlungen abgewendet worden. Die in der Textstelle nahegelegte Schlussfolgerung

Das häufige Implizit-Sein der enthymematischen Argumentation hat für die Analyse der Topoi zur Folge, dass sie „aus dem Kontext – d. h. dem Kotext, aber auch den über den Text hinausgehenden Zusammenhängen – erschlossen werden“ (Wengeler 2003: 338) müssen. Dieses Erfordernis führt öfters dazu, dass man es mit längeren Belegen zu tun hat. Je häufiger das Vorkommen eines Topos in den Texten nachgewiesen werden kann, desto zuverlässiger ist eine Kategorie.

Damit die Topoi gezählt werden können, sollten sie „einigermaßen klar definiert“ sein und es sollte deutlich gemacht werden, „welche Textstellen ihnen jeweils zugeordnet werden können“ (Wengeler 2003: 299). Für die Zuordnung konkreter Argumentationen zu Argumentationsmustern gibt es allerdings keine „stichhaltige[n] und kohärente[n] Kriterien“ (Wengeler 2003: 283). Argumentationen sind komplexe Sprachhandlungen. Weder am Vorkommen bestimmter lexikalischer Einheiten noch an bestimmten grammatischen Phänomenen beispielsweise lassen sich Topoi unanfechtbar dingfest machen. Insofern eine Zuordnung nach harten Kriterien oder sprachlichen Merkmalen nicht möglich ist, müssen Interpretationsprobleme, Zweifelsfälle usw. angesprochen werden. Nur durch das Anführen von Belegen – auch längeren – kann intersubjektiv nachvollziehbar gemacht werden, dass es sich bei der Zuordnung von Textpassagen zu Argumentationsmustern um belastbare, reliable Interpretationsergebnisse handelt. Objektivität oder Messbarkeit, klare Abgrenzungskriterien auf der sprachlichen Oberfläche sind jedoch kein adäquater wissenschaftlicher Maßstab für Untersuchungen wie die vorliegende. Stattdessen sind

> Plausibilität, Glaubwürdigkeit, empirische Evidenz (d. h. die Ergebnisse müssen so gesichert sein, dass sie nicht sozusagen im Handumdrehen falsifiziert werden können) einer-

lautet: Die ergriffenen politischen Maßnahmen waren zur Bewältigung der „Krise“ richtig. Der hier exemplarisch angeführte Topos, auf den im Folgenden nicht näher eingegangen wird, zeigt, dass das Muster zwar jeweils inhaltlich, diskursbereichsspezifisch angereichert, aber allgemein genug ist, um die unterschiedlichen semantischen Prägungen und sprachlichen Realisierungen als Ausdruck eines Topos, nämlich des Topos der düsteren Zukunftsprognose, zu interpretieren, der je nach Akteur und im historischen Vergleich zu verschiedenen Zwecken verwendet wird. So kann der Topos der düsteren Zukunftsprognose dazu eingesetzt werden, während der „Ölkrise“ mit Verweis auf die negativen Folgen von Lohnerhöhungen für die Sicherheit der Arbeitsplätze die sukzessive Senkung des Lohnniveaus zu rechtfertigen. Er kann auch dazu dienen, mit Verweis auf die positiven Folgen politischen Handelns im Zuge der bisherigen Krisenbewältigung die staatliche Regulierung von Banken in den Jahren 2008/09 zu legitimieren. Dies entspricht dem Potentialitätsmerkmal eines Topos, wie es Bornscheuer formuliert hat.

> seits, Offenheit der Ergebnisse andererseits, insofern durch neue Informationen auch Modifikationen der Ergebnisse möglich sein müssen, Nachvollziehbarkeit
> (Wengeler 2003: 298)

zentrale Kriterien wissenschaftlicher Güte einer linguistisch-diskursgeschichtlichen Toposanalyse (siehe dazu auch Kap. 3.2). Letztlich bleibt die Zuordnung einer Textstelle zu einem Argumentationsmuster ein auf subjektivem Verstehen basierender interpretativer Akt. Deshalb ist es wichtig, die Topoi verständlich zu definieren und, wie gesagt, durch das Anführen, Beschreiben und Deuten von Belegen einsichtig zu machen, welche Textstellen ihnen jeweils zugeordnet wurden. Im besten Fall geht das Hand in Hand mit der Darstellung der Untersuchungsergebnisse, wobei dann Narrationen von Diskursgeschichten entstehen, in denen die Belege für sich sprechen sollten.

Der erste Zugriff erfolgt über die sprachliche Oberfläche, positivistisch, wenn man so will, über das, was dasteht. Als heuristisches Hilfsmittel werden während der Analyse sukzessiv Listen von Merkmalen sprachlicher Realisierungen der einzelnen Topoi erstellt. Dies können Hinweise auf zentrale Wörter sein (Schlag- und Schlüsselwörter usw.), grammatische Eigenschaften wie syntaktische Konstruktionen, feste sprachliche Formen (beispielsweise Phraseologismen), typische Metaphern etc. Insbesondere Schlag- und Schlüsselwörter haben Indikatorfunktion für das Vorkommen eines Topos. Später können diese Oberflächeneigenschaften der Topoi in die diskursgeschichtliche Beschreibung einfließen. Zudem bieten sie die Möglichkeit, in korpuslinguistischen Operationen das Vorkommen der Topoi zu prüfen, weitere Belegstellen zu finden und die Interpretationen zu stützen.

(3) Auf der Makroebene des Diskurses: Rekonstruktion der „topologischen Diskursformation“ als Muster erster Ordnung, welches die kontextspezifischen Topoi verbindet. Die Analyse der topologischen Diskursformation fokussiert das Zusammenspiel der einzelnen Topoi über den einzelnen Text hinaus. (Siehe Kap. 5.1.)

Durch die vorgeschlagene dreischrittige Analyse, deren Kern die Ermittlung der kontextspezifischen Topoi bildet, wird der Diskurs als *Struktur* und als *Praktik* erfasst. Die Analyse der topologischen Diskursformation gibt Auskunft über die Diskursstruktur. Die Analyse der kontextspezifischen Topoi als Muster sprachlichen Handelns in argumentativer Funktion gibt Auskunft über die diskursiven Praxen, die systematisch den Gegenstand/das Wissen hervorbringen, über den/das sie reden, die aber wiederum eine Tiefenstruktur aufweisen, welche sich aus der Kohärenz der einzelnen sprachlichen Muster ergibt.

Insbesondere mit den beiden von Martin Wengeler und Josef Klein entwickelten und erprobten Methoden diskursorientierter Toposanalyse lässt sich das unausgesprochene, vorausgesetzte und argumentativ funktionalisierte gesellschaftliche Wissen auf unterschiedlichen Ebenen – d. h. sowohl in seiner inhaltlichen als auch in seiner strukturellen Diskursbereichs-Spezifik und letztlich in seiner diskursorganisierenden und -regulierenden Eigenschaft – untersuchen. In diesem Zusammenhang ist zu fragen, inwiefern allgemeine Strukturmuster des Argumentierens die Produktion von Argumentationen in inhaltlich bestimmten Diskursbereichen und damit die Möglichkeit des Hervorbringens von Segmenten gesellschaftlichen Wissens steuern: Wie ist das Formationssystem aufgebaut, das die diskursive Praxis begrenzt – dem die Argumentationen in einem Diskurs zuzurechnen sind –, und an welche gesellschaftlichen Wissenssegmente als Geltungspotenziale schließen in inhaltlich bestimmten Diskursen die sonst „leeren" argumentativen Strukturmuster an?

Die hier vorgeschlagene Fortschreibung der Toposanalyse nach Wengeler im Dienste einer Argumentationsgeschichte als Diskursgeschichte stellt einen etwas größeren Ausschnitt einer Diskursanalyse im Foucault'schen Sinne dar, weil sie die Interaktion zwischen intratextuellen Phänomenen und transtextuellen Strukturen besser herauszuarbeiten vermag. Für die Ergebnispräsentation bedeutet dieses Vorgehen, dass die übliche narrative Form durch die diskursiven Beziehungen zwischen den Argumentationsmustern, die topologische Diskursstruktur, gegliedert wird. Die so angelegte narrative Darstellung veranschaulicht das Legitimationsprinzip politischen Handelns in sozial- und wirtschaftspolitischen Krisenzeiten sowohl systematisch als auch inhaltlich.

3.5 Diskurshermeneutik computergestützt

Wie in Kapitel 3.2 erwähnt, verfährt die vorliegende Arbeit bei der Anwendung des bislang entwickelten diskurshermeneutischen argumentationsanalytischen Verfahrens grundsätzlich computergestützt. In Zusammenarbeit mit den „Digital Humanities" und dem „Forschungszentrum Europa – Strukturen langer Dauer und Gegenwartsprobleme" der Universität Trier habe ich im Rahmen einer bestehenden virtuellen Forschungsumgebung (FuD), die u. a. Werkzeuge zur Textanalyse bereitstellt, ein an die Toposanalyse angepasstes Tool entwickelt, mit dem Texte/Textkorpora manuell annotiert werden können.[52] Ohne auf technische Details einzugehen, hier nur der Hinweis: Das Analysetool dient dem Sammeln, Dokumentieren, Klassifizieren und Quantifizieren von Belegen bezogen auf bestimmte Analysekategorien. Dazu werden Texte/Textpassagen – wie

52 Nähere Informationen unter: [http://fud.uni-trier.de/de/, zuletzt abgerufen am 28.03.2017].

man es von Software für qualitative Datenanalyse kennt, etwa MAXQDA oder ATLAS.TI – markiert und einer Kategorie/einem Argumentationsmuster zugewiesen. Die Annotationen lassen sich mit zusätzlichen Informationen anreichern, etwa einem freien Kommentar; einem Gewichtungswert, der die Beispielhaftigkeit einer Textstelle für ein Argumentationsmuster angibt; sprachlichen Mitteln, die für die Realisation eines Argumentationsmusters charakteristisch sind; auch Akteure und Diskurspositionen können vermerkt werden.

Um entsprechend der diskurshermeneutischen Vorgehensweise ein sich vortastendes, sich in den Diskurs einfühlendes und sich selbst korrigierendes (induktives) Verständnis des Diskurses zu ermöglichen, ist das Kategorienschema in jeder Hinsicht flexibel gestaltbar: Kategorien, deren hierarchische Anordnung und Annotationen können problemlos umorganisiert werden, sodass der Aufbau mit fortschreitender Analyse nach und nach sich verändern, wachsen oder schrumpfen kann.

Die Texte/Textpassagen, Annotationen und sämtliche hinterlegten Informationen sind in einer komplexen Datenbank mit graphischer Benutzeroberfläche gespeichert. Hieraus ergeben sich umfassende Möglichkeiten des Retrievals. Beispielsweise lassen sich die Annotationen bezüglich aller erfassten Metadaten (etwa Zeitung, Datum, Autor, Pressetextsorte; siehe zur Korpusaufbereitung Kap. 4.1.4) und aller zusätzlich hinterlegten Informationen filtern. Außerdem lässt sich ihre Distribution hinsichtlich der Metadaten und zusätzlich hinterlegter Informationen abfragen. Interessant ist die Möglichkeit, Überlappungen zwischen Annotationen auszuwerten. So ist feststellbar, zwischen welchen Analysekategorien/Argumentationsmustern Beziehungen bestehen, weil sie zeichenhaft miteinander verbunden vorkommen. Auch könnten Überlappungen zwischen verschiedenen Kategorien, z. B. Argumentationsmustern und Metaphern, ausgewertet werden (sofern die Texte entsprechend annotiert worden sind).

Zwar ändert sich an der Notwendigkeit eines intensiven Quellenstudiums nichts – und das heißt nach Hermanns (2007): *lesen, lesen, lesen*. Auch macht das Tool niemanden klüger. Es erleichtert aber die Durchführung von Diskursanalysen beim Bemühen um fortschreitendes Text- und Diskursverstehen, wobei es sich im Grunde um die elektronische Umsetzung traditionellen philologischen Arbeitens handelt. *Schreiben, schreiben, schreiben* muss man dann allerdings trotzdem noch. Grundsätzlich ist es mithilfe des Tools sehr viel einfacher, den Überblick über die Daten zu behalten, nachhaltig Ordnung in Beobachtungen und Notizen zu bringen, Belege und eigene Anmerkungen in ihrer Vollständigkeit wiederzufinden, zu prüfen und das gesamte Material systematisch auszuwerten. Ein weiterer, nicht zu unterschätzender Mehrwert der computergestützten Diskursinterpretation ist die Möglichkeit, den Forschungsprozesses offenzulegen und damit die intersubjektive Nachvollziehbarkeit der Untersuchungsergebnisse zu erreichen, da die Annotationen einsehbar gemacht werden können; dadurch wird die von Busch (vgl. 2007: 156f.) so genannte „Interpretationsreliabilität" ermöglicht. Unter diesem Gesichtspunkt der wissenschaftlichen Güte ist auch eine ausführliche Reflexion der beforschten Daten von zentraler Bedeutung, die im Folgenden Kapitel geleistet werden soll.

4 Datengrundlage

Im Einklang mit Dietrich Busses und Wolfgang Teuberts vielzitiertem ersten Versuch, den Diskursbegriff für die sprachwissenschaftliche Praxis fassbar zu machen, ist der erste praktische Schritt, die erste Forschungsleistung einer linguistischen Diskursanalyse die Bildung eines Textkorpus. Dieses Korpus schafft den Diskurs als Untersuchungsgegenstand; ohne Korpus existiert dieser nicht. Die Texte des Diskurskorpus befassen sich mit einem Thema oder Wissenskomplex, das oder der den Gegenstand der Untersuchung bildet. Durch den gemeinsamen Bezug auf ein Thema ist die (semantische) Verbundenheit der Texte und damit eine diskursive Einheit gewährleistet.

Diese Arbeit behandelt das Thema sozial- und wirtschaftspolitische „Krisen". Das Diskurskorpus wurde dabei auf durch das Forschungsdesign vorgegebene Eingrenzungen zugeschnitten, etwa hinsichtlich Zeiträume, Massenmedien, Textsorten und Kommunikationsbereich. Gegenstand dieses Kapitels ist die Frage, nach welchen Kriterien und Vorgehensweisen die Zusammenstellung des Diskurskorpus und damit die Bildung des Gegenstandes erfolgte.

Als empirische Grundlage meiner Untersuchung nutze ich den digitalen Datenbestand des Krisenreferenzkorpus (KriReKo). Das KriReKo wurde im Rahmen des DFG-Projektes „Sprachliche Konstruktionen sozial- und wirtschaftspolitischer ‚Krisen' in der BRD von 1973 bis heute" von den Projektmitarbeiterinnen und -mitarbeitern (Kristin Kuck, Ronny Scholz und dem Verfasser dieser Untersuchung) konzipiert und erstellt. Da ich in der vorliegenden Arbeit nur sporadisch und eher unsystematisch quantitative Methoden nutze – zur Erkundung des KriReKo und zur Absicherung des einen oder anderen Ergebnisses –, war es für die Rekonstruktion von Argumentationsmustern notwendig, aus dem Gesamtbestand, der aufgrund seiner Größe toposanalytisch nicht zu bewältigen ist, eine Auswahl zu treffen, d. h. ein „Korpus im Korpus" (siehe Kap. 4.2) zu begründen. Dennoch wurden quantitative Analysen teilweise auf Grundlage des gesamten Datenbestandes durchgeführt, weshalb auch dieser zu erörtern ist.

4.1 Das Krisenreferenzkorpus (KriReKo)

Wie erwähnt: Grundlage meiner Untersuchung ist das KriReKo. Zur Gegenstandsbegründung müssen methodische Prinzipien wie Kriterien und insbesondere das Verfahren der Korpuskonstitution als Forschungsartefakt, d. h. als etwas vom Forscher Gemachtes, reflektiert werden. Das ist notwendig, um den interpretativen Akt der Korpuszusammenstellung offenzulegen – die Daten transparent zu

DOI 10.1515/9783110521221-005

machen –, sodass sie dem diskurslinguistischen methodologischen Kernkriterium der intersubjektiven Nachvollziehbarkeit genügen. Dabei wird auch die Frage der Angemessenheit des Korpus im Hinblick auf den Diskursgegenstand „Krise" beleuchtet. „Objektivität" im Sinne einer statistischen Repräsentativität der Daten hingegen wird nicht behauptet. Letztlich muss sich das KriReKo an dem Anspruch messen lassen, bezüglich der dem genannten Forschungsprojekt zugrundeliegenden Untersuchungsinteressen und Fragestellungen eine möglichst typische und sowohl qualitativen als auch quantitativen methodischen Kriterien und Verfahren genügende Auswahl sprachlicher Daten als diskursive Einheit aus dem virtuellen Korpus zu sozial- und wirtschaftspolitischen „Krisen" in der BRD zu repräsentieren.

Das KriReKo genügt allgemeinen und besonders sprachwissenschaftlichen Standards der Erhebung, Aufbereitung und des Managements von Forschungsdaten. Aufgrund seiner vielseitigen Nutzbarkeit, die beispielsweise u. a. durch das Prinzip der universellen Datenaufbereitung (siehe Kap. 4.1.4) gewährleistet ist, wird es inzwischen für unterschiedliche Zwecke (Seminararbeiten, Studienabschlussarbeiten, Doktorarbeiten und weitere größer angelegte Forschungsprojekte) – auch über die Grenzen der Sprachwissenschaft hinaus, so etwa von Historikern an den Universitäten Trier und Göttingen – eingesetzt. Die Verwaltung der digitalen Quellen in einer eigens entwickelten Datenbank (INGWER)[1] erschließt hervorragende Recherchemöglichkeiten. Tools sowie Schnittstellen zu Analysewerkzeugen ermöglichen sowohl qualitative als auch quantitative computergestützte methodische Zugänge und deren Kombination (sozialwissenschaftlich gesprochen: Triangulation) (siehe ebenfalls Kap. 4.1.4).

Das KriReKo ist ein historisches Längsschnittkorpus zu sozial- und wirtschaftspolitischen „Krisen" in der BRD seit 1973. Es besteht aus 10.248 Zeitungsartikeln und umfasst 6.419.028 Wörter.[2] In das Korpus wurden Texte aus den Tageszeitungen Bild, Frankfurter Allgemeine Zeitung (FAZ), Süddeutsche Zeitung (SZ), aus der Wochenzeitung Zeit und aus dem ebenfalls wöchentlich erscheinenden Nachrichtenmagazin Der Spiegel aufgenommen (zur Auswahl der Korpusquellen siehe Kap. 4.1.2). Den festgelegten Untersuchungszeiträumen entsprechend (siehe Kap. 4.1.1) setzt sich das KriReKo aus fünf Teilkorpora zu den jeweiligen Krisendiskursen zusammen. Die folgende Kreuztabelle gibt einen Überblick darüber, wie sich die erhobenen Artikel über die Printmedien

---

1 Die Datenbank wird vorgestellt unter: [http://www.semtracks.com/web/index.php?id=produkte&id2=ingwer&level=1, zuletzt abgerufen am 28.03.2017].

2 Die Zählung der Wörter wurde mit der Freeware Count Anything durchgeführt: [http://ginstrom.com/CountAnything/, zuletzt abgerufen am 28.03.2017].

und Untersuchungszeiträume verteilen (zur Auswahl der einzelnen Artikel siehe Kap. 4.1.3):

Tab. 1: Das Krisenreferenzkorpus (KRIREKO)

Untersuchungszeitraum	1973/74	1982	1997	2003	2008/09	*Summe Artikel*
BILD-Zeitung	296	170	80	108	261	***915***
FAZ	631	332	415	669	1517	***3564***
SZ	819	1039	454	475	1801	***4588***
SPIEGEL	163	112	77	103	97	***552***
ZEIT	118	148	151	74	138	***629***
Summe Artikel	***2027***	***1801***	***1177***	***1429***	***3814***	***10248***

4.1.1 Festlegung der Untersuchungszeiträume

Um bei einem Untersuchungszeitraum von über 35 Jahren die Durchführbarkeit des Forschungsprojektes zu gewährleisten, galt es zunächst, unter forschungspraktischen Gesichtspunkten die Studie als historischen Längsschnitt zu konzipieren, d. h. zeitliche Schnitte zu setzen und somit einzelne Krisendiskurse bzw. Untersuchungszeiträume abzugrenzen. Die Schnitte umfassen eine Spanne von jeweils mindestens vier Monaten und wurden an Zeitpunkten gesetzt, „an denen wirtschafts- und sozialpolitische Themen die Agenda des öffentlichen Diskurses bestimmt haben" (Wengeler & Ziem 2010: 341). Dabei handelt es sich um die nachstehenden fünf Untersuchungszeiträume (siehe auch Tab. 1):

- die „Ölkrise" (1.10.1973–31.1.1974),
- die ordnungs-, sozial- und wirtschaftspolitischen Debatten im Jahr 1982 bzw. die „geistig-moralische Wende" (1.4.1982–31.10.1982),
- den Reformdiskurs während der 1990er Jahre, insbesondere die öffentliche Auseinandersetzung um die Schlagwörter *Globalisierung* und *Wirtschaftsstandort Deutschland* (1.1.1997–30.6.1997),
- den *Agenda 2010* genannten Reformdiskurs im Jahr 2003 (1.1.2003–31.7.2003) und
- die „Banken- und Finanzkrise" in den Jahren 2008 und 2009 (1.9.2008–30.4.2009).

Für die intersubjektive Nachvollziehbarkeit der Gegenstandsbegründung dieser Arbeit ist entscheidend, wie diese Zeiträume als Krisendiskurse festgelegt wurden:

Zunächst taxierten die Projektmitarbeiter heuristisch mithilfe einschlägiger Literatur zur Zeitgeschichte (z. B. Doering-Manteuffel & Raphael 2012; Wolfrum 2006), zur Sozial- und Wirtschaftsgeschichte (z. B. Abelshauser 2011; Plumpe 2010; Nützenadel 2002 und 2007), zur Geschichte der Politik bzw. des politischen Systems und auch des Sozialstaats (z. B. Butterwegge 2014) in der Bundesrepublik Deutschland unterschiedliche historische Sachlagen grob als Indikatoren für entsprechende Krisendiskurse.[3] Nach Sichtung der einschlägigen Fachliteratur und Erarbeitung von ersten ereignisgeschichtlich orientierten Diskurschronologien zeigte sich, dass die Studie mit der „Ölkrise" 1973/74 beginnen sollte.

Da nicht „alle potentiell abgrenzbaren Diskurse" untersucht werden „können und sollten", wie es Jung (2005 [1994]: 84) formuliert, war anschließend zu prüfen, inwiefern die auf dieser Basis als Krisendiskurse taxierten sachhistorischen Ereignisse und Zeiträume auch öffentlich/gesellschaftlich relevant waren bzw. sind und sich insofern für eine linguistisch-diskursgeschichtliche Untersuchung eignen, „die sich ihre Probleme nicht selber macht". Außerdem war zu prüfen, inwiefern sich die herauskristallisierenden Untersuchungszeiträume neben der sachgeschichtlichen Begründung im forschungspraktischen und sprachwissenschaftlichen Interesse weiter einkreisen lassen.

Ausgehend von diesen Ansprüchen wurde innerhalb der heuristisch bestimmten Themenschwerpunkte oder Krisenzeiten nach der Durchsicht einzelner Zeitungsausgaben in den entsprechenden Zeiträumen eine Groblektüre von Zeitungsartikeln aus BILD, FAZ, SZ, SPIEGEL und ZEIT, die das Diskursobjekt „Krise" zum Hauptgegenstand haben, durchgeführt. So konnte einerseits überprüft werden, ob mit den zeit-, sozial- und wirtschaftsgeschichtlichen Darstellungen überhaupt eine entsprechende öffentliche Wahrnehmung der Lage als „Krise" einherging, und andererseits konnten die Zeitspannen ihrer Darstellung (Diskursverläufe) grob bestimmt bzw. erste Vermutungen darüber verifiziert werden. Während dieses explorativen Arbeitsschrittes entstanden für jeden angedachten Untersuchungszeitraum kleinere Textsammlungen.[4]

Für die weitere Gegenstandsbestimmung wurden zunächst die für jede Krisenphase auf Grundlage der Fachliteratur angefertigten Diskurschronologien mithilfe der gesammelten Textbelege erweitert. Sie enthalten neben sachgeschichtlichen Hintergrundinformationen Auskünfte über wichtige Ereignisse, die

---

3 Schon Wengeler (vgl. 1992: 80ff. und 2003: 339–342) begründet auf ähnliche Weise seine Untersuchungszeiträume.

4 Hierbei hat sich gezeigt, dass die „zweite Ölkrise" Ende der 1970er Jahre in der öffentlichen Wahrnehmung keine so große Rolle spielte, wie die Geschichtsschreibung vermuten lässt. Wegen der nicht ausreichenden Beleglage wurde dieser Untersuchungszeitraum aus dem ursprünglich angedachten Forschungsdesign gestrichen.

den Krisendiskurs, die einzelnen Phasen und dessen/deren Verlauf maßgeblich beeinflussten sowie Vermerke über wichtige Akteure und zentrale Diskurspositionen.

Während der Lektüre der Pressetexte aus den ersten Sammlungen erfolgte zusätzlich eine Ermittlung substantivischer Schlagwörter, die eine „Krise" möglichst allgemein repräsentieren, sodass anschließend für jeden Untersuchungszeitraum eine erste Schlagwortliste zur Verfügung stand. Einerseits wurden die Ergebnisse in der Projektgruppe gemeinsam besprochen und hinterfragt, um den Unsicherheiten bei den interpretativ ermittelten Schlagwortkatalogen entgegenzuwirken; andererseits wurden mithilfe des Konkordanz-Programms AntConc[5] Wortlisten aller in den beiläufig entstandenen Korpora vorkommenden Wörter erstellt und nach deren absoluter Frequenz geordnet. Nicht elektronisch verfügbare Texte wurden vorab digitalisiert (zur elektronischen Verfügbarkeit und Digitalisierung der Texte siehe Anmerkung 16). Von Funktionswörtern befreit erfolgte anschließend ein Vergleich dieser Wortlisten mit den Schlagwortkatalogen. So gelang es, die Resultate der hermeneutischen Vorgehensweise mittels deskriptiver Statistik zu stützen. Wenn es als angemessen erschien, wurden die Schlagwortlisten modifiziert. Aufgrund der quantitativen Analyse konnten weiterhin die durch Lesen erschlossenen Kataloge – als Relevanzkriterium – nach Häufigkeit des absoluten Vorkommens der einzelnen Schlagwörter sortiert werden, was auch für die Recherche der einzelnen Artikel in den verschiedenen Zeiträumen wichtig war (siehe Kap. 4.1.3). Die auf genannte Weise erstellte Schlagwortliste zur „Agenda 2010" beispielsweise enthält u. a. die Wörter *Agenda 2010*, *Reform*, *Schröder*, *Kanzler*, *Sozialhilfe*, *Arbeitslosengeld*, *Kündigungsschutz*, *Sozialstaat*, *Sozialsystem*, *Sozialversicherung*, *Lohnnebenkosten*, *Umbau*, *Abbau*, *Einschnitte*, *Neuverschuldung*, *Krise*, *Konjunktur*, *Rezession*, *Wirtschaft*, *Wachstum*, *Arbeitslosigkeit*, *Arbeitsmarkt*, *Beschäftigung*.

Durch ergänzende Häufigkeitsanalysen und diachrone Distributionsanalysen dieser für die einzelnen Untersuchungszeiträume zentralen Schlagwörter auf der empirischen Basis des Deutschen Referenzkorpus (DeReKo) am Institut für deutsche Sprache (IDS)[6], konnten schließlich weitere Hinweise auf öffentliche Debatten zum Thema „Krise" sowie die Zeitpunkte des Auftauchens der Krisendiskurse bzw. deren zeitweises Abtauchen und Verschwinden erkannt und die Krisenphasen so nochmals, gestützt auf deskriptive Statistik, zeitlich und inhaltlich verifi-

5 Das Tool findet sich unter: [http://www.antlab.sci.waseda.ac.jp/antconc_index.html, zuletzt abgerufen am 28.03.2017].

6 Das DeReKo ist einsehbar unter: [http://www1.ids-mannheim.de/kl/projekte/korpora/, zuletzt abgerufen am 28.03.2017].

ziert werden.[7] Um das Verfahren zu verdeutlichen und um im Beispiel des Krisendiskurses zur „Agenda 2010" zu bleiben, führe ich im Folgenden eine Abbildung an, die exemplarisch die diachrone Verteilung ausgewählter diskursspezifischer Schlagwörter im DEREKO zwischen Januar und Dezember 2003 zeigt:[8]

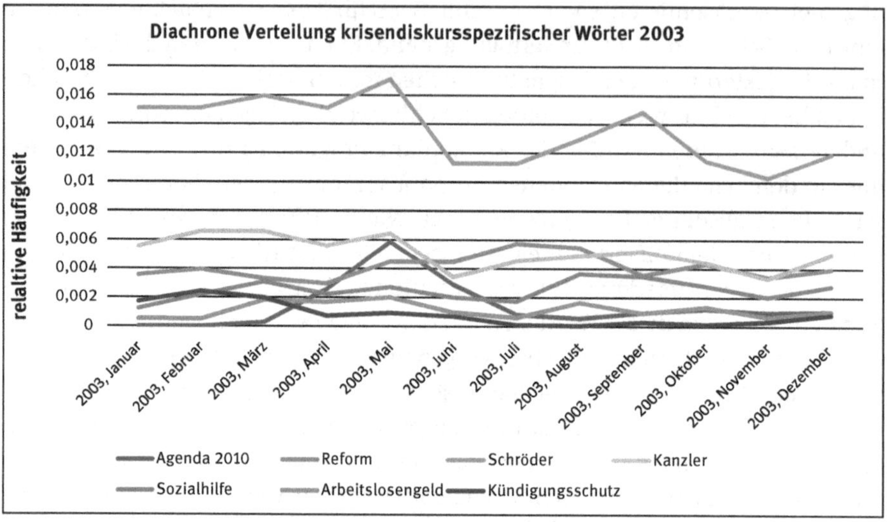

Abb. 4: Diachrone Verteilung krisendiskursspezifischer Wörter 2003 im DEREKO

Die Abbildung zeigt, dass sich zwischen März – dem Zeitpunkt, als Bundeskanzler Gerhard Schröder die „Agenda 2010" verkündete – und Juli 2003 – dem Beginn der parlamentarischen Sommerpause – ein „Peak" befindet, der schließlich als entscheidendes Kriterium dafür angesehen wurde, den Krisendiskurs zur „Agenda 2010" auf den entsprechenden Zeitraum einzugrenzen.

7 Bereits Jung (1994a) hat für ein solches Verfahren zwischen „deuten und zählen" plädiert.
8 Die quantitative Recherche wurde mit dem COSMAS II Client durchgeführt und basiert auf einer Grundgesamtheit von 369.622 Texten bzw. 92.848.698 Wörtern.

4.1.2 Auswahl der Korpusquellen

Maßgebend für die Auswahl der Korpusquellen war, dass diese Öffentlichkeit herstellen und für die Konstitution der gesellschaftlichen Kommunikation sowie des heterogenen gesellschaftlichen Wissens einer Zeit über „Krise“ von Bedeutung sind. Dabei wurde sich auf Quellen beschränkt, die – vorzugsweise elektronisch in Datenbanken – für den gesamten Untersuchungszeitraum von 1973 bis 2009 zur Verfügung stehen. Unter diesen Gesichtspunkten entschied man sich für die bereits genannten Printmedien mit überregionaler Geltung als Korpusquellen (BILD, FAZ, SZ, SPIEGEL und ZEIT), denen eine „tonangebende“ Funktion zugesprochen wird. Solche als Leitmedien[9] verstandenen Zeitungen und Zeitschriften haben u. a. aufgrund ihrer Reichweite, ihres Nutzerkreises, ihrer Funktion, Themen zu setzen (Agenda Setting) und Bezugsrahmen zu schaffen (Framing), und infolge ihres Ansehens einen starken Einfluss auf den öffentlichen Diskurs, die öffentliche Meinungsbildung und andere Massenmedien. Letzteres, weil sie von Journalisten bei ihren Recherchen häufig befragt werden (vgl. Göttlich 2002: 194 und Wilke 1999: 302f.).[10]

Bei der so getroffenen Auswahl wurde davon ausgegangen, dass sie „den öffentlichen Diskurs zwar nicht vollständig repräsentier[t], aber für das erzeugte und in der jeweiligen Zeit dominante kollektive Wissen doch maßgeblich [ist] und ein gewisses Spektrum dieses immer auch heterogenen Wissens“ (Wengeler & Ziem 2010: 341), d. h. Perspektivenvielfalt und unterschiedliche Diskurspositionen, erkennen lässt.[11] Darüber hinaus wurde angenommen, dass mit dieser Auswahl

---

9 Bis auf die BILD zählt Wilke (vgl. 1999: 310–320) alle untersuchten Zeitungen/Zeitschriften zu den Leitmedien. Die FAZ gilt als Qualitätszeitung rechts der politischen Mitte. Die SZ gilt, wie die ZEIT, als sozial-liberale Qualitätszeitung. Das Nachrichtenmagazin DER SPIEGEL gilt als *das* Leitmedium, welches „[w]ie kein anderes Blatt [...] die bundesdeutsche (Nachkriegs-)Geschichte aufs tiefste geprägt“ (Wilke 1999: 318) habe. Mit der „Spiegel-Story“ etablierte das Magazin eine strukturell und stilistisch eigene Pressetextsorte, ähnlich dem „Streiflicht“ der SZ, die zu einem Markenzeichen wurde. Die BILD-Zeitung gilt als populistisch und wird dem Boulevard zugerechnet. Auch wenn ihr keine leitende Funktion zugesprochen wird, dürfte ihre meinungsverstärkende Relevanz für eine das Bildungspublikum übergreifende Leserschaft als auflagenstärkste Zeitung in Deutschland unbestritten sein.

10 So ergab eine 1993 durchgeführte Umfrage, dass der SPIEGEL mit 66,7 Prozent an erster Stelle der von Journalisten regelmäßig konsultierten Medien steht. An zweiter Stelle steht mit 46,6 Prozent die SZ, gefolgt von der FAZ an vierter Stelle (36,2 Prozent) und der ZEIT an fünfter Stelle (34,4 Prozent). Die BILD-Zeitung steht mit 21,8 Prozent an elfter Stelle (vgl. Wilke 1999: 304). Diese Werte können selbstverständlich nur als Indikator herangezogen werden, zumal sich die Leitfunktion eines Mediums im Lauf der Zeit wandelt.

11 Dies allein schon aufgrund der unterschiedlichen politischen Ausrichtungen der Zeitschriften/Zeitungen (siehe dazu Anmerkung 9), wobei ein Pressemedium vorab nicht sicher auf ei-

„Zugang zu den im öffentlichen Diskurs wichtigsten Diskursakteuren" gewährleistet ist, beispielsweise zu den „Zeitungen selbst und den in ihnen zu Wort kommenden Individuen und Organisationen aus Politik und Wirtschaft" (Wengeler & Ziem 2010: 341f.). Außerdem ermöglicht diese Auswahl, nicht nur einzelfallspezifische Erkenntnisse über den Diskursgegenstand „Krise" zu erlangen, sondern generalisierbare Ergebnisse hervorzubringen. Hinsichtlich der Validität der Ergebnisse[12] hat ein textsortenhomogenes Korpus aus Zeitungsartikeln nicht zuletzt den Vorteil, die diachrone Vergleichbarkeit der unterschiedlichen Teilkorpora eher zu sichern als ein textsortenheterogenes Korpus, weil etwa die einheitlichen kommunikativen Kontexte, in die die Texte eingebettet sind, oder der ähnliche Hervorbringungszusammenhang, z. B. die institutionellen Bedingungen, unter denen die Text- und Aussageserien produziert wurden, die Regelhaftigkeit diskursiver Ereignisse wahrscheinlicher werden lässt. Brüche oder Verschiebungen in den Argumentationsmustern lassen sich dann auch eher als wissensgeschichtliche Veränderungen im Diskurs interpretieren, als dass sie auf unterschiedliche textsortenspezifische Möglichkeitsbedingungen der Kommunikationssituation oder Text- und Aussageproduktion zurückgeführt werden müssten.[13]

4.1.3 Auswahl der Pressetexte

Eine Klassifizierung der Texte nach unterschiedlichen Pressetextsorten ist für die vorliegende Arbeit, die sich im engeren Sinne nicht für Textcharakteristika interessiert, irrelevant. Zudem erscheint mir eine Einteilung in das gängige dichotomische Schema meinungsbetont vs. informationsbetont nicht plausibel bzw. würde zu keinem sinnvollen Ergebnis führen. Nur eine akribische Einzeltextanalyse nach bestimmten Textsortenmerkmalen könnte über die Zuordnung von Texten zu Pressetextsorten Aufschluss geben. Doch damit wäre für das Erkenntnisziel dieser Arbeit nicht viel gewonnen. Tendenziell ist den Texten eine informativ-persuasive Funktion gemeinsam, weshalb sie sich für eine diskurslinguistische Arbeit, die sich zum Ziel gesetzt hat, etwas über sprachliche Wirklichkeitskonstruktionen und gesellschaftliches Wissen bzw. die Meinungsbildung zum Thema „Krise" im öffentlich-politischen Diskurs in Erfahrung zu bringen, als Unter-

---

ne Position festgelegt werden kann. Auch in einzelnen Organen lässt sich – entgegen mancher Unkenrufe, (sozial- und wirtschaftspolitische) Diskurse seien ganz und gar neoliberal – synchron wie diachron ein relativ breites Meinungsspektrum beobachten.

12 Zum Postulat einer diskurslinguistischen Validität vgl. Busch (2007: 151f.).

13 Nach Busse & Teubert (2013 [1994]: 17) ist ein gemeinsamer „Aussage-, Kommunikations-, Funktions- oder Zweckzusammenhang" gegeben.

suchungsgegenstand eignen. Aufgrund dieser zentralen Textfunktion ist auch davon auszugehen, dass in den allermeisten Texten sprachlich-argumentativ gehandelt wird. Die Auswahl der Artikel erfolgte also quer zu allen Pressetextsorten und Ressorts: von Politik bis Sport, von kurzen Meldungen bis zu Leitartikeln und Spiegel-Storys. Meinungsbetonte Texte wie Kommentare, Glossen, Leserbriefe und Interviews wurden ebenso berücksichtigt wie eher informationsbetonte Dokumentationen, Reportagen oder zusammenhängende Berichte in Form von Serien über mehrere Ausgaben hinweg, und auch komplette oder nur auszugsweise abgedruckte Reden wichtiger Akteure sind im Korpus enthalten.[14]

Nach Busch (2007: 154f.) gibt es

> vier grundlegende Bezugsmöglichkeiten zwischen Textthema und Diskursgegenstand:
> 1. Der Diskursgegenstand als Ganzes ist Hauptthema eines Textes.
> 2. Der Diskursgegenstand als Ganzes ist Nebenthema eines Textes.
> 3. Ein Aspekt des Diskursgegenstandes ist Hauptthema eines Textes.
> 4. Ein Aspekt des Diskursgegenstandes ist Nebenthema eines Textes.[15]

Hauptkriterium für die Textauswahl war, dass der Diskursgegenstand „Krise“ als Ganzes oder ein Aspekt von ihm Hauptthema eines Textes ist. Texte, die „Krise“ zum Nebenthema haben, wurden nicht berücksichtigt. Jeder einzelne Text, der in das Korpus Eingang gefunden hat, wurde also auf seine thematische Relevanz hin überprüft. Wie schon bei der Definition der Untersuchungszeiträume kamen dabei qualitative und quantitative wechselseitig aufeinander bezogene Arbeitsschritte zur Anwendung:

Der systematischen Artikelrecherche dienten die in Kapitel 4.1.1 beschriebenen ersten Textsammlungen. Die auf diesem Fundament ermittelten, für eine „Krise“ einschlägigen Schlagwörter wurden zur Artikelrecherche in digitalen Zeitungsarchiven als Suchwörter eingesetzt.[16] Mithilfe von Trunkierungssymbolen

---

14 Dennoch ist es möglich, die Distribution der Argumentationsmuster bzw. aller annotierten sprachlichen Einheiten über Pressetextsorten zu ermitteln, da entsprechend der in den Zeitschriften/Zeitungen angegebenen Zuordnungen eines Textes zu einer Textsorte letztere als Metadatum zu jedem Artikel in den Datenbanken und Analysetools INGWER und FUD, in denen das Korpus verwaltet wird, erfasst wurde. Inwiefern eine durch Selbstzuschreibung der Zeitschriften/Zeitungen übernommene Klassifizierung linguistischen Maßstäben entspricht, sei aus den oben genannten Gründen dahingestellt. Siehe zur Datenaufbereitung sowie zum Datenmanagement in INGWER und den damit verbundenen Analysemöglichkeiten Kap. 4.1.4.

15 Ähnliches formuliert auch Jung (2000: 25–28).

16 Da nicht alle Ausgaben der Printmedien in Datenbanken digital verfügbar sind, konnten auch nicht alle Texte auf diese Weise recherchiert werden. Im Interesse methodischer Transparenz soll hier nicht verschwiegen werden, dass abgewogen werden musste zwischen den Alternativen, entweder die Quellen, die nicht über alle Zeiträume elektronisch archiviert sind, aus dem Korpus

erfolgte die Recherche einschließlich aller Flexionsformen der jeweiligen Suchwörter und Kompositabildungen. Zusätzlich wurde durch den logischen Operator ODER eine Verknüpfung zwischen den Suchwörtern hergestellt. Die Ergebnismenge umfasste somit alle Artikel, die mindestens eine Wortform (Komposita inbegriffen) der gesuchten Wörter enthält.[17]

Insofern diese Erhebungsmethode sehr grobmaschig ist, dafür aber eine „Krise" über ihre lexikalischen Repräsentanten in ihrer ganzen Breite erfasst, mussten die Suchresultate auf ihre empirische Brauchbarkeit im Hinblick auf das Untersuchungsinteresse und die Forschungsfrage überprüft werden.[18] Die Entscheidung, ob ein Text endgültig in das Korpus aufgenommen wird oder nicht, erfolgte erst nach dem Querlesen der gesamten Ergebnismenge. Dieses Verfahren hat nicht nur den Vorteil, dass der Forscher seine Daten besser kennenlernt und einen ersten Eindruck von verschiedenen Diskursphänomenen gewinnt; daneben zeigt sich, dass Korpuserstellung und -analyse Hand in Hand gehen. Zudem erschien dieser Schritt als notwendig zur Bildung eines kohärenten und homogenen Korpus, das dem linguistisch-diskursgeschichtlichen Verständnis von Diskurs entspricht und sich mit entsprechenden Zielen und Methoden vereinbaren lässt, statt auf Basis unpraktischer Maßstäbe und hinderlicher methodologischer Modelle – wie etwa der Frage der statistischen Repräsentativität eines Korpus – zu forschen.

---

vollständig zu streichen, da es sonst zu einer ungleichmäßigen Verteilung der Korpusquellen gekommen wäre, oder sich mit einer methodischen Inkonsistenz bei der Korpuserstellung abzufinden. Wir haben uns für Letzteres entschieden. Das hatte eine aufwendige Vorgehensweise zur Konsequenz. Um den Verlust thematisch relevanter Zeitungsartikel möglichst gering zu halten, wurden nicht digital zugängliche Korpusquellen mittels Volltextlektüre aller entsprechenden Zeitungsausgaben im betroffenen Untersuchungszeitraum erhoben. So konnte die SZ bis 1990 nur auf Mikrofilm gelesen werden. Relevante Artikel wurden eingescannt und mithilfe einer OCR-Texterkennung digitalisiert sowie zwecks Fehlerkorrektur manuell nachbearbeitet. Ein ähnliches Vorgehen war auch bei der BILD-Zeitung notwendig, deren Archiv erst vom Jahr 2000 an digital zugänglich ist und ältere Ausgaben nur in gedruckter Form vorrätig hat. Erschwerend kam hinzu, dass nur das Zeitungsarchiv des Springer-Verlags in Berlin alle bundesweiten Ausgaben vollständig enthält und die Artikelbeschaffung deshalb eine mehrtägige Archivarbeit erforderte. Einschlägige BILD-Artikel wurden abfotografiert, mit einem Texterkennungsprogramm digitalisiert und manuell fehlerbereinigt. Bis auf diese Ausnahme konnte alles andere problemlos elektronisch im Volltext über Universitätsbibliotheken, in verschiedenen Datenbanken wie LEXISNEXIS und bei den Verlagen selbst recherchiert werden.

17 Exemplarisch sei hier die Suchanfrage für die „Ölkrise" genannt: **öl** ODER **energie** ODER **konjunktur** ODER **rezession** ODER **wachstum** ODER **arbeitslosigkeit** ODER **krise**.

18 Zwischen September 2008 und April 2009 lassen sich allein in der FAZ mit dem Suchwort *Finanzkrise* 3.628 Artikel finden.

4.1.4 Datenaufbereitung und -verwaltung

Aufbereitung

Die manuelle Verwaltung eines Korpus, das mehrere tausend Texte umfasst, lässt sich nur mit großem Aufwand bewältigen. Um einen kontrollierten Umgang mit den Daten zu ermöglichen, den Überblick über das Sprachmaterial zu behalten, dessen nachhaltige Verfügbarkeit zu gewährleisten, die Textmengen möglichst exhaustiv auswerten zu können etc., bieten sich verschiedene technische Hilfsmittel an. INGWER ist eine Korpusverwaltungs- und Analysesoftware, die dies und mehr leistet.

Abgesehen davon, dass alle Texte in digitaler Form vorliegen müssen, ist eine konsistente Datenbasis eine wichtige Voraussetzung für die Arbeit mit Datenbanken wie INGWER. Deshalb mussten die Daten einheitlich strukturiert aufbereitet werden. Als problematisch erwies sich dabei, dass die Datenaufbereitung je nach privatem Forschungsinteresse und individueller Arbeitsweise anders zu erfolgen hat – so etwa, dass beim Sammeln bestimmter Metadaten ihre Zitierbarkeit gewährleistet sein muss; in anderen Fällen ist dies weniger von Interesse. Die Durchsetzung eigennütziger Forschungsstrategien, die diverse Vorentscheidungen über spätere Analysemöglichkeiten nach sich zieht, hätte nicht nur ein „Datenwirrwarr" ergeben, sondern auch paradigmatische Unterwerfung, methodische Restriktion bis hin zu Ausschluss (im Foucault'schen Sinne als Ausschließungsmechanismus des wissenschaftlichen Diskurses).

Trotz unterschiedlicher Forschungsinteressen und -methoden der Projektbeteiligten galt es also, eine einheitliche Datenbasis zu schaffen, die den diversen Voraussetzungen gerecht wird, die abweichende wissenschaftliche Interessen, Einstellungen und methodische Zugänge also gleichwertig behandelt, ohne eine bestimmte Herangehensweise als Primat anzusehen. Deshalb wurde im Umgang mit den Daten ein projektspezifischer Standard entwickelt. Nicht zuletzt um den wissenschaftlichen Anspruch der Zitierbarkeit der Belege zu gewährleisten und für spätere Distributionsanalysen von Annotationen – beides ist für die Topos-Analyse wichtig – zählt dazu die Erfassung von bestimmten Metadaten zu jedem Zeitungsartikel. Registriert wurde der Name der Zeitung, Erscheinungsdatum des Artikels, Titel und Untertitel der Artikel, Autor, Ressort, Pressetextsorte, geopolitischer Bezug, Seitenzahl und ob ein Artikel Teil einer thematisch zusammenhängenden Serie ist. Die einzelnen Datensätze wurden mit einem entsprechenden Metadatenkopf versehen und mit dem universellen Austauschformat XML[19] ausgezeichnet oder, beides ist möglich, in ein nach vorher festgelegten Parametern

---

19 Aufgrund seiner unabhängigen Datenstruktur eignet sich das XML-Format hervorragend zur Darstellung, Weiterverarbeitung und auch zum Austausch der Textdaten zwischen Computer-

gegliedertes Textformat gebracht. Die auf diese Weise gestalteten Daten konnten dann automatisch nach INGWER importiert werden. Im Folgenden werden die Grundidee und die wichtigsten Funktionen von INGWER erläutert.

Verwaltung

Im Rahmen des genannten DFG-Projektes wurde in Zusammenarbeit mit SEMTRACKS und DISKURSNETZ eine Datenbank für Diskurs- und Korpusanalyse entwickelt.[20] Die Grundidee zu INGWER ging aus dem Bedürfnis hervor, große Textmengen handhabbar zu machen und im Projektverbund, d. h. mit unterschiedlichen Interessen und Erkenntniszielen sowie mit verschiedenen Methoden, an einem Korpus arbeiten zu können. Wie zuvor erwähnt, hielten die Projektmitarbeiter es dabei für angebracht, so wenige spezifische Strategien und Dekrete in der Handhabe der Daten wie möglich zu erlauben, sich aber gleichzeitig an bestimmten Standards im Umgang mit den Daten zu orientieren.

INGWER ist eine relationale Volltextdatenbank (MYSQL) mit graphischer Benutzerschnittstelle (PHP-Webinterface). Die Datenbank beruht auf einem serverbasierten Benutzerkonzept, sodass mehrere Forscher von verschiedenen Orten aus gleichzeitig Zugriff haben. Das Programm dient als moderner Zettelkasten, d. h. zur Sammlung und Verwaltung digitaler Korpora und Textbelege. Die Software ermöglicht darüber hinaus verschiedene Arten der Recherche:

Unter anderem ist eine Suche nach verschiedenen Parametern durchführbar, beispielswiese nach den im Projekt zu den Artikeln erhobenen Metadaten wie „Zeitung", „Datum" oder „Autor". Man kann aber auch im Volltext nach lexikalischen Einheiten recherchieren[21] sowie nach in den Artikeln enthaltenen Annotationen. Die Parameter sind beliebig kombinierbar, wobei die Suchresultate als Teilkorpora gespeichert und wieder geladen werden können.

---

systemen mit unterschiedlichen Architekturen und zwischen einzelnen Programmen, die für die Analyse eingesetzt werden. Da die Daten in einer relationalen Datenbank gespeichert sind und jederzeit ins XML-Format exportiert werden können, ist eine Orientierung am TEI-Standard [http://www.tei-c.org/, zuletzt abgerufen am 28.03.2017] möglich.

20 Eine ausführliche Beschreibung der Software mit Anwendungsbeispielen enthalten u. a. die Beiträge von Kuck & Römer (2012) und Ziem, Scholz & Römer (2013). Sie gehen auch auf das implementierte Tool zur manuellen Annotation in der Datenbank gelagerter Texten ein. Da es im Rahmen dieser Arbeit nicht zur Anwendung kommt, wird es nur der Vollständigkeit halber erwähnt.

21 U. a. mithilfe Boolescher Operatoren und Regulärer Ausdrücke.

Während des Imports der Texte nach INGWER werden die Wörter mithilfe des TREETAGGERS[22] automatisch lemmatisiert und mit Wortart-Informationen versehen.[23] Neben der Wortart-Annotation können den Daten außerdem, wie man es von QDA-Programmen aus der qualitativen Sozialforschung kennt, zur hermeneutisch-interpretativen Analyse nach einem frei bestimmbaren Kategoriensystem manuelle Annotationen hinzugefügt werden. Die manuellen Annotationen werden direkt in der Datenbank am digitalen Text vorgenommen und als XML-Tag hinterlegt. So ist es möglich, die Annotationen in der Datenbank zu verwalten (über die Suchmaske wiederzufinden) und darüber hinaus zu allen anderen Annotationen und Metainformationen in Beziehung zu setzen (Beispiel: „Suche manuelle Annotation X in Relation zu Zeitung Y in Relation zu Pressetextsorte Z"). Das heißt, sie stehen ebenfalls, wie die Metadaten, als Such-Parameter zur Verfügung. Die mit einer Kategorie ausgezeichneten Passagen werden im Text angezeigt. Die Annotationen können sich überschneiden und von beliebiger Länge sein (ein Wort, Satz, Textabschnitt oder auch ein ganzer Text). Grundsätzlich darf eine Kategorie Element beliebig vieler anderer Elemente sein. Hierarchisierungen und Mehrfachzuordnungen sind in freier Anordnung (auch im Nachhinein) möglich.

Ganze Korpora, kleinere Teilkorpora, einzelne Texte oder Belegsammlungen lassen sich mitsamt Metadaten und Annotationen in verschiedene Formate exportieren, um mit ihnen (teilweise auch direkt über Schnittstellen) in anderen Systemen oder mit anderer Software beispielsweise quantitativ weiterzuarbeiten (die Ausgabeformate sind: XML, CORPUS WORKBENCH (CWB), LEXICO 3, CSV). Beide Zugänge, qualitativ wie quantitativ, können parallel stattfinden oder integriert werden.

In der vorliegenden Arbeit wurde INGWER insbesondere als moderner Zettelkasten bzw. als Tool zur Verwaltung des Korpus und zur Bildung von Teilkorpora genutzt; außerdem wurde auf die Schnittstelle zur CORPUS WORKBENCH zurückgegriffen, um die Daten quantitativ zu untersuchen. Wie in Kapitel 3.4 dargestellt, leistet FuD ähnliches und wurde verwendet, um die Daten qualitativ zu analysieren.

Zum Abschluss der Beschreibung des KRIREKO als Grundlage und Ressource der hier durchgeführten empirischen Studie und seiner Möglichkeiten soll auf Einschränkungen aufgrund des Korpus hingewiesen werden: Die Reichweite der erzielbaren Ergebnisse ist auf die Grundgesamtheit der sprachlichen Daten begrenzt,

---

22 [http://www.ims.uni-stuttgart.de/projekte/corplex/TreeTagger/, zuletzt abgerufen am 28.03.2017].

23 In INGWER werden Wortarten nach dem Stuttgart/Tübinger Tagsets (STTS) zugeordnet. Die jeweiligen Abkürzungen sind der im Internet verfügbaren Tabelle zu entnehmen: http://www.ims.uni-stuttgart.de/forschung/ressourcen/lexika/TagSets/stts-table.html, zuletzt abgerufen am 28.03.2017].

d. h. auf den Pressediskurs. Generalisierungen darüber hinaus bleiben streng genommen hypothetisch. Allerdings kann nicht zuletzt aufgrund der leitenden Funktion der Korpusquellen davon ausgegangen werden, dass die ausgewählten Printmedien eine „Hauptarena“ (Spieß 2011: 254) des öffentlich-politischen Krisendiskurses bilden und die gesellschaftliche Relevanz der Untersuchungsergebnisse somit gesichert ist.[24]

Des Weiteren ist das KRIREKO allein wegen seiner Größe nicht für alle Forschungsinteressen, Fragestellungen, Erkenntnisziele und methodischen Zugänge gleichermaßen geeignet. Wie bereits angedeutet und im nächsten Kapitel dargestellt, kann es deshalb notwendig sein, ein adäquates Untersuchungskorpus, ein „Korpus im Korpus“, zu erstellen. Dafür müssen neue Kriterien und ein entsprechendes Verfahren erdacht werden, was ein Mehraufwand ist und den Zweck des Aufbaus eines Korpus im Umfang des KRIREKO für die Anwendung von hermeneutischen Methoden des Text- und Diskursverstehens infrage stellt.

4.2 „Korpus im Korpus“

4.2.1 Begrenzung des Gegenstandes

Das der vorliegenden Arbeit zugrundeliegende konkrete Untersuchungskorpus wurde zunächst auf den Gegenstand der „Ölkrise“ 1974/74, den Krisendiskurs 1982 und den Diskurs zur „Agenda 2010“ im Jahr 2003 eingeschränkt. Dies hat neben arbeitspraktischen folgende inhaltliche Gründe:

Vom wirtschaftlichen Einbruch der Jahre 1966/67 abgesehen und obwohl sie kollektiv meist nur noch als „autofreie Sonntage“ erinnert wird, steht die „Ölkrise“ 1973/74 in der Geschichtsschreibung für die erste große Wirtschaftskrise nach dem Boom und markiert, so die von Historikern einstimmig vertretene Meinung, das Ende der Nachkriegszeit bzw. den Beginn eines neuen Zeitalters.[25] Wegen ihres zeithistorischen Stellenwerts aber auch aufgrund der öffentlichen Aufmerksamkeit, die ihr zuteilwurde, kommt eine Diskursgeschichte von Wirtschaftskrisen in der BRD, die etwas zum gesellschaftlichen Wissen, zur sprachlichen Konstruktion von „Krisen“ und zum diskursiven Wandel seit den 1970er Jahren sagen will, nicht ohne eine Untersuchung der „Ölkrise“ 1973/74 aus.

---

24 Vgl. zur Begründung von „Printmedien als Ermöglichungsbedingung von Diskursen“, die für den Diskursgegenstand „Krise“ übernommen werden kann, Spieß (2011: 253– 256).

25 Zur Einordnung der vorliegenden Arbeit in den Zusammenhang der zeitgeschichtlichen Forschungsdebatte insbesondere über die 1970er Jahre siehe Kap. 5.3.

Der Krisendiskurs 1982 ist Gegenstand der Untersuchung, weil er mit einem bedeutenden diskursiven und ideologisch-politischen Umbruch zusammenfällt und als vorläufiger Höhepunkt einer diskursiven Entwicklung angesehen werden kann, die u. a. 2003 mit der Verkündung der „Agenda 2010" und ihrer sukzessiven Umsetzung in den folgenden Jahren politische Wirkung zeitigte, welche gesellschaftliche Umwälzungen zur Konsequenz hatten (siehe Kap. 5.5).

Der Untersuchungszeitraum 1997 findet keine Berücksichtigung, weil nicht plausibel gemacht werden kann, warum das Jahr 1997 und nicht 1995 oder insbesondere 1993, als ein Rückgang des Wirtschaftswachstums zu verzeichnen ist, untersucht werden. Die 1990er Jahre sind auch insofern vernachlässigbar, als dass sie linguistisch relativ gut erforscht sind, insbesondere Studien zum Reform- und Globalisierungsdiskurs und zum Schlagwort *Globalisierung* finden sich gehäuft.[26] Außerdem haben eigene Pilotstudien gezeigt, dass sich die damals genutzten Argumentationsmuster im Diskurs zur „Agenda 2010" im Jahr 2003 weitestgehend bestätigen.[27] Dementsprechend legen von den Kollegen Ronny Scholz und Alexander Ziem durchgeführte quantitative Studien von Wörtern und ihrer Verteilung auf alle fünf im DFG-Projekt fokussierten „Krisen" nahe, dass es sich aufgrund der Gemeinsamkeiten im Vokabular bei 1997 und 2003 um eine „Krise langer Dauer" handelt.[28]

---

26 Vgl. zum politischen Sprachgebrauch und zum Globalisierungs- und Reformdiskurs in den 1990er Jahren allgemein Klein (2011a, 2011b und 2015). Diskurs- und Korpusanalysen zu *Globalisierung* legen u. a. Teubert (2002), Hermanns (2012 [2003]) und Ziem (2014) vor. 2007 ist ein Sonderheft der Zeitschrift *Aptum* mit sprachkritischen Beiträgen zum Thema „Globalisierung" erschienen. Mit dem Globalisierungsdiskurs aus kritischer Perspektive setzen sich ebenfalls u. a. Karasek (2008) und (2009) sowie Knobloch (1998) und (2008) auseinander.

27 Vgl. hierzu Römer & Wengeler (2013a).

28 Vgl. z. B. Scholz & Ziem (2015) und (2013). Die Autoren halten den Befund „der lexikalischen und stilistischen Ähnlichkeit zwischen den Texten" (Scholz & Ziem 2013: 160) für verblüffend. Erkenntnisse wie die, dass für 1973/74 Wörter wie *Öl*, *Fahrverbot* und *Energie* spezifisch seien, weshalb es um Energieversorgung ginge, oder dass *Sozialhilfe*, *Reform* und Wortbildungen mit *Arbeit* 1997 und 2003 häufig vorkämen, weshalb es um „Arbeit" und „Reformen" ginge, oder dass Texte zur Finanzkrise sich durch Bezug auf die Finanzwirtschaft auszeichneten (vgl. Scholz & Ziem 2013: 161f.), sind für eine linguistische Diskursgeschichte eher unbrauchbar. Natürlich wirkt sich der Diskurs auch auf die sprachliche Oberfläche aus. Aber formale Gemeinsamkeiten und Unterschiede auf der sprachlichen Oberfläche verdecken relevante Eigenschaften des subkutan wirksamen Diskurses, die es deshalb zu durchbrechen gilt. Das wird z. B. daran deutlich, dass Scholz & Ziem (2013: 162) aufgrund von Feststellungen wie, dass die „Ölkrise" 1973/74 und die „Banken- und Finanzkrise" 2008/09 sich am deutlichsten voneinander unterscheiden und die geringsten Ähnlichkeiten zu den anderen „Krisen" aufweisen würden, oder dass sich „unter den am stärksten überrepräsentierten Wortformen [...] in den Texten zur ‚parteipolitischen Wende' keine einzige [findet], die auf politische oder andere Inhalte hinweist", diskursive Verbindungen und Prozes-

Insofern ich im Gegensatz zu Scholz & Ziem (2013) davon ausgehe, dass die Konstitution eines allgemeinen Krisenbewusstseins, auf dessen Grundlage zahlreiche politische Maßnahmen und „Reformen“ begründet wurden, schon in den 1970er Jahren einsetzte, 1982 einen vorläufigen Höhepunkt erreichte, in den 1990er Jahren auf ihrem Zenit gewesen war und 2003 dann, mit den „Reformen“ der rot-grünen Bundesregierung, an einem vorläufigen Endpunkt ankam, richte ich den Blick mit dem letzten Teil der empirischen Untersuchung zur Legitimation der „Agenda 2010“ auf Beginn, Wandel in den 1980er Jahren und Abschluss der „Krise langer Dauer“. Bei der Untersuchung handelt es sich also um einen größeren Zusammenhang, dessen sprachliche Konstruktion im Rückblick als eine wichtige Vorbereitung der 2003 verkündeten „Reformen“ gelten kann.

Die Nicht-Berücksichtigung der „Banken- und Finanzkrise“ 2008/09, welche selbstverständlich auch in der Kontinuität der Konstitution eines allgemeinen Krisenbewusstseins steht, lässt sich dadurch rechtfertigen, dass es sich um eine „Krise“ der globalen Finanzwirtschaft mit realwirtschaftlichen Folgen handelt, die im internationalen Zusammenhang gesehen werden muss. Demnach lässt sie sich nicht unmittelbar in die Reihe eher national geprägter sozial- und wirtschaftspolitischer Krisendiskurse stellen. Obwohl einige interessante Kontinuitäten zu entdecken sind und auch Neues in den Argumentationsmustern vorkommt, würde ihre Betrachtung den Rahmen der vorliegenden Arbeit sprengen.[29]

4.2.2 Begrenzung der Textmenge

Einer Diskursanalyse im hier vorgeschlagenen Sinne geht es um die „Regeln des Erscheinens diskursiver Ereignisse“ (Busse 1987: S. 257) bzw. um die Serialität diskursiver Ereignisse, die sich zu Regelmäßigkeiten verdichten und diskursive Formationen ausbilden. Folglich muss eine Fülle von Texten untersucht werden, „statt nur der Auswertung einiger weniger, als besonders relevant oder typisch

se ausblenden, die unter der Schwelle der direkten Wahrnehmbarkeit liegen. Insgesamt bleiben also unterschwellige politisch und gesellschaftlich relevante Umwälzung verborgen, die sich mit der „Agenda 2010“ politisch durchsetzten, und die schon 1982 diskursiv ermöglicht wurden, etwa durch die Schaffung eines allgemeinen Bewusstseins für die „Krise des Sozialstaates“, was Scholz & Ziem (2013: 175) erst in den 1990er Jahren verorten. Die Bildung eines Problembewusstseins „als Voraussetzung dafür, im Rahmen der ‚Agenda 2010‘ einschneidende politische Maßnahmen zu diskutieren und schlussendlich umzusetzen“ (Scholz & Ziem 2013: 181), fand schon in den 1970er Jahren statt.

29 Vgl. zu historischen Kontinuitäten und Differenzen in den Argumentationsmustern und im gesellschaftlichen Wissen zwischen der „Ölkrise“ 1973/74 und der „Banken- und Finanzkrise“ 2008/09 Römer & Wengeler (2013b).

erklärter Einzel-Ereignisse“, weil so „besser Aufschluss [...] über die Regelhaftigkeit und somit die Verbreitung einer bestimmten sprachlichen Konstruktion von Wirklichkeit“ (Wengeler 2003: 296) erreicht werden kann. Dementsprechend lässt sich das Vorkommen eines Argumentations*musters* am besten durch sein häufiges Auftreten in vielen Texten am Beispiel einer Reihe sprechender Belege plausibilisieren und intersubjektiv nachvollziehbar machen. Andererseits halte ich es nicht für zwingend nötig, 1.000 und mehr Texte zu untersuchen, wenn auch 625 und weniger ausreichen, um seine Ergebnisse zu validieren und die gesteckten Erkenntnisziele zu erreichen.

Ein Diktum der Grounded Theory lautet, dass Theorien, Hypothesen, Konzepte oder Kategorien induktiv aus den Daten generiert werden bzw. in den Daten verankert sein müssen (vgl. Glaser & Strauss 2010: 20–24). Ganz im Stile und Sinne einer dichten Beschreibung (Geertz 1987) wird dabei nicht geleugnet, dass der Forscher Erwartungen und Hintergrundwissen an die Daten heranträgt. Die Kategorien werden als gesättigt angesehen, wenn die Erwartungen und das Vorwissen des Forschers mit den empirischen Beobachtungen übereinstimmen.[30] Demnach ist anzunehmen, dass ein Mehr an untersuchten Texten ab einer gewissen Anzahl nicht zu anderen oder besseren Ergebnissen führt. Ausgehend von dieser Überlegung wurde an einem gewissen Punkt im Forschungsprozess entschieden, dass das Eintreten von unerwarteten diskursiven Wendungen in nicht berücksichtigten Quellen, welche der Untersuchung eine andere Richtung geben würden, unwahrscheinlich ist. Eine solche Entscheidung ist nur auf der Grundlage entsprechender Quellenkenntnis möglich.

Um aus dem KriReKo eine möglichst repräsentative Textauswahl treffen zu können, habe ich mithilfe der Datenbank LexisNexis ein thematisch unspezifisches allgemeinsprachliches Referenzkorpus erstellt. Dieses erstreckt sich über den gesamten Untersuchungszeitraum von 1973–2003 und umfasst ca. 7.000 Artikel aus über 100 verschiedenen Zeitungen und Zeitschriften. Anschließend wurden mithilfe von AntConc für jeden Untersuchungszeitraum bzw. für die Teilkorpora aus dem KriReKo zur „Ölkrise“ 1973/74 und zu den Krisendiskursen 1982 und 2003 – im Vergleich zum Referenzkorpus – Schlüsselwortlisten erstellt und nach „Keyness“ sortiert.[31] Für jeden Untersuchungszeitraum wurde aus den Lis-

---

30 Sicher kann jetzt der Einwand erhoben werden, der immer gegen alle hermeneutischen Verfahren ins Feld geführt wird. Wir werden den hermeneutischen Zirkel oder die hermeneutische Spirale nicht lösen können: „bezüglich Bedeutungen und Textverständnissen“ sind „subjektive Interpretation von Textstellen mit idiosynkratischen Zügen letztlich nicht hintergehbar“ (Wengeler 2003: 288).

31 Zur Berechnung des Wahrscheinlichkeitswertes der Schlüsselwörter wurde die Log-Likelihood-Funktion gewählt.

ten eine Auswahl inhaltlich als zentral erachteter Schlüsselwörter getroffen. Die Tabelle 3 zeigt die Auswahl der Schlüsselwörter zur „Ölkrise" 1973/74:

Tab. 2: Schlüsselwortliste zur „Ölkrise" 1973/74

Rang	Absolute Freq.	Keyness	Wortform
5	1934	3.875.715	öl
6	1394	2.657.786	brd
8	1319	2.376.365	arabischen
11	1079	2.162.304	heizöl
14	1219	1.729.315	bundesrepublik
16	939	1.660.038	benzin
20	1144	1.432.647	bundesregierung
22	700	1.388.604	energiekrise
23	668	1.338.665	ölkrise
28	982	1.210.328	staaten
32	571	1.144.278	europäischen
35	868	1.089.369	energie
37	614	1.053.557	kohle
38	863	1.049.746	preise
42	513	1.028.046	maßnahmen
43	510	1.022.034	erdöl
46	1160	943.917	regierung
49	448	897.787	ländern
52	628	867.863	krise
55	410	821.636	rohöl
63	475	720.064	gemeinschaft
64	848	714.232	europa
70	343	647.370	fahrverbot
73	1058	620.890	wirtschaft
74	308	617.229	arbeitsplätze
82	319	530.589	nahost
83	278	526.648	opec
85	320	522.151	arabische
86	290	521.259	kurzarbeit
88	255	511.017	europäische
90	409	503.245	saudi
92	283	501.169	energieversorgung
95	243	486.969	solidarität
96	242	484.965	ölgesellschaften
97	424	473.630	eg

Solche Zusammenstellungen von Schlüsselwörtern wurden für jeden Untersuchungszeitraum spezifisch erstellt und in INGWER eingegeben, um im KRIREKO nach Artikeln für das konkrete Untersuchungskorpus zu recherchieren. Gesucht wurde nach den Lemmata der Schlüsselwörter im Fließtext der Zeitungs- und Zeitschriftenartikel, d. h. es erfolgte eine Zurückführung der Wortformen auf ihre Grundform (Lemmatisierung). INGWER findet automatisch alle Flexionsformen der und auch Wortbildungen mit den Suchausdrücke(n).[32] Wie bei der Erstellung des KRIREKO wurden die Ausdrücke durch den logischen Operator ODER verknüpft, d. h. die Ergebnismenge umfasst alle Artikel, die mindestens eine Wortform (Komposita inbegriffen) der gesuchten Wörter enthält. Um für ein ausgewogenes Untersuchungskorpus zu sorgen, wurde das erörterte Verfahren nicht nur für jeden Untersuchungszeitraum spezifisch, sondern auch für jede Zeitung/Zeitschrift gesondert durchgeführt, denn je länger ein Artikel, desto höher die Wahrscheinlichkeit, dass einer der Suchausdrücke darin vorkommt. Würde man also keine nach Zeitungen/Zeitschriften differenzierte Suche durchführen, wären z. B. die kurzen Pressetexte der BILD-Zeitung gegenüber den längeren SPIEGEL-Storys oder langen Hintergrundreportagen deutlich unterrepräsentiert. Die folgende Abbildung veranschaulicht die Suche in INGWER am Beispiel der Anfrage für die „Ölkrise“ 1973/74 in der BILD-Zeitung:

32 Wenn die Suche auf eine bestimmte Wortform beschränkt werden soll, kann mit dem regulären Ausdruck \b gearbeitet werden, z. B. \barabischen\b für eine Suche nach der Pluralform von *arabisch*.

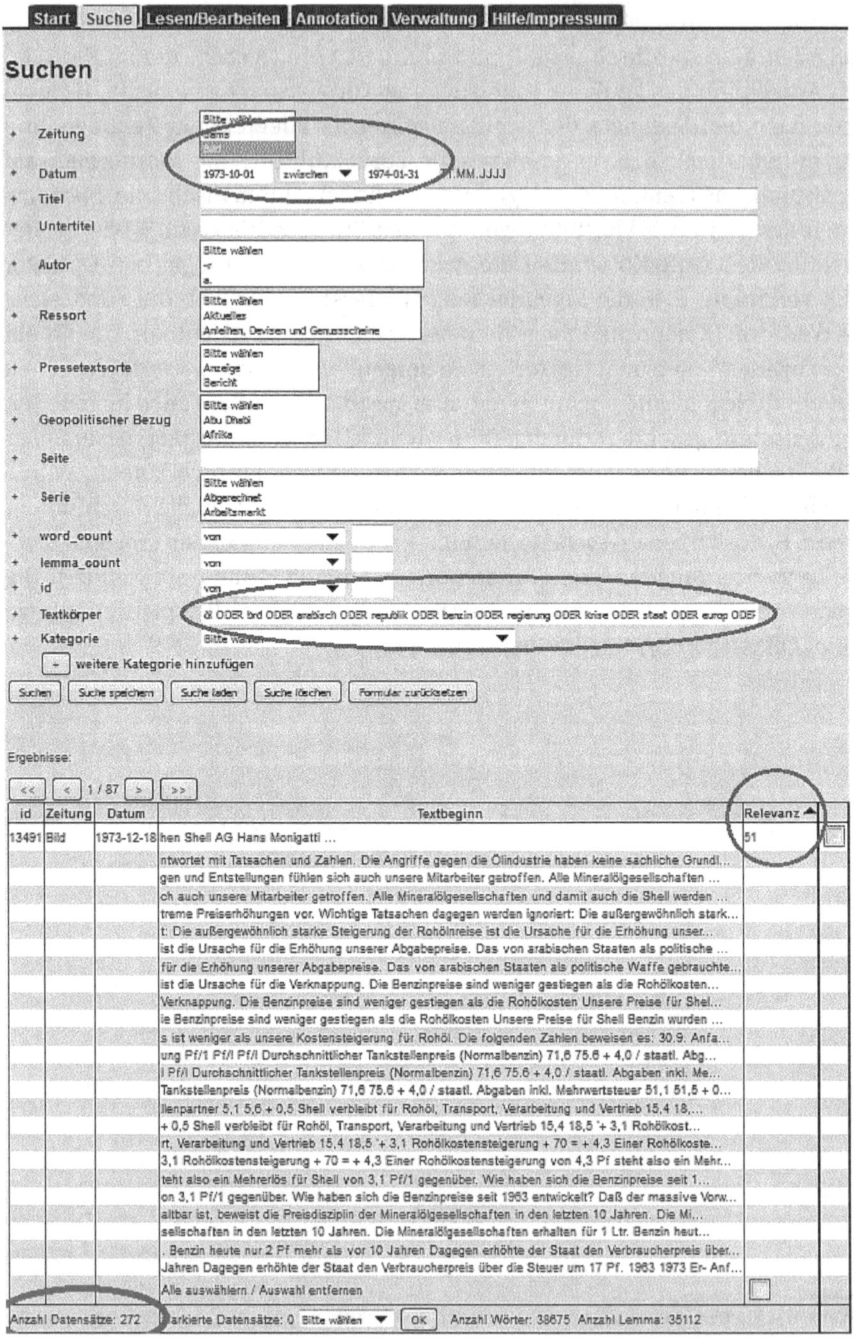

Abb. 5: Suchanfrage in INGWER am Beispiel der „Ölkrise“ 1973/74 und der BILD-Zeitung

Die Rechercheergebnisse konnten nun nach Vorkommenshäufigkeit der Suchausdrücke, die der Wert „Relevanz" angibt, sortiert werden. Während des folgenden Querlesens der auf diese Weise geordneten Artikelmenge (im Beispiel: 272 Artikel aus der BILD-Zeitung) wurden solange Texte ins konkrete Untersuchungskorpus aufgenommen, bis ein gewisser Grad an inhaltlicher Sättigung zu beobachten war.[33] Abschließend erfolgte eine Sortierung der Artikel eines jeden Teilkorpus in INGWER nach Datum.

Das auf die dargestellte Weise gebildete konkrete Untersuchungskorpus umfasst zwar relativ wenige, aber für das KRIREKO und somit auch für den sozial- und wirtschaftspolitischen Krisendiskurs von 1973 bis 2003 als repräsentativ oder wichtig begründete Quellentexte. Es beinhaltet 981 Pressetexte, die sich wie in der folgenden Tabelle abgebildet auf Printmedien und Zeiträume verteilen:

Tab. 3: Konkretes Untersuchungskorpus

Untersuchungszeitraum	**„Ölkrise" 1973/74**	**Krisendiskurs 1982**	**Krisendiskurs 2003**	***Summe Artikel***
BILD-Zeitung	26	105	84	***215***
FAZ	25	98	122	***245***
SZ	51	70	116	***237***
SPIEGEL	42	47	49	***138***
ZEIT	44	45	57	***146***
Summe Artikel	***188***	***365***	***428***	***981***

4.2.3 Erweiterung des Textsortenspektrums

Gemäß dem Prinzip des offenen Korpus, d. h. dass im Verlauf der Analyse mit fortschreitendem Erkenntnisprozess Ergänzungen vorgenommen werden können, enthält das konkrete Untersuchungskorpus zeitgeschichtliche und diskursive Schlüsseldokumente, die die Funktion von Prätexten haben und Diskursstränge ausbilden bzw. den Diskurs auf irgendeine Weise deutlich prägen. Das entspricht dem Verständnis einer Sprachgeschichte als Zeitgeschichte, die nicht indifferent sein will gegenüber historischen, gesellschaftlichen und politischen Entwicklungen (siehe Kap. 2) sowie dem Verständnis von Diskurs als Geflecht aus Texten, die aufeinander verweisen (siehe Kap. 2.6.4.1).

33 Für die Annotation der Texte nach Themen oder Diskurssträngen, wie sie für die „Ölkrise" 1973/74 durchgeführt wurde, habe ich die gesamte Ergebnismenge vor Querlesen verwendet, d. h. ca. 850 Artikel aus BILD, FAZ, SZ, ZEIT und SPIEGEL. Siehe hierzu Kap. 5.4.1.

Für die Aufnahme eines Textes waren mindestens folgende drei Kriterien relevant, wobei nicht alle erfüllt sein müssen:

i. Thematisierung des Dokumentes als „eruptives Ereignis“ in historischer Fachliteratur zur Geschichte der Bundesrepublik,
ii. seine beobachtete Funktion als Diskursauslöser und/oder -katalysator bzw. -beschleuniger, d. h. eine zentrale Rolle in der öffentlichen Diskussion, sowie – in diesem Zusammenhang –,
iii. häufige Referenzen auf diese Texte durch Texte aus dem KriReKo.

Die Erfüllung dieser Kriterien macht die entsprechenden Dokumente zu zeitgeschichtlichen und diskursiven Schlüsseldokumenten bzw. zu diskursiven Ereignissen, deren regelmäßiges Erscheinen in Serien sprachlicher Äußerungen untersucht wird – und zwar in dem durch das diskurskonstitutive Ereignis ausgelösten Medienecho.

Bei den ergänzten Texten handelt es sich insbesondere um Bundestagsreden und politische Denkschriften. Diese Erweiterung des Textsortenspektrums nutze ich als Grundlage für die Erarbeitung der Diskurschroniken, die – den Gegenstand einordnend – der Präsentation der argumentationsanalytischen Ergebnisse vorgespannt sind. Welche Texte konkret jeweils als Schlüsseldokumente identifiziert wurden, erläutere ich in den jeweiligen Diskurschroniken (siehe hierzu die Kap. 5.4.1, 5.5.1 und 5.6.1).

5 Empirische Analyse: Linguistische Diskursgeschichte von Wirtschaftskrisen zwischen 1973 und 2003

Im Folgenden präsentiere ich zunächst das Ergebnis der diskursstrukturbezogenen Argumentationsanalyse (siehe Kap. 5.1). In diesem Zusammenhang wird die induktiv aus dem Vorkommen und Zusammenwirken kontextspezifischer Topoi abgeleitete, kontextabstrakte Toposkonstellation auf der Makroebene des Krisendiskurses erläutert. Die argumentative Diskursformation organisiert die kontextspezifischen Topoi; sie liegt der Legitimation politischen Handelns in Krisenzeiten zugrunde.

Anschließend, in Kapitel 5.2, werden alle im Untersuchungszeitraum zwischen 1973 und 2003 vorgenommen Definitionen kontextspezifischer Topoi aufgelistet (gemäß der argumentativen Organisation des Diskurses auf der Makroebene), und jeder Topos wird kurz in seinen Grundzügen erläutert. Dies vermittelt einen enzyklopädischen Gesamtüberblick über die Ergebnisse der diskursinhaltsbezogenen Argumentationsanalyse. Erst im Zusammenhang der Darstellung der Ergebnisse der kontextspezifischen Toposanalyse in Bezug auf die jeweils untersuchten „Krisen", werden die Topoi in ihren konkreten Realisierungen beschrieben und durch sprechende Belege veranschaulicht.

Um auf das Thema „Krise" einzustimmen, folgt eine Illustration ausgewählter Aspekte zur Geschichte der Bundesrepublik Deutschland seit 1970 (siehe Kap. 5.3). Dabei sind zeithistorische Darstellungen über den „Epochenwechsel" in den 1970er Jahren von besonderem Interesse. Das Kapitel mag zunächst als Umweg erscheinen, es liefert aber zum einen für das Verständnis des bundesrepublikanischen Krisendiskurses und der untersuchten Argumentationsmuster relevante historische Hintergrundinformationen; zum anderen ist es eine notwendige Voraussetzung, weil die Ergebnisse der vorliegenden Arbeit, speziell die Untersuchungen zur „Ölkrise" 1973/74, zur zeitgeschichtlichen Forschung kritisch ins Verhältnis gesetzt werden.

Bei der anschließenden Darstellung der Ergebnisse der kontextspezifischen Toposanalyse werden für jeden untersuchten Zeitraum die inhaltlichen Argumentationsmuster in ihren zeit- und akteurstypischen sprachlichen Realisierungen erläutert. Die Kapitel zu den untersuchten „Krisen" gliedern sich in drei Teile: Zunächst wird der entsprechende Krisendiskurs im Rahmen einer Diskurschronik, d. h. einer Aufarbeitung von diskursiven Ereignissen, Diskurssträngen und des Diskursverlaufs, historisch eingeordnet und dessen kommunikativer Kontext aufgearbeitet. Dabei gelangt auch das in den Blick, was Peter Kühn (1992) ein *Adres-*

DOI 10.1515/9783110521221-006

satenkarussell nennt. Dem folgt eine in die Diskurschronik eingebettete Interpretation der kontextspezifischen Topoi im Lichte der argumentativen Diskursformation. So wird die Verzahnung von Diskursstruktur und Diskursinhalt verdeutlicht. Mithilfe einfacher deskriptiv-statistischer Werte lassen sich außerdem Dominanzen im Gebrauch der Argumentationsmuster feststellen, was es ermöglicht, Aussagen über diskursiv vorherrschende Wissenssegmente zu treffen. Die Kapitel schließen jeweils mit einem Zwischenfazit, wobei auch ausgehend von beobachtbaren Verschiebungen, Kontinuitäten, Neuerungen und anderen Unterschieden zwischen den inhaltlichen Argumentationsmustern bei gleichbleibendem argumentativem Organisationsprinzip historisch vergleichend auf den Wandel des jeweils vorherrschenden, legitimen und damit topisch nutzbaren kollektiven Wissens zum Thema „Krise" eingegangen wird.[1]

5.1 Legitimation politischen Handelns in Krisenzeiten: Topologische Diskursformation

Der Legitimation politischen Handelns in Krisenzeiten liegt auf der Makroebene des öffentlichen Diskurses ein komplexes Argumentationsmuster zugrunde. Als argumentations- und handlungstheoretisch fundiertes und empirisch validiertes Grundmuster der Argumentation in Krisenzeiten ist es das zentrale Ergebnis der diskursstrukturbezogenen Argumentationsanalyse. Dieses argumentative Grundmuster wurde *topologische Diskursformation* genannt.[2] Sie verdeutlicht Stellenwert und Funktion der für die Rechtfertigung politischen Handelns in Krisenzeiten relevanten kontextspezifischen Einzeltopoi im Rahmen eines abstrakten mehrschichtigen Argumentationsraums und stellt sich wie folgt dar:

1 Wegen des Stellenwerts, den Historiker der „Ölkrise" beimessen, und aufgrund der Vielschichtigkeit des Ölkrisendiskurses, außerdem um die Methodik zu veranschaulichen, erfolgt für den Untersuchungszeitraum 1973/74 eine vergleichsweise ausführliche Darstellung der Untersuchungsergebnisse.

2 Zuerst auf relativ schmaler Beleglage in Römer (2012). Die Datenbasis wurde erweitert in Kuck & Römer (2012); Römer & Wengeler (2013a); Römer & Wengeler (2013b); Kreuz & Römer (2015). Ausgangspunkt der Untersuchungen war die Beobachtung regelmäßig wiederkehrender und mehrteiliger Sequenzen kontextspezifischer Topoi im Krisendiskurs von 1973 bis 2009. Erste Analysen aller „Krisen" zeigten, dass sich aus den Abfolgen der Argumentationsmuster eine einigermaßen stabile Konstellation für politisches Handeln relevanter kontextabstrakter Basistopoi ableiten lässt.

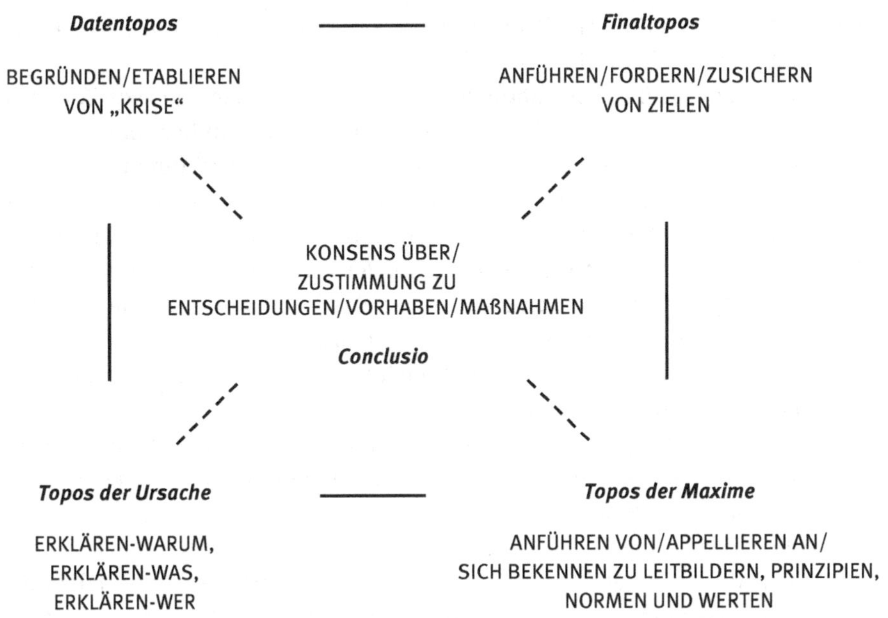

Abb. 6: Topologische Formation des Krisendiskurses 1973–2003

Wie gesagt, handelt es sich um ein argumentations- und handlungstheoretisch begründetes, empirisch entwickeltes Muster der Legitimation politischen Handelns in Krisenzeiten auf der Makroebene des massenmedialen Diskurses. Die interpretative Rekonstruktion der topologischen Diskursformation erfolgte sukzessiv in einem progressiven Prozess des Verstehens vom Besonderen zum Allgemeinen, wie insbesondere in Kapitel 3.4 beschrieben. Empirische Grundlage sind alle untersuchten Texte bzw. Aussagen im Sinne von sprachlich-argumentativen Einheiten im Untersuchungszeitraum zwischen 1973 und 2003. Die Aussagekraft des topischen Musters übergreift also den einzelnen Krisen-Teildiskurs. Das Modell ist aber nicht abgeschlossen und erhebt auch keinen Anspruch auf allgemeine Gültigkeit. Die Reichweite der Untersuchungsergebnisse ist stets durch die Beschaffenheit des untersuchten Textkorpus begrenzt (siehe hierzu Kap. 4).

Die vier abstrakten Basistopoi – Datentopos, Topos der Ursache, Finaltopos und Topos der Maxime – sind an ebenso allgemeine Kategorien des sprachlichen Handelns gekoppelt: Der Datentopos übernimmt die Funktion BEGRÜNDEN/ETABLIEREN VON „KRISE“; der Topos der Ursache übernimmt die Funktionen ERKLÄREN-WARUM EINE „KRISE“ EXISTIERT, ERKLÄREN-WAS ZUR „KRISE“ GEFÜHRT HAT, ERKLÄREN-WER SCHULD AN DER „KRISE“ HAT; der Finaltopos hat die Funktion ANFÜHREN/FORDERN/ZUSICHERN VON ZIELEN; der Topos der

Maxime hat die Funktion ANFÜHREN VON/APPELLIEREN AN/SICH BEKENNEN ZU LEITBILDERN, PRINZIPIEN, NORMEN UND WERTEN.

Ähnlich den einzelnen Bestandteilen im Argumentationsmodell von Toulmin stehen die abstrakten Topoi aufgrund ihrer sprachlichen Handlungsfunktion in Beziehung zueinander. Die Elemente der topologischen Diskursformation können als „Leerstellen“ verstanden werden und lassen sich, wie im diskursinhaltsbezogenen Teil der Ergebnispräsentation geschehen, mit kontextspezifischen Topoi „füllen“.[3] Demnach stehen die auf einem unter den Basistopoi liegendem Abstraktionsniveau angesiedelten kontextspezifischen Topoi ebenfalls über die sprachlichen Handlungsfunktionen zueinander in Beziehung.

In seiner argumentativen Hauptrichtung lässt sich das topische Diskursmuster folgendermaßen beschreiben: Aus der Vernetzung der an Kategorien sprachlichen Handelns anknüpfenden vier abstrakten Basistopoi ergibt sich als Schlussfolgerung ein Konsens über bzw. die Zustimmung zu politischen Entscheidungen, Vorhaben oder Maßnahmen.

Problematisch an der grafischen Darstellung topischer Beziehungen ist die Unmöglichkeit, die in der empirischen Realität vorkommenden potentiellen argumentativen Zusammenhänge vollständig abzubilden. Daher belasse ich es in dieser Hinsicht bei dem Hinweis, dass nicht immer alle Elemente realisiert sind. Die einzelnen Bestandteile des topischen Musters sind weder in ihrer Anordnung noch in ihrer Abfolge bzw. in den Folgerungsbeziehungen festgelegt. Nicht zuletzt können die Argumentationsmuster sich überlagern. Aus jedem der verschiedenen Arten von Gründen (Datentopos, Topos der Ursache, Topos der Maxime, Finaltopos) kann direkt argumentiert werden. Dem Bornscheuer'schen Potentialitätsmerkmal entsprechend ergibt sich aus denselben Gründen auch Nicht-Übereinstimmung oder Ablehnung bzw. Delegitimation von Entscheidungen/Vorhaben/Maßnahmen. Solche diskursspezifischen Details der konkreten sprachlichen Realisierung werden im Rahmen der inhaltlichen Beschreibung der Topoi herausgearbeitet. Hier geht es darum, die Knotenpunkte oder groben Linien der argumentativen Diskursstruktur zu skizzieren, um zu verdeutlichen, dass inhaltliche Einzeltopoi im Krisendiskurs auf struktureller Ebene in ein übergreifendes Legitimationsmuster – eine topologische Formation des Diskurses – eingebunden sind.

---

3 Daneben ließe sich die topologische Diskursformation auch mit Schlag- und Schlüsselwörtern oder mit Metaphern und anderen sprachlichen Einheiten, in denen sich Argumentationen verdichten, „füllen“. Zum Zusammenspiel von Argumentation und Metaphorik im Diskurs zur „Banken- und Finanzkrise“ 2008/09 vgl. Kuck & Römer (2012). Die Verschmelzung der angesprochenen Untersuchungsebenen im Krisendiskurs wird in der vorliegenden Arbeit nur gelegentlich untersucht und bleibt daher Desiderat.

5.1.1 Zur Pragmatik der Argumentation auf der Makroebene des Diskurses

Wie in Kapitel 3 herausgearbeitet, sind für die alltägliche Argumentation im öffentlich-politischen Diskurs rhetorisch-enthymematische Wahrscheinlichkeitsschlüsse auf der Basis von Meinungswissen oder gesellschaftlichem Wissen kennzeichnend. In Anlehnung an Perelman & Olbrechts-Tyteca (vgl. 2004 [1958]: 375–382) und Kienpointner (vgl. 1992a: 352ff.) gehe ich außerdem davon aus, dass sich die Legitimation politischen Handelns in Krisenzeiten grundsätzlich auf gewisse Wertungslogiken stützt, d. h. dass das Zusammenspiel der vier genannten Gründearten (Datentopos, Topos der Ursache, Topos der Maxime, Finaltopos) und die Schlussfolgerung auf das jeweils Infragestehende (Conclusio) *immer* handlungsmotivierende Beurteilungen enthält. In einem weiten Sinne weist die topologische Diskursformation folglich die Struktur des „pragmatischen Argumentes" auf. Fritz Hermanns spricht in diesem Sinne von deontischen oder evaluativen Bedeutungskomponenten mit handlungsaufforderndem Charakter.

Nach hergebrachtem Verständnis bedeutet ‚pragmatisches Argument' die Bewertung eines Verhaltens, wie etwa einer fraglichen politischen Handlung, ausgehend von ihrem erwarteten Nutzen. Solche Argumentationen werden seit Aristoteles (1999) gemeinhin auch in der Kategorie Konsequenztopos zusammengefasst. Martin Wengeler (vgl. 2003: 314) definiert hierfür verschiedene Typen von Nutzentopoi. Bezogen auf „Krisen" wäre demnach die Anerkennung von infrage stehenden Maßnahmen davon abhängig, ob es gelingt plausibel zu machen, dass sich die Misere durch die Folgen der Maßnahmen abwenden lässt. Oft heiligt allein der Zweck („Krise" bewältigen) das Mittel.

Anders als Perelman & Olbrechts-Tyteca, die den Begriff des pragmatischen Arguments prägen, aber auch im Unterschied zu Kienpointner, Wengeler und Klein, verstehe ich unter einem pragmatischen Argument nicht ein einzelnes Argument, das der erwarteten Zweckdienlichkeit gerecht wird, bzw. ein bestimmtes Argumentationsmuster wie den Konsequenztopos, Nutzentopos oder den Valuations- bzw. Motivationstopos; unter einem pragmatischen Argument verstehe ich das allgemeine Prinzip der menschlichen Wertattribution (einschließlich Emotionen) im Rahmen argumentativer Sprechhandlungen auf der Makroebene des öffentlich-politischen Diskurses in Krisenzeiten – z. B. in Form der Bewertung der Handlungsmittel hinsichtlich des erwarteten Nutzens (Konsequenztopos/Nutzentopos) oder in Form des Ausmalens drastischer Auswirkungen, Folgen und Gefahren der als „Krise" geschilderten Situation (Valuations- bzw. Motivationstopos).

Indem das pragmatische Argument verallgemeinert und als Verknüpfungsprinzip auf der Makroebene der argumentativen Diskursstruktur verstanden wird, umschifft man das Problem, dass im Grunde jedem alltagslogischen Topos im

Kommunikationsbereich der Politik Wertungen zugrunde liegen und somit jede Argumentation als pragmatisches Argument – ob als Konsequenz- oder Nutzentopos oder als Valuations- bzw. Motivationstopos oder in welcher Form auch immer – aufgefasst werden müsste. Wengelers (2003: 314f.) Erläuterung der Nutzentopoi verdeutlicht die Abgrenzungsproblematik: Zum pragmatischen Argument seien neben den Nutzentopoi auch der „Gefahren-Topos und einige inhaltlich spezifiziertere Topoi zu rechnen"; es zähle zu den „häufigsten Argumentationsschemata der politischen Argumentation" (vgl. auch Klein 2000: 638); es komme in „verschiedenen Varianten" vor; es sei „gang und gäbe"; mit dem pragmatischen Argument könne „nur eine sehr formale Denkweise erfasst werden." Der letztgenannte Punkt liefert einen wichtigen Hinweis darauf, dass es sich eher um ein allgemeines argumentatives Prinzip als um einen inhaltlich definierbaren Einzeltopos handelt. Insofern sich der Vorgang des Bewertens kaum als eigenständiger Topos extrahieren lässt, weil er der Legitimation politischen Handelns in Krisenzeiten in allen argumentativen Teilschritten zugrunde liegt (in verschiedenen Formen, die aber durchaus als Differenzierungskriterium herangezogen werden könnten), wäre ggf. von einer für den Kommunikationsbereich der Politik typischen rhetorisch-enthymematisch-pragmatischen Argumentationsweise zu sprechen.

5.1.2 BEGRÜNDEN/ETABLIEREN VON „KRISE": Datentopos

Erst wenn eine „Krise" als soziale Wirklichkeit anerkannt ist, kann sie argumentativ instrumentalisiert werden. Demnach muss eine „Krise", um in den Bereich des legitimen und damit topisch nutzbaren Wissens überzugehen, sofern sie nicht schon unbestritten ist, zunächst im gesellschaftlichen Wissen als soziale Wirklichkeit BEGRÜNDET und ETABLIERT werden. Diese argumentative Funktion der Schaffung von Akzeptanz für „Krise" im gesellschaftlichen Bewusstsein übernimmt der *Datentopos*. Er definiert eine „Krise" bzw. konstituiert das Faktenwissen über den Diskursgegenstand „Krise". Der realitätskonstitutive sprachliche Akt, in dem eine „Krise" BEGRÜNDET und ETABLIERT wird, hat oft assertorischen und apodiktischen Charakter und geht häufig mit deklarativen „Satzarten" einher (i. S. Georg Stötzels könnte man auch von realistischen Diktionen sprechen). Je nach Geltung des Wissens über eine „Krise" kann es vorkommen, dass die „Krise" nicht mehr explizit genannt werden muss und in ihren Eigenschaften usw. präsupponiert bzw. stillschweigend vorausgesetzt wird. Die einmal geprägten Vorstellungsinhalte über die Beschaffenheit einer „Krise" können anschließend – nach Evaluation der „Fakten" – als Prämissen von Argumentationen fungieren, d. h. zur Bildung von Enthymemen aufgegriffen werden, um mit dem Konzept

‚Krise' Strittiges in unstrittige Konklusionen zu überführen bzw. politische Handlungen zu RECHTFERTIGEN und zu LEGITIMIEREN.

Wie eben erwähnt, lässt sich durch den Datentopos gesichertes Krisenwissen als Argument instrumentalisieren, um daraus – je nach Bewertung der „Sachlage" – bestimmte Entscheidungen, Vorhaben oder Maßnahmen als zwingend notwendig hinzustellen. Damit weist der Datentopos starke Ähnlichkeiten zum Realitätstopos nach Wengeler (2003: 316f.) auf. Die aus Sprechersicht explizit definierte oder implizierte Realität wird angeführt, um in einer aus ihr abgeleiteten Konklusion politisches Handeln zu RECHTFERTIGEN und zu LEGITIMIEREN. Hierzu ein kurzes Textbeispiel:

> Die Zeit, die uns für Mentalitätsveränderungen bleibt, ist kurz [...], [w]eil die nächste Herausforderung schon in wenigen Jahren zu bestehen sein wird. Ich schätze, um das Jahr 2015. Manche meinen, dann käme so etwas wie ein finaler Crash. Doch final oder nicht final – wir sollten auf wirklich tiefgreifende Veränderungen vorbereitet sein.
> (Meinhard Miegel, in: FAZ, 3.6.2009, *2015 – Das Jahr der finalen Krise*)

Der Autor, Meinhard Miegel, prognostiziert für das Jahr 2015 den *finalen Crash* oder zumindest die *nächste Herausforderung* und *tiefgreifende Veränderungen*. In jedem Fall präsupponiert der Textausschnitt eine Bedrohung des Bestehenden. Die Schlussfolgerung, die aus der Prognose bzw. dem befürchteten Zusammenbruch des Weltfinanzsystems abgeleitet wird, ist, dass es wie bisher nicht weitergehen kann, weshalb *Mentalitätsveränderungen* notwendig seien. Wer Miegels Reformprogramm und seine Ideen vom gesellschaftlichen Umbau kennt, weiß, was hier, die Sprecherabsicht durchaus verschleiernd, mit *Mentalitätsveränderungen* gemeint ist: Eine Hinwendung zu bürgerlich-konservativen Werten (z. B. ‚Fleiß' und ‚Sparsamkeit'), auf deren Grundlage eine RECHTFERTIGUNG bestimmter sozial- und wirtschaftspolitischer „Reformen" als erforderliche Anpassung an die mit apodiktischem Geltungsanspruch behaupteten und negativ bewerteten *tiefgreifenden Veränderungen* erfolgt.

Es mag nicht verwundern, dass im öffentlich-politischen Krisendiskurs von 1973 bis 2003 die meisten sprachlichen Handlungen in argumentativer Funktion des Datentopos diagnostischen oder, wie im Beispiel, prognostischen Charakter haben und dementsprechend eine gegenwärtige oder zukünftige Situation schildern (siehe hierzu die Definitionen der kontextspezifischen Topoi der düsteren Gegenwartsdiagnose und der düsteren Zukunftsprognose in Kap. 5.2). Als Wirklichkeitsannahmen entwerfen Äußerungen solchen Typs ein Bild davon, wie die „Krise" ist oder sein wird. Dieser sprachliche Vorgang ist der zentrale semantische Prädikationsakt. Im Wesentlichen geht es hierbei um die Zuschreibung von Anzeichen, Eigenschaften, Auswirkungen und Folgen der „Krise". Mit dem Verweis auf bestimmte Daten erfolgt eine Realitätskonstruktion, der die genannten

Sprechhandlungen BEGRÜNDEN und ETABLIEREN von „Krise" zugrunde liegen. Dies kann durch BENENNUNGEN, BEKUNDUNGEN, ERKLÄRUNGEN, BEHAUPTUNGEN, DEFINITIONEN usw. oder eben – wie angedeutet – FESTSTELLUNGEN und VORAUSSAGEN über die gegenwärtige und zukünftige Situation erfolgen.

Wie die konstruierte „Krise" aussieht, ist relativ zu einer großen Zahl von Faktoren. Die topologische Diskursformation zeigt die prinzipielle Abhängigkeit der Krisendefinitionen und daraus abgeleiteter Schlussfolgerungen von den nachstehenden für die Legitimation des politischen Handelns relevanten Kategorien auf diskursstruktureller Ebene: (i) von den Zuschreibungen einer Ursache zu den Definitionen, (ii) von den gesellschaftlichen und politischen Zielvorstellungen im Sinne von Handlungsabsichten und -intentionen und (iii) von den handlungsleitenden Grundsätzen im Sinne von ethisch-moralischen Maximen (u. a. des politisch-ideologischen Wertesystems der Diskursteilnehmer).

Der generalisierende Charakter von Modellen wie dem Entworfenen sollte nicht darüber hinwegtäuschen, dass dies alles u. a. auch in Relation zu bestimmten historischen Bedingungen des Sprachgebrauchs und zu kommunikativen Situations- und Kontextfaktoren zu sehen ist, worauf ich in den Kapiteln 5.4 und folgende eingehe. Insofern das Wissen über eine „Krise" und ihre Bewertung immer heterogen sind, werden auf der Grundlage der Krisenszenarien auch verschiedene Handlungsoptionen zur Bewältigung der „Krise" entwickelt. Die Ergebnisse der kontextspezifischen Toposanalyse geben Auskunft darüber, wie „Krise" jeweils zeit- und akteurspezifisch prädiziert wird und welche Konsequenzen daraus gefolgert werden. Dies verrät wiederum etwas über die Einstellungen der Diskursteilnehmer.

5.1.3 ERKLÄREN-WARUM, ERKLÄREN-WAS, ERKLÄREN-WER: Topos der Ursache

Der Datentopos ist handlungslogisch eng mit dem *Topos der Ursache* verknüpft. Die Verbindung des Datentopos mit dem Topos der Ursache ist eine typische, in Krisendiskursen häufig vorkommende Sequenz. Sie besteht zunächst darin, dass von der begründeten und etablierten Evidenz einer „Krise" ausgehend ihre Ursachen ermittelt/gefolgert werden. Dass sie eintritt oder existiert, erscheint dann als mehr oder weniger zwingend notwendig. Somit stützt das Benennen von Ursachen die Geltung oder Plausibilität des Vorliegens der „Krise".

Die Attribuierung von Ursachen hat konkret die Funktion, den Sachverhalt „Krise" stärker zu prädizieren. Die Suche nach Ursachen bzw. das BENENNEN und DEFINIEREN, ABLEITEN und ANNEHMEN usw. derselben dient nämlich dazu, den abstrakten und nebulösen Sachverhalt „Krise" auf eine bestimmte Weise begreiflich zu machen bzw. zu ERKLÄREN-WARUM[4] DIE „KRISE“ EXISTIERT, zu ERKLÄREN-WAS ZUR „KRISE“ GEFÜHRT HAT und, insofern jede „Krise“ ihre Schurken und Verantwortlichen sucht, zu ERKLÄREN-WER DURCH WELCHES VERHALTEN SCHULD AN DER „KRISE“ HAT.[5]

Als Beispiel für einen Topos der Ursache sei an dieser Stelle das Argumentationsmuster der Gier genannt (zur Definition siehe Kap. 5.2). Diesem Verhalten, das beispielsweise im Diskurs zur „Ölkrise“ den Öl-Multis und, wegen angeblich hoher Lohnforderungen, den Arbeitnehmern zugeschrieben wird, gibt man die Schuld an der Entstehung der „Krise“. In diesem argumentativen Zug werden, um im Beispiel zu bleiben, Öl-Multis und Arbeitnehmer als Akteure in der Rolle von Schurken und als für die „Krise“ verantwortlich inszeniert. Auch die Fragen, wer der „Krise“ welche Ursachen beimisst, wer wen in welchen Rollen inszeniert und wer welche Schlussfolgerungen daraus zieht, verraten etwas über die Einstellungen der Diskursteilnehmer.

5.1.4 ANFÜHREN VON/APPELLIEREN AN/SICH BEKENNEN ZU LEITBILDERN, PRINZIPIEN, NORMEN UND WERTEN und ANFÜHREN/FORDERN/ZUSAGEN/VERSPRECHEN VON ZIELEN: Topos der Maxime und Finaltopos

Es wurde bereits darauf hingewiesen, dass dem Schlussregelprozess auf der Ebene der Diskursstruktur in einem weiten Sinne die Beschaffenheit des pragmatischen Argumentes zugrunde liegt. So ist das Schließen auf der Grundlage der „Krisenfakten“ auf bestimmte politische Entscheidungen etc. von einer Bewertung der Prämissen (im Sinne der gesetzten Prädikationen, d. h. auch der attribuierten Ursachen) geleitet, was politische Entscheidungen usw. motiviert.

Der enthymematisch-rhetorisch-pragmatische Legitimationsprozess erfolgt einerseits auf der Basis allgemein oder bei bestimmten Akteuren anerkannter Leitbilder, Prinzipien, Normen und Werte. Dies fasse ich unter der Kategorie *Topos der Maxime*. Beispielsweise wird eine „Krise“ je nach handlungsleitenden Maximen von verschiedenen Akteuren unterschiedlich prädiziert oder ihr werden verschiedene Ursachen beigemessen. Andererseits findet der Legitimationsprozess vor dem Hintergrund allgemein oder bei bestimmten Akteuren anerkannter

4 ERKLÄREN-WARUM ist eine Sprachhandlung, mit der sich Josef Klein (1987, 2001b, 2009) intensiv beschäftigt hat.

5 Josef Klein verdanke ich den Hinweis, dass dies wohl generell für politische Diskurse charakteristisch ist, in denen die Daten – wie eben in Krisendiskursen – als besonders unbegreiflich erscheinen.

politischer Zielvorstellungen statt, also im Banne des *Finaltopos*, der wiederum eng mit dem Topos der Maxime verbunden ist, denn ideologisch-politische Vorstellungen sind Bestandteile der Entscheidung darüber, was aus Sprechersicht ein erstrebenswerter Zweck ist. Was als „Krise“ und als deren Ursache verstanden wird und welche Schlussfolgerungen daraus abgeleitet werden, resultiert letztlich aus bestimmten Maximen und Zielen, die beispielsweise ANGEFÜHRT werden, zu denen jemand SICH BEKENNT oder die VERSPROCHEN werden. Sie bilden den Bewertungsgrund der enthymematisch-rhetorisch-pragmatischen Argumentation.

Wie jeder andere Basistopos können Maximen und politische Ziele auch direkt als Grund angeführt werden, um aus ihnen Argumente abzuleiten und Argumentationen zu entwickeln. Dies erfolgt etwa in Form von APPELLEN an die Einhaltung bestimmter Maximen (z. B. ‚Maßhalten‘) oder in FORDERUNGEN, die das Erreichen bestimmter Ziele (z. B. ‚Wachstum‘) zu erzwingen suchen. Damit sind die grundlegenden argumentativen Diskursrelationen hinsichtlich der für politisches Handeln in Krisenzeiten relevanten Gesichtspunkte benannt. Wie bereits erwähnt, ist es unmöglich, alle argumentativen Beziehungen zu modellieren und adäquat zu beschreiben.

5.2 Kontextspezifische Topoi im Krisendiskurs 1973–2003: Definitionen

In diesem Kapitel werden die kontextspezifischen Topoi im Krisendiskurs zwischen 1973 und 2003 durch Formulierung der Schlussregeln und Paraphrasierung des im vorherigen Kapitel nur kurz angedeuteten Schlussregelcharakters der Argumentationsmuster definiert. Wie die kontextspezifischen Topoi im Einzelnen sprachlich realisiert sind, welche sprachlichen Eigenschaften ihnen zugrunde liegen, wird situations- und kontextabhängig im Zusammenhang der jeweiligen Krisendiskurse erörtert und ist Gegenstand der Kapitel 5.4.2 („Ölkrise“ 1973/73), 5.5.2 (Wendediskurs 1982) und 5.6.2 (Debatte zur „Agenda 2010“).

5.2.1 Datentopoi

Abhängigkeitstopos

Weil eine Person/Gruppe/eine Institution/ein Land auf etwas angewiesen ist, von einer anderen Person/Gruppe usw. abhängig ist, sind Handlungen erforderlich, die unabhängiger machen/zur Autarkie führen.

Der Abhängigkeitstopos führt einen nicht wünschenswerten Zustand, ein Verhältnis des Angewiesenseins und Ausgeliefertseins, als Grund an, um Bestimmtes als gegen dieses Verhältnis wirkend zu legitimieren. Damit ist häufig die Diagnose einer strukturellen Krisenanfälligkeit oder von Vulnerabilität verbunden, beispielsweise aufgrund der Abhängigkeit von einer als unverzichtbar eingeschätzten Ressource wie Erdöl aus dem Nahen Osten. Der Abhängigkeitstopos erzeugt dringenden Handlungsbedarf, je nachdem für wie wichtig die Ressource hinsichtlich des Überlebens der angeblich bedrohten Einheit, z. B. Europas, der Bundesrepublik Deutschland oder der Wirtschaft, gehalten wird. Das Argumentationsmuster wird häufig durch das Anführen hoher Zahlen gestützt, die den Grad der Abhängigkeit dramatisieren. Insbesondere Adjektive im Kotext des Topos wie *überlebensnotwendig* wirken als Modaloperator der Argumentation. Die zu ergreifenden Maßnahmen haben zum Ziel, die durch die Abhängigkeit als bedroht geltende Einheit gegen die „Krise“ zu immunisieren.

Autoritätstopos

Weil eine als Autorität anerkannte Person/Institution eine bestimmte Meinung vertritt oder eine bestimmte Handlung befürwortet/ablehnt, sollte diese Meinung geteilt oder diese Handlung befürwortet/abgelehnt werden.

Der Autoritätstopos[6] tritt in Argumentationen stützender Funktion auf. Er verschafft einem zu begründenden Sachverhalt oder fraglichem Wissen Geltung, indem er behauptet, dieses Wissen sei durch den Status der Person, Institution etc., auf die sich berufen wird, ohnehin gesichert. Die Autorität verbürgt die Unstrittigkeit des Geltungsanspruches der Argumentation. Im Krisendiskurs begegnet man dem Autoritätstopos häufig in Form von Bezugnahmen auf „wissenschaftliche Äußerungen“, beispielsweise Prognosen von Wirtschaftsforschungsinstituten oder „Experten“.

6 Vgl. auch Wengeler (2003: 322).

Geschichtstopos

Weil die Geschichte der zeitgenössischen Wirklichkeit ähnelt, ist die zeitgenössische Wirklichkeit von Geltung.

Weil die Geschichte lehrt, dass bestimmte Ereignisse bestimmte Folgen haben, weil die Geschichte einem zeitgenössischen Problem ähnelt, soll infrage stehendes Problem wie in der Vergangenheit/nicht wie in der Vergangenheit gelöst werden, sollen bestimmte Handlungen ausgeführt/nicht ausgeführt werden.

Der Geschichtstopos[7] stellt Analogien zu historischen Ereignissen und Erfahrungen her. Wie Verweise auf Autoritäten und auf Zahlen sichern Geschichtsvergleiche strittige Geltungsansprüche – etwa „Krise" – durch das Anführen scheinbar unstrittiger Argumente (nach Toulmin *backing*). Durch Verweise auf historische „Fakten", also scheinbar gesichertes Wissen, verstärkt der Geschichtstopos die Evidenz von Wirklichkeitskonstruktionen und stützt argumentative Zusammenhänge. Er tritt nicht nur in dieser Argumentationen stützenden Funktion auf. Durch Verweise auf die Geschichte und mittels Analogieschluss können politische Handlungen gerechtfertigt werden. Der Hinweis auf die Geschichte dient häufig der Betonung der Singularität des gegenwärtigen Zustandes, wodurch die Dringlichkeit, Maßnahmen zu ergreifen, erhöht werden kann.

Topos der düsteren Gegenwartsdiagnose

Weil die gegenwärtige Lage ausgesprochen schlecht ist, muss dringend etwas Bestimmtes getan werden (um noch Schlimmeres zu verhüten).

Charakteristisch für den Topos der düsteren Gegenwartsdiagnose sind assertorische Äußerungen. Das heißt, dem Topos der düsterten Gegenwartsdiagnose liegen Sprechhandlungen zugrunde, die nach dem Prinzip x ist y mit apodiktischem Geltungsanspruch behaupten, wie die Realität/„Krise" ist (realistische Diktionen). Dabei wird sich auf bestimmte makroökonomische Größen bezogen. Je nach Beurteilung fungiert die diagnostizierte Realität der „Krise" als Prämisse für unterschiedlichste Schlussfolgerungen, d. h. sie wird als Grund für bestimmte politische Handlungen angeführt (oder präsupponiert). In der Funktion von Gegenargumenten kann vorgebracht werden, dass die Realität/„Krise" anders aussieht als behauptet. In diesem Fall erscheint die Schlussfolgerung als unplausibel und es werden alternative politische Handlungen vorgeschlagen. Der Wahrheitsanspruch der Realitätsbehauptungen, und damit die Überzeugungskraft des Gefolgerten, werden in ihrer Zwingendheit meist durch den Gebrauch

7 Vgl. auch Wengeler (2003: 308).

von Modaloperatoren eingeschränkt. Der Topos der düsteren Gegenwartsdiagnose wird häufig durch dramatisierende Prädikationen und Metaphern illustriert sowie durch Anführen hoher oder niedriger Zahlen, Berufung auf Autoritäten und Geschichtsvergleiche gestützt. Wie der folgende Abschnitt zeigt, unterscheidet sich das Argumentationsmuster oft nur im Zeitbezug vom Topos der düsteren Zukunftsprognose. Beide Topoi sind fast immer im Verbund realisiert, stützen sich wechselseitig und erzeugen Handlungsdruck.

Topos der düsteren Zukunftsprognose

Weil die zukünftige Lage ausgesprochen schlecht sein wird, muss dringend etwas Bestimmtes getan werden (um noch Schlimmeres zu verhüten).

Im Unterschied zum Topos der düsteren Gegenwartsdiagnose konstruiert der Topos der düsteren Zukunftsprognose durch Verweise auf negative Folgen der „Krise“ oder allgemein auf Gefahren und bevorstehende schlechte Zeiten ein Bedrohungsszenario und evoziert Zukunftsängste. Mit apodiktischem Geltungsanspruch behauptet er, was der Fall sein wird (futuristische Diktion). Auf dieser Basis, aus den als negativ bewerteten zukünftigen Ereignissen oder Zuständen, deren Eintreten oder Wahrwerden großes Unheil bringen würde und für sehr wahrscheinlich gehalten wird, wenn nicht das Richtige unternommen werde, kann anschließend die Legitimation politischer Handlungen erfolgen. Diese heben meist auf präventives Handeln ab, d. h. darauf, die prognostizierte „Krise“ zu verhindern. Das Ausmaß der prophezeiten Gefahren und damit die Dringlichkeit der zu ergreifenden Maßnahmen werden oft durch dramatisierende Prädikationen skizziert. Der Wahrheitsanspruch der Äußerungen kann durch den Gebrauch von Modaloperatoren eingeschränkt werden. Der Geltungsanspruch der Vorhersagen wird beständig durch Anführen hoher oder niedriger Zahlen, Berufung auf Autoritäten und Geschichtsvergleiche gestützt. Ein wichtiges sprachliches Merkmal des Topos der düsteren Zukunftsprognose ist der zeitliche Bezug auf die Zukunft. Dieser ist meistens durch das Futur und Temporaladverbien, die auf eine künftige Entwicklung hinweisen, und/oder durch Konjunktivformen und Modalwörter, die in Verbindung mit dem Zukunftsbezug die Modalität der „Krise“ als eine zunächst in der kommenden Zeit liegende, also mögliche Welt reflektieren, gestützt. Alternativen zu dieser prognostizierten Welt bestünden darin, ob im Sinne der nahegelegten Schlussfolgerung gehandelt wird oder nicht. Falls nicht, dann werde die mögliche Welt zum notwendig eintretenden Ereignis. Dies – das aus dem Risiko eine Katastrophe wird – gelte es aber zu verhindern.

Topos der erreichten Grenzen/Überlastungstopos

Weil eine bestimmte Grenze oder bestimmte Grenzwerte (bald) erreicht sind, weil eine Person/Institution/ein Land aufgrund bestimmter Entwicklungen (bald) überlastet ist, muss etwas Bestimmtes getan/nicht getan werden, um die Grenze/Grenzwerte nicht zu überschreiten, die Überlastung zu mindern.

Der Topos der erreichten Grenzen/Überlastungstopos behauptet, dass eine bestimmte (virtuelle) Grenze bzw. bestimmte (virtuelle) Grenzwerte erreicht seien oder bald erreicht sein würden. Oft geht es dabei um Grenzen der Belastbarkeit einer Person, einer Institution oder eines ganzen Landes, weshalb bestimmte (politische) Maßnahmen für notwendig gehalten werden, um die betroffenen Akteure zu entlasten, den Zusammenbruch – etwa des Sozialstaates – abzuwenden. Dabei werden verschiedenste Dinge als Belastungen, die es durch das Gefolgerte zu mindern gelte, zugeschrieben. Der Topos richtet sich meist gegen das als Belastung definierte. In der Funktion von Contra-Argumentationen können (politische) Maßnahmen, die das an die Grenzen Gekommene zusätzlich belasteten, auf Basis des Topos abgelehnt werden. An welchem Punkt das kritische Maß als überschritten gilt, wodurch der Rahmen für legitimes, als machbar geltendes Handeln bestimmt wird, ist eine politisch konstruierte Größe.

Zahlentopos

Weil die Zahlen einen bestimmten Zusammenhang belegen, sind bestimmte Handlungen auszuführen/zu unterlassen.

Der Zahlentopos[8] tritt in Argumentationen stützender Funktion auf. Er erhöht die Plausibilität eines Sachverhaltszusammenhangs bzw. untermauert die Überzeugungskraft der Begründungen. Durch das Anführen hoher (etwa bezüglich Arbeitslosigkeit) oder niedriger (etwa bezüglich Wachstumsraten) Zahlen als unstrittiges Argument bzw. nicht hinterfragbare objektive „Fakten" erlangen Argumentationen Glaubwürdigkeit.

Ländervergleichstopos

Weil bestimmte Handlungen in einem anderen Land positive/negative Folgen haben, sind infrage stehende vergleichbare Handlungen zu befürworten/abzulehnen.

Der Ländervergleichstopos stützt Argumentationen, indem er bezüglich vergleichbarer Sachverhalte Analogien zu anderen Ländern herstellt. Dieser Län-

---

8 Vgl. auch Wengeler (2003: 324).

dervergleich fungiert im Sinne einer *best practice*, d. h. als positives Beispiel, weshalb aufgrund der positiven Folgen ähnlich zu handeln sei. In der Funktion von Contra-Argumentationen fungiert der Ländervergleich im Sinne einer *worst practice*, d. h. als negatives Beispiel, weshalb ähnliche Handlungen aufgrund ihrer negativen Folgen zu vermeiden seien.

Topos der Normalität

Weil man sich in einem von nennenswerten außergewöhnlichen Umständen freien Zustand befindet, weil der gegenwärtige Zustand normal ist, sollte sich menschliches Verhalten an diesem Zustand orientieren.

Der Topos der Normalität stellt die Existenz der „Krise" infrage. Die „Krise", so die Behauptung, sei nicht evident, zumindest nicht in der durch die Topoi der düsteren Gegenwartsdiagnose und Zukunftsprognose zugeschriebenen Dramatik. Dementgegen wird im Rahmen dieses Argumentationsmusters vorgebracht, man befinde sich in einem Zustand der Normalität. Aus dem Topos wird gefolgert, dass kein Grund zur Panik bestehe.

Topos der Stagnation

Weil eine Person/eine Institution/ein Land im Stillstand verharrt, muss dringend etwas getan werden, um das Unveränderlichsein aufzulösen (andernfalls ist die „Krise" nicht zu bewältigen).

Diesem Argumentationsmuster liegt die Diagnose einer stagnierenden Entwicklung zugrunde. Nur durch bestimmte politische Maßnahmen sei der Stillstand wieder in eine progressive Entwicklung umzuwandeln. Dies wird als Voraussetzung für erfolgreiche Krisenbewältigung angesehen. Der Topos konstruiert dringenden Handlungsbedarf. In der Funktion von Contra-Argumentationen können politische Maßnahmen, von denen behauptet wird, sie würden den Fortschritt blockieren, auf Basis des Topos abgelehnt werden.

Topos der ungewissen Lage

Weil die gegenwärtige und/oder zukünftige Lage ungewiss ist, weil sich nicht mit Sicherheit sagen lässt, wie die weitere Entwicklung verlaufen wird, muss etwas Bestimmtes getan/unterlassen werden.

Der Topos skizziert ein von Unsicherheit geprägtes Bild der Realität. Er argumentiert mit den als unabschätzbar charakterisierten Folgen und Auswirkungen bestimmter Ereignisse. Das Nichtwissen wird als Grund angeführt, um politische

Maßnahmen zu legitimieren bzw. abzulehnen. Ähnlich wie der Topos der Normalität zieht das Argumentationsmuster etablierte Gewissheiten in Zweifel.

Unregierbarkeitstopos

Weil das Land nicht mehr regierbar ist, weil politisches Gestaltungsvermögen nicht mehr vorhanden ist, muss dringend etwas getan werden, ist ein politischer Neuanfang notwendig.

Das Argumentationsmuster hat Ähnlichkeiten mit dem Topos der Stagnation. Es behauptet, das Land sei nicht mehr zu regieren und Politiker seien handlungsunfähig. Dass man sich in einem Zustand der politischen Bewegungslosigkeit befinde, würde die „Krise" noch verschlimmern. In diesem Sinne ist das Argumentationsmuster mit Politik- und Politikerkritik verbunden. Aus dem Topos wird gefolgert, ein politischer Wechsel sei notwendig, um die Regierbarkeit des Landes wiederherzustellen bzw. das angeblich verlorengegangene politische Gestaltungsvermögen zurückzuerlangen.

Topos der Zeitenwende

Weil eine Ära zu Ende gegangen ist, weil wir uns an der Schwelle zu einem neuen Zeitalter befinden, kann es nicht mehr so weitergehen wie bisher, sind Prozesse des radikalen Umdenkens und Umgestaltens notwendig.

Der Topos der Zeitenwende behauptet, dass eine Ära zu Ende gegangen sei, dass man sich am Übergang zu einer neuen Epoche – an einem historischen Wendepunkt – befinde. Er geht von der Annahme aus, aufgrund bestimmter Ereignisse und Entwicklungen sei nichts mehr so, wie es vorher war. Häufig werden die Veränderungen als etwas Bedrohliches dargestellt. Die Prämisse der Zeitwende impliziert, dass es nicht mehr so weitergehen könne wie bisher bzw. dass ein radikales Umdenken und/oder eine Neuordnung notwendig sei(en). Dies sei nur durch bestimmte politische Handlungen, die auf diese Weise begründet werden, zu verwirklichen. Mit dem Topos der Zeitenwende geht öfters die diskursive Normalisierung sozial- und wirtschaftspolitischer Umwälzungen als einer scheinbar notwendigen „Anpassung" an die veränderten Verhältnisse einher.

5.2.2 Topoi der Ursache

Die kontextspezifischen Topoi der Ursache verfahren nach den zur Klasse der Kausalschlüsse gehörenden alltagslogischen Schlussregeln zwischen Ursache und Wirkung: *Wenn eine bestimmte Ursache vorliegt, tritt eine damit gekoppelte*

Wirkung auf. Oder: *Wenn bestimmte Wirkungen vorliegen, dann ist eine damit gekoppelte Ursache vorher aufgetreten.* (Vgl. Ottmers 2007: 96.) Unterschieden werden sie nach dem, was als Ursache behauptet bzw. aus der Wirkung gefolgert wird. Aus der jeweils zugeschriebenen Ursache und aus ihrer negativen Bewertung folgt der Kausalrelation gemäß als Wirkung „Krise". Oder: Ausgehend von der „Krise" wird auf bestimmte Ursachen geschlossen. Im Rahmen dieser Schlussverfahren wird immer auch die Notwendigkeit von Veränderungen und bestimmten politischen Handlungen als gegen die Ursache(n) der „Krise" und vermeintliche Effekte arbeitend legitimiert. In der Funktion von Contra-Argumentationen können Veränderungen und politische Handlungen als krisenverursachend delegitimiert werden. Insofern allen Topoi der Ursache eine der oben wiedergegebenen Schlussregeln zugrunde liegt und sich nur die inhaltlichen Aussagen, konkreten Wissenssegmente oder Werte der Argumentationsmuster unterscheiden, sind bei den folgenden Definitionen lediglich die Paraphrasen des Schlussregelcharakters wiedergegeben.

Topos vom demografischen Wandel

Der Topos vom demografischen Wandel erklärt die Existenz der „Krise" zur Wirkung von Veränderungen in der Bevölkerungsentwicklung, die als bedrohlich wahrgenommen werden. Dies betrifft hauptsächlich die Altersstruktur, die Geburtenentwicklung und den Zuzug von ausländischen Arbeitskräften. Um die Krise zu bewältigen, seien bestimmte Maßnahmen notwendig, die gegen den demografischen Wandel und/oder dessen Folgen wirken würden.

Topos der Gier

Dieses Argumentationsmuster schreibt dem menschlichen Verhalten der Gier – und damit als gierig ausgewiesenen Personen/Unternehmen/Institutionen – die Verantwortung für die „Krise" zu, woraus Handlungsbedarf gefolgert wird.

Topos der hohen Arbeitskosten

Der Topos geht davon aus, dass Arbeit aufgrund verschiedener „Belastungen" zu teuer sei. Hohe Löhne, Steuern und Beiträge für die Sozialversicherungen schränkten die Produktivität ein, gefährdeten Arbeitsplätze, hätten die „Krise" verursacht. Das Argumentationsmuster steht in enger Verbindung mit zwei weiteren Topoi der Ursache. Zusammen mit dem Topos vom Staats- und Politikversagen/Politikerversagen und dem Topos vom wuchernden Staat/überbordenden Sozialstaat bildet es eine typische Sequenz aus politischem Versagen, überbordenden Sozialleistungen und hohen „Arbeitskosten“, weswegen Bestimmtes zu tun sei.

Topos der Krisenneurose

Wie das Argumentationsmuster der Gier macht der Topos der Krisenneurose ein aus übersteigerter Angst vor der „Krise“ resultierendes menschliches Verhalten – und damit entsprechend handelnde Akteure – für die „Krise“ verantwortlich. Als furchtauslösende Stimuli gelten bestimmte politische Handlungen, die dann auf Basis des Topos abgelehnt werden, und das kommunikative Verhalten in der „Krise“, etwa Dramatisierungen, wie sie mit den Topoi der düsteren Gegenwartsdiagnose und Zukunftsprognose einhergehen.

Topos vom Marktversagen/Managementversagen

Der Topos vom Marktversagen/Managementversagen ist Gegenspieler des Topos vom Staats- und Politikversagen/Politikerversagen. Er gibt der Marktwirtschaft und/oder Managementfehlern – respektive Akteuren, die Führungspositionen in Unternehmen haben – die Schuld an der „Krise“. Aus dieser Schuldzuschreibung wird gefolgert, dass besser nicht auf die Kräfte des freien Marktes zu vertrauen sei. Der Staat sei der bessere Krisenmanager als der Markt. Der Markt sorge nicht für eine optimale Lösung der Probleme. Um die „Krise“ zu bewältigen, müsse der Staat eine aktive Rolle übernehmen und politisch intervenieren. Dies lässt sich als Schlussregel wie folgt reformulieren: *Weil der Markt versagt hat, weil Manager versagt haben, ist die „Krise“ verursacht worden, ist ein Eingreifen des Staates in das Marktgeschehen notwendig.*

Topos vom Preisdiktat und Ölembargo

Dieses Argumentationsmuster behauptet, bestimmte politische Handlungen – nämlich die auf der „Öl-Konferenz“ von Kuwait (16.10.1973–17.10.1973) beschlossenen Maßnahmen und damit insbesondere die Vertreter der erdölexportierenden arabischen Länder – hätten die „Krise“ verursacht. Auf Basis des Topos wird gegen die Politik der Ölförderländer und für Maßnahmen, um sich gegen diese Politik zu schützen, argumentiert. Charakteristisch für den Topos ist ein kulturalistischer Einschlag, bzw. in den Argumentationen kommt eine gegen die arabische Welt gerichtete kulturchauvinistische Haltung zum Ausdruck.

Topos der stark regulierten Gesellschaft/Überregulierung

Dieses Argumentationsmuster sieht die Ursache der „Krise“ in einem Zuviel an gesellschaftlichen und wirtschaftlichen Regulierungen. Der Topos stellt bestimmte Reglungen infrage. Auf Basis des Argumentationsmusters wird die „Deregulierung“ verschiedener gesellschaftlicher und wirtschaftlicher Bereiche begründet.

Topos vom Staats- und Politikversagen/Politikerversagen

Im Gegensatz zum Topos vom Marktversagen/Managementversagen gibt der Topos vom Staats- und Politikversagen/Politikerversagen dem Staat, der Politik und/oder Politikern die Schuld an der „Krise“. Die „Krise“ sei Resultat staatlichen und politischen Versagens und/oder politischen Fehlverhaltens. Aus dieser Schuldzuschreibung wird gefolgert, dass besser nicht auf die politischen Handlungen der Vergangenheit, mit denen u. a. versucht wurde, die „Krise“ zu bewältigen, und auf die politisch Verantwortlichen, die diese Maßnahmen ergriffen haben, zu vertrauen sei. Der Topos argumentiert also mit dem Ausweis negativer Wirkungen bestimmter politischer Entwicklungen und Maßnahmen und tritt dabei in Contra-Argumentationen auf, welche hergebrachtes politisches Denken und Handeln delegitimieren. Andererseits legitimiert das Argumentationsmuster alternative Sichtweisen und politische Handlungen, die stattdessen vorgeschlagen werden. Um die „Krise“ zu bewältigen, müsse umgedacht werden, sei eine andere Politik notwendig. Tendenziell liegt dem Argumentationsmuster die Denkweise zugrunde, der Staat sorge nicht für eine optimale Lösung der Probleme, weshalb der Markt der bessere Krisenmanager sei. Als Schlussregel lässt sich dies wie folgt reformulieren: *Weil Staat und Politik ursächlich für die „Krise“ verantwortlich sind, weil Politiker nicht in der Lage sind, die aktuellen Probleme zu lösen, ist nicht in das wohlfunktionierende marktwirtschaftliche Geschehen einzugreifen.* Das Argumentationsmuster ist eng mit Kritik am politischen System bzw. mit Politikkritik und mit Politikerkritik verbunden. Ihm liegt eine verfallstheoretisch motivierte Geschichtsdeutung bzw. Erklärung der „Krise“ zugrunde.

Topos vom wuchernden Staat/überbordenden Sozialstaat

Das Argumentationsmuster behauptet, die „Krise“ sei Wirkung eines übermäßig stark ausufernden Staates bzw. eines das sinnvolle Maß überschreitenden Sozialstaates, der wiederum meist auf politisches Versagen zurückgeführt wird. Insofern ist der Topos vom wuchernden Staat/überbordenden Sozialstaat dem Topos vom Staats- und Politikversagen/Politikerversagen untergeordnet und in dieser Sequenz eng mit ihm verbunden. Gleichermaßen ist er immer auch Ausdruck einer Kritik am Staat/Sozialstaat und richtet sich gegen ein bestimmtes

Staats- und Politikverständnis, das den „Ausbau" des Staates/Sozialstaates vorangetrieben habe. Auf Basis des Topos wird sowohl gegen hergebrachtes politisches Handeln und gegen den Staat/Sozialstaat in seiner durch dieses Handeln bewirkten krisenverursachenden Gestalt als auch für ein Umdenken bzw. einen politischen Wandel argumentiert. Das Argumentationsmuster fußt auf einer moralphilosophischen Haltung, die unterstellt, der Sozialstaat sei von Natur aus verwerflich und verderbe den Menschen. Außerdem liegt ihm eine Theorie der Selbstvernichtung bzw. eine Dekandenztheorie zugrunde.

5.2.3 Finaltopoi

Die kontextspezifischen Finaltopoi gehören – wie die Topoi der Ursache – zur Klasse der Kausalschlüsse. Sie verfahren nach den alltagslogischen Schlussregeln zwischen Grund und Folge sowie zwischen Mittel und Zweck (die Schlüsse ähneln sich). Meist wird aus bestimmten Intentionen oder Zielvorstellungen (Grund) auf die Notwendigkeit politischer Handlungen (Folge) geschlossen: *Weil ein Handlungsziel nur durch bestimmte Maßnahmen zu erreichen ist, weil ein Handlungsziel bestimmte Maßnahmen erfordert, sind diese zu ergreifen.* Übergeordnete Intention oder Zielvorstellung ist immer die Bewältigung der „Krise". Dieser sind die kontextspezifischen Finaltopoi untergeordnet. Häufig werden die Ziele als wichtiger erachtet als bestimmte Maßnahmen, weshalb etwa gewisse negative Folgen hinzunehmen seien (Zweck heiligt die Mittel). Außerdem werden politische Handlungen in Bezug auf ihren Nutzen für den Zweck der Krisenbewältigung hinterfragt. In dieser Variante werden auf Basis der Finaltopoi Contra-Argumentationen gebildet. Die Maßnahmen (Mittel) werden dann aufgrund negativer Folgen als untauglich bewertet, um den Zweck zu erreichen bzw. die Probleme zu lösen (dies umschließt auch Nichthandeln) und auf diese Weise delegitimiert: *Weil ein Handlungsziel nicht durch bestimmte Maßnahmen zu erreichen ist, weil ein Handlungsziel bestimmte Maßnahmen nicht erfordert, sind diese abzulehnen.* Notwendig seien andere Denkansätze und/oder politische Handlungen. Die kontextspezifischen Topoi wurden nach dem unterschieden, was als erstrebenswerter Zweck und als taugliches Mittel, um die „Krise" zu bewältigen, behauptet wird. Insofern allen Finaltopoi die oben wiedergegebenen Schlussregeln zugrunde liegen und sich nur die inhaltlichen Aussagen, konkreten Wissenssegmente oder Werte der Argumentationsmuster unterscheiden, sind wie schon zuvor bei den Definitionen lediglich die Paraphrasen wiedergegeben.

Arbeitsplatztopos

Der Arbeitsplatztopos geht von der Prämisse aus, Arbeitsplätze seien bedroht. Er argumentiert mit dem Ziel, Arbeitsplätze zu sichern und Beschäftigung zu schaffen bzw. Arbeitslosigkeit zu reduzieren. Dieses Ziel sei nur durch bestimmte Maßnahmen zu erreichen. In der Funktion von Contra-Argumentationen auf Basis des Topos wird vorgebracht, bestimmte beschäftigungspolitische Maßnahmen dienten nicht dem Ziel der Sicherung und Schaffung von Arbeitsplätzen. Je nach Akteur ist das Argumentationsmuster den anderen Finaltopoi übergeordnet oder untergeordnet bzw. es werden Konflikte zwischen den unterschiedlichen Zielvorstellungen und den jeweils zu ergreifenden Maßnahmen behauptet. Das heißt, der Nutzen einer Maßnahme kann vor dem Hintergrund anderer, als höherrangig eingestufter Finaltopoi angezweifelt werden.

Topos der billigen Arbeit/Rentabilitätstopos

Dieses Argumentationsmuster ist in Zusammenhang mit dem Topos der hohen Arbeitskosten zu sehen. Ihm liegt die Zielvorstellung zugrunde, dass sich Arbeit wieder rentieren müsse und dass es Aufgabe der Politik sei, Arbeit zu „verbilligen“. Aus diesem Grund seien bestimmte Maßnahmen, die Arbeit „entlasteten“, zu ergreifen.

Investitionstopos

Der Investitionstopos geht davon aus, die „Krise“ sei nur durch Investitionen der Wirtschaft zu bewältigen. In diesem Sinne werden Investitionen als vorrangiges Ziel politischen Handelns, von dem das Erreichen der anderen Ziele abhängig sei, betrachtet. Wichtigste Aufgabe politischen Handelns in Krisenzeiten sei es, Maßnahmen zu ergreifen, die das Vertrauen von Unternehmen stärkten, d. h. günstige „Rahmenbedingungen“ für unternehmerisches Handeln schafften bzw. die Unternehmensgewinne steigerten. Diese würden dann neuen Mut schöpfen und Investitionen tätigen. Privatwirtschaftliche Investitionen werden dabei mit der Sicherung und Schaffung von Arbeitsplätzen und Wirtschaftswachstum gleichgesetzt. In der Funktion von Contra-Argumentationen wird häufig die Zweckmäßigkeit bestimmter Maßnahmen in Bezug auf das Ziel der Förderung von Investitionen infrage gestellt. Auf diese Weise kann politisches Handeln delegitimiert werden.

Konsolidierungstopos

Der Konsolidierungstopos geht von der Prämisse aus, wegen der „Krise" bestehe ein Bedarf nach „Konsolidierung" der Staatsfinanzen. Er begründet politisches Handeln mit dem Ziel, man wolle diese „in Ordnung" bringen. Das Argumentationsmuster dient insbesondere der Begründung austeritätspolitischer Ziele. In der Funktion von Contra-Argumentationen kann politisches Handeln delegitimiert werden, indem der Nutzen bestimmter Maßnahmen in Bezug auf das „Konsolidierungs"-Ziel infrage gestellt wird.

Topos der sozialen Sicherheit

Dieses Argumentationsmuster begründet Maßnahmen mit dem politischen Handlungsziel, die als bedroht geltende soziale Sicherheit bzw. den Sozialstaat zu bewahren und die Leistungsfähigkeit der sozialen Sicherungssysteme aufrechtzuerhalten. In der Funktion von Contra-Argumentationen werden auf Basis des Topos als für die soziale Sicherheit bzw. für den Sozialstaat bedrohlich dargestellte Maßnahmen abgelehnt.

Stabilitätstopos

Der Stabilitätstopos führt als erstrebenswerten Zweck die Widerstandsfähigkeit der Bundesrepublik Deutschland gegen die Herausforderungen der „Krise" an. Dieser wünschenswerte Zustand wurde im „Stabilitätsgesetz" von 1967 als Ziel für politisches Handeln festgelegt. Mit dem Topos werden Maßnahmen begründet, die dem Erreichen der stabilitätspolitischen Ziele – im engeren Sinne u. a. „Vollbeschäftigung", stabile Preise und stetiges Wirtschaftswachstum – dienen sollen. Maßnahmen, die das Erreichen dieser Ziele gefährdeten, können auf Basis des Topos in Contra-Argumentationen delegitimiert werden.

Topos vom Wirtschaftswachstum

Bei diesem Argumentationsmuster handelt es sich um einen übergeordneten Finaltopos, der nahezu uneingeschränkt den meisten Argumentationen als Handlungsziel zugrunde liegt. Er begründet politisches Handeln mit dem Zweck, Wachstum zu generieren, oder er lehnt Maßnahmen ab, weil diese kein Wachstum erzeugen würden.

Topos der Zeitenwende

Der Topos der Zeitenwende in der Funktion eines Finaltopos definiert als Aufgabe für politisches Handeln, grundlegende Transformationen im Denken, in der Organisation des Staates oder im politischen Handeln herbeizuführen. Nur unter dieser Voraussetzung sei es möglich, die Probleme zu lösen. Zu diesem Zweck, um den erforderlichen Umbruch einzuleiten, seien bestimmte Maßnahmen zu ergreifen.

5.2.4 Topoi der Maxime

Die kontextspezifischen Topoi der Maxime zähle ich zu einer Klasse von Argumentationen, die nach alltagslogischen Regeln und dem Verfahren zwischen Grund und Folge von (gesellschaftlichen, politischen) Leitbildern, Prinzipien, Normen und Werten auf Handlungen schließen. Sie sind also zur Klasse der Kausalschlüsse zu zählen. Meist wird aus bestimmten Glaubenssätzen/Maximen (Grund) auf die Notwendigkeit politischer Handlungen (Folge) geschlossen: *Weil bestimmte Leitbilder/Prinzipien/Normen/Werte von höherer Geltung sind, müssen Handlungen nach diesen Glaubenssätzen/Maximen ausgerichtet werden.* In Contra-Argumentationen werden politische Handlungen an den Glaubenssätzen als Bewertungsgrundlage gemessen und in Bezug auf ihre Orientierung an Maximen hinterfragt. Indem behauptet wird, Handlungen würden gegen bestimmte Glaubenssätze/Maximen verstoßen, können Maßnahmen auf Basis des Topos abgelehnt und delegitimiert werden: *Weil Handlungen bestimmten Leitbildern/Prinzipien/Normen/Werten von höherer Geltung widersprechen, sind sie abzulehnen.* Die kontextspezifischen Topoi wurden nach handlungsleitenden Maximen, an die etwa appelliert oder zu denen sich bekannt wird, unterschieden. Insofern allen Topoi der Maxime die oben wiedergegebenen Schlussregeln zugrunde liegen und sich nur die inhaltlichen Aussagen, konkreten Wissenssegmente oder Werte der Argumentationsmuster unterscheiden, sind auch in diesem Fall bei den Definitionen lediglich die Paraphrasen wiedergegeben.

Topos der Eigenverantwortung

‚Eigenverantwortung' gilt bei bestimmten Akteuren als sittliche Grundvoraussetzung für menschliches Verhalten im Gefüge der Marktwirtschaft. Nur durch eigenverantwortliches Handeln sei die „Krise" zu bewältigen. Der Topos der Eigenverantwortung basiert auf der Idee eines leistungsbereiten, anspruchslosen und mündigen Bürgers. Mit dem Argumentationsmuster wird einerseits begründet, dass Menschen nach dem Prinzip der ‚Eigenverantwortung' zu handeln haben, wenn die Probleme überwunden werden sollen. Andererseits werden politische Maßnahmen dadurch legitimiert, dass sie eigenverantwortliches Handeln stärken würden. Denkweisen, Handlungen, Institutionen oder staatliche Ordnungen, die Eigenverantwortung (und Leistungsbereitschaft) einschränkten bzw. „lähmten", können auf Basis des Topos delegitimiert werden. Der Topos der Eigenverantwortung ist eng mit dem Subsidiaritätstopos verbunden. Beide sind Alternativkonzepte zu ‚Solidarität'.

Gerechtigkeitstopos

Politisches Handeln in Krisendiskursen wird vielfach durch Berufung auf unterschiedliche Vorstellungen von ‚Gerechtigkeit' legitimiert und infrage gestellt. ‚Gerechtigkeit' ist ein allgemein anerkannter Maßstab für politisches Handeln. Dabei lassen sich mindestens die Prinzipien der ‚sozialen Gerechtigkeit'/‚Verteilungsgerechtigkeit', ‚Leistungsgerechtigkeit', ‚Generationengerechtigkeit' und ‚Chancengerechtigkeit' unterscheiden, weshalb bestimmte politische Handlungen geboten oder nicht geboten seien. Der Gerechtigkeitsbegriff war immer Gegenstand semantischer Kämpfe. Alle Akteure bemühen sich darum, ihr politisches Handeln mit ‚Gerechtigkeit' zu assoziieren und das Handeln der politischen Gegner als von der Idealnorm ‚Gerechtigkeit' abweichend zu delegitimieren.

Topos der Marktwirtschaft

Dieses Argumentationsmuster begründet politisches Handeln durch Berufung auf die Maxime ‚Marktwirtschaft'. Dabei wird eine marktwirtschaftliche Sozial- und Wirtschaftsordnung als Ideal und Rahmen für politisches Handeln bestimmt. Der Topos ist insbesondere in Form von Apellen realisiert, Marktwirtschaft als handlungsleitendes Prinzip zu beachten. Auf diese Weise werden verschiedenste Maßnahmen legitimiert, die meist auf das Nicht-Eingreifen des Staates abzielen. In einer spezifischeren Form lässt sich die dem Topos zugrundeliegende Schlussregel wie folgt formulieren: *Weil die Probleme nur mit marktwirtschaftlichen Mitteln gelöst werden können, weil der freie Markt am besten in der Lage ist, das Gemeinwohl zu fördern, sind staatliche Eingriffe abzulehnen.*[9] In der Funktion von Contra-Argumentationen auf Basis des Topos wird behauptet, Handlungen seien nicht konform zur Marktwirtschaft bzw. bedrohten die marktwirtschaft-

9 Zu bedenken ist jedoch, dass während der „Banken- und Finanzkrise" mit Berufung auf die Marktwirtschaft staatliches Eingreifen legitimiert wurde, um Banken zu retten und die Marktwirtschaft zu erhalten. Vgl. hierzu Römer & Wengeler (2013).

liche Ordnung. Auf diese Weise können alternative ideologische Ansätze oder Denkweisen und politische Maßnahmen delegitimiert werden.

Solidaritätstopos

Der Solidaritätstopos appelliert an den Gemeinschaftssinn, weshalb Bestimmtes zu tun sei, und er appelliert an den Gemeinsinn bzw. an die Bereitschaft, das Handeln in den Dienst des Gemeinwohls zu stellen. Das Argumentationsmuster begründet politische Maßnahmen – und das sich damit Abfinden-müssen – vor dem Hintergrund, dass sie allgemeinen gesellschaftlichen Interessen nützten. Als Ausdruck von ‚Solidarität' gilt etwa Opferbereitschaft. Durch Behauptungen, politische Maßnahmen seien nicht im Sinne gemeinschaftlichen und gemeinwohlorientierten Denkens und Handelns, sie seien unsolidarisch, können diese delegitimiert werden. Das Solidaritätsprinzip als traditionelle Form der Sozialversicherung steht seit den 1980er Jahren in gewisser Konkurrenz zu den Maximen der ‚Eigenverantwortung' und der ‚Subsidiarität'.

Sozialstaatstopos

Argumentationen auf Basis des Sozialstaatstopos berufen sich auf das im Grundgesetz verbürgte Prinzip der ‚Sozialstaatlichkeit' (GG Art. 20 (1); GG Art. 28 (1)). Der Topos wird überwiegend in der Funktion von Contra-Argumentationen genutzt. Indem man politische Ideen und Vorhaben als Bedrohung für das als den derzeitigen Besitzstand Angesehene und als Angriffe auf das Sozialstaatsprinzip und das Grundgesetz bzw. die Verfassung darstellt, werden diese infrage gestellt und abgelehnt. Das Argumentationsmuster ist eng mit dem Finaltopos der sozialen Sicherheit verbunden und u. a. Gegenspieler des Topos vom wuchernden Staat/überbordenden Sozialstaat.

Subsidiaritätstopos

Dieses Argumentationsmuster begründet die Notwendigkeit bestimmter Verhaltensweisen und politischer Handlungen mit Berufung auf das im reformtheologischen und seit dem 19. Jahrhundert insbesondere in der katholischen Soziallehre sowie im konservativen und liberalen Denken verankerte Subsidiaritätsprinzip. Die Maxime der ‚Subsidiarität' besagt, einzelne und untergeordnete soziale Einheiten sollen tun, was sie aus eigener Initiative und Verantwortung leisten können; dies sollte kein übergeordnetes Kollektiv (z. B. der Staat) ihnen abnehmen. Dem Subsidiaritätstopos liegen bestimmte Vorstellungen bezüglich der Organisation des Staates bzw. über das Verhältnis zwischen Staat, Gesellschaft und Individuum und über die Verteilung der Verantwortung zwischen ihnen zugrunde. Mit Berufung auf das Subsidiaritätsprinzip wird begründet, dass der Staat keine Verantwortung für die ihm untergeordneten sozialen Einheiten übernehmen soll, zumindest solange diese in der Lage seien, die Probleme eigenverantwortlich zu lösen bzw. für sich selbst zu sorgen. Es sei Aufgabe des Staates, selbstbestimmtes Handeln (Eigenverantwortung, Leistung) zu fördern. Dies entspricht dem Grundgedanken einer sukzessiven Krisenbewältigung von unten nach oben. Staatstheoretisch gewendet, zielt die Idee der ‚Subsidiarität' auf eine Neuorganisation von Sozialstaatlichkeit bzw. auf die private Organisation staatlicher Daseinsvorsorge. ‚Subsidiarität' steht in Konkurrenz zum Prinzip der ‚Solidarität' als traditionelle Form der Sozialversicherung (so auch ‚Eigenverantwortung').

Im Anschluss an die erfolgte Darstellung der Untersuchungsergebnisse auf Ebene der Diskursstruktur (siehe Kap. 5.1), und nach Präsentation der kontextspezifischen Toposdefinitionen in diesem Kapitel, erfolgt nun zur Einstimmung auf das Thema der vorliegenden Arbeit und zur besseren Einordnung der diskursinhaltsbezogenen Untersuchungsergebnisse in den Zusammenhang der bundesrepublikanischen Gegenwartsgeschichte eine Darstellung ausgewählter Aspekte der entsprechenden zeithistorischen Forschungsdebatte. Insofern den 1970er Jahren und der „Ölkrise" ein besonderer Stellenwert für die Nachkriegsgeschichte der BRD zugesprochen wird, liegt in diesem Bereich der Schwerpunkt meiner Abhandlung.

5.3 Warm-up: Nach dem Boom – ideologisch-politischer *Erdrutsch*?

Die Zeit- und Sprachgeschichte nach 1945 lässt sich nur schwer periodisieren. Ein Problem bei der Setzung von Brüchen ist die Abhängigkeit von inhaltlichen Perspektiven. Geschichtswissenschaftler und Sprachhistoriker sind sich darin einig, dass mit dem Ende des Zweiten Weltkrieges im Mai 1945 die Nachkriegszeit beginnt. Wann aber endet die Nachkriegszeit, sodass man von einer historischen Epoche sprechen kann? Und wann fängt die Gegenwart an? Wo muss eine Historisierung der Nachkriegszeit ansetzen? Diese Fragen stellen sich seit den 2000er Jahren vor allem Historiker.[10]

---

10 Ellwein (1989) bearbeitet in seinem Standardwerk den gesellschaftlichen und politischen Wandel in der Bundesrepublik seit den 1960er Jahren. Die Frage nach dem Zäsurcharakter der 1970er Jahre behandelt der britische Historiker Eric Hobsbawm (2014 [1994]). Zum gegenwärtigen Diskussionsstand nicht nur in der Geschichtswissenschaft vgl. u. a. die Beiträge in der Zeit-

Als Zäsuren, Umbrüche oder Wendepunkte in der Nachkriegsgeschichte der Bundesrepublik Deutschland wie in der Sprachgeschichte des Deutschen nach 1945 gelten u. a. die Jahre 1968 und 1989. Georg Stötzel (1993: 113), der zwar mit der Fokussierung auf Themen problematische Zäsursetzungen vermeidet, war sich bei seinem Versuch, die Sprachgeschichte der BRD in enger Beziehung zur Zeitgeschichte zu konzipieren, noch sicher, dass „die Jahre 1989/90 als Zäsur, die ‚das Ende der Nachkriegszeit' markiert, anerkannt werden." Entgegen dieser Einschätzung gelten in der gegenwärtigen zeitgeschichtlichen Forschung die 1970er Jahre als epochemachender Einschnitt. Im Narrativ der Historiker von den 1970er Jahren als dem Ende der Nachkriegszeit markiert die „Ölkrise" 1973/74 den Beginn des Wandels (siehe hierzu den Forschungsüberblick in Anmerkung 10). Obwohl man ihr außerordentliche Relevanz zuspricht, wird die „Ölkrise" in der Geschichtsschreibung eher stiefmütterlich behandelt.[11]

schrift „Zeithistorische Forschungen/Studies in Contemporary History", Heft 3/2006. Das Themenheft trägt den Titel *Die 1970er-Jahre – Inventur einer Umbruchzeit*. Hervorzuheben ist der Aufsatz von Konrad H. Jarausch (2006), der nach fundamentalen Transformationen durch Krisenphänomene wie erlahmendes Wirtschaftswachstum fragt. Auch die Beiträge der Ausgabe 47/2007 des „Archivs für Sozialgeschichte" loten unter dem Rahmenthema *Der Sozialstaat in der Krise – Deutschland im internationalen Vergleich* den historischen Stellenwert krisenhafter Erscheinungen seit den 1970er Jahren aus. Butterwegge (2014) befasst sich mit der *Krise und Zukunft des Sozialstaates* und insbesondere mit dem Wandel der Sozialpolitik in der BRD. Der Band *Das Ende der Zuversicht? Die siebziger Jahre als Geschichte*, herausgegeben von Jarausch (2008), beschäftigt sich mit der These, die 1970er Jahre bildeten ein Scharnier zwischen Nachkriegszeit und den Gegenwartsproblemen. Mit Fragen des historischen Stellenwerts der 1970er Jahre und der jüngsten Zeitgeschichte befassen sich des Weiteren Raithel, Rödder & Wirsching (2009). Die Geschichte von Wirtschaftskrisen und der Wirtschaftspolitik nach dem Boom im Besonderen untersuchen u. a. Plumpe (2010); Scherf (1986); Nützenadel (2005) und Schanetzky (2007). Grundlegend für die Zeitgeschichte seit 1970 ist der Essay von Doering-Manteuffel & Raphael (2012). Die Autoren entwickeln die These, dass in den 1970er Jahren ein Strukturbruch eingesetzt habe. Vom Forschungsstand ausgehend fasst Angster (2012) in ihrer Einführung in die Geschichte der Bundesrepublik Deutschland das Historikernarrativ von den 1970er Jahren als einer politischen, wirtschaftlichen, gesellschaftlichen und kulturellen Phase des Umbruchs zusammen. Einen Überblick über die zeitgeschichtliche Forschung zu den 1970er und 1980er Jahren und eine kritische Reflexion derselben gibt Geyer (2010). Erwähnt werden sollte auch, dass Hugo Steger (vgl. 1989: 18–22) in verschieden Kommunikationsbereichen, etwa Öffentlichkeit und Politik, einen Einschnitt im sprachlichen Geschehen der BRD seit den 1970er Jahren feststellt.

11 Die erste umfassende Studie zur „Ölkrise" 1973/74 legt Jens Hohensee (1996) vor. Hohensee (1994) eignet sich zur Einführung in die Thematik. Der Kommunikationswissenschaftler Hans Mathias Kepplinger (2011) fragt danach, wie die „Ölkrise" als Realität konstruiert wird. Eine lesenswerte Untersuchung mit dem Anspruch einer historiographischen Neubewertung der „Ölkrise" legt Graf (2014) vor. Er untersucht, mit welchen Maßnahmen und Strategien „Politiker in Westeuropa und den USA" auf die durch die „Ölkrise" induzierten Herausforderungen

Die unmittelbaren Nachkriegsjahre werden in der Geschichtsschreibung als *Trente Glorieuses* (Jean Fourastié) oder *Golden Age* (Eric Hobsbawm) bezeichnet. Damit ist eine Phase ungebrochenen Wirtschaftswachstums, zunehmenden Wohlstandes und positiver Zukunftserwartungen gemeint. Der Wirtschaftsboom oder – in der Terminologie der zeitgenössischen gesellschaftlichen Selbstbeschreibung – das *Wirtschaftswunder* seit den 1950er Jahren hatte die materielle Grundlage für einen liberalen kapitalistischen Konsens[12] von bis dato unbekanntem Ausmaß geliefert. Dieser Konsens beruhte auf einer zunehmend keynesianisch[13] inspirierten Politik im Rahmen der Marktwirtschaft. (Vgl. Doering-Manteuffel & Raphael 2012: 9f.)

„der nationalen Souveränität bzw. ihrer politischen Autorität [...] reagierten" (Graf 2014: 4), um Souveränitäts- und Autoritätsansprüche zu behaupten (so auch Graf 2010). Die genannten Studien sind betont wissensbezogen und nehmen auch diskursive Aspekte der „Ölkrise" in den Blick. Die vorliegende Arbeit behandelt die „Ölkrise" 1973/74 ausführlich und kann einen Beitrag zur historischen Neubewertung im Sinne Grafs leisten.

12 Vgl. hierzu ausführlich Julia Angster (2003) und gebündelt Angster (2012: 28–37). Die Autorin untersucht den Wandel im politischen Denken von SPD und Gewerkschaften bzw. der bundesdeutschen Arbeiterbewegung seit 1940 bis zum „Godesberger Programm" der SPD von 1959 und dem „Düsseldorfer Programm" des DGB von 1963. In diesem Zusammenhang prägt sie für die Nachkriegsordnung der BRD die Begriffe ‚Konsensliberalismus' und ‚Konsenskapitalismus'. Als *Konsensliberalismus* wird der Umstand bezeichnet, dass sich seit den 1950er Jahren bis in die 1970er Jahre auf der Ebene der für politisches Denken und Handeln grundlegenden Werte eine Übereinstimmung hinsichtlich „westlich-liberaler, pluralistischer" (Angster 2012: 28) Vorstellungen durchgesetzt habe. Als *Konsenskapitalismus* wird bezeichnet, dass die deutsche Sozialdemokratie und Arbeiterbewegung die seit den 1950er Jahren in der Bundesrepublik bestehende kapitalistische Wirtschafts- und Gesellschaftsordnung auf der Grundlage des westlich-liberalen Wertesystems akzeptiert habe. Nicht mehr eine sozialistische Neuordnung der Gesellschaft und Wirtschaft sei Ziel gewesen, sondern ein Interessenausgleich zwischen Arbeitgebern und Arbeitnehmern im Rahmen der Marktwirtschaft, die durch keynesianische Politikkonzepte entschärft werden sollte. (Vgl. Angster 2012: 35.) Hermanns (1989) zeigt aus sprachwissenschaftlicher Sicht, welchen diskursiven Strategien es zu verdanken ist, dass die Sozialdemokratie in ihrem Godesberger Programm endgültig mit marxistischen Traditionen brach, auf das Ziel einer sozialistischen Ordnung verzichtete und den Kapitalismus bzw. die (soziale) Marktwirtschaft als Wirtschafts- und Gesellschaftsordnung anerkannte. Wengeler (1995) erläutert am Beispiel der semantischen Prägung des Ausdrucks *soziale Marktwirtschaft* in der Adenauer-Zeit, wie sich in den wirtschaftspolitischen Diskussionen der Frühgeschichte der BRD ordoliberale Ordnungsvorstellungen diskursiv durchsetzten und Hegemonie erlangten. Die SPD habe es in den 1950er Jahren schwer gehabt, dem Schlagwort *soziale Marktwirtschaft* und dem damit verbundenen Konzept etwas entgegenzusetzen, was u. a. zur Befürwortung derselben im Godesberger Programm führte. In diesem Sinne argumentieren etwa auch Wolfrum (vgl. 2006: 82ff.) und Nützenadel (vgl. 2005: 357).

13 Der Keynesianismus geht auf den britischen Nationalökonomen John Maynard Keynes zurück. In seinem 1936 veröffentlichten Hauptwerk *The General Theory of Employment, Interest and*

Spätestens mit der ersten Großen Koalition (1966–1969) unter Kurt-Georg Kiesinger wurde der Keynesianismus „auch in der Bundesrepublik Deutschland [...] zur offiziellen Richtschnur der Regierungspolitik“, so Werner Plumpe (2010: 94). Nach Plumpe (vgl. 2013: 24) fand er nicht zuletzt deshalb Akzeptanz, weil in der Öffentlichkeit die Meinung vorherrschte, die Marktwirtschaft respektive Ludwig Erhard habe im Umgang mit der ersten „Krise“ der Bundesrepublik Deutschland von 1966/67 wirtschaftspolitisch versagt. Nützenadel (2005: 360) zufolge wurde der Glaube an erfolgreiche „staatliche Konjunkturpolitik und Wachstumsbeeinflussung“ auch durch die Annahme gefestigt, man habe die „konjunkturelle Delle“ von 1966/67 durch die Methode der keynesianischen Nachfragesteuerung überwunden. Ähnlich wie zuvor in den 1950er Jahren die soziale Marktwirtschaft wurde nun der Keynesianismus mit einer erfolgreichen Krisenbewältigung und einem anschließenden Aufschwung assoziiert, was, wie es scheint, der politischen Ideologie zu allgemeiner Anerkennung verhalf.

Die neue politische Zielvorstellung, „Krisen“ mit staatlichen Mitteln zu verhindern, wurde am 8. Juni 1967 im „Gesetz zur Förderung der Stabilität und des Wachstums“ (*Stabilitätsgesetz*)[14] verankert, womit sich in der wirtschaftspolitischen Diskussion nicht nur das Konzept des Keynesianismus, sondern auch

---

Money entwickelt er seine einflussreiche makroökonomische Theorie. Der Ausdruck *Keynesianismus* wird auch zur Bezeichnung des aus den Ideen Keynes abgeleiteten wirtschaftspolitischen Konzepts verwendet. Keynes schreibt dem Staat eine aktive Rolle, die Rolle eines wirtschaftlichen Akteurs, zu. Vereinfacht gesagt hat der Staat demnach die Aufgabe, konjunkturelle Schwankungen durch Eingriffe in das wirtschaftliche Geschehen zu „glätten“ bzw. in Krisenzeiten durch Ergreifen wirtschaftsstimulierender Maßnahmen oder kreditfinanzierte Investitionen für die Bewältigung von „Krisen“ zu sorgen.

14 Das bis heute gültige „Stabilitätsgesetz“ benennt vier gleichzeitig zu beachtende Ziele staatlicher Wirtschaftspolitik, die *Magisches Viereck* genannt werden. Dazu werden gezählt: Stabilität des Preisniveaus, hoher Beschäftigungsstand (*Vollbeschäftigung*), außenwirtschaftliches Gleichgewicht sowie stetiges und angemessenes Wirtschaftswachstum. Das Erreichen dieser Ziele soll zum Optimalzustand eines *gesamtwirtschaftlichen Gleichgewichts* führen. Wie erwähnt: Mit dem „Stabilitätsgesetz“ wurde das Eingreifen des Staates in den wirtschaftlichen Prozess offiziell zur politischen Aufgabe erhoben. Durch antizyklisches Ausgabeverhalten sollte dieser die Konjunktur drosseln oder ankurbeln und so für eine stabile Entwicklung der Wirtschaft sorgen, was man insgesamt als *Globalsteuerung* bezeichnete. Ein wichtiges Mittel hierzu war die „*Mittelfristige Finanzplanung* (*MiFriFi*), die den Bundeshaushalt konsolidieren sollte. Durch diese Planung sollte laut Schiller ein *Aufschwung nach Maß* erreicht werden, d. h. ein wirtschaftlicher Aufschwung ohne starke Preissteigerungen“ (Wengeler 1995: 67). Ein weiterer Bestandteil des „Stabilitätsgesetzes“ war die *Konzertierte Aktion*, ein „runder Tisch“ bzw. eine Gesprächsrunde, welche die Interessen von Staat, Unternehmen und Gewerkschaften diskursiv in Einklang bringen sollte, um die Bundesrepublik „wieder auf den Wachstumspfad“ (Wolfrum 2006: 232) zurückzuführen. Die *Konzertierte Aktion* sollte als sozial- und wirtschaftspolitisches Instrument der Konsensgenese *Soziale Symmetrie* verbürgen.

ein vom damaligen Wirtschaftsminister und späteren Wirtschafts- und Finanzminister Karl Schiller eingeführtes planungsbezogenes Vokabular[15] durchsetzte. Die angenommene Gefährdung eines der im „Stabilitätsgesetz" formulierten wirtschaftspolitischen Ziele (siehe hierzu Anmerkung 14) beeinflusste zu bestimmten Zeiten und bei bestimmten Akteuren die Wahrnehmung von „Krise" bzw. die Definitionen von „Krise". Die daraus abgeleiteten Entscheidungen/Vorhaben/Maßnahmen wurden häufig als vom möglichen Nicht-Erreichen der im „Stabilitätsgesetz" verankerten Ziele abhängig gesehen.

Historiker sind sich einig, dass ab Mitte der 1960er Jahre in Wissenschaft, Politik und Öffentlichkeit die Ansicht dominierte, Wirtschaftskrisen würden der Vergangenheit angehören, „da man inzwischen in der Lage sei, die Wirtschaftsentwicklung zu steuern und zu kontrollieren" (Angster 2012: 71). Der Staat, so die historiographische Darstellung, wurde nach vorherrschender Meinung als für die Sicherung der individuellen Zukunft sowie für die Wahrung und Vermehrung des Wohlstandes zuständig angesehen – z. B. durch eine Wirtschaftspolitik, die sich den Erhalt der „Vollbeschäftigung" und eine Verstetigung des wirtschaftlichen Wachstums zum Ziel gemacht hatte, oder durch sozialpolitische „Reformen" wie die Ausweitung der Wohlfahrt.[16] (Vgl. Doering-Manteuffel & Raphael 2012: 33–48; Plumpe 2010: 92f. und Wolfrum 2006: 186–188.) Die damals dominierende Wirt-

---

15 Schiller paarte die neue politische Ideologie mit griffigen öffentlichkeitswirksamen Neologismen wie *Talsohle der Konjunktur*; *Aufschwung nach Maß*; *So viel Markt wie möglich, so viel Staat wie nötig!*; *Magisches Viereck*; *Konzertierte Aktion*; *Soziale Symmetrie*; *aufgeklärte Marktwirtschaft* oder *Globalsteuerung*. Im politischen Sprachgebrauch kommt der keynesianische Konsens der 1960er Jahre u. a. darin zum Ausdruck, dass in der wirtschaftspolitischen Diskussion „die Diffamierung stärkerer staatlicher Eingriffe als *Dirigismus* durch die Neoliberalen" (Wengeler 1995: 65f.) abnahm. Wirtschaftsliberale und Konservative hatten es schwer, sich gegen das neue wissenschaftlich-planungsbezogene Vokabular und die damit verbundenen Konzepte keynesianischer Wirtschaftspolitik sprachlich und inhaltlich durchzusetzen. Die Wortfelder um ‚Planwirtschaft' und ‚Sozialismus' wurden in weiten Teilen semantisch entideologisiert und entstigmatisiert. Sie verloren also ihre negativen Konnotationen und konnten wieder in das öffentliche und „politische Vokabular der Bundesrepublik eingebürger[t]" (Nützenadel 2005: 359) werden. Auch Wolfrum (2006: 230) hebt hervor, dass „‚Planung', ‚Programmierung' und ‚Steuerung' [...] in sämtlichen westlichen Industriegesellschaften der 60er Jahre als postideologische Praxis" galten und „von allen negativen älteren Deutungen" befreit wurden.

16 Vgl. hierzu Butterwegge (2014). Insbesondere seit der sozial-liberalen Regierung (1969–1974) unter Willy Brandt sei der Wohlfahrtstaat ausgebaut worden. Wengeler (1995: 83) zeigt, dass der Ausdruck *Sozialstaat* zu dieser Zeit eine allgemein „positiv akzeptierte Zustandsvokabel" war und dass Regierung und Opposition sich gegenseitig vorwarfen, den Sozialstaat abzubauen (*Sozialabbau*) oder zu demontieren (*soziale Demontage*), um die Sozialpolitik des politischen Gegners semantisch als unverantwortlich zu markieren und zu stigmatisieren. Auch Sozialstaatlichkeit war also Teil des liberalen kapitalistischen Konsens.

schaftsideologie und die entsprechende politische Mentalität werden im historiographischen Fachdiskurs mit Ausdrücken wie *Planung* und *Steuerung* oder *Glaube an die Machbarkeit des Fortschritts* und *Reformeuphorie* benannt (vgl. exemplarisch Wolfrum 2006: 230f.). Für den angeblichen „Machbarkeitsglauben" habe die Verwissenschaftlichung der Politik eine große Rolle gespielt. Es war die *Stunde der Ökonomen*, wie Nützenadel (2005) feststellt.[17]

Nach Werner Abelshauser (vgl. 1983: 98ff.) „normalisierte" sich in den 1970er Jahren die wirtschaftliche Entwicklung und näherte sich wieder einem langfristigen Wachstumspfad mit konjunkturellen Schwankungen. Plumpe (2010: 93) behauptet, an „die Stelle einer vermeintlich immerwährenden Prosperität" sei die „Wiederkehr der Konjunktur- und Krisenzyklen, ein Prozess, der bis heute anhält", getreten. Wie auch immer man diesen historischen Prozess bewerten mag: Seitdem der Boom, der die Legitimität der Wirtschafts- und Gesellschaftsordnung der Nachkriegszeit begründete, seinem Ende entgegenging, beobachten Historiker diverse Brüche in Politik, Gesellschaft, Wirtschaft, Kultur und in den Mentalitäten. Doering-Manteuffel & Raphael (2012: 12) fassen den Wandel der Nachkriegsordnung als *sozialen Wandel von revolutionärer Qualität* und als „Beginn einer neuen Epoche eigenen historischen Rechts"; sie kennzeichnen ihn mit dem Ausdruck *Strukturbruch*. Zur Epochenbezeichnung für den neuen historischen Zeitabschnitt benutzen sie die Wendung *nach dem Boom*. Eric Hobsbawm (2014 [1994]: 314) spricht von einem *Erdrutsch* „ideologischer Art". Dieser sei Teil der Reaktionen auf die Krisenphänomene seit den 1970er Jahren und habe das „Ende des Goldenen Zeitalters" eingeleitet.

Durch strukturelle Entwicklungen in der Weltwirtschaft, etwa die Auflösung des Systems von Bretton Woods[18], und in der Folge u. a. durch steigende Inflation, Arbeitslosigkeit und einen Rückgang der hohen Wachstumsraten, weiterhin aufgrund sozialer Verpflichtungen, die der Staat eingegangen war, sei der parteiübergreifende keynesianische Konsens der Nachkriegszeit infrage gestellt worden, so die Zeitgeschichtsschreibung (vgl. Angster 2012: 71–78 oder auch Butter-

---

17 Nützenadel (2005) untersucht die Verschränkung von Wirtschaftswissenschaft, Politik und Öffentlichkeit zu dieser Zeit. Er zeigt, dass durch Einflüsse bestimmter wissenschaftlicher Strömungen und Methoden in der akademischen Ökonomie und durch wachsende Einflüsse der wirtschaftspolitischen Expertise (1963 wurde der „Sachverständigenrat für die wirtschaftliche Entwicklung" gegründet) die Weichen für den ideologisch-politischen Wechsel gestellt wurden. Nützenadel (2005: 356) zufolge gewann eine wissenschaftlich-prognostizierende „vorausschauende Wachstums- und Konjunkturpolitik" an Bedeutung.

18 *Bretton-Woods-System* ist die Bezeichnung für ein nach dem Zweiten Weltkrieg eingeführtes internationales Währungssystem, das auf festen Wechselkursen basierte. Die Währungen wurden an den US-Dollar als Leitwährung und dieser an den Goldwert gekoppelt.

wegge 2014: 71 und Nützenadel 2005: 361). Damit seien auch die Handlungskompetenz des Staates als wirtschaftlicher Akteur, die Kooperation zwischen Gewerkschaften, Arbeitgebern und Regierung sowie der „Besitzstand" zweifelhaft geworden. Der angedeutete politisch-ideologische Wandel ist nur *ein* Kennzeichen des in den 1970er Jahren vermeintlich einsetzenden „Strukturbruchs". Die „Ölkrise" von 1973/74, so die historische Erzählung, habe als sichtbarstes (und in der Rückschau: symbolisches) Ereignis des Wandels maßgeblich dazu beigetragen, dass die Theorie und das politische Konzept des Keynesianismus – weil als zur Lösung der Probleme ungeeignet wahrgenommen – an Geltung verloren.[19] In Öffentlichkeit und Politik habe sich die Meinung verbreitet, die politischen Möglichkeiten der Krisenbewältigung seien ausgeschöpft. (Vgl. Doering-Manteuffel & Raphael 2012: 48f.) Angster (2012: 72) resümiert:

> Die Zukunftsgewissheit der ‚Boom-Jahre' ging verloren und mit ihr der Glaube an die Planbarkeit des Fortschritts, an die technisch-rationale Steuerbarkeit gesellschaftlicher und wirtschaftlicher Entwicklung. Die Moderne selbst, der technische Rationalismus und auch das Wirtschaftswachstum als problemlösende Methode wurden nun hinterfragt.[20]

Dem Anschein nach erhielt die „Reformeuphorie" also einen Dämpfer. Willy Brandts Rücktritt im Jahre 1974 „markiert das Ende des Reformoptimismus, und der neue Bundeskanzler Helmut Schmidt verkörperte Sachlichkeit und Realismus", so Plumpe (2010: 97). Manche Historiker beobachten, dass sich seit Mitte der 1970er Jahre sogar eine „reformfeindliche Stimmung" (Wolfrum 2006: 339) ausgebreitet habe. In der Rückschau gilt Schmidt jedenfalls als ein „rechtssozialdemokratisch-pragmatischer Krisenmanager" (Butterwegge 2014: 113). An die Stelle des Veränderungswillens der Ära Brandt seien als neue Devisen „bewahren" und „sichern" getreten.[21]

Der Wandel der Ordnung des Booms, der ideologische Erdrutsch in den 1970er Jahren, wird in der Geschichtsschreibung u. a. als allmählicher Übergang vom Keynesianismus bzw. keynesianischen Nachkriegskonsens zu einer antikeyne-

---

19 Wengeler (vgl. 1995: 70–86) und Stötzel & Eitz (2002: 382) stellen aus sprachhistorischer Sicht fest, dass Mitte der 1970er Jahre die Diskussion „um die grundlegende Ausrichtung der bundesrepublikanischen Wirtschaftsordnung" wieder auflebte.

20 Erstmals stellte der 1972 erschienene Bericht *Die Grenzen des Wachstums* des Club of Rome zur Lage der Menschheit Wachstum nicht als Lösung, sondern als Ursache der Probleme öffentlich wahrnehmbar dar. Siehe hierzu Kap. 5.4.1.2.

21 Wengeler (vgl. 1995: 81f.) beobachtet, dass zu dieser Zeit ein neuer Ton auftauchte. *Sparpolitik* wurde zum Schlagwort. Die Opposition habe sie eingefordert und der Regierung vorgeworfen, sie nicht zu betreiben, weshalb man sie für die negativen Folgen sozial- und wirtschaftspolitischer Entscheidungen verantwortlich gemacht habe.

sianischen, d. h. monetaristischen, individualistischen und angebotsorientierten Wirtschaftstheorie und -politik beschrieben. Das neue sogenannte neoliberale Modell ist vom ökonomischen Liberalismus Milton Friedmans und vom Liberalismus Friedrich August von Hayeks inspiriert. Beide betonten die Effizienz des freien Marktes und zielten darauf, „den Einfluß des Staates [auf das wirtschaftliche Geschehen; Anm. d. Verf.] zu reduzieren“ (Doering-Manteuffel & Raphael 2012: 49).[22]

Diese in den 1970er Jahren einsetzende Entwicklung habe sich im Gefolge weiterer Wirtschaftskrisen, etwa in den Jahren 1981/82 (siehe hierzu Kap. 5.5), noch verstärkt. Spätestens der Zerfall der sozial-liberalen Koalition und der Wechsel der Kanzlerschaft von Helmut Schmidt zu Helmut Kohl hätten den Durchbruch des neoliberalen Ordnungsmodells gebracht, insbesondere in der Wirtschaftspolitik. (Vgl. Doering-Manteuffel & Raphael 2012: 63–70 und Plumpe 2013: 26.) Wie sprachwissenschaftliche Studien nahelegen, erlangten neoliberale Vorstellungen in den 1990er Jahren diskursive Hegemonie (siehe Kap. 4, Anmerkung 26). Mit dem Reformprogramm „Agenda 2010“ setzte sich der neoliberale Diskurs sodann

22 Wie der Keynesianismus ist der Neoliberalismus eine zentrale Diskursposition. Der Ausdruck *neoliberal* wird in der vorliegenden Arbeit nicht als ideologischer Kampfbegriff oder denunziatorisch zur Stigmatisierung der damit verbundenen Konzepte verwendet. Mit der Bezeichnung *Neoliberalismus* referiere ich auf eine wirtschaftsliberale Denkschule oder Theorie und eine davon inspirierte politische Praxis sowie auf das entsprechende Wirtschafts- und Gesellschaftsmodell. Der Neoliberalismus ist im Grunde ein Gegenentwurf zum Keynesianismus. Kurz gesagt: Durch die „Rückkehr zu einem rein marktwirtschaftlichen Kurs [sollten] die vermeintlichen Fehler des Keynesianismus“ (Plumpe 2010: 98) – „Krisen“ nicht vermeiden zu können, sondern sie zu verursachen – überwunden werden. Milton Friedman, der sich schon in den 1950er Jahren gegen die Lehren Keynes bzw. das Konzept der Nachfragepolitik wandte (vgl. Friedman 1957), war einer der bekanntesten Vertreter der Chicagoer Schule, die das ökonomische Denken in der zweiten Hälfte des 20. Jahrhunderts maßgeblich prägte. Zudem war Friedman Gründungsmitglied der Mont Pelerin Society, einem 1947 von Friedrich August von Hayek initiierten Zusammenschluss liberaler Intellektueller, der es sich zum Ziel gesetzt hatte, den Wirtschaftsliberalismus zu popularisieren. Zusammen mit dem Institute of Economic Affairs in London bildet die Mont Pelerin Society „den Kern eines Netzwerks prononciert antisozialistischer und bisweilen radikal liberaler Wirtschafts- und Gesellschaftstheoretiker [...]. Nach 1970 agierten sie [...] als einflußreiche Agenturen zur Verbreitung der marktradikalen Freiheitsideologie Hayeks und der ökonomischen Theorie Friedmans“ (Doering-Manteuffel & Raphael 2012: 50). Beide gelten als Vordenker des Neoliberalismus. Die neoliberale Position im Kampf um die Diskurshoheit verstärkend wirkte sicher, dass Hayek 1974 und Friedman 1976 mit dem Nobelpreis für Wirtschaftswissenschaften ausgezeichnet wurden. Ebenso die Regierungsantritte von Margaret Thatcher 1979 und Ronald Reagan 1980, die den Nachweis erbrachten, „daß der Vorrang des Marktes jetzt programmatisch in die Regierungspolitik eingeführt werden konnte“ (Doering-Manteuffel & Raphael 2012: 50).

im Jahr 2003 u. a. arbeitsmarkt- wie sozialpolitisch durch (siehe hierzu Kap. 5.6).[23] Plumpe (2010: 24) fasst diese ideologisch-politische Entwicklung in dem Befund zusammen, der Neoliberalismus war die Antwort

> auf die Krise der 1970er Jahre, die Staatsverschuldung, die nachlassende ökonomische Dynamik und den verblassenden Glanz des Keynesianismus, der in der Folgezeit kurzerhand für tot erklärt wurde, bis ihn die jüngste Wirtschaftskrise erneut zum Leben erweckte.

An der genannten vorwiegend zeitgeschichtlichen Forschungsdiskussion über den historischen Stellenwert der 1970er Jahre fällt auf, dass der Wandel zwar aus sehr unterschiedlichen Perspektiven untersucht und in verschiedenen Bereichen konstatiert wird, aber, wie in der Einleitung dieser Arbeit bereits geschrieben, Fragen nach dem Alltagshandeln, der Relevanz von Sprache, Kommunikation, öffentlichen Diskursen und kollektivem Wissen, nach der politischen und gesellschaftlichen Wahrnehmung der Wirklichkeit, jedoch kaum Berücksichtigung finden. Im Sinne dieses Fehlens sprach- und diskurstheoretisch reflektierter Untersuchungen zu „Krisensemantiken" – wie Historiker sagen – schlagen Doering-Manteuffel & Raphael (vgl. 2012: 134–137) am Ende ihres Buches als Forschungsperspektive für eine Zeitgeschichte nach dem Boom die Analyse des Wandels von „Leitbegriffen" vor. Untersuchungen zum Wandel der historischen Semantik einzelner Wörter würden einen ersten Ansatzpunkt bieten, wobei den Autoren wohl eine Begriffsgeschichte à la Koselleck vorschwebt. Nun ist zwar eine herkömmliche begriffsgeschichtliche Analyse aus theoretisch ausführlich reflektierten Gründen – die sprachwissenschaftlichen Einwände sind bekannt – nicht Ziel der vorliegenden Arbeit. Dennoch wird hier eine Schnittstelle zwischen Geschichts- und Sprachwissenschaft erkennbar, welche diese Untersuchung als eine mögliche Umsetzung der linguistischen Diskursgeschichte, die in der historischen Semantik fundiert ist, bedient.

Hinsichtlich der Auseinandersetzung mit der zeitgeschichtlichen Forschung stellt sich allerdings die Frage, ob die historischen Diagnosen einer linguistisch-diskursgeschichtlichen Prüfung standhalten. Ist auch aus sprach- und diskursgeschichtlicher Sicht in den 1970er Jahren ein Wendepunkt zu setzen, der das Ende der Nachkriegszeit markiert? Ist es grundsätzlich überhaupt möglich, die Nachkriegsgeschichte in das Korsett einer Periodisierung zu spannen? Und wenn ja, wie vollzieht sich dann der Wandel nach dem Boom von angeblich revolutio-

---

23 Nach Doering-Manteuffel & Raphael (2012: 8) ist die „Herausbildung des digitalen Finanzmarkt-Kapitalismus die wichtigste und wirkmächtigste Kraft innerhalb des komplexen Wandlungsgeschehens", das seit den 1970er Jahren mit der Durchsetzung „marktorientierter Ordnungsvorstellungen" verbunden ist.

närer Qualität sprachlich und wie lässt er sich linguistisch-diskursgeschichtlich erfassen und beschreiben? Wie lassen sich die politisch-ideologischen Verschiebungen und das Prozessieren verschiedener Vorstellungen von bestimmten Wirtschafts- und Gesellschaftsordnungen im öffentlich-politischen Diskurs linguistisch interpretieren? Wie findet der angesprochene diachrone Wandel im Denken über Ökonomie sowie Wirtschafts- und Sozialpolitik in der Semantik zentraler Begriffe und vor allem in den Argumentationen seinen Niederschlag? Wahrscheinlich bleiben viele andere Fragen offen, und es ist sicher nicht möglich, zu jedem der aufgeworfenen Probleme eine Lösung zu finden. Wenn man so will, sind zentraler Untersuchungsgegenstand dieser Studie „Krisensemantiken“ in der Bundesrepublik in historischer Perspektive. Im Folgenden wird insbesondere die Begründung von „Krisen“ als Faktum im öffentlich-politischen Diskurs untersucht. Vom geltenden Wissen über „Krise“ hängen die Handlungsmöglichkeiten ab, die zur Bewältigung der „Krise“ anzuwenden erwogen werden. Insofern wird auch danach gefragt, wie das sprachlich-argumentativ konstituierte Faktenwissen über „Krisen“ in Legitimationsprozessen politischen Handelns eingesetzt wird, die, je nachdem, was sich durchsetzt, neue Kommunikationsroutinen ausbilden und zu einem neuen Konsens über zweifelhaft gewordene Ideen und Werte, über die politische Ordnung, die Wirtschafts- und Sozialordnung, die politische Praxis, gesellschaftliches Verhalten usw. führen können. Es wird danach gefragt, welche der in Kapitel 5.2 definierten kontextspezifischen Argumentationsmuster in den untersuchten „Krisen“ bevorzugt eingesetzt werden, um der Öffentlichkeit zu vermitteln, dass eine „Krise“ existiert und welche Schlüsse daraus gezogen werden. Die Zustimmung zu einer politischen Entscheidung, einem Vorhaben oder einer Maßnahme oder deren Ablehnung ergibt sich aus der Vernetzung verschiedener Typen von Gründen und entsprechender Wissensbestände. Die Konsensgenese folgt also dem in Kapitel 5.1 erläuterten Muster der Legitimation politischen Handelns in Krisenzeiten. Diese Untersuchungsperspektive ermöglicht nicht zuletzt Einsichten in die politische Kultur der BRD.

5.4 Zur „Ölkrise“ 1973/1974: Tiger im Tank?

Als Grundlage des Booms der Nachkriegsjahre und der Entstehung der Wohlstandsgesellschaften in den westlichen Industrieländern gilt gemeinhin die unbeschränkte und preiswerte Verfügbarkeit fossiler Energieträger. In den 1960er Jahren hatte das Erdöl, das in der Bundesrepublik Deutschland zu über 90 Prozent importiert werden musste, die Kohle als wichtigsten Energiespender abgelöst. Insbesondere der Import von Öl aus dem Nahen Osten, und zwar hauptsächlich aus Libyen, nahm zu.

Nach Graf (2014: 4) übernahmen die in der OPEC organisierten erdölexportierenden Länder ab den 1960er Jahren zunehmend die Kontrolle über „die auf ihrem Territorium befindlichen natürlichen Ressourcen [...], die bisher auf der Basis von Konzessionen durch Ölkonzerne gefördert wurden, die ihre Hauptsitze in den USA und Westeuropa hatten." Aufgrund ihrer zunehmenden Verfügungsmacht über Rohstoffe und Ölproduktion konnten die OPEC-Mitgliedsländer die Preisbildung immer stärker beeinflussen und höhere Gewinne erzielen.

Infolge des vierten arabisch-israelischen Krieges am 6. Oktober 1973 im Rahmen des Nahostkonfliktes, auch *Oktoberkrieg* oder *Yom-Kippur-Krieg* genannt, wurde die Versorgung der westlichen Industrieländer mit Erdöl problematischer.[24] Die erdölexportierenden Länder der arabischen Welt (OAPEC) beschlossen, die Ölförderung um mindestens fünf Prozent pro Monat zu reduzieren und verhängten gegenüber Ländern, die Israel im Krieg unterstützten, ein Totalembargo. Als Unterstützer Israels wurden die USA und die Niederlande eingestuft. Von Liefereinschränkungen ausgenommen blieben als „freundlich" eingestufte Staaten wie Frankreich und Großbritannien. Die als „neutral" eingeschätzte Bundesrepublik Deutschland wurde zwar im Rahmen der Fördereinschränkungen weiter beliefert, aber der Ölpreis verteuerte sich aufgrund der Verknappung deutlich. Hauptziel dieser Maßnahmen war, westliche Länder im Nahostkonflikt zu einer pro-arabischen Haltung zu bringen und Israel zu zwingen, sich gemäß der UN-Resolution 242 vom 22. November 1967 aus den besetzten Gebieten zurückzuziehen und die legitimen Rechte der Palästinenser anzuerkennen.[25] Für die BRD, die nicht über ausreichend eigene Ölquellen verfügt, um ihren Energiebedarf zu decken, waren Preissteigerungen, Förderungsbeschränkungen und die Gefahr eines Totalembargos durchaus Gründe zu großer Sorge, obgleich die Maßnahmen von OPEC und OAPEC nicht völlig unerwartet eintraten.[26] Die geschilderte Situation wurde in der Öffentlichkeit als „Ölkrise" perzipiert.

---

24 Der Krieg dauerte bis zum 25. Oktober 1973. Er wurde von Ägypten, Syrien und weiteren arabischen Staaten gegen Israel geführt. Vgl. zum Nahostkonflikt im Allgemeinen und zum vierten Nahostkrieg im Besonderen Johannsen (2011).

25 Im dritten arabisch-israelischen Krieg vom 5. Juni bis zum 10. Juni 1967, auch *Sechs-Tage-Krieg* oder *Juni-Krieg* genannt, eroberte Israel den Gazastreifen, die Sinai-Halbinsel, die Golan-Höhen, das Westjordanland und Ost-Jerusalem.

26 Aufgrund der Abhängigkeit vom Öl aus dem Nahen Osten, aufgrund der Sorgen um die Sicherheit der Ölversorgung und um die Stabilität der Wirtschafts- und Sozialordnung sowie angesichts von Drohungen der Förderländer, das Öl als „politische Waffe" einzusetzen, hatte man die eigene Verwundbarkeit schon in den 1960er Jahren erkannt. Die „Ölkrise" war also in gewisser Weise erwartet worden. (Vgl. Graf 2014: 51–87 und 89–102.) So äußerte sich beispielsweise Bundeswirtschaftsminister Friderichs in ontologischer Diktion wie folgt: „Wir hatten die im Mineralölbereich vorhandenen Gefahrenmomente, die jetzt Realität geworden sind, bereits gese-

In der Zeit der „Ölkrise“ – dies lässt sich nach dem kurzen historischen Überblick feststellen – wurden Zukunftserwartungen, die in den vorangegangenen Jahrzehnten im Erfahrungsraum des ökonomischen Booms entstanden waren, zerstört und Unsicherheiten sowie Ängste aufgebaut. In diesem Sinne verkündete der damalige Bundeswirtschaftsminister Hans Friderichs vor dem Deutschen Bundestag in der Debatte über den Entwurf des „Energiesicherungsgesetzes“ im November 1973, die „Ölkrise“ sei

> eine Herausforderung an uns alle, die wir in dieser Gesellschaft weitgehend in Wohlstand und Überfluß leben und dies gar als selbstverständlich betrachten, eine Herausforderung, an der deutlich wird, daß nicht alles zu jeder Zeit und dann noch so, wie jeder es will, zu haben ist. An der Energie hängen in unserer Volkswirtschaft eben nicht nur ein bißchen Bequemlichkeit mehr oder weniger, nicht nur warmes Wasser, Fernsehen oder Autofahren, sondern letztendlich [...] das Leben der Menschen in diesem Lande.[27]

Ähnlich äußerte sich Otto Graf Lambsdorff in einer Bundestagsdebatte über die Wirtschafts- und Energiepolitik. Seiner Meinung nach würden die „Ölkrise“ bzw. ein möglicher Stopp der Öllieferungen „das Ende dieser Wirtschaft und dieser Gesellschaftsordnung und des Gedeihens in dieser Bundesrepublik“[28] einläuten. Wir müssten sehen, dass wir „bisher auf einer Basis gelebt, gearbeitet und verdient haben, die wahrscheinlich unrealistisch war.“[29] Die „Ölkrise“, so die Schlussfolgerung, werde ein „Stück persönlichen Wohlstands und ein Stück persönlicher Konsummöglichkeit abfordern.“[30] Insofern durch die „Ölkrise“ Gewissheiten massiv infrage gestellt wurden, ist davon auszugehen, dass in jener Zeit das Bedürfnis der Gesellschaft nach Sicherheit stieg; wie die Argumentationstheorie

hen“ (Hans Friderichs: Erklärung der Bundesregierung zur Lage der Energieversorgung. In: Verhandlungen des Deutschen Bundestages. Stenographische Berichte. 7. Wahlperiode, 73. Sitzung, 17.1.1974. S. 4539–4544, hier S. 4541. [http://dipbt.bundestag.de/doc/btp/07/07073.pdf, zuletzt abgerufen am 28.03.2017]).

27 Hans Friderichs: Beitrag zur zweiten und dritten Beratung des Entwurfs eines Gesetzes zur Sicherung der Energieversorgung bei Gefährdung oder Störung der Einfuhren von Mineralöl oder Erdgas (Energiesicherungsgesetz). In: Verhandlungen des Deutschen Bundestages. Stenographische Berichte. 7. Wahlperiode, 65. Sitzung, 9.11.1973. S. 3831–3881, hier S. 3838. [http://dipbt.bundestag.de/doc/btp/07/07065.pdf, zuletzt abgerufen am 28.03.2017]

28 Otto Graf Lambsdorff: Beitrag in der Debatte zur Erklärung der Bundesregierung zu aktuellen Fragen der Wirtschafts- und Energiepolitik. In: Verhandlungen des Deutschen Bundestages. Stenographische Berichte. 7. Wahlperiode, 67. Sitzung, 29.11.1973. S. 3907–4058, hier S. 3927. [http://dipbt.bundestag.de/doc/btp/07/07067.pdf, zuletzt abgerufen am 28.03.2017]

29 Lambsdorff: Beitrag in der Debatte zur Erklärung der Bundesregierung zu aktuellen Fragen der Wirtschafts- und Energiepolitik, 29.11.1973, S. 3930.

30 Lambsdorff: Beitrag in der Debatte zur Erklärung der Bundesregierung zu aktuellen Fragen der Wirtschafts- und Energiepolitik, 29.11.1973, S. 3930.

lehrt, kann die Absorption von Unsicherheiten durch das sprachliche Mittel der Argumentation erfolgen (siehe Kap. 3). Nach dieser knappen historischen Einordnung erfolgt nun eine ausführliche Darstellung diskursiver Ereignisse, der Diskursstränge und des Diskursverlaufs der „Ölkrise" 1973/74. Dies dient der Kontextualisierung der herausgearbeiteten kontextspezifischen Argumentationsmuster.

5.4.1 Diskurschronik

Zur Exploration großer und unübersichtlicher Datenbestände bietet die Korpuslinguistik ein entsprechendes methodisches Instrumentarium. Einen ersten Eindruck davon, welche Vorstellungen von „Krise" 1973/74 vorherrschten, vermag beispielsweise die Suche nach Wortbildungen zu geben, in denen *Krise/n* als Determinatum fungiert. Die folgende Tabelle enthält die häufigsten – und somit für den Untersuchungszeitraum usuellen – solcher Wortzusammensetzungen:[31]

Tab. 4: Komposita mit *Krise/n* als Determinatum im Diskurs zur „Ölkrise" 1973/74

Rang	Suchergebnis/Types	Treffer/Tokens	Relative Häufigkeit in Prozent
1	Energiekrise	571	31.46
2	Ölkrise	511	28.15
3	Krise	386	21.27
4	Erdölkrise	46	2.53
5	Versorgungskrise	34	1.87
6	Wirtschaftskrise	33	1.82
7	Nahost-Krise	30	1.65
8	Energie-Krise	26	1.43
9	Ölversorgungskrise	21	1.16
10	Nahostkrise	19	1.05

Bei den meisten Komposita handelt es sich um ad hoc gebildete Okkasionalismen. Fasst man sie über ihre „Benennungsfunktion" zu semantischen Typen

31 Die Grundgesamtheit der Analyse bilden alle 2027 im KriReKo enthaltenen Texte zum Untersuchungszeitraum 1973/74. Die Recherche wurde mithilfe der Corpus Workbench durchgeführt. Folgender Suchausdruck wurde verwendet: [word=".*krise"%c]. Insgesamt konnten 68 Types gefunden werden, auf die 1815 Tokens fallen. Die Suche ergab 1815 Treffer in 853 verschiedenen Texten.

zusammen, liegt der Schluss nahe, dass die „Krise" in erster Linie als Energieproblem und als Versorgungsproblem konzeptualisiert bzw. prädiziert wurde (*Energiekrise, Ölkrise, Erdölkrise, Versorgungskrise, Energie-Krise, Ölversorgungskrise*).[32] An zweiter Stelle rangieren Komposita, die tendenziell auf eine allgemeine wirtschaftliche Problemlage referieren: *Krise, Wirtschaftskrise*. An dritter Stelle tauchen Wortbildungen auf, die auf den Krieg im Nahen Osten – als das diskursive Initial-Ereignis – Bezug nehmen (*Nahost-Krise, Nahostkrise*). Frappierend ist, dass die Bezeichnungen *Ölpreiskrise* oder *Preiskrise* im gesamten Teilkorpus 1973/74 nicht vorkommen, obwohl die Verteuerung ein gängiges Erklärungsmuster für die „Ölkrise" ist – nicht nur im öffentlichen Diskurs, sondern auch im Fachdiskurs der Geschichtswissenschaften.[33] Mehr ist aus der korpuslinguistisch informierten Analyse zunächst nicht abzuleiten. Will man auch die Tiefe des Diskurses erreichen, vermag eine korpuslinguistische Recherche die Lektüre und Interpretation von Texten oder Textausschnitten nicht zu ersetzen. Diskurse sind mehr als Wortklumpen, die erst sinnhaft werden, wenn der Diskursanalytiker sie deutet.

Diskurse werden durch diskursive Ereignisse initiiert und beeinflusst. Im wiederholten Vorkommen diskursiver Ereignisse in Textteilen, worin sich die Historizität von Diskursen begründet, verdichten sich diese zu Diskurssträngen. In ihrer Gesamtheit bilden die Diskursstränge den Diskurs. Zudem haben Diskurse in historischer Perspektive eine Entwicklungsgeschichte bzw. einen Verlauf. Die folgende Rekonstruktion von Diskurssträngen, diskursiven Ereignissen und Diskursverläufen entwirrt das Netz des Diskurses und steht für die weitere Analyse als heuristisches Hilfsmittel zur Verfügung. Sie ist ein Resultat der Diskursinterpretation. Das Ergebnis nenne ich *Diskurschronik*. Darunter ist nicht nur die chronologische Reihung von für den Diskurs wichtig erachteten Ereignissen zu verstehen. Diskurschroniken sollen nach meiner Auffassung über die inhaltlichen Kontexte, auf die sich die Aussagen beziehen, sowie über die historische Entwicklung eines Diskurses Aufschluss geben. Demnach ermöglichen sie, die Ergebnisse der zu zeitlichen Schnitten durch die Themen durchgeführten Toposanalyse, die ja in ihrer Präsentation nicht der Logik der historischen Linearität, sondern der Logik der topologischen Diskursformation folgt, zu den verschiedenen Diskurssträngen, diskursiven Ereignissen und dem Diskursverlauf ins Verhältnis zu setzen. Sie

---

32 Vgl. zum Phänomen der Konzeptualisierung bzw. der (versteckten) *Prädikation durch Wortbildung* Busse (2009b).

33 Deshalb plädiert Hohensee (vgl. 1994: 175) dafür, bezogen auf das Ereignis „Ölkrise" um der historischen Angemessenheit willen besser von einer *Ölpreiskrise* oder einem *Ölpreisschock* zu sprechen.

sind also ganz wesentlich ein Instrument der Kontextualisierung.[34] Die nachstehende Abbildung informiert vorab über Diskursstränge der „Ölkrise". Um diese zu ermitteln, habe ich die Artikelmenge, die nach der in Kapitel 4.2.2 beschriebenen Schlagwortsuche zur Erstellung des konkreten Untersuchungskorpus genutzt wurde, in FuD nach Themen annotiert:

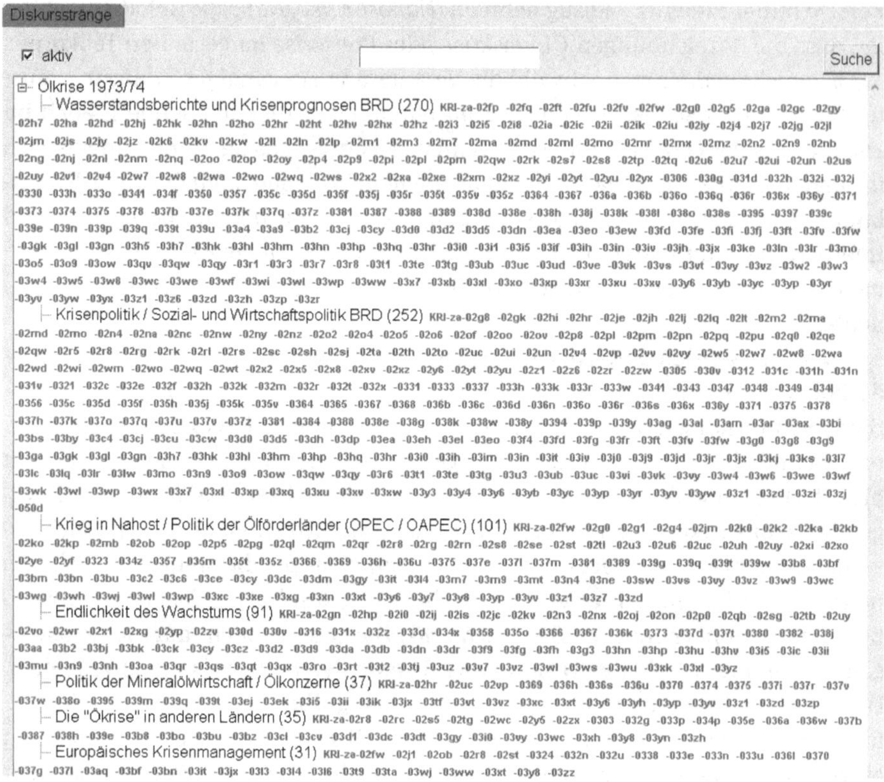

Abb. 7: Diskursstränge „Ölkrise" 1973/74

Wie ersichtlich, gliedert sich der Diskurs zur „Ölkrise" in sieben thematische Stränge. Diese Diskursstränge sind absteigend nach der Anzahl der ihnen zuge-

34 Dieses Vorgehen deckt sich teilweise mit einem Analysevorschlag von Siegfried Jäger (vgl. u. a. 2012: 80–89 und 2005: 59–62). Was die Logik der historischen Linearität angeht, hat man sich im Rahmen linguistisch-diskursgeschichtlicher Arbeiten immer wieder an der „Faktengeschichte" abgearbeitet bzw. diese mit linguistischen Analysen – zumeist zum Wortgebrauch – unterfüttert. Das sagt jedoch wenig über die Funktionsweise von Diskursen aus.

ordneten Texte aufgeführt. Die Kürzel entsprechen den annotierten Textstellen, wobei den Kategorien ganze Pressetexte hinzugefügt wurden.[35] Insofern die Diskursstränge miteinander verflochten sind, ihre Trennung also ein analytisches Konstrukt ist, lassen sich thematische Aussagen verschiedenen Strängen zuordnen. Auch grenzen Diskurse immer an andere Diskurse. Beispielsweise kreuzt der Ölkrisendiskurs den Europadiskurs und den ökologischen Krisendiskurs, wie ich im Folgenden noch ausführen werde.

Quantitativ dominiert der Diskursstrang „Wasserstandsberichte und Krisenprognosen". Die 270 ihm zugeordneten Artikel behandeln hauptsächlich Eigenschaften, Ausmaß und Auswirkungen der „Ölkrise" in Gegenwart und Zukunft bezogen auf die Bundesrepublik Deutschland. Dieser Diskursstrang ist eng mit dem Diskursstrang „Krisenpolitik/Sozial- und Wirtschaftspolitik" in der BRD verbunden. In den 252 Artikeln dieser Kategorie geht es zentral um die innenpolitischen Handlungsoptionen und um konkrete Bewältigungsmaßnahmen, die aus den Situationsdefinitionen und Krisenprognosen abgeleitet wurden. Es folgt mit 101 Artikeln der Diskursstrang „Krieg in Nahost". Hier dominieren außenpolitische Fragestellungen, insbesondere Fragen nach der Politik der Ölförderländer. Der Diskursstrang „Endlichkeit des Wachstums" behandelt in 101 Artikeln die Themen Ressourcenerschöpfung und Wachstumsgrenzen. In 37 Artikeln dieser Kategorie geht es in erster Linie um die „Politik der Mineralölwirtschaft", in 35 Artikeln sind Beschreibungen der „Ölkrise in anderen Ländern" Hauptthema, und 31 Artikel befassen sich vorwiegend mit Möglichkeiten eines „europäischen Krisenmanagements".

Die deskriptive Analyse der Themendominanzen gibt über zentrale Wissensaspekte, Verwicklungen und die Entwicklungsgeschichte des Diskurses keine nähere Auskunft. Deshalb werde ich hier nicht weiter darauf eingehen, was sich hinter den einzelnen Diskurssträngen verbirgt. Einem vertieften systematischen Verständnis des Ölkrisendiskurses ist es dienlicher, sich intensiver mit der thematischen Entfaltung in Zusammenhang mit zentralen diskursiven Ereignissen und dem Diskursverlauf zu befassen. Die folgende Abbildung stellt eine Zusammenschau der diskursiven Ereignisse dar und illustriert den Diskursverlauf:

35 Der Vorteil von Annotationen ganzer Texte liegt darin, dass Annotationen unterhalb der Textebene – wie die Interpretamente zu den Topoi – in die textbezogenen Annotationen eingebettet sind. Mit einer gezielten Abfrage kann dann untersucht werden, welche Topoi in welchen Diskurssträngen vorkommen. Klickt man mit dem Mauszeiger auf eine der Annotationen, erscheint in der Umgebung des Programms ein Fenster mit der annotierten Textstelle. Dies wurde in der Abbildung aus Platzgründen ausgespart.

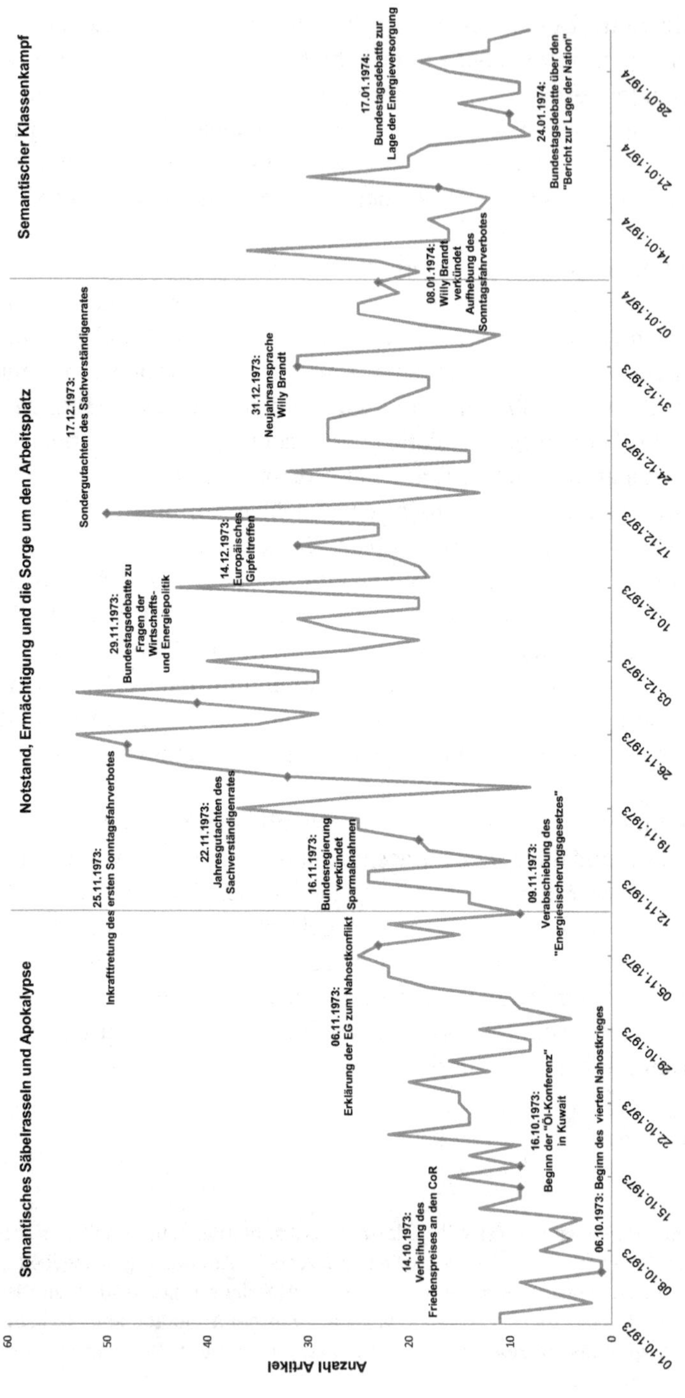

Abb. 8: „Ölkrise" 1973/74: Diskursphasen, diskursive Ereignisse, Diskursverlauf

Die Abbildung zeigt, dass ich den Diskurs zur „Ölkrise“ zeitlich in drei Phasen eingeteilt habe: 1. „Semantisches Säbelrasseln und Apokalypse“. 2. „Notstand, Ermächtigung und die Sorge um den Arbeitsplatz“. 3. „Semantischer Klassenkampf“. Die eckigen Punkte und die zugehörigen Beschriftungen entsprechen den diskursiven Ereignissen, die berücksichtigt wurden, weil in den untersuchten Pressetexten häufig auf sie referiert wird. Jedes angeführte Ereignis hat eine diskursauslösende, -beschleunigende, -verändernde Wirkung. Die senkrechte Achse dokumentiert die Anzahl veröffentlichter Artikel mit Bezug zum Datum der Veröffentlichung (waagerechte Achse), wobei der gesamte Untersuchungszeitraum zur „Ölkrise“ (1.10.1973–31.1.1974) abgedeckt ist. Auf diese Weise kann man ablesen, wie sich die Anzahl der veröffentlichten Artikel in Zusammenhang mit bestimmten diskursiven Ereignissen diachron verändert. Im Folgenden wird jede Diskursphase separat erörtert, wobei die erste Phase aufgrund der thematischen Divergenz der Aspekte „Semantisches Säbelrasseln“ und „Apokalypse“ ihnen entsprechend untergliedert wurde. Zur besseren Orientierung werden die diskursiven Ereignisse im Text optisch hervorgehoben.

5.4.1.1 Semantisches Säbelrasseln

Zwar hatte es schon vorher vereinzelt Warnungen vor Schwierigkeiten bei der Ölversorgung gegeben, doch wurde eine regelrechte „Ölkrise“ öffentlich erstmals mit Beginn des vierten Nahostkrieges am 6. Oktober 1973 wahrgenommen. Folglich dominierte in der ersten Phase des Diskurses der Strang „Krieg in Nahost/Politik der Ölförderländer“ (siehe Abb. 7). In Zusammenhang mit dem Krieg in Nahost berichtete erstmals der SPIEGEL am 8.10.1973 über eine *Preisexplosion bei Heizöl*, so der Titel der Kurzmeldung. Ausgehend vom Kriegsausbruch beherrschte also zunächst der steigende Ölpreis die Krisenwahrnehmung. Hinzu kam ein Bedrohungsszenario, die „Gefahr des Ölboykotts“, wovor erstmals die SZ am 12.10.1973 (*Und wir müssen zahlen...*) warnte.

Unter dem Titel *Ölkrise: Die würden uns auslutschen* veröffentlichte der SPIEGEL am 15.10.1973 einen Artikel prototextuellen Charakters. Die Autoren der SPIEGEL-Story waren sich sicher, dass die Ölreserven für „75 Tage“ reichen würden und dass dies nicht „lange genug“ sei, „um einen ernsthaften Lieferboykott der Nahost-Länder durchstehen zu können.“ Zur Bezeichnung der Geschehnisse fand im Artikel zum ersten Mal der Ausdruck *Ölkrise* Verwendung. Demnach bedeutete *Ölkrise* „Furcht vor einem Embargo der Araber“ sowie vor drohender Ölknappheit bzw. einem Versorgungsproblem. Daraus lässt sich schließen, dass die emotive Bedeutungskomponente von *Ölkrise* ›Angst‹ ist. Etwas abstrakter formuliert bedeutete *Ölkrise* zu diesem Zeitpunkt, ›Infragestellung der preisgünstigen und vor allem unbegrenzten Versorgung der westlichen Welt mit Öl‹ (siehe hierzu insbesondere die kontextspezifischen Vorkommen des Datentopos in Kap. 5.4.2.1). So schrieb die FAZ am 18.10.1973:

> Der neue Krieg zwischen den Arabern und den Israelis scheint von neuem die Versorgung der westlichen Welt mit Öl in Frage zu stellen. Zumindest wird in Europa und in Amerika befürchtet, daß ein Ölboykott der arabischen Lieferländer die gleichmäßige Versorgung gefährden könnte. Obwohl bisher noch keine konkreten Zeichen für ernsthafte Versorgungsschwierigkeiten zu sehen sind, wird die Frage der Versorgungssicherheit täglich aufs Neue gestellt.
> (*Erdöl – woher und wofür?*)

Des Weiteren tauchte in der erwähnten SPIEGEL-Story nicht nur zum ersten Mal der Ausdruck *Ölkrise* auf, sondern erstmals war auch von einer „Erpressung durch die arabischen Öllieferanten" und von einer Ausnutzung der Importabhängigkeit der Bundesrepublik vom Öl aus dem Nahen Osten die Rede. Die arabischen ölexportierenden Länder würden versuchen, ihre eigenen politischen Interessen durchzusetzen, so der Vorwurf. Es handelt sich hierbei um ein weiteres zentrales, die „Ölkrise" betreffendes Wahrnehmungsmuster. In diesem Zusammenhang wurde häufig die Metapher vom *Ölhahn* gebraucht. Diese oftmals auch bildlich realisierte Metapher konzeptualisiert auf drastisch komplexitätsreduzierende Weise ‚Öl als Wasser', das durch eine Leitung vom Nahen Osten bis in die BRD direkt zum Endverbraucher fließe:

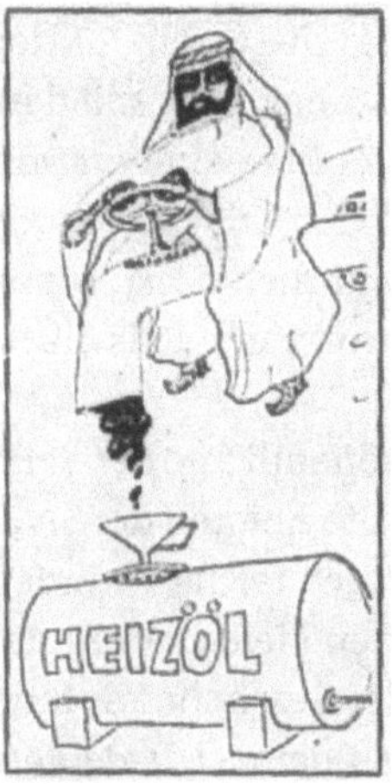

Abb. 9: Bildliche Realisierung der Ölhahn-Metapher. In: SZ, 17.10.1973

Wie auf der Abbildung zu sehen, kontrolliert den Absperrhahn ein im traditionellen arabischen Gewand gekleideter „Ölscheich", der den Ölhahn nach Belieben auf- und zudreht, so das Stereotyp. Die Ölhahn-Metapher konstituiert ein spezifisches Wissen über die Abhängigkeit vom Öl und über die Erpressbarkeit der Bundesrepublik Deutschland, mit der emotiven Bedeutungskomponente der ›Hilflosigkeit‹, wobei der „Ölscheich“ in der Rolle des mächtigen Bösewichts und Schuldigen, der die „Ölkrise“ verursacht habe, inszeniert wird (siehe hierzu den Abhängigkeitstopos in Kap. 5.4.2.1.4 und den Topos vom Preisdiktat und Ölembargo in Kap. 5.4.2.2.1).

Insgesamt ist die erste Diskursphase von Unsicherheit darüber geprägt, welche Maßnahmen die Förderländer angesichts des Nahostkrieges wohl ergreifen würden, und von Angst davor, welche Folgen die Politik der OPEC und der OAPEC für die Bundesrepublik Deutschland haben könnte. Die Infragestellung etablierter Gewissheiten durch den Kriegsausbruch und durch mögliche Reaktionen der Ölförderländer auf diesen, etwa der preisgünstigen und unbegrenzten Sicherheit der Ölversorgung, sowie allgemeine Zweifel und Besorgnis boten viel Raum für Spekulationen. Die Folge war, dass immer neue Bedenken aufgeführt wurden. Die Ungewissheit initiierte diskursive Verhandlungsprozesse, in denen verschiedene Akteure versuchten, die gegenwärtige Situation und die zukünftige Lage ihrer Einstellung gemäß zu definieren, was u. a. zu widersprüchlichen Krisendeutungen bis hin zu Feststellungen wie der, die „Krise“ existiere nicht, führte:

> Auf den Rohstoffmärkten kam es nicht zu der befürchteten Preisexplosion. [...] Die Versorgung ist nirgendwo ins Stocken gekommen, die Furcht vor einem ‚dunklen und kalten Winter‘ war immer unbegründet. [...] Überdies stand ein plötzlicher Lieferstopp durch die Araber nie zu erwarten. Der große Ölkrieg findet nicht statt.
> (SZ, 26.10.1973, *Der Ölkrieg findet nicht statt*)

> Wir werden nicht frieren müssen, nicht hungern, unsere Autos werden weiter rollen [...], der Zusammenbruch der Wirtschaft in der westlichen Welt wird auch diesmal nicht stattfinden.
> (ZEIT, 30.11.1973, *Ein Zeitalter des Mangels?*)

Die kontextspezifische Toposanalyse zeigt, dass bestimmte Akteure im sich abzeichnenden Kampf um die Deutungshoheit über die Auslegung der „Ölkrise“ aus den differierenden Wirklichkeitssichten verschiedene Handlungsoptionen und Krisenbewältigungsmaßnahmen herleiteten (siehe hierzu auch die Datentopoi, speziell den Topos der ungewissen Lage in Kap. 5.4.2.1.5).

Wie bereits angedeutet, wurden die beängstigenden Darstellungen der „Krise“ in dieser Diskursphase immer wieder durch beruhigende Äußerungen, insbesondere seitens der Bundesregierung, konterkariert. Vergleichbar mit Angela Merkels und Frank-Walter Steinmeiers Versprechen während der „Banken- und Finanzkrise“ 2008/09, die Spareinlagen seien sicher (vgl. SPIEGEL, 5.10.2008, *Merkel und Steinbrück im Wortlaut: „Die Spareinlagen sind sicher“*), war bei den öffentlichen Verkündungen der Lage hauptsächlich der Wirtschaftsminister Hans Friderichs darum bemüht, „keinen Anlaß zu einer ‚aktuellen Hysterie'" (FAZ, 3.11.1973, *Friderichs warnt vor einer Mineralöl-Hysterie*) zu geben (siehe hierzu den Topos der Normalität in Kap. 5.4.2.1.6). Durch solche marktpsychologisch motivierten beruhigenden Äußerungen wollte man verhindern, dass sich die „Krise" durch „Hamsterkäufe" verschärft (siehe hierzu den Topos der Krisenneurose in Kap. 5.4.2.2.3).[36]

Der Erstbeleg für den Ausdruck *Hamsterkauf* findet sich am 12.10.1973 in der BILD-Zeitung. In einem Interview entgegnete Friderichs auf die Frage, ob die Furcht vor einer Öl-Knappheit berechtigt ist: „Nein. Unsere Versorgung ist bisher ungestört, und ich glaube auch nicht, daß es zu einer fühlbaren Drosselung der Erdöleinfuhren kommt"; ausschließlich „Hamsterkäufe" würden die Preise hochtreiben (BILD, 12.10.1973, *Friderichs: Wir haben genug Öl für den Winter*). Allerdings überwogen im öffentlich-politischen Diskurs zur „Ölkrise" düstere Zukunftsprognosen und düstere Gegenwartsdiagnosen, die, so Graf (2014: 212), „den realen Ausfällen nicht entsprachen" (siehe Kap. 5.4.2.1). Insofern ist die „Ölkrise" ein Paradebeispiel für den Charakter von „Krisen" als einer sprachlichen Konstruktion.

Sind solche widersprüchlichen Krisendeutungen und der trübe Dämmerzustand bezeichnend gewesen für die Wahrnehmung der „Ölkrise" bis Mitte Oktober, löste die sogenannte Öl-Konferenz von Kuwait (16.10.1973–17.10.1973) die Ungewissheit über die Maßnahmen der Förderländer auf. Doch zugleich schuf die „Öl-Konferenz" neue Unsicherheiten (siehe hierzu den Topos der ungewissen Lage in Kap. 5.4.2.1.5), denn die Angst vor den Folgen der Politik der OPEC und der OAPEC für die Bundesrepublik wurde durch die allmähliche „Vergegenständlichung" der „Krise" genährt. Das diskursive Ereignis der „Öl-Konferenz" erzeugte folglich neue Diskursdynamiken.

---

36 Lambsdorff attestierte dem Wirtschaftsminister in der Bundestagsdebatte zu Fragen der Wirtschafts- und Energiepolitik am 29.11.1973 (siehe Abb. 8) dabei ein Gelingen: „Er hat je nach Sachstand – dieser wechselt, und er wechselte schnell – unbestritten umfassend und richtig informiert, er hat keine Spekulationen veröffentlicht und psychologisch genau die richtige Haltung getroffen, die man mit dem Wort ‚Ruhe ist die erste Bürgerpflicht' umschreiben kann. In diesem Land und in diesem Volke ist nun einmal auf Grund geschichtlicher Erfahrungen – das wissen wir doch alle, meine Damen und Herren – die Neigung zu Vorrats-, Angst- und Hortungskäufen – das ist ja nicht die erste Krise, die wir hinter uns haben, wenn auch nicht in diesem Ausmaß – unbestreitbar vorhanden, und es muß die Pflicht des verantwortlichen Mitglieds der Bundesregierung sein, einer solchen Neigung entgegenzuwirken" (Otto Graf Lambsdorff: Beitrag in der Debatte zur Erklärung der Bundesregierung zu aktuellen Fragen der Wirtschafts- und Energiepolitik. In: Verhandlungen des Deutschen Bundestages. Stenographische Berichte. 7. Wahlperiode, 67. Sitzung, 29.11.1973. S. 3907–4058, hier S. 3927. [http://dipbt.bundestag.de/doc/btp/07/07067.pdf, zuletzt abgerufen am 28.03.2017]).

Bereits am 14.10.1973 waren Verhandlungen zwischen Ölkonzernen und Vertretern der OPEC über die Festsetzung des Ölpreises gescheitert. Danach beschlossen die arabischen erdölexportierenden Länder auf der „Öl-Konferenz“ eine Erhöhung des Ölpreises um 70 Prozent, monatliche Fördereinschränkungen um mindestens fünf Prozent und ein Totalembargo gegen die USA und die Niederlande (bis Israel sich aus den 1967 besetzten Gebieten zurückziehen und die legitimen Rechte der Palästinenser anerkennen würde).

Die Resolutionen zu den Beschlüssen wurden in den folgenden Tagen medial vielfach aufgegriffen und sorgten für eine sprunghafte Verstärkung der öffentlichen Krisenwahrnehmung (siehe Abb. 8). Ein semantischer Kampf um die Hoheit über die Deutung der Maßnahmen ist zu beobachten. Einer Auslegung der Ereignisse gemäß gelte fortan eine neue Zeitrechnung. Die „von den Vertretern der arabischen Erdöl-Förderungsländer in Kuwait getroffenen Preisentscheidungen“ würden „einen tiefen Einschnitt darstellen. Voraussagen, die ‚vor Kuwait‘ ausgesprochen wurden, stimmen daher nicht mehr, weil die Welt ‚nach Kuwait‘ anders aussieht…“ (SZ, 29.01.1974, *Neue Zeitrechnung*). Formulierungen wie *vor Kuwait* und *nach Kuwait* belegen, dass die auf der „Öl-Konferenz“ getroffenen Entscheidungen von den Zeitgenossen als tiefgreifende Veränderung wahrgenommen wurden. (Siehe hierzu den Topos der Zeitenwende in Kap. 5.4.2.1.3.)

Die auf der Konferenz beschlossenen Maßnahmen wurden im öffentlich-politischen Diskurs u. a. als *Ölembargo*, *Ölboykott* und *Preisdiktat* bezeichnet. Nun war gewiss, was man bislang nur befürchtet hatte: „Die Araber haben im Nahost-Krieg ihre Ölwaffe ins Spiel gebracht“ (FAZ, 19.10.1973, *Öl-Sperrung nicht ernst gemeint*). Auch die SZ (vgl. 19.10.1973, *Der Westen ist verwundbar*) verwendete am selben Tag die Metapher der *Ölwaffe*. Damit war die „Ölkrise“ im öffentlichen Diskurs besiegelt. Indem sie die Beschlüsse der Ölförderländer als Handlungen unter Einsatz von Waffen, d. h. als kriegerische Handlungen, charakterisiert, rahmt die Metapher den Konflikt zwischen den Ölförderländern und den westlichen Industrienationen als ‚Krieg‘, wofür schnell die Bezeichnung *Ölkrieg* genutzt wurde: Durch *Einsatz der Ölwaffe*, so der entsprechende metaphorische Phraseologismus, hätten die „Araber […] Europa den Ölkrieg erklärt“ (SPIEGEL, 5.11.1973, *Die Welt soll unser Problem fühlen*). In der ZEIT hieß es: „Am Donnerstag vergangener Woche erklärten arabische Machthaber, sie seien zum Ölkrieg bereit“ (19.10.1973, *Der Krieg des Muammar al Gaddafi*). Ganz archaisch bedeutet der Einsatz von Waffen, ›Menschen finden den Tod‹, außer Frage steht, wer im *Ölkrieg* wen vernichtet. Die „Araber“ oder die „Ölscheichs“ der arabischen Länder wurden in der Rolle der Angreifer/Täter, die westlichen Industrienationen in der Rolle der Verteidiger/Opfer inszeniert. Auf die Spitze getrieben wurde die Darstellung des Konfliktes, indem man den *Einsatz der Ölwaffe* als Angriff des „Morgenlandes“ gegen das „Abendland“ darstellte:

> Dennoch hat diese diffus glitzernde, halb anheimelnde, halb unheimliche morgenländische Welt das Abendland erstmals seit Jahrhunderten wieder an der Kehle gepackt. Am 17. Oktober, dem 12. Tag des vierten arabisch-israelischen Krieges, [...] beschlossen die zehn erdölproduzierenden Araber-Staaten in Kuweit, nach Panzern und Raketen ihr Erdöl gegen Israel einzusetzen – und damit gegen alle westlichen Staaten, die diesen West-Brückenkopf im Orient unterstützen.
> (SPIEGEL, 12.11.1973, *Öl-Scheichs gegen Europa*)

Im Rahmen der Konzeptualisierung des Konfliktes als ‚Krieg' stellen sich die gefolgerten Maßnahmen zur Bewältigung der „Ölkrise" als Maßnahmen gegen die Angriffe aus dem „Orient" bzw. als für den Erhalt des „Abendlandes" notwendiger Gegenschlag und als Vergeltungsmaßnahmen dar. Die Forderung nach einem Gegenschlag zur Verteidigung des „Abendlandes" und zur Vergeltung mündete bisweilen in grausige Visionen von einem *totalen Handelskrieg zwischen West und Nahost*:

> Die geballte Wirtschaftskraft der reichsten Industrie- und Handelsnationen der Welt gegen eine brüchige Koalition unterentwickelter Wüstenstaaten, Know-how und Technik des Okzidents gegen Schlendrian und Analphabetentum des Orients: In einem totalen Handelskrieg zwischen West und Nahost scheinen die Industrieherren den arabischen Ölprinzen weit überlegen.
> (SPIEGEL, 26.11.1973, *Gegenboykott*)

Die angedeutete Argumentation und ihre sprachliche Realisierung ist Ausdruck einer Arabophobie und antiarabischer Ressentiments, die durch die Beschlüsse der „Öl-Konferenz" von Kuwait geweckt wurden, und sich schon in der Ölhahn-Metapher erkennen lassen (siehe zur diskursiven Konstruktion einer arabischen Identität den Topos vom Preisdiktat und Ölembargo in Kap. 5.4.2.2.1).

Von arabischer Seite hingegen wurde betont, dass ein Grund für die Preissteigerungen sowie Förder- und Lieferbeschränkungen sei, der Forderung, dass „sich Israel von den besetzten Gebieten zurückziehen muß" (Libyens Botschafter Jahal Mohamed Daghely, in: BILD, 19.10.1973, *Werden die Araber auch uns bald den Ölhahn zudrehen?*) Gehör zu verschaffen. Besonders in Verbindung mit dem Topos der Zeitenwende (siehe Kap. 5.4.2.1.3) werden weitere Gründe für aus arabischer Sicht notwendige Preiserhöhungen sowie Förder- und Liefereinschränkungen angeführt. In diesem Zusammenhang sei erwähnt, dass die sich zu Wort meldenden Vertreter der arabischen Ölförderländer negativ besetzte Ausdrücke wie *Preisdiktat*, *Ölwaffe* oder *Erpressung* mieden, was ein gewisses Sprachbewusstsein erkennen lässt. Aus demselben Anlass wurde bei der unterschiedlichen Klassifizierung westlicher Staaten von arabischer Seite der Ausdruck *feindlich* vermieden. So antwortete Saudi-Arabiens Ölminister Scheich Ahmed Saki el-Jamani in einem Interview mit dem SPIEGEL (3.12.1973, *Auf König Feisal können sie sich verlassen*) auf die Frage, welche Nationen als befreundet, welche als neutral und welche als Feindstaaten eingestuft werden: „Das ist eine Frage der Optik. Ich benutze den Begriff ‚Feindstaat' nicht. Es ist kein Begriff unserer Terminologie." Vielmehr war von *freundlichen*, *neutralen* und *unfreundlichen* Nationen die Rede. Offenbar wollte man nicht als Aggressor wahrgenommen werden.

Abgesehen vom semantischen Kampf um das „Ölembargo" entstanden durch den *Einsatz der Ölwaffe*, wie bereits erwähnt, neue Unsicherheiten und Zukunftsängste. Das „Ölembargo" war in diesem Sinne, so die ZEIT (30.11.1973, *Ein Zeitalter des Mangels?*), „eine Waffe, die Wirkung schon erzeugt durch die bloße Vorstellung der Wirkung, die sie erzeugen könnte. Die Angst ist zuerst da, der Mangel folgt später." Obwohl auf der „Öl-Konferenz" die Einteilung der westlichen Industriestaaten in *freundliche*, *feindliche* und *neutrale* Nationen erfolgt war, wurde im weiteren Diskursverlauf viel darüber diskutiert, wen die geplanten Maßnahmen betreffen und wie sie sich auswirken würden (siehe hierzu den Topos der ungewissen Lage in Kap. 5.4.2.1.5). So titelte die BILD-Zeitung am 19.10.1973: *Werden die Araber auch uns bald den Ölhahn zudrehen?* Und immer häufiger tauchten auf der Agenda des Ölkrisendiskurses Fragen nach den angemessenen (politischen) Reaktionen auf.

In Zusammenhang mit der Wahrnehmung der „Ölkrise" als Bedrohung durch die „Ölscheichs", aber auch der Verletzbarkeit, der Schwäche, letztlich des Unterworfen-Seins, wurde kontrovers über die internationalen Beziehungen der Bundesrepublik zu den Ölförderländern und über das Verhältnis Deutschlands zu Israel und den USA diskutiert. Im Zentrum der Auseinandersetzungen stand die Frage, wie sich die Bundesrepublik gegenüber den Ölförderländern verhalten soll, um sich gegen den *Einsatz der Ölwaffe* zu schützen bzw. einen drohenden Engpass in der Energieversorgung zu vermeiden. Dabei wurde die Haltung der Bundesrepublik im Nahostkonflikt thematisiert. Einerseits wäre eine pro-arabische Positionierung mit der Gefahr einer Belastung des Verhältnisses zu Israel und den USA verbunden gewesen; andererseits hätten eine pro-israelische Positionierung und eine enge Anbindung an die USA die Beziehungen zu den arabischen Förderländern belastet und die Einstufung der BRD als *neutral* fraglich gemacht, was der politischen Lageeinschätzung gemäß die Ölversorgung gefährdet hätte. Und da die Sicherheit der Ölversorgung eines der vordringlichen politischen Ziele war (siehe hierzu die Finaltopoi in Kap. 5.4.2.3), sorgte sich Brandt laut SPIEGEL darum, dass

> der neuerliche Waffengang im Nahen Osten das ‚schlechte Gewissen' (ein Kabinettsmitglied) der Deutschen mobilisieren, zu einer spektakulären Solidarisierungskampagne mit den Ju-

den führen und die nach dem Sechs-Tage-Krieg von 1967 mühsam geflickten Brüche zwischen Bonn und den Arabern wieder aufreißen könne.
(15.10.1973, *Ölkrise: Die würden uns auslutschen*)

Die angedeutete Debatte war in Diskussionen über gesamteuropäische Aspekte der „Ölkrise“ eingebettet. In diesem Punkt ist der Diskursstrang „Krieg in Nahost/Politik der Ölförderländer“ folglich eng mit dem Diskursstrang „Europäisches Krisenmanagement“ verbunden, den die wenigsten Artikel behandeln (siehe Abb. 7). Auffällig ist, dass die Europäische Gemeinschaft als unverzichtbarer Akteur bei der Krisenbewältigung beschworen wurde. Die Probleme – Preissteigerungen, Förder- und Liefereinschränkungen sowie dass man vom Öl „abhängig“ und damit „erpressbar“ sei – könnten nur solidarisch im europäischen Kontext gelöst werden. Insofern kreuzen sich der Ölkrisendiskurs und der Europadiskurs. Die „Ölkrise“ galt als Prüfstein der europäischen Integration und der politischen Zusammenarbeit innerhalb Europas. An der „Energiefrage“, so Willy Brandt, „wird sich zeigen, was die Europäische Gemeinschaft wirklich wert ist.“[37] (Siehe hierzu den Topos der Maxime Solidarität in Kap. 5.4.2.4.2.)

Nur als Gemeinschaft bzw. nur im Rahmen einer einheitlichen europäischen Energiepolitik könne man sich behaupten bzw. sei man in der Lage, den arabischen Ländern, aber auch den großen Konkurrenten im Ölverbrauch (Vereinigten Staaten und Japan), etwas entgegenzusetzen, so, wie oben festgestellt, die vorherrschende politische Meinung. Ein wichtiges diskursives Ereignis in diesem Zusammenhang ist die Erklärung der EG vom 6.11.1973, in der eine europäische Position zum Nahostkonflikt formuliert wurde.[38] Die in der Erklärung vermeintlich zum Ausdruck kommende pro-arabische Haltung wurde an den folgenden Tagen im öffentlich-politischen Diskurs überwiegend als Ausdruck der Machtlosigkeit und Ohnmacht Europas angesichts des *Einsatzes der Ölwaffe* und der *Erpressung* bzw. als „Verbeugung vor den arabischen Staaten“ (Zeit, 16.11.1973, *Den Arabern etwas bieten*) gewertet.[39]

37 Willy Brandt: Beitrag in der Debatte zur Erklärung der Bundesregierung zu aktuellen Fragen der Wirtschafts- und Energiepolitik. In: Verhandlungen des Deutschen Bundestages. Stenographische Berichte. 7. Wahlperiode, 67. Sitzung, 29.11.1973. S. 3907–4058, hier S. 3911. [http://dipbt.bundestag.de/doc/btp/07/07067.pdf, zuletzt abgerufen am 28.03.2017]

38 Die EG bekannte sich zu den UN-Resolutionen 338 und 242. Die Deklaration gilt als Höhepunkt der europäischen politischen Zusammenarbeit (vgl. Graf 2014: 264, Anm. 258).

39 Der israelische Botschafter in Bonn, Eliashiv Ben-Horin, klagte: „Bonns Verhältnis zu Israel drohe vom Funktionieren der Zentralheizungen abhängig zu werden“ (Spiegel, 12.11.1973, *Wir dürfen uns nicht knieweich zeigen*). Neben den internationalen Beziehungen der Bundesrepublik zu den Ölförderländern, Israel, den USA und den europäischen Ländern wurde auch das Verhältnis der BRD zur sogenannten Zweiten und Dritten Welt thematisiert. Dieser Diskursstrang, in dem

Der Diskursstrang „Europäisches Krisenmanagement" fand mit dem europäischen Gipfeltreffen in Kopenhagen am 14. und 15. Dezember seinen Höhepunkt. Zentrales Ergebnis der Konferenz war die Feststellung, man brauche eine europäische Krisenpolitik, eine gemeinsame Energiepolitik, um die Energieversorgung der westlichen Industriestaaten zu sichern. Zu diesem Zweck sei die politische Zusammenarbeit zu intensivieren, weshalb man in Zukunft häufiger zusammenkommen wolle (vgl. SZ, 17.12.1973, *Das Ergebnis der Konferenz von Kopenhagen*). In diesem Sinne muss die „Krise" als ein Aspekt der europäischen Einigung angesehen werden, da sie den europäischen Verständigungsprozess – den Diskurs über die Rolle Europas in der Welt und damit eine europäische Identität – förderte. Einschränkend ist zu erwähnen, dass das Interesse der einzelnen EG-Länder, die Versorgung des eigenen Nationalstaates mit Öl zu sichern, im Vordergrund stand. Dennoch führte die Frage der Energiesicherheit Europas zur Institutionalisierung der EG.

5.4.1.2 Apokalypse

Nahezu ebenso präsent wie der Diskursstrang „Krieg in Nahost/Politik der Ölförderländer" ist der gleichzeitige Diskursstrang „Endlichkeit des Wachstums" (siehe Abb. 7). Die Verleihung des Friedenspreises des Deutschen Buchhandels an den CLUB OF ROME (CoR) am 14.10.1973, der die Studie *The Limits to Growths* in Auftrag gab, setzte verstärkt Fragen aus dem Umweltdiskurs auf die Agenda des Ölkrisendiskurses. Einerseits bildete die „Ölkrise" einen Resonanzboden für die Thesen des CLUB OF ROME bezüglich der bald erreichten Wachstumsgrenzen. Dementsprechend führte die Verleihung des Friedenspreises zu einer punktuellen Zunahme von Artikeln, in denen die *Grenzen des Wachstums*, so das in diesem Zusammenhang verbreitete Phrasem, thematisiert wurden (siehe Abb. 8). Andererseits

etwa über wirtschaftliche Zusammenarbeit mit dem „Ostblock" oder über Entwicklungspolitik in Krisenzeiten verhandelt wurde, ist aber im öffentlichen Diskurs eher marginal. Im Gegensatz zu den „Ostblockstaaten" hatten jene „Entwicklungsländer", die keine großen Vorkommen an fossilen Energieträgern vorweisen konnten, eine schlechte Ausgangsposition. Im Zeichen der „Ölkrise" wurde die zuvor aufgestockte Entwicklungshilfe wieder infrage gestellt. Dies widersprach dem Prinzip, die Entwicklungshilfe solle nicht für außenpolitische Ziele instrumentalisiert werden und diene nicht nationalen Interessen. Kürzungen bei der Entwicklungshilfe wurden nämlich als aus der „Ölkrise" und den Maßnahmen der Ölförderländer resultierende Notwendigkeit begründet und konnten somit auch als moralisches Argument gegen diese eingebracht werden. Wegen der „Ölkrise" wurde die vorherige Aufstockung der Entwicklungshilfe schließlich zurückgenommen, woraufhin Erhard Eppler, der sich für eine Neuorientierung der deutschen Entwicklungspolitik engagiert hatte, von seinem Amt als Minister für wirtschaftliche Zusammenarbeit zurücktrat.

seits deutete man in Teilen der Öffentlichkeit die gegenwärtigen Probleme fortan im Lichte des Umweltdiskurses.

Bereits seit der Veröffentlichung des Berichtes im Jahr 1972 ist von einem gesellschaftlichen Empfinden von „Grenzen des Wachstums" zu sprechen.[40] In der drohenden Ölknappheit sahen viele die Thesen der Forschergruppe um Dennis L. Meadows bestätigt, weshalb die „Ölkrise" mit der Wahrnehmung einer Menschheitskrise und einer Zeitenwende einherging. Nicht zuletzt führten die apokalyptischen Szenarien des Ökologiediskurses im Diskurs zur „Ölkrise" zu kontroversen Diskussionen über das Wachstum.[41] Dementsprechend wurde auf der Grundlage des Topos der Zeitenwende (siehe Kap. 5.4.2.1.3) eine fundamentale politische und gesellschaftliche Neuorientierung gefordert, etwa die Abkehr vom exponentiellen oder quantitativen Wachstum zugunsten eines umweltverträglicheren „qualitative[n] Wachstum[s]" (FAZ, 17.10.1973, *Ohne Wachstum geht es nicht*). Possessiv-Konstruktionen, in denen *Wachstum* als Genitivattribut fungiert, zeigen vermeintlich die Relevanz des neuen Wissens über die Wachstumsgrenzen, denn die phraseologische Wortverbindung *Grenzen des Wachstums* rangiert quantitativ an erster Stelle, wie die nachstehende Tabelle veranschaulicht:[42]

Tab. 5: Possessiv-Konstruktionen mit *Wachstum* als Genitivattribut

Rang	Suchergebnis/Types	Treffer/Tokens	Relative Häufigkeit in Prozent
1	Grenzen des Wachstums	28	38.36
2	Richtung des Wachstums	3	4.11
3	Kosten des Wachstums	2	2.74
4	Stärkung des Wachstums	2	2.74
5	Belebung des Wachstums	1	1.37
6	Prozentpunkt des Wachstums	1	1.37
7	Ankurbelung des Wachstums	1	1.37
8	Steigerung des Wachstums	1	1.37
9	Kräftigung des Wachstums	1	1.37
10	Folgen des Wachstums	1	1.37

40 Vgl. zur Geschichte und zur öffentlichen Resonanz der Studie *The Limits to Growths* Kupper (2004).

41 Vgl. zum Ökologiediskurs den Sammelband Uekötter & Hohensee (2004) und speziell zu apokalyptischen Szenarien der 1970er Jahre den Beitrag von Hünemörder (2004).

42 Die Grundgesamtheit der Analyse bilden alle 10.248 Texte des KriReKo. Die Recherche wurde mithilfe der Corpus Workbench durchgeführt. Folgender Suchausdruck wurde verwendet: [pos="NN"][word="des"][lemma="Wachstum"]. Insgesamt wurden 42 Types, auf die 73 Tokens

Zwar legt das Ergebnis der quantitativen Korpusanalyse nahe, dass das Genitivattribut *Wachstum* ein Wissen über das Konzept ‚Grenzen‘ aktiviert. Dass aber solche Ergebnisse nur einen Eindruck vermitteln können und sich kaum verallgemeinern lassen – dass jetzt also nicht gefolgert werden darf, die gesellschaftliche Vorstellung von Wachstum im Krisendiskurs sei durch Wachstumsgrenzen prädiziert –, zeigt eine Analyse der Kollokationen zu *Wachstum*: Das Lemma *Grenze* taucht unter den ersten 100 Treffern nicht auf. Somit kann nicht behauptet werden, im ökonomischen Krisendiskurs handle es sich bei den „Grenzen des Wachstums“ um ein festes oder weit verbreitetes Wissenssegment (siehe hierzu ebenfalls Kap. 5.4.2.1.3). Ebenso wenig war (und ist) Umweltschutz eine verbreitete politische Zielvorstellung in Krisenzeiten (siehe hierzu die Finaltopoi in Kap. 5.4.2.3).[43]

Obgleich es sich nicht um diskursiv vorherrschende Aussagen handelt, sind die Studien zu den Wachstumsgrenzen und die Verleihung des Friedenspreises bedeutende diskursive Ereignisse, die in der „Ölkrise“ einen spezifischen Diskursstrang darstellen. Sie sind als ein diskursiver Knotenpunkt anzusehen, an dem es – wie schon mit dem Europadiskurs – zu Diskursverwicklungen kommt. Diese schlagen sich u. a. lexikalisch und in grammatischen Konstruktionen nieder, beispielsweise im attributiven Gebrauch des Adjektivs *qualitativ* vor *Wachstum* oder eben in der zum Schlagwort geronnenen Wortverbindung *Grenzen des Wachstums*. Zumindest an der Peripherie des ökonomischen Krisendiskurses schien nun die Frage nach neuen Maßstäben für Wohlstand und Wachstum auf; es zeichnete sich ein Bewusstsein dafür ab, dass Lebensqualität etwas mit der Qualität der Umwelt zu tun hat. Und: Das Prinzip der ‚Nachhaltigkeit‘ sowie Fragen nach Möglichkeiten, durch die Nutzung anderer Energieträger die zutage tretenden Probleme langfristig zu lösen – von Kohle über Erdgas bis hin zur Atomenergie und zu erneuerbaren Energien –, blitzen am Rande des ökonomischen Krisendiskurses als neue Themen auf (allerdings kommt der Ausdruck *Nachhaltigkeit* im Korpus zur „Ölkrise“ nicht vor). Die Ergebnisse der kontextspezifischen Toposanalyse ge-

fallen, gefunden. Die Suche ergab 73 Treffer in 55 verschiedenen Texten, von denen der Großteil aus der „Ölkrise“ stammt.

43 Hieran zeigen sich die Gefahren der Verallgemeinerung korpuslinguistischer Untersuchungsergebnisse und ihre Begrenztheit. In Ziem, Scholz & Römer (2013) etwa werden teilweise leichtfertig weitreichende Schlussfolgerungen über den Status von Wissen oder Frames bzw. über diskursiv dominante Prädikate aus grammatisch-syntaktisch informierten quantitativen Analysen, wie sie weiter oben durchgeführt wurden, gezogen. Tendenziell hat die semantische Interpretation solcher Konstruktionen m. E. selbstbezüglichen Charakter, solange man es versäumt, den größeren textuellen und historisch-kommunikativen Kontext der sprachlichen Phänomene zu berücksichtigen.

ben Aufschluss darüber, inwiefern im Rahmen des ökonomischen Krisendiskurses Wissenssegmente aus dem ökologischen Krisendiskurs argumentativ genutzt wurden (siehe Kap. 5.4.2.1.3).

5.4.1.3 Notstand, Ermächtigung und die Sorge um den Arbeitsplatz

Anfang November 1973 verlagerte sich der Ölkrisendiskurs: Ungewissheiten über den Krieg in Nahost und die Politik der Ölförderländer sowie Zweifel an der Faktizität der „Krise" waren der Gewissheit gewichen, die Bundesrepublik Deutschland sei von der „Ölkrise" betroffen (vgl. u. a. SZ, 9.11.1973, *Die Ölkrise weitet sich aus*). Eine Verbesserung der Lage erhoffte man sich zunächst von Sparappellen an die Bevölkerung. So berichtete die SZ am 8.11.1973 (*Friderichs: Kein Anlaß zur Hysterie*), ein drohender Engpass sei „nach Meinung der Bundesregierung noch weitgehend durch freiwillige Verbrauchsbeschränkungen zu überwinden", „zu denen Bundesregierung und Mineralölwirtschaft in den nächsten Wochen die Bundesbürger auffordern wollten." Dieser Krisenbewältigungsstrategie entsprechend wurden sowohl von der Ölindustrie als auch vom Wirtschaftsminister Friderichs regelmäßig Anzeigen aufgegeben, die im Korpus zur „Ölkrise" seit November 1973 in allen Zeitungen und Zeitschriften in großer Zahl zu finden sind. Hier nur einige ausgewählte Beispiele:

Abb. 10: *Shell Spartip Nr. 1.* In: BILD, 27.11.1973

Abb. 11: *Shell Spartip Nr. 2.* In: BILD, 3.12.1973

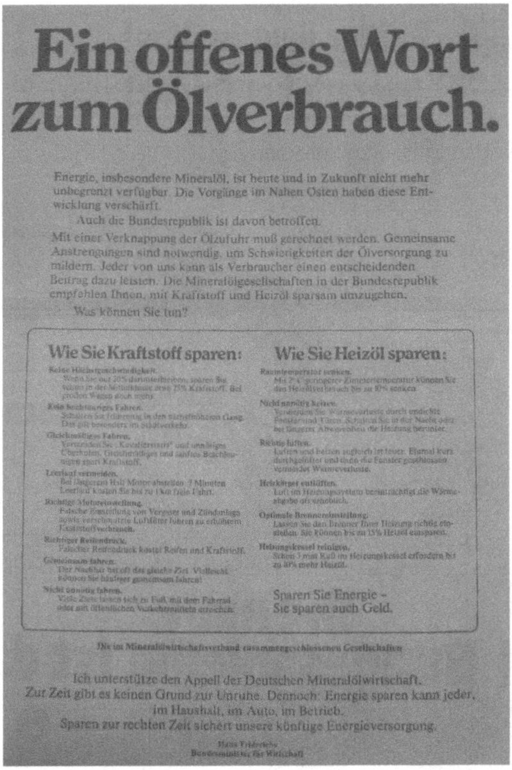

Abb. 12: *Ein offenes Wort zum Ölverbrauch*. Hans Friderichs, in: BILD, 12.11.1973

In Übereinstimmung mit den „Spartips“ der Ölindustrie (siehe Abb. 10 und Abb. 11) argumentierte der Bundesminister für Wirtschaft Hans Friderichs in seinem Appell an die Bevölkerung (siehe Abb. 12) wie folgt: Weil natürliche Ressourcen wie Erdöl endlich sind und weil infolge der Entwicklungen im Nahen Osten in der BRD mit einer Ölverknappung gerechnet werden muss, soll der einzelne Verbraucher Energiesparen, um die Versorgung zu sichern. Insbesondere im Kontext der Studie *The Limits to Growths* zur Zukunft der Weltwirtschaft und im Kontext der Ökologiebewegung gewann das eingesetzte Argument der Endlichkeit natürlicher Ressourcen Plausibilität.

Im weiteren Diskursverlauf ist zu beobachten, dass sich die „Ölkrise“ im gesellschaftlichen Wissen zunehmend etablierte und damit als plausibler Grund argumentativ nutzbar wurde. Die Verfestigung krisenbezogenen Wissens kommt u. a. darin zum Ausdruck, dass die „Ölkrise“ seit Mitte November 1973 zum Leitmotiv der Werbung wurde, die das Krisenwissen zu instrumentalisieren versuchte, um Affirmation zu den beworbenen Produkten zu evozieren. Gleichzeitig schien die Industrie erkannt zu haben, dass sich im Denken über den Umgang mit natürlichen Ressourcen ein gesellschaftlicher Wandel vollzog und dass sie sich der neuen Mentalität anpassen muss, um im marktwirtschaftlichen Geschehen konkurrenzfähig bleiben zu können. So warb insbesondere die Automobilindustrie vor dem Hintergrund des neuen Sparbewusstseins in vielen Anzeigen mit wirtschaftlicheren Modellen, um Konsumanreize zu erzeugen:

Abb. 13: Werbeanzeige: *Kommen sie gut durch die Krise*. In: Bild, 10.12.1973

Die Appelle zu freiwilligen Einsparungen (siehe Abb. 10, Abb. 11 und Abb. 12), die, so das Paradoxon, in ihrer Begründungslogik als Sachzwang imperativen Charakter haben, mündeten in kontroverse Diskussionen über eine zur Bewältigung der „Krise“ geeignete Sozial- und Wirtschaftspolitik (zunächst hinsichtlich energiepolitisch motivierter staatlich verordneter Sparmaßnahmen). Spätestens seit der Verabschiedung des schon länger vorbereiteten „Energiesicherungsgesetzes“ am 9.11.1973 dominierten nicht mehr länger außenpolitische Themen, sondern der Diskursstrang „Krisenpolitik/Sozial- und Wirtschaftspolitik BRD“ (siehe Abb. 7). Das *Energiekrisen-* oder *Energienotstandsgesetz*, wie es auch genannt wurde, trat am Folgetag in Kraft und wurde medial vielfach aufgegriffen (siehe Abb. 8). Es sollte „eine[m] möglichen Notstand in der Benzin- und Ölversorgung“ (SZ, 9.11.1973, *Die Ölkrise weitet sich aus*) kurzfristig vorbeugen. Nach der öffentlichen Verkündung des Gesetzes wurden Fragen bezüglich der nationalen Versorgungssicherheit und danach, was der Staat zur Sicherung der Ölversorgung als Fundament von Wohlstand, Wirtschaftswachstum, Arbeitsmarkt und Gesellschaft tun kann, aufgeworfen. Die „Ölkrise“ war nun ein innenpolitisches Thema.

Dem „Energiesicherungsgesetz“ wurde außerdem viel Aufmerksamkeit zuteil, weil es dem Wirtschaftsminister die Möglichkeit gab, Einschränkung des Energieverbrauchs anzuordnen und Höchstpreise festzusetzen, „um auf diese Weise die Deckung des lebenswichtigen Bedarfs an Energie zu sichern“ (SZ, 10.11.1973, *Energiekrisengesetz heute in Kraft*). Dementsprechend deklarierte auch Willy Brandt (vgl. SZ, 30.11.1973, *Die Energiekrise als Bewährungsprobe*) das „Energiesicherungsgesetz“ als *lebenswichtig*. Wohl aufgrund der weitreichenden Möglichkeiten zur Beeinflussung des Wirtschaftsgeschehens und des Verbraucherverhaltens wurde das „Energiesicherungsgesetz“ durch Heranziehung einer historischen Vergleichsvokabel auch als *Ermächtigungsgesetz* bezeichnet (zuerst am 8.11.1973 in einem Kommentar der FAZ mit dem Titel *Keine Bezugsscheine*). Dass dies in der Regel ohne Gebrauch metasprachlicher Ausdrücke geschah, zeugt nicht von einem Bewusstsein für die Problematik der Verwendung NS-belasteter Begriffe.[44] Ob es sich tatsächlich um das „umfassendste Bewirtschaftungsgesetz seit 1948“ (FAZ, 7.11.1973, *Gesetz zur Sicherung der Ölversorgung im Eilverfahren*) handelt, als das es zu seiner Zeit wahrgenommen wurde, oder nicht: von einem plötzlichen Ende der Planung und Steuerung oder des Glaubens an die Machbarkeit des Fortschritts und der Bewältigung von „Krisen“ mit den Mitteln der Politik, so das zeitgeschichtliche Standardnarrativ (siehe hierzu Kap. 5.3), kann in jener Situation keine Rede sein. Bekannteste Sparmaßnahme, über die in Zusammenhang mit der Verabschiedung des „Energiesicherungsgesetzes“ entschieden wur-

44 Zur Thematik NS-belasteter Begriffe vgl. Eitz & Stötzel (2007) und Eitz & Stötzel (2009).

de, ist die Anordnung von Geschwindigkeitsbegrenzungen und des Fahrverbots an vier Sonntagen. Neben einigen weiteren Verbrauchsbeschränkungen wurden sie am 16.11.1973 verkündet und traten am 25.11.1973 in Kraft.

Am Vorabend des Inkrafttretens des Gesetzes inszenierte Brandt sich in einer Fernsehansprache an die Nation in der Rolle eines Krisenmanagers und appellierte an die Solidarität der Deutschen. So stimmte er die Öffentlichkeit auf die kommenden Einschränkungen ein, welche die Bundesrepublik gegen die „Erpressung" wappnen bzw. ihr die Bewältigung der „Krise" ermöglichen sollten:

> Zum erstenmal seit dem Ende des Krieges wird sich morgen und an den folgenden Sonntagen vor Weihnachten unser Land in eine Fußgängerzone verwandeln. [...] Die junge Generation erlebt zum erstenmal, was ein gewisser Mangel bedeuten kann. Aber ich bin überzeugt: Die Jungen und die Älteren werden miteinander zeigen, was Solidarität ist und was Erfindungsgeist bewirken kann. Man kann uns dann nicht erpressen, wenn wir der Not begegnen, ehe sie uns wirklich auf den Nägeln brennt.
> (Willy Brandt, in: SZ, 26.11.1973, *Brandt: Arbeitsplätze müssen gesichert werden*)

Auch Helmut Schmidt gab sich in diesen Tagen als Mahner und Krisenmanager: Wenn die Bevölkerung zu einer „große[n], gemeinsame[n] Kraftanstrengung mit Schweiß, Sparsamkeit und Solidarität" (Helmut Schmidt, in: SZ, 26.11.1973, *Schweiß, Sparsamkeit und Solidarität*) bereit sei, wenn man sich zu diesen Werten bekenne, entstünden gute Voraussetzungen für die Bewältigung der Schwierigkeiten. Mit der Wendung *Schweiß, Sparsamkeit und Solidarität* knüpfte Schmidt an einen besonders dramatischen Appell an, nämlich an die berühmte Ansprache Winston Churchills vom 13. Mai 1940, ein Aufruf, mit dem die Politik und die Bevölkerung auf die Härten des Krieges und auf zur Überwindung der drohenden Gefahren angeblich notwendige große Opfer eingestimmt werden sollte. Churchills Rede wurde nach der Textstelle „I have nothing to offer but blood, toil, tears, and sweat"[45] als *Blut-, Schweiß- und Tränenrede* benannt. Begreift man Reden solcher Art als eigene politische Textsorte, so zählt es zu ihren Charakteristika, dass der Öffentlichkeit schwere Zeiten angekündigt werden und dass die vermeintlich unbequeme Realität scheinbar schonungslos dargelegt wird. Der Sprecher beansprucht für sich, die Realität in ihrer Bedrohlichkeit erkannt zu haben und sieht sich deshalb in der moralischen Pflicht, diese möglichst unverhohlen zu vermitteln. Der Hinweis, die „Krise" könne nur überwunden werden, wenn jeder Einzelne zu großen Opfern bereit sei und Leiden ertrage, ist für die politische Textsorte Blut-, Schweiß-, und Tränenrede konstitutiv. Die Funktion ist letztlich, dem Rezipienten die Unvermeidbarkeit von Entbehrungen glaub-

45 Zitiert nach: [https://www.winstonchurchill.org/learn/speeches/speeches-of-winston-churchill/92-blood-toil-tears-and-sweat, zuletzt abgerufen am 28.03.2017].

haft zu machen.[46] In diesem Sinne sind die Äußerungen Helmut Schmidts zu verstehen. Darum ging es zu diesem Zeitpunkt des Ölkrisendiskurses: ‚Blut‘ und ‚Tränen‘ wurden ersetzt. ‚Schweiß‘, ‚Sparsamkeit‘ und ‚Solidarität‘ waren die neuen nationalen Tugenden, an denen man sich angesichts der „Ölkrise“ zu orientieren habe (siehe hierzu auch den Topos der Maxime in Kap. 5.4.2.4). Mit den Reden von Brandt und Schmidt, mit der Berufung auf die Werte ‚Schweiß‘, ‚Sparsamkeit‘ und ‚Solidarität‘, wurde im öffentlichen Ölkrisendiskurs auf Notstand umgeschaltet.

Wie an den Zahlen der nach Verabschiedung des „Energiesicherungsgesetzes“ sowie nach Verkündung und Umsetzung des Sonntagsfahrverbotes veröffentlichten Artikel zu erkennen ist (siehe Abb. 8), dominierte die Debatte über staatlich verordnete Sparmaßnahmen eine Weile den öffentlich-politischen Diskurs zur „Ölkrise“. Aufgrund der Singularität des Fahrverbots – des Tages, an dem die Westdeutschen ihr Auto, das Symbol sozialen Wohlstands und der Freiheit, stehen lassen mussten – ist davon auszugehen, dass die „Krise“ mit diesem diskursiven Ereignis endgültig ins Bewusstsein der Allgemeinheit rückte. Da die „Ölkrise“ nun zum ersten Mal für alle sichtbar zelebriert und ihre Auswirkungen für alle erlebbar wurden und außerdem dramatische Appelle entbehrungsreiche Zeiten ankündigten, hatte die Krisenwahrnehmung ihren Gipfel erreicht. Das Sonntagsfahrverbot brannte sich tief ins kollektive Gedächtnis ein. In Anlehnung an Pierre Nora (2005) sind die autoleeren Straßen in romantischer Überhöhung den Zeitgenossen ein Ort der Erinnerung und damit im Sinne Rudi Kellers (vgl. 1995: 125) ein ikonisches Zeichen der „Ölkrise“. Sowohl das Adjektiv *autofrei* als auch der Phraseologismus *autofreier Sonntag* wurden während der „Ölkrise“ geprägt. Beide Ausdrücke sind in den allgemeinen Sprachgebrauch eingegangen.

Einen weiteren Kulminationspunkt gesellschaftlicher Krisenwahrnehmung bildet die Bundestagsdebatte zu Fragen der Wirtschafts- und Energiepolitik am 29.11.1973, die auf den soeben aufgezeigten vorläufigen diskursiven Höhepunkt folgt. Sie wurde medial oft aufgegriffen und ging als *Energiedebatte* in den öffentlichen Diskurs ein (vgl. u. a. SZ, 28.11.1973, *Morgen Debatte über Energiekrise*). Insbesondere die Äußerungen Willy Brandts wurden häufig zitiert (siehe hierzu den folgenden Absatz). In diesem Zusammenhang ist auch das am 22.11.1973 erschienene Jahresgutachten des Sachverständigenrates zu sehen, in dem die „Ölkrise“ zwar noch nicht berücksichtigt wurde, welches aber trotzdem Gegenstand der anschließenden wirtschaftspolitischen Debatten war. Die Prognosen, Situationsdarstellungen und Empfehlungen der „fünf Weisen“ beeinflussten de-

46 Auch die „Ruck-Rede“ Roman Herzogs entspricht den formulierten Textsortencharakteristika, wobei die Tradition der „Berliner-Rede“ noch eigene Merkmale aufweist.

finitiv den Diskursverlauf. Der 1963 eingesetzte Sachverständigenrat gab nach der Verabschiedung des „Stabilitätsgesetzes" von 1967 die Richtung für die „keynesianische Globalsteuerung" vor, wobei die Erhaltung der Balance im „magischen Viereck" von Wirtschaftswachstum, Vollbeschäftigung, Geldwertstabilität und ausgeglichener Handelsbilanz als Ziel definiert wurde. Das „Stabilitätsgesetz" von 1967 bestimmte die wirtschaftspolitischen Ziele der Bundesregierung. Für die Wahrnehmung der „Ölkrise" und für aus ihr abgeleitetes politisches Handeln (siehe die Finaltopoi in Kap. 5.4.2.3) war es maßgeblich. (Siehe hierzu auch Kap. 5.3, speziell Anmerkung 14.)

In einer Regierungserklärung, mit der er die *Energiedebatte* eröffnete, legte Brandt den Ernst der Lage dar. In Krisenzeiten wirken Regierungserklärungen schon allein aufgrund ihrer Funktion, die aktuellen Probleme zu benennen und der Öffentlichkeit die Bemühungen der Bundesrepublik um die Lösung der Probleme zu erklären, als Diskursbeschleuniger.[47] Brandt schloss Auswirkungen der „Ölkrise" auf die konjunkturelle Entwicklung der Bundesrepublik nicht mehr aus. In seiner Botschaft hielt er es für „nicht unwahrscheinlich, daß die Wachstumsrate im kommenden Jahr statt der von uns und auch von den Sachverständigen vermuteten realen plus drei Punkte gegen Null sinken wird."[48] Aufgrund dieser Mutmaßung folgerte Brandt: „Nicht jeder wird in dieser Lage seinen Arbeitsplatz behalten können; aber wir wollen gemeinsam mit der Wirtschaft und den Gewerkschaften alle Anstrengungen unternehmen, damit jeder einen Arbeitsplatz haben wird."[49] Die implizite Äußerung Brandts über den Zusammenhang zwischen „Ölkrise", Wirtschaftswachstum und Arbeitsmarkt war zumindest im Modus der aufmerksamkeitserregenden Textsorte Regierungserklärung neu und vergrößerte das Sagbarkeitsfeld des öffentlich-politischen Diskurses.

Die Prognose einer düsteren Zukunft für den Arbeitsmarkt als Folge der „Ölkrise" wurde zu einem verbreiteten sprachlichen Muster, in dem sich das neue argumentativ nutzbare gesellschaftliche Wissen über Arbeitsplatzunsicherheit

---

47 Vgl. zur Textsorte Regierungserklärung u. a. Stüwe (2005). Unter argumentationsanalytischen Gesichtspunkten sind Regierungserklärungen u. a. deshalb interessant, weil der Sprecher darum bemüht ist, einen Konsens über Grundwerte und politisches Handeln der Regierung herzustellen, was den Gebrauch allgemein plausibler Argumentationen, also die Aktivierung topischen Wissens, erfordert. Aufgrund ihrer hohen Resonanz diffundieren viele Argumentationen bzw. Topoi aus Regierungserklärungen in den öffentlich-politischen Diskurs.

48 Willy Brandt: Beitrag in der Debatte zur Erklärung der Bundesregierung zu aktuellen Fragen der Wirtschafts- und Energiepolitik. In: Verhandlungen des Deutschen Bundestages. Stenographische Berichte. 7. Wahlperiode, 67. Sitzung, 29.11.1973. S. 3907–4058, hier S. 3911. [http://dipbt.bundestag.de/doc/btp/07/07067.pdf, zuletzt abgerufen am 28.03.2017]

49 Brandt: Beitrag in der Debatte zur Erklärung der Bundesregierung zu aktuellen Fragen der Wirtschafts- und Energiepolitik, 29.11.1973, S. 3912.

kristallisiert. Bezeichnenderweise startete die BILD-Zeitung am 30.11.1973 eine Serie mit dem Titel *Wie sicher ist ihr Arbeitsplatz?* Mit dem neuen Wissen über Arbeitsplatzunsicherheit waren häufig Appelle zur Mäßigung verbunden. So spricht Arbeitsminister Walter Arendt am 26.11.1973 (BILD, *„Gastarbeiter sind keine Sklaven, die man heute einkauft und morgen wegschickt!“*) erstmals davon, dass „[w]ir alle [...] den Gürtel enger schnallen“ müssten. (Siehe zur Arbeitsplatzunsicherheit insbesondere den Topos der düsteren Zukunftsprognose in Kap. 5.4.2.1.1.)

Mit Zuspitzung der Diskussionen auf Fragen über die Folgen der „Ölkrise“ für die Wirtschaft, den Arbeitsmarkt etc. wurde zwischen den Regierungsparteien eine kontroverse Debatte darüber initiiert, welcher sozial- und wirtschaftspolitische Kurs es ermöglicht, die „Krise“ zu bewältigen. So berichtete die FAZ am 28.11.1973 (*Brandt vermittelt im wirtschaftspolitischen Grundsatzstreit der Koalitionsparteien*) über einen „wirtschaftspolitischen Grundsatzstreit der Koalitionsparteien.“ Zur Disposition stand die „Stabilitätspolitik“ bzw. die Frage, ob die von der Bundesregierung avisierten Maßnahmen den stabilitätspolitischen Zielen dienen. Mit dieser Hinterfragung der Möglichkeit, die angegebenen stabilitätspolitischen Ziele zu erreichen, ging auf sprachlicher Ebene die zunehmende metaphorische Konzeptualisierung der ‚Wirtschaft als Maschine‘ bzw. des ‚Konjunkturverlaufs als Fahrzeug‘ einher, wie beispielsweise in Form des metaphorischen Ausdrucks *Konjunkturbremse*. Im Streit um den adäquaten sozial- und wirtschaftspolitischen Kurs drehte es sich um die Frage, wann im Sinne der antizyklischen Konjunkturpolitik der richtige Zeitpunkt ist, „den Fuß von der Konjunkturbremse zu nehmen“ (SZ, 30.11.1973, *Brandt: Sicherung der Arbeitsplätze hat Vorrang vor dem privaten Komfort*), um durch politische Maßnahmen eine neue konjunkturelle Aufschwungphase einleiten, einer Rezession entgegenwirken zu können. Dabei gelte es, jenen Moment abzupassen, in dem der Boom seinen Zenit erreicht habe. Diese wirtschaftstheoretisch motivierte Maßgabe befeuerte im öffentlich-politischen Diskurs Spekulationen darüber, wann der ominöse richtige Zeitpunkt, um das „wirtschaftspolitische Steuer [...] herumzureißen“ (Willy Brandt, in: ZEIT, 7.12.1973, *Brandt: Schieres Profitdenken*), gekommen ist:

> Die Bundesregierung bekommt Angst vor ihrer eigenen Courage. Noch betonen zwar Wirtschaftsminister Friderichs und seine Mitarbeiter, daß es für Lockerungsmaßnahmen zu früh sei. Durchhalteparolen klingen auch aus dem Bonner Finanzministerium, freilich schon etwas matter als noch vor wenigen Wochen. Andere Minister aber, voran Städtebauminister Hans Jochen Vogel, finden, daß man einem ‚kritischen Punkt bereits näher gekommen‘ sei. Und die SPD Bundestagsfraktion neigt immer mehr dazu, lästige Fesseln der Stabilitätspolitik abzustreifen.
> (ZEIT, 16.11.1973, *Bonner Bremser werden nervös*)

Anfang Dezember sah Brandt den Zeitpunkt, um „den Fuß von der Konjunkturbremse zu nehmen" (Willy Brandt, in: ZEIT, 7.12.1973, *Zusammenarbeit mit Feisal*), noch nicht als gegeben. Da jedoch bereits über einen „Szenenwechsel auf der konjunkturpolitischen Drehbühne" (SZ, 27.11.1973, *Das Abgründige in der Ölkrise*) gemutmaßt worden war, beschloss die Bundesregierung Mitte Dezember, in der Konjunkturpolitik einen Kurswechsel vorzunehmen. Dementsprechend stellte der SPIEGEL am 17.12.1973 (*Arbeitslose: So knüppeldick war's noch nie*) fest, dass die „Konjunkturlenker von stop auf go schalten." Der Kurswechsel kommt beispielsweise im Nachdenken der Bundesregierung über staatliche Finanzhilfen zum Ausdruck, etwa in Form der Vergabe von zinsgünstigen Krediten und Aufträgen an die Industrie bzw. an als schützenswert geltende Wirtschaftsbereiche, was in metaphorischen Lexemen der oben erwähnten Konzepte wie *Feinsteuerung* oder *differenzierte Lockerung* sprachlichen Ausdruck findet. Dies führte einerseits zu einer anhaltenden Debatte darüber, welche Industriezweige wie von der „Ölkrise" betroffen bzw. lebensnotwendig sind, und verursachte andererseits weitere Meinungsverschiedenheiten in der sozial-liberalen Koalition, beispielsweise über das Ausmaß der „Lockerung". (Siehe hierzu die Datentopoi in Kap. 5.4.2.1.)

Im Zuge dieser Debatte traten die ordnungspolitischen Divergenzen in der sozial-liberalen Koalition immer deutlicher zutage. Nach Ansicht der SPD sind die Auswirkungen der „Ölkrise" nur durch gezielte staatliche Eingriffe abzumildern. Insbesondere die multinationalen Ölkonzerne gerieten jetzt in die Kritik, wodurch ein angrenzender Diskursstrang zur „Politik der Mineralölwirtschaft/Ölkonzerne" initiiert wurde (siehe Abb. 7).[50] In diesem Zusammenhang wurden Forderungen nach schärferen Kontrollen der Konzerne bis hin zu Verstaatlichungen laut (siehe hierzu den Ursachen-Topos der Gier in Kap. 5.4.2.2.4). Nach Ansicht von FDP und Opposition hingegen sind solche Maßnahmen zugunsten eines marktwirtschaftlichen Kurses abzumildern (siehe hierzu die Topoi Staats- und Politikversagen/Politikerversagen und Marktwirtschaft in Kap. 5.4.2.2.2 und 5.4.2.4.1). Der Diskurs war nun geprägt von einem offenen ideologischen Konflikt um die Frage „liberale oder geplante Wirtschaftspolitik" (SPIEGEL, 10.12.1973, *Weltmacht Öl*) bzw. welcher Akteur, der Staat oder der Markt, der bessere Krisenmanager ist.

Die sozial- und wirtschaftspolitische Grundsatzdebatte, der Streit um die richtigen Maßnahmen zur Lösung der „Krise", wurde durch die Veröffentlichung des

---

50 So startete der SPIEGEL am 10.12.1973 unter dem Titel *Weltmacht Öl* eine Serie über die Geschichte des Öls, die Politik der Ölförderländer und den Einfluss der multinationalen Ölkonzerne. Am 17.12.1973 stellte der SPIEGEL fest: „Zwielichtig wie lange nicht mehr erscheint Verbrauchern und Politikern, Parteien und Gewerkschaften am Ende des zweiten Ölkrisenmonats die Politik der Mineralölkonzerne" (*Wilder Westen*).

des *Sondergutachtens des Sachverständigenrates zur Begutachtung der gesamtwirtschaftlichen Entwicklung* vom 17. Dezember 1973 und die anschließende Debatte angeheizt. In Verbindung mit Inkrafttreten des Sonntagsfahrverbotes und der *Energiedebatte* bilden die Reaktionen auf das Sondergutachten das Plateau des Ölkrisendiskurses (siehe Abb. 8).

Der Sachverständigenrat beschäftigte sich in seinem Gutachten nun auch mit vermutlichen Auswirkungen der „Ölkrise" auf die wirtschaftliche Entwicklung der BRD. Er prognostizierte, dass drohende „Einschränkungen in der Versorgung mit Erdöl [...], die Wirtschaftspolitik vor bisher unbekannte Aufgaben stellen" würden. Gegenstand des Gutachtens ist ferner die Frage, wie man mit „einem Minimum an Eingriffen in die marktwirtschaftliche Ordnung der Probleme Herr [...] werden"[51] kann. Die Zitate lassen bereits erkennen, dass das Gutachten vorsah, von der „keynesianischen Globalsteuerung" abzurücken und sich einem „pragmatischen Krisenmanagement" zuzuwenden.

Ein weiterer Diskursbeschleuniger in der Auseinandersetzung um die Wirtschaftsordnung, die den Ölkrisendiskurs nun dominierte, ist Willy Brandts Neujahrsansprache, die am 31.12.1973 im Fernsehen übertragen wurde. In der Feststellung, „daß ‚wir nicht im Überfluß schwimmen'", sah Brandt „die Chance [...], Vorurteile bei der Diskussion um die Wirtschaftsordnung abzubauen. Gerade die Energiekrise zwinge dazu, über Möglichkeiten nachzudenken, wo die Wirtschaftsordnung verbessert werden müsse" (FAZ, 31.12.1973, *Brandt sieht Chance zur Überprüfung der Wirtschaftsordnung*). Wörtlich sagte Brandt zu diesem Thema: „Den freien Kräften des Marktes muß überlassen bleiben, was sie zu regeln vermögen, aber der Staat darf sich nicht drücken, wo er gefordert ist."[52] Diese Äußerungen können als Versuch der Werbung für einen „sachlicheren Politikstil" verstanden werden.

5.4.1.4 Semantischer Klassenkampf

Anfang Januar 1974 verdeutlichte sich, dass der befürchtete Energiemangel nicht eintritt. So stellte die ZEIT am 4.1.1974 (*Ölkrise*) fest: „Die große Ölkatastrophe findet nicht statt." Am 8.1.1974 verkündete Willy Brandt die Aufhebung des Sonntagsfahrverbotes, und am 18.1.1974 äußerte sich Hans Friederichs in der SZ

51 Unterrichtung durch die Bundesregierung. Sondergutachten des Sachverständigenrates „Zu den gesamtwirtschaftlichen Auswirkungen der Ölkrise". In: Deutscher Bundestag. Drucksache 7/1456. 7. Wahlperiode, 19. 12. 1973, S. 1. [http://dipbt.bundestag.de/doc/btd/07/014/0701456.pdf, zuletzt abgerufen am 28.03.2017]

52 Willy Brandt: Ansprache zum Jahreswechsel 1973/74. In: Bulletin des Presse- und Informationsamts der Bundesregierung 1 (1974), S. 5–6.

(*Ölkrisen-Zwischenbilanz des Wirtschaftsministers*) wie folgt: „Mit Beginn des Jahres 1974 hat sich die mengenmäßige Versorgung der Bundesrepublik Deutschland entspannt." Spätestens im Februar 1974 war das „Gespenst einer lebensgefährlichen Ölverknappung" (ZEIT, 15.2.1974, *Doppelstrategie gegen Konzerne*) aus dem öffentlichen Diskurs vollends verscheucht. Für eine letzte quantitative Spitze im Verlauf des Ölkrisendiskurses, bevor das Aufmerksamkeits-Niveau wieder auf die Zeit vor der „Öl-Konferenz" von Kuwait zurückfällt, sorgt die Bundestagsdebatte zur Lage der Energieversorgung vom 17.1.1974. (Siehe Abb. 8.)

Die Bundesregierung ging etwa ab Mitte Januar davon aus, die „Krise" überwunden zu haben, so fortan die offizielle Diktion. Nun – nach angeblich erfolgreicher Überwindung der „Krise" – ist zu beobachten, dass die oben genannte Debatte auf den semantischen Kampf um die Deutungshoheit darüber, welche Politik zur Bewältigung der „Krise" führte, zulief. Gegenstand der Verhandlung war u. a. die Frage, dank welcher Konzepte und Maßnahmen es gelingen konnte, die Gefahren der „Ölkrise" zu bannen. Die Antwort fiel eindeutig aus: „Die freie Marktwirtschaft [...] obsiegte über den Dirigismus der Anderen" (SPIEGEL, 14.1.1974, *Sehr gewundert*). Insbesondere die soziale Marktwirtschaft wurde als heilbringendes Prinzip verfochten (siehe hierzu den Topos der Maxime Marktwirtschaft in Kap. 5.4.2.4.1). Dementsprechend stellte Friderichs in seinem Redebeitrag fest: Nur durch den Einsatz „marktkonformer Mittel" sei man der „Krise" Herr geworden; der eingeschlagene Weg müsse fortgesetzt werden, um die für 1974 prognostizierte wirtschaftliche Abschwungphase zu mildern; „[z]wangswirtschaftliche Eingriffe" seien weder „erforderlich noch gewollt."[53]

Durch den attributiven Gebrauch von Adjektiven wie *dirigistisch* oder *verwaltungswirtschaftlich* bezogen auf politisches Handeln, das nicht dem Prinzip der sozialen Marktwirtschaft entsprechen würde, prädizierte der Bundestagsabgeordnete Hermann Josef Russe in seinem Redebeitrag zur oben genannten Debatte entsprechende Maßnahmen auf ähnliche Weise wie Friderichs.[54] Aus sprachkritischer Sicht sind solche Bezeichnungspraktiken Versuche, durch Verwendung negativ konnotierter Ausdrücke aus dem Wortfeld ‚Sozialismus'/‚Kommunismus' das so Benannte zu stigmatisieren (näheres dazu in Kap. 5.4.2.4.1). Mit ihrem Plä-

53 Hans Friderichs: Erklärung der Bundesregierung zur Lage der Energieversorgung. In: Verhandlungen des Deutschen Bundestages. Stenographische Berichte. 7. Wahlperiode, 73. Sitzung, 17.1.1974. S. 4539–4544, hier S. 4539f. [http://dipbt.bundestag.de/doc/btp/07/07073.pdf, zuletzt abgerufen am 28.03.2017]

54 Vgl. Hermann Josef Russe: Erklärung der Bundesregierung zur Lage der Energieversorgung. In: Verhandlungen des Deutschen Bundestages. Stenographische Berichte. 7. Wahlperiode, 73. Sitzung, 17.1.1974. S. 4539–4544, hier S. 4545f. [http://dipbt.bundestag.de/doc/btp/07/07073.pdf, zuletzt abgerufen am 28.03.2017]

doyer dafür, auf liberale Wirtschaftspolitik zu setzen, statt staatlich regulierend einzugreifen, machten sich Friderichs und Russe respektive die FDP und die Oppositionsparteien die Position des Sachverständigenrates in seinem Sondergutachten (siehe Kap. 5.4.1.3) zu eigen. Der Äußerung Brandts „Den freien Kräften des Marktes muß überlassen bleiben, was sie zu regeln vermögen, aber der Staat darf sich nicht drücken, wo er gefordert ist“, stellte Friderichs schließlich entgegen: „Nicht alles muß vom Staat gemacht werden, nicht alles kann vom Staat gemacht werden.“[55]

Wie sich zeigt, nahm die sozial- und wirtschaftspolitische Diskussion in der Bundesrepublik eine neue Qualität, einen klassenkämpferischen Anstrich an. Der Graben zwischen den Ideen der keynesianischen Wirtschaftssteuerung und der sozialen Marktwirtschaft vertiefte sich. Insofern die Bundesregierung, insbesondere die FDP, die Entwicklung der „Ölkrise“ als Beweis für die Richtigkeit ihrer an Grundsätzen der Marktwirtschaft orientierten Politik anführte, stand die keynesianische Wirtschaftspolitik nun doch als geeignetes Mittel zur Krisenbewältigung infrage.

Den Höhepunkt der ideologischen Vergröberung des Ölkrisendiskurses zu einer Klassenkampf-Rhetorik bildet die Bundestagsdebatte über den „Bericht zur Lage der Nation“ am 24.1.1974. Die Textsorte „Bericht zur Lage der Nation“ ist eine besondere Form der Regierungserklärung, in der die Bundesregierung die Situation des Landes und ihre Tätigkeiten im Laufe des zurückliegenden Jahres beschreibt. Traditionell war die Darstellung der Lage im geteilten Deutschland ein zentraler Schwerpunkt. Allerdings stand der „Bericht zur Lage der Nation“ im Jahre 1973 im Zeichen der „Ölkrise“. Brandt leitete seine Regierungserklärung mit der Diagnose eines Zeitenwandels ein. Die Welt befinde sich „am Beginn eines Abschnitts, der durch explosiv zu nennende Preissteigerungen für Energie und Rohstoffe gekennzeichnet ist.“[56] Deshalb seien die „zügige Entwicklung einer europäischen Energiepolitik“ und die „Schaffung der Voraussetzungen für die Wirtschafts- und Währungsunion“[57] vordringliche politische Aufgaben. Nur so könnten die Probleme überwunden werden. Die anschließenden Debattenbei-

55 Hans Friderichs: Erklärung der Bundesregierung zur Lage der Energieversorgung. In: Verhandlungen des Deutschen Bundestages. Stenographische Berichte. 7. Wahlperiode, 73. Sitzung, 17.1.1974. S. 4539–4544, hier S. 4544. [http://dipbt.bundestag.de/doc/btp/07/07073.pdf, zuletzt abgerufen am 28.03.2017]

56 Willy Brandt: Erklärung der Bundesregierung über die Lage der Nation. In: Verhandlungen des Deutschen Bundestages. Stenographische Berichte. 7. Wahlperiode, 76. Sitzung, 24.1.1974. S. 4769–4777, hier S. 4769. [http://dipbt.bundestag.de/doc/btp/07/07076.pdf, zuletzt abgerufen am 28.03.2017]

57 Brandt, Erklärung der Bundesregierung, S. 4770.

träge von Karl Carstens und Herbert Wehner lassen den aufgebrochenen ideologischen Konflikt deutlich erkennen und wurden medial vielfach aufgegriffen.

Der neuen Qualität und der Schärfe, mit der die Debatte geführt wurde, hatte Brandt allem Anschein nach nicht viel entgegenzusetzen. Seit Beginn der „Ölkrise" wurde ihm unterstellt, er versuche, sich vor den Problemen „wegzuducken": „Willy Brandt [...] macht, wie so häufig in Krisenzeiten, wieder einmal Urlaub" (BILD, 29.10.1973, *Deutschland, Deutschland zwischen allen Stühlen*). Im weiteren Diskursverlauf wurden Zweifel daran, ob Willy Brandt imstande ist, die Probleme zu lösen, immer stärker genährt:

> Auf Krisenbewältigung, einst seine Stärke, scheint Willy Brandt diesmal nicht eingestellt zu sein. [...] Viele im Lande fragen sich, wiewohl noch leise: Wäre Brandt wirklich der richtige Kanzler für eine richtige Krise – deren Bewältigung nicht nur Überzeugungskraft, sondern auch Organisationstalent verlangt? Und: Wäre Helmut Schmidt notfalls gesund genug, die Öl-Ebbe ebenso zu meistern wie einst die Sturmflut?
> (ZEIT, 23.11.1973, *Bonner Baldrian*)

Ab Mitte Dezember wurde immer häufiger an Brandts Fähigkeiten zum Krisenmanagement, seinen Führungsqualitäten und ökonomischen Kompetenzen, gezweifelt. Dieser Verlust politischer Autorität kann als Anfang vom Ende der Kanzlerschaft Brandts angesehen werden. Helmut Schmidt, der 1974 von Brandt die Kanzlerschaft übernahm, als Macher darzustellen, wie es im obigen Zitat zum Ausdruck kommt, war für den Ölkrisendiskurs zu diesem Zeitpunkt exemplarisch. (Siehe hierzu auch den Ursachen-Topos Staats- und Politikversagen/Politikerversagen in Kap. 5.4.2.2.2.)

5.4.2 Kontextspezifische Topoi

Dieses Kapitel behandelt die sprachlichen Realisierungen der zentralen Argumentationsmuster im Diskurs zur „Ölkrise". Eingebettet in den zuvor beschriebenen historisch-kommunikativen Kontext wird erläutert, welche Akteure aus welchen Prämissen nach welchen Prinzipien der Verknüpfung Akzeptanz oder Ablehnung für bestimmte Entscheidungen/Vorhaben/Maßnahmen herstellen. Es versteht sich von selbst, dass dabei nicht auf jedes Detail der sprachlichen Realisierung eingegangen werden kann. Eine diskursanalytisch orientierte Toposanalyse abstrahiert vom Einzelfall aus und skizziert die groben Linien oder Muster der Konsensgenese.

5.4.2.1 Datentopoi

Kontextspezifische Argumentationsmuster und die ihnen jeweils zugrundeliegenden sprachlichen Äußerungen, die dem Datentopos zugeordnet wurden, haben die argumentative Funktion des BEGRÜNDENS und ETABLIERENS von „Krise“ als soziale Wirklichkeit. Das dabei konstituierte Krisenwissen lässt sich argumentativ zur Legitimation von Entscheidungen/Vorhaben/Maßnahmen instrumentalisieren (zum komplexen topischen Argumentationsvorgang auf der Ebene der Struktur öffentlich-politischer Krisendiskurse siehe Kap. 5.1). Die folgende Abbildung zeigt, welche kontextspezifischen Topoi zur BEGRÜNDUNG und ETABLIERUNG der „Ölkrise“ 1973/74 vorrangig genutzt wurden, um zu erreichen, dass die Öffentlichkeit bestimmte Handlungen akzeptiert oder ablehnt. Die Kürzel entsprechen den Annotationen, d. h. den Textstellen, die jeweils einem kontextspezifischen Topos zugeordnet wurden. Die Zahl in Klammern hinter den Kategorien gibt Aufschluss über die absolute Vorkommenshäufigkeit der annotierten Textstellen:

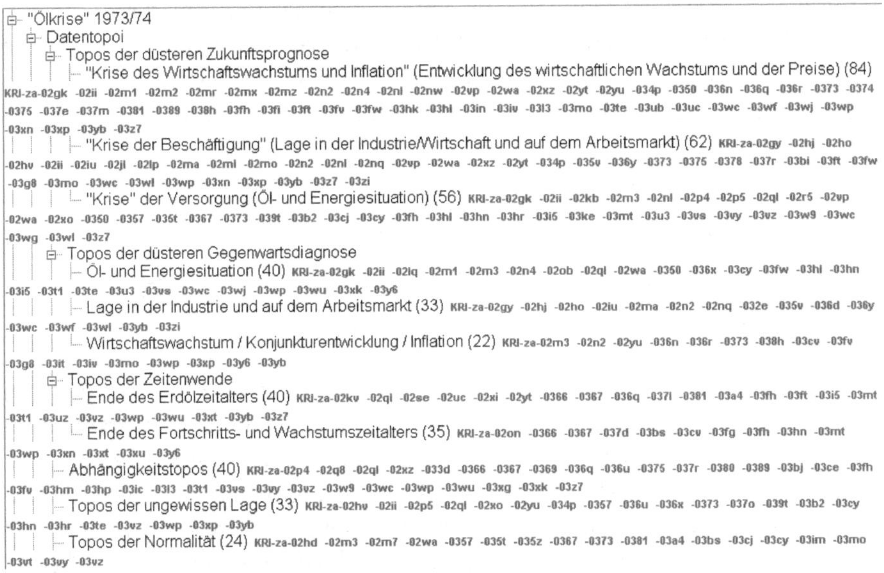

Abb. 14: Übersicht Datentopoi „Ölkrise“ 1973/74 in FuD

Die Abbildung veranschaulicht, dass der Topos der düsteren Zukunftsprognose unter quantitativen Gesichtspunkten *den* Hauptgrund für die Erzeugung legitimen Krisenwissens bzw. für die sprachliche Konstruktion der „Ölkrise“ 1973/74 bildet. Aufgrund seiner diskursiven Dominanz nimmt er im topologischen Diskursgefüge eine zentrale Stellung ein. Das Argumentationsmuster der düsteren

Zukunftsprognose ist im konkreten Untersuchungskorpus zur „Ölkrise" insgesamt 202 Mal belegt, wobei ich zwischen drei Hauptvarianten seiner sprachlichen Realisierung bzw. Typen der semantischen Prädikation unterschieden habe. In 84 Verwendungen beziehen sich die düsteren Zukunftsprognosen auf die Entwicklung des Wirtschaftswachstums bzw. auf die Konjunkturentwicklung und auf eine drohende Inflation. 62 düstere Zukunftsprognosen referieren in erster Linie auf die Lage der Industrie und des Arbeitsmarktes. Die Öl- und Energiesituation ist in 56 Anwendungen des Argumentationsmusters Hauptgegenstand der trüben Voraussichten.[58] Dem Topos der düsteren Zukunftsprognose folgt mit 95 annotierten Textstellen der Topos der düsteren Gegenwartsdiagnose. Im Rahmen dieses Argumentationsmusters unterscheide ich die gleichen drei Varianten wie beim Topos der düsteren Zukunftsprognose, wobei relativ gesehen häufigere Bezugnahmen auf die Öl- und Energiesituation zu verzeichnen sind. In insgesamt 75 Belegen konnte als verstehensrelevantes Wissen anschließender Argumentationen die Wahrnehmung der Situation als Zeitenwende festgestellt werden. Auch in diesem Fall habe ich drei Varianten sprachlicher Realisierung des Topos unterschieden. In den mittleren bzw. unteren Frequenzbereichen befinden sich die Topoi der Abhängigkeit (40), der ungewissen Lage (33) und der Normalität (24). Argumentationsmuster, deren Vorkommen seltener als zehnmal belegt werden konnte, wurden nicht berücksichtigt.

5.4.2.1.1 Topos der düsteren Zukunftsprognose

„Ein düsteres Bild der Lage hat Bundeskanzler Brandt gestern vor dem Bundestag gezeichnet. Der Kanzler sagte voraus, daß [...]."
(BILD, 30.11.1973, *Öl-Krise: So ernst sieht Brandt die Lage)*

Bevor ich auf die drei Varianten sprachlicher Realisierung des Topos der düsteren Zukunftsprognose eingehe, werden einige allgemeine Merkmale des Argumentationsmusters erörtert: Den Topos der düsteren Zukunftsprognose verwendeten alle im Diskurs zur „Ölkrise" verzeichneten Akteure. Am Diskurs zur „Ölkrise" nahmen außer Akteuren aus Politik und Wirtschaft (insbesondere Energiewirtschaft und Industrieunternehmen) die Vertreter der Ölförderländer (OAPEC, OPEC), Arbeitgeber- und Arbeitnehmervertreter sowie Wissenschaftler/Experten, Verbraucher, Arbeitnehmer und andere Einzelpersonen teil. Am häufigsten wurde

58 Selbstverständlich sind solche Binnendifferenzierungen mit Abgrenzungsproblemen verbunden, zumal die analytisch voneinander getrennten Wirklichkeitsbereiche einander bedingen. Dem habe ich dadurch gerecht zu werden versucht, indem in Fällen, in denen in einem Beleg mehrere Varianten zum Ausdruck kommen, Mehrfachannotationen der entsprechenden Textstelle vorgenommen wurden.

der Topos der düsteren Zukunftsprognose von Akteuren aus der Politik benutzt, in ganz besonderem Maße von Vertretern der sozial-liberalen Bundesregierung, so etwa Bundeskanzler Willy Brandt, Finanzminister Helmut Schmidt und Wirtschaftsminister Hans Friderichs. Auch Diskursteilnehmer aus der Wirtschaft gebrauchten den Topos beständig. Prinzipiell entwirft das Argumentationsmuster ein Bedrohungsszenario und schürt dementsprechend Zukunftsängste. Dies fördert die Konstitution eines kollektiven Krisenbewusstseins. Beispiele für Umsetzungen des Topos der düsteren Zukunftsprognose während der „Ölkrise“ in diesem Sinne sind folgende Textstellen:

(1) Wenn die Araber ihre Ölblockade durchhalten, steht uns einiges bevor.
(SPIEGEL, 5.11.1973, *Europa schlagen, Amerika treffen*)

(2) Der Kanzler und Helmut Schmidt kündigten eine düstere Zukunft als Folge der Ölkrise an.
(SPIEGEL, 3.12.1973, *Ölangst: Keiner kennt die Lage*)

(3) Willy Brandts Perspektive ist düster. Der Westen, so prophezeite der Kanzler am letzten Freitag am Rande der EG-Gipfelkonferenz in Kopenhagen, stehe ‚vor der größten Belastungsprobe seit der Weltwirtschaftskrise‘.
(SPIEGEL, 17.12.1973, *Arbeitslose: So knüppeldick war's noch nie*)

Die zitierten Textstellen verdeutlichen zunächst die typischen Verweise auf Gefahren oder schlechte Zeiten. Die Analogie zur *Weltwirtschaftskrise* in Beleg (3) ist ein gängiges sprachliches Mittel, das zur näheren Bestimmung der bevorstehenden Herausforderungen herangezogen wurde (dazu unten mehr). Musterhaft ist an den Textbeispielen außerdem, dass sie definieren, wer von der „Krise“ betroffen ist bzw. sein wird. Im Rahmen des Topos der düsteren Zukunftsprognose wurden stets verschiedene Akteure in der Rolle von Opfern oder Leidtragenden der „Krise“ inszeniert. Die gefolgerten Problemlösungen orientierten sich nicht zuletzt daran, welche Akteure als gefährdet angesehen wurden. Meist betrachtete man die Bundesrepublik Deutschland, die Gesellschaft, die Wirtschaft oder die westlichen Industrienationen als von der „Krise“ betroffen. So verweist in Beispiel (1) das kollektive Reflexivpronomen *uns* auf das Subjekt „die Deutschen“ oder „die bundesrepublikanische Gesellschaft“, dem *einiges bevorstehen* würde. Beleg (3) charakterisiert *den Westen* als von der „Krise“ bzw. den bevorstehenden Herausforderungen bedroht.

Ebenfalls wirksam bezüglich der Konstruktion eines Bedrohungsszenarios und der Evokation von Zukunftsängsten im kollektiven Bewusstsein sind in den Daten häufiger verzeichnete, weniger abstrakte Bedrohungen betreffende Vorhersagen, wie ein schrecklich kalter Winter. Da der folgende Beleg für das Argumentationsmuster der düsteren Zukunftsprognose in diesem Sinne prototypisch ist, zitiere ich ihn trotz seiner Länge:

(4) 4500 Kilometer lang und fast 3000 Kilometer breit – so gewaltig groß ist das Kaltluft-Reservoir, das zur Zeit über Nordrußland und Skandinavien liegt. Es ist schon bis zur Ostsee vorgedrungen. [...] Es wird kalt in Deutschland. Während die Politiker noch überlegen, wie sie die Ölkrise stoppen können, haben Meteorologen festgestellt, daß sich im ‚Kühlschrank' Europas eine gigantische Eisluftglocke gebildet hat. Dieses Kälte-Reservoir über Nordrußland und Skandinavien ist entscheidend dafür, wie kalt der kommende Winter wird. Schon jetzt ist es achtmal so groß wie vor einem Jahr zur gleichen Zeit! Die Hamburger Meteorologin Dr. Elisabeth Kleißen, Expertin für langfristige Wettervorhersagen, erklärt dazu: ‚Diese Kaltluft hat in 5000 Meter Höhe eine Temperatur von minus 40 Grad. Wir haben beobachtet, daß sich das Kälte-Reservoir ganz langsam weiter verstärkt und ausweitet'. Das gleiche haben Wetter-Experten stets vor hartnäckig kalten Wintern beobachtet. Die Eisluft über Sibirien erneuert sich immer wieder und wird von Nordost-Luftströmungen, die im Winter meist vorherrschen, zu uns geweht. Mit der grimmigsten Kältewelle rechnen Meteorologen Anfang Januar [...]. Diese trockene Kälte hält wahrscheinlich bis Mitte Februar an. [...] Seltsamerweise gab es in diesem Jahrhundert in Krisenzeiten auch immer bitterkalte Winter: Als Deutschland unter der schrecklichen Inflation litt [...], wurde es im Februar 1929 so kalt, daß im Meer die Schiffe einfroren. [...] Der Rhein erstarrte zu Eis – Tausende gingen auf dem zugefrorenen Flußbett bei Ludwigshafen spazieren. Im Kriegswinter 1941/42 wurden die deutschen Landser bei 45 bis 50 Grad Kälte vor Moskau von der Roten Armee zurückgeschlagen. Am 11. Dezember 1941 nannte Hitler zum erstenmal die Verlustzahlen des Rußlandfeldzuges: 158 773 Tote, 563 082 Verwundete, 31 191 Vermißte. Das deutsche Volk wurde aufgefordert, Mäntel, Wolle, warme Kleidung und Skier für die Soldaten zu spenden. Zum drittenmal verbreitete ‚General Winter' nach dem Krieg bittere Not: Im Januar 1947 sank das Quecksilber bis auf 28 Grad unter Null. Auf Rhein und Ruhr froren 1100 Schiffe mit Kohle fest. Die Kohlenkarten waren wertlos, weil es keine Briketts gab. Schulen mußten schließen, überall in Deutschland erfroren alte Menschen in ihren Betten.
(BILD, 27.11.1973, *Der Winter kommt früher und wird dafür kälter*)

Charakteristisch an dieser Textstelle für den Topos der düsteren Zukunftsprognose ist, dass zunächst ein Bedrohungsszenario entworfen wird, welches als Basis für die Begründung von Entscheidungen/Vorhaben/Maßnahmen genutzt werden kann. Dramatisierende Prädikationen vermitteln einen Eindruck vom Ausmaß der prophezeiten Gefahr (*gewaltig groß*; *schon bis zur Ostsee vorgedrungen*; *gigantische Eisluftglocke*; *achtmal so groß wie vor einem Jahr zur gleichen Zeit!*), wobei apodiktische Äußerungen (*Es wird kalt in Deutschland*) die drohende Gefahr als absolut wahrscheinlich erscheinen lassen. Diese angstevozierende Veranschaulichung der „Krise" hat zunächst die argumentative Funktion, die Bedrohung konkret vorstellbar zu machen, was ihr Plausibilitätspotential erhöht. Erst wenn verstanden wird, dass eine „Krise" naht, kann dieses Wissen als Prämisse für die Begründung unsicherer Geltungsansprüche aktiviert werden. Außerdem impliziert die nahende Gefahr Zeitmangel, was zusätzlichen Handlungsdruck erzeugt und das Legitimationspotential der „Krise“ so vergrößert.

Weiterhin ist die Textstelle repräsentativ für das Argumentationsmuster der düsteren Zukunftsprognose, weil der Geltungsanspruch der Vorhersage durch Verweise auf Autoritäten (*haben Meteorologen festgestellt, daß*; *Die Hamburger Meteorologin Dr. Elisabeth Kleißen, Expertin für langfristige Wettervorhersagen, erklärt dazu*; *Das gleiche haben Wetter-Experten stets vor hartnäckig kalten Wintern beobachtet*; *Mit der grimmigsten Kältewelle rechnen Meteorologen Anfang Januar*) und – wie schon in (3) – durch einen Geschichtsvergleich (*Seltsamerweise gab es in diesem Jahrhundert in Krisenzeiten auch immer bitterkalte Winter*) gestützt wird. Autoritätsverweise und Geschichtsvergleiche dienen dazu, den strittigen Geltungsanspruch „Krise“ durch Anführen eines scheinbar unstrittigen Argumentes abzusichern. Dies entspricht im Argumentationsmodell nach Toulmin der Position des *backings* (siehe Kap. 3.3.1.2). In der Rangfolge dem Zahlentopos nachgeordnet sind der Autoritätstopos und der Geschichtstopos während der „Ölkrise“ die quantitativ dominierenden Argumentationsmuster in stützender Funktion.

Der gängigen Realisierung des Geschichtstopos entsprechend stellt der Geschichtsvergleich in (4) eine Analogie zu Wissenssegmenten her, die im kollektiven Nachkriegsgedächtnis der Deutschen sedimentiert sind. Im Falle des Beispiels besteht die Analogie zur Weltwirtschaftskrise 1929, zum Russlandfeldzug 1941/42 und zum Nachkriegselend 1947. Der Vergleich mit vorherigen „Krisen“ ist, wie bereits erwähnt, eine musterhafte argumentative Denkbewegung. Sie macht mit der heraufziehenden „Krise“ auf eine Weise vertraut, die suggeriert, dass – so die Implikation – ein Zusammenhang zwischen den früheren und der kommenden „Krise“ besteht. Das dabei angewandte Verknüpfungsprinzip bzw. die implizierte Schlussregel, die den Sachverhaltszusammenhang herstellt, folgt formal der Subjunktion oder dem konditionalen Grundsatz *immer wenn a, dann b*. Übertragen auf Beispiel (4) muss die Schlussregel demnach lauten: *Immer wenn ein kalter Winter droht, kommt eine schlimme „Krise“*. Folglich: *Da ein kalter Winter droht, kommt eine schlimme Krise.* Der geschichtsvergleichende Zusammenhang wird also mithilfe des Wetters hergestellt. Die gleichzeitig aufgerufene Erinnerung an vergangene „Krisen“ kann vermutlich ein Verstehen des unbekannten nahenden Übels im Lichte des bekannten Krisenwissens bewirken und es damit im gegenwärtigen Krisenzusammenhang argumentativ nutzbar machen, obwohl dieser ein völlig anderer als damals ist. Da dies den Eindruck weckt, es müsse dringend etwas unternommen werden, um eine Situation wie 1929, 1941/42 oder 1947, als *überall in Deutschland [...] alte Menschen in ihren Betten [erfroren]* (4), zu verhindern, entsteht zusätzlicher Handlungsdruck. Betrachtet man diese Argumentation sprachkritisch, erscheinen Lösungen, die aus Prämissen gefolgert werden, welche – wenn überhaupt – zum Problem nur in abstrakten Zusammenhängen stehen, eher unzweckmäßig bzw. unlogisch (obgleich von „aus der Geschichte lernen" gesprochen wird). Im Übrigen war der Winter 1973/74 den langfristigen Wetteraufzeichnungen zufolge wärmer als der Durchschnitt und in manchen Regionen Deutschlands außergewöhnlich mild. Nicht zuletzt deshalb ist die angeführte Textstelle ein Paradebeispiel für den sprachlichen Konstruktionscharakter von „Krisen".

Variante I: Wirtschaftswachstum, Konjunkturentwicklung und Inflation

„Bleibt die Förderung aus dem Wüstensand gedrosselt, ist nicht nur die gegenwärtige deutsche Hochkonjunktur in Gefahr, sondern das Wachstum der westlichen Volkswirtschaften."
(Spiegel, 12.11.1973, *Ölkrise lähmt Konjunktur*)

Meist beziehen sich die düsteren Zukunftsprognosen auf potentielle als negativ bewertete Folgen eines als „Ölkrise" prädizierten Zustandes der Konjunkturentwicklung bzw. des Wirtschaftswachstums, was dann als Grund für die Legitimation von Entscheidungen/Vorhaben/Maßnahmen angeführt werden kann. In dieser Variante wurde der Topos von allen am Diskurs zur „Ölkrise" teilnehmenden Akteuren verwendet, jedoch hauptsächlich von Akteuren aus Politik und Wirtschaft. Die düsteren Zukunftsprognosen, die sich auf die Wirtschaftsentwicklung beziehen, stehen primär im historisch-kommunikativen Kontext der zweiten Diskursphase, d. h. der innenpolitischen Debatten über die richtige Krisenpolitik (siehe Abb. 8 und Kap. 5.4.1.3). Genauer gesagt hängt der Gebrauch des Topos mit der Frage zusammen, wann der Zeitpunkt für das „Umschalten" im Sinne einer antizyklischen Konjunkturpolitik und für das Ergreifen konjunkturfördernder Maßnahmen gekommen ist. Insbesondere Befürworter einer solchen Politik oder Akteure, die durch Selbst- oder Fremdzuschreibungen als von der „Krise" betroffen inszeniert wurden, wie Industrieunternehmen, Verbraucher und Arbeitnehmer, zeichneten die wirtschaftliche Lage als düster, um im genannten Sinne Handlungsbedarf anzumahnen. Die folgenden Beispiele vermitteln einen ersten Eindruck von der sprachlichen Realisierung des Topos der düsteren Zukunftsprognose in dieser Variante:

(5) Faßt man die Prognosen über die wirtschaftliche Entwicklung in den großen westlichen Industriestaaten [...] zusammen, so ist danach besonders im ersten Halbjahr 1974 mit einem Wachstumseinbruch zu rechnen.
(FAZ, 24.12.1973, *Ölembargo bremst die Weltkonjunktur*)

(6) Setzen die arabischen Länder bis ins nächste Jahr ihre Ölerpressung fort, könnte schon bald eintreten, was selbst pessimistische Futurologen allenfalls für das kommende Jahrzehnt vorausgesagt haben: Ein nachhaltiger Ölengpaß, so könnte das Krisen-Drehbuch vorsehen,

stürzt die Wirtschaft fast über Nacht in eine Rezession, die schärfer ausfällt als der Konjunktureinbruch von 1966/67 – und kaum auszubügeln ist. [...] Ein [...] Rezessionsprozeß würde den Deutschen klarmachen, wie verwundbar und anfällig ihre hochentwickelte Volkswirtschaft inzwischen geworden ist. [...] Ob hinter Gardinen oder nicht – Westdeutschlands Bürger müssen sich zumindest auf eine Abkühlung der Konjunktur gefaßt machen.
(SPIEGEL, 5.11.1973, *Europa schlagen, Amerika treffen*)

(7) Die Energieknappheit wird nach Schmidts Ansicht dem gesamten Verlauf der Konjunktur- und Wirtschaftsentwicklung, der Produktion und des Produktivitätszuwachses [...] stärker ihren Stempel aufdrücken, als man noch vor vierzehn Tagen habe annehmen können. Für die Bundesrepublik, ihre Bürger, ihre Unternehmen und ihre Regierungen in Bund und Ländern, Städten und Gemeinden gehe es jetzt vor allem darum, eine große Ersparnis an Öl zu erzielen, erklärte der Minister.
(SZ, 26.11.1973, *Brandt: Arbeitsplätze müssen gesichert werden*)

(8) Wie lange können die Räder unserer Wirtschaft noch auf vollen Touren laufen? [...] Unbestreitbar: Wir befinden uns in der Talfahrt. [...] Die Wahrheit könnte bitter sein. Wirtschaftsminister Friderichs, gewiß ein Optimist, hält ein Null-Wachstum der Wirtschaft bei stärkeren Preissteigerungen für möglich – also Stagflation, wie wir sie bisher nur 1967 erlebt haben. Es kann aber noch schlimmer kommen. Nach einer Esso-Studie droht bei einer Verminderung der Öllieferungen von 30 Prozent ein Rückgang des realen Sozialprodukts um sieben Prozent.
(ZEIT, 30.11.1973, *Ein Zeitalter des Mangels?*)

(9) Bei einem angenommenen 15- bis 20prozentigen Rückgang der Mineralölversorgung ist nach der Schätzung der Institute bestenfalls mit einer Stagnation des Bruttosozialprodukts zu rechnen.
(SPIEGEL, 17.12.1973, *Arbeitslose: So knüppeldick war's noch nie*)

Vornehmlich wurde die *wirtschaftliche Entwicklung* (5) bzw. *die Wirtschaft* (6) der Bundesrepublik Deutschland als gefährdet oder *verwundbar* (6) dargestellt. Die nicht unvermittelt erlebbaren düsteren Zukunftserwartungen hinsichtlich der wirtschaftlichen Entwicklung wurden fast immer metaphorisch konzeptualisiert, wobei zwei Metaphernkonzepte herausstechen: Zum einen ‚mehr ist oben/weniger ist unten', wie etwa in dem Determinativkompositum *Wachstumseinbruch* (5) oder in der diskurstypischen formelhaften Wendung *stürzt die Wirtschaft [...] in eine Rezession* (6); zum anderen ‚Wirtschaft als Maschine' bzw. ‚Konjunkturverlauf als Fahrzeug', wie etwa in den Äußerungen *Abkühlung der Konjunktur* (6), *Räder unserer Wirtschaft* (8), *Talfahrt* (8) oder *Stagnation* (9). Weitere in den oben angeführten Textbeispielen belegte Ausdrücke, die sich dem semantischen Feld ‚Wirtschaftsentwicklung' zurechnen lassen, sind *Rezession* (6), *Null-Wachstum* (8) und *Stagflation* (8). Auf die Bezeichnung *Stagflation* und das benannte Phänomen komme ich weiter unten noch zu sprechen.

Der Typik des Argumentationsmusters der düsteren Zukunftsprognose gemäß erfolgen in den Belegen (6) und (8) unter Anrufung des kollektiven Gedächtnisses bzw. unter Verwendung des Geschichtstopos in stützender Funktion Erklärungen der Einzigartigkeit der herannahenden „Krise“. Wie bereits erwähnt, wurde so verdeutlicht, dass die Lage noch schlimmer werden könnte als – im Falle der Beispiele – die erste Wirtschaftskrise der Nachkriegszeit von 1966/67, wenn nicht das Richtige unternommen wird, so die Deontik oder implizite Handlungsaufforderung.

Die Realisierung des Autoritätstopos in den Belegen (6) (*was selbst pessimistische Futurologen*) und (9) (*nach der Schätzung der Institute*) ist ebenfalls prototypisch zur Stützung der düsteren Zukunftsprognose. Die Personenbezeichnung *Futurologe* könnte allerdings auch ironisch gemeint sein und Skepsis gegenüber der wissenschaftlichen Befassung mit wahrscheinlichen Zukunftsentwicklungen und der Ableitung politischer Handlungsoptionen daraus zum Ausdruck bringen. Aufgrund des untersuchten Materials lässt sich jedoch nicht konstatieren, dass solche Skepsis öffentlicher und politischer Konsens wäre, wie im geschichtswissenschaftlichen Fachdiskurs gelegentlich behauptet wird (siehe Kap. 5.3).

Neben der Bundesrepublik Deutschland bzw. ihrer Wirtschaft wurden auch immer wieder die *westlichen Industriestaaten* (5) in der Rolle betroffener Akteure inszeniert. Daraus lässt sich schließen, dass man die „Ölkrise“ nicht nur als nationales Problem, sondern auch als Bedrohung der „westlichen Welt“ wahrnahm. Das zeitgenössische Deutungsmuster der Bedrohung der westlichen Welt kommt öfters in Zusammenhang mit einem bestimmten Topos der Ursache vor. In einigen Belegen deutet sich an, dass als eine der Ursachen die *Ölerpressung* der *arabischen Länder* (6) angesehen wurde. (Siehe hierzu Kap. 5.4.2.2.1.)

Neben dem Wirtschaftswachstum galt die Preisstabilität als durch die „Krise“ bedroht. So äußerte sich Brandt in seiner vielzitierten Regierungserklärung vom 29.11.1973 zur sozialen und wirtschaftlichen Lage der Bundesrepublik besorgt über die Preisentwicklung (siehe zur entsprechenden Bundestagsdebatte Kap. 5.4.1.3), wodurch dieser Wissensaspekt der „Ölkrise“ im öffentlichen Diskurs popularisiert wurde:

(10) Ein düsteres Bild der Lage hat Bundeskanzler Brandt gestern vor dem Bundestag gezeichnet. [...] Die Preise steigen weiter. Die Ölkrise, so der Kanzler, habe der Regierung bei dem Versuch, die Preise zu stabilisieren, ‚einen Strich durch die Rechnung‘ gemacht. Fürs nächste Jahr sagte Brandt allein wegen der Ölkrise einen Preisanstieg von zusätzlich 1,5 bis zwei Prozent voraus. Die Regierung will die Preispolitik der Mineralölgesellschaften scharf prüfen. Brandt: ‚Ich behalte mir weitere Schritte vor‘, falls die Gesellschaften nicht von sich aus Preisdisziplin hielten.
(BILD, 30.11.1973, *Öl-Krise: So ernst sieht Brandt die Lage*)

Mit der artikulierten Sorge um Preissteigerungen wurde die im kollektiven Gedächtnis der Deutschen verankerte Schreckerinnerung der Inflation aufgerufen:

(11) Die sicherste Prognose, die man für das nächste Jahr stellen kann, ist leider eine wenig erfreuliche: Preissteigerungen und Inflationstendenz werden sich noch einmal in einer Weise beschleunigen, von der man sich heute noch sehr unzulängliche Vorstellungen macht.
(SZ, 22.12.1973, *Ölkrise: Bluff oder Blackout*)

Man befürchtete, dass eine Situation eintreten könnte, in welcher der als *Null-Wachstum* (8) oder *Stagnation* (9) bezeichnete wirtschaftliche Zustand, in dem sich das Wachstum nicht verändert, mit der Inflation zusammentrifft. Diese düstere Zukunftsprognose prägte die Wahrnehmung der „Ölkrise" maßgeblich. Sie manifestiert sich auf Ebene der Wortbildung in der Kontamination *Stagflation* aus *Stagnation* und *Inflation*:

(12) Es wird Stagflation geben – Inflation ohne Wachstum.
(SPIEGEL, 7.1.1974, *Ich werde Ihnen Aspirin verkaufen*)

Das Stattfinden einer als negativ bewerteten wirtschaftlichen Entwicklung, die mit Ausdrücken wie *Wachstumseinbruch*, *Rezession* oder *Stagflation* benannt und charakterisiert wurde, galt es aus politischer Sicht unbedingt zu verhindern. An den Finaltopoi in Kapitel 5.4.2.3 zeigt sich deutlich, dass die Wahrnehmung der „Ölkrise" stark durch die Möglichkeit des Nicht-Erreichens der stabilitätspolitischen Ziele, so auch stetiges Wachstum und Preisstabilität, geprägt war.

Aus den düsteren Zukunftsprognosen wurde die Notwendigkeit verschiedener Handlungen gefolgert. Breiter öffentlicher und politischer Konsens herrschte etwa darüber, dass die Probleme nur durch Einsparungen beim Ölverbrauch (7) oder durch Preiskontrollen in der Energiewirtschaft (10) lösbar seien. Letzteres richtete sich aber vor allem nach Ursachenzuschreibungen (siehe hierzu den Topos der Gier in Kap. 5.4.2.2.4). Ein weiterer prototypischer Schluss, der von allen Akteuren aus Politik und Wirtschaft aus dem Datum der düsteren Zukunftsprognose in der hier besprochenen Variante gefolgert wurde, lautet, dass es nicht weitergehen könne wie bisher, die Zukunftserwartungen seien den neuen Verhältnissen anzupassen:

(13) Wir alle müssen von übersteigerten Erwartungen Abstand nehmen. Die Sicherung des erreichten Lebensstandards steht jetzt im Vordergrund.
(BILD, 3.1.1974, *Notfalls will Bonn die Ölsteuer senken*)

Wen man mit *wir alle* (13) und *Sicherung des erreichten Lebensstandards* (13) adressierte, machte Brandt in seinem „Bericht zur Lage der Nation" vom 24.1.1974 deutlich (siehe zur Rede Kap. 5.4.1.4):

(14) Unsere Stabilitätspolitik ist [...] durch die massiven Erhöhungen der Rohölpreise wesentlich erschwert worden. Wir werden jedoch nicht resignieren. Die Bundesregierung strebt an, daß die Preisentwicklung in der Bundesrepublik auch in diesem Jahr in Grenzen gehalten wird [...]. Unmißverständlich gesagt: das Jahr 1974 kann kein Jahr wesentlicher realer Einkommensverbesserungen sein. In der jetzigen wirtschaftlichen Lage sollte Klarheit darüber bestehen, daß eine Absicherung der Realeinkommen auf dem erreichten hohen Niveau kein Rückschritt ist. [...] Ich habe viel Achtung vor den Arbeitern, Angestellten und Beamten, gerade auch den kleineren, die in unserer Gesellschaft für den Staat arbeiten. Ich rechne auf Ihre Vernunft.
(Willy Brandt, in: SZ, 25.1.1974, *Bericht über die Lage der Nation*)

Charakteristisch an dieser Textstelle ist, dass vor dem Hintergrund der Bedrohung durch die „Ölkrise" und der Möglichkeit des Nicht-Erreichens der stabilitätspolitischen Ziele abgeleitet wurde, die Ziele (stabile Preise) und somit eine Lösung der „Krise" seien nur zu erreichen, wenn sich Gewerkschaften und Arbeitnehmer mit einer *Absicherung der Realeinkommen auf dem erreichten hohen Niveau* (14) abfinden würden. Dementsprechend wurde die Notwendigkeit einer maßvollen Tarifpolitik bzw. nach Mäßigung bei Lohnforderungen induziert, was neuerdings als vernünftiges Verhalten galt. *Sicherung des erreichten Lebensstandards* (13) oder *Absicherung* (14) sind charakteristische Euphemismen jener Zeit, die Verbrauchern und Arbeitnehmern vermitteln sollten, dass sich die Grenzen des Horizontes der Zukunftserwartungen verschoben haben und dass mit Einschränkungen zu rechnen ist.

Wie eingangs erwähnt, sind die düsteren Zukunftsprognosen bezüglich der Wirtschaftsentwicklung im historisch-kommunikativen Kontext der innenpolitischen Debatte über den sozial- und wirtschaftspolitischen Kurs der Bundesregierung und im Zusammenhang der Frage zu sehen, wann es an der Zeit ist, im Sinne einer antizyklischen Konjunkturpolitik auf konjunkturfördernde Maßnahmen umzuschalten. Dementsprechend zeichnet sich in den vielen aus der prognostizierten wirtschaftlichen Entwicklung gefolgerten Schlüssen ein Konsens darüber ab, dass die herkömmlichen wirtschaftspolitischen Mittel der „keynesianischen Globalsteuerung" *differenziert* anzuwenden seien, weil andernfalls im Hinblick auf neue Herausforderungen wie jener der *Stagflation* – hinzu kommt die drohende Arbeitslosigkeit (siehe hierzu den folgenden Abschnitt) – nicht für „Stabilität" gesorgt werden könne. Ob diese Auflockerung der „Stabilitätspolitik", denn nur hart betroffenen Akteuren wollte man wirtschaftspolitisch helfen, was wohl *differenziert* bedeutet, als Abkehr von den Maßgaben der keynesianischen Konjunkturpolitik interpretiert werden kann bzw. ob damit ein ideologischer Wechsel – weg von politischer Beeinflussung wirtschaftlicher Prozesse in Krisenzeiten hin zum Neoliberalismus – einhergeht, ist an dieser Stelle nicht zu beantworten. Entgegen der historiographischen Erzählung (siehe hierzu Kap. 5.3) zeichnet sich jedoch ab, dass sich bereits unter dem als Visionär geltenden Brandt eine „pragmatische Wende" in der Politik ereignete. Die Helmut Schmidt zugeschriebenen Leitsätze „bewahren" und „sichern" traten schon vor seiner Zeit als Bundeskanzler zutage.

Variante II: Lage der Industrie und des Arbeitsmarktes

„Aber eine erheblich verschlechterte Beschäftigungslage liegt im Grenzbereich zwischen dem Möglichen und dem Wahrscheinlichen."
(SZ, 26.11.1973, *Schweiß, Sparsamkeit und Solidarität...*)

In der zweiten Variante beziehen sich die düsteren Zukunftsprognosen auf potentielle als negativ bewertete Folgen eines als „Ölkrise" prädizierten Zustandes – sei es hinsichtlich des Wirtschaftswachstums oder der Öl- und Energiesituation – für die Industrie und den Arbeitsmarkt. Diese können dann in Argumentationen als Grund für die Legitimation bestimmter Entscheidungen/Vorhaben/Maßnahmen angeführt werden. Wie bereits bei der zuvor beschriebenen Spielart waren an den düsteren Zukunftsprognosen hinsichtlich der Lage der Industrie und des Arbeitsmarktes fast ausschließlich Akteure aus Politik und Wirtschaft beteiligt. Allerdings kamen jetzt auch Arbeitnehmervertreter und betroffene Einzelpersonen häufiger zu Wort. Der Gebrauch des Argumentationsmusters in der genannten Fassung ist ebenfalls im kommunikativen Kontext der zweiten Diskursphase zu sehen (siehe Abb. 8 und Kap. 5.4.1.3). Im Besonderen steht er in Zusammenhang mit der Bundestagsdebatte vom 29.11.1973 und den populären Äußerungen Willy Brandts.

Zur Veranschaulichung des Topos sei der markante politische Satz Brandts in Erinnerung gerufen, den die beiden folgenden Belege jeweils aufgreifen:

(15) Arbeitsplätze in Gefahr. Brandt betonte, nicht jeder könne seinen Arbeitsplatz behalten. Die Regierung werde aber gemeinsam mit der Wirtschaft alle Anstrengungen unternehmen, damit jeder einen Arbeitsplatz haben werde.
(BILD, 30.11.1973, *Öl-Krise: So ernst sieht Brandt die Lage*)

(16) In dieser Lage könne nicht jeder seinen Arbeitsplatz behalten, die Regierung werde aber alle Anstrengungen unternehmen, daß jeder einen Arbeitsplatz erhalte. Brandt bekräftigte, daß der Zeitpunkt noch nicht gekommen sei, um ‚global den Fuß von der Bremse zu nehmen'. Gezielte Erleichterungen sollen aber in einzelnen Branchen vorgenommen werden.
(FAZ, 30.11.1973, *Die Energie-Debatte im Bundestag*)

Es wird deutlich, dass mit dem Topos der düsteren Zukunftsprognose hinsichtlich der Lage der Industrie und des Arbeitsmarktes die Konstitution eines spezifischen Wissenssegmentes einhergeht. Gemeint ist die Schaffung eines Wissens über Arbeitsplatzunsicherheit bzw. die Konstruktion eines Arbeitsplatzrisikos, so auch in den folgenden Textstellen:

(17) [D]er Stabilität der Beschäftigung, das heißt, der Sicherheit der Arbeitsplätze, [droht] die größte Gefahr.
(SZ, 22.12.1974, *Ölkrise: Bluff oder Blackout?*)

(18) Aber in unserem Land sind die Leute besorgt. Es gibt Schätzungen, daß wir wegen der Energiekrise im Februar 750 000 Arbeitslose haben werden.
(SPIEGEL, 7.1.1974, *Ich werde Ihnen Aspirin verkaufen*)

(19) Es genügte eine weitere Drosselung der arabischen Erdöllieferungen von gegenwärtig etwa 80 auf 70 Prozent der früheren Liefermengen, um die Zahl der Arbeitslosen sehr rasch auf mehr als eine Million zu bringen.
(SZ, 27.11.1973, *Das Abgründige in der Ölkrise*)

(20) Beschäftigungsrisiken können nicht ganz ausgeschlossen werden. Besonders, wenn der Öl-Engpaß länger dauert oder schlimmer wird. Deshalb haben wir das Sonntags-Fahrverbot und den Stopp für Gastarbeiter verfügt. Ich freue mich, daß die Bevölkerung für diese Einschränkungen großes Verständnis zeigt.
(Arbeitsminister Walter Arendt, in: BILD, 26.11.1973, *Gastarbeiter sind keine Sklaven, die man heute einkauft und morgen wegschickt!*)

(21) Die Bundesregierung befürchtet, daß die Zahl der Arbeitslosen in den Monaten Januar und Februar eventuell auf 750 000 steigen könnte. [...] In Bonn wurde gleichzeitig versichert, daß alles getan werde, um die Arbeitsplätze soweit wie möglich zu sichern. [...] Es wurde in diesem Zusammenhang angekündigt, daß die Regierung die bevorstehenden Tarifverhandlungen im öffentlichen Dienst mit bisher unbekannter Härte führen werde.
(BILD, 22.12.1973, *Schatten über Weihnachten: 750 000 Arbeitslose?*)

Die Belege erhellen die charakteristische Potenzierung des Ausmaßes der „Krise" und der damit verbundenen Risiken (wie Arbeitsplatzverlust) durch das Anführen hoher Zahlen. Dass der Zahlentopos in enger Verbindung zum Autoritätstopos und zu Geschichtsvergleichen steht, um die Prognose düsterer Zukunftsaussichten zu stützen, veranschaulicht das nachstehende Beispiel exemplarisch:

(22) Ölkrise und Konjunkturabschwung treiben die Arbeitslosenzahlen hoch. Für 1974 rechnen Experten im ungünstigsten Fall mit über einer Millionen Arbeitslosen. [...] Die Experten waren einer Meinung: ‚Schwieriger denn je zuvor' und ‚bislang nicht erlebte Ungewißheit' schrieben Beamte der Nürnberger Bundesanstalt für Arbeit in einer vertraulichen Studie über den westdeutschen Arbeitsmarkt 1974. Ihr ‚Alternativen-Tableau' enthält Voraussagen, die [...] allesamt wenig Gutes verheißen: 385 000 Arbeitslose im günstigsten, eine Million

oder mehr im ungünstigsten Fall. Abwärtsgang der Konjunktur und Ölkrise bescherten den Wirtschaftspolitikern ein brisantes Gemisch. [...] Auch der Kanzler möchte seine alte Arbeitsplatz-Garantie nicht mehr in reiner Form aufrechterhalten: Vor dem Bundestag ließ er das Volk wissen, es habe nicht mehr jeder Deutsche Anspruch auf ‚seinen‘ Arbeitsplatz, sondern nur noch auf ‚einen‘. Helmut Schmidt verbreitete im Kreis seiner Beamten offen seine Befürchtung, im kommenden Jahr könnte der Bund mehr als je zuvor genötigt sein, durch Schuldenaufnahme und zusätzliche Aufträge an die Wirtschaft Arbeitslosigkeit zu bekämpfen. Beruhigende Erklärungen aus Bonn wechseln mit ersten Maßnahmen, die Konjunktur und Beschäftigung zu stützen. Anwerbe-Stopp für Gastarbeiter, Wiedereinführung des Bauherren-Steuerparagraphen 7b, Aufhebung der Investitionssteuer und zusätzliche Ausgaben-Programme von Bahn und Post wurden verordnet oder stehen kurz bevor.
(SPIEGEL, 17.12.1973, *Arbeitslose: So knüppeldick war's noch nie*)

Wie angedeutet: Um die Prognose düsterer Zukunftsaussichten für den Arbeitsmarkt als Folge der „Ölkrise“ zu erklären, tritt der Zahlentopos häufig in Verbindung mit dem Autoritätstopos auf. Als Autoritäten werden im obigen Beispiel *Experten* angeführt, die etwa im *ungünstigsten Fall mit über einer Millionen Arbeitslosen* rechnen. Die Evidenz der Zahlen wird durch den Verweis auf Autoritäten untermauert. Um den strittigen Sachverhalt „Krise“ zu stützen und die Gefahr für den Arbeitsmarkt noch dramatischer erscheinen zu lassen, wird – ebenfalls unter Berufung auf Autoritäten – ein implizit bleibender Geschichtsvergleich herangezogen, der behauptet, die kommende Misere sei beispiellos bzw. einzigartig: *Die Experten waren einer Meinung: ‚Schwieriger denn je zuvor‘ und ‚bislang nicht erlebte Ungewißheit‘.* Aus dieser bedrohlichen Prämisse wird gefolgert, dass die Sicherheit der Arbeitsplätze nicht mehr garantiert werden könne, was der neuen zeittypischen Überzeugung der Bundesregierung entspricht: *Auch der Kanzler möchte seine alte Arbeitsplatz-Garantie nicht mehr in reiner Form aufrechterhalten: Vor dem Bundestag ließ er das Volk wissen, es habe nicht mehr jeder Deutsche Anspruch auf ‚seinen‘ Arbeitsplatz, sondern nur noch auf ‚einen‘.*

Insbesondere vor dem Hintergrund des Finaltopos der sicheren Arbeitsplätze (siehe hierzu Kap. 5.4.2.3) fungierte das neue Wissen über die Arbeitsplatzunsicherheit bzw. die Konstruktion eines Arbeitsplatzrisikos als Grund für die Legitimation politischer Handlungen. Eine einschneidende politische Maßnahme, die, ohne großes Aufsehen zu erregen, mit der Gefahr für Arbeitsplätze legitimiert wurde, ist der „Stopp für die Anwerbung von Gastarbeitern“, wie in (20) und (22). Im Diskurs zur „Ölkrise“ herrschte ein breiter Konsens darüber, dass Zuwanderung eine zusätzliche Gefahr für den heimischen Arbeitsmarkt bedeute, weswegen sie eingeschränkt werden müsse. So schreibt etwa die SZ, es sei ein „Tatbestand, daß zusätzliche Ausländer ein zusätzliches Arbeitsplatzrisiko für Deutsche darstellen“ (2.11.1973, *Schmidt warnt vor „Ausländer-Import“*). Aber auch die Folgerung, dass die *bevorstehenden Tarifverhandlungen im öffentlichen Dienst mit bisher unbekannter Härte* (21) zu führen seien, ist typisch für den Diskurs zur „Ölkrise".

Variante III: Öl- und Energiesituation

„Bleibt nur zu hoffen, daß ‚Väterchen Frost' es in den kommenden Monaten mit den Deutschen, den Mitteleuropäern, den Amerikanern und den Japanern gut meint."
(SZ, 27.10.1973, *Stromversorgung in Gefahr*)

In der dritten Spielart des Topos der düsteren Zukunftsprognose referieren die Weissagungen auf die Entwicklung des Ölpreises und auf die Ölversorgungslage. Allgemein wurde der Topos in dieser Variante zur Infragestellung einer preisgünstigen und unbegrenzten Ölversorgung genutzt. Abgesehen von Akteuren aus Politik und Wirtschaft, in erster Linie aus der Energiewirtschaft, verwendeten auch Repräsentanten der arabischen Ölförderländer den Topos der düsteren Zukunftsprognose, um auf drohende Schwierigkeiten bei der Öl- und Energiesituation hinzuweisen. Sie traten dann meist in den Rollen von Mahnern oder Propheten der „Krise" auf bzw. wurden in diesen Rollen inszeniert:

(23) ‚Die Industrienationen laufen mit offenen Augen in die Katastrophe', warnte vor drei Wochen der Generalsekretär der Opec, Abder Rahman Khene, in einer Diskussion mit Staatssekretär Rohwedder in Bonn. ‚Die Bürger des Westens sollten sich lieber einen Pullover anziehen, sich in ihren Betten besser zudecken und den Autoverkehr einschränken, anstatt die Bodenschätze anderer Völker zu verschwenden'. Die Visionen des Ölfunktionärs könnten schon in den nächsten Monaten bittere Realität werden, dann nämlich, wenn Arabiens Machthaber den Ölhahn zudrehen.
(ZEIT, 19.10.1973, *Der Krieg des Muammar al Gaddafi*)

Die düsteren Zukunftsprognosen hinsichtlich der Öl- und Energiesituation sind überwiegend im historisch-kommunikativen Kontext der ersten Phase des Diskurses zu sehen (siehe Abb. 8). Diese Diskursphase war u. a. von der Frage bestimmt, welche Maßnahmen die Ölförderländer aufgrund des Krieges wohl ergreifen; außerdem war sie von der Angst vor den Folgen der Politik der OPEC und der OAPEC geprägt (siehe Kap. 5.4.1.1). Dementsprechend wurde der Topos häufig in Form von Mutmaßungen über die Umsetzung und Auswirkungen der auf der „Öl-Konferenz" von Kuwait beschlossenen Maßnahmen realisiert:

(24) [W]ieviel Erdöl wird in den nächsten Wochen und Monaten neu zufließen? Wie ist die angeblich beschlossene allgemeine Kürzung der arabischen Erdölexporte um monatlich fünf Prozent zu verstehen? Soll sie von allen arabischen Ölländern praktiziert werden? Wann soll sie beginnen, und wie lange soll sie dauern? Bis zum Waffenstillstand, bis zum Friedensschluß oder gar darüber hinaus? Welchen Ländern droht die totale Abschnürung? Soll

Lieferstopp gegenüber den Niederlanden heißen, daß etwa auch für die Bundesrepublik bestimmtes Erdöl nicht mehr in Rotterdam soll angelandet werden dürfen?
(FAZ, 1.11.1973, *Wirtschaftlicher Selbstmord der Ölaraber*)

(25) In Bonner Regierungskreisen, die mit Fragen der Ölversorgung befaßt sind, wurden am Donnerstag Berichte [...] bekannt, in denen die Befürchtung geäußert wird, daß die beschlossenen Preiserhöhungen für Erdöl insgesamt erheblich über den Aufpreis von 17 Prozent hinausgehen. Diesen Quellen zufolge sollen die Preisaufschläge fast 100 Prozent in der Spitze und etwa 70 Prozent im Durchschnitt betragen.
(FAZ, 19.10.1973, *Vertrauliche Beratungen in Paris über die Ölversorgung*)

(26) Der neue Krieg zwischen den Arabern und den Israelis scheint von neuem die Versorgung der westlichen Welt mit Öl in Frage zu stellen. Zumindest wird in Europa und in Amerika befürchtet, daß ein Ölboykott der arabischen Lieferländer die gleichmäßige Versorgung gefährden könnte. Obwohl bisher noch keine konkreten Zeichen für ernsthafte Versorgungsschwierigkeiten zu sehen sind, wird die Frage der Versorgungssicherheit täglich aufs Neue gestellt.
(FAZ, 18.10.1973, *Erdöl – woher und wofür?*)

(27) Falls im Israel-Krieg keine rasche Entscheidung fällt, sind die Aussichten für die Rohölversorgung der freien Welt wenig rosig. Der am 17.10. von den arabischen Förderländern in Kuwait gefaßte Beschluß, die Exporte nach den USA und den israelfreundlichen Ländern um vorerst 5% zu drosseln und dann evtl. von Monat zu Monat um weitere 5% verheißt nichts Gutes [...]. In den aktuellen Meldungen über das arabische Erdöl schälen sich vor allem drei Komplexe heraus: 1. Die Blockierung der an der Ostküste des Mittelmeeres landenden Rohöl-Pipeline; 2. die einseitige Fixierung neuer Rohölpreise durch die arabischen Förderländer; 3. die von den arabischen Ländern angekündigte Drosselung der laufenden Erdölproduktion zu Lasten der israelfreundlichen Länder.
(SZ, 19.10.1973, *Was Heizöl nach dem Preisdiktat kosten wird*)

Zu beobachten ist eine die düsteren Zukunftsaussichten implizierende Verbindung mit dem Datentopos der ungewissen Lage (siehe Kap. 5.4.2.1.5). So etwa in Beleg (24) durch das rhetorische Mittel des Stellens von Suggestivfragen, worin sich die an diesem Punkt des Ölkrisendiskurses charakteristische Unsicherheit und Angst vor Ölknappheit bzw. einem Versorgungsproblem manifestiert. Neben der gesamten *westlichen Welt* (26) galt die Bundesrepublik Deutschland als von horrenden Ölpreisen und der vorausgesagten Ölknappheit bedroht:

(28) BILD: Libyen hat schon wieder den Rohölpreis drastisch erhöht. Welche Auswirkungen hat das für unser Land? Grüner: ‚Allein diese Preiserhöhung wird die deutsche Volkswirtschaft zusätzlich mit etwa 3,6 Milliarden Mark jährlich belasten. Für Benzin und leichtes Heizöl aus libyschem Öl (Marktanteil bei uns etwa 20 Prozent) entstehen dadurch zusätzliche Kostenerhöhungen von etwa neun Pfennig je Liter. [...] Preiserhöhungen für Benzin sind wahrscheinlich unvermeidlich‘.
(BILD, 3.1.1974, *Notfalls will Bonn die Ölsteuer senken*)

(29) Unter dem Druck von Kairo und Damaskus könnten die Öllieferanten in Libyen und Kuwait ihre Verladungen für die Raffinerien in Karlsruhe, Ingolstadt, Köln und Hamburg stoppen und die zu 72 Prozent auf Araberöl fixierte Bundesrepublik ins Chaos stürzen.
(SPIEGEL, 15.10.1973, *Ölkrise: Die würden uns auslutschen*)

(30) Heute [...] zeichnet sich für die Industriestaaten der freien Welt eine Katastrophe ab. Am Donnerstag vergangener Woche erklärten arabische Machthaber, sie seien zum Ölkrieg bereit. [...] Ohne arabisches Öl bricht die Energieversorgung in Europa spätestens nach drei Monaten zusammen. Am schwersten betroffen ist die Bundesrepublik, die fast 50 Prozent ihres Öls aus arabischen Ländern bezieht.
(ZEIT, 19.10.1973, *Der Krieg des Muammar al Gaddafi*)

Fast alle Textbeispiele zeigen, dass die düsteren Zukunftsprognosen bezüglich der Öl- und Energiesituation mit dem Ursachen benennenden Topos vom Preisdiktat und Ölembargo (siehe Kap. 5.4.2.2.1) sowie mit dem Datentopos der Abhängigkeit (siehe Kap. 5.4.2.1.4) fest verbunden sind. So nennen die drei zuletzt angeführten Beispiele als Ursachen der Misere die Erhöhung des Rohölpreises durch Libyen (28) oder einen möglichen Lieferstopp (29), was in Beleg (30) typischerweise mit der Bezeichnung *Ölkrieg* metaphorisch als ‚Krieg' konzeptualisiert wird. Die Folgerung einer düsteren Zukunft als üble Wirkung der angenommenen Ursachen wird zum einen durch das Anführen hoher Zahlen wie in (28) gestützt; zum anderen wird sie durch den Gebrauch von Metaphern auf Basis der Konzepte ‚mehr ist oben/weniger ist unten' (*Bundesrepublik ins Chaos stürzen* (29)) und ‚Versorgungssicherheit als marodes Gebäude' (*Ohne arabisches Öl bricht die Energieversorgung in Europa [...] zusammen* (30)) veranschaulicht. Die charakteristische semantische Prädikation der düsteren Zukunft durch Attribuierung von Ursachen erfolgt weiterhin, indem bestimmte Akteure (*die deutsche Volkswirtschaft* (28); *die Bundesrepublik* (29); *Industriestaaten der freien Welt* (30)) als von den katastrophalen Auswirkungen der Ursachen stark betroffen dargestellt werden. Der Verweis auf die Abhängigkeit der jeweils als betroffen inszenierten Akteure vom *libysche[n] Öl* (28) bzw. vom *Araberöl* (29) spitzt die düsteren Zukunftsaussichten ins Ausweglose zu. Die Abhängigkeit wird zusätzlich durch Anführen hoher Zahlen untermauert: Der Marktanteil von Öl aus Libyen betrage bei uns *20 Prozent* (28), die Bundesrepublik sei *zu 72 Prozent auf Araberöl* (29) fixiert und beziehe *fast 50 Prozent ihres Öls aus arabischen Ländern* (30).

Insbesondere die Notwendigkeit, dass in Form freiwilliger Verbrauchseinschränkungen Energie einzusparen sei, die in entsprechenden Sparappellen zum Ausdruck kommt (siehe Kap. 5.4.1.3), wurde aus der prognostizierten düsteren Öl- und Energiesituation gefolgert. Aber auch das „Energiesicherungsgesetz" und die entsprechenden Verordnungen zur Beschränkung des Ölverbrauchs „von oben" wurden mithilfe des Topos der düsteren Zukunftsprognose hinsichtlich der Öl-

und Energiesituation legitimiert. Schließlich hatte die Prämisse der drohenden Versorgungsunsicherheit es ermöglicht, einen breiten gesellschaftlichen Konsens für das Sonntagsfahrverbot zu erreichen, dessen Erfordernis man zu keinem Zeitpunkt ernsthaft hinterfragte:

(31) Der Bundesrepublik droht nach Branchen-Schätzung ein Versorgungsloch von zwanzig Prozent. Um ein volles Fünftel müssen, wenn Arabiens Herrscher bei ihrer zweigleisigen Politik bleiben, Westdeutschlands Autofahrer (Benzinanteil am Ölverbrauch: 13,5 Prozent, Dieselanteil: 7,5 Prozent), Privatheizer (30,5 Prozent) und industrielle Verbraucher (21,0 Prozent) künftig den Konsum drosseln, soll es keinen Zusammenbruch der Versorgung geben.
(Spiegel, 5.11.1973, *Europa schlagen, Amerika treffen*)

(32) Bonns Energie-Planer [...] haben von den Mineralölunternehmen erfahren, daß nach dem Araber-Boykott acht bis neun Prozent weniger Öl nach Deutschland fließen wird als im vergangenen Jahr, rund 15 Prozent weniger, als für dieses Jahr geplant. Einen Teil dieses Lieferminus wollen die Bonner zunächst mit moralischen Appellen an die Sparsamkeit der Autofahrer ausgleichen. So rechneten Bonns Ministeriale und die Ölkonzerne aus, daß langsames Autobahnfahren, Verzicht auf rasantes Überholen auf Landstraßen und auf überflüssige Spritztouren fast zehn Prozent des Sprit-Konsums einsparen könnten.
(Spiegel, 12.11.1973, *Ölkrise lähmt Konjunktur*)

(33) [Der] Engpaß, so betonte Friderichs, sei nach Meinung der Bundesregierung noch weitgehend durch freiwillige Verbrauchsbeschränkungen zu überwinden, zu denen Bundesregierung und Mineralölwirtschaft in den nächsten Wochen die Bundesbürger auffordern wollten. Erst wenn sich diese Sparappelle als nicht ausreichend erwiesen, sagte Friderichs, müßten weitergehende Maßnahmen verfügt werden. Die Bundesregierung denke dabei insbesondere an Sonntagsfahrverbote für Autofahrer, die eventuell bereits von Samstag 14 Uhr an in Kraft treten könnten und nach Berechnungen von Fachleuten eine Benzinersparnis bis zu 15 Prozent zur Folge hätten. Weitere 5 Prozent könnten durch Festsetzung einer Höchstgeschwindigkeit (100 Stundenkilometer auf Autobahnen und 80 Stundenkilometer auf Bundesstraßen) eingespart werden. Direkte Beschränkungen des Kraftverkehrs, etwa durch Ausgabe von Benzingutscheinen, kommen nach Meinung Friderichs' nur als allerletztes Mittel zur Rationierung des Benzinverbrauchs in Frage.
(SZ, 8.11.1973, *Friderichs: Kein Anlaß zu Hysterie*)

5.4.2.1.2 Topos der düsteren Gegenwartsdiagnose

„Öl und Benzin: So ist die Versorgungslage wirklich!“
(Bild, 23.11.1973, *Öl und Benzin: So ist die Versorgungslage wirklich!*)

Da sich im Diskurs zur „Ölkrise“ der Topos der düsteren Gegenwartsdiagnose unter inhaltlichen Gesichtspunkten, im Gebrauch durch bestimmte Akteure und hinsichtlich des Bezugs auf den historisch-kommunikativen Kontext vom Topos der düsteren Zukunftsprognose kaum unterscheidet, erfolgt seine Darstellung weniger ausführlich. Der Topos der düsteren Gegenwartsdiagnose ist eng mit dem Topos der düsteren Zukunftsprognose verknüpft. Beide Argumentationsmuster sind fast immer im Verbund realisiert und stützen sich wechselseitig. So münden die Zukunftsprognosen oft in Feststellungen über die gegenwärtige Lage, bzw. der reale Eintritt einer vorausgesagten Gefahr wird als neue Realität behauptet, die es erforderlich mache – so die Schlussfolgerung –, etwas Bestimmtes zu tun (34). Andererseits münden die Lagebeschreibungen häufig in trübe Voraussichten (35):

(34) Wir haben bereits die im Mineralölbereich vorhandenen Gefahrenmomente gesehen, die jetzt Realität geworden sind. Nicht die allgemeine Problemlage unserer Energieversorgung, sondern vielmehr die Dimension hat sich nachhaltig gewandelt. Andererseits wäre es unverantwortlich, nicht jene Schritte zu ergreifen, die heute möglich und sinnvoll sind. Die Bundesregierung wird die Kooperationsmöglichkeiten mit den Rohölförderländern ausschöpfen und forcieren.
(Hans Friderichs, in: SZ, 18.1.1974, *Ölkrisen-Zwischenbilanz des Wirtschaftsministers*)

(35) In der deutschen Textil- und Bekleidungsindustrie wirkt die Angst vor Arbeitslosigkeit mit. 53 000 von 780 000 Beschäftigten verloren seit dem September 1972 ihren Arbeitsplatz, 90 000 müssen kurzarbeiten. Wenn die Talfahrt anhält, rechnet selbst die Gewerkschaft mit weiteren 50 000 Menschen, die stempeln gehen müssen.
(BILD, 3.12.1973, *Wie sicher ist Ihr Arbeitsplatz?*)

Im zuletzt angeführten Beispiel werden verschiedene typische Anzeichen oder Symptome der „Ölkrise“ (*Arbeitslosigkeit*, *Kurzarbeit*) durch Anführen hoher Zahlen gestützt und so als scheinbar unbestreitbare Realitäten hingestellt. Der auf die Diagnose folgende, durch die Konjunktion *Wenn* eingeleitete Konditionalsatz ist charakteristisch für die Abfolge von düsterer Gegenwart und düsterer Zukunft. Er assoziiert die Wahrscheinlichkeit des Wahrwerdens der Prognose mit der Bedingung des Anhaltens der metaphorisch als *Talfahrt* bezeichneten Realität. Auf diese Weise entsteht der Eindruck von Zeitnot und Handlungsdruck, denn *wenn nicht dringend etwas gegen die düstere Gegenwart unternommen wird, dann kann es noch viel schlimmer werden*, so die implizierte Schlussregel. Die düsteren Zukunftsprognosen schließen sich häufig auch ohne Bedingung an die Beschreibung der Gegenwart an, um zu illustrieren, dass die Situation noch schwieriger werden wird:

(36) Der inflationäre Preisauftrieb verstärkt sich, die Zahl der Arbeitslosen und Kurzarbeiter wächst, das Bruttosozialprodukt wird 1974 kaum wachsen. Diese Tatsache bringt viele Unsicherheiten und Ungewißheiten in unsere gesamte Politik ...
(Karl Carstens, in: FAZ, 25.1.1974, *Oppositionsführer Carstens*)

Nach dem Prinzip *x ist y* werden im oben angeführten Beispiel *Preisauftrieb*, *Arbeitslose* und *Kurzarbeit* mit unumstößlichem Geltungsanspruch als *Tatsache* diagnostiziert. Hieran schließt sich die mit ebenso definitem Geltungsanspruch gegebene düstere Aussicht an, dass das *Bruttosozialprodukt [...] 1974 kaum wachsen [wird]*. Im Zusammenhang der erläuterten krisendiskurstypischen Argumentationsmuster-Sequenz stellt Martin Wengeler (Wengeler & Ziem 2010: 344) in Anlehnung an Kienpointners Topos-Katalog fest, dass diese Abfolge „passagenweise bis hin zu einem Endpunkt-Topos" weitergeführt wird, der „deutlich macht, was bevorsteht, wenn nicht das Richtige getan wird." Der Endpunkt-Topos als Schlussstein einer Serie von kausal aufeinanderfolgenden sprachlichen Äußerungen oder Argumentationen ist eine Steigerung der düsteren Diagnosen (und Prognosen) ins äußerst Dramatische.

Variante I: Öl- und Energiesituation

Die düsteren Diagnosen beziehen sich häufig auf die Öl- und Energiesituation. Als Symptome der „Ölkrise" wurden in erster Linie der steigende Ölpreis und die Versorgungslage angesehen. Ähnlich wie beim Topos der düsteren Zukunftsprognose behauptet das Argumentationsmuster als Voraussetzung für weitere Argumentationen das Ende der preisgünstigen und unbegrenzten Versorgung mit Öl:

(37) Aber eines muß man erkennen: das Öl ist gewaltig teurer geworden.
(Helmut Schmidt, in: BILD, 10.12.1973, *Arbeitsplätze, Inflation, Ölkrise*)

(38) Wir müssen zur Kenntnis nehmen, daß Energie knapp geworden ist. Dennoch wäre es verkehrt, vor der Tatsache der Knappheit an Energie den Kopf in den Sand zu stecken, und verkehrt wäre auch der Optimismus, es werde sich alles bald wieder einrenken. Die Bundesregierung kann daher jetzt durch gesetzliche Vollmacht auf dem Energiemarkt verbrauchsregelnd eingreifen. Sie kann z. B. im Notfall Benzin zuteilen, den Heizölverbrauch drosseln oder die Preise festsetzen. [...] Grundsätzlich kann auf eine Unterversorgung reagiert werden durch Sparen (also z. B. weniger heizen, weniger autofahren) oder Ausweichen auf andere Energieträger, also Koks statt leichtem Heizöl.
(SZ, 10.11.1973, *Wie wir uns der Ölkrise erwehren können*)

Ebenfalls ähnlich wie beim Topos der düsteren Zukunftsprognose folgerte man aus der festgestellten aktuellen Öl- und Energiesituation (*Öl ist gewaltig teurer* (37); *Energie [ist] knapp* (38)) zur Lösung der Probleme vor allem die Notwendigkeit von Energieeinsparungen, was zum einen durch freiwillige Verbrauchsbeschränkungen und zum anderen durch verbrauchsregelnde Verordnungen zu erreichen sei. Im Übrigen könne die „Krise" durch *Ausweichen auf andere Energieträger* (38) gelöst werden.

Eine typische Sprechhandlung für dieses Argumentationsmuster sind katalogstilartige Aufzählungen, die vorrechnen, in welchem Zeitraum der Ölpreis um wieviel gestiegen ist bzw. die Ölvorräte um wieviel gesunken sind. Beispielhaft für den nüchternen Katalogstil ist der folgende Textausschnitt aus der Regierungserklärung Hans Friderichs' zu Fragen der Wirtschafts- und Energiepolitik (zum diskursiven Stellenwert der entsprechenden Bundestagsdebatte siehe Kap. 5.4.1.3):

(39) Meine Damen und Herren, die Rohölzufuhr in die Bundesrepublik war bis zum 20. November, genauer gesagt bis zum 19. November normal, Rohöl gänzlich ungekürzt, bei Fertigprodukten eine marginale minimale Menge. Ab 20. November haben sich die Einfuhren in die Bundesrepublik vermindert. Bei Rohöl um 15 Prozent, Fertigprodukten um 15 bis 20 Prozent. [...] Schweres Heizöl: Wir sind in die Mangelsituation hereingegangen in der Annahme, daß schweres Heizöl in ausreichender Menge zur Verfügung stünde oder anders gesagt, daß die Verengungen bei schwerem Heizöl erst zu allerletzt spürbar würden. Diese Annahme hat sich nicht als richtig erwiesen [...]. Um die Lieferkürzungen bei schwerem Heizöl um ca. 20 Prozent ausgleichen zu können, obwohl nur 15 Prozent im Augenblick feststehen, ist es erforderlich, das schwere Heizöl in Höhe von ca. 6 Millionen Tonnen durch Kohle zu substituieren. Es ist selbstverständlich, daß wir über die bisherigen Absichten hinaus insbesondere auf dem Gebiete der Forschung, Kohledruckvergasung, mehr Mittel werden einsetzen müssen als bisher zur Verfügung standen. [...] Dazu gehört auch, daß wir unsere Bemühungen um die Erdgastiefbohrungen im Bereich der Bundesrepublik Deutschland verstärken müssen, also in die Tiefen von etwa 6000 Meter, was natürlich alles Haushaltsmittel erfordert, aber nach meiner Meinung kommen wir um diese Dinge einfach nicht mehr drum herum. Dasselbe gilt für die Substituierung, dasselbe gilt für den forcierten Ausbau der Kernenergie [...], dasselbe gilt für die Aufschließung des Hambacher Forstes zur Gewinnung von Braunkohle.
(Hans Friderichs, in: SZ, 30.11.1973, *Die Lage in Zahlen und Daten*)

Der Ernst der Lage wurde meist durch Anführen hoher Zahlen gestützt, wobei der für den um Sachlichkeit bemühten Wirtschaftsminister Friderichs typische nüchterne Katalogstil sich mit dramatisierenden Beschreibungen der aktuellen Lage und der Folgen steigender Ölpreise sowie der Ölknappheit abwechselte:

(40) Um 400 Prozent – von 12 auf 60 Pfennig je Liter – rauschte bei Westdeutschlands freien Brennstoffhändlern der sonst so günstige Preis konzernfreier Rotterdamer Importware nach oben. Um 50 Prozent – von 65 Pfennig auf rund eine Mark – erhöhten freie Tankstellen, die Ware am Rotterdamer Ölbasar zukaufen mußten, den Abgabepreis von Dieselöl. Und um 20 Pfennig kletterte bei ihnen der Preis für Superbenzin. Zum ersten Male seit Ludwig Erhard vor 25 Jahren das Ende der Bewirtschaftung und die ungebremste Liberalität der Marktwirtschaft verkündete, erlebte die Bundesrepublik, was ihre Nachkriegs-Erwachsenen nie gekannt hatten: gespaltene Märkte, begrenzte Kontingente und Zapfsäulen mit der Aufschrift: ‚Bitte nur zehn Liter tanken'.
(Spiegel, 10.12.1973, *Weltmacht Öl*)

(41) Aber die Preise, vor allem für Diesel und Heizöl, spielen echt verrückt. Zum ersten Mal wurde gestern die Schallmauer von einer Mark durchbrochen. Bei der Ratio-Tankstelle in Hannover kostete ein Liter Diesel 1,06 Mark. Bei anderen Ratio-Tankstellen in NRW werden 1,05 Mark verlangt, für Super-Benzin 87 Pfennig. Einige Heizölhändler verlangen für einen Liter schon über 50 Pfennig. Sie kündigen für die nächste Woche eine Preiserhöhung um 5 Pfennig an. Die Bundesregierung hat alle Beteiligten zu einem ‚Höchstmaß an Preisdisziplin' aufgefor-

dert. Bundeskanzler Brandt sprach von einem ‚Mangel, der folgenschwer sein‘ könne. Soziale und wirtschaftliche Folgen der Krise seien nicht auszuschließen. Brandt und Friderichs kündigten für den Fall eines längeren Anhaltens der Ölkrise weitere Sparmaßnahmen an.
(BILD, 23.11.1973, *Öl, Benzin und Diesel Jetzt spielen die Preise echt verrückt!*)

(42) Sowohl Brandt als auch Schmidt verwiesen darauf, daß von der Energieknappheit die gesamte industrialisierte Welt betroffen sei. In einer Rede vor dem SPD-Bezirksparteitag Pfalz in Pirmasens bezifferte Schmidt die Mindereinfuhren an Mineralöl auf 15 bis 20 Prozent. Der Finanzminister erklärte, die Folgen der Energiekrise könnten allein mit marktwirtschaftlichen Mitteln nicht bewältigt werden. Es werde noch stärkerer staatlicher Eingriffe bedürfen. Die Regierung werde die Stahlindustrie veranlassen müssen, wo es gehe, Kohle zu verwenden. Die Autofahrer sollten sich selbst beschränken, sagte Schmidt.
(SZ, 26.11.1973, *Brandt: Arbeitsplätze müssen gesichert werden*)

Insbesondere die Preisentwicklung wurde durch den Gebrauch bestimmter Metaphern veranschaulicht: *Um 400 Prozent [...] rauschte [...] der sonst so günstige Preis [...] nach oben* (40); *um 20 Pfennig kletterte [...] der Preis für Superbenzin* (40); *Preise [...] spielen echt verrückt* (41); *Schallmauer von einer Mark durchbrochen* (41). An Beispiel (40) zeigt sich, dass in Krisendiskursen nicht nur die „konzeptuelle Metapher OBEN IST MEHR allgegenwärtig“ (Ziem 2013b: 154) ist; vielmehr wird das Denken und Wissen über „Krisen“ auch in räumlich umgekehrter Weise bzw. durch die konzeptuelle Metapher ‚oben ist weniger‘ strukturiert, insofern beispielsweise hohe Preise, Arbeitslosenzahlen und Inflationsraten als etwas Schlechtes wahrgenommen werden. Metaphern aus dem Konzept ‚Geschwindigkeit‘ – wie in (40) (*rauschte*) und (41) (*Schallmauer [...] durchbrochen*) – sind ebenfalls paradigmatisch, wenn es um die Darstellung der Preisentwicklung, aber auch der Konjunkturentwicklung, der Arbeitslosigkeit usw. geht. An Dramatik gewinnen die Gegenwartsdiagnosen durch Analogien zum Nachkriegselend der Deutschen. So wird im nachstehenden Beleg wie auch in (40) die kollektive Schreckerinnerung der Knappheit geweckt:

(43) Wenn der Winter frostig und die Stimmung der Verbraucher hitzig bleiben, muß Westdeutschlands Bürokratie gleichwohl tun, was erst Hitler und später die Besatzungsmächte in Deutschland verfügt hatten: Bezugsscheine für Knappheitsware ausgeben – Benzin und Heizöl rationieren.
(SPIEGEL, 10.12.1973, *Weltmacht Öl*)

Ist die Öl- und Energiesituation durch Aufzählungen, Rechnungen und weitere stützende Elemente der Argumentation auf die beschriebene Weise öffentlich glaubhaft gemacht bzw. im Alltagswissen verankert worden, konnte man sie als plausiblen Grund anführen, um verschiedene Entscheidungen/Vorhaben/Maßnahmen zu legitimieren. Neben den bereits genannten Schlussfolgerungen nutzten vor allem Akteure aus der Politik das Argumentationsmuster, um zu begründen, dass der gewohnte wirtschaftspolitische Kurs nicht ganz beibehalten werden könne bzw. dass von der „Krise" hart Betroffenen mit den Mitteln des Staates zu helfen sei:

(44) Friderichs rechtfertigte vor dem Hintergrund der inzwischen erkennbar gewordenen Preis- und Mengenlage im Mineralölbereich die von der Bundesregierung gewählte ‚Doppelstrategie' in der Wirtschaftspolitik. Nach seiner Darstellung kommt es für Bundesregierung und Bundesbank jetzt darauf an, einerseits Beschäftigungseinbrüchen gezielt entgegenzuwirken, ohne notwendige Änderungen der Wirtschaftsstruktur zu verhindern, andererseits die allgemeinen Nachfragebeschränkungen durch die Kredit- und Finanzpolitik vorläufig beizubehalten, um die Spielräume für Kosten- und Preissteigerungen zu begrenzen.
(SZ, 18.1.1974, *Die Energiedebatte des Bundestags*)

Ein wirtschaftspolitischer Dissens hingegen bestand in der Frage, ob man Steuern senken oder erhöhen soll. Vor allem die Opposition aus CDU und CSU folgerte aus der Öl- und Energiesituation, dass die Probleme nur durch Steuersenkungen zu lösen seien:

(45) Der CSU-Vorsitzende Strauß setzte sich für eine Halbierung der Mehrwertsteuer auf Mineralöl ein. In einem Illustrierteninterview erklärte er, der Staat dürfe ‚an den gewaltigen Preiserhöhungen für Mineralölprodukte nicht auch noch mitverdienen'. [...] Nur so könne verhindert werden, daß das ganze Preisgefüge der Bundesrepublik ins Rutschen komme.
(SZ, 24.1.1974, *Nach der drastischen Benzinpreiserhöhung*)

Variante II: Lage der Industrie und des Arbeitsmarktes

Verglichen mit dem Topos der düsteren Zukunftsprognose unterscheiden sich die diagnostizierten Anzeichen der „Ölkrise" hinsichtlich der Lage der Industrie und des Arbeitsmarktes nicht wesentlich von entsprechenden düstereren Zukunftsaussichten. Gleichermaßen wurde ein Wissen um die Arbeitsplatzunsicherheit konstituiert. Auch die aus dem Arbeitsplatzrisiko abgeleiteten Folgerungen, etwa der Anwerbestopp für Gastarbeiter und eine maßvolle Tarifpolitik, unterscheiden sich nicht. Für die zweite Variante des Topos der düsteren Gegenwartsdiagnose ist ebenfalls der Katalogstil typisch. Und: Auch in diesem Zusammenhang wurden die angeführten Wirklichkeitsbilder durch Anführen von Zahlen gestützt. An den folgenden Textstellen verdeutlicht sich, dass man im Rahmen des Argumentationsmusters *Arbeitslosigkeit* und mehr noch *Kurzarbeit* als Hauptsymptome der „Ölkrise" diagnostizierte:

(46) Fazit der Bundesanstalt: ‚Konjunkturell gesehen [...] tendierte die Arbeitslosenzahl auch im Berichtsmonat weiter leicht nach oben. [...] ‚Entsprechend der gedämpften Nachfrage nach Verbrauchsgütern', so diagnostizierten die Arbeitsmarktbeobachter weiter, ‚waren Arbeits-

zeiteinschränkungen vor allem in der Bekleidungsindustrie (14 600 Kurzarbeiter), in der Textilindustrie (5600) und in der Schuhindustrie (4300) zu beobachten.
(ZEIT, 19.10.1973, *Die Bremsspuren werden tiefer*)

(47) Inzwischen hat sich die Lage auf dem Arbeitsmarkt jedoch verschärft. In der Bauindustrie wurden letzte Woche pro Tag 5000 Arbeitslose gemeldet. Und als erste Opfer der Ölkrise haben Automobilfirmen Kurzarbeit angemeldet.
(ZEIT, 30.11.1973, *Talfahrt mit hohen Löhnen*)

(48) Die Zahl der Arbeitslosen habe im November bereits 330 000 und damit 40 Prozent mehr als im November 1972 betragen. Auch die Zahl der Kurzarbeiter sei in den letzten Monaten vor allem in den Problembranchen Textil, Bekleidung, Schuhe, Leder und Bauwirtschaft rasch gestiegen.
(FAZ, 13.12.1973, *Bonn plant weitere Energie-Sparmaßnahmen. Im Januar auch Samstags-Fahrverbot?*)

(49) Außer Porsche und Daimler-Benz haben die deutschen Werke Kurzarbeit oder zeitweise Produktions-Stillegung beschlossen oder geplant. BMW muß seine Produktion für zwei Wochen stillegen. Herbert Schmitter (50) erfuhr's gestern um 13.34 Uhr im Waschraum von einem Betriebsrat: ‚Du, Herbert, die ersten zwei Februarwochen, da hast du frei. Wir machen zu. Kurzarbeit‘.
(BILD, 11.1.1974, *Zwangsurlaub bei BMW, und was die Arbeiter verlieren*)

Nicht zuletzt wurden die düsteren Anzeichen der „Ölkrise“ hinsichtlich der Lage der Industrie und des Arbeitsmarktes in dem Sinne interpretiert, dass es bald an der Zeit sei, die bisher genutzten wirtschaftspolitischen Mittel *differenziert* (50) anzuwenden. Wie sein zukunftsbezogenes Pendant wurde das Argumentationsmuster im hier beschriebenen Zusammenhang sprachlich insbesondere durch Metaphern aus dem Konzept ‚Wirtschaft als Maschine‘ bzw. ‚Konjunkturverlauf als Fahrzeug‘ realisiert, insofern man folgerte, die *Bremsen* der „Stabilitätspolitik“ seien zu *lockern* bzw. man müsse wirtschaftspolitisch *ausgewählt* (50) und *gezielt* (50) handeln.

(50) [D]ie bundesdeutsche Wirtschaft zeigt erste Krisensymptome: Baufirmen kollabieren massenweise, in der Textilindustrie wird kurzgearbeitet, die Lastwagen-Produzenten wie die Maschinenbauer kämpfen mit Absatzschwierigkeiten. [...] Aus gesamtwirtschaftlichen Gründen [kann man] nicht nur global denken [...], sondern [muß] in gewissen Situationen ausgewählt und gezielt handeln [...]. Gerade wenn die Globalsteuerung – die notwendig ist, um zu einer möglichst gleichmäßigen Konjunktur-Entwicklung zu kommen – Erfolg haben soll, muß in diesem Winter differenziert vorgegangen werden.
(SPIEGEL, 5.11.1973, *Wir müssen jetzt differenziert lockern*)

Variante III: Wirtschaftswachstum, Konjunkturentwicklung und Inflation
In der dritten Variante behauptet der Topos der düsteren Gegenwartsdiagnose, die gegenwärtige Lage hinsichtlich der Entwicklung des Wirtschaftswachstums bzw. der Konjunktur und der Preise sei schlecht:

(51) Wir befinden uns in der Talfahrt.
(ZEIT, 30.11.1973, *Ein Zeitalter des Mangels?*)

(52) bei der Ölkrise [haben wir es] zunächst nicht mit einer akuten Mangelkrise zu tun [...], sondern in Wahrheit bloß mit einer Preiskrise.
(ZEIT, 18.1.1974, *Wie teuer wird die Ölkrise?*)

Solche Diagnosen der gegenwärtigen wirtschaftlichen Entwicklung wurden typischerweise durch Metaphern aus den Konzepten ‚mehr ist oben/weniger ist unten' und ‚Wirtschaft als Maschine' bzw. ‚Konjunkturverlauf als Fahrzeug' veranschaulicht, so in Beleg (51) durch das Metapherntoken *Talfahrt*. Außerdem wurden die Realitätsfeststellungen durch Anführen von Zahlen, Berufung auf Autoritäten und Geschichtsvergleiche gestützt bzw. ins Extrem gesteigert. Insbesondere geschichtsvergleichende Analogien zur kollektiven Schreckerinnerung der Inflation sind zu finden. Dadurch erscheint es als noch dringlicher zu handeln, denn Inflation galt es der damaligen öffentlichen Meinung zufolge unbedingt zu verhindern (siehe hierzu die Finaltopoi in Kap. 5.4.2.3):

(53) Die Wirtschaft der westlichen Wohlstandsländer gerät ins Wanken. [...] Unerwünscht aber ist insbesonders der neue Inflationsschub. [...] Die Stabilitätsplaner haben eigentlich ihre boomdämpfende Hochzinspolitik und Geldverknappung bis zum Abschluß der entscheidenden Lohnrunden in der Metallindustrie und im öffentlichen Dienst im Januar nächsten Jahres aufschieben wollen, um so den Tarifpartnern zu erklären, daß es ihnen mit der versprochenen Stabilität ernst sei. Aber mit Hochzinspolitik ist nichts mehr getan, wenn wegen Rohstoffmangels die Preise steigen, während die Konjunktur fällt.
(SPIEGEL, 19.11.1973, *Mit knappen Vorräten sorglos geaast*)

(54) Der inflationäre Preisauftrieb verstärkt sich, die Zahl der Arbeitslosen und Kurzarbeiter wächst, das Bruttosozialprodukt wird 1974 kaum wachsen. Diese Tatsache bringt viele Unsicherheiten und Ungewißheiten in unsere gesamte Politik.
(Karl Carstens, in: FAZ, 25.1.1974, *Oppositionsführer Carstens*)

Wie schon bei den düsteren Zukunftsszenarien wurde auch aus den Diagnosen der wirtschaftlichen Entwicklung gefolgert, dass die Probleme nur durch Einsparungen beim Ölverbrauch zu lösen seien. Allerdings zählt ebenfalls die Notwendigkeit einer maßvollen Tarifpolitik bzw. von Mäßigung bei Lohnforderungen angesichts der als düster diagnostizierten Preisentwicklung zu den zentralen Schlussfolgerungen.

5.4.2.1.3 Topos der Zeitenwende

„Wir sollten uns keine Illusionen machen. Wir leben nicht mehr in der gleichen Welt wie vor Beginn der Ölkrise."
(Zeit, 4.1.1974, *Die Ölkrise hat erst begonnen*)

Der Topos der Zeitenwende behauptet, eine Ära sei zu Ende gegangen und man befinde sich an der Schwelle zu einer neuen Zeit. Er geht von der Annahme aus, dass nichts mehr so ist, wie es vorher war. Die allgemein-abstrakte Folgerung aus dem Topos der Zeitenwende lautet, es könne nicht mehr so weitergehen wie bisher, Prozesse des Umdenkens seien notwendig, es müsse umgestaltet werden.

Am Topos der Zeitenwende zeigt sich deutlich, dass die „Ölkrise" schon von Zeitgenossen als „tiefgreifende Zäsur" (SZ, 26.11.1973, *Schweiß, Sparsamkeit und Solidarität*) bzw. als Schwelle des Übergangs in eine neue Epoche wahrgenommen wurde. Der Topos der Zeitenwende steht vor allem im historisch-kommunikativen Kontext der ersten Diskursphase (siehe Abb. 8 und Kap. 5.4.1.1 sowie Kap. 5.4.1.2). Er wurde von allen am Diskurs zur „Ölkrise" beteiligten Akteuren verwendet, wobei deutliche Unterschiede zwischen dem Mainstream – Medien, Politik und Wirtschaft –, der „intellektuellen Avantgarde" und den Vertretern der Ölförderländer zu erkennen sind.

Variante I: Ende des Erdölzeitalters:

„Die Energiekrise markiert einen tiefen Einschnitt [...]. Die Welt befindet sich am Beginn eines Abschnitts, der durch explosive Preissteigerungen für Energie und Rohstoffe gekennzeichnet ist."
(Willy Brandt, in: FAZ, 25.1.1974, *Bundeskanzler Brandt*)

Im Mainstream erfolgte die Realisierung des Topos der Zeitenwende hauptsächlich in der Form, dass die gegenwärtige Lage als Ende des Erdölzeitalters bzw. als Ende der Zeit billigen Öls und unbegrenzter Ölvorräte prädiziert wurde. Im Rahmen der Auffassung der Wirklichkeit als Ende des Erdölzeitalters ist der Topos der Zeitenwende außerdem eng mit einem Topos verknüpft, der den Ereignissen um den Nahostkrieg und den Aktionen der Ölförderländer zuschreibt, die als epochal wahrgenommenen Veränderungen herbeigeführt zu haben (siehe hierzu den Topos vom Preisdiktat und Ölembargo in Kap. 5.4.2.2.1):

(55) Der Ölboykott der Araber, die Energiekrise, mit der wir heute leben müssen, markiert also fraglos einen Wendepunkt in der wirtschaftlichen und gesellschaftlichen Entwicklung der Industrienationen. [...] Die Lage auf dem Energiesektor wird nie wieder so sein wie vor dieser Krise. Und das wird auch eine politische Folge in dem Sinn haben, daß die Industrie nicht mehr in dem Maße weiterproduzieren kann wie in den vergangenen Jahrzehnten. [...] Und in demselben Maße wird es auch einen wirklichen Wandel in den Produktions- und Konsumgewohnheiten in den Industriestaaten geben.
(Spiegel, 3.12.1973, *Wir sind nicht umsonst Mitglied der EG*)

Die Zeitenwende wurde aufgrund der Ereignisse in Nahost auch als Einschnitt in das wirtschaftliche Verhältnis zwischen den Ölförderländern und den westlichen Industrienationen begriffen:

(56) Der vierte Krieg zwischen den Arabern und den Israelis hat das Verhältnis zwischen den Erdöl exportierenden und den Mineralöl verbrauchenden Ländern gründlich verändert. [...] Was seit dem 6. Oktober geschehen ist, hat dem Organismus der Welterdölwirtschaft tiefe Wunden geschlagen. [...] Das gesamte auf gegenseitiges Vertrauen gegründete System der wirtschaftlichen Zusammenarbeit, dieses mit Brief und Siegel beschworene System zur langfristigen Stabilisierung von Geben und Nehmen, ist aus den Fugen.
(FAZ, 1.11.1973, *Wirtschaftlicher Selbstmord der Oelaraber*)

Aus westlicher Sicht bzw. aus Sicht der maßgeblichen Diskursteilnehmer aus Medien, Politik und Wirtschaft ging mit der Auffassung, die wirtschaftliche Situation habe einen schwerwiegenden Einschnitt im oben genannten Sinne zu verkraften, die Wahrnehmung eines Souveränitätsverlustes einher. Das ist für die Begründung politischen Handelns, das darauf zielt, Einfluss zu nehmen, Interessen durchzusetzen und – im demokratischen Ordnungsrahmen – Selbstbestimmung herzustellen, nicht unerheblich. Die Vorstellung von einem Souveränitätsverlust kommt darin zum Ausdruck, dass „der Westen" und „die Bundesrepublik" in der Rolle von Akteuren inszeniert wurden, die ihr Schicksal nicht mehr in die eigenen Hände nehmen könnten. Vielmehr würden nun andere über das Schicksal der westlichen Industrienationen entscheiden, man sei von den in der Rolle als Marktbeherrscher inszenierten Ölförderländern fremdbestimmt. Lexikalisch manifestiert sich dies in kollektiven Fremdbezeichnungen wie z. B. *Ölmonopolisten* (58):

(57) Um die westliche Welt in Unruhe zu versetzen, [...] mußte erst geschossen und boykottiert werden, um die Ölgläubigkeit unseres Jahrhunderts endgültig zu begraben. Inzwischen ist klar, daß nicht mehr die westlichen Ölgesellschaften, sondern die Regierungen der OPEC-Länder darüber bestimmen, wieviel Öl gefördert wird.
(ZEIT, 2.11.1973, *Planspiele in Öl*)

(58) Und daß jene 60er Jahre nicht wiederkehren, in denen Bonns Bundesregierung die Ölkonzerne der deutschen Steinkohle zuliebe zur Beschränkung – und damit zur Verteuerung – ihres Angebots drängte, ist spätestens seit Mitte Oktober sicher, als die Organisation Ölexportierender Länder in Kuweit tagte. Die inzwischen überaus selbstbewußten Ölmonopolisten beschlossen, künftig nicht mehr mit den Abnehmerstaaten zu handeln, sondern per Dekret Preise und Mengen festzusetzen.
(SPIEGEL, 5.11.1973, *Europa schlagen, Amerika treffen*)

(59) Es muß uns klar sein, daß das Zeitalter der Ölausbeutung vorbei ist und es abgelöst wird durch einen rigorosen Monopolismus der ölproduzierenden Länder – woraus folgt, daß die hohen Preise bleiben.
(Otto Graf Lambsdorff, in: SZ, 18.1.1974, *Die Energiedebatte des Bundestags*)

Wie sich in den Textstellen teilweise andeutet, steht das Argumentationsmuster im unmittelbaren Zusammenhang mit dem Datentopos der Abhängigkeit (siehe Kap. 5.4.2.1.4). Des Weiteren war mit der Auffassung vom Ende des Erdölzeitalters die Wahrnehmung verbunden, mit der „Ölkrise" sei auch das Ende des vom Öl abhängigen bundesrepublikanischen Nachkriegsbooms bzw. der Wohlstands- und Überflussgesellschaft gekommen:

(60) Golfstaaten verdoppeln Rohölpreis [...]. Die Ära des Wohlstandes in den Industriestaaten ist endgültig vorbei.
(SZ, 24.12.1973, *Golfstaaten verdoppeln Rohölpreis*)

(61) Arabiens Ölboykott bringt die Wirtschaft der westlichen Wohlstandsländer ins Wanken, deren Leistungshöhe vom Großeinsatz des Energieträgers Öl abhängt. Mit Bewirtschaftungen und Verboten suchen die Regierungen sich über den ersten Schock zu mogeln: Kaum jemand mag zugeben, daß die Überflußgesellschaft am Ende ist. [...] Selbst wenn die Araber ihr gegenwärtiges Embargo gegen die USA und die Niederlande, wenn sie gar ihre Lieferrestriktionen gegen die übrige Welt aufheben – das Öl wird nie wieder so ungehemmt nachfließen wie in den goldenen sechziger Jahren. Damit aber haben Arabiens Ölfürsten die westlichen Industriestaaten an ihrer empfindlichsten Stelle getroffen.
(SPIEGEL, 19.11.1973, *Mit knappen Vorräten sorglos geaast*)

Im bundesrepublikanischen Mainstream wurde aus der Wahrnehmung der Wirklichkeit als Zeitenwende geschlossen, man müsse mit Energie nun sparsamer umgehen (62) bzw. andere Energieträger nutzen (63). Weiterhin wurde aus dem Grund der Zeitenwende öfters gefolgert, die Selbsterhaltung erfordere, sich mit den arabischen Ölförderländern wirtschaftlich zu verflechten, weil diese dann kein Interesse mehr daran haben würden, dass es der hiesigen Wirtschaft schlecht geht (64):

(62) Energie, insbesondere Mineralöl, ist heute und in Zukunft nicht mehr unbegrenzt verfügbar. [...] Auch die Bundesrepublik ist davon betroffen. [...] Gemeinsame Anstrengungen sind notwendig, um Schwierigkeiten der Ölversorgung zu mildern. Jeder von uns kann als Verbraucher einen entscheidenden Beitrag dazu leisten. Die Mineralölgesellschaften in der Bundesrepublik empfehlen Ihnen, mit Kraftstoff und Heizöl sparsam umzugehen.
(Hans Friderichs, in: BILD, 12.11.1973, *Ein offenes Wort zum Ölverbrauch*)

(63) Als wichtigste Folgerung aus der derzeitigen Lage wiederholte Friderichs erneut seine Absicht, mit größerem Nachdruck als bisher andere Energieträger zu fördern. Da die arabischen Erdölstaaten nach seiner Meinung die Abgabepreise für Rohöl auch ohne den neu

aufgeflammten Nahost-Krieg erhöht hätten, müßten sich die deutschen Verbraucher damit abfinden, daß die Zeiten billigen Mineralöls und billiger Energie vorbei sind.
(SZ, 22.10.1973, *Friderichs bleibt dabei: Ölversorgung ist gesichert*)

(64) Am 16. Oktober beschlossen die sechs Erdölstaaten des Persischen Golfs [...] den Verkaufspreis für ihr Rohöl um 17 Prozent und den Listenpreis (posted price) für Rohöl [...] um 70 Prozent zu erhöhen. [...] Westliche Erdölfachleute in Teheran halten den Beschluß von Kuweit auf lange Sicht für einschneidender als die von den arabischen Erdölexportländern gegenwärtig aus politischen Gründen verfügten Beschränkungen des Rohölexports. Denn in Kuweit wurde die Grundlage der gesamten vertraglichen Zusammenarbeit der mittelöstlichen Ölexportländer mit der Mineralölwirtschaft des Westens zerstört. Eine finanzielle Verflechtung mit wichtigen westlichen Ölimportländern durch Investitionen der Erdölstaaten des Mittleren Ostens im Westen würde auf diese Staaten wahrscheinlich noch am ehesten mäßigend wirken.
(FAZ, 23.11.1973, *Die deutsche Erdölindustrie muß neue Gedanken entwickeln*)

Ausgehend von der Prämisse, dass nichts mehr so ist, wie es war, weshalb – so die Schlussfolgerung – es wie bisher nicht weitergehen könne, wurde nicht zuletzt auch begründet, dass im Zeitalter *nach Kuwait* (65) Ansprüche an den Lebensstandard zurückzuschrauben seien bzw. dass die Gewerkschaften sich in Tarifverhandlungen mäßigen müssten:

(65) Für die Wirtschafts- und Konjunkturbeobachter gilt offenbar eine neue Zeitrechnung: Man verwendet neuerdings die Formulierung ‚vor Kuwait' und ‚nach Kuwait'. Gemeint ist damit, daß die kurz vor Weihnachten 1973 von den Vertretern der arabischen Erdöl-Förderungsländer in Kuwait getroffenen Preisentscheidungen einen tiefen Einschnitt darstellen. Voraussagen, die ‚vor Kuwait' ausgesprochen wurden, stimmen daher nicht mehr, weil die Welt ‚nach Kuwait' anders aussieht [...]. Mancher scheut sich, die zutreffenden Folgerungen daraus zu ziehen. Auszugehen ist davon, daß der Preisindex für die Lebenshaltung allein durch die Preissteigerungen für Rohöl und für Mineralölprodukte um zwei Prozentpunkte steigen dürfte [...]. Es läuft aber darauf hinaus, in die Zeitrechnung ‚vor Kuwait' zu verfallen, wenn man zum Beispiel in Tarifvertragsverhandlungen meint, diese Ölpreissteigerungen aus allen Rechnungen aussparen zu können. Man muß sie vielmehr gegen sich gelten lassen, denn die erheblichen Milliardenbeträge, die künftig zusätzlich für (keineswegs zusätzliches) Öl an Ausländer bezahlt werden müssen, bedeuten, daß andere einen Anspruch an das Sozialprodukt der Bundesrepublik erhalten. Daraus folgt aber, daß die Ansprüche der Inländer zurückgeschraubt werden müssen. ‚Nach Kuwait' ist es nicht möglich, der Gewerkschaft ÖTV und dem Schah von Persien Anteil am realen Bruttosozialprodukt der Bundesrepublik zuzugestehen.
(SZ, 29.1.1974, *Neue Zeitrechnung*)

Variante II: Ende des Fortschritts- und Wachstumszeitalters

„Die Völlerei im Energieverbrauch kann nicht weitergehen!“
(Weihnachtsansprache Gustav Heinemann 1973)

In der zweiten Spielart steht die Verwendung des Argumentationsmusters im kommunikativen Kontext der als „Apokalypse“ bezeichneten Diskursphase (siehe Abb. 8 und Kap. 5.4.1.2). In diesem Fall war die Wahrnehmung einer Zeitenwende vom angrenzenden Umweltdiskurs und von der Annahme, die Menschheit sei in ihrer Existenz gefährdet, inspiriert. Die angeblich erreichte Erschöpfung der natürlichen Ressourcen wurde als tiefgreifender Einschnitt, als Beginn einer neuen Ära, aufgefasst, was sich sprachlich beispielsweise in der phraseologischen Wortverbindung *Grenzen des Wachstums* (66) kondensiert:

(66) Wir sollten allerdings auch bereit sein zu erkennen, daß das, worüber wir bisher mehr oder weniger theoretisch diskutiert haben, nämlich über die Grenzen des Wachstums unserer Volkswirtschaft, über Nacht Realität geworden ist. Das bedeutet, daß die Anstrengungen auch darauf gerichtet sein müssen, dieses Wachstum in ein qualifiziertes und dauerhaftes unter Berücksichtigung dieser Schwierigkeiten einzurechnen.
(Hans Friderichs, in: SZ, 30.11.1973, *Die Lage in Zahlen und Daten*)

Insofern mit dem neuen ökologisch inspirierten Bewusstsein von der Endlichkeit der natürlichen Ressourcen die Annahme einherging, dem exponentiellen wirtschaftlichen Wachstum seien Grenzen gesetzt, spricht aus dem Topos eine wachstumskritische Diskursposition. Im politischen Mainstream wurde nun zwar darüber nachgedacht, dass *Lebensqualität* (67) nicht nur etwas mit materiellem Wohlstand und der Befriedigung materieller Bedürfnisse zu tun hat, sondern auch mit dem Erhalt der natürlichen Grundlagen des Wirtschaftswachstums. Allerdings war die hieraus abgeleitete Forderung einer ökonomischen *Neubesinnung* (67) bzw. eines *qualifizierte[n]* (66) oder *differenzierte[n]* (67) Wachstums, das sich der Erhaltung der *Lebensgrundlagen der Menschheit* (67) willen an der Ressourcenendlichkeit orientieren solle, nicht mit der Forderung einer generellen Abkehr vom Wachstumsparadigma verbunden. Diese in dem untenstehenden längeren Textbeispiel zum Ausdruck kommende gemäßigt wachstumskritische Einstellung, dass man zwar vom Leitbild exponentiellen Wachstums abrücken, aber die bestehende Sozial- und Wirtschaftsordnung beibehalten müsse, lässt sich nicht einer bestimmten politischen Partei oder gesellschaftlichen Gruppe zuordnen:[59]

---

59 Als Vordenker und Vertreter einer solchen Position für die Politik im Diskurs zur „Ölkrise“ wären Erhard Eppler (SPD) oder Herbert Gruhl (CDU) zu nennen (vgl. hierzu auch Graf 2014: 228f. und Mende 2011: 73–78).

(67) Der deutsche Mensch hätte natürlich auch ohne die jetzige Ölkrise wissen können, daß es mit dem Wohlleben in Sorglosigkeit nicht mehr lange gutgehen würde und die Ölkrise auch ohne den vierten Nahostkrieg eines Tages zu erwarten war. Schon deshalb, weil die bekannten Welterdölvorräte bei steigendem Verbrauch am Ende dieses Jahrhunderts erschöpft sein werden. [...] Jetzt, da sich zeigt, daß die Reserven nicht unerschöpflich sind, müssen wir in das Zeitalter der Erhaltung und Wiederherstellung eintreten. Zu diesem Zweck ist es erforderlich, künftig säuberlich zwischen Lebensqualität und Lebensstandard zu unterscheiden. Dies erklärte Bundesminister Dr. Hans-Jochen Vogel in einem Referat über Wachstumsprobleme vor dem Wirtschaftsbeirat der SPD in München. Vogel, der sich kritisch mit der MIT-Studie (eine viel zitierte amerikanische Untersuchung) über die Grenzen des Wachstums auseinandersetzte, sieht darin eine Bestätigung für seine Ansicht, daß man auf ein differenziertes Wachstum hinsteuern müsse. Keine Chance gibt er den Verfechtern, die aufgrund der in der Analyse angedeuteten erschreckenden Konsequenzen für einen Stillstand des wirtschaftlichen Wachstums plädieren. [...] Als Folge dieser Überlegungen ist nach Vogel eine Neubesinnung über Sinn und Grenzen des ökonomischen Prinzips notwendig [...]. Dies bedeute keine Abkehr von den Grundsätzen einer sozial gebundenen Marktwirtschaft oder vom Leistungsprinzip, sondern beinhalte die Einsicht, daß materieller Wohlstand zwar ein wichtiger, aber eben nur ein Teil der Lebensqualität ist. Unter diesen Aspekten gebe es auch schädliches Wachstum, das zwar das Bruttosozialprodukt mehrt, gleichzeitig aber die Rohstoffvorräte erschöpft und die Lebensgrundlagen der Menschheit zerstört. Dieses Wachstum müsse in Zukunft unterbleiben.
(SZ, 24.11.1973, *In Zukunft differenziertes Wachstum*)

Die Forderung nach „qualitativem Wachstum" diffundierte zwar aus dem ökologischen in den ökonomischen Krisendiskurs, doch die tonangebenden sozialen Akteure in Politik und Wirtschaft blieben von der Notwendigkeit wirtschaftlichen Wachstums überzeugt. Deshalb sind ökologisch motivierte wachstumskritische Positionen im Korpus zur „Ölkrise" kaum zu finden. Umweltschutz war und ist in Zeiten wirtschaftlicher „Krisen" nur eine marginale politische Zielvorstellung (siehe hierzu die Finaltopoi in Kap. 5.4.2).[60]

---

60 So forderte Franz-Josef Strauß: „Die Bundesregierung muß auch einmal ihren Zielkonflikt Umweltschutz und Energieversorgung in der Öffentlichkeit klarlegen. Da wird auf der einen Seite das berechtigte Umweltschutzdenken manchmal zu einem Umweltschutzfanatismus entwickelt mit ideologischen Vorzeichen, und auf der anderen Seite wird über die langen Fristen des Bewilligungsverfahrens beim Bau von neuen Kraftwerken geklagt. Hier muß die Bundesregierung den politischen Mut haben, dem Volke die Grenzen aufzuzeigen, die hier einem noch so berechtigten Umweltschutzdenken gezogen sind, aber nicht auf beiden Hochzeiten tanzen" (Beitrag in der Debatte zur Erklärung der Bundesregierung zu aktuellen Fragen der Wirtschafts- und Energiepolitik. In: Verhandlungen des Deutschen Bundestages. Stenographische Berichte. 7. Wahlperiode, 67. Sitzung, 29.11.1973. S. 3907–4058, hier S. 3920C. [http://dipbt.bundestag.de/doc/btp/07/07067.pdf, zuletzt abgerufen am 28.03.2017]). Der Historiker Rüdiger Graf (2014: 379f.) konstatiert: „Nicht erst in der sich an die Ölkrise anschließenden Wirtschaftskrise wurden Ökonomie und Ökologie zu Gegenbegriffen, sondern schon in der Ölkrise selbst schien die Umweltfreund-

Insbesondere in der „intellektuellen Avantgarde" war eine oft moralisierend vorgetragene fortschritts- und wachstumskritische Haltung *en vogue*. Verglichen mit der gemäßigt wachstumskritischen Diskursposition ist die avantgardistische Haltung radikaler und teilweise mit kulturpessimistischen Elementen und mit romantischen Utopien von einer Rückkehr ins „einfache Leben" verbunden. In diesem Zusammenhang besteht eine enge Verknüpfung zwischen dem Topos der Zeitenwende und einem Topos der Ursache, der davon ausgeht, dass für die Ressourcenerschöpfung die Menschen selbst verantwortlich seien, weil sie unvernünftig wirtschafteten und unverhältnismäßig konsumierten:

(68) Wir müssen uns jedoch darüber im Klaren sein, daß gegenwärtig die große Völkerfamilie auf eine alles und alle umfassende Krise – man möchte meinen, unaufhaltsam – zusteuert, die nicht nur in ihrer Ausdehnung, sondern auch in ihrem Charakter sich wesentlich von früheren unterscheidet, und zwar in dem Sinn, daß sie nicht von offensichtlich bösen Menschen und Mächten verursacht, sondern durch Entwicklungen herbeigeführt wird, die wir vielfach heute noch als Ausdruck menschlichen Fortschritts, ja als Sieg über die den Menschen gesetzten natürlichen Beschränkungen und Grenzen empfinden. Hierdurch gewinnt die Krise den Aspekt des Unentrinnbaren, wenn die Menschheit ihre Ziele und Wertvorstellungen nicht ändert.
(Eduard Pestel anlässlich der Verleihung des Friedenspreises an den Club of Rome, in: FAZ, 15.10.1973, *Vom Wachstum zum dynamischen Gleichgewicht*)

(69) An die Stelle der Erwartung, es werde immer so weitergehen mit der himmelstürmenden Entwicklung, die fast ein Jahrhundert lang das Leben der Menschen fortlaufend bequemer und angenehmer gestaltet hat, ist der Zweifel getreten und frißt sich langsam hinein in den Fortschrittsglauben der Bürger. [...] Man muß in der Tat unsere Zielvorstellungen neu überdenken. [...] Es kann ja so auch gar nicht weitergehen. [...] Ein neuer Lebensstil ist absolut notwendig. Seine wesentlichen Charakteristika müssen Selbstbeschränkung und Konsumdisziplin sein. [...] Die Erwartungswerte im individuellen wie im Leben der Gesellschaft sollten nicht künstlich hochgepeitscht werden. Wenn es jetzt Mode würde, sich zu bescheiden, sich nicht imponieren zu lassen von Leuten, die mehr verbrauchen können und stärker auf die Konsumpauke hauen, würden wir ein Stück zusätzlicher Freiheit gewinnen.
(Marion Gräfin Dönhoff, in: Zeit, 7.12.1973, *Zurück zur Bescheidenheit*)

lichkeit der Energieversorgung mit ihrer Sicherheit in Konflikt zu geraten, und die große Mehrheit gab Letzterer den Vorzug vor Ersterer." Ob es sich bei ‚Ökologie' und ‚Ökonomie' tatsächlich um antonymische Begriffe handelt, kann nur eine semantische Analyse der entsprechenden Ausdrücke zeigen. Jedenfalls stehen die beiden Begriffe in einem ungleichzeitigen Verhältnis zueinander, so auch die zeitgenössische Wahrnehmung: „[M]it der Aussicht auf das große Frösteln in Büros und Wohnstuben oder gar aufs sonntägliche Fahrverbot scheinen Bedenken von Umweltschützern wie weggewischt. Die Atomflut ist nicht aufzuhalten" (Spiegel, 19.11.1973, *Atomkraft: Ersatz für das Öl der Araber?*). Vgl. zum Zielkonflikt von Ökologie und Ökonomie auch Mende (2011: 297).

Aus der angeblich durch die Zügellosigkeit des Menschen verursachten „Krise“ wurde gefolgert, dass *die Menschheit ihre Ziele und Wertvorstellungen* (68) ändern müsse bzw. dass ein *neuer Lebensstil* (69), der sich durch *Selbstbeschränkung und Konsumdisziplin* (69) auszeichne, *absolut notwendig* (69) sei. Der Topos der Zeitenwende im Gebrauch der „intellektuellen Avantgarde“ stand folglich im Dienste des Appells, der durchschnittlich intelligente, seelisch ausgehöhlte „Normalverbraucher“ müsse sich bescheiden, weil er über seine Verhältnisse gelebt habe. Als erstrebenswert wurde in diesem Sinne eine Gesellschaft angesehen, die ihr Glück in nicht-materiellen Zielen sucht statt darin, Konsumwünsche zu befriedigen. Sprachkritisch muss man sich fragen, wie tolerant eine Argumentation ist, die ihre eigene vermeintliche Kultiviertheit, ihre eigenen Kompetenzen und Zielvorstellungen, zum Maßstab für den „Rest der Gesellschaft“ zu erklären versucht.

Der Topos der Zeitenwende wurde auch von Vertretern der Ölförderländer benutzt. Zunächst ist festzustellen, dass die Repräsentanten der Ölförderländer entweder sich selbst als Propheten einer neuen Ära gerierten oder in dieser Funktion durch Fremdzuschreibung inszeniert wurden. Wenn Delegierte der Ölförderländer eine Zeitenwende proklamierten, so in erster Linie im von Otto Graf Lambsdorff benannten Sinne, dass *das Zeitalter der Ölausbeutung vorbei ist* (59):

(70) Die industrialisierte Welt werde begreifen müssen, daß ‚die Ära des enormen Fortschritts und des enormen Wohlstandes‘, die auf billigem Öl beruhte, ‚ein für allemal‘ vorüber sei. Jedermann ‚muß die Gürtel enger schnallen‘, meinte der Schah.
(SZ, 24.12.1973, *Golfstaaten verdoppeln Rohölpreis*)

(71) Niemand kann über das Schicksal eines anderen entscheiden. Ich bin der Meinung, daß wir in der Vergangenheit durch die Kolonialmächte, durch die kapitalistische Welt ausgebeutet worden sind. [...] Wir haben nicht über Ihr Schicksal entschieden, wir wollten nur zum Ausdruck bringen, daß Sie Ihren Lebensstandard nicht aufrechterhalten können, indem Sie nichts tun, indem Sie in vielen Fällen sogar völlig grundlos streiken und dabei manchmal noch mehr verdienen, als wenn Sie arbeiten. Nur das haben wir sagen wollen. Am Ende möchte ich Ihnen sagen, daß es in jedem Fall nicht etwa darum geht, Rache am Westen zu nehmen, da wir ja, wie ich schon sagte, Mitglieder Ihres Klubs werden. Es geht in unserem Falle darum, die Beziehungen zwischen der industriellen Welt und den ölfördernden Ländern neu zu regeln. Wir haben gesagt, daß die Ära des billigen Öls vorüber ist. Wir müssen hinzufügen, daß die Ära der Ausbeutung vorbei ist.
(Schah von Persien, in: SPIEGEL, 7.1.1974, *Ich werde Ihnen Aspirin verkaufen*)

Vertreter der Ölförderländer nutzten den Topos der Zeitenwende also hauptsächlich, um darauf hinzuweisen, dass die Zeit, in der die als *Kolonialmächte* (71) bezeichneten westlichen Industrienationen durch Ausbeutung der arabischen Erdölvorkommen einen *enormen Fortschritt* (70) erreichten und zu *enormen Wohlstand* (70) gelangten, ein Ende habe. Immer wieder mahnten Vertreter der

Ölförderländer die westlichen Industrienationen, andere Energieträger nutzbar zu machen, nicht die Ölquellen der arabischen Länder auszubeuten, stattdessen die arabischen Länder zu industrialisieren und das Verhältnis zwischen den Ölförderländern und „dem Westen" umzugestalten (71). Insbesondere der Anspruch auf Neugestaltung der internationalen Beziehungen wurde, wie bereits erwähnt, im bundesrepublikanischen Ölkrisendiskurs als Einschnitt und Souveränitätsverlust empfunden. Die im bundesrepublikanischen Diskurs vorherrschende Sicht eines Einschnitts in die Wirtschaftsbeziehungen und eines Souveränitätsverlustes wurde von den am Diskurs teilnehmenden Repräsentanten der Ölförderländer durch die Auffassung konterkariert, bei dem *auf gegenseitiges Vertrauen gegründete[n] System der wirtschaftlichen Zusammenarbeit [...] aus Geben und Nehmen* (56) handle es sich um Ausbeutung.

Auffällig ist, dass die Vertreter der Ölförderländer die Gunst der Stunde nutzten, indem sie sich das aufkeimende Wissen vom Ende des Erdölzeitalters und der Wohlstands- und Überflussgesellschaft sowie von den erreichten Wachstumsgrenzen argumentativ zu eigen machten. Von den genannten Prämissen und insbesondere vom Wissen um die Endlichkeit der Ressourcen ausgehend rechtfertigten die Ölförderländer schließlich die Beschlüsse der Konferenz von Kuwait. Insbesondere der Ölminister Saudi-Arabiens, Ahmed Zaki Yamani, und der Generalsekretär der OPEC, Abderrahman Khene, wiesen auf die Endlichkeit der Ölreserven hin. Diese habe die Beschlüsse von Kuwait notwendig gemacht, um die allmählich austrocknenden Ölquellen zu schützen und dadurch die Existenz der Menschheit zu sichern.[61] Zur Veranschaulichung des Argumentationsmusters in dieser Gestalt führe ich im Folgenden eine Reihe von Beispielen an:

(72) Wir haben in Saudi-Arabien weit mehr Öl produziert, als für unsere Wirtschaft notwendig war. Damit haben wir auf unserer Seite ein Opfer gebracht, denn Öl ist eine versiegende Energiequelle, und wenn wir es in großem Umfang abbauen, werden unsere Ölvorräte in kurzer Zeit erschöpft sein. Wir haben also Opfer gebracht, indem wir mehr Öl produzierten, als in unserem Interesse lag. Wir möchten, daß die anderen Parteien, die Europäer, die Japaner und der gesamte Westen das begreifen. Jetzt haben wir beschlossen, unsere Ölvorräte nicht mehr zu opfern, sondern die Ölproduktion schrittweise zu reduzieren, bis wir den Stand erreicht haben, wo wir nur das produzieren, was wir benötigen. [...] Ich meine, daß der Westen seine Anstrengungen und seine Technologie darauf verwenden muß, zusätzliche

61 In gelegentlichen sprachkritischen Reaktionen auf den Gebrauch des Topos der Endlichkeit durch Vertreter der Ölförderländer wurde diesen unterstellt, ihre eigentlichen ökonomischen Interessen zu verschleiern. In der Bundesrepublik war man davon überzeugt, politische und ökonomische Interessen seien das Motiv für die Preiserhöhungen und Lieferbeschränkungen (siehe hierzu den Topos vom Preisdiktat und Ölembargo in Kap. 5.4.2.2.1).

Versorgungsquellen zu erschließen. Sonst wird es eine Katastrophe geben. Denn Öl allein wird nicht ausreichen, um die Energiebedürfnisse nach 1985 zu befriedigen.
(Saudi-Arabiens Ölminister Yamani, in: SPIEGEL, 3.12.1973, *Auf König Feisal können Sie sich verlassen*)

(73) Wenige Tage vor Ausbruch der jüngsten Nahostkrise warnte Khene vor deutschen Industriellen in Bonn, eine Fortsetzung des ungehemmten Ölverbrauchs bedeute ‚eine tägliche Mißachtung des gesunden Menschenverstandes, und es liegt etwas Krankhaftes, Morbides in diesem Willen, um nicht zu sagen der Lust des Menschen, unablässig die Katastrophe herauszufordern'. Deutlicher als je zuvor machte der OPEC-Generalsekretär, ein gelernter Mediziner aus Algerien, der westlichen Welt klar, daß die arabischen und afrikanischen Staaten nun selbst bestimmen wollen, in welchem Rhythmus ihr Öl gefördert und wohin es verkauft wird. Khene wörtlich: ‚Das Ölangebot ist begrenzt. Deshalb wollen die Förderstaaten das Öl lieber ihren Freunden verkaufen'.
(ZEIT, 2.11.1973, *Planspiele in Öl*)

(74) Der Generalsekretär der ‚Organisation petroleumexportierender Länder' (OPEC), der Algerier Abderrahman Khene, hat in Genf die Notwendigkeit neuer ‚beträchtlicher' Ölpreiserhöhungen zum Schutz der Ölquellen vor dem Versiegen hervorgehoben. Nach seiner Meinung würden andere Energiearten wie Kohle durch rasche und nachhaltige Ölpreiserhöhungen wieder wettbewerbsfähiger gemacht und die Über-Nachfrage nach Öl gedrosselt.
(SZ, 9.11.1973, *Einschränkungen in zahlreichen Staaten*)

(75) Aus Gründen der Vernunft [...] müsse er als OPEC-Generalsekretär die Drosselung der Erdölproduktion jedoch begrüßen. Bei einem Abbau der Welt-Rohölreserven im bisherigen Tempo – von den heute bekannten Ölvorräten befinden sich 53,8 Prozent im Nahen Osten – würden die Reserven schon um das Jahr 2000 erschöpft sein. [...] Die OPEC sei froh, daß die jüngste Entwicklung einer breiten Öffentlichkeit die Knappheit der Ölreserven vor Augen geführt habe. Sie befürworte daher eine Reduzierung des Ölangebotes, um die Verbraucher zu einer Anpassung ihres Konsums an die Erdölreserven zu zwingen.
(FAZ, 13.11.1973, *OPEC-Generalsekretär: Zuckerbrot und Peitsche*)

Wie die Beispiele zeigen, legitimierten die Delegierten der Ölförderländer die Beschlüsse von Kuwait in erster Linie mit der Prämisse der Zeitenwende und durch Berufung auf die Maxime der ‚wirtschaftlichen Vernunft' (73; 75). Indem sie erklärten, man zwinge „den Westen" bzw. den westlichen Verbraucher durch Verknappung und Verteuerung des Öls, sich an die Endlichkeit der Ölvorkommen anzupassen (74) und man ermögliche mit den ergriffenen Maßnahmen die Nutzbarmachung anderer Energieträger (72; 74), inszenierten sich die Repräsentanten der Ölförderländer als Heilsbringer. Man tue mit den in der bundesrepublikanischen Öffentlichkeit als Erpressung wahrgenommenen Maßnahmen etwas Gutes, weil sie zur Lösung der Menschheitskrise (Auswüchse der Wohlstands- und Überflussgesellschaft und Ressourcenverschwendung) beitragen würden, so die Implikation. Demgemäß resümierte die ZEIT:

> Wir leiden unter den Lieferbeschränkungen der Araber und klagen über rasch steigende Preise, erlauben uns aber gleichzeitig den Luxus, zwei Drittel des verfügbaren Öls nutzlos zu verfeuern [...]. Gäbe es einen Nobelpreis für hervorragende Leistungen auf dem Gebiet des Umweltschutzes, König Feisal hätte ihn verdient. Ob das seine Absicht war, spielt keine Rolle.
> (4.1.1974, *Die heimlichen Reserven*)

Abschließend sei darauf hingewiesen, dass die gegenwartsbezogene Geschichtsschreibung nicht müde wird, die Relevanz der „Ölkrise" und der beobachteten Veränderungen für das proklamierte Ende der Nachkriegszeit zu betonen (siehe Kap. 5.3). Insofern scheint es, als sei der Topos der Zeitenwende nicht zuletzt Leitmotiv des zeitgeschichtlichen Fachdiskurses.

5.4.2.1.4 Abhängigkeitstopos

„Heute wissen wir, daß ein Land, das außer der Kohle über keine Rohstoffvorkommen von Bedeutung verfügt, dessen Wirtschaft in hohem Maße vom Export, also auch vom Goodwill anderer Völker abhängig ist, [...] ein höchst krisenanfälliges Gebilde ist."
(SZ, 24.11.1973, *In Zukunft differenziertes Wachstum*)

Dem Abhängigkeitstopos liegt die Wahrnehmung des Angewiesenseins auf das Öl aus dem Nahen Osten und des Ausgeliefertseins an diejenigen, die im Besitz des Öls sind, zugrunde. Dieses plötzliche Gewahrwerden führte der Nachkriegsgesellschaft drastisch ihre Verwundbarkeit bzw. Krisenanfälligkeit vor Augen:

(76) Jedem ist die Abhängigkeit von einer Gruppe unberechenbarer Potentaten bewußt geworden.
(ZEIT, 30.11.1973, *Auf der Öllache ausgerutscht*)

(77) Aber für die Völker in Westeuropa war es ein Schock, plötzlich zu erkennen, wie sehr wir alle vom Öl des Nahen Ostens abhängig sind.
(SPIEGEL, 7.1.1974, *Ich werde Ihnen Aspirin verkaufen*)

Der Abhängigkeitstopos ist eng mit dem Topos der düsteren Zukunft hinsichtlich der Öl- und Energiesituation und dem Argumentationsmuster der Zeitenwende verknüpft. Somit steht er im historisch-kommunikativen Kontext der ersten Diskursphase (siehe Abb. 8). Dementsprechend ist die Vermittlung eines Wissens über die Abhängigkeit vom Öl aus Nahost mit den diskursiven Ereignissen um den Krieg in Nahost und der „Öl-Konferenz" von Kuwait (siehe Kap. 5.4.1.1) verbunden. Das Argumentationsmuster lässt sich wie folgt paraphrasieren: *Aufgrund der Abhängigkeit von einer als für die Stabilität Europas (76), der BRD, ihrer Wirtschaft und/oder Gesellschaft (78) unverzichtbar eingeschätzten Ressource ist umgehend etwas zu unternehmen, um krisenfest zu werden*:

(78) Die Energiekrise soll's möglich machen: Seit den verwöhnten Bundesbürgern plötzlich ihre Abhängigkeit von arabischem Öl bewußt wurde, streift ein Hauch von Autarkie durch die deutschen Lande – besonders im klassischen Kohleland Nordrhein-Westfalen sinnen Politiker und Wirtschaftler darauf, wie sie sich durch die Nutzung von Steinkohle aus arabischen Fesseln befreien können.
(SZ, 11.12.1973, *Löst uns die Kohle aus den Fesseln der Ölscheichs?*)

(79) Der arabische Öl-Boykott machte den verschwenderischen Konsumenten plötzlich klar, wie abhängig sie von den Lieferländern des flüssigen Goldes sind. Könnte da nicht ein ebenso rasches Umschalten auf atomare Energie aus der Klemme helfen?
(SPIEGEL, 19.11.1973, *Atomkraft: Ersatz für das Öl der Araber?*)

Der Abhängigkeitstopos wurde in erster Linie durch Anführen hoher Zahlen gestützt, indem man vorrechnete, wie hoch der Öl-Anteil eines bestimmten Akteurs an der primären Energieversorgung ist und wieviel Öl aus den in der OPEC und der OAPEC vereinigten Förderländern eigentlich importiert werden müsste, um den für das Überleben der Bundesrepublik notwendigen Bedarf zu decken, mit dem Resultat eines dramatischen Missverhältnisses zwischen Bedarf und Versorgung:

(80) Immerhin stammte in der Bundesrepublik im vergangenen Jahr etwa die Hälfte der verbrauchten Energie aus Importen von Mineralöl und Mineralölprodukten – für eine solche Menge ist auch mittelfristig kein Ausgleich zu schaffen. Aber es genügt ja schon eine Drosselung der Zufuhr um zehn Prozent – das wären fünf Prozent unseres Primärenergieverbrauchs –, um uns empfindlich zu treffen.
(ZEIT, 2.11.1973, *Planspiele in Öl*)

(81) Das Rohöl, das importiert wird, stammt überwiegend aus Afrika (nahezu 53 Millionen Tonnen) und dem Nahen Osten (43 Millionen Tonnen). [...] Das heißt, an den Rohölimporten sind Afrika mit 51 Prozent und der Nahe Osten mit fast 42 Prozent beteiligt gewesen. An der Spitze der afrikanischen Erdöllieferländer steht Libyen. Das Land ist damit zugleich absolut größter Lieferant mit nahezu 29 Millionen Tonnen. Algerien und Nigeria haben jeweils rund 11 Millionen Tonnen geliefert, Tunesien nur eine. Hauptlieferant aus dem Nahen Osten ist Saudi-Arabien mit 19 Millionen Tonnen gewesen. Es folgen Iran mit rund 10 Millionen Tonnen, Muskat Oman mit fast 7, Kuwait mit mehr als 4 und Irak mit knapp 2 Millionen Tonnen. Unter dem Gesichtspunkt der blutigen Auseinandersetzung im Nahen Osten kann man insgesamt sagen, daß 80 Millionen Tonnen aus arabischen Ländern vom Konflikt betroffen sind, das sind vier Fünftel der deutschen Rohöleinfuhr.
(FAZ, 18.10.1973, *Erdöl – woher und wofür?*)

Neben dem Anführen hoher Zahlen nutzte man vereinzelt auch Vergleiche mit anderen Ländern, die als Konkurrenten im Ölverbrauch inszeniert wurden, um die Öl-Abhängigkeit Europas und der Bundesrepublik weiter zu dramatisieren. Als Konkurrenten galten die USA und Japan:

(82) Europa ist in seiner Ölversorgung zu etwa 80 Prozent vom Nahen und Mittleren Osten abhängig. Die Amerikaner werden vermutlich 1985 die gleiche Menge Nahost-Öl brauchen wie die Europäer. Und auch die Japaner haben einen ähnlich hohen Bedarf. Die wirtschaftliche Macht und der politische Druck des Nahen Ostens werden also in den nächsten zehn bis 15 Jahren immer stärker zunehmen. Eine eher ungemütliche Vision.
(SPIEGEL, 22.10.1973, *Immer knapper und teurer*)

Wie eingangs erwähnt, konstituiert der Abhängigkeitstopos ein Gefühl des Ausgeliefertseins bzw. der „Ohnmacht der Bundesregierung gegenüber den Boykottmaßnahmen“ (SZ, 7.11.1973, *Keine wirksame Waffe im Kampf um das Erdöl*), die man aufgrund der Abhängigkeit hinnehmen müsse und weswegen handels- oder entwicklungspolitisch motivierte *Gegenmaßnahmen* (84) zu unterlassen seien. In diesem Zusammenhang wurde die Bundesrepublik häufig in der Rolle des „Opfer[s] politischer Erpressungen“ (ZEIT, 16.11.1973, *Den Arabern etwas bieten*) inszeniert:

(83) Nahezu ohnmächtig müssen die westlichen Industrieländer [...] dem hemmungslosen Preistreiben der in der Organisation ölexportierender Länder (OPEC) zusammengeschlossenen Förderländer zusehen. Denn für das teure Öl gibt es gegenwärtig keinen Ersatz.
(ZEIT, 11.1.1974, *Ein Spiel ohne Grenzen?*)

(84) Weder mit handelspolitischen noch mit entwicklungspolitischen Gegenmaßnahmen ist die Bundesregierung in der Lage, [...] wirtschaftlichen Druck auf die arabischen Ölförderländer auszuüben. Im Gegenteil – derartige Nadelstiche wären eine Herausforderung der Araber, die sie höchstwahrscheinlich mit einem totalen Lieferboykott der Bundesrepublik beantworten würden. Eine solche absurde Strategie überhaupt nur zu erwägen, so wird in Bonner Regierungskreisen betont, sei für ein Land, dessen Rohölbedarf zu rund 75% in Staaten des Nahen Ostens gedeckt werden müsse, geradezu ‚selbstmörderisch‘.
(SZ, 7.11.1973, *Keine wirksame Waffe im Kampf um das Erdöl*)

(85) ‚Ich halte nichts davon‘, erklärte Bonns Wirtschaftsminister Hans Friderichs, ‚durch Gegenboykott-Maßnahmen zu einer Eskalation beizutragen, die nur dazu führen würde, daß noch weniger Öl nach Deutschland fließt‘.
(SPIEGEL, 26.11.1973, *Nur noch mehr Kummer*)

Die beginnende Suche nach Möglichkeiten, die Abhängigkeit vom Öl zu verringern und so die Sicherheit der Energieversorgung zu gewährleisten (siehe hierzu die Finaltopoi in Kap. 5.4.2.3), beflügelte die Phantasie. Sämtliche Vorschläge hier aufzuzählen ist nicht möglich. Sie reichen von praktikablen, ökologisch sinnvollen und relativ ungefährlichen Maßnahmen, die auf eine effizientere Energienutzung und auf Energieeinsparungen im privaten Bereich zielen, über die Nutzung alternativer Energien und abstruse Erfindungen bis hin zur ökonomisch und ökologisch umstrittenen Erschließung von Ölvorkommen beispielsweise in Teersanden und Schiefer oder mithilfe von Tiefseebohrungen und Kernfusion.

Insbesondere Akteure aus Politik und Energiewirtschaft schlossen aus dem Grund der Abhängigkeit die Notwendigkeit von Energieeinsparungen, technologischen Fortschritten im Bereich der Energienutzung und energiepolitischen Maßnahmen. Das plötzliche Gewahrwerden der Abhängigkeit beflügelte aber nicht nur die Phantasie, sondern wirkte sich auch auf staatliche Planungs- und Steuerungsaktivitäten aus:

(86) Unabhängig von der gegenwärtigen Verknappung wolle die Bundesregierung beschleunigt ihr Energieprogramm vom September verwirklichen, damit die Bundesrepublik nicht noch abhängiger von Einfuhren werde.
(SZ, 26.11.1973, *Brandt: Arbeitsplätze müssen gesichert werden*)

(87) Alle Gedanken an Autarkie, alle Gedanken, sich etwa kurz- oder auch nur mittelfristig von der Erdölversorgung in diesem Lande ganz unabhängig machen zu können, führen nach meiner Überzeugung auf den Holzweg. Dies wird nicht möglich sein. Wir können versuchen, Abhängigkeiten zu mildern [...]. Aber daß wir die Abhängigkeit abschaffen könnten, das ist angesichts der Rohstoffsituation dieses Landes auf diesem Sektor zur Zeit jedenfalls nicht gegeben. [...] Und Herr Strauß, Sie haben Recht, daß das Energieprogramm der Bundesregierung fortgeschrieben werden muß [...].
(SZ, 30.11.1973, *Autarkie-Verfechter auf dem Holzweg*)

Wie die Belege (78) und (79) verdeutlichen, betraf ein Schwerpunkt der energiepolitischen Aktivitäten Fragen der Nutzbarmachung von Kohle und Atomenergie. Das neue ökonomische Krisenwissen – insbesondere das Wissen um die Abhängigkeit – legitimierte Projekte, die im ökologischen Krisendiskurs schon massive Zweifel geweckt hatten. So wurde im Dezember 1973 das vierte Atomprogramm (1973–1976) verabschiedet. Verglichen mit seinen Vorgängern sah es den umfassendsten Ausbau der Kernenergieproduktion vor. Als Hauptargument für den massiven Ausbau wurde die Verringerung der Abhängigkeit vom Import von Öl, mit dem Ziel, die Energieversorgung langfristig zu sichern, genannt. Dass sich der Ausbau dieser Energiequelle aufgrund der Proteste der Umweltbewegung seit der Bauplatzbesetzung von Whyl am Kaiserstuhl 1975 und infolge des Wandels der öffentlichen Meinung als Konsequenz von Ereignissen wie denen in Brokdorf 1976, Harrisburg 1979, Tschernobyl 1986 und Wackersdorf 1986 deutlich verzögern würde, und dass es schließlich zu einem politischen Konsens über den „Atomausstieg“ 1998 und über die „Energiewende“ kam, konnte damals, 1973, noch niemand ahnen. Im Diskurs zur „Ölkrise“ gab es jedenfalls einen breiten Konsens darüber, dass Erdöl auf längere Sicht durch Kohle und Atomenergie abgelöst werden müsse, um den Energiebedarf, das Wachstum der Wirtschaft, das Überleben der Gesellschaft usw. zu sichern und sich so gegen „Krisen“ zu immunisieren:

(88) Europa ist in seiner Ölversorgung zu etwa 80 Prozent vom Nahen und Mittleren Osten abhängig. [...] Wir werden große Anstrengungen machen müssen, um alternative Energiequellen zu fördern und zu erschließen. Vor allem die Kernenergie, die für die Stromerzeugung dient. Der Steinkohleabsatz muß stabilisiert, die Braunkohleförderung erhöht werden. Zum anderen wird man sich an den Gedanken gewöhnen müssen, Energie als etwas Kostbares anzusehen und sehr sparsam damit umzugehen.
(Esso-Generaldirektor Wolfgang Oehme, in: SPIEGEL, 22.10.1973, *Immer knapper und teurer*)

(89) Kernkraft und Kohle gemeinsam vermögen das Öl in weiten Bereichen [...] zu ersetzen.
(ZEIT, 2.11.1973, *Planspiele in Öl*)

(90) Die Bundesregierung will mit einem Aufwand von 2,1 Mrd. DM innerhalb der nächsten vier Jahre weitere neue Kernreaktoren zur Produktion des billigen und krisenunabhängigen Atomstroms bauen. Wie aus dem Bundeswissenschaftsministerium verlautete, nimmt die Reaktorenentwicklung breiten Raum im Entwurf des vierten Atomprogramms ein, das voraussichtlich noch in diesem Jahr vom Kabinett verabschiedet werden soll. Der Entwurf sieht für 1973–1976 insgesamt Ausgaben von 6,1 Mrd. DM vor. Dem Energiekonzept der Regierung zufolge soll der Anteil der Kernenergie an der Gesamtversorgung der Bundesrepublik von 1% im vergangenen Jahr auf 15% im Jahre 1985 steigen.
(SZ, 2.11.1973, *Bonn will Atomstrom fördern*)

5.4.2.1.5 Topos der ungewissen Lage

„Eine Voraussage über die Entwicklung im nächsten Jahr zu machen hat etwa die Trefferwahrscheinlichkeit eines Totogewinns.“
(ZEIT, 30.11.1973, *Sagen die Ölkonzerne die Wahrheit?*)

Der Topos der ungewissen Lage bestimmt die Konstruktion der Unsicherheit in Zusammenhang mit den auf der „Öl-Konferenz“ von Kuwait gefassten Beschlüssen. Im Anschluss an die Konferenz wurde im öffentlichen Diskurs die Frage diskutiert, wer von den Maßnahmen wie betroffen ist und wie sie sich auf die Bundesrepublik Deutschland, das Wirtschaftswachstum, den Arbeitsmarkt usw. auswirken. Man gelangte zu der Überzeugung, weil sich nicht mit Sicherheit sagen lasse, wie die weitere Entwicklung verlaufen werde, seien bestimmte Dinge zu tun oder zu unterlassen. Somit zieht auch der Topos der ungewissen Lage als Prämisse der Argumentation etablierte Gewissheiten in Zweifel, insbesondere die preisgünstige und unbegrenzte Sicherheit der Ölversorgung. Damit steht der Gebrauch dieses Argumentationsmusters im kommunikativen Kontext der ersten Diskursphase (siehe Abb. 8) und des Diskursstrangs „Krieg in Nahost/Politik der Ölförderländer“ (siehe Abb. 7). Die folgenden Beispiele geben einen ersten Eindruck:

(91) Niemand weiß, wieweit die arabischen Ölquellen, unabhängig vom Ausgang der Friedensverhandlungen, nun wirklich zugedreht werden. Auch ist unklar, welche europäischen Län-

der von den Arabern als ‚Freunde', welche als ‚nur' neutral angesehen werden und wen sie möglicherweise zu ihrem Feind erklären.
(SZ, 10.11.1973, *Wie wir uns der Ölkrise erwehren können*)

(92) Wie hoch der Heizölpreis in der Bundesrepublik im nächsten Jahr sein wird, das kann man beim besten Willen nicht sagen, nachdem die Opec verkündet hat, daß sie mit den Abnehmergesellschaften nicht mehr verhandeln, sondern die Preise festsetzen wird.
(Spiegel, 22.10.1973, *Immer knapper und teurer*)

(93) Noch nie war die Ungewißheit über die wirtschaftliche Entwicklung im kommenden Jahr so groß wie heute. Für die große Unbekannte in allen Prognosen haben die Araber gesorgt. Niemand kann heute sagen, wieviel Öl uns im nächsten Jahr zu welchem Preis zur Verfügung stehen wird [...]. Und ohne eine Vorhersage über die Lage auf dem Energiemarkt stehen auch alle Berechnungen über das Wachstum der Wirtschaft, über Exporte und Importe, Löhne und Preise auf schwankendem Boden. Auch die Sachverständigen konnten in ihrem Sondergutachten nur mit Annahmen arbeiten.
(Zeit, 21.12.1973, *Das kleinere Übel wählen*)

Dem stereotypen Feindbild entsprechend wurden im Rahmen des Argumentationsmusters immer wieder die Ölförderländer bzw. ihre Repräsentanten in der Rolle unberechenbarer Machthaber inszeniert, die sich gegen „den Westen" verschworen hätten:

(94) Die Potentaten dieser ölreichen Staaten lassen die westliche Welt völlig im ungewissen darüber, was sie vorhaben. Die internationalen Konzerne, aber auch die nationalen Erdölunternehmen Europas sehen sich urplötzlich in die Rolle eines Mannes versetzt, der in einem völlig dunklen Zimmer nach einem schwarzen Hut sucht, von dem er nicht einmal weiß, ob es ihn da überhaupt gibt. [...] Der Klub der arabischen Ölkrösusse am Persischen Golf und am Mittelmeer – Revolutionsregierungen und absolute und konstitutionelle Monarchen wie zu einem Rütlischwur vereint – beschließt Ausfuhrdrosselungen und totale Liefersperren, ohne offen zu sagen, gegen welche Länder im Einzelnen sich diese Beschlüsse richten. Sie lassen alle Welt im Rätselraten darüber schmoren, wer davon wohl wann und wie getroffen werde.
(FAZ, 1.11.1973, *Wirtschaftlicher Selbstmord der Ölaraber*)

(95) Die Verwirrung über den Rohölpreis ist komplett. Die Meldungen über immer neue Preisdiktate der Ölexportländer überschlagen sich. [...] Das Kartell der in der OPEC vereinten ölexportierenden Länder diktiert den Preis ohne Rücksicht auf Verträge. Niemand weiß, was es morgen beschließen wird.
(FAZ, 16.1.1974, *Verwirrung über den Rohölpreis*)

Den Topos der ungewissen Lage nutzte fast ausschließlich die Bundesregierung, die – abgesehen von gängigen Schlussfolgerungen wie der angeblichen Notwendigkeit, Energie zu sparen (96) oder einer maßvollen Tarifpolitik (97) – aus der Prämisse des Nichtwissens in erster Linie Argumente und Argumentationen generierte, mit denen eine ablehnende Haltung gegenüber bestimmten Handlungen begründet wurde. Solange die Informationen unzureichend seien, könnten bestimmte Entscheidungen/Vorhaben/Maßnahmen nicht getroffen/ergriffen/durchgeführt werden. Man müsse noch abwarten:

(96) Die Vorräte sollte man vorsichtig einsetzen, solange niemand weiß, wie sich die Ölversorgung weiterentwickelt.
(SZ, 10.11.1973, *Wie wir uns der Ölkrise erwehren können*)

(97) Andererseits zwingt die ungewisse wirtschaftliche Zukunft die Unterhändler dazu, das Arbeitsplatzrisiko nicht durch allzu drastische Forderungen zu erhöhen.
(Spiegel, 19.11.1973, *Mit knappen Vorräten sorglos geaast*)

(98) Das Bundeswirtschaftsministerium lehnte am Donnerstag jede detaillierte Stellungnahme ab. Es rechtfertigte dies mit dem Hinweis, daß bisher keine offiziellen Mitteilungen über die tatsächlich geplanten Maßnahmen vorlägen. [...] Im Wirtschaftsministerium verweist man darauf, daß man sich erst nach Bekanntwerden genauer Einzelheiten auf offiziellem Wege zu der veränderten Lage und ihren Auswirkungen auf die Bundesrepublik äußern könne.
(FAZ, 19.10.1973, *Vertrauliche Beratungen in Paris über die Ölversorgung*)

(99) Niemand kann heute ernsthaft behaupten, er wisse, was am Weltölmarkt in den nächsten Monaten geschieht, was die Ölländer wirklich tun und wie die Reaktionen hierauf sein werden. In dieser Situation der hohen Unsicherheit ist es natürlich sehr schwer, alle längerfristigen Konsequenzen schon jetzt zu ziehen. Daher ist heute und hier nicht der Zeitpunkt, um die umfassende Fortschreibung unseres Energieprogramms vom September '73 vorzunehmen. Die Bundesregierung ist der Ansicht, daß die Grundausrichtungen der Energiepolitik nicht revidiert zu werden brauchen.
(Hans Friderichs, in: SZ, 18.1.1974, *Ölkrisen-Zwischenbilanz des Wirtschaftsministers: Die Grundausrichtungen der Energiepolitik brauchen nicht revidiert zu werden ...*)

Die Opposition (CDU/CSU) nutzte den Topos der ungewissen Lage, um der Bundesregierung vorzuwerfen, sie verneble die Realität. Dies tat sie, indem sie auf die vorherrschende Verwendung des Argumentationsmusters einging und es durch sprachkritische Thematisierung in pejorativer Funktion ablehnend kommentierte:

(100) Die CDU/CSU kritisiert die zum Teil widersprüchlichen Äußerungen einzelner Regierungsmitglieder zur Energieversorgung und macht der Bundesregierung den Vorwurf mangelnder Vorausschau. Sie fordert sie auf, die Bevölkerung genauer als bisher über die Lage zu informieren.
(FAZ, 28.11.1973, *Brandt vermittelt im wirtschaftspolitischen Grundsatzstreit der Koalitionsparteien*)

(101) Für die Opposition kritisierte der wirtschaftspolitische Sprecher der CDU/CSU-Fraktion, Strauß, die Ausführungen des Kanzlers als ‚Zebra-Erklärung‘, die als besonderes Stück

in die lange Reihe von ‚wortreichen Kraft- oder Schwächeakten' gehöre. Strauß kritisierte vor allem, daß die Erklärung ‚leider sehr wenig' an klarer und harter Sachinformation enthalten habe. Die Bundesregierung sei aber verpflichtet, der Öffentlichkeit reinen Wein einzuschenken und die Wahrheit zu sagen. Auch die Opposition sei in dem Gespräch, das Bundeskanzler Brandt mit den Partei- und Fraktionsvorsitzenden geführt habe, unzulänglich informiert worden. [...] Strauß forderte vor allem ‚ein deutliches Wort' über den vorausschaubaren Energiebedarf, basierend auf der erwarteten wirtschaftlichen Entwicklung und die damit zusammenhängenden Auswirkungen auf die Arbeitsplätze. [...] In der gegenwärtigen Situation würden Versicherungen wie, man werde gut über den Winter kommen, nichts nützen.
(FAZ, 30.11.1973, *Die Energie-Debatte im Bundestag*)

Die sprachkritische Thematisierung der Krisenkommunikation der Bundesregierung in pejorativer Funktion war speziell an Willy Brandt adressiert. Sie trug vermutlich zu dem Eindruck bei, der Kanzler zeige Führungsschwäche und sei unfähig „Krisen" zu bewältigen, weil er kein *deutliches Wort* (101) rede.

5.4.2.1.6 Topos der Normalität

„Die Ölversorgung der Bundesrepublik ist bisher nicht nennenswert beeinträchtigt."
(BILD, 23.11.1973, *Öl, Benzin und Diesel. Jetzt spielen die Preise echt verrückt!*)

Der Topos der Normalität behauptet, die „Krise" existiere nicht. Typisch für das Argumentationsmuster sind Konstruktionen eines Normalzustandes bezüglich der Ölversorgung. Es steht somit im Gegensatz zu den düsteren Zukunftsprognosen und Gegenwartsdiagnosen hinsichtlich der Öl- und Energiesituation während der ersten Diskursphase (siehe Abb. 8 und Kap. 5.4.1.1 sowie Kap. 5.4.1.2):

(102) Bis jetzt gibt es keine Anzeichen dafür, daß wir einer ausgesprochenen Krisensituation entgegengehen.
(Hans Friderichs, in: SPIEGEL, 15.10.1973, *Ölkrise: Die würden uns auslutschen*)

(103) Bundeswirtschaftsminister Friderichs versicherte am Wochenende, selbst bei einem Lieferboykott drohe keine Gefahr.
(ZEIT, 19.10.1973, *Der Krieg des Muammar al Gaddafi*)

(104) Dem Volk verkündete Bundeswirtschaftsminister Hans Friderichs kernig, eine Ölkrise werde es in Deutschland nicht geben.
(SPIEGEL, 22.10.1973, *Nahost-Öl: Die Krise dauert fünfzehn Jahre*)

Wie die Beispiele zeigen, war insbesondere Hans Friderichs, der fast ausschließliche Verwender des Argumentationsmusters, darum bemüht, Panik zu vermeiden. Dem liegt die Kommunikationsstrategie der Bundesregierung zugrunde, durch beruhigende Äußerungen „Hamsterkäufen" entgegenzuwirken. Der Topos ist somit die Antwort auf die Annahme, die „Krise“ sei durch unvernünftiges Verbraucherverhalten verursacht oder werde dadurch zumindest verschärft (siehe hierzu den Topos der Krisenneurose in Kap. 5.4.2.2.3). Im Gegensatz zum Vorwurf der Opposition, die Bundesregierung würde durch ihre Krisenkommunikation die Realität vernebeln, bzw. entgegen der von Franz Josef Strauß geäußerten Auffassung, dass in *der gegenwärtigen Situation [...] Versicherungen wie, man werde gut über den Winter kommen, nichts nützen* (101), war die Bundesregierung – jedenfalls in der ersten Diskursphase – offenbar der Ansicht, Beschwichtigungen würden sehr wohl dazu beitragen, die „Krise“ zu bewältigen:

(105) Den Bundeswirtschaftsminister nahm Brandt gegen den Vorwurf in Schutz, er habe die Lage zu günstig dargestellt. Es sei nicht die Aufgabe von Friderichs, sagte Brandt, für eine Dramatisierung zu sorgen, sondern vielmehr, beruhigende Fakten darzustellen. [...] Ausdrücklich dankte Lambsdorff Bundeswirtschaftsminister Friderichs für seine Informationspolitik. Angesichts der unbestreitbaren Neigung der Bevölkerung, Hamsterkäufe zu tätigen, habe der Minister die Pflicht, dem entgegenzuwirken, und sei nicht dazu da, ‚Tatarennachrichten‘ in die Welt zu setzen.
(FAZ, 30.11.1973, *Die Energie-Debatte im Bundestag*)

(106) [J]egliche Hysterie [sei] fehl am Platze, denn die Versorgungslage habe sich nicht weiter zugespitzt.
(SZ, 8.11.1973, *Friderichs: Kein Anlaß zu Hysterie*)

(107) Die Kürzung der Rohölforderung und -lieferung durch eine Reihe arabischer Staaten hat Bundeswirtschaftsminister Friderichs über das Wochenende mehrfach zu der Versicherung veranlaßt: Für die Bundesrepublik wird es weder für Heizöl noch für Benzin gravierende Engpässe geben. Da nach seinen Angaben die Vorräte in der Bundesrepublik ausreichen, um selbst bei voller Liefereinstellung aller nahöstlichen Krisenländer die Versorgung für ein halbes Jahr aufrecht zu erhalten, bestehe kein Anlaß zu Hamsterkäufen.
(SZ, 22.10.1973, *Friderichs bleibt dabei: Ölversorgung ist gesichert*)

5.4.2.2 Topoi der Ursache

Kontextspezifische Argumentationsmuster und die jeweils zugrundeliegenden sprachlichen Äußerungen, die dem Topos der Ursache zugeordnet wurden, haben die argumentative Funktion zu ERKLÄREN-WARUM DIE „KRISE“ EXISTIERT, zu ERKLÄREN-WAS ZUR „KRISE“ GEFÜHRT HAT und zu ERKLÄREN WER DURCH WELCHES VERHALTEN SCHULD AN DER „KRISE“ HAT. Dabei sind die Argumentationsmuster eng mit dem Datentopos zugeordneten Argumentationsmustern verbunden (siehe zum komplexen topischen Argumentationsvorgang auf Ebene der Struktur öffentlich-politischer Krisendiskurse Kap. 5.1). Die nachstehende Abbildung zeigt, mithilfe welcher kontextspezifischen Topoi die Attribuierung von Ursachen der „Ölkrise" 1973/74 maßgeblich erfolgte, um in der Öffentlichkeit Akzeptanz oder Ablehnung für bestimmte politische Handlungen herzustellen:

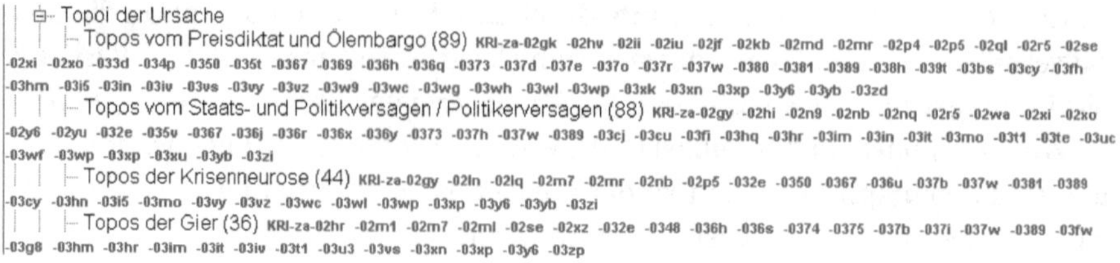

Abb. 15: Übersicht Topoi der Ursache „Ölkrise" 1973/74 in FuD

Die Zuschreibung von Ursachen während der „Ölkrise" erfolgte insbesondere durch die Nutzung der Topoi vom Preisdiktat und Ölembargo (89) und vom Staats- und Politikversagen/Politikerversagen (88). In 44 Vorkommen wurde der Topos der Krisenneurose verwendet, um zu erklären, warum die „Krise" existiert und daraus Handlungsnotwendigkeiten abzuleiten. Der Topos der Gier ist 36-mal dokumentiert.

5.4.2.2.1 Topos vom Preisdiktat und Ölembargo

„Heute entscheiden die einstigen Öl-Marionetten mit jedem Beschluß über gekürzte Liefermengen und erhöhte Preise […] darüber, wer in Westeuropa, Japan und den Vereinigten Staaten zu Fuß zu gehen und zu frieren hat, ob im Westen Wirtschaftswachstum oder Arbeitslosigkeit das Angemessene wäre."
(Spiegel, 7.1.1974, *Vom Überfluß zur Mangelware: Kampf um Energie*)

Die Hauptursache der „Ölkrise" wurde in den auf der „Öl-Konferenz" von Kuwait beschlossenen Maßnahmen der erdölexportierenden arabischen Länder gesehen (siehe hierzu ausführlicher den historischen Überblick in Kap. 5.4). Somit steht der Gebrauch des Argumentationsmusters im kommunikativen Kontext der ersten Diskursphase „Semantisches Säbelrasseln" (siehe Abb. 8 und Kap. 5.4.1.1) und ist inhaltlich in Zusammenhang mit dem Diskursstrang „Krieg in Nahost/Politik der Ölförderländer" (siehe Abb. 7) zu sehen. Die folgenden Textbeispiele veranschaulichen zunächst die enge Verbindung des Argumentationsmusters mit dem Topos der düsteren Zukunftsprognose und Gegenwartsdiagnose. Die düstere Zukunft und Gegenwart wurden jeweils als Folgen des Verhaltens der *Araber* (108), *Ölscheichs* (109), *Ölfürsten* (110) bzw. *Arabiens* (111) erklärt:

(108) ‚Im Januar oder Februar‘, sinnierte letzte Woche ein Ölbeamter aus dem Bundeswirtschaftsministerium, ‚kann es fatal werden. Wenn die Araber ihre Ölblockade durchhalten, steht uns einiges bevor‘.
(SPIEGEL, 5.11.1973, *Europa schlagen, Amerika treffen*)

(109) Wenn die Ölscheichs niesen, bekommen unsere großen Werke Schnupfen und die kunststoffverarbeitenden Betriebe die Grippe. Das Ergebnis einer lang anhaltenden arabischen Krankheit heißt Arbeitslosigkeit. [...] Ein interner Bericht der Unternehmer malt düster: 200 000 Arbeitsplätze in der Kunststoffverarbeitung sind in Gefahr, weil die Rohstofflieferungen zum Teil um 60 Prozent gekürzt wurden.
(BILD, 4.12.1973, *Wie sicher ist Ihr Arbeitsplatz?*)

(110) Nicht mehr die Bundesbank steht am Steuer der deutschen Konjunktur, sondern das besorgen jetzt die arabischen Ölfürsten. Sie werden keine Hemmungen haben, meine verehrten Leser, unsere Konjunktur mehr zu drosseln, als es der Bundesregierung lieb ist.
(ZEIT, 30.11.1973, *Auf der Öllache ausgerutscht*)

(111) [D]ie Autoindustrie dagegen verdankt den Rückschlag im Inlandsgeschäft vor allem der Rache Arabiens. Die fatale Situation von Konjunkturabschwung und Energienotstand entlarvte die Brüchigkeit jener Säulen, auf denen in den letzten Jahren die hohen Wachstumsraten der westdeutschen Wirtschaft basierten: auf den Automobilbauern und der chemischen Industrie.
(SPIEGEL, *Arbeitslose: So knüppeldick war’s noch nie*, 17.12.1973)

(112) Die arabische Ölpolitik hat das feinnervige Energie-Versorgungssystem des Westens schockartig gestört.
(SPIEGEL, 10.12.1973, *Weltmacht Öl*)

Wie kein anderes Ereignis hat das Agieren der Ölförderländer in der bundesrepublikanischen Öffentlichkeit das Gewahrsein der Verwundbarkeit von Wirtschaft und Gesellschaft geschärft. In Kapitel 5.4.1.1 wurde bereits darauf hingewiesen, dass man die auf der „Öl-Konferenz“ beschlossenen Maßnahmen im öffentlich-politischen Diskurs typischerweise als *Ölembargo* sowie, stärker negativ konnotiert, als *Ölboykott* (113; 114) und – wie in (115) – *Preisdiktat* bezeichnete:

(113) Arabiens Ölboykott bringt die Wirtschaft der westlichen Wohlstandsländer ins Wanken.
(SPIEGEL, 19.11.1973, *Mit knappen Vorräten sorglos geaast*)

(114) Der arabische Ölboykott wirkt sich aus. Wenn er fortgesetzt wird, geht er uns nicht nur an die Mark, sondern an das Mark.
(ZEIT, 7.12.1973, *Warnung an die Erpresser*)

(115) Die jüngsten Preisdiktate der Ölländer [...] werden den Ölpreis weiter in die Höhe treiben.
(FAZ, 16.1.1974, *Verwirrung über den Rohölpreis*)

Die Bezeichnungen *Ölboykott* und *Preisdiktat* drücken aus, Liefermenge und Ölpreis seien der Bundesrepublik Deutschland von den Förderländern aufgezwungen worden. Damit war die Wahrnehmung einer politischen Erpressung verbunden (siehe hierzu auch den Abhängigkeitstopos in Kap. 5.4.2.1.4). Charakteristisch für den Eindruck des Diktats und der politischen Erpressung ist die schon mehrfach erwähnte metaphorische Konzeptualisierung der Aktionen der Ölförderländer als *drehen am Ölhahn* (116; 117) und als *Einsatz des Öls als Waffe* im *Ölkrieg* (118; 119; 120; 121) (siehe zur Ölhahn-Metapher und zur Rahmung der Beschlüsse von Kuwait als ‚Krieg' u. a. die Bemerkungen in Kap. 5.4.1.1):

(116) Der Otto Normalverbraucher aller sozialen Schichten kann es immer noch nicht fassen, daß Ungemach auf ihn zukommt, und dies – zweite Fassungslosigkeit – alles nur deshalb, weil weit hinten in der Türkei die Völker aufeinanderschlagen und arabische Ölscheichs am Ölhahn drehen. [...] Der deutsche Mensch schuftet in Büro und Fabrik, um es zu etwas zu bringen, während die Ölscheichs im Harem und so ...
(SZ, 24.11.1973, *In Zukunft differenziertes Wachstum*)

(117) Wenn der Ölhahn weiter zugedreht wird, gibt es noch mehr Kurzarbeit ...
(BILD, 4.12.1973, *Wie sicher ist Ihr Arbeitsplatz?*)

(118) Das Ölembargo, das die Industrienationen in die bedrohlichste Krise seit Ende des Weltkrieges zu stürzen droht, ist [...] eine Waffe der Araber.
(ZEIT, 21.12.1973, *Die Reichen aus dem Morgenland*)

(119) [D]ie Araber haben eine neue Waffe entdeckt: das Erdöl als Druckmittel gegen das Abendland.
(SPIEGEL, 12.11.1973, *Europa muß den Arabern Waffen liefern*)

(120) Das von arabischen Staaten als politische Waffe gebrauchte Ölembargo ist die Ursache für die Verknappung.
(BILD, 18.12.1973, *Unsachliche Angriffe gegen die Ölindustrie!*)

(121) Die arabischen Ölländer haben die politische Waffe des Öl-Embargos eingesetzt. [...] Damit wurde die Knappheit an Öl [...] schlagartig sichtbar. Der Preis für leichtes Heizöl schnellte auf neue Höhen.
(SZ, 10.11.1973, *Wie wir uns der Ölkrise erwehren können*)

In erster Linie verwendeten Akteure aus der Politik das Argumentationsmuster. Das zu Begründende wurde deklariert als „Schutz vor einer Erpressung durch die arabischen Öllieferanten" (SPIEGEL, 15.10.1973, *Ölkrise: Die würden uns auslutschen*), als Schutz vor einem *Einsatz der Ölwaffe* im „totalen Ölkrieg der arabischen Länder gegen den energiedurstigen Westen" (ZEIT, 19.10.1973, *Der Krieg des Muammar al Gaddafi*) oder als Verteidigungsmaßnahme gegen Angriffe auf das *Abendland* (119), so die damalige Wahrnehmung der Geschehnisse (siehe hierzu auch Kap. 5.4.1.1). Einerseits wurde dabei vor dem Hintergrund des Ziels der Versorgungssicherheit über vorratspolitische Maßnahmen diskutiert, was die Formulierung eines bis heute gültigen Gesetzes zur Erhöhung der Ölreserven begründete (122). Andererseits wurde aus der Wahrnehmung der Verwundbarkeit aufgrund der Politik der Ölförderländer gefolgert, dass man mit Energie sparsamer umgehen und neue Energiequellen erschließen müsse (123; 124; 125). Aber auch der Gastarbeiteranwerbestopp wurde unter Rückgriff auf den Topos vom Preisdiktat und Ölembargo legitimiert (126):

(122) Die EG-Kommission hat allerdings (nicht zuletzt mit Blick auf die Empfehlungen der OECD) in einer Richtlinie den Mitgliedsstaaten die Aufstockung der Mineralölvorräte auf den Verbrauch von 90 Tagen vorgeschrieben. In einer verbesserten Vorratspolitik wird letztlich der einzige Schutz vor einem Ölboykott gesehen. Die Bundesregierung hat daher auch bereits einen Gesetzentwurf im Parlament eingebracht, der die Aufstockung von derzeit 65 und 45 Tagen bei Raffinerien und Händlern auf 90 und 75 Tage mit Wirkung vom 1. Januar 1975 vorsieht.
(FAZ, 19.10.1973, *Vertrauliche Beratungen in Paris über die Ölversorgung*)

(123) Jüngste Informationen über denkbare weitere Lieferkürzungen bei Rohöl zwingen zu Überlegungen, nach welcher Methode und an welchen Stellen der Energieverbrauch noch stärker eingeschränkt werden kann.
(SZ, 3.12.1973, *Ende der Vollbeschäftigungsgarantie*)

(124) Sowenig wie die Landwirtschaft alle ihre Felder mit Glasdächern gegen Hagelschlag schützen kann, sowenig konnten wir uns mit Kohlenautarkie gegen die Launen der politisch unberechenbaren Erdölpotentaten sichern. Bis die Araber wieder wirtschaftliche Vernunft annehmen, bleibt uns nichts anderes übrig, als unseren Verbrauch an Mineralölprodukten einzuschränken und überall dort, wo es technisch geht, Kohle statt Öl zu verbrauchen.
(FAZ, 17.12.1973, *Kann die Kohle helfen?*)

(125) ZEIT: Haben wir Europäer überhaupt noch eine Waffe gegen politische Erpressungen der Ölländer? Abs: Die beste Waffe ist natürlich Enthaltsamkeit, wenn man deutlich macht, daß man auf die Ölimporte nicht angewiesen ist. Das wirft natürlich sofort die Frage auf, welche Ölquellen als Ersatz zur Verfügung stehen.
(ZEIT, 16.11.1973, *Den Arabern etwas bieten*)

(126) [D]er erpresserische Öl-Boykott der Scheichs verschärft die Dinge zur echten Krise. Über unsere Wirtschaft legt sich ein Eiseshauch. Daß die Regierung in dieser Situation zunächst an die deutschen Arbeiter denkt und das Angebot der ausländischen Kräfte verknappt, ist richtig.
(BILD, 24.11.1973, *Alarmzeichen aus Bonn*)

In zahlreichen Verwendungen des Argumentationsmusters ist ein kulturalistischer Einschlag zu beobachten, d. h. bei der die Schlussfolgerungen motivierenden Beurteilung der Prämissen spielt das als arabische Identität Angenommene eine gewisse Rolle. Diese wurde in Prozessen der Fremdzuschreibung als das kulturell gänzlich Andere ausgewiesen, womit die diskursive Konstruktion eines Stereotyps und – insofern das Andere häufig als bedrohlich für das Eigene wahrgenommen wird – eines Feindbildes einherging.[62]

Im genannten Sinne wirksam war der Gebrauch des kollektiven Singulars bzw. kollektiver Fremdbezeichnungen. Neben *dem Ölscheich* (109; 116; 126) war vor allem von *dem Araber* (108; 118; 119; 124) die Rede, welche aufgrund des ihnen zugeschriebenen Verhaltens als Verursacher der „Ölkrise" angesehen wurden. Das Feindbild wurde durch eine generalisierende Übertragung bestimmter, mittels Fremdzuschreibungen als typisch behaupteter Merkmale, Prädikate oder Verhaltensweisen auf die mit dem Kollektivsingular bezeichnete Menschengruppe aufgebaut. Während der „Ölkrise" war damit eine unangemessene Verallgemeinerung ethnisch, religiös und kulturell durchaus unterschiedlicher Gruppen im arabischen Raum verbunden.[63] Besonders einprägsam in dieser Hinsicht ist wohl die Ölhahn-Metapher, mit der man „den Ölscheich" oder „den Araber" zumindest als erpresserisch, traditionalistisch und willkürlich charakterisierte, was, so eine exemplarische Schlussfolgerung, politische Verhandlungen mit ihnen schwierig mache. Weitere Eigenschaften, die „dem Araber" als Buhmann der „Krise" zugeschrieben wurden, sind etwa Unberechenbarkeit und Irrationalität (124), Lüsternheit (116) und Raffgier (127), Prunksucht, Verschlagenheit sowie Rückständigkeit und Fanatismus. Nicht ins gängige Klischee des „Orientalen" passt, dass einige Vertreter der OPEC und OAPEC an amerikanischen Eliteuniversitäten ausgebildet waren, so beispielsweise der Ölminister Saudi-Arabiens, Yamani, und dass sie teilweise im feinen Anzug gekleidet auftraten und mit den

---

62 Das Argumentationsmuster hat in dieser Variante Ähnlichkeiten mit dem Kultur-Topos nach Wengeler (2003: 312), wie er im bundesrepublikanischen Migrationsdiskurs vorkommt: „*Weil Menschen bestimmte ethnisch-kulturell geprägte Eigenschaften bzw. Mentalitäten haben, gibt es bestimmte beklagens- oder begrüßenswerte Zustande, die jeweils verändert oder gefördert werden sollen.*" Wengeler (vgl. 2003: 498) stellt fest, dass ab 1973 Menschen aus arabischen Ländern aufgrund ihrer kulturellen Andersartigkeit zunehmend als problematisch angesehen wurden (in den 1960er Jahren waren es die Italiener), womit man die Ablehnung von Einwanderung begründete. Die kulturalistische Argumentationsweise kontra Einwanderung bzw. der „Abwehrdiskurs", so Wengeler (2003: 524), habe sich seit der „Ölkrise" verstärkt. Mit der Serie „Die Erpresser, die aus der Wüste kommen" schürte insbesondere die BILD-Zeitung auf herablassende Art Vorurteile gegen Menschen aus den arabischen Ländern und ihre Kultur.

63 Willy Brandt hingegen zeigte sich sprachbewusst: „Meine Damen und Herren, ich spreche hier nicht verallgemeinernd von ‚den' Arabern" (Beitrag in der Debatte zur *Erklärung der Bundesregierung zu aktuellen Fragen der Wirtschafts- und Energiepolitik*. In: Verhandlungen des Deutschen Bundestages. Stenographische Berichte. 7. Wahlperiode, 67. Sitzung, 29.11.1973. S. 3907–4058, hier S. 3911. [http://dipbt.bundestag.de/doc/btp/07/07067.pdf, zuletzt abgerufen am 28.03.2017]).

Umgangsformen im westlichen Kulturkreis vertraut waren. Schließlich wurde die diskurssemantische Grundfigur des Eigenen und Fremden (vgl. Busse 1997) eingesetzt, um durch Hervorhebung der kulturellen Andersartigkeit die eigene Kultur/Identität als überlegen darzustellen. Dies zeigt sich beispielsweise an den gängigen Kollektivnamen, die auf Menschen aus den arabischen Ländern referieren und in denen eine kulturchauvinistische Haltung zum Ausdruck kommt: *Herren der Wüste, Könige aus dem Morgenland, Muselmann, Ölaraber, Ölpotentanten, Orientale, Wüstenbewohner, Wüstenherrscher, Wüstenherren.* Deutlich ist der gegen die arabische Welt gerichtete Kulturchauvinismus in Äußerungen wie den folgenden bezeugt:

(127) Eine kleine Gruppe spärlich besiedelter, mittelalterlich regierter Länder am Persischen Golf, die jahrhundertelang keinerlei Rolle gespielt haben, hat sich über Nacht auf der Weltbühne ganz nach vorn gedrängt. Sie hat den Hebel entdeckt, mit dem sie unsere industrielle Welt aus den Angeln heben kann, und wird ihn freiwillig nicht wieder aus der Hand geben. Selbst wenn andere Förderländer es ablehnen, die Produktion zu drosseln oder Öl als politische Waffe einzusetzen – mehr Geld wollen sie alle.
(ZEIT, 4.1.1974. *Die Ölkrise hat erst begonnen*)

(128) Die geballte Wirtschaftskraft der reichsten Industrie- und Handelsnationen der Welt gegen eine brüchige Koalition unterentwickelter Wüstenstaaten, Know-how und Technik des Okzidents gegen Schlendrian und Analphabetentum des Orients: In einem totalen Handelskrieg zwischen West und Nahost scheinen die Industrieherren den arabischen Ölprinzen weit überlegen.
(SPIEGEL, 26.11.1973, *Gegenboykott*)

Indem man die Maßnahmen der Ölförderländer, die der öffentlichen Wahrnehmung gemäß zu einem Souveränitätsverlust führen würden, auf die kulturelle Andersartigkeit derjenigen, die sie initiiert haben, zurückführte und dem eine Selbstdefinition der eigenen Kultur als überlegen entgegensetzte, wurde der *Status quo* wiederhergestellt.

5.4.2.2.2 Topos vom Staats- und Politikversagen/Politikerversagen

„Wenn die nicht bald die Kurve kriegen, dann sehe ich die ganz große Scheiße erst noch kommen."
(SPIEGEL, 21.1.1974, *Einer klebt hinterm andern*)

Der Topos vom Staats- und Politikversagen/Politikerversagen ist fast ebenso häufig dokumentiert wie das zuvor dargestellte Argumentationsmuster. Er erklärt, die „Krise" sei durch staatliches Handeln bzw. durch politisches Fehlverhalten verursacht und/oder könne durch staatliches Handeln nicht bewältigt werden. Die Begründungen im Rahmen des Argumentationsmusters erfolgen meist durch den

Ausweis negativer Folgen bestimmter Entscheidungen/Vorhaben/Maßnahmen. Diese würden einen als „Krise" prädizierten Zustand herbeigeführt haben oder seien nicht geeignet, die Probleme zu lösen. Insofern liegt dem Topos ein Konsequenzschema zugrunde, das in erster Linie politische Vorstellungen und Handlungen delegitimiert.

Die Verwendung des Argumentationsmusters ist im historisch-kommunikativen Kontext der zweiten Diskursphase „Notstand, Ermächtigung und die Sorge um den Arbeitsplatz" (siehe Abb. 8) zu sehen, d. h. in Zusammenhang mit den innenpolitischen Debatten zur Krisenbewältigung (siehe Kap. 5.4.1.3). In seiner gebräuchlichsten Variante nutzten den Topos vom Staats- und Politikversagen/Politikerversagen vorwiegend Gewerkschaften, Industrieunternehmen und Akteure der Opposition, um der Bundesregierung und ihrem wirtschaftspolitischen Kurs die Schuld an der „Krise" anzulasten. In diesem Sinne verwendeten vereinzelt auch mit der Politik der Regierung unzufriedene Mitglieder der FDP das Argumentationsmuster (129), was eine Kontroverse im sozial-liberalen Konsens erkennen lässt. Die folgenden Beispiele veranschaulichen die angedeutete Realisierung des Argumentationsmusters, in der man die „Krise" als Folge einer falschen Politik darstellte und insbesondere die als *Stabilitätspolitik* bezeichnete Wirtschaftspolitik für die Misere verantwortlich machte:

(129) BILD: In verschiedenen Industriezweigen gibt es schon Schwierigkeiten. Karry: Ja, aber nicht so sehr als Folge der Energie-Krise, sondern als Folge der Stabilitätspolitik.
(Hessens Minister für Wirtschaft und Verkehr Heinz Herbert Karry, in: BILD, 28.11.1973, *Wie sicher ist Ihr Arbeitsplatz?*)

(130) In der Bauwirtschaft mehren sich bereits die Arbeitslosen – Wirkungen des Stabilitätsprogramms der Bundesregierung.
(SPIEGEL, 5.11.1973, *Wir müssen jetzt differenziert lockern*)

(131) Unabhängig von der Energiekrise waren jedoch bereits im September und Oktober die ersten Bremsspuren der Bonner Stabilitätspolitik auf dem Arbeitsmarkt zu sehen. Die Bundesanstalt für Arbeit registrierte eine über das saisonübliche Maß hinausgehende Arbeitslosigkeit: im Oktober 267 000 Arbeitslose und 68 000 Kurzarbeiter. Das Institut für Arbeitsmarkt- und Berufsforschung diagnostizierte, daß die Arbeitslosigkeit im nächsten Jahr über dem Durchschnitt von 1973 liegen werde, wenn der wirtschaftspolitische Kurs beibehalten wird.
(ZEIT, 30.11.1973, *Talfahrt mit hohen Löhnen*)

(132) Tatsächlich mehren sich in der deutschen Wirtschaft die Bremsspuren im Gefolge der Stabilitätspolitik der Bundesregierung. [...] In Fulda erhob der Hauptvorstand der Gewerkschaft Textil massive Vorwürfe gegenüber der Bundesregierung, weil sie die Arbeitsplätze in dieser Branche gefährde. [...] Um weiteren Schaden von der Branche abzuwenden, fordern die Gewerkschafter nun, für 1974 die ‚konjunkturpolitischen Sonderimporterleichterungen' aufzuheben und die globalen Kreditrestriktionen durch eine ‚abgewogene Industrie, Konjunktur-

und Kreditpolitik‘ zu ersetzen. [...] Die seit Jahren kränkelnde Textil- und Bekleidungsindustrie ist der zweite Industriezweig, der voll von den Auswirkungen der Stabilitätspolitik getroffen wird. Den Auftakt hatten einige spektakuläre Pleiten in der Bauwirtschaft gegeben, die jetzt eine Zwischenbilanz gezogen hat. Danach reichen die Bauaufträge nur noch für 28 Monate und nähern sich damit schnell dem Niveau von 25 Monaten im März des Rezessionsjahres 1967. Daher gilt es als unwahrscheinlich, daß 1974 die Bauleistung dieses Jahres erreicht wird.
(ZEIT, 19.10.1973, *Die Bremsspuren werden tiefer*)

(133) Dem Protest-Redner Karl Buschmann, Vorsitzender der Gewerkschaft Textil-Bekleidung, lief es ‚eiskalt über den Rücken‘: Seine Gewerkschaft werde es nicht zulassen, ‚daß die Arbeitnehmer auf dem Altar einer dogmatischen Wirtschafts- und Stabilitätspolitik geopfert werden‘. Der Vorsitzende des Deutschen Gewerkschaftsbundes, Heinz Oskar Vetter, wütete, die Regierung betätige sich in der Wirtschaftspolitik mit der ‚globalen Holzhammer-Methode‘ und lasse sich ‚von der Bundesbank manipulieren‘. Der für die Hochzinsen zuständigen Frankfurter Notenbank bescheinigte Vetter, ihr gehöre ‚der Marsch geblasen‘. Mit dem Wirtschaftsminister Friderichs rechnete er ab, seine Politik erzeuge statt der versprochenen Stabilität ‚höhere Arbeitslosigkeit bei andauernder Preissteigerung‘.
(SPIEGEL, 17.12.1973, *Arbeitslose: So knüppeldick war’s noch nie*)

Die Begründung der „Krise“ als Folge der Wirtschaftspolitik der Bundesregierung wurde typischerweise in Metaphern aus dem Konzept ‚Wirtschaft als Fahrzeug‘ bekundet. Metaphorische Ausdrücke wie *Bremsspuren* (131; 132) weisen auf die angeblichen negativen Folgen der „Stabilitätspolitik“ für das Wirtschaftswachstum, die Industrie und den Arbeitsmarkt oder die Öl- und Energiesituation hin. Insofern ist das Argumentationsmuster eng mit den Topoi der düsteren Zukunftsprognose und Gegenwartsdiagnose verbunden, die in den oben angeführten Beispielen die negativen Folgen ausmalen (131; 132; 133). Die eher implizit bleibende Schlussfolgerung aus den Erklärungen, warum die Krise existiert und wer sie verursacht hat, lautet: Nun ist der Zeitpunkt gekommen, den stabilitätspolitischen Kurs zu ändern bzw. die *Bremsen zu lockern* – etwa durch Aufhebung der *globalen Kreditrestriktionen* (132) bzw. Senkung des Leitzinses (133), um mittels Geldvermehrung die Investitionsbereitschaft zu stärken und damit die Konjunktur zu beleben, so die damalige, keynesianisch inspirierte Denkweise.

Das Argumentationsmuster wurde außerdem öfters in Contra-Argumentationen verwendet. Dabei kam es insbesondere gegen Sonntagsfahrverbot und Geschwindigkeitsbegrenzungen zum Einsatz, indem auf die negativen Folgen der Maßnahmen für das Konsumverhalten der Verbraucher hingewiesen wurde. Fahrverbot und Geschwindigkeitsbegrenzungen verunsicherten den Konsumenten und hielten ihn vom Kaufen ab. Deshalb, so die Schlussfolgerung, seien die Maßnahmen rückgängig zu machen (138). Das Argumentationsmuster hängt in dieser Fassung eng mit dem Topos der Krisenneurose zusammen, der u. a. der mangelnden Kauflust des Verbrauchers die Schuld an der „Krise“ gibt, diese aber weniger explizit auf politisches Handeln zurückführt (siehe Kap. 5.4.2.2.3):

(134) Kaum hatte Wirtschaftsminister Friderichs das Sonntagsfahrverbot auf Deutschlands Straßen verkündet, kaum hatte Bonn auf den Autobahnen Tempo 100 verfügt, da sackte der Auftragseingang in der an große Stückzahlen gewohnten Autobranche um fast 50 Prozent gegenüber dem Vorjahr ab. Über 350 000 Autos, mehr als eine Monatsproduktion, stehen auf Werkswiesen. Gebrauchte Fahrzeuge, in früheren Krisenzeiten gern gekauft, lagern im Rost.
(SPIEGEL, 17.12.1973, *Arbeitslose: So knüppeldick war's noch nie*)

(135) Fahrverbot und Geschwindigkeitsbeschränkungen haben [...] den Boom über Nacht zur Flaute werden lassen. [...] Und von der Autokonjunktur sind letztlich mehr als drei Millionen Arbeitsplätze abhängig. Von hier aus könnte sich also die Rezession wie ein Flächenbrand ausbreiten.
(ZEIT, 30.11.1973, *Ein Zeitalter des Mangels?*)

(136) Daß die Sonntagsfahrverbote die ohnehin fallende Tendenz der Automobilkonjunktur ganz entscheidend nach unten gezogen haben – darüber kann kein Zweifel bestehen.
(SZ, 22.12.1973, *Ölkrise: Bluff oder Blackout*)

(137) Sonntagsfahrverbot und Gerüchte über zwangsverordnetes Abmelden von Zweitwagen haben die Käufer verschreckt.
(BILD, 30.11.1973, *Wie sicher ist Ihr Arbeitsplatz?*)

(138) ‚Harte Zeichen‘ verlangte vergangene Woche Ford-Chef Hans Schaberger von der Bundesregierung, ‚um der von ihr zu verantwortenden Verunsicherung der Autokäufer ein Ende zu machen‘. Dazu rechne er die ‚Aufhebung des Tempo-Limits auf Schnellstraßen‘, eine gerechtere Bemessung der Mineralölsteuer, Lockerung der Hochzinspolitik und ‚endlich einmal eine nachdrückliche Versicherung des Regierungschefs, daß der Erwerb und die Nutzung eines Autos‘ nicht weiterhin ‚mit Strafmaßnahmen steuerlicher oder verkehrspolitischer Art verfolgt‘ würden. Zögern bringe die Autoindustrie ‚näher an den Abgrund, mit allen Folgen für die Arbeitsplätze‘.
(SPIEGEL, 21.1.1974, *Einer klebt hinterm andern*)

Immer wieder nutzten bestimmte Akteure den Topos vom Staats- und Politikversagen/Politikerversagen, um gegen konkrete politische Maßnahmen zu argumentieren, die speziell auf dem Höhepunkt des Ölkrisendiskurses und im kommunikativen Kontext der dritten Diskursphase „Semantischer Klassenkampf“ (siehe Abb. 8 und Kap. 5.4.1.4) zur Bewältigung der „Krise“ vorgeschlagen wurden. Gemeint sind hier Vorschläge zu Höchstpreisen und zur Rationierung von Öl sowie zur Verstaatlichung von Mineralölkonzernen, die besonders bei Akteuren aus der Opposition – wie den häufig das Wort ergreifenden Politikern Ludwig Erhard und Franz-Josef Strauß – sowie bei Anhängern der FDP „Abwehrreaktionen“ auslösten. Zur Veranschaulichung sei der folgende längere exemplarische Auszug aus einem Interview der BILD-Zeitung mit Ludwig Erhard zitiert:

(139) BILD: Benzin, Diesel- und Heizöl sollen möglicherweise rationiert werden – halten Sie das für notwendig? Erhard: Dem oberflächlichen Betrachter mag es naheliegen, auftretender Knappheit durch staatliche Bewirtschaftung zu begegnen. Dennoch bleibt es verwunderlich, daß wir aus tragischer Erfahrung offenbar nichts gelernt haben und uns wieder einmal dem Wahn hingeben, den Mangel durch dessen angeblich gerechte Verwaltung beheben zu können. BILD: Welche Gefahren bringt eine Rationierung? Erhard: Die Bewirtschaftung des Mangels ist das sicherste Mittel, den Schleichhandel und den Schwarzmarkt wieder aufleben zu lassen. Die Bedürftigsten wird diese Mißwirtschaft am schwersten treffen. Besser wäre es, gerade diesen Kreisen einen Ausgleich für die höheren Preise aus dem enorm gestiegenen Mehrwertsteueraufkommen zu gewähren. [...] BILD: Während des Korea-Krieges gab es ebenfalls Versorgungslücken und den Ruf nach Rationierung. Sie haben das damals abgelehnt ... Erhard: Seinerzeit wurde nach dem Abflauen der Krise die deutsche Handlungsweise, auch in der Bedrängnis die Marktwirtschaft zu verteidigen, allgemein als richtig gerühmt. Auch das sollte nicht vergessen werden, vor allem, weil die Sorge, die derzeitige Ölkrise könnte von allzu langer Dauer sein, unwirklich erscheint. Je länger sie aber dauern sollte, desto deutlicher wird sich die Rationierung als untaugliches Mittel erweisen. [...] BILD: Welche Folgen wird die Ölkrise für Preise und Arbeitsplätze haben? Erhard: Es ist selbstverständlich, daß Ölmangel die Preise steigen läßt. Ein Preisstopp oder eine Preiskontrolle aber wären vollendete Torheit. Sie würden nicht nur Schleichhandel und Preiswucher noch verstärken, sie würden auch alle Anstrengungen lähmen, die Versorgungslage zu verbessern und neue Energiequellen zu erschließen. Denn auch im Ölsektor gibt es immer noch so etwas wie einen Wettbewerb im Weltmarkt. [...] Was die Erhaltung der Arbeitsplätze betrifft, ist die Ölkrise als ein zusätzlicher Beunruhigungsfaktor zu werten. Der wird jedoch erfahrungsgemäß mit der Überwindung des Mangels auch wieder rasch entfallen. Die Folgen einer falschen Konjunkturpolitik dagegen werden längere Zeit fortwirken. BILD: Ist die soziale Marktwirtschaft gefährdet? Erhard: Ich setze nach wie vor auf die soziale Marktwirtschaft. Wenn die Systemveränderer den ‚Überfluß' als die moderne Gesellschaftskrankheit anprangern, so haben sie ja heute und morgen – was wir allerdings nicht hoffen wollen – Gelegenheit genug, dem deutschen Volk die ‚Vorzüge' des Mangels zu verdeutlichen.
(BILD, 1.12.1973, *Ludwig Erhard: Rationierung, die führt doch nur zum Schwarzen Markt*)

Es zeigt sich, dass der Topos vom Staats- und Politikversagen/Politikerversagen in dieser Variante eng mit dem Topos der Maxime Marktwirtschaft verknüpft ist, auf die sich häufiger, so auch Ludwig Erhard in der zitierten Textstelle, explizit berufen wurde. Unter dieser Maxime erschienen den Protagonisten Maßnahmen wie Preisbegrenzungen, Rationierungen und Verstaatlichungen als Angriff auf die marktwirtschaftliche Ordnung bzw. die soziale Marktwirtschaft, was an Formulierungen wie *die Marktwirtschaft [...] verteidigen* (139) ablesbar ist. Diejenigen, die solche Maßnahmen vorschlugen, konnten dann als Schurken/*Systemveränderer* (139) inszeniert werden, was Erhard und seinen Gesinnungsgenossen außerdem Gelegenheit gab, sich in der Rolle von Helden/Systembewahrern darzustellen. (Siehe hierzu ausführlicher Kap. 5.4.2.4.1.)

Der Staat sei nicht fähig, so Erhard, das knappe Öl mittels Rationierungen gerecht zu verteilen. In geschichtsvergleichender Analogie zur unmittelbaren Nachkriegszeit stellte er fest, eine *Bewirtschaftung des Mangels ist das sicherste Mittel, den Schleichhandel und den Schwarzmarkt wieder aufleben zu lassen* (139), was insbesondere die *Bedürftigen* (139) treffen werde, weshalb – dem Attribut *sozial* vor *Marktwirtschaft* gerecht werdend – diese Menschen finanzielle Unterstützung bräuchten. Die Festlegung von Höchstpreisen und Preiskontrollen sei, so Erhard in (139) weiter, *vollendete Torheit*, da sie nicht nur *Schleichhandel und Preiswucher* verstärken würden, sondern auch die Initiative *lähmen, die Versorgungslage zu verbessern und neue Energiequellen zu erschließen.*[64] Man brauche *Wettbewerb*; nur der „freie Wettbewerb" könne die Probleme zum Wohle der Gesellschaft lösen, so die Schlussfolgerung. Hier deutet sich an, dass die Anhänger der sozialen Marktwirtschaft die traditionelle neoklassische Ansicht vertraten, die „Krise" sei nur durch Vertrauen auf die „Selbstheilungskräfte des Marktes" zu überwinden, etwa auf den Markt-Preis-Mechanismus, der insbesondere das Knappheitsproblem schon regeln werde, weshalb ein Eingreifen des Staates in den Wirtschaftsprozess – in Form von Höchstpreisen, Rationierungen und Verstaatlichungen – abzulehnen sei:

(140) Die Bundesregierung werde im Übrigen solange wie möglich darauf verzichten, in die Preisgestaltung der Mineralölwirtschaft durch Festsetzung von Höchstpreisen einzugreifen, da dies unter normalen Umständen die Versorgungslage nicht verbessere, sondern lediglich zur Bildung grauer Märkte führe.
(SZ, 8.11.1973, *Friderichs: Kein Anlaß zu Hysterie*)

(141) Er [Hans Friderichs; Anm. d. Verf.] betonte, er sei gegen eine Festsetzung von Höchstpreisen zum gegenwärtigen Zeitpunkt und ebenfalls gegen eine Verstaatlichung der Mineralölgesellschaften. Dies sei ‚kein Liberalismus um jeden Preis', sondern einfach die Tatsache, daß Verstaatlichung, ‚die ja überhaupt ein untaugliches Mittel einer vernünftigen Wirtschaftspolitik ist', sofort zu einer Minderbelieferung mit Erdöl und Ölprodukten führen würde.
(SZ, 4.12.1973, *Im Zeichen der Energiekrise: Saudiarabischer Außenminister bei Scheel*)

(142) Eine Verstaatlichung der Mineralölunternehmen sei der sicherste Weg, um das Öl aus der Bundesrepublik fern zu halten. ‚Lieber teures Öl als gar kein Öl', meinte Strauß und sagte voraus, daß eine Verstaatlichung zu Massenarbeitslosigkeit in Millionenhöhe führen würde.
(FAZ, 30.11.1973, *Die Energie-Debatte im Bundestag*)

---

64 Dass staatliches Handeln, etwa Subventionen, sich lähmend auswirke und die notwendige „Anpassung" menschlichen Verhaltens und der Wirtschaft an die als „Krise" gezeichneten Umstände bzw. den „Reinigungsprozess", „Strukturwandel" oder „Fortschritt" verhindere, ist eine typisch marktwirtschaftliche Denkweise, die 1973/74 noch nicht häufig zu erkennen ist.

(143) An dieser sich abzeichnenden Entwicklung könnte auch eine Preiskontrolle oder gar ein Höchstpreissystem nichts ändern. Solche Eingriffe hätten zudem unweigerlich zur Folge, daß der Rohölzufluß verkümmern würde. [...] Wer – wie Bundesminister Vogel und die Ultralinken – gar für die Sozialisierung der deutschen Töchter der internationalen Mineralölkonzerne plädiert, ist ein Illusionen nachjagender Tor. Das wäre das sicherste Mittel zum mineralölwirtschaftlichen Selbstmord.
(FAZ, 16.1.1974, *Verwirrung über den Rohölpreis*)

Bringt man das aus dem Argumentationsmuster in dieser Variante Gefolgerte auf den Punkt, lässt sich festhalten, dass dafür argumentiert wurde, den gewohnten energiepolitischen Kurs beizubehalten.

Schließlich nutzten Akteure, die mit der Politik der Bundesregierung unzufrieden waren – Oppositionelle und politische Konkurrenten Willy Brandts aus den eigenen Reihen und denjenigen des liberalen Koalitionspartners – den Topos vom Staats- und Politikversagen/Politikerversagen, um allgemein die Handlungsfähigkeit der Regierung und besonders die politische Autorität Brandts infrage zu stellen. Sollte das Unvermögen des Bundeskanzlers im Umgang mit der „Krise“ nachgewiesen werden, mündete das Argumentationsmuster in einen Topos der unfähigen Politiker. Die damit einhergehende Politikerschelte inszenierte Brandt in der Rolle des Krisenversagers, wohingegen sich andere, so etwa sein Nachfolger Helmut Schmidt, in der Rolle des Krisenmanagers profilierten. Darauf wurde bereits in Kapitel 5.4.1.4. hingewiesen:

(144) Der SPD-Fraktionsvorsitzende [Herbert Wehner; Anm. d. Verf.] öffentlich: ‚Die Nummer Eins‘ sei ‚entrückt‘ und ‚abgeschlafft‘; ‚der Kanzler badet gern lau – so in einem Schaumbad‘. [...] Als im Gefolge des Nahost-Krieges die Welt in Brand zu geraten drohte, warteten die Genossen vergebens auf die Worte des Kanzlers an die Nation – Brandt machte Ferien an der Côte d'Azur. SPD-Vize Heinz Kühn: ‚Absolut unmöglich‘. Als Sonntagsfahrverbot und Benzinnot den Bewegungsspielraum einer auf Wachstum und Überfluß gegründeten Gesellschaft beschränkten [...], als der Ölmangel die Zeiger der heimischen Thermostate nach unten zwang und den Nachkriegsgeruch von Rationierung ins bundesdeutsche Wohlstandsheim wehte, schwieg der Kanzler lange. [...] Der Mann, dessen konkrete Visionen von einem ausbalancierten Gleichgewicht in Europa der sozial-liberalen Koalition die allseits anerkannte Ostpolitik eingebracht hat, hält es nicht mit der Innenpolitik. [...] Schmidt: ‚Was sind wir denn? Im Grunde eine etwas bessere CDU-Regierung. Wir machen alles so recht und schlecht. Die Frage ist, ob das Land dabei vorankommt‘. [...] ‚Der Willy hat diese Partei verludern lassen. Da arbeitet jeder gegen jeden. Das muß er allein in Ordnung bringen‘. [...] Auch Wehner klagt: ‚Es fehlt ein wirtschaftlicher Kopf im Kanzleramt‘.
(SPIEGEL, 10.12.1973, *Willy Brandt 60: Das Monument bröckelt*)

(145) Oppositionsführer Carstens zog aus der Diskussion innerhalb der SPD und der Bundesregierung über die nächsten Schritte zur Bewältigung der Krise den Schluß, die Bundesrepublik habe es mit einer Regierung zu tun, ‚die offensichtlich mehr als auseinanderfällt‘. [...] Eine so beschaffene Regierung sei nicht imstande, ‚eine so schwierige Lage wie die gegenwärtige

zu meistern‘. [...] Der CDU-Politiker Müller-Hermann sagte [...], die Energiekrise sei nun auf dem Weg, zu einer Krise der Bundesregierung zu werden. [...] Ähnlich wie Carstens äußerte sich der CSU-Vorsitzende Strauß. Er hält die Regierung für ‚offenkundig unfähig‘, mit den bestehenden und ihr gestellten Problemen fertig zu werden. ‚Aber sie hat es bisher durch Propaganda und Optik verstanden, die Öffentlichkeit darüber hinwegzutäuschen. Das deutsche Volk wird dafür die Zeche zahlen müssen‘.
(SZ, 3.12.1973, *Wachsende Kritik an der Bundesregierung in der Diskussion über die Energiekrise*)

5.4.2.2.3 Topos der Krisenneurose

„Eine gründliche Untersuchung der Dresdner Bank kommt zu dem Fazit, daß die Ölkrise weitgehend auf einer Knappheitspsychose beruht. [...] Der Rest an Versorgungsstörungen geht zurück auf Panikreaktionen durch das totale Embargo für einige Länder."
(SZ, 22.12.1973, *Ölkrise: Bluff oder Blackout*)

Der Topos der Krisenneurose argumentiert mit den psychischen Folgen bestimmter Ereignisse. Diese würden ein übersteigertes Krisenbewusstsein oder Furcht auslösen und ein entsprechendes krisenverursachendes Verbraucherverhalten bewirken. Indem es die „Krise" als Folge des allgemeinen Konsumverhaltens erklärt, macht das Argumentationsmuster den Bürger für die Misere verantwortlich.

Der hier behandelte Topos wurde fast ausschließlich von Akteuren aus Wirtschaft und Politik genutzt. Insbesondere die Industrie und wirtschaftsliberal denkende Politiker beklagten die Kaufzurückhaltung der Bürger. Diese wurde u. a. auf das Krisenbewusstsein verstärkende und furchtauslösende Stimuli zurückgeführt, so auf die Politik der Ölförderländer (146), das kommunikative Verhalten der politisch Verantwortlichen (147) – speziell des Bundeskanzlers und Helmut Schmidts (148) – oder das Sonntagsfahrverbot und die Geschwindigkeitsbegrenzungen (147). Insofern die Krisenneurose als Folge politischen Fehlverhaltens galt, wurde das Argumentationsmuster häufig im Verbund mit dem Topos vom Staats- und Politikversagen/Politikerversagen (siehe Kap. 5.4.2.2.2) realisiert:

(146) Gravierender freilich als der tatsächliche Ölmangel könnten sich die psychologischen Folgen der Energiekrise auswirken. Noch weiß niemand, wie die Verbraucher reagieren werden. Verzichten sie wegen der steigenden Benzinpreise und der ständigen Gefahr, daß die Ölzufuhr wieder stärker gedrosselt wird, auf den Kauf neuer Autos? Werden Urlaubsreisen gestrichen? Wird die Anschaffung neuer Möbel und Kühlschränke verschoben und stattdessen mehr Geld für Not-Zeiten auf die hohe Kante gelegt? Ob weiterhin Vollbeschäftigung herrscht, hängt viel stärker vom Verhalten der Konsumenten ab als von ein paar Prozent Öl mehr oder weniger. Immerhin liegt hierin ein Trost: Treibstoff kann die Regierung nicht herbeizaubern, eine zu geringe private Nachfrage dagegen läßt sich in gewissem Umfang durch staatliche Aufträge ersetzen. So besteht denn durchaus eine Chance, daß eine stärkere Zunahme der Arbeitslosigkeit verhindert werden kann.
(Zeit, 4.1.1974, *Die Ölkrise hat erst begonnen*)

(147) Die Hoffnung, im neuen Jahr werde der Autofahrer wieder in Kauflaune kommen, schwindet immer mehr. [...] Dr. Horst Avenarius, Leiter der Informations- und Öffentlichkeitsarbeit von BMW, sieht als Gründe für die Zurückhaltung der Käufer: 1. Das Fahrverbot im Dezember, die Geschwindigkeitsbegrenzung und die steigenden Benzinpreise. 2. Die wochenlange Unfähigkeit der Bundesregierung, dem Autovolk klipp und klar zu sagen: ‚Das kommt auf euch zu‘. 3. Die fortwährende Verteufelung des Autos. Avenarius: ‚Die Regierung soll endlich sagen, was sie im Schilde führt. Ständig hört man nur Andeutungen wie: Es kann noch schlimmer kommen, das Auto ist tot und ähnliches. Man kann Krisen auch herbeireden‘.
(BILD, 11.1.1974, *Zwangsurlaub bei BMW, und was die Arbeiter verlieren*)

(148) Wirtschaftsminister Friderichs und Außenminister Walter Scheel [...] hatten stets davor gewarnt, durch Krisengerede die Deutschen vom Konsum abzuhalten und so die ohnehin abflachende Konjunktur weiter zu bremsen. Friderichs: ‚Wir können auch durch Gerede in eine schwere Konjunkturkrise hineingeraten‘. Und ein Scheel-Berater bitter: ‚Wenn Schmidt erst einmal der Automobilindustrie zehn Prozent Produktion heruntergequatscht hat, dann wird es wirklich schwierig‘. Tatsächlich könnte, so schätzen die Ökonomen des Deutschen Instituts für Wirtschaftsforschung in Berlin, eine durch Psychose bewirkte Kaufenthaltung der Automobilisten zu Beginn des nächsten Jahres zu einem Verkaufseinbruch führen, der dann im ganzen Jahr 1974 nicht mehr wettzumachen wäre. Derzeit haben die bundesdeutschen Automobilhersteller 300 000 Wagen auf Halde: Schon ohne Ölkrise hatten die Konjunktur-Beschauer für 1974 den Fahrzeugherstellern fünf Prozent minus angesagt – mit Ölangst werden es zehn bis fünfzehn Prozent. [...] Selbst wenn die Araber in einigen Wochen sagen: ‚Alles retour‘, meint Hans-Jürgen Schmahl vom Hamburger Wirtschaftsforschungsinstitut HWWA, ‚wird die Psychose allein schon bewirken, was bisher nur befürchtet wird‘.
(SPIEGEL, 3.12.1973, *Ölangst: Keiner kennt die Lage*)

In einer anderen Variante des Argumentationsmusters wurde nicht der Kaufzurückhaltung, sondern im Gegenteil einer übertriebenen Kauflust bzw. Vorratshaltung die Schuld an der „Ölkrise“ gegeben. *Angstkäufe*, *Panikkäufe*, *Hamsterkäufe* oder *Hortung* seien für die Notlage ursächlich, weil sie das Ölangebot zusätzlich verknappen würden, was weitere Preissteigerungen zur Konsequenz habe. Auch die übertriebene Kauflust wurde auf das Krisenbewusstsein verstärkende und furchtauslösende Stimuli zurückgeführt, vorzugsweise auf das kommunikative Verhalten der Bundesregierung:

(149) Ein Wort zu den Versorgungsengpässen zu einem Zeitpunkt, in dem die Belieferung in die Bundesrepublik und die Auslieferung der Mineralölgesellschaften noch voll geflossen ist. [...] Die Mineralölwirtschaft konnte uns nachweisen, daß in diesen Tagen durch die aufgekommenen Diskussionen der Probleme etwa 10 Prozent, teilweise bis zu 20 Prozent, mehr Benzin getankt worden ist als an sich geplant war.
(Hans Friderichs, in: SZ, 30.11.1973, *Die Lage in Zahlen und Daten*)

(150) Panikkäufe der vom Israelkrieg aufgeschreckten Konsumenten hatten vergangene Woche den Preis für Haushaltsheizöl bei Händlern [...] um nahezu das Doppelte [...] hochgetrieben. Harsch forderte die Kundschaft, Wohlstandswärme gewohnt, unverzügliche Auffüllung der

Tanks um jeden Preis. Geschäftsführer Seide vom Hamburger Esso-Vertragshändler Hans D. Schumacher: ‚Viele Verbraucher wurden geradezu ausfallend'.
(SPIEGEL, 22.10.1973, *Nahost-Öl: Die Krise dauert fünfzehn Jahre*)

(151) Heizöl wird noch knapper und noch teurer, wenn die Öl-Hamsterei in Deutschland nicht sofort aufhört. Das sagte in Kassel der Geschäftsführer des Gesamtverbandes der deutschen Brennstoffhändler, Dr. Wulff, in einem Gespräch mit BILD. [...] ‚Wenn weiter gehamstert wird, klettert der Preis weiter und liegt in der Spitze bald bei 55 Pfennig pro Liter'.
(BILD, 19.11.1973, *Die üblen Folgen der Öl-Hamsterei*)

(152) Dr. Stachow von der BP: ‚Wir liefern 85 Prozent der bestellten Mengen. Wenn es irgendwo knapp geworden ist, sind Hamsterkäufe schuld'.
(BILD, 23.11.1973, *Öl und Benzin: So ist die Versorgungslage wirklich!*)

(153) Seit sieben Wochen tun Westeuropas Bürger so, als stehe der dritte Weltkrieg vor der Tür. Vom 17. Oktober bis Ende voriger Woche tankten deutsche Autofahrer 20 Prozent mehr Benzin als saisonüblich und füllten sie feuergefährlich in privaten Benzinspeichern ab. [...] Die Hamstermoral der Wohlstandsbürger – ausgebrochen pünktlich am 17. Oktober, als Arabiens Potentaten Europa, Japan und Amerika die Ölzufuhr drosselten – brachte Regierungen in Verlegenheit, Konzerne in Verruf, Märkte durcheinander und driftete die Preise steil in die Höhe.
(SPIEGEL, 10.12.1973, *Weltmacht Öl*)

Mit dem Topos der Krisenneurose ging eine Kritik am „kleinen Mann" und eine Bürgerschelte einher. So ließ Friderichs verlauten, der Verbraucher handle unvernünftig, befolge seine Appelle zu freiwilligen Einsparungen nicht, sei also ungehorsam, weshalb er die „Krise" zu verantworten habe (vgl. SPIEGEL, 19.11.1973, *Mit knappen Vorräten sorglos geaast*). Sein Sicherheitsbedürfnis, aus dem die Vorratshaltung erklärbar ist, wurde als *Psychose* (148) gebrandmarkt. Speziell die Energiewirtschaft inszenierte sich in der Rolle des Opfers des angeblich irrationalen Verbraucherverhaltens und erklärte, man habe sich zu den Preiserhöhungen gezwungen gesehen, um den Ölbestand zu schützen:

(154) Preissteigerungen und Versorgungsengpässe in den vergangenen Wochen waren denn auch weniger eine Folge unzureichender Rohöllieferungen als unüberlegter Hamsterkäufe. [...] ‚Um unsere Bestände vor einem Ausverkauf zu schützen, mußten wir den Benzinpreis drastisch erhöhen', erklärt Heinz Koch, Geschäftsführer der Framin Kette, die sechzig Tankstellen in der Bundesrepublik betreibt.
(ZEIT, 7.12.1973, *Frieren zum halben Preis*)

5.4.2.2.4 Topos der Gier

„Daß die gegenwärtige Mangellage ausgenutzt wird, um einige Extraprofite zu machen, liegt auf der Hand. [...] Der Preis wird wie auf einer Auktion in die Höhe getrieben. Den Zuschlag erhält der Meistbietende.“
(SZ, 27.11.1973, *Das Abgründige in der Ölkrise*)

Wie im Rahmen der Erläuterung des Topos vom Staats- und Politikversagen/Politikerversagen bereits herausgearbeitet, wurden auf dem Höhepunkt des Ölkrisendiskurses und im kommunikativen Kontext der dritten Diskursphase „Semantischer Klassenkampf“ (siehe Abb. 8 und Kap. 5.4.1.4) Forderungen nach einer Festlegung von Höchstpreisen, Rationierungen und Verstaatlichungen einzelner Ölkonzerne laut. Die vornehmlich politisch links orientierten Befürworter solchen staatlichen Eingreifens in das Wirtschaftsgeschehen begründeten ihre Krisenbewältigungsstrategie mit dem Topos der Gier, der sich im Diskurs zur „Ölkrise“ mit einer Kritik an der Energiewirtschaft verband. Indem er die Argumentation vom Staats- und Politikversagen/Politikerversagen thematisierte, welche eingesetzt wurde, um das Eingreifen des Staates abzulehnen, nutzte der SPD-Fraktionsvorsitzende Herbert Wehner das Argumentationsmuster von der Gier auf exemplarische Weise:

(155) Wehner forderte in mehreren Rundfunkinterviews, denjenigen einen Riegel vorzuschieben, die sich an der allgemeinen Notlage eine ‚goldene Nase‘ verdienten. Er wolle die Regierungsarbeit nicht stören, versicherte der SPD-Fraktionsvorsitzende, aber die Regierung könne die Dinge ‚nicht beliebig lange laufen lassen‘. Es sei in ihr Ermessen gestellt, wann und wie sie vom ‚Preisgesetz‘ Gebrauch machen werde. Als nicht vertretbar bezeichnete es Wehner, daß man unter Berufung auf die Marktwirtschaft die Dinge ihren Gang gehen lasse, so daß es die ‚wirtschaftlich Schwächeren und Durchschnittlichen‘ am härtesten treffe. Man müsse sich auch fragen, ob es richtig sei, mit Geldmitteln des Staates helfend einzugreifen, aber nichts gegen diejenigen zu unternehmen, ‚die von der Quelle bis zum Endverbraucher an dieser besonderen Situation noch verdienen‘.
(SZ, 3.12.1973, *Wachsende Kritik an der Bundesregierung in der Diskussion über die Energiekrise*)

Dem Argumentationsgang Herbert Wehners, Vorsitzender der SPD-Bundestagsfraktion, liegt das folgende charakteristische Denkprinzip des *Cui bono* zugrunde: *Weil die Ölkonzerne nur auf ihren Vorteil bedacht sind und ihren Profit suchen, haben sie die „Krise“ zu verantworten.* Nach dem Grundsatz *Is fecit cui prodest* schreibt dieses Argumentationsmuster somit dem Verhalten der Unternehmen die Schuld an der „Krise“ zu. Die Firmen wurden als Profiteure und Raffzähne inszeniert und auf diese Weise, neben „den Arabern“, zum Buhmann der „Krise“ stilisiert. Den Konzernen wurde hauptsächlich vorgeworfen, sie würden das Ölangebot absichtlich verknappen, um die Preise zu treiben. Deshalb seien Maßnahmen gegen Preistreiberei – wie die Festlegung von Höchstpreisen – zu ergreifen. Die historische Begebenheit, dass die Ölkonzerne im Jahr 1973 *Rekordgewinne* (156) verzeichneten, verhilft dem Argumentationsmuster zu Plausibilität:

(156) ‚Ich bin davon überzeugt, daß die Benzinknappheit eine Erfindung der Ölkonzerne ist, um die Preise hochzuschaukeln'. [...] Der Staub der Panzerschlacht auf Sinai war kaum verzogen, der Ölboykott der Ölscheiche gerade verkündet, da meldeten die internationalen Ölkonzerne Rekordgewinne. Exxon [...], der Welt größter Ölkonzern, gab für das erste Halbjahr 1973 eine Gewinnsteigerungsrate gegenüber der Vorjahreszeit von 48,4 Prozent bekannt, Royal Dutch von 94 Prozent, andere Gesellschaften von hundert Prozent und mehr. Hat sich in den Vorstandsetagen der großen Ölkonzerne vielleicht eine neue Weltregierung der Profiteure aufgetan, die nach Belieben über Wohl und Wehe der Völker entscheiden darf?
(Zeit, 14.12.1973, *Weltregierung der Profiteure*)

(157) Schwere Vorwürfe hat Hamburgs Innensenator Klose gegen die deutsche Mineralölwirtschaft erhoben: ‚Eine Verknappung der Erdölprodukte am Markt kann gegenwärtig nicht mit mangelnder Rohstoffversorgung begründet werden'.
(Bild, 22.11.1973, *Tankstellen blieben zu – Autos bleiben stehen!*)

(158) SPD-Parlamentarier [...] werfen den Ölgesellschaften rücksichtslose Ausnutzung ihrer Machtposition gegenüber den Verbrauchern vor, denn vom arabischen Lieferstopp wäre noch nichts zu bemerken.
(Zeit, 23.11.1973, *Wer verdient an der Ölkrise?*)

(159) Der SPD-Abgeordnete Carl-Christoph Schweitzer forderte [...] die zuständigen Behörden sowie die Bevölkerung auf, gegen ‚preistreibende' Mineralölunternehmen Anzeige nach dem Sozialsicherungsparagraphen des Wirtschaftsstrafgesetzes zu erstatten. Danach kann Preistreiberei bestraft werden, die eine Ausbeutung der Wirtschaftslage der Allgemeinheit zur Erzielung volkswirtschaftlich nicht vertretbarer persönlicher Gewinne darstellt.
(SZ, 26.11.1973, *Brandt: Arbeitsplätze müssen gesichert werden*)

(160) Der SPD-Wirtschaftsexperte Claus Dieter Arndt sprach sich für eine Ölrationierung aus; Bauminister Hans-Jochen Vogel regte an, die Ölbranche für die Dauer der Krise ‚unverzüglich staatlicher Kontrolle und Lenkung zu unterwerfen' sowie Höchstpreise für Energien festzusetzen. Prominente Parteilinke wie der Juso-Chef Wolfgang Roth und der Schleswigholsteinische Landesvorsitzende Jochen Steffen nahmen das Preisverhalten der Konzerne gar zum Anlaß, unverhohlen die Verstaatlichung der deutschen Mineralölindustrie zu verlangen.
(Zeit, 30.11.1973, *Friderichs zwischen Kartellamt und Konzernen Balanceakt eines Liberalen*)

Am Topos der Gier und der damit verbundenen Kritik an den multinationalen Ölkonzernen zeigen sich deutlich die Meinungsverschiedenheiten innerhalb der Regierungskoalition. Misstrauen gegenüber der Politik der Ölkonzerne hegten jedoch die allermeisten der politischen Akteure, und es war Konsens, dass die Unternehmen schärfer zu prüfen seien:

(161) ,Besondere Sorge macht mir, das sage ich ganz offen, die Entwicklung der Energiepreise. Hier haben sich wohl doch Dinge vollzogen, die [...] mit schierem Profitdenken in unseren Breitengraden zu tun haben. [...] Die Öffentlichkeit hat ein Recht darauf, von der Mineralölwirtschaft zu wissen, wie die Preiserhöhungen zustande kommen. Das Bundeswirtschaftsministerium hat deshalb mit dem Kartellamt und der Mineralölwirtschaft ein System vereinbart, das der Offenlegung und Prüfung der Preise dient.
(Willy Brandt, in: ZEIT, 7.12.1973, *Dokumente der ZEIT – Brandt: Schieres Profitdenken*)

(162) Friderichs kündigte an, daß die Bundesregierung in dieser Woche mit den Mineralölgesellschaften eine Absprache darüber treffen werde, nach welchem Verfahren eine regelmäßige und genaue Kontrolle der Ölversorgung und mehr Einblick in die Preispolitik sichergestellt werden kann. Nur durch eine solche Vereinbarung sei eine mißbräuchliche Ausnutzung von Mangelsituationen zu verhindern, sagte er.
(SZ, 3.12.1973, *Wachsende Kritik an der Bundesregierung in der Diskussion über die Energiekrise*)

(163) Damit läßt sich aber keinesfalls jeder Preis rechtfertigen, der im Augenblick verlangt wird. Deshalb wollen wir der Mineralölwirtschaft in dieser Situation die Beweispflicht für Preiserhöhungen nicht ersparen. Aus diesem Grunde ist zwischen dem Bundeswirtschaftsministerium, dem Bundeskartellamt und der Mineralölwirtschaft ein System der Offenlegung und Prüfung vereinbart worden, das über die kartellrechtlichen Vorschriften hinausgeht.
(Franz-Josef Strauß, in: SZ, 30.11.1973, *Gefahr wird nicht ernst genug genommen*)

Die Energiewirtschaft wehrte sich gegen die Anschuldigungen und ihre Funktion als Buhmann in Anzeigen mit dem Titel *Unsachliche Angriffe gegen die Ölindustrie!* Indem sie den Topos vom Preisdiktat und Ölembargo nutzte, reichte sie den „schwarzen Peter" an die Ölförderländer weiter. Vorwürfe wie Preistreiberei und Profitsucht seien nicht haltbar:

(164) Alle Mineralölgesellschaften und damit auch die Shell werden pauschal als maßlos, unverantwortlich und profitgierig bezeichnet. Man wirft uns extreme Preiserhöhungen vor. Wichtige Tatsachen dagegen werden ignoriert: Die außergewöhnlich starke Steigerung der Rohölpreise ist die Ursache für die Erhöhung unserer Abgabepreise. Das von arabischen Staaten als politische Waffe gebrauchte Ölembargo ist die Ursache für die Verknappung.
(BILD, 18.12.1973, *Unsachliche Angriffe gegen die Ölindustrie!*)

5.4.2.3 Finaltopoi: Stabilitätstopos

„Unsere Stabilität ist – vor allem durch die massiven Erhöhungen der Rohölpreise – wesentlich erschwert worden. Wir werden jedoch nicht resignieren."
(Willy Brandt, in: FAZ, 25.1.1974, *Bericht zur Lage der Nation*)

Finaltopoi argumentieren mit politisch wünschenswerten Zuständen. Wie die Topoi der Maxime bilden sie einen wichtigen Bewertungsgrund für Schlussfolgerungen vom etablierten Krisenwissen auf bestimmte Entscheidungen/Vorhaben/

Maßnahmen. Somit haben sie eine handlungsmotivierende Funktion. Als Bewertungsmaßstab im Rahmen der pragmatischen Argumentation bleiben sie oft implizit und sind deshalb nur mit einem hohen interpretativen Aufwand zu erschließen. Insofern sind Finaltopoi eine schwer erfassbare Größe. Nicht aus allen untersuchten Argumentationen wurden auch die Handlungsziele erschlossen. Die Finaltopoi im Diskurs zur „Ölkrise" wurden ausnahmslos unter dem insgesamt 102-mal annotierten Stabilitätstopos subsumiert. Der Stabilitätstopos in all seinen Varianten, die Gegenstand dieses Kapitels sind, liegt den meisten Argumentationen im bundesrepublikanischen Diskurs zur „Ölkrise" als erstrebenswerter Zweck zugrunde.

Angesichts der „Ölkrise" bzw. der Wahrnehmung verschiedener Herausforderungen und Problemlagen (siehe hierzu insb. die Datentopoi in Kap. 5.4.2.1) galt allgemein die Widerstandsfähigkeit oder die Stabilität der BRD, der Wirtschaft und der Gesellschaft als politisch wünschenswerter Zustand. Das Ziel ‚Stabilität' wurde durch das „Gesetz zur Förderung der Stabilität und des Wachstums" (*Stabilitätsgesetz*) von 1967 festgelegt. Somit waren die Wahrnehmung der „Ölkrise" und daraus gefolgertes politisches Handeln von der Möglichkeit des Nicht-Erreichens bzw. des Erreichen-Wollens der im „Stabilitätsgesetz" formulierten wirtschaftspolitischen Ziele geprägt/motiviert. Als wünschenswerter Zustand galten u. a. „Vollbeschäftigung", Preisstabilität und ein stabiles Wirtschaftswachstum. (Siehe zur historischen Einordnung des „Stabilitätsgesetzes" auch Kap. 5.3.)

Dem wirtschaftspolitischen Vorsatz der „Vollbeschäftigung" entsprechend konnte der Stabilitätstopos am häufigsten hinsichtlich des Ziels sicherer Arbeitsplätze nachgewiesen werden. So verkündete Brandt im „Bericht zur Lage der Nation" am 24.1.1974 retrospektiv, dass die „Sicherung eines hohen Beschäftigungsstandes [...] vorrangiges Ziel der Wirtschaftspolitik" gewesen sei (Willy Brandt, in: FAZ, 25.1.1974, *Bericht zur Lage der Nation*).[65] Das Argumentationsmuster in dieser Variante steht im kommunikativen Kontext der zweiten Diskursphase, d. h. in Zusammenhang mit der aufkommenden Sorge um den Arbeitsplatz, die Willy Brandt in seiner Regierungserklärung vor dem Bundestag am 29.11.1973 noch popularisierte (siehe Abb. 8 und Kap. 5.4.1.3). Es ist also unmittelbar mit der zeittypischen Konstruktion eines Arbeitsplatzrisikos verbunden (siehe hierzu den Topos der düsteren Zukunftsprognose in Kap. 5.4.2.1.1). Alle am Diskurs

---

65 Die ZEIT zitierte Brandt mit folgenden Worten: „Gleichzeitig werden wir uns darauf konzentrieren, keine ins Gewicht fallende Arbeitslosigkeit eintreten zu lassen, sondern – im Rahmen der uns gegebenen Möglichkeiten – die Vollbeschäftigung zu sichern" (7.12.1973, *Brandt: Schieres Profitdenken*).

zur „Ölkrise“ teilnehmenden Akteure aus Politik und Wirtschaft, vornehmlich Mitglieder der Bundesregierung, verwendeten es.

Eine politisch von der gesamten Bevölkerung erwartete Verhaltensweise, die durch das Ziel, Arbeitsplätze zu sichern, legitimiert wurde, ist die Bereitschaft, Opfer zu bringen:

(165) Das Recht auf Arbeit ist ein elementares, in unserer Verfassung garantiertes Grundrecht. Deshalb wird es notwendig sein, daß alle Opfer bringen, um die Sicherheit der Arbeitsplätze weitgehend zu gewährleisten.
(SZ, 27.11.1973, *Das Abgründige in der Ölkrise*)

Indem *Opfer bringen* (165) als notwendige Voraussetzung für die Sicherheit der Arbeitsplätze behauptet wurde, konnte in der Bevölkerung die Akzeptanz für verschiedene unliebsame Maßnahmen erhöht werden. Das gilt u. a. für die Einführung von Kurzarbeit (166), Zurückhaltung bei Lohnforderungen (167; 168), Energiesparmaßnahmen zugunsten der Industrie (169) und den Stopp der Anwerbung von Gastarbeitern (170):

(166) Auch sein Kollege Joseph Amann (50), ein blonder kräftiger Werkmeister in der technischen Fertigung, weiß, daß er bei diesem ‚Urlaub‘ draufzahlt: ‚Mich kostet das ungefähr zweihundert Mark. Das schmerzt. Aber wenn dadurch unsere Arbeitsplätze erhalten werden, dann müssen wir es eben machen‘. Daß es sein muß, darüber einigten sich Betriebsrat und Betriebsleitung gestern Mittag: Einstimmig wurde die Kurzarbeit beschlossen.
(BILD, 11.1.1974, *Zwangsurlaub bei BMW, und was die Arbeiter verlieren*)

(167) BDI-Präsident Sohl [...] warnte vor einer Lohnexplosion, wenn sich die Gewerkschaften bei den anstehenden Tarifverhandlungen mit ihren ‚verantwortungslosen‘ Forderungen [...] durchsetzen sollten. Dies gefährde [...] die Arbeitsplätze.
(SZ, 3.11.1973, *Stabilitätspolitik wird nicht gelockert*)

(168) In seiner Regierungserklärung zur Energiekrise hat Bundeskanzler Brandt am Donnerstag nachdrücklich betont, daß der Bundesregierung die Sicherung von Arbeitsplätzen durch ausreichende Energieversorgung wichtiger ist als die Sicherung des privaten Komforts. Vor dem Plenum des Bundestages erklärte Brandt, daß im Falle einer weiteren Verschärfung der Versorgungslage die Regierung [...] zusätzliche Sparmaßnahmen anordnen werde. [...] Brandt meinte: ‚Vorstellungen und Wünsche, wie wir sie in den letzten Tagen zugunsten der Angehörigen des öffentlichen Dienstes gehört haben, können nicht verwirklicht werden‘. Der Kanzler verband diesen Hinweis mit der Bemerkung, daß bei Forderungen nach mehr als zehn bis fünfzehn Prozent Einkommensverbesserung nicht die ‚qualifizierte Sicherheit‘ der Arbeitsplätze im öffentlichen Dienst übersehen werden dürfte.
(SZ, 30.11.1973, *Brandt: Sicherung der Arbeitsplätze hat Vorrang vor privatem Komfort*)

(169) Das ist das Konzept der Regierung: Wir sparen dort, wo wir es uns leisten können zu sparen: im privaten Bereich [...]. Die Wirtschaft benötigt 60 Prozent der Energie. Dort wird entschie-

den, daß wir gut über den Winter kommen. Dort geht es um die Arbeitsplätze. Sie müssen gesichert werden.
(Willy Brandt, in: SZ, 26.11.1973, *Brandt: Arbeitsplätze müssen gesichert werden*)

(170) BILD: Können die rund 2,6 Millionen Gastarbeiter in die Heimat entlassen werden, um die Arbeitsplätze für uns Deutsche zu sichern? Arendt: Am letzten Freitag haben wir ja schon die Anwerbung von Ausländern gestoppt. [...] Wir werden dafür sorgen, daß unsere deutschen Arbeitnehmer zuerst Arbeit erhalten.
(Arbeitsminister Walter Arendt, in: BILD, 26.11.1973, *„Gastarbeiter sind keine Sklaven, die man heute einkauft und morgen wegschickt!"*)

Des Weiteren wurden mit Verweis auf den Wunsch nach sicheren Arbeitsplätzen – wie auch auf Basis anderer Topoi – öfters *ein Abschied von der Stabilitätspolitik* (171), *staatliche Konjunkturmaßnahmen* (172) bzw. ein *gezieltes* wirtschaftspolitisches Eingreifen des Staates (173) oder das Gebot, den *Stabilitätskurs* beizubehalten und lediglich durch bestimmte Maßnahmen *Akzente* zu setzen (174), legitimiert:

(171) So bitter ein Abschied von der Stabilitätspolitik im Augenblick eines greifbar nahe erscheinenden Erfolges auch sein mag – die Sicherheit der Arbeitsplätze, die politische Stabilität muß jetzt Vorrang haben. Deshalb müssen die Bremsen schrittweise gelockert werden [...].
(ZEIT, 21.12.1973, *Das kleinere Übel wählen*)

(172) Die von der Opposition in den vergangenen Wochen mehrfach befürwortete, in der Bundestagsdebatte jedoch wieder zurückgezogene Forderung nach Senkung der Mineralöl- oder auch der Mehrwertsteuer beantwortete Brandt mit dem Hinweis, daß die Bundesregierung in nächster Zeit ‚jeden Steuergroschen' dringend nötig habe, um mit Hilfe staatlicher Konjunkturmaßnahmen die Sicherheit der Arbeitsplätze zu gewährleisten.
(SZ, 30.11.1973, *Brandt: Sicherung der Arbeitsplätze hat Vorrang vor privatem Komfort*)

(173) Unsere Aufgabe heißt unverändert: Sicherung der Arbeitsplätze. [...] Der Zeitpunkt ist nicht gekommen, um ‚global' den Fuß von der Bremse zu nehmen. Aber in gewissen Bereichen und Branchen gilt es, Besonderes zu tun. Gezielte Erleichterungen und Hilfen sollen insbesondere die Investitionen im Energiebereich sowie eine verbesserte regionale und sektorale Struktur sichern ...
(Willy Brandt, in: SZ, 30.11.1973, *Die Energie-Krise als Bewährungsprobe*)

(174) Für FDP und SPD erklärten Graf Lambsdorff und Ehrenberg, die Bundesregierung dürfe in der gegenwärtigen Phase den Stabilitätskurs noch nicht verlassen, jedoch durch Maßnahmen wie Aufhebung der Investitionssteuer von 11 Prozent und Wiedereinführung des Paragraphen 7b Einkommensteuergesetz (beide am 19. Dezember im Kabinett) und andere Maßnahmen die Akzente vor allem in Richtung Beschäftigungssicherheit setzen.
(FAZ, 13.12.1973, *Bonn plant weitere Energie-Sparmaßnahmen*)

In einer angrenzenden Variante des Argumentationsmusters galten die Beständigkeit der Preise bzw. des Preisniveaus und des Geldwertes als von der Wirtschaftspolitik zu erreichende Ziele. Dementsprechend sollten die politischen Bemühungen der Bundesregierung „eine Tendenzwende bei der Preisentwicklung bringen“ (SZ, 22.12.1973, *Ölkrise: Bluff oder Blackout*). Mit der Möglichkeit des Nicht-Erreichens dieses Ziels ging die in den 1970er Jahren weit verbreitete Angst vor der Inflation einher (siehe hierzu den Topos der düsteren Zukunftsprognose in Kap. 5.4.2.1.1). Um nun einen als *Inflation* bezeichneten Zustand zu verhindern, der – wie Arbeitslosigkeit – die stabilitätspolitischen Ziele von 1967 gefährde, seien bestimmte Maßnahmen erforderlich bzw. zu unterlassen. Insbesondere von der Opposition wurden etwa Steuersenkungen vorgeschlagen, so in (175). Ebenfalls auf Basis des Stabilitätstopos – nämlich mit dem Hinweis auf die Notwendigkeit von konjunkturfördernden Maßnahmen zur Sicherung der Arbeitsplätze – lehnte Brandt Steuersenkungen allerdings ab (172):

(175) [U]nd natürlich paßt die Verteuerung aller Erdölprodukte ganz und gar nicht in das Konzept unserer Stabilitätspolitik. [...] Vor allem ist [...] eine Senkung der Mineralöl- und Heizölsteuer unter dem Gesichtspunkt der jetzigen Stabilitätsbemühungen zu prüfen. Schließlich werden von der Verteuerung des Rohöls und der dadurch steigenden Preise für Benzin, Heizöl und alle sonstigen Erdölprodukte ja nicht nur die privaten Ölheizungen und Autofahrer betroffen, sondern es werden, was viel schwerer wiegt, auch große Teile des gewerblichen Güter- und Personenverkehrs, die gesamte Petrochemie und viele andere Wirtschaftszweige stark in Mitleidenschaft gezogen. Ihre Kosten steigen, was sich natürlich über kurz oder lang auf das gesamte Preisniveau auswirken muß. Deshalb auch der durchaus naheliegende Vorschlag, diese neuen preissteigernden Tendenzen durch eine Senkung der Mineralöl- und Heizölsteuer aufzufangen und auf diese Weise die von der Bundesregierung und der Bundesbank betriebene Stabilitätspolitik zu stützen.
(FAZ, 5.11.1973, *Jetzt die Mineralölsteuer senken?*)

Über das bislang Dargestellte hinaus befürchteten Bundesregierung und Arbeitgeber, höhere Löhne könnten höhere Preise und diese wiederum höhere Löhne bedingen und damit das Preisniveau destabilisieren bzw. inflationsfördernd wirken. Dieser Erwartung liegt die Theorie der „Lohn-Preis-Spirale“ zugrunde; die im Verteilungskampf von den Gewerkschaften geforderten Lohnerhöhungen seien abzulehnen, so die Schlussfolgerung:

(176) ‚Mit einer gewissen Bitterkeit‘ müsse auch registriert werden, daß die ‚fast greifbaren [...] Erfolge unserer Stabilitätspolitik wieder ferner rücken könnten‘. Brandt bezeichnete es als unklug, die Kostenentwicklung durch ‚ungebührliche Tarifabschlüsse über Gebühr zu belasten‘. Die Verbraucher forderte er auf, sich beim Weihnachtseinkauf ‚normal zu verhalten‘ und nicht ‚verrückt zu spielen‘.
(SZ, 4.12.1973, *Brandt: Kein Anlaß zu Hysterie*)

(177) Die Bundesregierung strebt an, daß die Preisentwicklung auch in diesem Jahr in Grenzen gehalten wird. Das Jahr 1974 kann kein Jahr wesentlicher realer Einkommensverbesserungen sein. Eine Absicherung der Realeinkommen auf dem erreichten hohen Niveau ist kein Rückschritt. In einer Zeit, in der die Arbeitnehmer in Industrie und Handel sich um ihre Arbeitsplätze sorgen, sollte für diese Erkenntnis gerade bei den Angehörigen des öffentlichen Dienstes Verständnis vorhanden sein. Ich rechne auf ihre Vernunft.
(Willy Brandt, in: FAZ, 25.1.1974, *Bericht zur Lage der Nation*)

(178) Wie Bundeswirtschaftsminister Friderichs anläßlich der Eröffnung der deutschen Industrieausstellung gestern in Berlin weiter erklärte, müsse die Rückkehr zu mehr Preisstabilität als vorrangiges wirtschaftspolitisches Ziel behandelt werden. Entscheidend sei jedoch, daß sich die Tarifpartner bei den kommenden Lohnverhandlungen stabilitätskonform verhalten und den restriktiven Rahmenbedingungen Rechnung tragen, nachdem der Spielraum für die Preis- und Einkommensforderungen im nächsten Jahr durch die Stabilitätspolitik von Bundesregierung und Bundesbank erheblich eingeengt worden sei. Von einer Gewinnexplosion könne nicht mehr gesprochen werden, sagte Friderichs weiter. Vielmehr wüchsen die Arbeitnehmer-Einkommen in diesem Jahr bereits etwas stärker als die Unternehmens-Einkommen.
(SZ, 3.11.1973, *Stabilitätspolitik wird nicht gelockert*)

Schließlich gab es einen breiten Konsens darüber, dass ein stabiles bzw. stetiges Wirtschaftswachstum und Wohlstand erstrebenswerte Zustände seien, wofür in erster Linie die preisgünstige und sichere Versorgung der Bundesrepublik mit Öl als maßgeblich angesehen wurden, weshalb bestimmte Dinge zu tun oder zu unterlassen seien.

5.4.2.4 Topoi der Maxime

Ähnlich den Finaltopoi bilden die Topoi der Maxime einen zentralen Bewertungsgrund der Argumentation in öffentlich-politischen Diskursen wie dem Krisendiskurs. Auch ihre Funktion ist handlungsmotivierend. Und auch sie liegen potentiell allen Argumentationen zugrunde, bleiben oft implizit und sind insofern nur mit einem hohen interpretativen Aufwand zu erschließen. Die Quantifizierung kann deshalb bloß als grober Indikator angesehen werden. Als Leitbilder, Prinzipien, Normen und Werte, auf die man sich argumentativ beruft, informieren die Topoi der Maxime am deutlichsten unter allen Argumentationsmustertypen über die politisch-ideologische Diskursposition der Akteure. Mit 74 annotierten Textstellen ist der Topos der Marktwirtschaft das dominierende Argumentationsmuster, welches an Leitbilder, Prinzipien, Normen und Werte anknüpft. Es folgt der Solidaritätstopos mit 34 annotierten Textstellen.

5.4.2.4.1 Topos der Marktwirtschaft

„Die Erhaltung unserer heute von breiten Bevölkerungskreisen nicht mehr als sakrosankt angesehenen marktwirtschaftlichen Ordnung fordert sicher Wachsamkeit nach allen Seiten.“
(FAZ, 20.12.1973, *Die Frage nach den Kosten ist nicht gänzlich irrelevant*)

Das Eingangszitat veranschaulicht die mit dem Topos der Marktwirtschaft verbundene Wahrnehmung der „Ölkrise“ als Herausforderung und Bewährungsprobe für die *marktwirtschaftliche Ordnung*. Das Argumentationsmuster ist im größeren historischen Zusammenhang der seit den 1950er Jahren stattfindenden Grundsatzdiskussion über die Sozial- und Wirtschaftsordnung der BRD zu sehen (siehe hierzu Kap. 5.3 und im Einzelnen Wengeler 1995). Der Topos der Marktwirtschaft während der „Ölkrise“ steht im kommunikativen Kontext des im Rahmen der „Energiedebatte“ und des „Berichtes zur Lage der Nation“ aufgebrochenen, als „Semantischer Klassenkampf“ betitelten ideologischen Konfliktes zwischen Bundesregierung und Opposition sowie innerhalb der sozial-liberalen Koalition (siehe Abb. 8 und Kap. 5.4.1.3 und 5.4.1.4). Seit Beginn der zweiten Diskursphase „Notstand, Ermächtigung und die Sorge um den Arbeitsplatz“ wurde davor gewarnt, als *Dirigismus* (179) bezeichnete Ideen und Handlungen, die mit der marktwirtschaftlichen Ordnung nicht vereinbar seien bzw. sie *demontieren* (180), würden um sich greifen:

(179) Die Ölkrise ist eine Herausforderung für die Marktwirtschaft, nicht ihr Ende. Freilich ist damit nicht der Schlafmützen-Liberalismus gemeint: Der Staat muß Energiepolitik betreiben [...]. Aber notwendige politische Planung darf nicht zu gefährlichem ökonomischem Dirigismus entarten.
(ZEIT, 30.11.1973, *Ein Zeitalter des Mangels?*)

(180) Dennoch sei die Opposition bereit, an der Lösung der Energiekrise mitzuarbeiten, jedoch nur unter der Bedingung, daß [...] das Bonner Krisenmanagement nicht als ‚Mogelpackung‘ dafür diene, die marktwirtschaftliche Ordnung zu demontieren.
(SZ, 30.11.1973, *Brandt: Vorrang für Arbeitsplätze*)

Wirtschaftsliberal eingestellte Redakteure und Publizisten wie Diether Stolze und Michael Jungblut (beide ZEIT), die Opposition und Teile der FDP sorgten sich, man verfahre in der „Krise“ nicht mehr nach den Prinzipien der Marktwirtschaft. Der Vorwurf, man weiche vom *Pfad der Marktwirtschaft* (181) ab und unterliege den Versuchungen des *Dirigismus*, war insbesondere an die SPD adressiert, die in diesem Zusammenhang immer wieder an ihr Bekenntnis zur Marktwirtschaft im Godesberger Programm (siehe Kap. 5.3) erinnert wurde:

(181) [S]chon das erste Wetterleuchten genügte, um die SPD auf dem Pfad der Marktwirtschaft straucheln zu lassen. Niemand, auch keiner von den vorgeblich ‚Rechten‘ der Partei, wagte es noch, entschieden für Wettbewerb, Initiative, Freiheit des Marktes (was gleichbedeutend

mit wirtschaftlicher Freiheit des Bürgers ist) einzustehen. Das Bekenntnis zu Godesberg geht den Genossen flink von den Lippen wie eh und je – aber man weiß oft nicht recht, ob es als sinnleere Formel oder bereits als Hohn gemeint ist. Die treuen Freunde, die die Marktwirtschaft in der SPD noch haben mag, sind jedenfalls stiller und stiller geworden. So sind – ein Jahr nach Willy Brandts Wahltriumph – die Liberalen praktisch das einzige Bollwerk gegen Unvernunft und Dogmatismus. Die Hoffnung, daß die Marktwirtschaft nicht Stück für Stück demontiert wird, ruht auf Scheel, Friderichs, Genscher und Lambsdorff. Wenn diese SPD ohne die FDP regieren könnte, könnte allzuleicht ein Alptraum wahr werden: eine sozialistische Bundesrepublik – mit weniger Wohlstand und weniger Freiheit.
(Zeit, 14.12.1973, *Ein Alptraum: Wenn die SPD ohne die FDP*)

(182) Das sind keine ideologischen Sandkastenspiele mehr, sonders eindeutig politische Forderungen, die nicht aus dem Abseits, sondern von der Basis der Partei herkommen, und wie viele Beobachter annehmen, handelt es sich dabei um die Symptome einer Abwendung der SPD von der Marktwirtschaft. [...] Damit wäre das zentrale Nervensystem der Marktwirtschaft lahmgelegt.
(SZ, 9.11.1973, *Bei der SPD droht die Marktwirtschaft über Bord zu gehen*)

Die Dystopie der *sozialistischen Bundesrepublik – mit weniger Wohlstand und weniger Freiheit* (181) als Gegenentwurf zum vorausgesetzten Ideal der marktwirtschaftlichen Sozial- und Wirtschaftsordnung – mit mehr Wohlstand und Freiheit, so die Implikation – ist eine für die 1970er Jahre und den Diskurs zur „Ölkrise" charakteristische Konfrontation, um auf als bedenklich geltende gesellschaftliche und politische Entwicklungen aufmerksam zu machen. Dieses Muster der Dystopie tritt im Rahmen des Topos der Marktwirtschaft häufiger in argumentativ stützender Funktion auf. Die Dichotomisierung von Anschauungen, Existenzweisen und Gesellschaftsformen nach dem Entweder-Oder-Prinzip ist ein spezifisches sprachlich-rhetorisches Mittel im Kommunikationsbereich der Politik, das sich im Falle des Beispiels wie eine Vorwegnahme des späteren CDU-Wahlkampfslogans von 1976 *Freiheit statt Sozialismus* ausnimmt. Die Marktwirtschaft steht für die freiheitlich-demokratische Grundordnung der BRD. Eine *Abwendung der SPD von der Marktwirtschaft* (182) wurde als Angriff auf Freiheit und Demokratie gewertet. Die *Freunde* der Marktwirtschaft, etwa die Liberalen *Scheel, Friderichs, Genscher und Lambsdorff*, würden ein *Bollwerk gegen Unvernunft und Dogmatismus* bzw. Sozialismus und Unfreiheit der Anderen (181) bilden. Exemplarisch für diese Denkweise ist auch der folgende Beitrag von Karl Carstens zur Bundestagsdebatte über den „Bericht zur Lage der Nation":

(183) Die Angriffe der SPD oder großer Teile der SPD gegen die soziale Marktwirtschaft sind uns bekannt. Nach unserer Auffassung steht die soziale Marktwirtschaft mit der freiheitlichen Lebensordnung in unserem Lande in einem unlösbaren Zusammenhang, und deswegen sind diese Angriffe so gefährlich.
(Karl Carstens, in: FAZ, 25.1.1974, *Oppositionsführer Carstens*)

Wie schon in Zusammenhang mit dem Topos vom Staats- und Politikversagen/Politikerversagen erwähnt, wurden insbesondere die im Rahmen des „Energiesicherungsgesetzes“ möglich gewordenen Maßnahmen – etwa die Festlegung von Höchstpreisen, Rationierungen und Verstaatlichungen – als Abkehr von und Bedrohung der marktwirtschaftlichen respektive freiheitlich-demokratischen Ordnung dargestellt und mit dem Verweis auf das marktwirtschaftliche Prinzip abgelehnt. Außerdem wurde bestritten, dass die politischen Mittel eine sichere Versorgung der Bundesrepublik mit Öl gewährleisten würden:

(184) [D]as Energiesicherungsgesetz und die auf seiner Grundlage praktizierten Konsumbeschränkungen [führen] vom Pfad der marktwirtschaftlichen Tugend ab [...]. [D]ieses Gesetz, das Höchstpreise und Verwendungsverbote vorsieht, [...] läßt zu, wie Wirtschafts-Staatssekretär Detlef Carsten Rohwedder betont, daß sich die Bundesregierung in einer ‚breiten Mittelzone‘ zwischen Marktwirtschaft und Dirigismus bewegt.
(ZEIT, 30.11.1973, *Die Versuchungen des Dirigismus*)

(185) Wenn wir hören, welche Stimmen und Empfehlungen aus dem Lager der SPD an die Öffentlichkeit gedrungen sind, mit Verstaatlichung, mit Höchstpreisen, mit Rationierungsmaßnahmen, dann kann einem angst und bange werden. Wir stehen auf dem Standpunkt, daß es in dieser Situation nicht in erster Linie darauf ankommt, den Mangel zu verwalten, sondern durch Einsatz aller Kräfte in diesem Lande und auch außerhalb unseres Landes die Mangelsituation bestmöglich zu überwinden. Und hier wird es möglicherweise nicht nur einer großen Kraftanstrengung unserer gesammelten volkswirtschaftlichen Kraft bedürfen, sondern eventuell auch einer Grundsatzentscheidung, ob wir den marktwirtschaftlichen Kurs verlassen und in ein dirigistisches Fahrwasser einsteuern wollen. Bei dieser Grundsatzentscheidung, wenn sie uns aufgezwungen wird, werden wir mit Sicherheit einen ganz festen Standpunkt marktwirtschaftlicher Prinzipien einnehmen.
(Ernst Müller-Hermann, in: SZ, 30.11.1973, *Am marktwirtschaftlichen Scheideweg*)

(186) ZEIT: Was halten Sie von den vielen dirigistischen Empfehlungen, die zur Meisterung der Ölkrise gegenwärtig angeboten werden? Kloten: Die Sorge drängt sich auf, daß die Ölkrise unabhängig davon, ob sie sich verschärft oder nicht, vielen aufgestauten antimarktwirtschaftlichen Vorstellungen die unverhofft günstige Gelegenheit bietet, sich politisch auszuwirken. Dirigistischen Forderungen würde so in einem Zeitpunkt Vorschub geleistet, in dem das Vertrauen in das marktwirtschaftliche System eine Bewährungsprobe zu bestehen hat. Preisfixierungen, Bezugscheinsysteme, radikale Verlagerungen der Verkehrsströme von der Straße auf die Schiene, Expansionsprogramme für den deutschen Kohlebergbau oder gar Forderungen, die Mineralölgesellschaften kurzerhand zu verstaatlichen, sind eher geeignet, schon für sich gesehen die Versorgungslage zu erschweren, zumindest fragwürdige Lösungen mittels allzu hohen gesamtwirtschaftlichen Aufwands voranzutreiben. Schlimmer noch wäre es, wenn hier Einbrüche erzielt würden, die weitergehenden Eingriffen in die marktwirtschaftliche Ordnung den Weg ebnen.
(ZEIT, 30.11.1973, *Noch droht keine Rezession*)

Durch die abwertende Bezeichnung der geforderten Maßnahmen als *Dirigismus* (184) oder *dirigistisch* (185; 186) rückten ihre Gegner sie semantisch in die Nähe negativ konnotierter Konzepte wie ‚Sozialismus'/‚Kommunismus', was in Kapitel 5.4.1.4 bereits sprachkritisch angemerkt wurde. Gleichzeitig wurden auf diese Weise die Befürworter in der Rolle von Gegnern des herrschenden, marktwirtschaftlichen freiheitlich-demokratischen politischen Systems inszeniert. So sprach der meinungsmachende Wirtschafts- und stellvertretende Chefredakteur sowie spätere Verleger und Mitherausgeber der ZEIT, Diether Stolze, von *dogmatische[n] Sozialisten* oder – sozialreformerisches Gedankengut in der Bedeutung des Begriffs ‚Sozialreform' vor den 1990er Jahren als umstürzlerisch abwertend – von *Kathedersozialisten* und warnte vor einer Beseitigung der Marktwirtschaft durch die *Systemveränderer* sowie vor den negativen Folgen einer *zentral gelenkten Verwaltungswirtschaft*:

(187) Noch ernster als die möglichen ökonomischen Folgen des Energiemangels könnten seine politischen Wirkungen werden. Schon jetzt möchten viele die Marktwirtschaft außer Kraft setzen – allen voran diejenigen, die nie begriffen haben, wie sie funktioniert. Die dümmsten Vorschläge kommen, wie könnte es anders sein, wieder einmal von dogmatischen Sozialisten: Verstaatlichung der Ölkonzerne und Preisstopp. [...] Frömmelnden Kathedersozialisten mag es verlockend erscheinen, Mangel ‚gerecht' zu verteilen. Für die Millionen aber, die sichere Arbeitsplätze und natürlich auch Wohlstand wünschen, kann das Programm nur lauten: die Dynamik der Wirtschaft erhalten. Das bedeutet mehr Leistung, mehr Wettbewerb und natürlich auch mehr Gewinne, um Investitionen finanzieren zu können: Investitionen für energiesparende Produktionsmethoden oder die Erschließung neuer Energiequellen. Solange der Markt frei bleibt, wird Öl – wie Geld – ‚zum besten Wirt fließen' [...]. Die FDP möchte nach der Devise handeln: Soviel Markt wie möglich, soviel Dirigismus wie (unbedingt) nötig. In der SPD-Fraktion dagegen glauben die Systemveränderer aller Schattierungen, nun habe ihre Stunde geschlagen. Der Energiemangel liefert ihnen vermeintlich treffliche Argumente für Investitionskontrolle, Produktionslenkung, Verteilungsplanung und Preisregulierung. Als ob Funktionäre und Bürokraten je bessere Unternehmer gewesen wären. In einer zentral gelenkten Verwaltungswirtschaft würde nach und nach jede Initiative erlahmen, würde mehr verlorengehen als nur unser Wohlstand.
(ZEIT, 30.11.1973, *Ein Zeitalter des Mangels?*)

Die Lösung der „Ölkrise", so die vorherrschende Meinung der Opposition und der FDP, die sich als Systembewahrer/Retter der Marktwirtschaft und des freiheitlich-demokratischen Systems verstanden, müsse den vom Wirtschaftsliberalismus vorgegebenen Normen politischen Handelns entsprechen. Die „Krise" und insbesondere das Problem der Ölversorgung seien am ehesten mit einer angebotsorientierten Wirtschaftspolitik und indem man sich an das Prinzip des freien Marktes/Wettbewerbs halte zu bewältigen, so etwa in (187). Dieser Berufung auf die Marktwirtschaft liegt die Annahme zugrunde, der Preismechanismus, das Zusammenspiel von Angebot und Nachfrage, sorge in einem von staatlichen

Eingriffen verschonten System ungehinderter Konkurrenz für die gerechteste Verteilung des scheinbar knappen Guts. Das optimistische Vertrauen auf den Markt bzw. den Preismechanismus ist eine der Grundlagen des Ordoliberalismus (Walter Eucken u. a.) und zählt zu den zentralen wirtschaftspolitischen Konzepten der sozialen Marktwirtschaft:

(188) Wenn man nach einer Möglichkeit suchen würde, das Übel drastisch zu verschlimmern, wäre die Enteignung der deutschen Tochtergesellschaften internationaler Ölkonzerne gewiß eine erfolgversprechende Methode. Verstaatlichung ist so gut wie immer töricht, weil Verwaltungsbeamte nach allen Erfahrungen weniger leisten als Manager. [...] Was die Argumente für einen Preisstopp anbelangt, so sind sie vom Wissenschaftlichen Beirat des Wirtschaftsministeriums Punkt für Punkt widerlegt worden. Zitat aus dem Gutachten: ‚Preisbegrenzungen drosseln weder die Nachfrage nach dem knappen Gut, noch steigern sie das Angebot oder regen die zur Überwindung der Knappheit erforderlichen Investitionen an‘. Fazit: Die ‚Rationierung über den Preis‘ ist die ökonomisch sinnvollste und damit letztlich auch gerechteste. [...] Ein Preisstopp würde uns der Chance berauben, beim Ölpoker am Weltmarkt mitzuhalten und so den ökonomischen Schaden zu begrenzen.
(ZEIT, 30.11.1973, *Ein Zeitalter des Mangels?*)

(189) Bundeswirtschaftsminister Friderichs und andere Vertreter der FDP sind nach wie vor bemüht, bei der gegenwärtigen Mineralölversorgungslage die Dinge nicht zu dramatisieren und nach flexiblen Lösungen statt nach dirigistischen Eingriffen zur Beilegung [der] Versorgungsschwierigkeiten zu suchen. [...] Bundeskanzler Brandt hat in der gestrigen Fraktionssitzung dirigistische Vorstellungen zurückgewiesen. Er warnte vor allem davor, sich zum jetzigen Zeitpunkt von einer Höchstpreisverordnung – wie sie das Energiesicherungsgesetz ermöglicht – mehr Preisstabilität bei den Energiepreisen zu versprechen. [...] Brandt warnte auch vor Forderungen nach einer Verstaatlichung der Mineralölkonzerne, da eine solche Maßnahme unter anderem keinen Tropfen Öl mehr in die Bundesrepublik bringe; eher werde das Gegenteil eintreten.
(FAZ, 28.11.1973, *Brandt vermittelt im wirtschaftspolitischen Grundsatzstreit der Koalitionsparteien*)

(190) Für die FDP sprach sich Otto Graf Lambsdorff gegen dirigistische Maßnahmen, aber für Hilfe für sozial Schwache aus. Höchstpreise seien keine Lösung, denn entweder ‚jubelten‘ sie die Preise für die nationale Produktion auf den internationalen Stand hoch oder verknappten die Lieferungen vom internationalen Markt. Steigende Preise dämpften die Nachfrage.
(Otto Graf Lambsdorff, in: FAZ, 30.11.1973, *Die Energie-Debatte im Bundestag*)

(191) Das Knappheitsproblem, so vermuten Marktkenner, löse sich durch solche Preise von selbst. Die Marktwirtschaft reguliert den Lebensstandard – diesmal nach unten.
(SPIEGEL, 14.1.1974, *Sehr gewundert*)

(192) ZEIT: Was also wäre zu tun? Kloten: Was sich hier an Ausfällen ergibt, muß hingenommen werden. Der Markt wird von sich aus gerade bei steigenden Preisen darauf hinwirken, daß Ausfälle so gering wie möglich bleiben. Expansive Konjunkturpolitik hilft auf keinen Fall weiter. Zunächst ist dem Markt zu vertrauen. Vor allem solange das Angebot zum größten

Teil noch vorhanden ist, dürfte es genügen, negative soziale Folgen durch gezielte Maßnahmen zu bekämpfen.
(ZEIT, 30.11.1973, *Noch droht keine Rezession*)

(193) In dieser Situation kommt nun aus Linkskreisen der SPD die Forderung nach einer Verstaatlichung der Ölkonzerne. Dieser Vorschlag ist an Naivität nicht zu überbieten, denn hier werden die Verwaltungsbüros von Erdölkonzernen mit Ölquellen verwechselt. [...] Wir würden zwar keinen Tropfen Erdöl mehr, aber einige Millionen Tonnen weniger zur Verfügung haben. Ob es uns paßt oder nicht paßt – wer die Lage realistisch sieht, wird nüchtern feststellen: lieber teures Erdöl als gar keines.
(SZ, 27.11.1973, *Das Abgründige in der Ölkrise*)

(194) In dieser Situation einen Preisstopp für Mineralölprodukte zu fordern – wie es beispielsweise der Mieterbund getan hat – ist allerdings auch nicht gerade ein Zeichen besonderer Einsicht. Etwas Dümmeres könnte die Bundesregierung in der gegenwärtigen Situation kaum tun. Denn einmal verderben steigende Preise den Hamstern die Lust an übertriebenen Vorratskäufen. Zum anderen fließt das knappe Öl natürlich zuerst in die Länder, wo der höchste Preis dafür gezahlt wird. Wer in einer kalten Wohnung sitzt, dem nützen gestoppte Heizölpreise wenig. Mit solchen dirigistischen Eingriffen läßt sich überdies gegen die Ursache des Übels – die weltweite Knappheit an Mineralölprodukten – nichts ausrichten.
(ZEIT, 2.11.1973, *Rauhes Erwachen*)

Die Beispiele zeigen, dass im Anschluss an den Topos der Marktwirtschaft während der „Ölkrise“ Argumentationen gebildet wurden, welche an die Idee des freien Marktes anknüpfen, der, so der Glaube, entbunden von staatlicher Intervention am besten in der Lage sei, das Gemeinwohl zu fördern; der Markt verteile gerechter als der Staat und sei deshalb der bessere Krisenmanager. Außer der Opposition und der FDP traten auch die Energiewirtschaft und die Industrie für eine von staatlichen Eingriffen möglichst freie Entfaltung der Wirtschaft ein. Andererseits forderten sie *differenziertes* staatliches Handeln bzw. zeigten sich staatlichen Hilfen gegenüber nicht abgeneigt, wo diese für sie vorteilhaft waren – etwa zinsgünstige Kredite oder Aufträge (siehe hierzu insbesondere den Topos der düsteren Zukunftsprognose in Kap. 5.4.2.1.1).

Weiterhin spielte der Topos der Marktwirtschaft eine wichtige Rolle in dem im Januar 1974 aufgebrochenen semantischen Kampf um die Deutungshoheit über die Frage, welche Politik zur Überwindung der „Krise“ geführt hat. Man habe die „Krise“ nur bewältigen können, weil das politische Handeln an marktwirtschaftlichen Konzepten ausgerichtet worden sei, so die ex post-Interpretation der Ereignisse (siehe Kap. 5.4.1.4):

(195) Sich kurzfristig verändernden Situationen konnte nur mit hoher Flexibilität begegnet werden. Zwangswirtschaftliche Eingriffe waren weder erforderlich noch gewollt. Die marktkonformen Mittel haben sich auch in dieser Lage als richtig erwiesen.
(Hans Friderichs, in: SZ, 18.1.1974, *Ölkrisen-Zwischenbilanz des Wirtschaftsministers: Die Grundausrichtungen der Energiepolitik brauchen nicht revidiert zu werden ...*)

(196) Bislang allerdings kam die teilboykottierte Bundesrepublik noch vergleichsweise gut über die Ölkrise hinweg. Arabiens Lieferdrosselungen wirkten sich in Westdeutschland durchschnittlich nur mit rund zwölf Prozent Einfuhrkürzung für Öl und Ölprodukte aus. Die vom Boykott offiziell gar nicht betroffenen Briten dagegen bekamen 15 Prozent, die Amerikaner 16, die Japaner 25 und die Holländer gar 35 Prozent weniger Öl. Selbst die Franzosen, von den Arabern voll beliefert und durch Sonderabkommen mit Algerien begünstigt, schnitten kaum besser ab als die Deutschen: Ihr Defizit summte auf immerhin zehn Prozent auf. Die freie Marktwirtschaft, freuten sich Friderichs Beamte, obsiegte über den Dirigismus der anderen.
(SPIEGEL, 14.1.1974, *Sehr gewundert*)

(197) Der energiepolitische Sprecher der Opposition, Russe, erklärte, die soziale Marktwirtschaft habe während der Ölkrise ‚eine ihrer härtesten Bewährungsproben bestanden‘. [...] Im Übrigen, so Lambsdorff, hätten sich auch in der Energiekrise die marktwirtschaftlichen Mittel bewährt, denn die Versorgungslage der Bundesrepublik sei besser als die der Nachbarländer.
(FAZ, 18.1.1974, *Vollbeschäftigung und Wirtschaftswachstum bleiben gefährdet*)

Interessant ist der Ländervergleich in (196) und (197), der andere Nationen mit scheinbar reglementiertem Markt als negatives Vorbild anführt. Verglichen mit diesen Ländern habe die Bundesrepublik dank *marktkonformer Mittel* (195) bei der Ölversorgung um einiges besser abgeschnitten. Hieraus wurde gefolgert, die Marktwirtschaft sei krisentauglicher als das am Keynesianismus orientierte wirtschaftspolitische Handeln und müsse auch in Zukunft beibehalten werden.

„Es ist nicht die Zeit, in der Ismen weiterhelfen“ (Willy Brandt, in FAZ, 30.11.1973, *Die Energie-Debatte im Bundestag*), sagte der Bundeskanzler Willy Brandt unter Hinweis auf ideologische Ratschläge zur Überwindung der Schwierigkeiten vor dem Bundestag, was als Werben für ein „pragmatisches Krisenmanagement“ verstanden werden kann. Ob wir tatsächlich erleben werden, „daß die Frage der ‚Marktwirtschaft‘ entideologisiert und nicht mehr dogmatisch betrachtet wird“, wie Brandt am 28.11.1973 von der FAZ (*Brandt vermittelt im wirtschaftspolitischen Grundsatzstreit der Koalitionsparteien*) zitiert wird, kann nur der historische Vergleich zeigen.[66]

66 Vereinzelt ist der Topos der Marktwirtschaft in der Weise realisiert, dass, vorausgesetzt die Ölförderländer handelten nicht aus politischen Motiven, das Verhalten der OPEC und OAPEC als angemessen bewertet wurde. Auch die Ölförderländer selbst rechtfertigten die von ihnen ergrif-

5.4.2.4.2 Solidaritätstopos

„Wir appellieren an die Vernunft, an die Einsicht und an die Solidarität der Deutschen. Wenn wir alle zusammenstehen, werden wir die Lage meistern."
(Detlev Karsten Rohwedder, in: BILD, 19.11.1973, *Wer sonntags arbeitet, darf auch Auto fahren*)

Mit 34 annotierten Textstellen ist der Solidaritätstopos ein noch relativ weit verbreitetes Argumentationsmuster, das an Leitbilder, Prinzipien, Normen und Werte anknüpft. Der Solidaritätstopos behauptet, die Probleme seien nur gemeinschaftlich zu lösen. Mit ihm sind ein Appell an das Zusammengehörigkeitsgefühl einer sozialen Gruppe, Nation oder internationalen Gemeinschaft und der Aufruf zu solidarischem Handeln verbunden.

Das Argumentationsmuster wurde zumeist von der Bundesregierung verwendet. Zum einen steht sein Gebrauch im kommunikativen Kontext der ersten Diskursphase (siehe Abb. 8 und Kap. 5.4.1.1), wobei er speziell im Rahmen des Diskursstrangs „Europäisches Krisenmanagement" (siehe Abb. 7) aufzufinden ist. In dieser Variante wurde der Solidaritätstopos genutzt, um eine Einstellung zu fördern und ein Handeln zu begründen, welche die Bundesrepublik gegen potentielle drohende Gefahren von außen absichern sollten. Zum anderen steht sein Gebrauch im kommunikativen Kontext der zweiten Diskursphase (siehe Abb. 8 und Kap. 5.4.1.3), und er wurde verwendet, um die Bundesrepublik nach innen zu festigen, d. h. die Bevölkerung auf die bevorstehenden Schmälerungen ihres Lebensstandards vorzubereiten.

In der ersten Variante der Absicherung vor Gefahren von außen wurde an eine gemeinsame Krisenpolitik des Westens, an europäische Solidarität und an eine gemeinsame Haltung im Nahostkonflikt appelliert. Insbesondere auf dem Feld der Energiepolitik sei gemeinschaftliches internationales Handeln notwendig, um sich vor den Maßnahmen der Ölförderländer zu schützen und Probleme – wie die scheinbare Abhängigkeit vom Öl oder die Erpressbarkeit – zu lösen. In-

---

fenen Maßnahmen mit dem Hinweis darauf, dass man lediglich einen marktgerechten Preis für das jahrzehntelang viel zu günstig verkaufte Öl bekommen wolle und beharrten auf dem Prinzip der freien Preisbildung durch Angebot und Nachfrage. (Als nicht ideal wurde hierbei u. a. die Monopolstellung der Ölkonzerne angesehen.): „Wenn ein Gut knapp wird, steigt sein Preis, muß sein Preis steigen, weil nur so Angebot und Nachfrage im Gleichgewicht gehalten werden können. Daß die Ölländer ihre Einnahmen aus ihrem weltweit begehrten Erdöl [...] steigern wollen, ist [...] legal. Keiner, der die Marktwirtschaft für das einzig brauchbare System zur Überwindung des Mangels und zur Entfaltung der wirtschaftlichen Kräfte hält, kann die ölpotenten Staaten verurteilen, weil sie nach höheren Erlösen für ihr Erdöl trachten" (FAZ, 1.11.1973, *Wirtschaftlicher Selbstmord der Ölaraber*). Gegner der Marktwirtschaft, d. h. Akteure, die nicht daran glauben, dass der Markt für eine optimale Lösung der „Krise" sorge, begründeten ihre Ablehnung u. a. mit dem kaum belegten Topos vom Marktversagen.

sofern ging mit dem Argumentationsmuster in dieser Spielart die Konstruktion der Europäischen Gemeinschaft als zur Krisenbewältigung notwendigem Akteur einher. Vordringliches Ziel dabei war, die Sicherheit der Energieversorgung zu gewährleisten, wozu, so das Gefolgerte, die politische Zusammenarbeit der europäischen Länder ausgebaut bzw. institutionalisiert werden solle. Der Solidaritätstopos im Zeichen der „Ölkrise" spielte folglich eine entscheidende Rolle für den Prozess der Einigung der EG. Das Fehlen einer gemeinsamen Krisenpolitik des Westens wurde als Schwäche interpretiert. Als Höhepunkt der europäischen politischen Zusammenarbeit kann die Erklärung der EG vom 6.11.1973 (siehe Abb. 8) gelten. Auffallend oft appellierte Willy Brandt an die Solidarität der Europäer und warnte vor einer *Rückentwicklung in Autarkie und engstirnigen Nationalismus* (198) der westlichen Industrieländer. Im Folgenden führe ich einige Belege an, die das Argumentationsmuster in der besprochenen Variante veranschaulichen:

(198) Gerade die Währungssituation, vor allem aber auch die Energiekrise haben gezeigt, daß die Europäische Gemeinschaft dahin kommen muß, nicht nur mit einer Stimme zu sprechen, sondern auch etwas zu sagen zu haben. Die energiepolitischen, monetären und weltwirtschaftlichen Probleme werden nur kontrollierbar bleiben, wenn es keine Rückentwicklung in Autarkie und engstirnigen Nationalismus gibt. Aus diesem Grund begrüßen wir auch die Initiative der Vereinigten Staaten zur Ölkonferenz am 11. Februar in Washington.
(FAZ, 25.1.1974, *Bundeskanzler Brandt*)

(199) Bundeskanzler Willy Brandt hat in seiner Regierungserklärung vor dem Deutschen Bundestag die Energieversorgung als ‚schwierig' bezeichnet und erklärt, daß sich die Situation noch verschärfen könnte. Brandt versicherte jedoch, daß die Bundesregierung der Entwicklung ‚nicht tatenlos' zusehe. Es sei deutlich geworden, daß kein Verbraucherland die Probleme allein lösen könne. Sein Appell zu einer europäischen Solidarität sei nicht ohne Erfolg geblieben. Seiner Meinung nach werde die Energiepolitik einen zentralen Platz in der Politik der Gemeinschaft einnehmen.
(FAZ, 30.11.1973, *Die Energie-Debatte im Bundestag*)

(200) Der Westen braucht eine gemeinsame Erdölpolitik, und er braucht sie erst recht seitdem auf der Sinai-Halbinsel und auf den Golan-Höhen wieder Kanonendonner erschallt. Aber bisher gibt es keine gemeinsame Energie- und Erdölpolitik der westlichen Staaten. [...] [D]ie westlichen Regierungen [müssen] versuchen, zu einer gemeinsamen Mittelostpolitik zu gelangen, die sowohl der Abhängigkeit der westlichen Wirtschaft von dem mittelöstlichen Öl wie den strategischen Interessen der westlichen Bündnispartner im Mittleren Osten Rechnung trägt.
(FAZ, 9.10.1973, *Westliche Erdöl-Solidarität tut not*)

(201) Für die Energiepolitik der Bundesrepublik bleibt der Leitsatz auch weiterhin wahr, daß solidarisches Handeln [...] den wirksamsten Schutz vor Erpressungen bietet.
(FAZ, 23.11.1973, *Die deutsche Erdölindustrie muß neue Gedanken entwickeln*)

(202) Die Abwehr neuer Formen imperialistischer Machtpolitik wird durch solidarisches Handeln gleichgesinnter Nationen am ehesten gelingen. Ob die Herausforderung durch die arabischen Ölländer ausreicht, trennende nationale Interessen zurücktreten zu lassen und entschiedenes gemeinsames Vorgehen zu ermöglichen, oder ob es noch stärkerer Erschütterungen der weltwirtschaftlichen Arbeitsteilung bedarf, ehe die Regierungen der herausgeforderten Industrieländer zusammenfinden, wird die Zukunft zeigen.
(FAZ, 12.1.1974, *Mehr internationale Kooperation*)

(203) Denn wenn es vereinzelten europäischen Ländern auch gelingen mag, sich im Alleingang vorübergehend einen geringfügig größeren Anteil am Ölaufkommen zu sichern – viel gewonnen ist damit nicht. Der Erpressung über den Preis läßt sich nur in einer größeren gemeinsamen Front begegnen; auf ein bißchen Konfrontation muß man es da halt ankommen lassen. Desgleichen kann allein eine übergreifende europäisch-amerikanisch-japanische Forschungsanstrengung die Abhängigkeit der Industrieländer mindern; sie müßte Technologien zur Ersetzung des Grundstoffes Erdöl wie zu seiner sparsameren Verwendung im Alltag entwickeln. Und nur im Miteinander, nicht im rivalisierenden Nebeneinander, werden sich jene Probleme lösen lassen [...].
(ZEIT, 18.1.1974, *Wie teurer wird die Ölkrise?*)

(204) Maria Esche, Ludwigshafen: Ist es unbedingt nötig, daß wir den Arabern Entwicklungshilfe zahlen? Wo die uns gerade jetzt im Winter so im Stich lassen? Schmidt: Es ist klar, daß sich der Bundeskanzler und die acht übrigen EG-Staaten, die noch vor Weihnachten in Kopenhagen zusammenkommen, auf eine gemeinsame Politik gegenüber den Arabern einigen müssen.
(BILD, 10.12.1973, *Arbeitsplätze, Inflation, Ölkrise*)

(205) Deutsche und Holländer wollten demgegenüber andere Prioritäten setzen. Sie traten dafür ein, den wirtschaftlichen Hebel der Gemeinschaft zu betätigen, um die Krisen zu bekämpfen und notfalls auch Front gegen Araber machen zu können. Sie forderten Gemeinschaftslösungen, Solidarität oder, wie es später als neueste Sprachschöpfung der Bürokraten in den Wandelgängen des Kopenhagener Bella Zentrums kolportiert wurde: eine ‚Einheit der Politik' – hier und jetzt in Europa.
(ZEIT, 21.12.1973, *Startverbot für europäische Höhenflüge*)

Was im Einzelnen als europäische Solidarität verstanden wurde, blieb vage und Gegenstand nationaler Interessen. Aus Sicht der europäischen Staaten, die vom „Ölembargo" besonders hart getroffen schienen, weil sie wie die Niederlande von den Ölförderländern als „feindlich" eingestuft wurden, bedeutete ‚europäische Solidarität' die ›gleichmäßige Verteilung des nach Europa importierten Öls innerhalb der EG‹, wie der niederländische Ministerpräsident Joop den Uylin in einer metasprachlichen Thematisierung definierte (206). Allerdings war das, was er *europäische Solidarität* (206) nannte, nicht mit dem in der Bundesrepublik verfochtenen Gedanken des freien Wettbewerbs auf dem Energiemarkt vereinbar (siehe hierzu den Topos der Marktwirtschaft in Kap. 5.4.2.4.1):

(206) Angesichts der jetzt schon 25prozentigen Herabsetzung der Ölproduktion und einer entsprechenden Verminderung der Öl-Zufuhr muß in der Gemeinschaft eine Art Quoten-System eingeführt werden, nach dem dieses knappe Öl verteilt wird. [...] Die Kommission muß jetzt Vorschläge machen, der Ministerrat der Gemeinschaft muß jetzt beschließen, wie Öl und Ölprodukte innerhalb der Gemeinschaft verteilt werden. Dafür werden wir kämpfen, denn das nennt man europäische Solidarität. Die entspricht den Grundgesetzen der Gemeinschaft. Und keiner soll glauben, daß es noch eine Europäische Gemeinschaft gäbe, wenn ein Land Öl im Überfluß hätte und ein anderer Mitgliedstaat der Gemeinschaft gar keines. Entweder man hat eine Gemeinschaft oder man hat sie nicht.
(Joop den Uylin, in: SPIEGEL, 3.12.1973, *Wir sind nicht umsonst Mitglied der EG*)

In der zweiten Variante des Argumentationsmusters waren die moralischen Appelle vornehmlich an den Gemeinschaftssinn der Deutschen adressiert. Auf dem Höhepunkt der öffentlichen Krisenwahrnehmung (siehe Abb. 8) traten insbesondere Willy Brandt und Helmut Schmidt in der Rolle von Mahnern an die nationale Solidarität auf, um Einschränkungen wie das Sonntagsfahrverbot zu vermitteln und die Bevölkerung auf entbehrungsreiche Zeiten einzustimmen. (Siehe hierzu auch Kap. 5.4.1.3.) ‚Solidarisch' in diesem nationalen Sinne bedeutete, ›die Notwendigkeit von Verzicht zu akzeptieren‹ bzw. ›zu Opfern bereit zu sein‹. Der Aufruf zu einer so verstandenen Solidarität war immer wieder mit sogenannten preußischen Tugenden wie ‚Fleiß' und ‚Sparsamkeit' gepaart. Insofern dies Charaktereigenschaften sind, die in der frühen Nachkriegszeit als redlich galten und während der „Ölkrise" als notwendige Voraussetzungen angesehen wurden, um die Probleme zu bewältigen, waren mit dem Topos häufig Geschichtsvergleiche verbunden. Wie damals sollten sich die Deutschen wohl als Notgemeinschaft begreifen:

(207) Als er [Willy Brandt; Anm. d. Verf.] sich Anfang letzter Woche vorübergehend an die Spitze der Bonner ‚Blut, Schweiß und Tränen'-Verkünder setzte, mahnte er sein westdeutsches Volk zu jener ‚Solidarität', die der Republik in den ersten Nachkriegsjahren aufgeholfen habe.
(SPIEGEL, 3.12.1973, *Kohle: Alles schwieriger und schmutziger*)

(208) Bundeskanzler Brandt hat in einer Fernsehansprache am Samstagabend die Bundesbürger aufgerufen, angesichts der Energiekrise Solidarität zu üben. Noch deutlicher fiel die Warnung von Bundesfinanzminister Helmut Schmidt aus, der das Volk zu einer gemeinsamen Kraftanstrengung aufrief, ‚um mit viel Schweiß, viel Sparsamkeit und mit Solidarität diese Probleme auch tatsächlich zu meistern'.
(SZ, 26.11.1973, *Brandt: Arbeitsplätze müssen gesichert werden*)

(209) Wenn die Bevölkerung zu einer großen gemeinsamen Kraftanstrengung bereit ist, wenn man sich zu Arbeitswillen, Sparsamkeit und Solidarität bekennt, dann entstehen gute Voraussetzungen für die Bewältigung der Schwierigkeiten. [...] Eine Politik nach der Devise ‚Schweiß, Sparsamkeit und Solidarität' hat zur Voraussetzung, daß die Bürger bereit sind, das Koordinatensystem der Ansprüche an das Bruttosozialprodukt zu verschieben. Denn wo rohstoff-

mangelbedingt nichts mehr zuwächst, kann auch nichts mehr verteilt werden. Dies rechtzeitig zu lernen, dürfte nützlich sein [...].
(SZ, 26.11.1973, *Schweiß, Sparsamkeit und Solidarität*)

(210) Am Wochenende appellierte Bundesfinanzminister Schmidt an Verbraucher, Unternehmen und Tarifpartner, ‚sich an einer großangelegten, gemeinsamen Kraftanstrengung zu beteiligen', um die Schwierigkeiten zu meistern. Für die Gewerkschaften kann dies nur als ein Appell zur Zurückhaltung bei den Lohnforderungen gedeutet werden, nachdem der Sachverständigenrat und der Bundeswirtschaftsminister deutlich zu verstehen gegeben haben, daß sie Lohnerhöhungen über zehn Prozent für bedenklich halten.
(ZEIT, 30.11.1973, *Talfahrt mit hohen Löhnen*)

5.4.3 Zwischenfazit: Der Diskurs als Epochenmacher

In der Zeit der „Ölkrise" 1973/74 gerieten etablierte Gewissheiten plötzlich in Zweifel. Zukunftserwartungen, die in den vorangegangenen Jahrzehnten im Erfahrungsraum des ökonomischen Booms entstanden waren – wie immerwährender Wohlstand –, wurden enttäuscht, und es entstanden neue Unsicherheiten. Die „Ölkrise" hatte die auf Mehrung des Wohlstandes gegründete Legitimität der bundesrepublikanischen Sozial- und Wirtschaftsordnung der Nachkriegszeit infrage gestellt. Dass Gewissheiten ins Wanken gebracht worden waren, löste den hier untersuchten Diskurs aus. Der politische Entscheidungsprozess und die Legitimation politischen Handelns während der „Ölkrise" 1973/74 sind unter dem Gesichtspunkt zu verstehen, dass ein Umgang mit dem Ungewissen gefunden und Sicherheit gewahrt werden sollten. Hierzu bediente man sich eines komplexen Settings aus Argumentationsmustern. Setzt man die erläuterten kontextspezifischen Topoi in die topologische Formation des Diskurses ein, ergibt sich das folgende Bild:

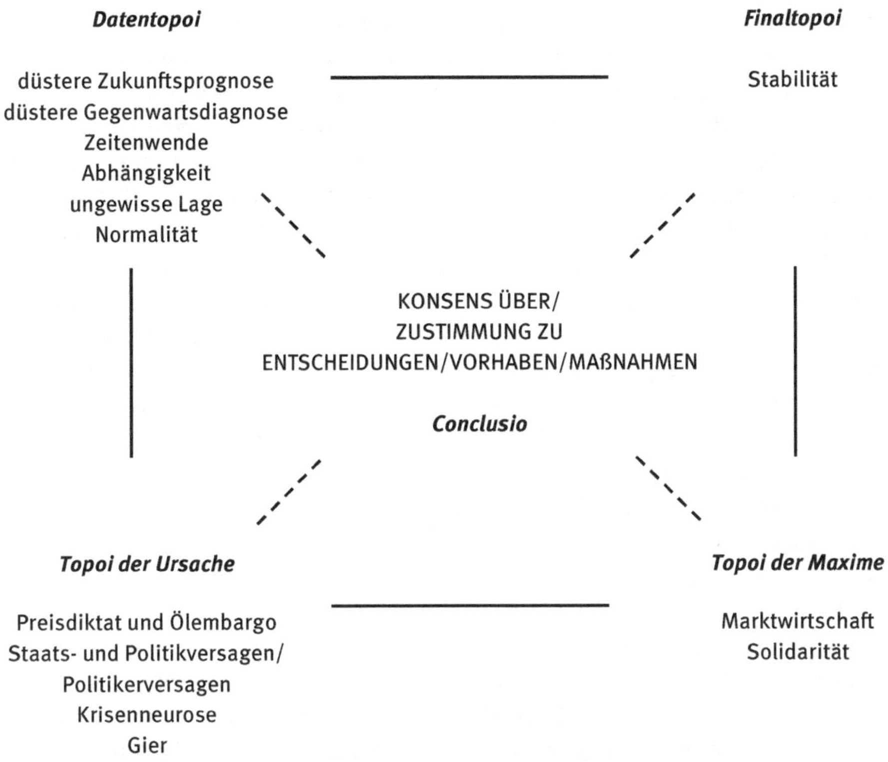

Abb. 16: Topologische Diskursformation „Ölkrise“ 1973/74

Die Begründung der „Ölkrise“ 1973/74 erfolgte hauptsächlich durch die Topoi der düsteren Zukunftsprognose und Gegenwartsdiagnose. Sie erfüllen eine zentrale Funktion im Rahmen der topologischen Diskursformation. Die Argumentationsmuster konstituieren ein spezifisches Krisenwissen bezüglich der Wirtschaftsentwicklung, des Arbeitsmarktes und der Energieversorgung. Im Allgemeinen entwerfen sie ein Bedrohungsszenario und schüren Ängste, was einerseits Zeitnot impliziert und andererseits Handlungsdruck erzeugt. Als bedroht wurde nicht nur die BRD, die bundesrepublikanische Wirtschaft und Gesellschaft, sondern auch die gesamte „westliche Welt“ wahrgenommen.

Hervorzuheben ist die Schaffung des Wissens um die Arbeitsplatzunsicherheit bzw. die Konstruktion des Arbeitsplatzrisikos. Zusammen mit dem im „Stabilitätsgesetz“ festgehaltenen Ziel, Arbeitsplätze zu sichern und neue Arbeitsplätze zu schaffen, fungierte dies fortan als Argument, mit dem im öffentlichen Diskurs nahezu jegliches politische Handeln gerechtfertigt werden konnte. Insbesondere die Topoi der düsteren Zukunftsprognose und Gegenwartsdiagnose hängen eng mit der Frage zusammen, ob im Sinne keynesianischer Wirtschaftspolitik der Zeitpunkt für ein „Umschalten“, d. h. für konjunkturfördernde Maßnahmen, gekommen ist. Es galt, die „Krise“ mit politischen Mitteln zu verhindern.

Außerdem ist die auf Basis der Topoi der düsteren Zukunftsprognose und Gegenwartsdiagnose konstituierte Furcht vor einer Ölknappheit bzw. einem Versorgungsproblem zu erwähnen, die in der Auffassung mündete, die BRD sei vom Öl – das als unverzichtbare Ressource für die Widerstandsfähigkeit bzw. Stabilität der Wirtschaft und Gesellschaft galt – und von den Ölförderländern abhängig. Insofern die Bundesrepublik nicht mehr in der Lage zu sein schien, die Sicherheit der Ölversorgung sowie der Wirtschaft und Gesellschaft zu garantieren, ging damit die Wahrnehmung eines Souveränitätsverlustes einher. Dies führte der Nachkriegsgesellschaft ihre Vulnerabilität vor Augen. In diesem Zusammenhang wurde der als „Ölkrise“ prädizierte Zustand als tiefgreifende Zäsur bzw. als Zeitenwende wahrgenommen. Es war die Rede vom Ende des Erdölzeitalters bzw. vom Ende der Zeit billigen Öls und unbegrenzter Ölvorräte sowie vom Ende des Nachkriegsbooms bzw. der Wohlstands- und Überflussgesellschaft. Auch in der Zeitgeschichtsschreibung ist dies ein vielbenutzter Topos, mit dem das Ende einer Epoche erklärt wird (siehe Kap. 5.3).

Um krisenfest zu werden, um die Bundesrepublik gegen die Gefahren zu schützen, sei dringend etwas zu unternehmen. In diesem Sinne sind die Appelle an die europäische Solidarität zu verstehen, mit denen eine gemeinsame Krisenpolitik des Westens gefordert wurde. Außerdem geht damit die Konstruktion der Europäischen Gemeinschaft als zur Krisenbewältigung notwendiger Akteur einher. Insofern ist der Ölkrisendiskurs mit dem Europadiskurs verbunden. Die „Ölkrise“ 1973/74 war ein Aspekt der europäischen Einigung und der Institutionalisierung der EG, da sie den europäischen Verständigungsprozess förderte.

In Zusammenhang mit der vom angrenzenden Umweltdiskurs inspirierten Wahrnehmung einer die Menschheit in ihrer Existenz gefährdenden Erschöpfung der natürlichen Ressourcen, einer Menschheitskrise, keimte zwar eine wachstumskritische Diskursposition auf; im politischen Mainstream wurde das Wachstumsparadigma allerdings nicht grundsätzlich als Erfordernis, um sich gegen die „Krise“ zu immunisieren, angezweifelt. An der Peripherie des ökonomischen Krisendiskurses schimmerte nun immerhin auch die Frage nach neuen Maßstäben für Wohlstand und Wachstum bzw. ein Bewusstsein dafür, dass Lebensqualität etwas mit der Qualität der Umwelt zu tun hat, auf. Umweltschutz wurde aber nicht zur Zielvorstellung für politisches Handeln.

Die Ursache der „Krise“ sah man insbesondere in den auf der „Öl-Konferenz“ von Kuwait beschlossenen Maßnahmen der erdölexportierenden arabischen Länder, d. h. die „Krise“ wurde als Folge des Verhaltens der „Araber“ angesehen. Das als Erpressung charakterisierte Agieren der Ölförderländer schärfte die Wahrnehmung der Verwundbarkeit der heimischen Wirtschaft und Gesellschaft. „Der Araber“ wurde dabei als das kulturell gänzlich Andere und als Feindbild konstruiert, wobei sich viele gegen die arabische Welt gerichtete kulturchauvinistische Äußerungen finden lassen.

Des Weiteren sah man die Ursache der „Krise“ in Staats- und Politikversagen/Politikerversagen. Insbesondere der Bundesregierung und ihrem wirtschaftspolitischen Kurs, der am Keynesianismus orientierten „Stabilitätspolitik“, wurde die Schuld an der „Krise“ zugeschrieben. Mit der Infragestellung keynesianischer Politik zur Krisenbewältigung lebte die Debatte oder der alte Streit um die sozial- und wirtschaftspolitische Ordnung der BRD wieder auf.

In Verbindung mit dem Topos der Maxime Marktwirtschaft betonten bestimmte Akteure, der Staat sei nicht in der Lage, die Probleme zu lösen. Hieraus wurde gefolgert, dass auf den Markt zu vertrauen sei. Nach Ansicht der SPD hingegen seien gezielte staatliche Eingriffe erforderlich, um die Auswirkungen der „Ölkrise“ abzumildern. Der Diskurs war geprägt von einem offenen ideologischen Konflikt um die Frage Staatswirtschaft oder Marktwirtschaft. Zwar wurde die „Ölkrise“ auch als Herausforderung und Bewährungsprobe für die marktwirtschaftliche Ordnung wahrgenommen und es wurde behauptet, die „Krise“ lasse sich am ehesten durch mit dem Wirtschaftsliberalismus konforme Maßnahmen bewältigen; an solchen Konstruktionen waren aber nur bestimmte Akteure aus der Opposition oder Liberale wie Scheel, Friderichs, Genscher und Lambsdorff beteiligt. Das Eingreifen des Staates, die „Stabilitätspolitik“ an sich, wurde kaum grundsätzlich hinterfragt.

Von einem jähen Ende der Planung und Steuerung oder des Glaubens an die Machbarkeit des Fortschritts und der Bewältigung von „Krisen“ mit den Mitteln der Politik, so das zeitgeschichtliche Standardnarrativ (siehe hierzu Kap. 5.3), kann allein aufgrund der energiepolitischen Aktivitäten zur Krisenbewältigung – genannt seien das „Energiesicherungsgesetz“ und der beschlossene Ausbau der Atomenergie – keine Rede sein. Allenfalls ist eine „pragmatische Wende“ in der Politik zu beobachten. Das „Ende des Machbarkeitsglaubens“ ist ein Topos, der genutzt wurde, um politisches Handeln zu legitimieren bzw. zu delegitimieren. Dies sollte die Zeitgeschichtsschreibung bedenken.

Indem man behauptete, die Aktionen der erdölexportierenden Länder und das politische Fehlverhalten der Bundesregierung, insbesondere die Krisenkommunikation, verstärkten das Krisenbewusstsein und lösten Furcht aus, was zu einer Kaufzurückhaltung oder zu übertriebenen Vorratskäufen führen würde, wodurch sich die Lage verschlimmere, gab man schließlich dem Verbraucher die Schuld an der „Krise“. Im Gegensatz zur Verbraucherschelte wurde gelegentlich auch die Gier der Energiewirtschaft, welcher man ein eigennütziges Handeln unterstellte, für die „Krise“ verantwortlich gemacht.

In der „Ölkrise" 1973/74 konstituierte sich ein kollektives Sparbewusstsein, das sich u. a. in Appellen an die Solidarität der Deutschen – die so auf entbehrungsreiche Zeiten eingestimmt werden sollten – und an freiwillige Einsparungen sowie in der Notwendigkeit einer „Sparpolitik" manifestierte. Seit der „Ölkrise" 1973/74 waren Maßhalteappelle wieder vermittelbar und staatlich verordnete Sparmaßnahmen wieder begründbar. In diesem Sinne ist der Diskurs zur „Ölkrise" ein Disziplinierungsdiskurs. Von der allgemeinen Unerlässlichkeit, Opfer zu bringen bzw. Ansprüche an den gewohnten Lebensstandard zurückzuschrauben, den angeblich notwendigen Einschränkungen beim Ölverbrauch, den Energieeinsparungen über die Nutzbarmachung anderer Energieträger – wie Kohle und Atomenergie – bis hin zum Erfordernis nach Mäßigung bei Lohnforderungen sind außerdem eine austeritätspolitische Wende und damit Tendenzen künftiger Diskurse, wie sie in den folgenden Kapiteln beschrieben werden, zu beobachten.

Der zeitgenössischen Wahrnehmung ähnlich bewerten auch neuere Forschungsarbeiten auf dem Feld der Gegenwartshistoriographie die „Ölkrise" als Zeitenwende (vgl. u. a. Angster 2012; Doering-Manteuffel & Raphael 2010; Jarausch 2008; Raithel, Rödder & Wirsching 2009) bzw. als „tiefgreifende Zäsur für die Wirtschaft der westlichen Industrienationen [...]. Es war das Ende der stetigen hohen Wachstumsraten der westdeutschen Wirtschaft und das Ende der Vollbeschäftigung" (Angster 2012: 73). Doering-Manteuffel & Raphael (2012: 53f.) resümieren: „Der Ölpreisschock vom Winter 1973/74 [...] schärfte das Bewußtsein, daß die Aufwärtsentwicklung in den Jahren des Booms kein gesellschaftlicher Dauerzustand mehr sein würde." Die „Ölkrise" und die leeren Autobahnen sind zum Symbol für den im Standardnarrativ von Zeithistorikern in den 1970er Jahren diagnostizierten, sich allmählich vollziehenden Wandel der Nachkriegsordnung geworden (siehe Kap. 5.3). Die „Ölkrise" habe die zur Gewohnheit gewordene Sicherheit des Wohlstandes, der unter den Bedingungen des Nachkriegsbooms aufgebaut worden war und um die 1970er Jahre „für die Masse der Bevölkerung fühlbar, erlebbar, konsumierbar" (Doering-Manteuffel & Raphael 2012: 60f.) geworden sei – letztlich auch das ideologisch-politische Modell zur Krisenbewältigung – grundsätzlich infrage gestellt. Fortan stehe die Mentalität der „Konsumgesellschaft" mit ihrem Selbstverständnis, aufgrund von Erfahrungen des Mangels nach dem Zweiten Weltkrieg und der Wiederaufbauleistung einen Anspruch auf das als den derzeitigen Besitzstand Angegebene erworben zu haben, zur Disposition (vgl. Doering-Manteuffel & Raphael 2012: 62).

Irritierend am Narrativ der Geschichtsschreibung ist, dass rückblickend teilweise bestritten wird,

> dass im Herbst und Winter 1973 die Versorgung der Bundesrepublik Deutschland derart schlecht gewesen sei, dass man von einer Krise sprechen könne. Fasst man die objektiven Daten [...] zusammen, kann man feststellen: In der Bundesrepublik Deutschland gab es keine Ölkrise. (Kepplinger 2011: 157)

Dies ist keine solitäre Meinung. Auch Graf (2010: 237) geht davon aus, dass es „keine realen Verknappungen des Öls" gegeben habe und „dass die Energieversorgung durch die Förder- und Lieferbeschränkungen nicht wirklich in Frage stand." Angesichts dieser historischen Sachlage drängt sich die Frage auf, wie etwas, das es nicht oder zumindest nicht in der angenommenen Wucht gegeben hat, eine so tiefgreifende Zäsur in der Geschichte der Nachkriegszeit markieren kann. In diesem Zusammenhang ist die Frage nach der untersuchten zeitgenössischen Wahrnehmung der „Ölkrise" relevant, die auch den Diskurs der Zeitgeschichte über das Ende der Nachkriegszeit (siehe Kap. 5.3) und das heutige Verständnis der „Ölkrise" zu prägen scheint.

Die Historisierung der 1970er Jahre und der „Ölkrise" 1973/74 ist, wie sich herausstellt, problematisch. Die Zeitgeschichte steht in den diskursiven Deutungskämpfen. Wenn sie diese grundsätzliche Schwierigkeit reflektieren will, muss sie sich mit den zeitgenössischen Diskursen, der Semantik, den Argumentationen befassen. Ohne die Strukturbruchthese (siehe Kap. 5.3) in Zweifel ziehen zu wollen, haben insbesondere die Topoi der Zeitenwende und vom Staats- und Politikversagen/Politikerversagen Eingang in den Diskurs der Historiker über die Geschichte der Nachkriegszeit gefunden. Außerdem verdeckt die Rede vom Strukturbruch in den 1970er Jahren Kontinuitätslinien, wie z. B. dass in der Frühphase der Bundesrepublik ähnliche Debatten über das Für und Wider einer staats- oder marktwirtschaftlichen Sozial- und Wirtschaftsordnung stattfanden, die Teil der Transformationsdynamik seit den 1970er Jahren sind.

Die „Ölkrise" 1973/74 war nicht deshalb historisch bedeutsam, weil ihre angenommenen Anzeichen wie Ölmangel, ihre prognostizierten Folgen wie Versorgungsprobleme und die beschlossenen politischen Handlungen zur Absorption von Unsicherheiten die politische, wirtschaftliche und gesellschaftliche Welt veränderten. Ich gehe davon aus, dass sie historisch bedeutsam war, weil sie mit der Infragestellung etablierter Gewissheiten ein Moment der epistemischen Kontingenz schuf, das einen „intensiven Kommunikations- und Verhandlungsprozess [erzeugte], in dem eine Vielzahl von Akteuren versuchten, den Inhalt, die Bedingungen und die Bedeutung [der Ölkrise] zu definieren und für ihre Zwecke zu instrumentalisieren" (Graf 2014: 122). Dies muss die Historiographie der Gegenwart, die sich offenbar zeitgenössischer, in den politischen Entscheidungsprozess eingebetteter Topoi bedient, reflektieren. Der Ölkrisendiskurs – weniger die „Ölkrise" an sich – ist ein wesentlicher Umbruchpunkt in der Geschichte der BRD.

5.5 Zur Wirtschaftskrise 1982: Im Zeichen der „Wende"

Im Jahr 1982 erlebte die Bundesrepublik Deutschland – nach 1967 und 1975 – zum dritten Mal einen Rückgang des Wirtschaftswachstums und u. a. steigende Arbeitslosenzahlen und Inflation. Historiker sehen als Ursache dieser Entwicklungen häufig die „zweite Ölkrise" von 1979. Außerdem, so die zeitgeschichtliche Diagnose, hätten wirtschaftspolitische Versuche der Konjunkturstärkung und der Verringerung der Arbeitslosigkeit eine erhöhte Staatsverschuldung verursacht. Überdies habe das sozialpolitische „Erbe" der 1970er Jahre die Staatsfinanzen belastet und zu einer „Überforderung des Sozialstaates" (Angster 2012: 77) geführt. (Vgl. hierzu stellvertretend Wolfrum 2006: 339; Plumpe 2010: 97–99; Angster 2012: 121–129.) Angesichts des Zusammentreffens von Wachstumsschwäche, Arbeitslosigkeit, Staatsverschuldung und der scheinbaren Unmöglichkeit, den Sozialstaat weiterhin zu finanzieren – eine vermeintliche Folge politischen Fehlverhaltens –, sei ein „Paradigmenwechsel", eine „Wende", unumgänglich gewesen, wie Recker (2005: 82) in ihrem Einführungsbuch in die Geschichte der Bundesrepublik resümiert.[67] Interessant an diesem Befund erscheint zunächst einmal Folgendes: Seit dem Mauerfall ist im kollektiven Gedächtnis fast völlig verloren gegangen, dass vor der 1989er Wende schon einmal eine „Wende" stattgefunden hat. Was aber ist mit „Wende" gemeint?

Im Fachdiskurs ist zu lesen, die „Krise", sozial- und wirtschaftspolitisches Versagen und schließlich der Zerfall der sozial-liberalen Koalition bzw. der Wechsel der Kanzlerschaft von Helmut Schmidt zu Helmut Kohl im Oktober 1982 hätten die – je nach Einschätzung mehr oder weniger radikale – „Wende" vom während der „Ölkrise" 1973/74 noch dominierenden, soziale Sicherheit fördernden Modell der nachfrageorientierten keynesianischen Wirtschaftspolitik zu einem die individuelle Leistung propagierenden angebotsorientierten Politikmodell nach britischem (*Thatcherismus*) und amerikanischem (*Reagonomics*) Vorbild eingeleitet. Mit dieser als *neoliberal* bezeichneten „Wende" sei „das Plädoyer für den Markt und gegen den Staat verbunden" (Doering-Manteuffel & Raphael 2012: 49) gewesen. (Vgl. Plumpe 2010: 98; Plumpe 2013: 26; Doering-Manteuffel & Raphael 2012: 63–70.)

Insbesondere in neueren Arbeiten stößt man dementgegen auf das Deutungsmuster vom Ausbleiben der neoliberalen „Wende" unter Helmut Kohl. Die konservativ-liberale Regierung habe weder die bis dato verwirklichten „Refor-

67 Im Einzelnen spricht Recker (vgl. 2005: 74–87) u. a. von der Notwendigkeit einer Angebotspolitik, „Konsolidierung" der Bundeshaushalte, finanziellen Entlastung und „Deregulierung" der Wirtschaft, „Flexibilisierung" des Arbeitsmarktes und der Rückführung der Sozialleistungsquote.

men“ zurückgenommen noch bewährte Strukturen des Sozialstaates verändert. In den sozialen Sicherungssystemen sei es zwar zu Leistungskürzungen gekommen, aber das Sozialstaatsprinzip sei unangetastet geblieben. Daher könne von einer Zerstörung des Wohlfahrtsstaates nicht die Rede sein. Eine neoliberale „Wende“ – wie zeitgleich in Großbritannien und den USA – habe in der Bundesrepublik in den 1980er Jahren nicht stattgefunden; es sei bei der Beschwörung geblieben. Schließlich stehe Kohl für eine Fortsetzung der unter Helmut Schmidt begonnenen Politik der „Besitzstandswahrung“. (Vgl. etwa Butterwegge 2014: 153 und Angster 2012: 128f.)

Die Frage, ob und inwiefern sich eine „Wende“ sachpolitisch oder in der politischen Praxis niederschlug, vermag die vorliegende Arbeit nicht zu beantworten, weil sie sich mit sprachlich konstituiertem Wissen und diskursivem Wandel befasst. Bezüglich der „Wende“ beispielsweise gilt es herauszufinden, welche neuen Wissenssegmente seit der „Ölkrise“ 1973/74 in den sozial- und wirtschaftspolitischen Krisendiskurs Eingang fanden und worüber zu reden unmöglich war bzw. was tabuisiert wurde. Dies mag aus Sicht einiger Fachkulturen als unbefriedigend erscheinen. Diskursiver Wandel hat jedoch Auswirkungen darauf, was in der Öffentlichkeit an politischem Handeln plausibel gemacht und was demokratisch legitimiert werden kann, ist also folgenreich für die sachpolitische Ebene.

Hinsichtlich des öffentlichen Diskurses zeigen die Historiker Andreas Wirsching (2002) und Peter Hoeres (2013), dass sich der Ausdruck *Wende* und Wortbildungen mit *-wende* in den Jahren zwischen 1975 und 1982 zu vielbenutzten politischen Schlagwörtern entwickelten. Wirsching (vgl. 2002: 129) stellt fest, dass insbesondere die Opposition (CDU und CSU) eine „Wende“ forderte. Der Rede von der „Wende“ gehe typischerweise die Diagnose einer „Krise“ voraus. Für die „Krise“ verantwortlich sei – in Übereinstimmung mit dem Fachdiskurs – in der Regel die Politik der sozial-liberalen Koalition gemacht worden. Nur unter der Voraussetzung einer „Wende“, so nach Wirsching das Argument der Opposition, könne die „Krise“ bewältigt werden. Während im öffentlichen Diskurs Konservative das Ausbleiben der „Wende“ beklagt hätten, habe der politische Gegner Wende-Ausdrücke benutzt, um vor die „(links)liberale politische Kultur bedrohende[n] Vorhaben“ zu warnen, so Hoeres (2013: 117).

Je nach politischer Haltung wurde also eine „Wende“ verlangt, befürchtet oder man stellte sich ihr entgegen. In diesem semantischen Kampf um die Bedeutung des Begriffs ‚Wende‘ lassen sich grob zwei Akteursgruppen und Diskurspositionen unterscheiden: Es gab Wendebefürworter und Wendegegner. Bewusst oder unbewusst positioniert sich etwa Recker (vgl. 2005: 87–92) auf Seiten der Wendebefürworter, indem sie ein Ausbleiben der „Wende“ bedauert und dieses als für die wirtschaftlichen Schwierigkeiten der Ära Kohl verantwortlich erklärt. Die unreflektierte Übernahme zentraler Begriffe des Meinungskampfes wie ‚Wende‘ aus dem öffentlich-politischen Diskurs birgt für jede Art von Geschichtsschreibung die Gefahr, in die Begriffe eingeschriebene Deutungsmuster, Werte und Wirklichkeitssichten zu übernehmen. Eine solche Reflexion der Begriffsverwendung und der Verwendung von Begründungsmustern leistet die folgende sprachwissenschaftliche Analyse des öffentlichen Diskurses. Wie schon im Kapitel zur „Ölkrise" 1973/74 stelle ich dabei der Argumentationsanalyse eine Darstellung diskursiver Ereignisse, Diskursstränge und des Diskursverlaufs bzw. eine Diskurschronik voran, um die Untersuchungsergebnisse in den historisch-kommunikativen Kontext einordnen zu können und um ein heuristisches Hilfsmittel der Interpretation zur Verfügung zu haben.

5.5.1 Diskurschronik

5.5.1.1 Prolog: Liberaler Wendeappell

Am 20.8.1981 richtete sich der damalige FDP-Vorsitzende, Außenminister und Vizekanzler Hans-Dietrich Genscher in einem Rundschreiben an die Mitglieder seiner Partei. In der Dramaturgie des Diskursverlaufs kann man das Schreiben als Prolog des Krisendiskurses 1982 verstehen. Insofern es einige zentrale Argumentationsmuster vorzeichnet, mit denen im innerparteilichen und öffentlichen Diskurs die Notwendigkeit einer „Wende" plausibilisiert wurde, ist es ein wichtiges diskursives Ereignis. Genschers Rundschreiben ging als „Wendebrief" in die Geschichte ein.[68]

Dem im Kapitel zuvor erörterten Muster der Wendekonstruktion nach Wirsching (2002) entsprechend beginnt der Brief mit der Diagnose einer Wirtschaftskrise. Die Bundesrepublik, so Genscher, stehe in Fragen der Krisenbewältigung „an einem Scheideweg." Die „Krise" könne „nur mit marktwirtschaftlichen Mitteln" überwunden werden; durch sozial- und wirtschaftspolitische Herausforderungen sei die Marktwirtschaft bedroht und müsse sich nun bewähren. (Siehe hierzu den Topos der Maxime Marktwirtschaft in Kap. 5.5.2.4.3.)

Weiterhin betonte Genscher in nebulöser Diktion, die Bewältigung der „Krise" erfordere eine Politik zur Verbesserung der „Rahmenbedingungen für Investitionen", d. h. eine Politik zur Stärkung der Wirtschaft. Dazu müsse man das Vertrauen der Unternehmen gewinnen und stärken, was nur bei einem bestimmten politischen Verhalten möglich sei. Vor diesem Hintergrund argumentierte Genscher u. a. gegen Steuererhöhungen, insbesondere gegen Steuern, die Unternehmen übergebührlich belasteten, sowie für lohnpolitische Zurückhaltung der Ge-

68 Im Folgenden zitiert nach: [https://www.freiheit.org/sites/default/files/uploads/2016/04/08/genscher-wendebrief.pdf, zuletzt abgerufen am 28.03.2017].

werkschaften. Nur durch solche als *vertrauensbildend* bezeichnete Maßnahmen könnten Anreize für Investitionen geschaffen werden, von denen sich Genscher die Schaffung neuer Arbeitsplätze und einen Wirtschaftsaufschwung versprach. (Siehe hierzu den Investitionstopos in Kap. 5.5.2.3.3.)

Nach Genscher war die auf soziale Sicherheit bedachte nachfrageorientierte Konjunktur- und Beschäftigungspolitik der Vergangenheit nicht geeignet, ein ausreichendes Wirtschaftswachstum zu generieren und neue Arbeitsplätze zu schaffen (siehe hierzu den Topos vom Staats- und Politikversagen/Politikerversagen in Kap. 5.5.2.2.1). Der intervenierende Wohlfahrtsstaat – ein Zuviel an sozialer Sicherheit –, so Genschers These, lähme den Leistungswillen des Einzelnen, den man aber zur Entfaltung bringen müsse, um die anstehenden Probleme zu lösen. Deshalb seien „Eingriffe in Leistungsgesetze" unvermeidbar, etwa Kürzungen beim Arbeitslosengeld und die Einführung sogenannter Karenztage bei Lohnfortzahlung im Krankheitsfall. (Siehe hierzu u. a. den Topos vom wuchernden Staat/überbordenden Sozialstaat in Kap. 5.5.2.2.2.)

Zur Stützung seiner Forderungen appellierte Genscher an die „Selbstverantwortung" der Bürger. Diese sei „der einzig richtige Weg", „um einer Erstickung des Leistungswillens durch immer höhere Steuern, Abgaben und Beiträge entgegenzuwirken." (Siehe hierzu den Topos der Eigenverantwortung in Kap. 5.5.2.4.4.) Außerdem postulierte er gemäß dem Grundsatz *von nichts kommt nichts* mehr Leistungsgerechtigkeit. Es gelte, „die Einsicht zu stärken, daß keine Leistung [...] gewährt werden kann, die nicht [...] aufgebracht werden müsste." Insbesondere der Sozialstaat verleite zu Ansprüchen, die nicht erarbeitet worden seien. Notwendig sei eine „Wende", um die vom Sozialstaat geschaffene „Anspruchsmentalität zu brechen." (Siehe hierzu u. a. den Gerechtigkeitstopos in der Variante Leistungsgerechtigkeit in Kap. 5.5.2.4.1.)

Indem Genscher betonte, die „Wende" sei kein „Eingriff in unser System sozialer Leistungen", sondern beinhalte im Gegenteil „unverzichtbare Schritte zur Festigung der Grundelemente dieses Systems", versuchte er seinen Gegnern, die den Wendebegriff als Gefahr für den Sozialstaat negativ besetzten (siehe hierzu den Sozialstaatstopos in Kap. 5.5.2.4.2), den Wind aus den Segeln zu nehmen. Dass der Sozialstaat ausgerechnet durch seinen „Rückbau" erhalten bleiben soll, erscheint paradox. (Siehe hierzu den Topos der sozialen Sicherheit in Kap. 5.5.2.3.4.)

Bemerkenswert am Wendebrief ist ferner die Umdeutung der Begriffe ‚Reform' und ‚Solidarität', die im liberalen Wendediskurs der 1980er Jahre eine gegenüber dem bisherigen Gebrauch antonymische Bedeutung aufweisen: ‚Reform' bedeute nicht mehr den ›Ausbau des Wohlfahrtstaates‹ „ohne Rücksicht auf [...] Finanzierbarkeit." Die Zeit dieser „Reformen" – gemeint ist die Sozialpolitik der Ära Willy Brandt – sei vorbei. ‚Reform' bedeute nun, „den Freiheits- und Gestaltungsraum des Einzelnen zu erweitern." Dieser Umdeutung des Reformbegriffs liegt die Auffassung zugrunde, der Staat bevormunde das Individuum. Demnach bedeutet ‚Reform' die ›Emanzipation des Individuums von der Gängelung des Staates‹. Dabei gehe es darum, „die Weichen deutlich auf mehr Selbstverantwortung, auf Leistung und Selbstbestimmung zu stellen, das heißt eben auf mehr Freiheit." Unter dem Dach des Reformbegriffs verfolgte Genscher also die Strategie, die angestrebte Erweiterung des individuellen Freiheits- und Gestaltungsraums auf die Prinzipien der ‚Selbstverantwortung' und ‚Leistung' einzuengen und mit ‚Freiheit' gleichzusetzen. Dies ist eine fragliche Besetzung des Hochwertkonzeptes ‚Freiheit', denn ‚Freiheit' in dem hier angesprochenen Sinne bedeutet in der Konsequenz die ›Entlassung aus der staatlichen Fürsorge im Interesse der Selbstfürsorge‹, was als Dürfen im Namen der Freiheit prädiziert wurde, ohne nach dem Können zu fragen.

„Reformen" im eben beschriebenen Sinne zu akzeptieren sei, so Genscher, ein „besonderer Ausdruck der Solidarität zwischen denen, die Arbeit haben, die sie sicher haben, und denen, die um ihre Arbeitsplätze bangen und vor allem denen, die solche Arbeitsplätze suchen." Ablehnung derselben wäre folglich unsolidarisch. Diese Definition des Begriffs ‚Solidarität' entspricht einer gegensätzlichen Bedeutung des traditionellen Solidaritätsbegriffs: Statt ›Absicherung individueller Risiken durch die Gemeinschaft‹, ›Bereitschaft zur Mäßigung und Auslagerung von Risiken auf den Einzelnen‹. (Siehe hierzu den Solidaritätstopos in Kap. 5.5.2.4.6.) Eine ähnliche Bestimmung gesellschaftlicher Solidarität gepaart mit der Aufforderung zum freiwilligen Selbstverzicht unter Anrufung des Gemeinsinns findet sich schon im Diskurs zur „Ölkrise" 1973/74, wie in Kapitel 5.4.2.4.2 herausgearbeitet.

Das Solidaritätsprinzip der Sozialversicherungen ersetzte Genscher schließlich durch das im reformtheologischen und seit dem 19. Jahrhundert insbesondere in der katholischen Soziallehre sowie im liberalen Denken verankerte Subsidiaritätsprinzip. Demzufolge sollen Einzelne und untergeordnete soziale Einheiten tun, was sie aus eigener Initiative und Verantwortung leisten können; dies soll kein übergeordnetes Kollektiv, z. B. der Staat, ihnen abnehmen. (Siehe hierzu den Subsidiaritätstopos in Kap. 5.5.2.4.5.)

Wie eingangs erwähnt, beginnt Genschers Rundschreiben mit der Diagnose einer „Krise", woraus die Notwendigkeit einer „Wende" abgeleitet wurde. Zusammenfassend gesagt steht ‚Wende' hier für einen ›politischen Kurswechsel‹ hin zu einer angebotsorientierten Wirtschaftspolitik und zu Kürzungen von Sozialleistungen. Zentrale Schlagwörter in diesem Zusammenhang sind *Investitionen*, *Leistung*, *Selbstverantwortung*, *Freiheit*, *Subsidiarität*, *Reform* und *Solidarität*. In Genschers „Wendebrief", insbesondere im Gebrauch der genannten Schlagwörter, deuten sich den öffentlich-politischen Krisendiskurses der folgenden Jahrzehnte prägende Argumentationsmuster an, die in den 1980er Jahren in erster Line von Wendebefürwortern verwendet wurden.

Die Sozialdemokratie fühlte sich durch die Äußerungen Genschers, die zentrale Konzepte sozialdemokratischen Selbstverständnisses infrage stellten, herausgefordert. Dementsprechend provozierte das Schreiben einige Reaktionen und gab einen ersten Anstoß zum Bruch der sozial-liberalen Koalition. Das folgende Kapitel geht darauf ein, wie die SPD auf den liberalen Wendeappell reagierte, was den Verlauf des Krisendiskurses 1982 entscheidend beeinflusste.

5.5.1.2 Sozialdemokratischer Erneuerungsappell

Die Wahrnehmung der Wirklichkeit als Wirtschaftskrise befeuerte den seit langem schwelenden Konflikt zwischen SPD und FDP über die Frage der richtigen Sozial- und Wirtschaftspolitik. Diese Kontroverse heizte der Münchener Parteitag der SPD vom 19. bis 23. April 1982 weiter an. Deshalb war der Parteitag ein wichtiges diskursives Ereignis, gewissermaßen die sozialdemokratische Antwort auf Genschers Wendeappell. In diesem Sinne forderte Willy Brandt in seiner Eröffnungsrede eine „sozialdemokratische Erneuerung" (Spiegel, 26.4.1982, *Genscher: Das geht nicht gut*).

Brandt betonte, die „Krise" sei nur durch „Reformen" nach Vorstellungen der Sozialdemokratie zu bewältigen. Dies zeigt, dass die Bedeutung des Reformbegriffs inzwischen nicht mehr selbstverständlich war. Möglicherweise aus Angst vor dem Verlust der Diskurshoheit über für das sozialdemokratische Selbstverständnis und die eigene politische Identität zentrale Begriffe stellte die SPD auf ihrem Parteitag die liberale Sozial- und Wirtschaftspolitik deutlich infrage und positionierte sich ausdrücklich gegen Genschers Gebot, die „Krise" durch eine „Wende" zu bewältigen. Der Widerstand der SPD gegen die „Wende" im Sinne liberaler Politikvorstellungen wurde in den ersten Wochen des öffentlichen Krisendiskurses 1982 zu einem vieldiskutierten, dominierenden Thema.

Generell verfolgten die Sozialdemokraten die Strategie, die „Wende" mit liberalen Politikvorstellungen zu assoziieren und als Gefahr für den Sozialstaat darzustellen. Die Auffassung, der Sozialstaat sei durch die „Wende" in seinem Bestand bedroht, kommt beispielsweise in dem häufigen Gebrauch des metaphorischen Phraseologismus *Einschnitt in das soziale Netz* zum Ausdruck. Einen solchen, so warfen die Parteitagsredner der FDP vor, beabsichtige diese mit ihrer Forderung nach einer „Wende", was zum Ziel sozialer Sicherheit (siehe hierzu den gleichnamigen Topos in Kap. 5.5.2.3.4) und zum Prinzip des ‚Sozialstaates' (siehe hierzu den gleichnamigen Topos in Kap. 5.5.2.4.2) in Widerspruch stehen würde.

In der Tradition der „Blut-, Schweiß- und Tränenreden" rief Helmut Schmidt zu einer „große[n] neue[n] Kraftanstrengung" (SZ, 21.4.1982, *Vom Parteitag der*

SPD in München) auf. Zur Bewältigung der „Krise" seien „erhebliche materielle Opfer" (SZ, 21.4.1982, *Vom Parteitag der SPD in München*) erforderlich. Allerdings warnte der in jenen Tagen deutlich um ein sozialdemokratisches Profil bemühte Schmidt – eine für den „Koalitionskanzler" durchaus ungewöhnliche Rolle – nachdrücklich vor den prognostizierten Folgen einer „Wende": Man dürfe nicht zulassen, dass „neokonservativer Radikalismus" (SZ, 21.4.1982, *Vom Parteitag der SPD in München*) um sich greife. Auch der damalige Vorsitzende des Deutschen Gewerkschaftsbundes, Heinz-Oskar Vetter, fand mahnende Worte und wies auf die bedrohlichen Folgen einer „Wende" hin: Man kämpfe „gegen eine zunehmend kapitalistische und arbeitnehmerfeindliche Wirtschaftspolitik, die eindeutig von der FDP [...]" bzw. vom „rechtesten Flügel der FDP unter Führung von Wirtschaftsminister Graf Lambsdorff" (BILD, 21.4.1982, *DGB-Vetter: Es scheint, als hat Schmidt Regierungsgewalt verloren*) geprägt sei. Diese Form von Systemkritik und öffentlicher Diskreditierung des politischen Gegners entspricht dem bereits im Rahmen der „Ölkrise" 1973/74 erörterten sprachlich-rhetorischen Muster der Dystopie (siehe Kap. 5.4.2.4.1). Im Zusammenhang des Parteitages war die als bedenklich dargestellte gesellschaftliche und politische Entwicklung, der nicht wünschenswerte Zustand, die marktwirtschaftliche Sozial- und Wirtschaftsordnung, die als bedrohlich für den Erhalt der erkämpften Rechte, als arbeitnehmerfeindlich und desgleichen mehr delegitimiert wurde.

Franz Josef Strauß reagierte auf die von Helmut Schmidt benutzte Bezeichnung *neokonservativer Radikalismus* mit scharfer Kritik. Strauß trat der Verwendung dieser stigmatisierenden Wortverbindung mit der Äußerung entgegen, sie diene der „Volksverhetzung und allgemeine[n] Haßentwicklung" sowie der Vorbereitung eines „neue[n] Judenstern[s]"; die Opposition werde mit dem „Begriff des ‚Neokonservativen' als Kombination von Volksfeind und Klassenfeind denunziert"; gegen sprachliche Diffamierungen als „Faschist, Reaktionär oder Nazi", die der Ausdruck *neokonservativ* leiste, werde man sich wehren (SZ, 26.4.1982, *Strauß wettert gegen das Etikett „neokonservativ"*). Die Frage, mit welcher Sprachstrategie sich Wendebefürworter wehrten, behandelt das nachstehende Kapitel.[69]

69 Der BDI-Präsident Rolf Rodenstock schlug vor, das Stigmawort *neokonservativ* als Fahnenwort zu besetzen: „Als absurd bezeichnete Rodenstock [...] den Versuch, diejenigen mit dem Schimpfwort Neokonservative zu diskreditieren, die es ablehnten, an die segensreichen Wirkungen von noch mehr Staat und staatlicher Machbarkeit von Wachstum und Dauerarbeitsplätzen zu glauben. Rodenstock: ‚Wenn unsere marktwirtschaftliche Auffassung neuerdings das Etikett ‚neokonservativ' umgehängt bekommt, dann sollten wir es mit Stolz tragen und als Auszeichnung verstehen. Wir setzen in diesem Sinne unbeirrt auf persönliche Leistung und auf unternehmerisches Engagement'. Kein Unternehmer, fügte der BDI-Präsident hinzu, wolle zurück zum Nachtwächter-Staat. Die Grenze staatlichen Handelns liege jedoch beim Setzen von Rahmenbe-

Im Sinne ihres Ziels, Arbeitsplätze zu schaffen (siehe hierzu den Arbeitsplatztopos in Kap. 5.5.2.3.1), beschloss die SPD u. a. ein nachfrageorientiertes staatliches Ausgabenprogramm. An den Koalitionspartner adressiert betonte Willy Brandt, indem er sich auf das Prinzip ‚Sozialstaatlichkeit' berief, dass eine Finanzierung der Konjunktur- und Beschäftigungspolitik „durch Schnitte ins soziale Netz mit uns nicht zu machen ist [...]. Wir wollen das Netz der sozialen Sicherheit in allen seinen Kernbereichen erhalten" (FAZ, 20.4.1982, *Brandt verlangt von der SPD Disziplin*). Helmut Schmidt sprach sich ebenfalls gegen „Ausgabenkürzungen – wie sie die FDP verlangt" – aus; man wolle, so die im öffentlichen Diskurs vielzitierte programmatische Äußerung Schmidts, „die Wirtschaft nicht kaputtsparen" (BILD, 21.4.1982, *Schmidt gegen Brandt: Reformen? Kein Geld!*). Das wirtschaftspolitische Programm sollte u. a. durch Steuererhöhungen, Kreditaufnahmen und „Sonderabgaben" (sogenannte Ergänzungs- und Arbeitsmarktabgabe) finanziert werden.

5.5.1.3 Risse im Konsens

Aus diskurshistorischer Sicht ist interessant, wie die im vorigen Kapitel behandelten Parteitagsbeschlüsse der SPD im öffentlichen Diskurs und besonders von Wendebefürwortern rezipiert wurden und so die Dynamik des Krisendiskurses beeinflussten. Im Diskursverlauf führten die SPD-Vorschläge zu teils erbitterten Kontroversen mit dem Koalitionspartner. Insbesondere die Frage der Finanzierung politischer Krisenbewältigungsprogramme war Gegenstand ideologisch aufgeladener Auseinandersetzungen zwischen den Regierungsparteien. Im Sinne der angebotsorientierten Denkweise, die schon der Wendebrief Genschers formulierte, argumentierten Liberale gegen die steuer- und kreditfinanzierte Konjunktur- und Beschäftigungspolitik, weil sie davon überzeugt waren, sie habe negative Folgen für die Wirtschaft. Demgemäß erklärte Lambsdorff in einer Reaktion auf den Parteitag der SPD:

> Unsere Partei, unsere Bundestagsfraktion, unsere Mitglieder der Bundesregierung werden sich an dem langen Marsch, der von München in die Rumpelkammer des Investitionsdirigismus, der Steuererhöhung, der geballten Schuldenerhöhung führen soll, ganz gewiß nicht beteiligen.
> (SZ, 26.4.1982, *FDP-Politiker gegen SPD-Beschlüsse*)

---

dingungen für die Nachfrageströme und für die unternehmerischen Investitionsentscheidungen" (SZ, 19.5.1982, *Industrieverband auf hartem Konfrontationskurs*).

Bei den Parteitagsbeschlüssen der Sozialdemokraten, so Lambsdorff weiter, handle es sich um „unsinnige Konzeptionen", denen eine „rätselhafte Logik von Steuererhöhungen zum Zwecke der Arbeitsplatzsicherung" (SZ, 26.4.1982, *FDP-Politiker gegen SPD-Beschlüsse*) zugrunde liegen würde. Durch die Benutzung von Stigmawörtern wie *Arbeitsplatzvernichtungsprogramm* als Bezeichnung für die SPD-Beschlüsse wurden diese als zum Erreichen des Ziels, neue Arbeitsplätze zu schaffen, untauglich hingestellt. Dementsprechend erwiderte Lambsdorff in einem Interview mit der BILD-Zeitung auf den an ihn adressierten Vorwurf des DGB-Vorsitzenden, „kapitalistische und arbeitnehmerfeindliche Wirtschaftspolitik" (BILD, 21.4.1982, *DGB-Vetter: Es scheint, als hat Schmidt Regierungsgewalt verloren*) zu betreiben, die Vorschläge der SPD „würden in Wahrheit noch mehr Arbeitslosigkeit schaffen, deshalb sind wir dagegen" (22.4.1982, *Lambsdorff: Habe ich gesagt, daß die Koalition bis 84 hält?*). Das Ziel, Arbeitsplätze zu schaffen, so die Kontra-Argumentation, sei durch die von der SPD empfohlenen Maßnahmen nicht zu erreichen.[70]

Das Zutagetreten scheinbar nicht zu vereinbarender Positionen der Regierungsparteien in sozial- und wirtschaftspolitischen Fragen der Krisenbewältigung wurde zum Anlass genommen, den Münchener Parteitag als „schwere Zerreißprobe" (BILD, 22.4.1982, *SPD: Neue Steuern! Lambsdorff schwört niemals*) für die Regierungskoalition zu inszenieren und zu einer politischen „Krise" zu stilisieren. Auf diese Weise entwickelte sich ein „Schwarzes-Peter-Spiel", bei dem es darum ging, dem politischen Gegner möglichst plausibel die Schuld an der Regierungskrise – und in der Konsequenz am eventuellen Zerbrechen der sozial-liberalen Koalition – geben zu können. Ein derartiges Schwarzes-Peter-Spiel lässt sich schon während der „Ölkrise" 1973/74 zwischen Bundesregierung, Energiewirtschaft und Ölförderländern beobachten; es ist typisch für den politischen Kampf um die Attribution von Ursachen und Verantwortlichkeiten in Krisendiskursen. Im Schwarzen-Peter-Spiel um die Frage, wer die politische „Krise" 1982 verschuldet hat, nutzten insbesondere die Wendebefürworter den SPD-Parteitag strategisch, indem sie ihn als Angriff auf den Koalitionskonsens darstellten. In diesem Sinne behauptete Niedersachsens Ministerpräsident Ernst Albrecht (CDU):

---

70 Auch die Opposition und Vertreter der Wirtschaft argumentierten in zahlreichen öffentlichen Stellungnahmen ähnlich gegen die Parteitagsbeschlüsse der SPD. Franz Josef Strauß beispielsweise entgegnete: „BILD: Was halten Sie von Steuererhöhungen (z. B. von der Ergänzungsabgabe), mit denen die SPD Arbeitsbeschaffungsprogramme finanzieren will? Strauß: Gar nichts. Solche Steuererhöhungen sind Gift für die Wirtschaft und zerstören das Vertrauen. Sie nehmen genau den Schichten das Geld weg, von denen man eine Belebung der Wirtschaft durch starke Investitionen erwartet. Wer das verlangt, hat seinen Verstand an der Garderobe abgegeben" (BILD, 20.4.1982, *Strauß: Verstand an der Garderobe abgegeben*).

Mit diesen Beschlüssen verlassen die Sozialdemokraten programmatisch die Koalition. Das Drama ist, daß die größte Regierungspartei damit die Regierung nicht mehr stützt. (FAZ, 23.4.1982, *Scharfe Kritik der Wirtschaft an den Parteitagsbeschlüssen*)

Gemäß dem sprachlich-rhetorischen Muster der Dystopie stellten Genscher und Lambsdorff überdies die Parteitagsbeschlüsse als etwas Gefährliches, die Bundesrepublik Bedrohendes dar, deuteten sie als Verrat an der Regierungspolitik und als umstürzlerisch. Den SPD-Politikern wurde vorgeworfen, sie wollten das politische System verändern. Würden die Beschlüsse umgesetzt, drohe nicht nur das Ende der sozial-liberalen Regierung, sondern auch das Ende der freiheitlichen Marktwirtschaft und die Herrschaft des Sozialismus, so das Bild des Schreckens. Diesem Muster folgend bezeichnete Lambsdorff die Vorschläge der SPD als „grausliche Liste aus der Folterkammer der Staatswirtschaft“ (SPIEGEL, 19.4.1982, *Arbeitslose: Endlich Flagge zeigen*) oder als „Gruselkatalog sozialistischer Marterwerkzeuge“ (SZ, 17.9.1982, *Wie weiter nach der Wende?*). Genscher befürchtete etwa, die SPD würde „in den Sozialismus abgleite[n]“ (SPIEGEL, 3.5.1982, *Wirtschaftspolitik: Klabautermann aufbauen*). Die Dystopie der sozialistischen Bundesrepublik als Gegenentwurf zum (vorausgesetzten) Ideal der marktwirtschaftlichen Sozial- und Wirtschaftsordnung ist als Antwort auf die Vorwürfe der Gegenseite, man betreibe neokonservative Politik, zu verstehen. Ähnlich wie Strauß (u. a.) versuchte auch Brandt, die Dogmatisierung seiner Partei abzuwenden, insofern er die sprachliche Strategie der Gegenspieler thematisierte. Er argumentierte: Sozialdemokraten ließen sich das „Etikett der Gegnerschaft zur Marktwirtschaft“ nicht anhängen; eine „Entwicklung zur zentralen Verwaltungswirtschaft“ (SPIEGEL, 19.4.1982, *Arbeitslose: Endlich Flagge zeigen*) sei nicht angestrebt. Solche Thematisierungen sprachlicher Strategien in argumentativer Funktion lassen das politische Sprachbewusstsein jener Zeit hinsichtlich des Kampfes um Begriffe erkennen.

5.5.1.4 Auf Wendekurs

Im Juni 1982 lösten Verhandlungen zwischen SPD und FDP über den Bundeshaushalt 1983 die Debatten über den Münchener Parteitag der SPD ab und dominierten fortan den öffentlichen Krisendiskurs. Durch die Haushaltsdebatte wurden die Differenzen im Bereich der Sozial- und Wirtschaftspolitik noch deutlicher und die politische „Krise“ verschärfte sich.

Den Verhandlungen über den Bundeshaushalt lag die Konstruktion einer „Finanzkrise des Staates“ (*Haushaltskrise*) zugrunde, die metaphorisch als ‚klaffende Lücke‘ bzw. ‚Loch‘ in den Staatsfinanzen oder als ‚marodes Gebäude‘ konzeptualisiert wurde. Diese Metaphern-Konzepte implizieren dringenden Handlungsbedarf. Streitpunkt in der Haushaltsdebatte war die hergebrachte Frage, mit welchen politischen Mitteln die *Lücke* bzw. das *Loch* in den Staatsfinanzen zu *schließen/stopfen*, der *marode* Haushalt zu *sanieren* ist. (Siehe hierzu die Topoi der düsteren Gegenwartsdiagnose und Zukunftsprognose in Kap. 5.5.2.1.1.) In diesem Zusammenhang kam es zu einer sprunghaften Vermehrung von Wortbildungen mit dem Morphem *spar*. Dies belegt eine auf Determinativkomposita mit *Spar-* als Determinans fokussierende quantitative Recherche. Für Juni 1982 konnten über 60 verschiedene Wortbildungen dieser Art festgestellt werden. Die folgende Tabelle enthält die zehn häufigsten *Spar*-Komposita:[71]

Tab. 6: Determinativkomposita mit *Spar-* im Untersuchungszeitraum 1982

Rang	Suchergebnis/Types	Treffer/Tokens	Relative Häufigkeit in Prozent
1	Sparbeschlüsse	22	1.9
2	Sparmaßnahmen	16	1.38
3	Sparvorschläge	8	0.69
4	Sparpolitik	7	0.6
5	Sparquote	6	0.52
6	Sparprogramm	6	0.52
7	Sparpläne	6	0.52
8	Sparhaushalt	5	0.43
9	Sparoperation	5	0.43
10	Spargesetze	4	0.35

Im Rahmen der *Spardebatte*, wie Medien die Haushaltsverhandlungen auch nannten, verlangten vor allem die FDP, die Opposition, Unternehmer und Wirtschaftsverbände eine *Sparpolitik*, so das zeittypische Schlagwort. Außerdem wurden ein *Sparprogramm*, *Sparpläne*, eine *Sparoperation* verlangt. Des Weiteren wurde die Notwendigkeit von *Sparbeschlüssen*, *Sparmaßnahmen*, *Spargesetzen*, einer *Sparaktion* etc. betont. Damit verbunden war die Forderung, die Staatsausgaben zu senken, mit dem Ziel, die Staatsfinanzen wieder in Ordnung zu bringen bzw. zu „konsolidieren" und Wachstum zu generieren. Der Ausdruck *Konsolidieren* ist gewissermaßen das Hyperonym eines ganzen Bündels untergeordneter

71 Die Grundgesamtheit der Analyse bilden alle 1801 im KriReKo enthaltenen Texte zum Untersuchungszeitraum 1982. Die Recherche wurde mithilfe der Corpus Workbench durchgeführt. Folgender Suchausdruck wurde verwendet: [word=ßpar.*"%c]. Insgesamt konnten 128 Types gefunden werden, auf die 357 Tokens fallen. Die Suche ergab 357 Treffer in 200 verschiedenen Texten.

Wörter, die alle ›Kürzungen von Sozialleistungen‹ bedeuten. (Siehe hierzu den Konsolidierungstopos in Kap. 5.5.2.3.2.)

Hinsichtlich der Frage, wo genau und in welchem Ausmaß gekürzt werden muss, diskutierte man zunächst über eine vom SPD-Finanzminister Manfred Lahnstein vorgelegte Liste mit *Sparvorschlägen*. Die FDP begrüßte zwar einzelne Vorschläge, etwa die Verringerung des staatlichen Beitrags für Arbeitslose an die Renten- und Krankenversicherung, doch insbesondere dem Umfeld von Otto Graf Lambsdorff war der *Sparwille* des Koalitionspartners nicht ausgeprägt genug. Wendebefürworter forderten weitreichendere *Sparmaßnahmen*, beispielsweise mehr Eigenbeteiligung bei den „Gesundheitskosten" (was die SPD schließlich mittrug).

Kontrovers wurde auch über die Frage diskutiert, wo bei der Aufnahme neuer Kredite zur Finanzierung der Staatsausgaben die Grenze zu setzen ist. Insbesondere die Opposition warf der Bundesregierung vor, die Grenze für die Aufnahme neuer Kredite (*Neuverschuldungsgrenze*) überschritten und damit verfassungswidrig gehandelt zu haben. Deshalb seien Maßnahmen, die den Staatshaushalt übergebührlich belasteten, abzulehnen, und eine *Sparpolitik* sei zu befürworten. Auch die Liberalen betonten, eine Neuverschuldung über einen Betrag X hinaus sei mit ihnen nicht zu machen, weshalb die staatlichen Ausgaben, vornehmlich im Bereich der Sozialleistungen, gekürzt werden müssten. Der Gebrauch von Schlag- bzw. Stigmawörtern wie *Schuldenpolitik* brandmarkte die Gegner der *Sparpolitik* als unverantwortliche „Schuldenmacher", und man versuchte außerdem, ihre Ansätze zu politischem Handeln, etwa kostspielige Konjunktur- und Beschäftigungsprogramme, zu delegitimieren. (Siehe hierzu den Topos der erreichten Grenzen/Überlastungstopos in Kap. 5.5.2.1.2.)

Aufgrund ihres Verständnisses von sozialer Gerechtigkeit versuchten Wendegegner, insbesondere Teile der SPD und die Gewerkschaften, das verhandelte *Sparpaket* durch bestimmte Bezeichnungspraktiken abzuwerten. Dazu zählt die Benennung der *Sparpolitik* als *unsozial, sozial unausgewogen, soziale Demontage, Sozialabbau*. (Siehe hierzu u. a. den Gerechtigkeitstopos in Kap. 5.5.2.4.1.) Dementsprechend verurteilte der DGB die *Sparbeschlüsse* als „sozialpolitisch unausgewogen. Die vorgesehenen Einschnitte in das soziale Netz [...] bedeuteten die direkte Fortsetzung der unsozialen Sparpolitik des letzten Jahres" (SZ, 2.7.1982, *DGB: Unsoziale Politik*).

Trotz dieser heftigen Auseinandersetzungen raufte sich die Regierungskoalition noch einmal zusammen und verabschiedete Anfang Juli einen Entwurf für den Bundeshaushalt 1983. Die *Spardebatte* endete also mit einem Kompromiss bezüglich des *Sparhaushalts 1983*. Als plausible Prämisse, eine „Wende" zu begründen, konnte dieses diskursive Ereignis nun nicht mehr genutzt werden. Anders das im Herbst des Jahres 1982 veröffentlichte und berüchtigte Papier von Otto

Graf Lambsdorff, in dem dieser ausführlich begründete, wie die wirtschaftlichen Probleme im Einzelnen zu lösen seien.

5.5.1.5 (Disk)Ur(s)knall des deutschen Neoliberalismus

Auf Bitten des Bundeskanzlers, seine Gesinnung und Strategien der Krisenbewältigung darzulegen, verfasste Otto Graf Lambsdorff – unter Mitarbeit des Staatssekretärs Otto Schlecht und des Leiters der Abteilung Wirtschaftspolitik Hans Tietmeyer[72] – eine bis heute einflussreiche Denkschrift. Das Memorandum trägt den Titel *Konzept für eine Politik zur Überwindung der Wachstumsschwäche und zur Bekämpfung der Arbeitslosigkeit*. Das „Lambsdorff-Papier" war schon am 6.9.1982 auszugsweise in der BILD-Zeitung abgedruckt worden. Am 9.9.1982 wurde es an Helmut Schmidt ausgehändigt, gleichzeitig erfolgte ein Abdruck in der ZEIT. Kaum war das Lambsdorff-Papier in die Öffentlichkeit gelangt, stand es im Zentrum des sozial- und wirtschaftspolitischen Krisendiskurses. Analog zu *Wendebrief* trägt es auch den Namen *Wendepapier*. Der Text ist eine Ausformulierung und Konkretisierung des Wendeappells von Genscher.[73]

Dem Muster der Wendekonstruktion entsprechend beginnt die Schrift mit der Diagnose einer Verschlechterung der wirtschaftlichen Lage im Jahr 1982. Wie Genscher sieht Lambsdorff das Problem zunächst im fehlenden Vertrauen der Wirtschaft (vgl. S. 3). Die Unternehmen investierten nicht ausreichend. Das größte Problem sei die Arbeitslosigkeit, deren Bekämpfung Lambsdorff zur vordringlichen Aufgabe der Politik erklärte (vgl. S. 4).

Der Diagnose der „Krise" folgt eine Aufzählung verschiedener Ursachen derselben, wobei Lambsdorff in erster Linie die bisherige Politik der sozial-liberalen Koalition in Form „staatlicher Nachfragestützung durch [...] kreditfinanzierte öffentliche Ausgabeprogramme" (S. 4) verantwortlich machte. Die bisher ergriffenen Maßnahmen würden nicht helfen, im Gegenteil, sie verschlimmerten die Lage wie ein „circulus vitiosus" (S. 4). Ein Übriges tue die expansive Entwicklung

---

72 Beide sind herausragende Verfechter der marktwirtschaftlichen Sozial- und Wirtschaftsordnung. Hans Tietmeyer wurde später Bundesbankpräsident und war lange Leiter des Kuratoriums der Lobbyeinrichtung *Initiative Neue Soziale Marktwirtschaft* (INSM). Die INSM spielte eine wichtige Rolle bei der Schaffung öffentlicher Akzeptanz für die rot-grüne Reformagenda (siehe hierzu Kap. 5.6). Zur Rolle und Funktion der INSM aus sprachkritischer Perspektive vgl. Wengeler (2008a).

73 Das Lambsdorff-Papier ist abrufbar unter: [http://www.1000dokumente.de/index.html?c=dokument_de&dokument=0079_lam&object=facsimile&pimage=5&v=100&nav=&l=de, zuletzt abgerufen am 28.03.2017]. Im Folgenden werden bei Zitaten lediglich die Seitenzahlen angegeben.

der staatlichen Ausgaben seit den 1970er Jahren, insbesondere für Sozialleistungen, und in der Folge die Anhebung der Sozialbeiträge, steigende Steuern und Sozialbeiträge für die Wirtschaft sowie die zunehmende Staatsverschuldung. (Siehe hierzu den Topos vom Staats- und Politikversagen/Politikerversagen in Kap. 5.5.2.2.1.) Die Bewältigung der „Krise“ erfordere neue Problemlösungsansätze, notwendig sei eine sozial- und wirtschaftspolitische „Wende“, folgerte Lambsdorff aus den „Fakten“ und den von ihm behaupteten Ursachen.

Den größten Teil des Papiers füllt ein sozial- und wirtschaftspolitischer Maßnahmenkatalog aus. In der Grundtendenz machte Lambsdorff die Bewältigung der „Krise“ von einer Verbesserung der Situation auf dem Arbeitsmarkt sowie von einer Verringerung der Staatsverschuldung und der Lösung der Probleme in den Systemen der sozialen Sicherung abhängig und verknüpfte sie mit dem Ziel, Wirtschaftswachstum zu generieren. Ohne nachhaltiges Wachstum sei „weder eine Lösung der Beschäftigungsprobleme noch erst recht der Finanzierungsprobleme im öffentlichen Gesamthaushalt (einschließlich Sozialversicherung) möglich“ (S. 5). Der Wachstumsprozess und damit die Lösung aller Probleme könne nur „auf der Grundlage einer breitangelegten privaten *Investitionstätigkeit* erreicht und gesichert werden“ (S. 4). Aus diesem Grund, so die im Mikrokosmos neoliberalen Denkens unweigerliche Schlussfolgerung, seien die „Investitionsbedingungen“ zu verbessern, d. h. politische Maßnahmen zu ergreifen, die Unternehmen entlasten würden. (Zum angedeuteten Zusammenspiel verschiedener politischer Zielvorstellungen siehe die Finaltopoi in Kap. 5.5.2.3.)

Neben einer Politik, welche „die Investitionsbedingungen zuverlässig verbessert“ (S. 4), gelte es, die öffentlichen Haushalte durch *Sparpolitik* zu „konsolidieren“. Dies müsse ohne Erhöhung von Steuern oder Sozialbeiträgen erreicht werden, weil diese nicht investitionsfördernd wirkten. In diesem Zusammenhang sprach Lambsdorff – seiner Zeit voraus – von der „Verbilligung des Faktors Arbeit“ (S. 5), was man im Krisendiskurs seit den 1990er Jahren bis heute beispielsweise phraseologisch als *Senkung der Lohnnebenkosten* bezeichnet. Die hierzu vorgeschlagenen Maßnahmen beinhalten eine Reduzierung der Staatsquote im Bereich der Sozialleistungen.[74]

---

74 Der Maßnahmenkatalog enthält konkrete Vorschläge zur Haushaltspolitik, vor allem zur Förderung der Wirtschaft (z. B.: Infrastrukturprojekte, zusätzliche Mittel für Existenzgründungen oder Unterstützung des Eigenheimbaus). Gleichzeitig sollte, wie gesagt, bei den öffentlichen Ausgaben im Bereich der Sozialleistungen eingespart werden (z. B.: Senkung des Arbeitslosengeldes, Verschärfung der Voraussetzungen für den Bezug von Arbeitslosengeld, Begrenzung des Arbeitslosengeldes auf ein Jahr, Streichung des Mutterschaftsurlaubsgeldes, Umstellung des BAFÖG auf Volldarlehen, Abstriche beim Wohngeld). In der Steuerpolitik sollten Abgaben, welche die Wirtschaft belasten, abgeschafft werden (z. B.: Gewerbe- und Vermögenssteuer). Außerdem sollten

Kritikern, die sich auf die Prinzipien ‚soziale Gerechtigkeit' (siehe hierzu Kap. 5.5.2.4.1) und ‚Sozialstaat' (siehe hierzu Kap. 5.5.2.4.2) berufen würden, hielt Lambsdorff abschließend entgegen:

> Wer eine solche Politik als ‚soziale Demontage' oder gar als ‚unsozial' diffamiert, verkennt, daß sie in Wirklichkeit der Gesundung und Erneuerung des wirtschaftlichen Fundaments für unser Sozialsystem dient. ‚Sozial unausgewogen' wäre dagegen eine Politik, die eine weitere Zunahme der Arbeitslosigkeit und die Finanzierungskrise der sozialen Sicherungssysteme zuläßt, nur weil sie nicht den Mut aufbringt, die öffentlichen Finanzen nachhaltig zu ordnen und der Wirtschaft eine neue Perspektive für unternehmerischen Erfolg und damit für mehr Arbeitsplätze zu geben. (S. 11)

Ein Festhalten am bisherigen politischen Kurs, „an heute nicht mehr finanzierbaren Leistungen des Staates", führe zur Eskalation der „Krise", an deren Ende die „*Krise des politischen Systems* steht" (S. 11). Wie deutlich wird, argumentierte auch Lambsdorff nach dem bereits von Genscher bekannten Muster, die vorgeschlagenen „Reformen" hätten nicht den „Abbau", sondern – ganz im Sinne der Wendegegner – den Erhalt des Sozialstaates und sogar des politischen Systems zum Ziel. (Siehe hierzu den Topos der sozialen Sicherheit in Kap. 5.5.2.3.4.)

Ob zu diesem Zeitpunkt politisch durchsetzbar oder nicht: Die Urheber wussten um die diskursive Sprengraft der im Lambsdorff-Papier unterbreiteten Vorschläge. Nach ihrer Meinung würden sie damit den „konventionellen Rahmen der bisher als durchsetzbar angesehen Politik" (S. 11) überschreiten. In der Tat liest sich der Katalog wie ein Bruch mit herkömmlichen sozial- und wirtschaftspolitischen Leitvorstellungen. Er erweiterte – wie seine langfristige Rezeption zeigt –

„Risikokapitalanlagen" steuerlich begünstigt werden, um die betriebliche Vermögensbildung zu stärken. Ein Ausgleich für die „investitions- und arbeitsplatzfördernde Steuerentlastung" (S. 8), so die Begründung der Maßnahmen, sollte durch Anhebung der Mehrwertsteuer erreicht werden. Auf dem Gebiet der Sozialpolitik hob Lambsdorff wie Genscher die Prinzipien der ‚Eigenverantwortung' und ‚Subsidiarität' hervor und begründete damit u. a. Rentenkürzungen, die Anhebung des Renteneintrittsalters, größere Selbstbeteiligungen im Gesundheitswesen bei gleichzeitig restriktiveren Regelungen für Leistungsberechtigungen und Kürzungen der Sozialhilfe (z. B. durch Verschärfung der Voraussetzungen/Prüfung auf Leistungsberechtigung und Zumutbarkeitsregeln einer möglichen Arbeit für Erwerbslose). Arbeitsmarktpolitisch strebte Lambsdorff eine „Flexibilisierung" des Arbeitsmarktes an (z. B.: Auflockerung des Arbeitsschutzes, keine Änderung der Arbeitszeitregelungen wie Wochenhöchstarbeitszeit, keine Erweiterung des Kündigungsschutzes und weitere Einschränkungen der Arbeitnehmerrechte). Der letzte Teil des Maßnahmenkataloges enthält verschiedene Vorschläge zur Förderung von „Marktwirtschaft, Wettbewerb und wirtschaftlicher Selbstständigkeit" (S. 8) bzw. zur „Deregulierung" (z. B.: Abbau von Reglementierung und Bürokratie in der Wirtschaft, Privatisierung öffentlicher Leistungen, Förderung von Existenzgründungen und Stärkung des Unternehmergeistes schon in der Schule, keine Ausdehnung der Mitbestimmung und des Datenschutzes). (Vgl. S. 6–11.)

definitiv das Sagbarkeitsfeld des öffentlichen Diskurses. Der Bruch wurde vor dem Hintergrund der „Krise“ und der daraus gefolgerten Notwendigkeit eines politischen Neuanfangs oder einer „Wende“ zum Zweck der Krisenbewältigung begründet. Der Einschnitt in die politische Tradition kann als Aufkündigung des sozial- und wirtschaftspolitischen Konsenses der 1960er und 1970er Jahre über eine keynesianisch inspirierte Politik im Rahmen der marktwirtschaftlichen Grundordnung der BRD verstanden werden – zurück zum Ordoliberalismus der 1950er Jahre bzw. hin zum Neoliberalismus nach britischem und amerikanischem Vorbild.

Es entspricht gleichfalls der im öffentlichen Diskurs spontan geäußerten Meinung, dass es sich beim Lambsdorff-Papier um eine „Absage an die Regierungspolitik“ (SZ, 17.9.1982, *Der Konflikt Schmidt – Lambsdorff*) handle. Das Papier löste teils heftige Reaktionen aus. Allein durch die vielen ad hoc gebildeten Namen wird die Brisanz der Vorschläge Lambsdorffs deutlich. So sprach die BILD-Zeitung (13.9.1982, *Lambsdorffs Geheimplan – ein Schock*) missbilligend von einem „Schock-Plan“, einer „Sprengbombe für die Regierung“ und einer „soziale[n] Hungerkur für alle“; weiterhin finden sich Namen wie „Horrorkatalog“ (BILD, 14.9.1982, *Lambsdorff-Plan erschüttert Deutschland*), „Gruselkatalog“ und „sozialpolitische Barbarei“ (SZ, 17.9.*1982, Ein Feldherr ohne Truppen*), „brutale Sparvorschläge“ (SPIEGEL, 20.9.1982, *Wenn nur die FDP nicht wieder reinkommt*) oder „Rutschbahn in die frühkapitalistische Folterkammer“ (SZ, 14.9.1982, *Lambsdorffs Konzept schürt Koalitionskrach*); der DGB bezeichnete den Maßnahmenkatalog als „wirtschafts- und sozialpolitischen Amoklauf“ (SZ, 14.9.1982, *Lambsdorffs Konzept schürt Koalitionskrach*); analog zur Selbstbezeichnung *Manifest der Marktwirtschaft* charakterisierte die ZEIT (10.9.1982) den Text als „Manifest der Sezession.“ Wie man sieht, wurde das Lambsdorff-Papier in der zeitgenössischen öffentlichen Meinung durchaus als von historischer Tragweite und revolutionär verstanden.

Nicht nur in der Öffentlichkeit, sondern auch in der SPD – und ebenfalls bei Teilen der Opposition und sogar der FDP – stieß das Papier in ersten Reaktionen – und auch im weiteren Diskursverlauf – auf Ablehnung. Für die SPD handelte es sich um ein Konzept der Krisenbewältigung, welches sie zu diesem Zeitpunkt nicht mittragen konnte. Nach der Veröffentlichung des Papiers vertieften sich die Gräben zwischen den Koalitionspartnern. Allerorten war vom Ende der sozial-liberalen Koalition die Rede. Dank des politisch-ideologischen Pamphlets konnte die SPD im Schwarzen-Peter-Spiel nun der FDP die Schuld am Ende der Koalition zuweisen, weil sie, so der Vorwurf, eine vom Regierungsprogramm abweichende sozial- und wirtschaftspolitische Position einnehme. In seinen beiden letzten Regierungserklärungen als Bundeskanzler betrieb insbesondere Helmut Schmidt vorsorglich Geschichtsinterpretation und versuchte, die FDP in der Rolle der Abweichler zu inszenieren.

5.5.1.6 Schlussakt

Am Tag der Veröffentlichung des Lambsdorff-Papiers trug Helmut Schmidt vor dem Bundestag einen wegen der politischen „Krise" mit Spannung erwarteten „Bericht zur Lage der Nation" vor. Außergewöhnlich an dieser Rede ist, dass Schmidt weniger in der Rolle des Bundeskanzlers als Vertreter der Regierung sprach, wie man es von der Textsorte Regierungserklärung vielleicht erwarten könnte, sondern abermals in der ihm ungewohnten Rolle des um ein sozialdemokratisches Profil bemühten SPD-Politikers. Außerdem enthält diese Regierungserklärung eine implizite Replik auf das Lambsdorff-Papier. Statt sich versöhnlich zu zeigen, vertrat Schmidt eine mit den Thesen Lambsdorffs nicht zu vereinbarende Position.

Helmut Schmidt stellte sich in seiner Rede dem Aufruf zu einer „Wende" im Sinne Genschers und Lambsdorffs entgegen, indem er auf Beibehaltung der „Grundlinien unserer Wirtschafts- und Finanzpolitik", zu denen es „keine vernünftige Alternative"[75] gebe, beharrte. Er sehe eine solche Alternative zur hiesigen Politik auch nicht im Ausland,

> etwa dort, wo mit unterschiedlichen Rezepten experimentiert worden ist. Sie sind fehlgeschlagen. Wir sind nicht dem Trugschluß aufgesessen, daß sich alle Probleme von selber lösen, wenn nur der Staat seine Aktivitäten einschränkt oder sich zurückzieht. Die Folge wäre nach allen Erfahrungen im Ausland eine noch höhere Arbeitslosigkeit.[76]

Dieser Ländervergleich ist eine indirekte Antwort auf den weitreichenden Gestaltungsanspruch des Lambsdorff-Papiers. Mit *Ausland* referierte Schmidt vermutlich auf Großbritannien und die USA, nach deren Vorbild Lambsdorff und seine Mitarbeiter den angestrebten sozial- und wirtschaftspolitischen Kurswechsel entworfen hatten. Dass Schmidt nicht gewillt war, deren Beispiel zu folgen, untermauerte er durch Anführung negativer Folgen der dort praktizierten Politik (*noch höhere Arbeitslosigkeit*). Außerdem wertete Schmidt Lambsdorffs Vorschlag als „neue wirtschaftspolitische Mode" ab, die er nicht bereit sei mitzumachen und „an unseren Arbeitsplätzen auszuprobieren."[77] Mit der Äußerung „[R]eisende Leute [soll man] nicht aufhalten"[78] forderte der Bundeskanzler die Opposition schließlich zu einem konstruktiven Misstrauensvotum und zur Herbeiführung von Neuwahlen auf.

---

75 Helmut Schmidt: Bericht zur Lage der Nation. In: Verhandlungen des Deutschen Bundestages. Stenographische Berichte. 9. Wahlperiode, 111. Sitzung, 9.1.1982. S. 6745–6761, hier S. 6752. [http://dip21.bundestag.de/dip21/btp/09/09111.pdf, zuletzt abgerufen am 28.03.2017]

76 Schmidt, Bericht zur Lage der Nation, 9.1.1982, S. 6752.

77 Schmidt, Bericht zur Lage der Nation, 9.1.1982, S. 6753.

78 Schmidt, Bericht zur Lage der Nation, 9.1.1982, S. 6753.

Unmittelbar nach Schmidts „Bericht zur Lage der Nation“ grenzte sich die FDP, forciert durch Lambsdorff, weiter von der SPD und ihren Vorstellungen zur Krisenbewältigung ab. So rief der Bundeswirtschaftsminister in einer Rede vor einem Wirtschaftsverband mittelständischer Unternehmen zur „Besinnung auf die marktwirtschaftlichen Grundsätze“ auf, bekannte sich u. a. zu den Prinzipien der ‚Leistungsbereitschaft‘ und der ‚Eigenverantwortung‘ und betonte, man sei nicht bereit, „die Arbeitslosigkeit mit den Methoden der Wirtschaftslenkung, mit mehr Steuern, mehr Sozialabgaben und noch mehr Schulden anzupacken“ (FAZ, 11.9.1982, *FDP ist nicht zu Wirtschaftslenkung bereit*). Spätestens seit der Aussprache im Bundestag über den „Bericht zur Lage der Nation“ zweifelte niemand mehr daran, dass die sozial-liberale Koalition am Ende war. So schrieb der SPIEGEL: „Die Bundestagsdebatte zur Lage der Nation hat bestätigt: Für die Sozial-liberalen gibt es keine Zukunft mehr“ (13.9.1982, *Koalition: Der will da raus*).

5.5.1.7 Abdankung

In seiner letzten Regierungserklärung als Bundeskanzler am 17.9.1982 trug Helmut Schmidt eine explizite Replik sowohl auf den Brief Genschers als auch auf das Lambsdorff-Papier vor. Er nutzte seine Erklärung, um der Öffentlichkeit noch einmal mitzuteilen, wer seiner Ansicht nach das Ende der sozial-liberalen Koalition verschuldet hat. Für die innenpolitische „Krise“ machte Schmidt zunächst – überraschenderweise – die semantische Prägung des Wendebegriffs durch Genscher verantwortlich:

> Seit Herr Kollege Genscher im Sommer 1981 das Wort von der „Wende“ geprägt und seitdem viele Male ausgesprochen hat, war zweifelhaft geworden, ob die FDP bis zum Ende der vierjährigen Wahlperiode an der vom Wähler 1980 eindrucksvoll bekräftigten Regierungskoalition mit den Sozialdemokraten festhalten will.[79]

Nun, nach Veröffentlichung des Lambsdorff-Papiers, sei der politische Wille des Koalitionspartners deutlich geworden und eine politische Zusammenarbeit endgültig nicht mehr möglich.

Unter Berufung auf die Medien und die öffentliche Meinung wertete Schmidt das Papier als „Scheidungsbrief“, als „Dokument der Trennung“ und in Anlehnung an die ZEIT als „Manifest der Sezession.“[80] Die „Denkschrift“, so Schmidts

---

79 Helmut Schmidt: Erklärung des Bundeskanzlers. In: Verhandlungen des Deutschen Bundestages. Stenographische Berichte. 9. Wahlperiode, 115. Sitzung, 17.9.1982. S. 7072–7077, hier S. 7072. [http://dip21.bundestag.de/dip21/btp/09/09115.pdf, zuletzt abgerufen am 28.03.2017]

80 Schmidt, Erklärung des Bundeskanzlers, 17.9.1982, S. 7073.

vielzitierte Worte, in denen er sich auf die in der Verfassung verbürgte ‚Unantastbarkeit des Sozialstaates' berief, wolle „eine Wende, und zwar eine Abwendung vom demokratischen Sozialstaat im Sinne des Art. 20 unseres Grundgesetzes und eine Hinwendung zur Ellenbogengesellschaft."[81] (Siehe hierzu den Sozialstaatstopos in Kap. 5.5.2.4.2.) Damit diene sie als „Wegweiser [...] zu anderen Mehrheiten"[82], so Schmidts abschließendes Urteil über das Lambsdorff-Papier, das er mit einer erneuten Aufforderung zum konstruktiven Misstrauensvotum und zur Herbeiführung von Neuwahlen verband. Das Kalkül dabei ist klar: Wenn die FDP dem Aufruf zum Kanzlersturz folgt, ist das im Schwarzen-Peter-Spiel ein Offenbarungseid.

Noch am Tag der „Abschiedserklärung" Helmut Schmidts traten die vier FDP-Bundesminister zurück. Am 1.10.1982 wurde Schmidt durch ein konstruktives Misstrauensvotum gestürzt und Helmut Kohl zum Bundeskanzler einer konservativ-liberalen Koalition gewählt. Bestätigt wurde die konservativ-liberale Koalition in vorgezogenen Neuwahlen am 6. März 1983. Im Folgenden gehe ich auf zentrale Inhalte der ersten Regierungserklärung des neuen Bundeskanzlers Helmut Kohl ein, weil sie spezifische Wissenssegmente, die ab Mitte Oktober verstärkt argumentativ genutzt wurden, in den öffentlichen Diskurs einspeiste und popularisierte.

5.5.1.8 „Geistig-moralische Wende"

Angesichts der Koalitionsverhandlungen zwischen CDU und FDP prägten Debatten über den sozial- und wirtschaftspolitischen Kurs der Bundesregierung unter Helmut Kohl seit Mitte September 1982 den öffentlichen Krisendiskurs. Zwar vertrat die CDU/CSU-Fraktion nicht alle Standpunkte des Lambsdorff-Papiers in ihrer Radikalität, doch die Stärkung des Unternehmertums und zumindest eine *Atempause in der Sozialpolitik* oder eine *Lohnpause*, so die prominenten formelhaften Dikta des neuen Arbeitsministers Norbert Blüm, waren zentrale politische Vorhaben der neuen Bundesregierung.

Seit der ersten Regierungserklärung Helmut Kohls als Bundeskanzler am 13. Oktober 1982 ist eine Verschiebung des öffentlichen Krisendiskurses hin zu einer Wertedebatte zu beobachten. Vor dem Hintergrund kulturpessimistischer Diagnosen („Verlotterung der Werte") hatte insbesondere Kohl schon in der Vergangenheit häufiger davon gesprochen, dass eine „geistig-moralische Wende" erforderlich sei, so beispielsweise im Bundestagswahlkampf 1980. Obgleich er

---

81 Schmidt, Erklärung des Bundeskanzlers, 17.9.1982, S. 7073.

82 Schmidt, Erklärung des Bundeskanzlers, 17.9.1982, S. 7073.

in seiner Regierungserklärung auf den Ausdruck *geistig-moralische Wende* verzichtete, kündigte Kohl das Vorhaben einer ideellen Neuausrichtung der Bundesrepublik auf einen verloren geglaubten Wertekanon an. Nach dem Motto „[d]as Ökonomische ist die Folge des Geistig-Moralischen" (SZ, 9.10.1982) behauptete er die ideelle Rückbesinnung auf bestimmte Tugenden, die fortan öffentlich propagiert wurden, als Voraussetzung für den im Wendebrief und im Lambsdorff-Papier angestrebten sozial- und wirtschaftspolitischen Wechsel und als Voraussetzung für die erfolgreiche Bewältigung der „Krise".

Kohl eröffnete seine Regierungserklärung – wie in Krisenzeiten textsortenüblich – mit der Diagnose einer düsteren Gegenwart. Die neue Bundesregierung beginne ihre Arbeit „in der schwersten Wirtschaftskrise seit Bestehen der Bundesrepublik Deutschland."[83] Als Symptome der „Krise" führte Kohl Arbeitslosigkeit, „die schlimmer ist als jene in den Jahren des Wiederaufbaus", den Rückgang des Wirtschaftswachstums, Firmenpleiten, „von denen es „[n]och nie in der Geschichte der Bundesrepublik Deutschland [...] so viele [...] wie in diesem Jahr"[84] gegeben habe, und Staatsverschuldung an. Dementsprechend befinde sich die BRD in einer „Wachstums- und Beschäftigungskrise" und in einer „Finanzkrise unseres Staates."[85] Ferner seien die „sozialen Sicherungssysteme [...] erschöpft."[86] (Siehe hierzu die Topoi der düsteren Gegenwartsdiagnose und Zukunftsprognose in Kap. 5.5.2.1.1.) Schuld an der Misere habe u. a. die „alte, die bisherige Regierung", die sich „als unfähig erwies, gemeinsam die Arbeitslosigkeit zu bekämpfen, das Netz sozialer Sicherheit zu gewährleisten und die zerrütteten Staatsfinanzen wieder in Ordnung zu bringen"[87] (siehe hierzu den Topos vom Staats- und Politikversagen/Politikerversagen in Kap. 5.5.2.2.1).

Auf die Krisendiagnose und die Benennung von Ursachen in der Diktion der Wendebefürworter folgt eine Selbstinszenierung Kohls als Retter Deutschlands. Nur die *Koalition der Mitte*, wie Kohl die neue Regierung bezeichnete, könne „das Land aus der Krise führen."[88] (Wie Helmut Schmidt beansprucht also auch Kohl „die Mitte" für sich und Gerhard Schröder, dies sei angemerkt, tut es 2003 auch.) Um dies zu erreichen, sei eine „neue Wirtschafts- und Gesellschaftspolitik" not-

---

83 Helmut Kohl: Erklärung der Bundesregierung. In: Verhandlungen des Deutschen Bundestages. Stenographische Berichte. 9. Wahlperiode, 121. Sitzung, 13.10.1982. S. 7213–7229, hier S. 7213. [http://dip21.bundestag.de/dip21/btp/09/09121.pdf, zuletzt abgerufen am 28.03.2017]
84 Kohl, Erklärung der Bundesregierung, 13.10.1982, S. 7213.
85 Kohl, Erklärung der Bundesregierung, 13.10.1982, S. 7214.
86 Kohl, Erklärung der Bundesregierung, 13.10.1982, S. 7214.
87 Kohl, Erklärung der Bundesregierung, 13.10.1982, S. 7214.
88 Kohl, Erklärung der Bundesregierung, 13.10.1982, S. 7214.

wendig, andernfalls würde sich die Lage noch verschlimmern.[89] Den Anspruch auf Neugestaltung untermauerte Kohl mit phraseologischen Wortverbindungen wie „Politik der Erneuerung"[90] und „historischer Neuanfang."[91] Was er darunter verstand, fasste der Bundeskanzler in einem aus der Krisendiagnose abgeleiteten „Dringlichkeitsprogramm" zusammen. Die formulierte Programmatik bestätigte die seit Mitte September diskutierten politischen Vorhaben und entsprach in vielen Punkten dem Lambsdorff-Papier.

Unter anderem gehe es darum, durch Anregung privater Investitionen „Arbeitsplätze zu schaffen."[92] Zur Erreichung dieses politischen Handlungsziels brauche die Wirtschaft „eine Zukunftsperspektive, die frei ist von unnötigen Belastungen, Verunsicherungen und bürokratischen Auflagen durch den Staat."[93] (Siehe hierzu den Investitionstopos in Kap. 5.5.2.3.3.) Und um die Staatsfinanzen in Ordnung zu bringen oder – wie es heißt, wenn gemeint ist, der Sozialstaat ist zu teuer, und es handelt sich um einen „Systemfehler" – das „strukturelle Defizit"[94] zu bekämpfen, sei ferner eine „strenge Haushaltsdisziplin"[95] (*Konsolidierungspolitik*) erforderlich. Damit waren u. a. Einsparungen bei den öffentlichen Ausgaben für Sozialleistungen gemeint, etwa bei der Renten-, Arbeitslosen- und Krankenversicherung. (Siehe hierzu den Konsolidierungstopos in Kap. 5.5.2.3.2.)

Neben der ökonomischen „Krise" diagnostizierte Kohl bei den Deutschen eine „geistig-moralische Krise" oder ein Mentalitätsproblem, womit im Krisendiskurs ein neuer Ton anklang. In der Bundesrepublik fehle es an „Wirklichkeitssinn"[96], man verkenne „die geistigen Herausforderungen der Zeit"[97], was eine erfolgreiche Bewältigung der „Krise" verhindern würde. Nur durch die Rückkehr zu bestimmten (christlichen) Werten und (liberalen) Tugenden seien die ökonomischen Probleme zu lösen. Helmut Kohl stellte also die Sozial- und Wirtschaftspolitik unter das Primat bestimmter Maximen und verband dies mit der liberalen Forderung nach weniger Staat. Im Gewand eines christlichen Menschenbildes bzw. unter Berufung auf Werte wie ‚Nächstenliebe', ‚Familie' oder ‚Mitmenschlichkeit' setzte Kohl bei der Vereinigung konservativen und liberalen Denkens hauptsächlich auf das Prinzip der ‚Subsidiarität': Was die „jeweils kleinere Gemeinschaft [...]

89 Kohl, Erklärung der Bundesregierung, 13.10.1982, S. 7214.
90 Kohl, Erklärung der Bundesregierung, 13.10.1982, S. 7215.
91 Kohl, Erklärung der Bundesregierung, 13.10.1982, S. 7216.
92 Kohl, Erklärung der Bundesregierung, 13.10.1982, S. 7216.
93 Kohl, Erklärung der Bundesregierung, 13.10.1982, S. 7216.
94 Kohl, Erklärung der Bundesregierung, 13.10.1982, S. 7218.
95 Kohl, Erklärung der Bundesregierung, 13.10.1982, S. 7218.
96 Kohl, Erklärung der Bundesregierung, 13.10.1982, S. 7218.
97 Kohl, Erklärung der Bundesregierung, 13.10.1982, S. 7218.

zu leisten vermag, soll ihr die größere nicht abnehmen“[98], so Kohl. In diesem Sinne sollten die Menschen „sich selbst etwas zutrauen und nicht auf den Staat warten.“[99] Deshalb seien etwa die liberalen Tugenden der ‚Eigenverantwortung‘ und ‚Leistung‘ zu stärken und der Staat, der den Menschen von solchen für den Erhalt der Gesellschaft wichtigen Tugenden entfremde, sei zurückzubauen. (Siehe hierzu die Topoi der Maxime in Kap. 5.5.2.4.) Dies sei im Sinne einer freiheitlichen Gesellschaft. Vermutlich als Reaktion auf die Äußerung Schmidts, das Lambsdorff-Papier strebe „eine Wende, und zwar eine Abwendung vom demokratischen Sozialstaat im Sinne des Art. 20 unseres Grundgesetzes und eine Hinwendung zur Ellenbogengesellschaft“[100] an, verkündete Kohl am Ende seiner Rede Folgendes:

> Herr Präsident, meine Damen und Herren, wir wollen eine Gesellschaft, in der sich die Anstrengungen des einzelnen für ihn wieder lohnen und zugleich zu einem Fortschritt für das Ganze führen; wir wollen weder die Ellenbogengesellschaft des Kapitalismus noch eine Ellenbogengesellschaft des Sozialismus.[101]

Nach Bekanntwerden der Leitlinien der neuen Politik Ende September 1982 und der Regierungserklärung Helmut Kohls vom 13. Oktober 1982 setzten die Bundesregierung und die sozialdemokratische Opposition den alten Streit über das Für und Wider der „Wende“ und des richtigen sozial- und wirtschaftspolitischen Kurses zur Bewältigung der „Krise“ fort. Dabei wurden keine neuen Argumentationen gebildet und ausgetauscht. Die nun folgende Toposanalyse gibt Aufschluss darüber, welche Akteure sich im Krisendiskurs 1982 durch die Nutzung bestimmter Argumentationsmuster auf Seiten der Wendebefürworter oder -gegner positionierten. Es wird entschlüsselt, wie Wendebefürworter und -gegner bestimmte Argumentationsmuster verwendeten, um die „Krise“ zu begründen, daraus die Notwendigkeit oder Unmöglichkeit einer „Wende“ ableiteten bzw. konstruierten und dies im öffentlichen Meinungskampf einsetzten, um spezifisches politisches Handeln zu legitimieren oder zu delegitimieren bzw. ihren politischen Willen durchzusetzen.

---

98 Kohl, Erklärung der Bundesregierung, 13.10.1982, S. 7225.

99 Kohl, Erklärung der Bundesregierung, 13.10.1982, S. 7225.

100 Helmut Schmidt: Erklärung des Bundeskanzlers. In: Verhandlungen des Deutschen Bundestages. Stenographische Berichte. 9. Wahlperiode, 115. Sitzung, 17.9.1982. Bonn. S. 7072–7077, hier S. 7073. [http://dip21.bundestag.de/dip21/btp/09/09115.pdf, zuletzt abgerufen am 25.01.2017]

101 Helmut Kohl: Erklärung der Bundesregierung. In: Verhandlungen des Deutschen Bundestages. Stenographische Berichte. 9. Wahlperiode, 121. Sitzung, 13.10.1982. S. 7213–7229, hier S. 7225. [http://dip21.bundestag.de/dip21/btp/09/09121.pdf, zuletzt abgerufen am 28.03.2017]

5.5.2 Kontextspezifische Topoi

5.5.2.1 Datentopoi

Dem Muster der topologischen Diskursformation entsprechend wurde die Wirtschaftskrise 1982 – wie die „Ölkrise“ 1973/74 – durch Gebrauch verschiedener kontextspezifischer Prägungen des Datentopos als soziale Wirklichkeit begründet und etabliert. Im historischen Vergleich zwischen den beiden „Krisen“ zeigen sich sowohl Kontinuitäten als auch Diskontinuitäten/Brüche. Nachstehende Übersicht veranschaulicht, auf Basis welcher kontextspezifischen Datentopoi die Begründung und Etablierung der Wirtschaftskrise 1982 sowie die anschließende Legitimation politischer Handlungen in der Öffentlichkeit erfolgte:

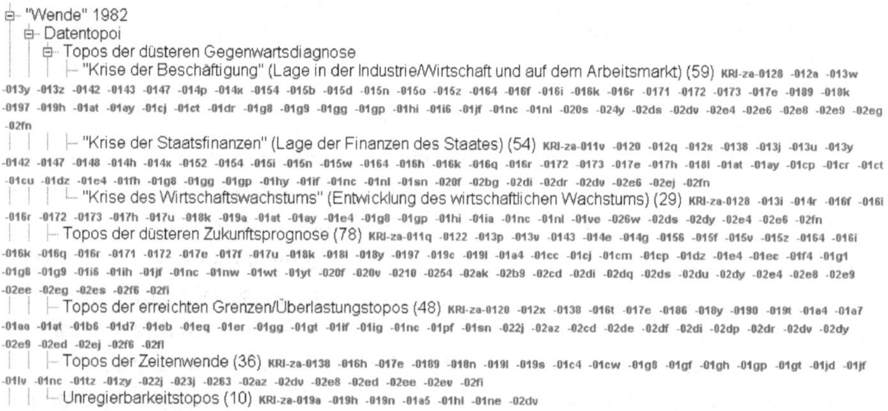

Abb. 17: Übersicht Datentopoi „Wende“ 1982 in FuD

Historische Kontinuität zur „Ölkrise“ 1973/74 besteht zunächst im zentralen Stellenwert der Topoi der düsteren Gegenwartsdiagnose und Zukunftsprognose innerhalb der topologischen Diskursformation. Im Unterschied zur „Ölkrise“ spielten Zukunftsängste eine nicht so gestaltende Rolle; als Hauptgrund für die Erzeugung legitimen Krisenwissens nutzte man im Krisendiskurs 1982 den Topos der düsteren Gegenwartsdiagnose. Das Argumentationsmuster ließ sich insgesamt 142 Mal belegen, wobei es wieder in drei Hauptvarianten der sprachlichen Realisierung vorkommt. Wie die „Ölkrise“ 1973/74 wurde die „Krise“ 1982 als „Beschäftigungskrise“ (59) und als „Wachstumskrise“ (29) prädiziert. Mit der Konstruktion einer „Krise der Staatsfinanzen“ tritt jedoch im Vergleich zur „Ölkrise“ ein neues Wissenselement in den öffentlichen Diskurs ein. Auf den Topos der düsteren Gegenwartsdiagnose folgt mit 78 annotierten Textstellen der Topos der düsteren Zukunftsprognose. Insofern es sich dabei zumeist um prognostizierende Fortschreibungen der Gegenwartsdiagnosen handelt und weniger um ein eigenständiges Argumentationsmuster auf Basis pessimistischer Aussichten wie während der „Ölkrise" 1973/74, fasse ich die beiden Argumentationsmuster in der Beschreibung zusammen. Der Topos der erreichten Grenzen/Überlastungstopos ist ein im Vergleich mit der „Ölkrise" 1973/74 neues Argumentationsmuster und kommt 48 Mal vor. Historische Kontinuität besteht bezüglich des Topos der Zeitenwende, der in 36 Belegen als verstehensrelevantes vorausgesetztes Wissen von anschließenden Argumentationen identifiziert werden konnte – allerdings in inhaltlich deutlich anderer Fassung. Im unteren Frequenzbereich befindet sich der ebenfalls neu hinzugekommene Unregierbarkeitstopos (10).

5.5.2.1.1 Topoi der düsteren Gegenwartsdiagnose und Zukunftsprognose

„Die sozial-liberale Ära ist beendet – und damit ein Stück Geschichte. [...] In Ohnmacht, umdüstert von Pleiten, fällt sie auseinander. Kohl und Genscher müssen schnell handeln, damit die Krise nicht noch schlimmer wird. Zwei Millionen Arbeitslose, zerrüttete Staatsfinanzen, eine schwer angeschlagene Wirtschaft erlauben keine Minute des Zögerns. Und dann laßt schnell den Wähler sprechen."
(Bild, 18.9.1982, *Gaben, Pleiten – neuer Anfang*)

Im öffentlich-politischen Krisendiskurs des Jahres 1982 erfolgte die Konstruktion der Realität als „Krise" hauptsächlich durch Gebrauch der Topoi der düsteren Gegenwartsdiagnose und Zukunftsprognose. Alle am Diskurs teilnehmenden Akteure aus Politik und Wirtschaft, Arbeitgeber- und Arbeitnehmervertreter, Wissenschaftler/Experten u. a. nutzten diese Topoi, indem sie auf bestimmte makroökonomische Größen referierten und Gefahren prophezeiten. Auf diese Weise begründeten sie die „Krise" und förderten die Konstitution eines kollektiven Krisenbewusstseins. Wie schon im vorigen Kapitel erwähnt, liegen den Krisendiagnosen und -prognosen in den gebräuchlichsten sprachlichen Realisierungen inhaltlich spezifische Varianten der Argumentationsmuster zugrunde, sodass man von einer dreifachen Prägung der düsteren Gegenwart und Zukunft sprechen kann: Die „Krise" wurde überwiegend als (i) „Krise der Beschäftigung", (ii) „Krise der Finanzen des Staates" und (iii) „Krise des Wachstums" verstanden.

Die Diskursteilnehmer waren einhellig der Meinung, hinsichtlich der genannten Größen existiere eine „Krise" und Lösungen müssten gefunden werden. Je nachdem, auf welche Maßnahme(n) zur Bewältigung der „Krise" bestimmte Akteure die Topoi der düsteren Gegenwartsdiagnose und Zukunftsprognose argumentativ bezogen, positionierten sie sich als Wendebefürworter oder Wendegegner. Dementsprechend ist das, was die Bild-Zeitung im oben angeführten Textausschnitt (her)be(i)schreibt, typisch für die Position der Wendebefürworter: das Ende der sozial-liberalen Ära und – nicht ganz so offensichtlich – Einsicht in das Erfordernis eines politischen Neuanfangs aufgrund einer Gemengelage scheinbar fataler Zustände in Gegenwart und Zukunft (*Ohnmacht, Pleiten, Arbeitslosigkeit, zerrüttete Staatsfinanzen, schwer angeschlagene Wirtschaft*) und, daraus abgeleitet, Zeitnot bzw. die Notwendigkeit schnellen Handelns, *damit die Krise nicht noch schlimmer wird.*

Obwohl düstere Gegenwartsdiagnosen und Zukunftsprognosen hinsichtlich des Wirtschaftswachstums am seltensten vorkommen, behandle ich diese Variante der Argumentationsmuster zuerst. Das Vorgehen entspricht eher der diskursiven Logik, da aufgrund der Konjunkturentwicklung negative Folgen für die Beschäftigung und aufgrund der Konjunkturentwicklung in Verbindung mit der Lage auf dem Arbeitsmarkt negative Folgen für die Staatsfinanzen prognostiziert wurden. Die öffentliche Meinung unterstellte also einen Kausalzusammenhang zwischen unzureichendem Wirtschaftswachstum, Misere auf dem Arbeitsmarkt und Staatsfinanzen. Insofern stehen die drei im Folgenden überwiegend separat behandelten Varianten der Topoi der düsteren Gegenwartsdiagnose und Zukunftsprognose in einer kausal-ursächlichen Folgerungsbeziehung, die häufig den empfohlenen Problemlösungsansätzen zugrunde lag.

Variante I: „Krise des Wachstums"

„Der Sachverständigenrat sagt für 1983 ein wirtschaftliches Wachstum von Null voraus, unter günstigen Umständen."
(Spiegel, 4.10.1982, *Auf dieser Regierung liegt kein Segen*)

Wie zur Zeit der „Ölkrise" 1973/74 bezogen sich die trüben Gegenwartsdiagnosen und Zukunftsprognosen auf die makroökonomische Kennzahl des Wirtschaftswachstums. Demnach liegen den Topoi in dieser Spielart metaphorisch als *mager* (211), *fundamentale Schwäche* (212) oder *Flaute* (215) bezeichnete Einschätzungen der Entwicklung desselben zugrunde. Die Bezeichnungen für die wirtschaftliche Phase, in der sich die Bundesrepublik (bald) befinden würde, gleichen vielfach den Charakterisierungen der wirtschaftlichen Entwicklung der Jahre 1973/74 – beispielsweise *Stagnation* (212), *Null-Wachstum* (213) oder *Rezession* (214). Auch die Evokation von Erinnerungen im kollektiven Gedächtnis durch Gebrauch des Geschichtstopos, mit dem Ziel, die Einzigartigkeit der (drohenden) „Krise" hervorzuheben, ist für die sprachliche Realisierung der Topoi der düsteren Gegenwartsdiagnose und Zukunftsprognose im Krisendiskurs 1982 typisch. Man habe es auch 1982 mit der schwersten „Krise" *der Nachkriegszeit* (216) oder *seit 1945* (217) zu tun. Die folgenden Beispiele zeigen, dass eine weitere Kontinuität zur „Ölkrise" 1973/74 in der Stützung der Topoi durch den Autoritätstopos besteht:

(211) Aber das Wohlstandswachstum war und ist nur noch mager, verglichen mit früheren Zeiten. Zwischen 1970 und 1980 stieg das reale Bruttosozialprodukt jährlich nur noch im Schnitt um 2,8 Prozent. In den fünfziger Jahren hatte die Wachstumsrate noch bei durchschnittlich 7,9, in den Sechzigern immer noch bei 4,6 Prozent gelegen.
(SPIEGEL, 19.7.1982, *Die Deutschen werden ärmer*)

(212) ‚Die Wirtschaft der Bundesrepublik befindet sich gegenwärtig in einer Lage [...] fundamentaler Wachstumsschwäche [...]'. Mit diesen Worten beschreiben die fünf wirtschaftswissenschaftlichen Forschungsinstitute die gegenwärtige Lage, die ihrer Ansicht nach nur schwer eine Prognose zuläßt. [...] Insgesamt rechnen die Institute, wie auch das Bundeswirtschaftsministerium, mit einer Stagnation des Bruttosozialprodukts.
(FAZ, 26.10.1982, *Arbeitslosigkeit steigt im Winter auf 2,5 Millionen*)

(213) Null-Wachstum. Das Wirtschaftswachstum war im Vergleich zum ersten Halbjahr 1981 gleich Null, meldete das Statistische Bundesamt.
(BILD, 15.9.1982, *Null-Wachstum*)

(214) Der Punkt für eine nachdrückliche Warnung ist erreicht: So geht es nicht weiter. Man würde auch jetzt noch zögern, solche Warnungen auszusprechen, wenn sich irgendein Silberstreif am Horizont zeigte. Aber davon ist nichts zu sehen, im Gegenteil. Für die ökonomische Krise wird das Wort Rezession langsam zu schwach.
(FAZ, 7.9.1982, *Im Kreislauf der Krisen*)

(215) Die deutsche Wirtschaft steckt nach wie vor in der ‚hartnäckigsten Flaute der Nachkriegszeit' (Ifo-Institut). Für eine nachhaltige Besserung gibt es nur partielle und unsichere Anzeichen. [...] Die noch im Frühjahr vergleichsweise zuversichtlichen Prognosen [...] sind jedenfalls vom Gang der Dinge überrollt worden.
(FAZ, 13.8.1982, *Trübe Aussichten*)

(216) Die Bundesrepublik steht, darin sind sich alle Fachleute einig, in der schwersten Rezession der Nachkriegszeit.
(FAZ, 19.10.1982, *Das Ende des Tischlein-deck-dich*)

(217) Was tun? Wo ist für die Bundesrepublik, wo für die Welt der Weg, der aus der schlimmsten Rezession seit 1945 hinausführt?
(ZEIT, 27.8.1982, *Das Gespenst von 1931*)

Ungeachtet aller politischen Detaillösungen wurde aus den düsteren Gegenwartsdiagnosen und Zukunftsprognosen in der bislang erörterten Art Handlungsbedarf abgeleitet. Man war sich darin einig, dass *es so nicht weitergeht* (214), und man stellte sich die Frage, *was tun* (217), um die „Krise" zu bewältigen.

Die Realitätsbekundungen hinsichtlich der Entwicklung des Wirtschaftswachstums standen – wie eingangs erwähnt – in einem kausalen Zusammenhang mit Äußerungen über die derzeitige und erwartete Lage auf dem Arbeitsmarkt (218) und mit Äußerungen über die Lage der Staatsfinanzen (219):

(218) Wirtschaftswachstum findet nicht mehr statt. Und da sich ohne Wachstum im Industrieland Bundesrepublik die Beschäftigung nicht sichern läßt, steigen seit drei Jahren die Arbeitslosenzahlen. Für das nächste Jahr sagt die Bundesregierung, die ihre Prognosen eher in rosa Tönen hält, durchschnittlich 1,8 Millionen Arbeitslose voraus. Und das bedeutet: Im nächsten Winter werden weit über zwei Millionen Bundesbürger arbeitslos gemeldet sein. Notenbankpräsident Karl Otto Pöhl, ein Ökonom mit Instinkt und Erfahrung, sieht inzwischen die Gefahr, daß sich Arbeitslosigkeit in mehrfacher Millionenhöhe festsetzt und sich ein ‚Gleichgewicht auf Unterbeschäftigungsniveau' bildet. Der Sachverständigenrat der Bundesregierung, ein Gremium aus fünf Wirtschaftsprofessoren, sprach schon im vorigen November verwundert von einer ‚hartnäckigen Stockungsphase'. Nun stockt es immer noch, und ein Ende ist nicht absehbar.
(SPIEGEL, 5.7.1982, *Mehr Freizeit oder mehr Arbeitslosigkeit?*)

(219) Tatsächlich aber befürchten maßgebliche Bonner Fachleute fürs kommende Jahr nun ein ‚Nullwachstum' – für das Jahr 1982 übrigens sogar ein Minus von einem Prozent. Würde diese Vermutung wahr, womit man angesichts der Verschlechterung vor allem auf den Exportmärkten wohl rechnen muß, dann stünde die Regierung vor einem neuen Finanzloch, allein beim Bund im Ausmaß von mindestens sechs Milliarden Mark. Sie müßte also, wie gehabt, nachbessern – das wäre dann die ‚Kontinuität im Wandel' der Bonner Szene.
(ZEIT, 1.10.1982, *Neue Köpfe – alte Hüte*)

Die oben angeführten Beispiele verdeutlichen, dass man ausgehend von der „Krise des Wachstums“ negative Folgen für den Arbeitsmarkt und die Staatsfinanzen prognostizierte. Wachstum galt allgemein als Voraussetzung für sichere Beschäftigung und solide Staatsfinanzen, woraus für das politische Handeln abgeleitet wurde, man müsse Wachstum generieren. Diese Zielvorstellung für politisches Handeln findet in der topologischen Diskursformation in den Finaltopoi ihren Ausdruck (siehe Kap. 5.1).

Variante II: „Krise der Beschäftigung“

„Achtung-fertig-arbeitslos.“
(SPIEGEL, 30.8.1982, *Sonst ist man einfach Abschaum*)

„Wirtschaftskrise überall. Sogar Reagans Sohn arbeitslos.“
(BILD, 15.10.1982, *Wirtschaftskrise überall*)

„Die Aussicht auf zwei oder mehr Millionen Arbeitslose nimmt einem den Atem. Wohin sind wir gekommen? Aber es besteht kein Anlaß, in Selbstmitleid zu verfallen. Mancher Gastarbeiter hat es uns vorgemacht, wie man sich auch 1982 Wohlstand erobert. Die Krise müssen wir alle jetzt als Herausforderung begreifen – wie nach 1945: Ärmel aufkrempeln, nicht nach dem Staat schielen. Nach vorn blicken. Packen wir's alle gemeinsam an.“
(BILD, 6.10.1982, *Packen wir's gemeinsam an*)

War die Konstitution des Wissens um Arbeitsplatzunsicherheit bzw. die Konstruktion eines Arbeitsplatzrisikos schon während der „Ölkrise“ 1973/74 zentrales Element im Rahmen der Topoi der düsteren Zukunftsprognose und Gegenwartsdiagnose, galten Firmenpleiten, Arbeitslosigkeit und auch Kurzarbeit im Krisenjahr 1982 eindeutig als Hauptsymptome der „Krise", woraus allgemein gefolgert wurde, dass man etwas Bestimmtes tun müsse, um die Misere zu bewältigen und Schlimmeres zu verhindern. Ein Akteur, der durch seine Autorität als Präsident der Bundesanstalt für Arbeit großen Einfluss auf den öffentlichen Diskurs hatte, als Verkünder der Arbeitslosenstatistiken regelmäßig mit Krisendiagnosen und -prognosen aufwartete und für die Popularisierung der Argumentationsmuster in der hier beschriebenen Form sorgte, war Josef Stingl. Dementsprechend sind von ihm stammende dramatisierende Äußerungen wie die Folgenden jeweils als diskursive Knotenpunkte zu sehen:[102]

(220) Auch in der Bundesrepublik ist die Lage am Arbeitsmarkt ‚katastrophal'. Hoffnungen auf eine nachhaltige Besserung in absehbarer Zeit sind unbegründet. So kommentierte Josef Stingl, Präsident der Bundesanstalt für Arbeit, die jüngste Entwicklung.
(FAZ, 5.4.1982, *Stingl: Auch bei uns ‚eine katastrophale Lage'*)

(221) Mitten in das herrliche Sommerwetter platzte gestern Josef Stingl mit einer Schreckensvision. Möglicherweise werden in wenigen Jahren vier Millionen Deutsche arbeitslos sein.
(BILD, 3.8.1982, *Stingl malt an die Wand: 4 Millionen Arbeitslose?*)

(222) Weihnachten 2 Millionen Arbeitslose? Böse Nachricht: Weihnachten werden wir mehr als zwei Millionen Arbeitslose haben, fürchtet der Präsident der Bundesanstalt für Arbeit, Josef Stingl. Im September waren 1,82 Millionen ohne Arbeit, in diesem Monat wahrscheinlich 40000 mehr.
(BILD, 22.10.1982, *Weihnachten 2 Millionen Arbeitslose?*)

Im vorigen Abschnitt wurde bereits erwähnt, dass die Charakterisierung der Wirklichkeit als düstere Gegenwart und Zukunft meist auf quantitative Vergleiche mit Merkmalen vergangener Krisenzeiten gestützt erfolgte. Im Einklang mit dem aus der „Ölkrise" 1973/74 bekannten Muster der Steigerung ins Singuläre prädizieren solche Geschichtsvergleiche auch im Krisenjahr 1982 die gegenwärtige und die zu erwartende Lage auf dem Arbeitsmarkt als schwer wie *noch nie* (223) oder *seit Bestehen der Bundesrepublik* (224) bzw. *seit 1950* (225):

(223) Die Lage auf dem Arbeitsmarkt wird immer kritischer: Im September stieg die Zahl der Arbeitslosen und Kurzarbeiter auf über 2,4 Millionen. Ohne Job waren 1,82 Millionen – 45 Prozent mehr als im September 1981. Das gab's in einem September noch nie.
(BILD, 5.10.1982, 2,4 *Millionen arbeitslos und Kurzarbeit*)

102 Weil die Zahlen, die er bekanntgab, seit Mitte der 1970er Jahre immer düsterer wurden, hatte Stingl sich die inoffiziellen Personennamen *Bundesunke* und *Kassandra von Nürnberg* „verdient".

(224) Vom Arbeitsmarkt gibt es nun schon seit Jahren nichts Gutes mehr zu berichten. Jetzt ist sogar ein trauriger Rekord erreicht worden. Seit Bestehen der Bundesrepublik ist die Zahl der Erwerbslosen im Juli noch nie so hoch gewesen wie in diesem Jahr.
(FAZ, 5.8.1982, *Magere Jahre*)

(225) Noch ehe das Jahr so richtig begonnen hatte, warnte Bundeswirtschaftsminister Graf Lambsdorff, 1982 werde der Lebensstandard in der Bundesrepublik auf das Niveau von 1978 oder gar 1977 zurückfallen. [...] Was die Arbeitslosigkeit angeht, sind wir auf dem Marsch in die Vergangenheit aber schon viel weiter gekommen: 1,8 Millionen Arbeitslose im August, das hat es in der Bundesrepublik seit 1950 nicht gegeben. Es ist zugleich eine Steigerung um eine halbe Million oder fast vierzig Prozent gegenüber dem August des Vorjahres. Leider spricht alles dafür, daß ähnlich traurige Rekorde auch in den kommenden Monaten zu vermelden sein werden. Fast alle Experten erwarten einen weiteren Anstieg der Arbeitslosenzahlen – und fast alle bekannten Fakten deuten darauf hin, daß sie mit ihren Prognosen Recht behalten werden.
(ZEIT, 10.9.1982, *Sich selbst im Wege*)

Durch die Betonung, heute (im Krisenjahr 1982) sei alles schlimmer als jemals zuvor, versuchte man der Öffentlichkeit das Ausmaß der „Beschäftigungskrise" vor Augen zu führen. Die Lage auf dem Arbeitsmarkt wurde durch Vergleiche mit konkret benannten „Krisen", die bis Dato als schwerste „Krise" galten, dramatisiert. Herangezogen wurden zu diesem Zweck die „Weltwirtschaftskrise" 1929 und die auf sie folgenden Jahre (226), die erste Wirtschaftskrise nach dem Zweiten Weltkrieg 1966/67 (227) und insbesondere die „Ölkrise" 1973/74, so in (227) und (228). Dies liest sich wie folgt:

(226) Stehen wir am Vorabend einer ähnlichen Wirtschaftskrise, wie sie Anfang der dreißiger Jahre die ganze Welt erschütterte? Gewisse Parallelen sind nicht zu übersehen: Überall steigende Arbeitslosenzahlen, weltweit stockende Wirtschaftstätigkeit, allenthalben anschwellende Pleitenwellen.
(SZ, 3.9.1982, *Krise wie vor 50 Jahren?*)

(227) Seit 1974 ist die Arbeitslosenquote in jedem Jahr weitaus größer gewesen als 1967, zur Zeit jener Beschäftigungskrise, die damals als außergewöhnlich galt. Im vergangenen Winter erreichte der Anteil der offiziell gemeldeten Arbeitslosen an den gesamten abhängigen Erwerbspersonen einen Satz, den es seit der frühen Nachkriegsphase nicht mehr gegeben hat. Im Januar 1982 waren 8,2 Prozent aller Arbeitskräfte ohne Stellung und Lohn.
(SPIEGEL, 12.7.1982, *Die Deutschen werden ärmer*)

(228) Seit acht Jahren leidet die Bundesrepublik unter einer neuen Massenarbeitslosigkeit. In diesem Jahr könnte erstmals die Schreckenszahl von zwei Millionen überschritten werden. Seit acht Jahren gehen Jahr für Jahr Tausende von Unternehmen pleite. 1982 wird die Zahl der Konkurse einen neuen Rekord erreichen.
(ZEIT, 17.9.1982, *Ein Feldherr ohne Truppen*)

Die scheinbare historische Einmaligkeit der gegenwärtigen und zukünftigen Lage auf dem Arbeitsmarkt wurde oft durch den Zahlentopos und durch Ausdrücke wie *Rekord*, so in (224), (225) und (228), zusätzlich unterstrichen. Die Gültigkeit der Prognosen und ihrer Implikationen, z. B. dass in Zukunft noch Schlimmeres zu erwarten sei, sollten auch in dieser Fassung der Argumentationsmuster in der Regel die Berufung auf Autoritäten bzw. Hinweise auf die Meinungen von *Experten* (225) validieren.

Die Argumentationsmuster in der dargestellten Variante verdichten sich auf Wortbildungsebene in dem Ausdruck *Massenarbeitslosigkeit* (228), der unter allen Komposita mit *-arbeitslosigkeit* als Zweitglied an erster Stelle rangiert.[103] Weiterhin sind die Topoi der düsteren Gegenwartsdiagnose und Zukunftsprognose hinsichtlich der Lage auf dem Arbeitsmarkt sprachlich durch nicht minder bedrohliche Bezeichnungen für die im historischen Vergleich hohen Arbeitslosenzahlen realisiert, insbesondere durch Metaphern militärischer Herkunft wie etwa *Millionenheer von Arbeitslosen* (229):

(229) Das drückendste Problem, das uns die Weltwirtschaftskrise auflastet, darin sind wir uns einig, ist das Millionenheer von Arbeitslosen in aller Welt, 1,8 Millionen allein in unserem Lande.
(Horst Ehmke, in: SZ, 15.10.1982, *Der Bundestag diskutiert über die Regierungserklärung*)

Bei der sprachlichen Realisierung der Argumentationsmuster auf lexikalischer Ebene spielten neben Metaphern militärischer Herkunft auch Wassermetaphoriken eine wichtige Rolle. So wurden Firmenpleiten immer wieder als *Pleitewelle* bezeichnet, die *durch die gesamte Bundesrepublik schwappe* (230). Auf diese Weise wurde die „Beschäftigungskrise“ als unvermeidliche Naturkatastrophe gerahmt. Das folgende Beispiel vermittelt einen Eindruck:

(230) Insgesamt 11 653 Konkurse und Vergleiche wurden 1981 amtlich registriert, ein Viertel mehr als im Vorjahr und ein Rekord in der Bundesrepublik. [...] Und das große Sterben wird so schnell kein Ende nehmen. [...] Die neue Pleitenwelle schwappt durch die gesamte Bundesrepublik, hinweg über Große und Kleine, über die Metallhütte Lübeck und den Büroartikelhersteller Pelikan in Hannover, über Berta's Wachswarenfabrik in Fulda und dido's Tierfarm in Köln, den Turn-Verein Erbach 05 und den Euro Tennisclub Costa Blanca in Hilden. Die AEG ist da nur ein Fall, wenn auch der weitaus gewichtigste, unter vielen. [...] In diesem

103 Dies ergab eine quantitative Recherche mithilfe der CORPUS WORKBENCH im 1801 Texte umfassenden Teilkorpus des KRIREKO zum Untersuchungszeitraum 1982. Folgender Suchausdruck wurde verwendet: [word=".*arbeitslosigkeit"%c]. Insgesamt ließen sich 9 Types, darunter neben *Massenarbeitslosigkeit*, *Jugendarbeitslosigkeit*, *Millionenarbeitslosigkeit*, *Langzeitarbeitslosigkeit* und *Rekordarbeitslosigkeit*, auf die 439 Tokens fallen, finden. Die Suche ergab 439 Treffer in 225 verschiedenen Texten.

Jahr wird, so viel ist schon jetzt absehbar, auf den Rekord von 1981 ein weiterer Rekord getürmt. Hält der Trend des ersten Halbjahres an, dann wird die Zahl der Pleiten auf 16 000 steigen. Nie zuvor in der 33jährigen Geschichte der Bundesrepublik gab es einen solchen Massenkollaps. Nie zuvor in Deutschland seit 1931, als nach der Nordwolle die Danat-Bank zusammenbrach, als erst die Zahl der Arbeitslosen, dann das Heer der Braunhemden mächtig anschwoll, gab es so viele Zusammenbrüche.
(SPIEGEL, 16.8.1982, *Schwachstelle ist das Management*)

Mehr als alle Meldungen über tatsächliche oder drohende Arbeitslosigkeit, Kurzarbeit und Zusammenbrüche unbekannter Betriebe, wie den *Euro Tennisclub Costa Blanca in Hilden* (230), die sich wie im obigen Beispiel zu immer neuen historischen Rekorden kumulierten, erzeugten regelhafte Bezugnahmen auf ein ganz bestimmtes diskursives Ereignis ein öffentliches Bewusstsein für die Omnipräsenz der „Beschäftigungskrise" – nämlich die Insolvenz des Elektrokonzerns AEG. Nach der vergleichenden Schlussregel *mehr oder minder* fungierte die Pleite der AEG als Präzedenzfall, der die Bedrohlichkeit der Lage auf dem Arbeitsmarkt aufzeigen und die Faktizität der „Krise" beweisen sollte. Dieses argumentative Prinzip lässt sich wie folgt paraphrasieren: *Wenn sogar die AEG pleite ist, geht es kleineren Unternehmen erst recht schlecht, ist die Lage in der Tat brenzlig und ist der eigene Arbeitsplatz nicht sicher*:

(231) Überall Pleiten, noch mehr Arbeitslose, dazu die AEG-Krise. Viele Deutsche sind mutlos.
(BILD, 21.8.1982, *Mehr Schulden, mehr sparen – kann alles sein*)

(232) Was zuvor abertausende Insolvenzen nicht zuwege brachten, der Vergleichsantrag des zweitgrößten deutschen Elektrokonzerns AEG-Telefunken hat in der Bundesrepublik aufgeschreckt. Dieser größte Insolvenzfall der Nachkriegsgeschichte sollte nun eigentlich auch den letzten klargemacht haben, wie ernst die Lage der deutschen Wirtschaft ist. Der Fall der AEG [...] läßt sich [...] nicht als Einzelfall abtun. Es gibt in der Bundesrepublik viele andere Unternehmen, denen es genauso schwerfällt wie der AEG, ihre strukturellen Schwachstellen zu beseitigen. [...] Im Juli hatte es in der Bundesrepublik noch nie so viele Arbeitslose gegeben wie dieses Jahr. Die lange als zu pessimistisch abgetane Vorhersage, am Jahresende seien zwei Millionen Arbeitslose zu befürchten, wird immer wahrscheinlicher [...].
(FAZ, 13.8.1982, *Trübe Aussichten*)

(233) In der Hitparade herrscht der Trauermarsch. Nie war die Stimmung in den hundert größten Industrieunternehmen der Bundesrepublik so schlecht wie in diesem Sommer, Pleiten nie gekannter Zahl und das Debakel der AEG, drückende Arbeitslosigkeit und sinkende Aufträge [...] verbreiten in den Vorstandsetagen [...] Trübsal [...]. Mit einst stolzen Branchen geht es geschwind bergab. [...] So trist der Blick zurück in die letzten Bilanzen der größten deutschen Unternehmen ist – die Zukunftsperspektive birgt erst recht keine Hoffnung, im Gegenteil. Haben allein die zehn größten deutschen Industrieunternehmen [...] seit dem Ölschock 1974 hunderttausend Arbeitsplätze abgeschafft, so sind die allerneuesten Nachrichten und Prognosen vom Arbeitsmarkt noch desolater. Kein renommierter Wirtschaftsforscher bezwei-

felt mehr, daß nächstes Jahr im Durchschnitt weit über zwei Millionen Menschen vergebens Arbeit suchen werden. Vollbeschäftigt sind derzeit nur die Konkursverwalter. Schon 5700 Unternehmer gingen dieses Jahr ebenso wie AEG Chef Heinz Dürr zum Amtsgericht, um Zahlungsunfähigkeit oder Überschuldung anzumelden – rund fünfzig Prozent mehr als vor einem Jahr, als auch schon eine bis dahin beispiellose Pleitewelle über die Wirtschaft rollte. Die Firmen, die jetzt fallieren, fehlen künftig als Arbeitgeber.
(ZEIT, 20.8.1982, *Die Spuren der Krise*)

Konkrete Vorschläge zur Bewältigung der „Beschäftigungskrise" gab es viele. Hier können lediglich die groben Linien der auf Basis des topischen Wissens dargebotenen Problemlösungen nachgezeichnet werden. Im Sinne der im Wendebrief Genschers und im Lambsdorff-Papier entfalteten Begründungslogik (siehe hierzu Kap. 5.5.1.5) plädierte man allgemein dafür, die nachfrageorientierten Ausgaben des Staates zu senken und *Investitionen* (234) in die Wirtschaft zu tätigen. Nur so seien die Ziele erreichbar, Wirtschaftswachstum zu generieren, Arbeitsplätze zu sichern und den Staatsbankrott bzw. den Zusammenbruch des *sozialen Netzes* (234) zu verhindern (siehe hierzu die Finaltopoi in Kap. 5.5.2.3). Es mag zwar befremdlich klingen, aber es ist durchaus nicht als ungewöhnlich anzusehen, dass sich Sozialdemokraten wie Helmut Schmidt dieser genuin neoliberalen Argumentation bedienten und sich damit in dieser Hinsicht auf der Seite der Wendebefürworter positionierten, so im nachstehenden Beleg:

(234) In der Bundesrepublik ist die vor uns liegende Aufgabe klar: Wir können nicht erwarten, daß sich die Arbeitslosigkeit allein mit einem neuen Wirtschaftsaufschwung auf ein erträgliches Maß verringern wird... Die unzureichende wirtschaftliche Entwicklung zwingt uns jedoch, das dynamische Wachstum der konsumtiven Ausgabenblöcke zu begrenzen, damit mehr Spielraum für Investitionen entsteht, damit neue und dauerhafte Arbeitsplätze geschaffen werden und damit infolgedessen das soziale Netz sicher bleibt.
(FAZ, 10.9.1982, *Schmidt: Weder Sozialdemokraten noch Freie Demokraten dürfen davonlaufen, wenn die Zeitläufte schwierig sind – das geht nicht!*)

Wendegegner folgerten aus dem Zusammenhang zwischen geringem Wirtschaftswachstum und hoher Arbeitslosigkeit, der Staat müsse eine aktive Konjunktur- und Beschäftigungspolitik betreiben, indem er Konsumanreize kreiere, um die Wirtschaft zu beleben und die Beschäftigung zu fördern. Wachstumsschwäche und Arbeitslosigkeit verstanden sie als Beweis für die Unverzichtbarkeit eines engmaschigen *sozialen Netzes*, das sie durch die Politik der Wendebefürworter in seinem Bestand bedroht sahen. (Siehe hierzu den Sozialstaatstopos in Kap. 5.5.2.4.2.) Überdies befürworteten insbesondere Anhänger der SPD und die Gewerkschaften auf Basis der Topoi der düsteren Gegenwartsdiagnose und Zukunftsprognose nach dem Grundsatz *Wenn Arbeit knapp ist, muss sie umverteilt werden* eine Verkürzung der Arbeitszeit:

(235) Wenn die Arbeitslosigkeit nicht als zwangsläufige Begleiterscheinung der bundesdeutschen Industriegesellschaft hingenommen werden soll [...], dann ist noch etwas mehr Phantasie und Veränderungsbereitschaft gefragt. Es läßt sich dann auch nicht mehr an der Erkenntnis vorbeimanövrieren, daß der einzige Ausweg aus dem Dilemma von niedrigen Wachstums- und hohen Produktivitätsraten in kürzeren Arbeitszeiten liegt. Daß weniger Arbeit für alle neue Arbeit schafft, ist unumstritten.
(SPIEGEL, 5.7.1982, *Mehr Freizeit oder mehr Arbeitslosigkeit?*)

Variante III: „Krise der Staatsfinanzen"

Annähernd so oft wie die zuvor besprochene Spielart der Topoi der düsteren Gegenwartsdiagnose und Zukunftsprognose sind im untersuchten Korpus Argumentationen realisiert, die sich auf die Staatsfinanzen beziehen. Die Topoi in dieser Variante stehen im historisch-kommunikativen Kontext der Haushaltsdebatten seit Juni 1982 (siehe hierzu Kap. 5.5.1.4). Die Wahrnehmung der Wirklichkeit als „Krise der Staatsfinanzen" beinhaltet einen fundamentalen Unterschied zur „Öl-krise", spielten doch Einnahmen und Ausgaben der öffentlichen Haushalte und drohender Staatsbankrott 1973/74 eine eher marginale Rolle. Plötzlich war auch der Staat von der „Krise" betroffen.

Für die sprachliche Realisierung der Topoi in dieser Variante sind generell die bereits erwähnten metaphorischen Konzeptualisierungen des ‚Staates/der Staatsfinanzen als marodes Gebäude' und des Verhältnisses zwischen Einnahmen und Ausgaben bzw. des Defizites in der Zahlungsbilanz als ‚Lücke' oder als ‚Loch' typisch. Dies impliziert, dass der Staat verfallen und durchlässig sei, weshalb dringender Handlungsbedarf bestehe. Der Staat sei zu *sanieren*, die *Finanzlücke* unbedingt zu *schließen*, das *Haushaltsloch* dringend zu *stopfen*, so die scheinbar einzigen Möglichkeiten, wenn man den Zusammenbruch verhindern wolle. Insbesondere der Sozialstaat wurde als Fass ohne Boden dargestellt und dementsprechend kritisiert. Wie die *maroden* Staatsfinanzen zu *sanieren*, die *Finanzlücke* zu *schließen*, das *Haushaltsloch* zu *stopfen* seien, um die „Krise" zu bewältigen, verschleiert die metaphorische sprachliche Realisierung der Argumentationsmuster zunächst. Doch es erscheint als plausibel, dass schnell etwas getan werden müsse.

Die Argumentationsmuster basieren auf der Diagnose, der Staat gebe mehr aus, als er einnehme. Die öffentlichen Kassen seien deshalb leer. Neben der Konjunkturentwicklung und der hohen Zahl der Arbeitslosen – was abermals den als ursächlich konstruierten Zusammenhang zwischen den Varianten der Argumentationsmuster unterstreicht – galten insbesondere Schulden und Zinsen als Risiken für den Haushalt, weil sie den Geldbedarf des Staates enorm erhöhen würden. Deshalb folgten auf die Diagnosen einer gegenwärtigen „Krise der Staatsfinanzen" meist Prognosen einer zunehmenden Staatsverschuldung und/oder „Neuverschuldung" und daraus resultierender *Zinsbelastungen* (236). Dies wurde gestützt durch das Anführen hoher Zahlen und die Konstruktion eines *Circulus vitiosus*, Letzteres indem die mit der Verschuldung steigenden Zinsen als zusätzliche Belastung der Haushaltsbilanz angeführt wurden. Die folgenden Zitate veranschaulichen diese musterhafte Sequenz exemplarisch:

(236) Was zu befürchten war, bestätigt sich nun. Die Finanzkrise unseres Staates wächst in eine Dimension hinein, die selbst die unentwegten Befürworter der Schuldenpolitik erschrecken muß. Der Abbau der Haushaltsdefizite wird noch schwerer, der Weg der Konsolidierung länger. Die Neuverschuldung allein dieses Jahres wird die Zinsbelastung des Bundes auf Jahre hinaus um 3,5 Milliarden Mark erhöhen.
(FAZ, 8.10.1982, *Die „Erblast" wächst*)

(237) Die Schulden von Bund, Ländern und Gemeinden werden 1982 auf annähernd 600 Milliarden DM ansteigen. [...] Für 1985 wird der Schuldenstand mit mehr als 700 Milliarden DM beziffert. [...] Der CDU-Finanzexperte, Dr. Hansjörg Häfele, vertrat am Montag die Auffassung, daß die Staatsverschuldung eine ‚beängstigende Größenordnung' erreicht habe. [...] Aus der Antwort des Finanzministeriums geht unter anderem hervor, daß der Bund von seinen Schulden 1982 allein 41 Milliarden DM zu tilgen hat. [...] Die Zinsbelastung der öffentlichen Haushalte ist in den letzten Jahren außerordentlich stark angestiegen. Die Zinsverpflichtungen der gesamten öffentlichen Hand belaufen sich 1982 auf 45,5 Milliarden Mark, 1985 aber schon auf 59,5 Milliarden Mark. Beim Bund werden 1982 23 Milliarden DM an Zinsen fällig, 1985 sollen es bereits 30,5 Milliarden DM sein.
(FAZ, 7.4.1982, *Staatsverschuldung bald 600 Milliarden DM*)

Des Weiteren würden Schulden und Zinsen als erworben geltende Besitzstände bedrohen, beispielsweise das System der sozialen Sicherung (238), weswegen der Haushalt *umgebaut* (239) werden müsse bzw. politische Maßnahmen zur *Konsolidierung* (240) der Staatsfinanzen, d. h. zur Reduzierung des Haushaltsdefizites und des Schuldenstandes, zu ergreifen seien, um die Besitzstände bzw. *das soziale Netz zu erhalten* (240) (siehe hierzu auch die Finaltopoi in Kap. 5.5.2.3):

(238) Machen wir doch einfach mehr Schulden, rät Arbeitsminister Westphal – ein schlechter Rat: Die Lohnsteuern, die wir bis zum Jahresende zahlen, gehen für die Zinsen drauf, die wir für unsere 600 Milliarden Mark Schulden abstottern müssen. [...] Wenn der Staat also weiter pumpt, anstatt zu sparen, reichen eines Tages alle Steuern nicht mehr, um die Schulden abzutragen. Was wird dann aus dem sozialen Netz?
(BILD, 9.8.1982, *Und das soziale Netz?*)

(239) Die Neuverschuldung des Bundes wird in diesem Jahr auf etwa 40 Milliarden Mark ansteigen. Dies hat Bundesfinanzminister Stoltenberg am Donnerstag im Anschluß an die Kabinettssitzung mitgeteilt. Die ‚Erblast' der alten Bundesregierung sei noch wesentlich schwerer, als er bisher angenommen habe. Die Fachleute des Finanzministeriums hätten ihm dargelegt, daß 1982 mit einer zusätzlichen Finanzierungslücke von etwa fünf Milliarden

Mark gerechnet werden müsse. [...] Die neue Bundesregierung übernehme das Haus in der bestehenden Architektur; sie müsse aber nun mit dem Umbau beginnen, sagte der Minister. (FAZ, 8.10.1982, *Jetzt vierzig Milliarden Mark Neuverschuldung*)

(240) In einem Koalitionsgespräch unter Führung von Bundeskanzler Schmidt beginnen an diesem Montag die Beratungen über den Nachtragshaushalt für dieses Jahr und über den Bundeshaushalt 1983. SPD und FDP verschweigen nicht, daß die Aufstellung des neuen Haushalts mit erheblichen Schwierigkeiten verbunden sein wird. Das Defizit gegenüber der mittelfristigen Finanzplanung wird auf etwa zwanzig Milliarden Mark geschätzt. Nach Rückgriff auf weitere Bundesbankgewinne und selbst einer zusätzlichen Netto-Neuverschuldung von vier Milliarden Mark, wie sie Finanzminister Lahnstein aufgrund von Vorgesprächen in der Koalition plant, bleibt eine Lücke von wenigstens sieben Milliarden Mark. Der FDP-Vorsitzende Genscher hat am Wochenende zu den Beratungen seine Forderung wiederholt, daß [...] der Prozeß zur Haushaltskonsolidierung fortgesetzt werden müsse. Nur so könne das soziale Netz erhalten bleiben.
(FAZ, 7.6.1982, *Koalitionsgespräche über den Bundeshaushalt 1983*)

Zumeist wurden die Topoi in der dargestellten Variante von Akteuren genutzt, die sich als Wendebefürworter positionierten. Nur unter den Bedingungen einer „Wende" in der Sozial- und Wirtschaftspolitik könne das Ziel der „Haushaltskonsolidierung" erreicht, der Besitzstand/Sozialstaat gesichert werden. In diesem Zusammenhang wurde mit „Wende" eine *[k]onsequente Fortsetzung der begonnenen Sparpolitik* (241) assoziiert; die „Konsolidierung" der Staatsfinanzen müsse durch *einschneidende Sparmaßnahmen* (242) erfolgen. Das heißt im Sinne Genschers und des Lambsdorff-Papiers: Kürzungen bei den potentiell kreditfinanzierten und aus keynesianischer Sicht nachfragebelebend wirkenden, nach Auffassung der Wendebefürworter jedoch unproduktiven *konsumtiven Ausgaben* des Staates und Kürzungen bei den *Sozialleistungen* (243):

(241) Sie [die FDP-Minister; Anm. d. Verf.] werden für die Wende in der Haushalts- und Wirtschaftspolitik, wie sie FDP-Chef Genscher schon vor Monaten angekündigt hat, kämpfen. Nur wenn das gelingt, wird es mit der Koalition wieder bergauf gehen. [...] Wir müssen das Konzept der Koalitionsregierung strikt durchhalten! Das heißt: Konsequente Fortsetzung der begonnenen Sparpolitik auch für den Haushalt 83 und keine neuen Steuererhöhungen, auch wenn der SPD-Parteitag das wünscht. Statt höherer Neuverschuldung oder neuer Steuern muß im gesamten konsumtiven Bereich des Staates vom Personal bis zu Sozialausgaben drastisch gekürzt werden.
(Hans H. Gattermann, in: BILD, 28.4.1982, *FDP: Steuern runter – auch gegen SPD!*)

(242) Der baden-württembergische Ministerpräsident Späth (CDU) hat dazu aufgerufen, mit einschneidenden Sparmaßnahmen die Bundesrepublik vor einem finanziellen Zusammenbruch zu bewahren. Vor Journalisten kritisierte Späth die Absicht der Bundesregierung, bis zur nächsten Steuerschätzung Mitte November den Haushaltsentwurf 1983 nicht zu korri-

gieren. Wenige Wochen vor Jahresende werde es dann aber zu spät sein, neue Spargesetze zur Haushaltskonsolidierung vorzubereiten.
(SZ, 21.8.1982, *Späth für einschneidende Sparmaßnahmen*)

(243) Wir müssen, wie auch der Bundeskanzler ankündigte, den Weg der Konsolidierung fortsetzen. Das gilt schon für den Nachtragshaushalt 82. Dort zeichnet sich ein Haushaltsloch von mehr als drei Milliarden ab. Da müssen wir eben noch einsparen. Diesen Kurs müssen wir erst recht beim Haushalt 83 fortsetzen. [...] Wir müssen vor allem die konsumtiven Ausgaben, also zum Beispiel Personalausgaben und auch Sozialleistungen, kürzen, aber nicht die investiven Ausgaben, wie Straßenbau.
(Otto Graf Lambsdorff, in: BILD, 22.4.1982, *Lambsdorff: Habe ich gesagt, daß die Koalition bis 84 hält?*)

5.5.2.1.2 Topos der erreichten Grenzen/Überlastungstopos

„Über die Grenzen des Sozialstaates wird geredet. Taten sind freilich kaum gefolgt.“
(FAZ, 30.4.1982, *Der Sozialstaat in der Rationalitätenfalle*)

„Auch Schmidt und Finanzminister Lahnstein haben im Sommer gesagt, man sollte nicht über 30 Milliarden Neuverschuldung hinausgehen.“
(SPIEGEL, 30.8.1982, *Die Mehrheit riskieren*)

Verglichen mit der „Ölkrise“ 1973/74 ist der Topos der erreichten Grenzen/Überlastungstopos ein neues Argumentationsmuster. Da dieses Muster in der topologischen Diskursformation eine zentrale Rolle spielt, kann man von einer historischen Veränderung im argumentativ genutzten Bestand gesellschaftlichen Wissens über „Krisen“ sprechen. Der Topos der erreichten Grenzen/Überlastungstopos hat nichts mit dem 1973/74 als Zeitenwende wahrgenommen Erreichen der „Grenzen des Wachstums“ gemeinsam (siehe hierzu Kap. 5.4.2.1.3).

Das Argumentationsmuster postuliert, in den Systemen der sozialen Sicherung „versickere“ Geld, soziale Leistungen seien übertrieben, der Sozialstaat habe die Grenzen der finanziellen Belastbarkeit erreicht oder bereits überschritten. Dementsprechend ist das Argumentationsmuster eng mit den zuvor beschriebenen Topoi der düsteren Gegenwartsdiagnose und Zukunftsprognose hinsichtlich der Misere der Staatsfinanzen und mit einem Topos der Ursache, der den überbordenden Sozialstaat (siehe hierzu Kap. 5.5.2.2.2) für die „Krise“ verantwortlich macht, verknüpft. In diesem Sinne werden in (244) als Grund für das Erreichen der Grenzen des Sozialstaates die weitreichenden Sozialleistungen sowie die massenhafte Inanspruchnahme sozialer Leistungen u. a. durch *Scheinasylanten* bzw. *Wirtschaftsasylanten* angeführt. Man könne nicht länger vor der Realität die Augen verschließen, dass der Sozialstaat überlastet sei und vor dem Zusammenbruch stehe, so eine häufige Schlussfolgerung:

(244) 2,1 Millionen Bundesbürger, Gastarbeiter und Asylbewerber beziehen in irgendeiner Form Armenhilfe. Binnen zehn Jahren stieg der Sozialhilfe-Aufwand auf das Vierfache. Vielfache gesetzliche Leistungsverbesserungen, die Zunahme immer jüngerer Hilfesuchender, weiterer Anstieg der Pflegeheimkosten und der anhaltende Zustrom von Scheinasylanten treiben die Gemeinden in immer größere Zahlungsschwierigkeiten. [...] ‚Das unterste Netz der sozialen Sicherheit', so hieß es in einer Entschließung des Deutschen Landkreistages, ist ‚unverantwortlich überlastet'. [...] Ursache für den täglichen Kassensturz in den Sozialämtern ist ein kaum entwirrbares Bündel ökonomischer Zwänge, legislativer Fehlleistungen und um sich greifender Ansprüche – Faktoren, die zusammen die Finanzierbarkeit des Systems gefährden. [...] Das Dilemma ist offenkundig: Soziale Netze halten nur so lange, wie sie nicht massenhaft in Anspruch genommen werden. Nach den Grundsätzen des Sozialhilferechts soll jedermann ein auskömmliches menschenwürdiges Leben führen, aber Hilfen, die das Niveau des Arbeitslohnes erreichen oder überschreiten, können nicht gerecht sein, weil sie die evidente Armut in Not geratener Bürger um eine gewollte Armut vermehren. Zudem kann es nicht gerecht sein, Scheinasylanten aus aller Welt anzulocken, die hier keine andere Chance haben als die auf rechtstaatlich abgesicherten Hinauswurf. Selbst ohne das stehende Heer der Wirtschaftsasylanten droht den Trägern der Sozialhilfe Gefahr von der Reservearmee jener Bürger, die zwar Anspruch auf Hilfe haben, aber noch nicht den Willen, diese auch zu empfangen.
(SPIEGEL, 31.5.1982, *Sozialhilfe: Unverantwortlich überlastet*)

Durch den Gebrauch dieses Argumentationsmusters positionierten sich die Akteure als Wendebefürworter, denn in den meisten Fällen diente es wie in (245) dazu, Strategiewechsel in der Sozial- und Wirtschaftspolitik als akzeptabel erscheinen zu lassen. Insbesondere die Sozialpolitik der vorangegangenen Jahre, der man hauptsächlich die Schuld an der Misere des Sozialstaates gab (siehe hierzu den Topos vom Staats- und Politikversagen/Politikerversagen in Kap. 5.5.2.2.1), sei zu überdenken (246).

Des Weiteren folgerte man auf Basis der erreichten Grenzen der finanziellen Belastbarkeit/Überlastung des Sozialstaates häufig, das Niveau sozialer Leistungen könne nicht mehr aufrechterhalten werden. Der Sozialstaat sei zu teuer, nicht mehr bezahlbar, weshalb man ihn auf das zurückführen müsse, was im Rahmen der wie auch immer definierten Grenzen als finanzierbar oder *normal* (247) dargestellt wurde. Solche Normalitätskonstruktionen sind für die Ausführung dieses Argumentationsmusters typisch. Die Grenze der Finanzierbarkeit sei auch das *Maß des Möglichen* (248), an das der Bürger seine *Ansprüche* (248) an den Staat *anzupassen* (248) habe, z. B. hinsichtlich der Rente, des BAföG, des Arbeitslosengeldes, der Leistungen der Krankenversicherungen usw. In diesem Sinne wurde mithilfe des Topos vielfach gegen einen weiteren *Ausbau* (249) des Sozialstaates und zugunsten einer *grobmaschigeren Knüpfung des sozialen Netzes* (249), d. h. für die Kürzung der Sozialausgaben, argumentiert:

(245) Die bisherige Sozialpolitik sei nicht fortzusetzen. Sie habe dazu beigetragen, daß im letzten Jahrzehnt die Kreditfinanzierung des Bundeshaushalts von knapp einem Prozent auf 15 Prozent gestiegen sei. Das inzwischen erreichte Sozialleistungsniveau sei nicht mehr finanzierbar. Zur Wende in der Haushalts- und Sozialpolitik könne es nur in mehreren Schritten kommen. [...] Richtschnur für die [Wende] könne aber nicht ein unfinanzierbares Sozialleistungsniveau sein. Wenn dieses Niveau nur noch mit Krediten gehalten werden könne, dann seien Korrekturen unvermeidlich.
(FAZ, 17.9.1982, *Der Wirtschaftsminister sagt: Beschäftigung für alle, die arbeiten wollen*)

(246) Langsam spricht sich herum, daß der Betreuungs- und Versorgungsstaat nicht mehr finanzierbar ist, daß die sozialstaatlichen Wohltaten letztlich doch von den vermeintlichen Begünstigten selbst zu bezahlen sind. So ist der Sozialstaat ins Gerede gekommen. Doch, obwohl vieles dafür spricht, den anatomischen Ort der Vernunft im Portemonnaie zu vermuten, wäre es verfehlt, die fällige Debatte um den Sozialstaat und seine Nebenwirkungen nur unter dem Aspekt der Finanzierung zu führen. Es geht längst um grundsätzlichere Fragen, nämlich um die Ziele und die Methoden der Sozialpolitik.
(FAZ, 9.10.1982, *Die Sozialpolitik braucht neue Methoden*)

(247) Den Bürgern sind trotz zahlreicher Warnungen von Finanzexperten Leistungen versprochen und verabreicht worden, die am Ende nicht mehr bezahlbar waren. Sozialpolitik muß daher endlich auf das Maß des Normalen zurückgeführt werden. Erst dann wird sie wieder ausgewogen im eigentlichen Sinne des Wortes sein. Die Vorschläge der neuen Koalition zielen in diese Richtung; sie machen vor mächtigen Interessen nicht halt und verlangen Opfer von allen Schichten des Volkes. Sie geben damit der polemisch gedachten Formel der ‚Ausgewogenheit' einen richtigen Inhalt.
(FAZ, 30.9.1982, *Vom Mythos des Sozialen*)

(248) Der Staat steht jetzt vor der Aufgabe, die über ihn laufenden Ansprüche anzupassen. Obwohl die Finanzierung der staatlichen Sozialleistungen von Jahr zu Jahr schwieriger geworden ist und obwohl die Koalition daher mehrmals vor harten Zerreißproben gestanden hat, ist die Konsolidierung der öffentlichen Haushalte nie ernsthaft betrieben worden. Die Neuverschuldung im Bundeshaushalt hat von Jahr zu Jahr größere Dimensionen angenommen; die Koalition ist zum Opfer ihrer großzügigen Sozialpolitik geworden. Die beträchtlichen, bruttolohnbezogenen Rentenerhöhungen, die großzügige Ausbildungsförderung der Schüler und Studenten, die übertriebenen und oft mißbrauchten Umschulungssubventionen der Bundesanstalt für Arbeit, die leichtfertige Unzumutbarkeitsregelung in der Arbeitslosenversicherung, Wohngeld, Kindergeld, Mutterschaftsgeld, Sparförderung sowie höhere Leistungen der Krankenkassen haben das Maß des Möglichen und volkswirtschaftlich Vertretbaren weit überschritten – so gut die einzelnen Maßnahmen auch gemeint sein mögen.
(FAZ, 25.9.1982, *Chronologie des Versorgungsstaates*)

(249) Das hat der linke SPD-Theoretiker Johano Strasser, Mitglied der Grundwerte-Kommission beim Parteivorstand, schon vor drei Jahren in seinem Buch ‚Grenzen des Sozialstaats?' vorgedacht. ‚Mehr Ausgaben für Sozialpolitik', schrieb Strasser damals, ‚bedeuten keineswegs notwendig auch mehr soziale Sicherheit und mehr Lebensqualität'. Der zentrale Versor-

gungsstaat solle nicht weiter ausgebaut, dafür das soziale Netz grobmaschiger geknüpft werden [...].
(SPIEGEL, 23.8.1982, *Wie ein Kaugummi*)

In etwas seltener belegter Variante geht der Topos von der Prämisse aus, die Grenzen der Verschuldung seien erreicht oder überschritten. Insbesondere die Opposition nutzte das Argumentationsmuster in dieser Fassung, um der Bundesregierung vorzuwerfen, sie betreibe als unvernünftig abgewertete *Schuldenpolitik*:

(250) Die Opposition hat die Bundesregierung beschuldigt, beim Nachtragshaushalt 1982 die Neuverschuldung erneut überschritten und damit Verfassungsbruch begangen zu haben. Wie der finanzpolitische Sprecher der Unions-Fraktion, Hans-Jörg Häfele erklärte, sei eine Klage beim Bundesverfassungsgericht gegen die Praxis nicht auszuschließen. Nach Häfele hat die Bundesregierung bereits im vergangenen Jahr bei der Neuverschuldung die veranschlagten Ausgaben für Investitionen überschritten und damit die vom Grundgesetz Artikel 115 gesetzte Grenze nicht eingehalten. Mit dem Nachtragshaushalt, mit dem sich die Nettokreditaufnahme auf fast 34 Mrd. DM erhöht, sei diese Grenze zum zweiten Mal überschritten worden.
(SZ, 21.6.1982, *Unvermindert harte Kontroversen um den Haushalt*)

In dieser Variante steht der Topos im historisch-kommunikativen Kontext der haushaltspolitischen Diskussionen seit Juni 1982. Er wurde genutzt, um gegen eine Aufnahme weiterer Kredite bzw. erhöhte „Neuverschuldung" über ein gewisses – virtuelles – Maß hinaus und damit verbundene politische Maßnahmen sowie für eine *Sparpolitik* im Sinne der „Wende" zu argumentieren:

(251) Willy Brandt und SPD-Geschäftsführer Peter Glotz meldeten beim Kanzler eine sozialdemokratische Forderung für sein Kompromißpapier an: Er müsse sich, zur Bekämpfung der Arbeitslosigkeit, für eine Steigerung der öffentlichen Investitionen stark machen. Doch Finanzminister Manfred Lahnstein sperrte sich. Mehr als eine Absichtserklärung sei nicht drin, höhere Schulden kämen nicht in Frage [...].
(SPIEGEL, 28.6.1982, *Der Wechsel ist nötig – jetzt*)

(252) SPIEGEL: Einige ihrer Partei haben höhere Kredite verlangt, um öffentliche Investitionen zu finanzieren. [...] SCHMIDT: Mit meiner Zustimmung wäre eine Ausdehnung der Nettokreditaufnahme auf 30 Milliarden oder darüber nicht zu machen gewesen. Ich hätte dies aus meiner Verantwortung abgelehnt. [...] Es würde der deutschen Konjunktur nichts nutzen, wenn das deutsche Bundesdefizit auf 38,5 statt auf 28,5 festgesetzt worden wäre.
(Helmut Schmidt, in: SPIEGEL, 5.7.1982, *Die FDP wird nicht geschont*)

(253) Wie sein Vorgänger Hans Matthöfer während des Sommertheaters 81 legte sich auch Lahnstein für die Aufnahme neuer Schulden eine eigene Meßlatte zurecht: Es sollen 1983 nicht mehr als 30 Milliarden Mark sein [...]. Für den Haushalt bedeutet die Festmarke: [...] Milliarden [müssen] durch [...] Eingriffe in Leistungsgesetze hereingeholt werden.
(SPIEGEL, 7.6.1982, *Nichts dazugelernt*)

Bemerkenswert ist, dass in einigen Realisierungen des Argumentationsmusters behauptet wurde, die Grenzen der Belastbarkeit der Arbeitnehmer mit – durch Gebrauch des Stigmawortes *Abgabebelastungen* (254) als negativ dargestellten – Abzügen vom Gehalt und die Grenze der „Lohnnebenkosten" der Wirtschaft seien erreicht oder überschritten. Deshalb seien Maßnahmen im Sinne des Lambsdorff-Papiers zu ergreifen:

(254) Der CSU-Politiker Waigel zeigte sich überrascht, daß der Bundeskanzler Kritik an dem Lambsdorff-Papier übe. Schmidt habe noch im Juni erklärt, daß [...] die Grenze der Abgabenbelastung erreicht sei. Der Kanzler habe hinzugefügt, daß derjenige, der mehr für die beschäftigungswirksamen Bemühungen des Staates tun wolle, noch viel tiefer in die Sozialleistungen einschneiden müsse. Lambsdorffs Diskussionspapier sei nichts anderes als der Versuch, aus den Feststellungen des Kanzlers die logischen Konsequenzen zu ziehen. (FAZ, 17.9.1982, *Der Wirtschaftsminister sagt: Beschäftigung für alle, die arbeiten wollen*)

In dieser Spielart des Argumentationsmusters deutet sich die seit den 1990er Jahren weit verbreitete Denkweise an, Steuern und Sozialbeiträge verteuerten den „Faktor Arbeit" übermäßig, weswegen – nicht zuletzt, so das Argument, vor dem Hintergrund internationaler Konkurrenz und der Gefahr des Abwanderns von Unternehmen in „Billiglohnländer" – die „Arbeitskosten" zu senken seien. In diesem Sinne hatte schon Lambsdorff in seinem Papier, wie erwähnt seiner Zeit voraus, für eine *Verbilligung des Faktors Arbeit* plädiert (siehe Kap. 5.5.1.5).

Nicht zuletzt ist aus diskursanalytischer Sicht an dem Argumentationsmuster interessant, wann das kritische Maß als überschritten angesehen wurde. Wie viel darf der Sozialstaat kosten? Wie hoch dürfen die Schulden sein? Die festgelegten Grenzen, die den Rahmen des Möglichen abstecken, sind politisch konstruierte Größen. Im Rahmen des Argumentationsmusters wurde politisches Handeln als Agieren innerhalb eines festen Bezugsrahmens mit wenig Bewegungsspielraum konzipiert. Deutungshoheit in den Fragen zu erlangen, wie hoch die Staatsausgaben, wie teuer der Sozialstaat, wie hoch die öffentlichen Schulden sein dürfen und wann das kritische Maß überschritten ist, und diese Grenze als Größe der Politik zu propagieren, war stets (und ist) mit dem Versuch verbunden, den Rahmen für legitimes politisches Handeln zu bestimmen. Die Überzeugungskraft des Argumentationsmusters beruht also wesentlich auf dem Grundsatz, *Politik kann nur das umsetzen, was im Rahmen der Grenzen noch finanzierbar ist*. So erscheint plausibel, dass vieles von dem, was die abgesteckten Grenzen angeblich überschreiten würde, nicht getan werden kann und dass alles Mögliche getan werden muss, um die Grenzen nicht zu überschreiten, denn die Folgen einer Maßlosigkeit wären fatal. Schließlich resultierte aus dem erörterten Zusammenhang öfters die Wahrnehmung einer „Unregierbarkeit" des Landes (siehe hierzu den entsprechenden Topos in Kap. 5.5.2.1.4), womit ein Verlust des Vertrauens in die Politik einherging.

5.5.2.1.3 Topos der Zeitenwende

„Die SPD befürworte die Anpassung der sozialen Sicherungssysteme an die veränderten Bedingungen der Weltwirtschaft."
(SZ, 14.9.1982, *Lambsdorffs Konzept schürt Koalitionskrach / SPD-Vorstand: Sozialer Konsens gefährdet*)

Der Topos der Zeitenwende steht in historischer Kontinuität zur „Ölkrise" 1973/74. Auch im Krisendiskurs 1982 hat das Muster eine wichtige argumentative Funktion in der topologischen Diskursformation. Im Rahmen des Argumentationsmusters erfolgte die Darstellung der Wirklichkeit ähnlich wie 1973/74 als Ende einer Ära, woraus abgeleitet wurde, es könne nicht mehr weitergehen wie bisher, Prozesse des Umdenkens und Umgestaltens seien notwendig. Anders als im Falle der „Ölkrise" 1973/74 lag dem Argumentationsmuster in seiner kontextspezifischen sprachlichen Realisierung weniger die allgemeine Wahrnehmung einer plötzlich hereinbrechenden erdrutschartigen Zäsur (Ende der Nachkriegszeit bzw. der Wohlstands- und Überflussgesellschaft) infolge externer Ereignisse (Nahostkrieg und Aktionen der Ölförderländer) oder einer selbstverantworteten menschheitsgefährdenden Ressourcenerschöpfung („Grenzen des Wachstums") zugrunde. Vielmehr ging der Topos der Zeitenwende im Krisendiskurs 1982 von der Prämisse einer veränderten Realität im Sinne einer als unvermeidlich geltenden Veränderung der ökonomischen Situation aus. Inhaltlich ist somit von einem diskursiven Wandel im argumentativ genutzten gesellschaftlichen Wissen zu sprechen.

Die behauptete veränderte Realität wurde immer wieder als *Strukturwandel* oder *Strukturkrise* (255) bezeichnet, etwa von Helmut Kohl in seiner ersten Regierungserklärung als Bundeskanzler (siehe Kap. 5.5.1.8). Exemplarisch leitete Kohl aus mutmaßlichen ökonomischen Veränderungen (*neuen außenwirtschaftlichen Herausforderungen*) die Notwendigkeit einer *neuen Wirtschafts- und Gesellschaftspolitik* (255) ab:

(255) Zunächst ist sicher richtig: Die Weltwirtschaft befindet sich gegenwärtig in einer tiefgreifenden Strukturkrise. [...] Unsere eigenen Wachstums-, Beschäftigungs- und Finanzierungsprobleme resultieren weitgehend daraus, daß die deutsche Wirtschaft nicht mehr in der Lage war, mit den neuen außenwirtschaftlichen Herausforderungen fertig zu werden. Jetzt kommt es darauf an, die noch andauernde Talfahrt unserer Wirtschaft aufzuhalten. Dies, meine Damen und Herren, ist die Lage. [...] Deshalb brauchen wir eine neue Wirtschafts- und eine neue Gesellschaftspolitik.
(SZ, 14.10.1982, *Bundeskanzler Helmut Kohl: Freie Leistung ist besser als staatliche Lenkung*)

Im Anschluss an den Topos der Zeitenwende hielt man es allgemein für notwendig, etwas als durch die veränderte Realität bedroht oder überholt Geltendes auf angeblich unausweichlichen Strukturwandel *einzustellen* (256) bzw. an die veränderten ökonomischen Bedingungen *anzupassen* (257). Im Sinne der darwinistischen Sicht des *survival of the fittest* wurde eine solche „Anpassung" als für das Überleben der Bundesrepublik, ihrer Wirtschaft und Gesellschaft notwendig hingestellt. In erster Linie nutzten Wendebefürworter das Argumentationsmuster, um zu unterstreichen, dass eine „Wende" die erforderliche „Anpassung" leisten würde (256). Insbesondere die *sozialen Sicherungssysteme* galten durch die behauptete Veränderung der Realität als bedroht, weshalb sie im Interesse ihrer Erhaltung an die neuen ökonomischen Bedingungen *anzupassen* seien, wie das Eingangszitat und (257) belegen:

(256) ZEIT: Die Wende war für Sie also von Anfang an keine Frage der Koalition? Genscher: Es war immer eine sachpolitische Zielsetzung, damit sich unser Land auf veränderte weltwirtschaftliche Bedingungen einstellt, auf Entwicklungen, die nicht konjunkturell, sondern strukturell bedingt sind, die sich aus erhöhten Energiepreisen, aus dem Eintreten neuer Volkswirtschaften in die Weltwirtschaft, aus der von uns immer geforderten gleichberechtigten Teilnahme der Entwicklungsländer an der Weltwirtschaft und aus technologischen Neuerungen ergeben. Diese Wende im Bewußtsein und im Handeln ist dringend geboten. Wir müssen sie weiter Schritt für Schritt durchsetzen. Das ist die Aufgabe der liberalen Partei, die ja die Partei der vernünftigen Veränderung, der Reform, sein und bleiben muß.
(Hans Dietrich Genscher, in: ZEIT, 9.7.1982, *Die Wende ist gelungen*)

(257) Auch in der Sozialpolitik forderte Lambsdorff eine Wende [...]. [D]ie Finanzierung der sozialen Sicherung [müsse] den Realitäten angepaßt und ohne die Erhöhung von Steuern und Abgaben sichergestellt werden.
(FAZ, 11.9.1982, *FDP ist nicht zur Wirtschaftslenkung bereit*)

Zahlreiche Ausführungen des Argumentationsmusters gehen von der Prämisse aus, die *fetten Jahre der Bundesrepublik* (258) seien vorbei, weshalb die bisherige politische Ordnung und die geltenden sozial- und wirtschaftspolitischen Ansätze der Krisenbewältigung, etwa Programme zur Belebung der Konjunktur und Beschäftigung, angesichts des Strukturwandels und veränderter ökonomischer Rahmenbedingungen nicht mehr greifen würden. Sie seien gewissermaßen unmodern, weil auf hohe Wachstumsraten, niedrige Arbeitslosenzahlen und Schulden eingestellt. Realität sei, dass man sich am Ende der sozial-liberalen Ära und insbesondere am Ende der *Zeit des weiteren Ausbaus der sozialen Sicherung* (260) bzw. der mit Beginn der Großen Koalition 1969 angebrochenen „sozialpolitischen Ausbauphase" befinde. Insbesondere die bislang praktizierte Politik, die Sozialdemokratie (262) und der Keynesianismus (263), habe aufgrund mangelnder *Einsicht* der verantwortlichen Akteure in veränderte Realitäten und daraus abgeleiteten *politischen Notwendigkeiten* (259) versagt (siehe hierzu den Topos vom Staats- und Politikversagen/Politikerversagen in Kap. 5.5.2.2.1). Aus den genannten Gründen wurde gefolgert, dass „Anpassungen" der politischen Ordnung an die veränderten Realitäten unerlässlich seien, um die Probleme zu lösen. Die folgenden prototypischen Textstellen verdeutlichen, welche Art der „Anpassung“ avisiert wurde:

(258) Die Rezepte, die die Politiker zur Beseitigung der Arbeitslosigkeit anbieten, orientieren sich dagegen immer noch an den Bedingungen der fetten Jahre der Bundesrepublik, weniger an den mageren von heute. Die Zeit der Forderungen, der hemmungslosen Ansprüche an den Sozialstaat, ist jedoch endgültig vorbei. Jeder muß sich einschränken, jeder muß Opfer bringen. Das wäre eine Strategie für erfolgversprechende Arbeitsmarktpolitik. Wer aber jeden noch so zaghaften Versuch einer Neuorientierung verhindern will, wer nicht bereit ist, umzudenken, wer von ‚Sonderopfern‘ redet oder von einer Politik auf ‚Kosten der Arbeitnehmer‘, der vertritt lediglich egoistische Gruppeninteressen, nicht jedoch die Bevölkerung der Bundesrepublik. Eine solche Haltung ändert auch nichts am derzeitigen Zustand der Arbeitslosigkeit, geschweige denn am Schicksal der eigentlich Betroffenen: der Arbeitslosen.
(FAZ, 5.8.1982, *Magere Jahre*)

(259) Tatsächlich sind die Sozialdemokraten in ihrer Mehrheit noch nicht bereit, sich auf die ökonomischen Gegebenheiten einzustellen. Die meisten weigern sich schlicht, aus ihren Wachstums- und Verteilungsträumen aufzuwachen. Sie verwechseln langfristige strukturelle Veränderungen mit kurzfristigen Konjunkturschwächen, können sich nicht vorstellen, daß vieles von dem, was sie als sozialpolitischen Fortschritt erkämpft haben, nicht mehr zu halten sein wird. [...] Nicht der Mangel an mathematischen Grundkenntnissen, sondern das Fehlen der Einsicht in die politische Notwendigkeit läßt alle Parteien, besonders aber die SPD, mit einer Politik der Wahrheit und Klarheit zögern. [...] Manche Entscheidungen werden verkündet, aufgehoben und in veränderter Form wieder eingeführt. So stolpert man von einem Notbehelf zum anderen, weil der Mut und die Kraft fehlen, Beschlüsse herbeizuführen, die eine stetige Konsolidierung garantierten.
(SZ, 3.7.1982, *Am Ende der sozial-liberalen Ära*)

(260) Im sozialdemokratischen ‚Vorwärts‘ verschrieb Glotz der SPD Rezepte, die bisher meist vom ungeliebten Koalitionspartner FDP empfohlen wurden. Die sozialen Sicherungssysteme, so die Kernthese des Parteimanagers, seien auf die wirtschaftlichen Wachstumsraten vergangener Jahre eingestellt und könnten deswegen nicht mehr ‚in allen ihren Elementen‘ erhalten werden. Die Partei habe es versäumt, beizeiten über eine neue Theorie der Sozialpolitik nachzudenken. Vor der nächsten Runde in der Haushaltsoperation 1983, scheint es, versucht Schnelldenker Glotz den Genossen eine Wende auf sozialdemokratisch plausibel zu machen [...]. Der Vorsitzende des Arbeitskreises Sozialpolitik der SPD-Fraktion, Eugen Glombig, gab dem Geschäftsführer recht: Die Sozialdemokraten müßten lernen, daß die Zeit des weiteren Ausbaus der sozialen Sicherung vorbei sei.
(SPIEGEL, 23.8.1982, *Wie ein Kaugummi*)

(261) Auch in der SPD müsse man umdenken. Die Sozialdemokraten müßten lernen, ‚daß die Zeit des weiteren Ausbaus der sozialen Sicherung im Sinne expandierender Leistungen vorbei ist, und daß von dem, was unter wirtschaftlich günstigeren Bedingungen sozialpolitisch wünschenswert war, Abstriche gemacht werden müssen‘. Die Sozialpolitik habe sich in neue Rahmenbedingungen einzufügen. Dies gehe nicht, wenn starrsinnig an allen Besitzständen

festgehalten werde, betonte der SPD-Politiker offenbar mit Blick auf fehlende Bereitschaft zum Kompromiß in der eigenen Partei und bei den Gewerkschaften.
(SZ, 18.8.1982, *SPD appelliert an Freie Demokraten: Sozialsystem gemeinsam reformieren*)

(262) Die tiefere Wahrheit ist, daß eine politische Haltung und Position an ihrem Ende angelangt ist, die Deutschland gestern genützt hat und die auch heute noch vielen attraktiv erscheint: Wir stehen am Ende der sozialdemokratischen Epoche.
(Ralf Dahrendorf, in: ZEIT, 24.9.1982, *Das Bündnis der Selbstbewußten*)

(263) Das Kölner Institut der deutschen Wirtschaft stellte jetzt einer Reihe von Fachleuten die Frage nach der Zukunft von Keynesianismus und Angebotspolitik. Für Professor Otmar Issing (Würzburg) ist das ‚Zeitalter von Keynes' längst vorbei: spätestens mit dem Aufkommen der ‚Stagflation' habe das Konzept der fast beliebigen Steuerbarkeit der Konjunktur Bankrott erklären müssen.
(FAZ, 12.6.1982, *Angebots- oder Nachfragepolitik: Hat Keynes noch Chancen?*)

Wie die Beispiele veranschaulichen, war mit der Konstruktion einer Zeitenwende die diskursive Normalisierung sozial- und wirtschaftspolitischer Umwälzungen – z. B. Prozesse der sozialen Entsicherung – als vermeintlich notwendige „Anpassungen" an vermeintlich bestandsbedrohende „Veränderungen" verbunden. Dabei implizieren Ausdrücke wie *Strukturwandel*, dass es kaum Möglichkeiten zur Gestaltung gebe. Die „Anpassung" erscheint also unumgänglich notwendig, wobei der Ausdruck *Anpassung* verschleiert, dass solche Sachzwänge Konstruktionen sind, mit denen politische Akteure ihre Interessen durchzusetzen versuchen und dass es immer Alternativen zur intendierten Form der „Anpassung" gibt.

Abschließend sei erwähnt, dass sich augenscheinlich im Topos der Zeitenwende 1982 eine Argumentation andeutet, die seit den 1990er Jahren intensiv genutzt wurde, um die Notwendigkeit von „Reformen" zu begründen: Wegen als *Globalisierung* bezeichneter gewandelter Bedingungen des Wirtschaftens könne es nicht so weitergehen wie bisher. Um die „Krise" zu bewältigen, sei eine „Anpassung" der hergebrachten gesellschaftlichen und politischen Verhaltensmuster an die „Globalisierung" notwendig. Demnach kann im Topos der Zeitenwende 1982 ein Vorläufer des im sozial- und wirtschaftspolitischen Krisendiskurs der 1990er Jahre dominant benutzten Globalisierungstopos gesehen werden.[104]

104 Vgl. zum Globalisierungstopos in den 1990er Jahren Römer & Wengeler (2013a).

5.5.2.1.4 Unregierbarkeitstopos

„Die Wähler stehen vor der Alternative: Entweder eine regierungsfähige Mehrheit unter Führung der Union oder die rotgrüne Unregierbarkeit."
(Heiner Geißler, in: BILD, 30.10.1982, *Bei uns gibt es keinen Rentenbetrug*)

Mit der Konstruktion der gegenwärtigen und zukünftigen Lage als „Krise" waren im Wendediskurs 1982 gelegentlich Inszenierungen einer „Krise" der Politik und der Regierung verbunden. Dabei wurde behauptet, das Land sei unregierbar und die Regierung handlungsunfähig. Der politische Streit zwischen den Regierungsparteien, Taktieren, Unentschlossenheit, mangelnde Durchsetzungsfähigkeit usw. würden die Lösungskompetenz der verantwortlichen Akteure lähmen, was die ohnehin miserable Lage noch zusätzlich verschlimmere. Der Unregierbarkeitstopos geht also von der Prämisse aus, politisches Gestaltungsvermögen sei nicht mehr vorhanden, woraus die Notwendigkeit eines politischen Neuanfangs gefolgert oder auch im Nachhinein erklärt wurde. Somit positionierten sich Akteure, die dieses Argumentationsmuster benutzen, auf Seiten der Wendebefürworter, wie die folgenden Beispiele zeigen:

(264) BILD: Die Koalition hat sich noch immer nicht über den Bundeshaushalt geeinigt. Die Sparschlacht wurde auf nächste Woche vertagt. Was sagen Sie dazu? Geißler: Ein unwürdiges Trauerspiel. Die Koalition ist handlungsunfähig. Das führt zu einer Lähmung der Wirtschaft und zu einem weiteren Anstieg der Arbeitslosigkeit. SPD und FDP bereiten sich gegenseitig eine Beerdigung dritter Klasse.
(Heiner Geißler, in: BILD, 26.6.1982, *Spardebatte. Beerdigung dritter Klasse*)

(265) Die Koalition läßt sich kaum noch einmal auf Linie trimmen. Von Schwebezustand zu sprechen wäre da Heuchelei. In Wahrheit herrscht in Bonn ein allgemeiner Lähmungszustand. Er bekommt den Regierungsparteien nicht; und er tut vor allem dem politischen System nicht gut, das sich unser Gemeinwesen gebildet hat. Wo alles morsch und modrig wirkt, darf es niemanden verblüffen, daß fröhlich fromme frischwärts Amateure die Sehnsucht nach Grün und Luft und Bewegung zu ihrem politischen Vorteil ausmünzen. Der Wechsel wäre also fällig.
(ZEIT, 18.6.1982, *Bonn: Lieber ein Ende mit Schrecken*)

(266) Der Punkt für eine nachdrückliche Warnung ist erreicht: So geht es nicht weiter. [...] Für die ökonomische Krise wird das Wort Rezession langsam zu schwach [...]. Mit solcher Hypothek belastet, leistet sich das Land noch eine politische Krise, die die Tätigkeit seiner Regierung langsam, aber sicher lahmt. Beide Übel verstärken einander wechselseitig, und daraus entsteht eine Spirale, die unbedingt durchbrochen werden muß. [...] Was die beiden regierenden Parteien an Lösungsvorschlägen präsentieren, klafft oft meilenweit auseinander. Als Folge ergeben sich politische Blockaden, Handlungsunfähigkeit, Zwist und zunehmende Entfremdung. [...] Dies ist der Kernpunkt der Misere. [...] Genscher und Lambsdorff, dies immerhin ist erkennbar, wollen den Wechsel [...]. Und wenn es schiefgeht? Sollen dann der elende Zustand von Bonn, die Blockaden und die Handlungsunfähigkeit in allen wichtigen

Fragen zur Dauereinrichtung werden? Oder will sich die FDP der Politik ihres alten Partners beugen, auch wenn sie dessen Weg für falsch hält? Gewiß sind auch von einer neuen politischen Konstellation in Bonn keine Wunder zu erwarten. Der Weg wird steinig. Aber jene lähmende Hoffnungslosigkeit, jene kontraktive Spirale ins Verderben: die wenigstens könnte – und müßte – durchbrochen werden.
(FAZ, 7.9.1982, *Im Kreislauf der Krisen*)

Wurde der Unregierbarkeitstopos einerseits genutzt, um den politischen Wechsel auf Basis einer stagnierenden Entwicklung als dringlich erscheinen zu lassen oder ihn im Nachhinein zu erklären, so machte Helmut Schmidt von diesem Argumentationsmuster vereinzelt Gebrauch, um die Aufkündigung der sozial-liberalen Koalition zu rechtfertigen und im Schwarzen-Peter-Spiel (siehe Kap. 5.5.1) der FDP die Schuld an der misslichen Lage zuzuschreiben:

(267) Zentrale Begründung des Bundeskanzlers für die Aufkündigung der Koalition war seine Feststellung, daß die Bundesrepublik eine handlungsfähige berechenbare Regierung in der gegenwärtigen politischen und wirtschaftlichen Weltkrise benötige. Angesichts der unausgesprochenen Vorbehalte der FDP in die Fortsetzung der Koalition sei dies nicht mehr gegeben gewesen. Genschers Bemerkung, neue Sachverhalte suchten sich neue Mehrheiten, habe die Unsicherheit verstärkt, und die Interpretation des Lambsdorff-Papiers als ‚Dokument der Sezession‘ durch die Öffentlichkeit sei zutreffend gewesen.
(FAZ, 18.9.1982, *Die Bonner Koalition ist zerbrochen*)

5.5.2.2 Topoi der Ursache

Wie im Diskurs zur „Ölkrise“ 1973/74 erfolgte im Krisendiskurs 1982 die Attribuierung von Ursachen zu den Daten mithilfe des Topos vom Staats- und Politikversagen/Politikerversagen (104), wodurch die Öffentlichkeit dazu gebracht werden konnte, bestimmte Handlungen zu akzeptieren oder abzulehnen. Außerdem wurde ein Topos genutzt, der dem wuchernden Staat bzw. dem überbordenden Sozialstaat die Schuld an der „Krise“ zuschreibt (80). Insofern das erstgenannte Argumentationsmuster im Diskurs zur „Ölkrise“ weniger prominent ist und das letztgenannte 1973/74 gar nicht vorkommt, zeigt sich hier deutlich eine Verlagerung des Krisendiskurses auf eine Kritik am Staat/Sozialstaat. Der Topos vom Marktversagen/Managementversagen (14) ist der Gegenspieler des Topos vom Staats- und Politikversagen/Politikerversagen. Ersterer deutet sich im Diskurs zur „Ölkrise“ zwar vereinzelt an, konnte aber nicht ausreichend belegt werden.

Abb. 18: Übersicht Topoi der Ursache „Wende" 1982 in FuD

5.5.2.2.1 Topos vom Staats- und Politikversagen/Politikerversagen

„Von Marktversagen zu sprechen, wenn Regierungsversagen vorliegt, ist nichts anderes als Etikettenschwindel."
(FAZ, 2.10.1982, *Die Stunde der wirtschaftspolitischen Wahrheit*)

„Schuld an dem Debakel hat allemal der Staat. Schuld an allem Unglück [...] [sind] vor allem ‚politische Faktoren'."
(SPIEGEL, 16.8.1982, *Eine Welle von Firmenzusammenbrüchen bringt Milliardenschäden für die deutsche Wirtschaft*)

Die Wirtschaftskrise 1982 wurde im öffentlichen Diskurs überwiegend auf staatliches und politisches Versagen zurückgeführt. Der Staat und die Politik hätten Schuld an der Misere, so die Denkweise. Dabei wurde die missliche Lage, wie von Lambsdorff in (268), mit *Fehlentwicklungen der deutschen Wirtschafts- und Sozialpolitik* begründet. Insbesondere die sozial-liberale Koalition, ausdrücklich die SPD, sei für die „Krise" verantwortlich. Die folgenden Beispiele veranschaulichen das Argumentationsmuster in dieser allgemeinen Fassung:

(268) Lambsdorff [vertritt] die Auffassung, die wirtschaftlichen Schwierigkeiten in der Bundesrepublik seien [...] auf Fehlentwicklungen der deutschen Wirtschafts- und Sozialpolitik zurückzuführen, die ihren Niederschlag in einer sinkenden Investitionsquote, steigender Abgabenlast und beengender Bürokratisierung fänden.
(SZ, 13.9.1982, *Lambsdorffs Vorschläge an Schmidt: Investitionen fördern und Sozialleistungen kürzen*)

(269) Die ‚falschen politischen Entscheidungen' der Sozial-liberalen seien schuld an der Misere, meint CDU-Generalsekretär Heiner Geißler.
(SPIEGEL, 30.8.1982, *Sonst ist man einfach Abschaum*)

(270) Die Koalition hat den katastrophalen Zustand der Staatsfinanzen zu verantworten und muss daher zunächst ein Sparkonzept entwickeln.
(FAZ, 21.6.1982, *Unvermindert harte Kontroversen um den Haushalt*)

(271) Wer das letzte Jahr beobachtet hat, konnte feststellen, daß die SPD immer weniger in der Lage war, die notwendigen Sparentscheidungen zur Ankurbelung der Wirtschaft zu treffen.
(Hans-Dietrich Genscher, in: BILD, 30.9.1982, *Genscher: SPD kann Wirtschaft nicht ankurbeln*)

Insofern der Topos vom Staats- und Politikversagen/Politikerversagen genutzt wurde, um hergebrachtes politisches Handeln infrage zu stellen und die Notwendigkeit einer politischen Veränderung zu betonen, positionierten sich Akteure – wie FDP-Politiker um den Flügel Genscher und Lambsdorff, die Opposition aus CDU/CSU, Unternehmer und Wirtschaftsverbände – durch seinen Gebrauch auf Seiten der Wendebefürworter. Ebenso wie in der „Ölkrise" 1973/74 wurden die Schuldzuschreibungen häufig durch den Ausweis negativer Folgen bestimmter Entscheidungen/Vorhaben/Maßnahmen fundiert. Auf diese Weise wurde immer wieder gegen auf staatliches Handeln gerichtete Vorhaben, speziell gegen die des SPD-Parteitages und bestimmte haushaltspolitische Maßnahmen (beispielsweise *Beschäftigungsprogramme* oder *Arbeitszeitverkürzungen* (272) sowie eine *Ergänzungsabgabe oder die Arbeitsmarktabgabe* (273)), argumentiert. Die Verwendung des Topos vom Staats- und Politikversagen/Politikerversagen ist also zunächst im historisch-kommunikativen Kontext des sozialdemokratischen Profilierungsbestrebens (siehe Kap. 5.5.1.2) und der Haushaltsdebatte (siehe Kap. 5.5.1.4) zu sehen. Doch auch Helmut Kohl rechtfertigte in seiner ersten Regierungserklärung als Bundeskanzler (siehe Kap. 5.5.1.8) den Kanzlersturz mit Politikerversagen, indem er argumentierte, Helmut Schmidt sei *unfähig* (275) gewesen, die „Krise" zu bewältigen. Die folgenden Beispiele belegen das Argumentationsmuster in den erörterten Realisierungen:

(272) BILD: Die SPD will neue Beschäftigungsprogramme mit Steuererhöhungen finanzieren... Wolff: Neue Steuererhöhungen sind schädlich für die Wirtschaft. Ich kann davor nur dringend warnen. Auch von neuen Beschäftigungsprogrammen halte ich überhaupt nichts. BILD: Was halten Sie von Arbeitszeitverkürzungen – zum Beispiel Rente mit 58... Wolff: Gar nichts. Ich glaube nicht, daß dadurch neue Arbeitsplätze geschaffen werden können. [...] BILD: Die SPD will jetzt auch staatliche Investitionslenkung... Wolff: Das kann dazu führen, daß die Unternehmen die Lust verlieren, überhaupt noch zu investieren. Die Folgen wären so schlimm wie in Frankreich – Kapitalflucht ins Ausland. BILD: Was sollte die Regierung tun? Wolff: Der Staat muß noch mehr sparen. Er darf auf keinen Fall noch höhere Kredite aufnehmen, weil er damit bei uns die Inflation anheizt. Besser wäre es, alle Subventionen um zehn Prozent zu senken. Dann könnten Steuererleichterungen und Steuersenkungen für die Unternehmen und Arbeitnehmer in Angriff genommen werden. So würden der Wirtschaft neue Impulse gegeben. Hier denke ich an dringend notwendige Investitionen, zum Beispiel zur Modernisierung von Betrieben.
(Bild, 26.4.1982, *Neue Steuern? Kürzere Arbeitszeit? Beschäftigungsprogramm? Investitionslenkung?*)

(273) Lambsdorff bezeichnete die Vorstellungen der SPD, die Beschäftigungskrise mit neuen staatlichen Programmen zu überwinden, als ‚Irrweg'. Auch Steuer- und Abgabeerhöhungen führten nicht weiter. Lambsdorff wandte sich auch gegen die von Bundeskanzler Schmidt am Donnerstag im Bundestag vorgeschlagene Ergänzungsabgabe. Wer die Belastung der Bürger mit der Ergänzungsabgabe oder der Arbeitsmarktabgabe weiter steigern wolle, werde

damit nur die Leistungsbereitschaft der Menschen hemmen sowie ‚Schattenwirtschaft und Schwarzarbeit' weiter begünstigen [...]. Nötig sei eine Wende in der Wirtschafts- und Sozialpolitik, die im Inland auf Wachstum durch Innovation und Investition der privaten Wirtschaft und mehr Eigenverantwortung in den Sozialversicherungssystemen setze.
(FAZ, 11.9.1982, *Lambsdorff grenzt sich von den Sozialdemokraten ab*)

(274) Der Münchner Parteitag der SPD hat [...] gezeigt, wohin die Sozialdemokraten die Flucht antreten wollen: In mehr Schulden, in mehr Steuern, in mehr sozialistische Gängelei. Das ist die bittere Wahrheit [...]. Jetzt muß eine neue Mehrheit aus CDU/CSU und FDP den Haushalt in Ordnung bringen [...].
(Hans-Dietrich Genscher, in: BILD, *Darum ist die Regierung gescheitert*, 20.9.1982)

(275) Die neue Regierung ist notwendig geworden, weil die alte Regierung sich als unfähig erwies, gemeinsam die Arbeitslosigkeit zu bekämpfen, das soziale Netz zu sichern und die zerrütteten Staatsfinanzen wieder in Ordnung zu bringen.
(Helmut Kohl, in: SZ, 14.10.1982, *Freie Leistung ist besser als staatliche Lenkung*)

Die obigen Beispiele zeigen, dass der Topos vom Staats- und Politikversagen/Politikerversagen in der dominanten Ausführung unmittelbar mit Staats- und Politikkritik und speziell mit Kritik an der Regierungspraxis verbunden ist. Dabei wurde er im Krisendiskurs 1982 häufig in einem geschichtsdeutenden Sinne verwendet. Indem man in Rückblicken bilanzierte und erklärte, wie es zur „Krise" gekommen sei, und indem man die Schuld an der Misere der sozial-liberalen Koalition gab, wurde die Geschichte der Politik seit 1969 als unvermeidlicher Weg in die ökonomische „Krise", als Verfall oder Niedergang gedeutet. Solche Geschichtsdeutungen implizieren Zweifel an der Handlungsfähigkeit der Regierung und sie untergraben die politische Autorität der Regierenden. Weiterhin konnte man im Rahmen des konstruierten Geschichtsbildes betonen, dass es nun um Untergang oder Rettung gehe. Den unvermeidlichen Untergang sah man in der Fortsetzung der bisherigen politischen Praxis, Rettung in einer Neuorientierung der Sozial- und Wirtschaftspolitik bzw. einer „Wende". Bezeichnend ist, dass das Lambsdorff-Papier ein drastisches Bild von den verheerenden Auswirkungen und den angeblichen Fehlentwicklungen in der Sozial- und Wirtschaftspolitik seit 1969 entwirft und diese als Ursache der gegenwärtigen „Krise" benennt, weshalb eine „Wende" initiiert werden müsse.

Die verfallstheoretisch motivierte Geschichtsdeutung im Topos vom Staats- und Politikversagen/Politikerversagen klingt zwar schon im Diskurs zur „Ölkrise" an (siehe Kap. 5.4.2.2.2), sie ist 1973/74 aber bei weitem noch nicht so ausgeprägt wie im Krisendiskurs 1982. Typisch hierfür sind längere Erklärungen, in denen chronologisch sozial- und wirtschaftspolitische „Fehlentwicklungen" der SPD/FDP-Herrschaft zwischen 1969 und 1982 angeführt werden, die sich negativ auf die Staatsausgaben und das, was allgemein *Rahmenbedingungen* genannt wurde, ausgewirkt und damit die Wirtschaft und den Bürger belastet, die „Krise“ verursachten hätten. Der Staat nehme der Wirtschaft das Geld, Unternehmen würden durch die Last der Zinsen, Steuern, „Arbeitskosten“ usw. in den Ruin getrieben und der Bürger werde durch Sozialbeiträge übermäßig belastet. Speziell die sozialpolitischen „Reformen“ galten als misslungen und als Hauptursache der „Krise“, was allerdings im Topos vom wuchernden Staat/überbordenden Sozialstaat als eigenständiges Argumentationsmuster ausgelagert wurde (siehe Kap. 5.5.2.2.2). Die folgenden Beispiele vermitteln einen Eindruck von der genannten Art der Geschichtsdeutung im Topos vom Staats- und Politikversagen/Politikerversagen:

(276) Dreizehn Jahre hatte die SPD Zeit zu zeigen, was sie kann. Ein Regierungswechsel ist eine demokratische Normalität – erst recht, wenn eine Regierung versagt. [...] Auch der DGB kommt nicht daran vorbei, daß nach 13 Jahren sozial-liberaler Wirtschaft die Kassen leer sind, die Staatsschulden uns schier erdrücken.
(Bild, 26.7.1982, *Also sprach Minister Schmude*)

(277) Seit 1969 hat die SPD mit Willy Brandt und Helmut Schmidt jeweils die Bundeskanzler gestellt und die Bundesregierung (mit der FDP) geführt. 1969 war also die große Zäsur in der deutschen Nachkriegsgeschichte. Wie hat sich unsere Volkswirtschaft in diesen dreizehn Jahren entwickelt? [...] Man mag es drehen und wenden wie man will [...], die wirtschaftliche Bilanz dieser dreizehn Jahre ist, wie die Zahlen ebenso nüchtern wie alarmierend lehren, leider schlicht und einfach schlecht. Überraschend kam dies nicht. Wenn das Verteilen oder das Umverteilen so im Vordergrund der staatlichen Wirtschaftspolitik steht, so sind das immer Zeichen des Verfalls. Überraschend ist eigentlich, im Nachhinein betrachtet, vor allem das ungeheure Ausmaß an Selbstgefälligkeit, weltanschaulich eingefärbter Besserwisserei, Arroganz, Realitätsferne und Dickfelligkeit, mit der man alle Warnungen vor falschen sozialistischen Doktrinen in den Wind geschlagen hat. Am Ende betrieb man nur noch die Kunst des ständigen Löcherstopfens und der verbalen Vernebelung der wahren Lage und ihrer Ursachen. Das böse Wort ‚Die Sozis können nicht mit Geld umgehen‘ ist in den letzten dreizehn Jahren auf eine geradezu peinliche Weise verifiziert worden. Diese Regierung ist gescheitert an der Unfähigkeit, mit den Wirtschafts- und Finanzproblemen fertig zu werden, die sie zum großen Teil sich selbst eingebrockt hat.
(FAZ, 22.9.1982, *Wie es dazu kam*)

(278) Bei einer schlichten Gegenüberstellung der wichtigsten Kennziffern für den Zustand der deutschen Wirtschaft 1969 und im Herbst 1982 muß das Urteil über 13 Jahre sozial-liberaler Herrschaft verheerend ausfallen. Helmut Schmidt hinterläßt nicht gerade ein blühendes Gemeinwesen: Die öffentlichen Finanzen befinden sich in einem desolaten Zustand [...]. Die gesamtwirtschaftliche Leistung, die zu Beginn der siebziger Jahre noch kräftig wuchs, verlor in den vergangenen Jahren immer mehr an Dynamik. ‚Minus-Wachstum‘ wurde zu einem neuen Schlagwort. [...] Der politisch brisanteste Posten in der Abschlußbilanz der sozialliberalen Koalition aber ist die Beschäftigungskrise. [...] Es gibt zudem einen großen Bereich – es ist zugleich ein Kernbereich sozial-liberalen Reformeifers – in der die Koalition souverän gestalten konnte: die Sozialpolitik. [...] Zwischen 1970 und 1981 schossen die Sozi-

alausgaben steil in die Höhe [...]. Heute wird bereits ein Viertel aller Einkommen nicht mehr durch Leistung erworben, sondern vom Staat als soziale Wohltat zugeteilt. Natürlich fallen diese Wohltaten nicht als Segen vom Himmel, sondern müssen durch eine entsprechende Erhöhung von Steuern und Sozialabgaben beschafft oder – wenn dazu der politische Mut fehlte – mit Krediten finanziert werden: In den Jahren der sozial-liberalen Herrschaft stiegen die Personalzusatzkosten der Unternehmen, der unsichtbare Lohn, von 46 auf 77 Prozent der Lohnsumme. Die monatliche Höchstbelastung mit Sozialabgaben, die von Arbeitgebern und Arbeitnehmern gemeinsam getragen werden, erhöhte sich von 428 auf bald 1575 Mark. Dies trug mit dazu bei, die deutschen Arbeitskosten so in die Höhe zu treiben, daß viele Produkte international nicht mehr wettbewerbsfähig sind. Wie viele Arbeitsplätze dadurch verloren gingen, wird sich nie genau ermitteln lassen.
(ZEIT, 24.9.1982, *Der Sozialstaat verdarb seine Kinder*)

Analog zur „Ölkrise" 1973/74 war der Topos vom Staats- und Politikversagen/Politikerversagen mit Systemkritik bzw. Kritik an der politischen Ordnung verbunden. Unter Berufung auf die Maxime ‚Marktwirtschaft' (siehe Kap. 5.5.2.4.3) wurde das sozial- und wirtschaftspolitische Verhalten der Regierenden zwischen 1969 und 1982 öfters als Abweichen vom *Pfad der Tugend* (279) interpretiert, durch das die „Krise" verursacht worden sei. In diesem Zusammenhang wurde das angebliche Versagen der sozial-liberalen Regierung im Umgang mit der „Krise" als Schwäche der Nachfragepolitik und des Keynesianismus beurteilt:

(279) Die sozial-liberale Koalition hat sich stets zur Marktwirtschaft bekannt. Als die Regierung vom Pfad der Tugend abgewichen war, hatte sie Lehrgeld genug bezahlen müssen: Die ‚Beschäftigungsprogramme' der späten siebziger Jahre haben zwar die Staatsfinanzen weiter zerrüttet, sind ansonsten aber wirkungslos verpufft.
(ZEIT, 17.9.1982, *Wie weiter nach der Wende?*)

(280) Was die Bundesrepublik Deutschland anbelangt, so ist insbesondere seit der Rezession 1974/75 eine keynesianische, das heißt ‚nachfrageorientierte' Beschäftigungspolitik betrieben worden. Das Ergebnis ist nicht gerade ermutigend. Im Gegenteil: Die Arbeitslosigkeit hat das Niveau der fünfziger Jahre erreicht. [...] Was bleibt als Resümee? Die schlichte Erkenntnis, daß über die Beschäftigung in erster Linie am Arbeitsmarkt entschieden wird und nicht in Bonn oder in Frankfurt. Die Grenzen einer staatlichen Beschäftigungspolitik sind sehr eng gesteckt. Diese im Grunde altbekannte Tatsache ist allerdings im Zeitalter der Globalsteuerung in Vergessenheit geraten. Der Staat selbst hat hierzu wesentlich beigetragen. In der Bundesrepublik Deutschland ist 1967 vom Gesetzgeber im Gesetz zur Förderung der Stabilität und des Wachstums der Wirtschaft unter anderem die Vollbeschäftigung als ein durch die staatliche Wirtschaftspolitik zu realisierendes Ziel sogar gesetzlich verankert worden. Spätestens seit dieser Zeit sind die Lehrbücher der Volkswirtschaftslehre Legion, in denen die Makroökonomik auf die Darstellung des ‚Magischen Vierecks', die ‚Instabilität des privaten Sektors' und die Möglichkeiten und Notwendigkeiten einer staatlichen Nachfragesteuerung reduziert wird. Das erzeugt Hoffnungen und schafft Ansprüche, die die tatsächliche Problemlösungskapazität der staatlichen Wirtschaftspolitik weit überfordern. Es muß die Erkenntnis neu gewonnen werden, daß Wirtschaftsgesche-

hen primär Marktgeschehen ist; auch und gerade dann, wenn Märkte im Ungleichgewicht sind. Hier Aufklärungsarbeit zu leisten, hier eine Wende zu vollziehen, wäre eine offensive Wirtschaftspolitik.
(Zeit, 22.10.1982, *Wieder Mut zum Markt*)

(281) Zwar haben die negativen Auswirkungen der Nachfragesteuerung in Gestalt von wachsenden Staatsdefiziten und hohen Inflationsraten das Lager der Keynesianer dezimiert, doch tot sind die Gedanken des britischen Lords nicht. In der Bundesrepublik fordern Gewerkschaften und Sozialdemokraten unverdrossen neue staatliche Milliardenprogramme. [...] Der Vorsitzende des Sachverständigenrates, unter dessen Ägide der Rat in den siebziger Jahren die angebotsorientierte Wirtschaftspolitik entwickelte, wies auf die einzigartige Herausforderung der Wachstums- und Beschäftigungspolitik hin, der mit der Nachfragesteuerung nicht beizukommen sei: die Konsolidierung der öffentlichen Etats durch Eindämmung der Ausgaben bleibe die vorrangige Aufgabe der Finanzpolitik. Mit anderen Worten: Noch immer muß die Wirtschaftspolitik die Sünden der Keynesianer tilgen, ehe man wieder ans Gestalten denken kann. Wie sich Sievert dieses Gestalten vorstellt, ist kein Geheimnis: Verbesserung der Rahmenbedingungen, Senkung der direkten, Anhebung der indirekten Steuern, Entlastung der Lohnpolitik. Denn es gebe nun einmal in der Marktwirtschaft keinen genuinen ständigen Bedarf an Wachstumshilfen, sondern einen Bedarf an Verzicht auf Wachstumshemmnisse.
(FAZ, 12.6.1982, *Angebots- oder Nachfragepolitik: Hat Keynes noch Chancen?*)

Ein bemerkenswertes sprachliches Charakteristikum des Topos vom Staats- und Politikversagen/Politikerversagen auf lexikalischer Ebene ist die Verdichtung des Argumentationsmusters in der Vokabel *Erbe*, von der insbesondere die neue Bundesregierung unter Helmut Kohl argumentativ Gebrauch machte: Die „Krise“ sei ein schweres *Erbe* der sozial-liberalen Koalition; man sei gezwungen, die politischen Fehler der Vorgängerregierung zu korrigieren. Auf diese Weise – als notwendige Korrekturen aufgebürdeter politischer Fehler – rechtfertigte die Regierung Kohl ihr politisches Programm, wobei die Schuld für dessen angebliche Notwendigkeit, insbesondere für die *schmerzhaften Eingriffe* (285), der sozial-liberalen Koalition gegeben wurde. Gleichzeitig konnte man sich mit den vermeintlichen Fehlern der Anderen exkulpieren:

(282) Das sind wir nun schon seit geraumer Zeit gewohnt: An der wirtschaftlich düsteren Lage, die letztlich die Koalitionskrise ausgelöst hat, ist alles Mögliche schuld, nur nicht die Bundesregierung und schon gar nicht der Bundeskanzler [...]. War dieses ewige Lavieren, Relativieren und Beschönigen schon bisher ebenso peinlich wie unaufrichtig, so wieder in dieser historischen Stunde vor dem Bundestag. Der Kanzler [...] verlor kein Wort über das wirtschaftliche Erbe, das er hinterläßt: über die zwei Millionen Arbeitslosen, das mangelnde Vertrauen in der Wirtschaft, die Welle der Unternehmenszusammenbrüche und vor allem über die exorbitante Schuldenmacherei, über die Tatsache also, daß ständig mehr Geld ausgegeben statt eingenommen wird und der Bund mit seinen Finanzen am Ende ist. So kann es nach aller Meinung nicht weitergehen.
(FAZ, 18.9.1982, *Die historische Stunde*)

(283) Auf der neuen Regierung Kohl lastet ein schweres Erbe: Es wird Jahre dauern, bis all diese Menschen wieder Arbeit haben.
(BILD, 5.10.1982, *...dann hätten wir weniger Arbeitslose*)

(284) 2,5 Millionen Arbeitslose im Winter, auch '83 kein Aufschwung, sagen die fünf führenden Wirtschaftsinstitute. Wie kommen wir aus der Krise? Stoltenberg: Das wird nicht einfach, denn die Erblast der Regierung Schmidt ist schlimm.
(BILD, 26.10.1982, *Stoltenberg '83 geht's rauf!*)

(285) Der künftige Finanzminister Stoltenberg: ‚Die Erbmasse der Regierung Schmidt ist so katastrophal, daß schmerzhafte Eingriffe unvermeidbar sind'.
(BILD, 29.9.1982, *Sparen, daß die Zähne klappern*)

Im Krisendiskurs 1982 bestritt kaum jemand, dass es nicht weitergehen könne wie bisher und dass Opfer aller notwendig seien. Dass die Öffentlichkeit dies akzeptierte, wurde in erster Linie durch den Topos vom Staats- und Politikversagen/Politikerversagen erreicht. Auch Vertreter der Gewerkschaften übernahmen das Denkmuster der aufgebürdeten „Lasten", womit sie – bewusst oder unbewusst – das gängige Urteil über die sozialdemokratische Politik der letzten Jahre als unverantwortlich und krisenverursachend bestätigten:

(286) Festzuhalten sei, daß die politische Verantwortung für die ‚Suppe, welche die neue Bundesregierung auslöffeln muß', von der alten SPD-Bundesregierung unter Helmut Schmidt eingebrockt worden sei.
(FAZ, 23.10.1982, DGB-Vorsitzende Ernst Breit, in: *Forderungen und Angebote des DGB unverändert*)

Allein Willy Brandt versuchte auf Seiten der Wendegegner, durch Thematisierung des Sprachgebrauchs und Anführung einer konkurrierenden Deutung die Argumentation des politischen Gegners zu entlarven und zu entkräften:

(287) Und natürlich ist es zutreffend, daß nicht die Wirtschaftskrise von der sozialen Sicherheit kommt, sondern die finanziellen Probleme der sozialen Sicherheit ergeben sich aus der Krise, aus der Arbeitslosigkeit. Wir werden – mit anderen Worten – nicht die Fehler nachmachen, die uns die CDU/CSU in ihrer Opposition der letzten 14 Jahre vorgemacht hat. Dies aber geht nur, wenn die bis zur Hetze gesteigerte Desinformation zur ‚Erblast' aufhört, die ja nur die Funktion hat, Schwierigkeiten auf das selbstgemalte Feindbild lenken zu können und Volksverdummung in dem Sinne zu betreiben, als habe die Regierung Schmidt/Genscher die Arbeitslosigkeit produziert.
(FAZ, 16.10.1982, *Brandt: Der Sturz des Bundeskanzlers Schmidt lag nicht im Interesse unseres Staates*)

Eines sei abschließend erwähnt: Ob Zufall, den diagnostischen Fähigkeiten der Kommentatoren des Geschehens verdankt oder geteilte Weltanschauung: Das eingangs kurz referierte zeitgeschichtliche Narrativ von der „Wende" und das Urteil über die sozial-liberale Herrschaft (siehe Kap. 5.5) spiegeln den zeitgenössischen Diskurs bzw. das verfallstheoretisch motivierte Erklärungsmuster der „Krise" im Topos vom Staats- und Politikversagen/Politikerversagen. Manche Belege lesen sich wie Abschnitte aus Einführungsbüchern in die Geschichte der BRD. Insofern im historischen Fachdiskurs kaum eine Reflexion des öffentlichen Diskurses und damaliger Sprachverwendungen stattfindet, entsteht der Eindruck, dass die frühen Geschichtsdeutungen von der Geschichtsschreibung unhinterfragt übernommen werden. Wie erwähnt, spricht etwa Angster (2012: 77) von einer „dauerhaften Überforderung des Sozialstaates", weil Politik von überholten Voraussetzungen des Wirtschaftens ausgegangen sei und nicht adäquat auf „veränderte wirtschaftliche und politische Rahmenbedingungen" und „Strukturwandel" (83) reagiert habe. Recker (2005: 80) bilanziert, „bisherige Konzepte staatlicher Konjunkturpolitik und Globalsteuerung" hätten sich als „wirkungslos" erwiesen; angesichts der „Krise" sei eine „Wende" unumgänglich gewesen. Sprachkritisch lässt sich anmerken, dass die dargestellte Argumentation eher der Verunglimpfung der Politik der sozial-liberalen Koalition zwecks Plausibilisierung einer „Wende" als einer konstruktiven Auseinandersetzung mit den Ursachen der „Krise" dient. Daher sollten auch Zeithistoriker öffentliche Diskurse gründlich reflektieren oder auf sprachwissenschaftliche Untersuchungsergebnisse zurückgreifen, insbesondere wenn sie zentrale Begriffe und Argumentationen des Meinungskampfes aus dem öffentlich-politischen Diskurs übernehmen – was ansonsten unbemerkt bleibt –, um sich davor zu schützen, darin eingeschriebene Deutungsmuster, Werte, Wirklichkeitssichten und politische Willen zu reproduzieren, falls dies nicht beabsichtigt ist.

5.5.2.2.2 Topos vom wuchernden Staat/überbordenden Sozialstaat

„Warum [...] sich bis heute [...] keine politische Kraft gegen den wuchernden Staat etablierte, das ist wohl nur mit einem spezifisch deutschen Erbe erklärbar."
(SPIEGEL, 26.7.1982, *Die Deutschen werden ärmer*)

„Daß soziale Leistungen nur an jene verteilt werden sollten, die nachweislich selbst nichts erwerben können, daß Verstöße gegen diesen Grundsatz das ‚Armsein zum Erwerbsmittel für faule Menschen machen' und zu ‚einer ungerechten Belästigung des Volkes durch die Regierung' führen werden, das hat schon Immanuel Kant geschrieben."
(SPIEGEL, 9.8.1982, *Die Deutschen werden ärmer*)

Dem in der Kapitelüberschrift genannten Topos liegt in der gebräuchlichsten Spielart die Denkweise zugrunde, die „Krise" sei Resultat eines wuchernden Staates, insbesondere eines überbordenden Sozialstaates. Im Vergleich zur „Ölkrise" war dies in den 1980er Jahren eine neue Auffassung, denn der Sozialstaat stand

1973/73 noch nicht in der Kritik. Vornehmlich das Lager der Wendebefürworter sah im Ausufern des Sozialstaates eine Ursache der „Krise". Das Argumentationsmuster ist mit dem Topos vom Staats- und Politikversagen/Politikerversagen kausal verbunden, insofern der wuchernde Staat/überbordende Sozialstaat als Resultat der Sozialpolitik des vergangenen Jahrzehnts angesehen wurde; es richtete sich gegen traditionelles sozialdemokratisches Staats- und Politikverständnis. Die zumeist realisierte Folgerungsbeziehung zwischen den Topoi lässt sich wie folgt paraphrasieren: Aus (a) einem ausufernden Staat/einem überbordenden Sozialstaat zwischen 1969 und 1982 resultieren (b) enorme staatliche Ausgaben – etwa für Sozialleistungen und Bürokratie – und unangemessene „Abgabebelastungen" für Bürger und Wirtschaft zur Finanzierung des Sozialstaates – beispielsweise Steuern, Sozialbeiträge, „Lohnnebenkosten". Hieraus ergibt sich die Konklusion (p), (a) ein ausufernder Staat/übertriebener Sozialstaat führt in die „Krise". Folglich ist (a) abzulehnen:

(288) Die Abgabesätze der einzelnen Bürger sind kräftig gestiegen. [...] Und am stärksten stieg die Steuer vom Lohn. [...] Und dazu kam noch die wachsende Last der Sozialabgaben [...] Klaus Dieter Arndt, damals Wirtschaftsexperte der SPD, hat vor einer allzu plumpen Finanzierung der teuren Reformen gewarnt: ‚Werden die Abzüge als zu hoch empfunden, setzt Steuerflucht ein. Auch beim Arbeitnehmer. Auch er hat seine Schweiz: Sie heißt Schwarzarbeit'. [...] Wachsender Steuerwiderstand, Auszehrung der Unternehmen, steigende Abgabelast der Arbeitnehmer-Einkommen, die Zunahme jener, die vom Staat zu Lasten der anderen Sozialgeschenke erhalten – das sind die Kosten, die der Reform-Euphorie folgten. Und sie – nicht das Ausland, nicht ein Gespenst namens Weltwirtschaftskrise – haben all das gebracht, was jetzt Gesellschaft und Wirtschaft in Westdeutschland lähmt und den Wohlstand bedroht. Diese Folgen der erweiterten Staatstätigkeit – nicht importierte Krisensignale – haben das Investieren in Deutschland riskant und zu wenig rentabel gemacht und damit das Arbeitsplatzangebot deutlich verringert. Das alles drückt die Innovationsbereitschaft und macht Mobilität und auch Leistung immer weniger lohnend. Und das alles macht die Deutschen nun schleichend ärmer.
(Spiegel, 9.8.1982, *Die Deutschen werden ärmer*)

(289) Zwischen 1970 und 1981 schossen die Sozialausgaben steil in die Höhe [...]. Heute wird bereits ein Viertel aller Einkommen nicht mehr durch Leistung erworben, sondern vom Staat als soziale Wohltat zugeteilt. Natürlich fallen diese Wohltaten nicht als Segen vom Himmel, sondern müssen durch eine entsprechende Erhöhung von Steuern und Sozialabgaben beschafft oder – wenn dazu der politische Mut fehlte – mit Krediten finanziert werden: In den Jahren der sozial-liberalen Herrschaft stiegen die Personalzusatzkosten der Unternehmen, der unsichtbare Lohn, von 46 auf 77 Prozent der Lohnsumme. Die monatliche Höchstbelastung mit Sozialabgaben, die von Arbeitgebern und Arbeitnehmern gemeinsam getragen werden, erhöhte sich von 428 auf bald 1575 Mark. Dies trug mit dazu bei, die deutschen Arbeitskosten so in die Höhe zu treiben, daß viele Produkte international nicht mehr wettbewerbsfähig sind. Wie viele Arbeitsplätze dadurch verloren gingen, wird sich nie genau ermitteln lassen. Die hohe Belastung vieler Produkte und Dienstleistungen durch Steuern

und Abgaben hat aber auch dazu geführt, daß Schwarzarbeit eine ungeahnte Blüte erlebt – wieder mit schlimmen Folgen für den Arbeitsmarkt.
(ZEIT, 24.9.1982, *Der Sozialstaat verdarb seine Kinder*)

Dem Topos vom wuchernden Staat/überbordenden Sozialstaat liegt eine moralphilosophische Haltung zugrunde, die unterstellt, der Sozialstaat sei von Natur aus verwerflich, weil er den Menschen verderbe. Dementsprechend wurde staatliche Versorgung – gemessen an Werten der Aufklärung – als irrational, den mündigen Bürger bevormundend und in seiner Freiheit einschränkend dargestellt. Der Mensch, so die Denkweise, möchte seine Versorgung selbst in die Hand nehmen. Aus dieser Überzeugung leitete man nicht zuletzt unter Berufung auf die Maxime ‚Eigenverantwortung‘ (siehe hierzu Kap. 5.5.2.4.4) ab, der Staat sei dem Subsidiaritätsprinzip (siehe hierzu Kap. 5.5.2.4.5) entsprechend zu organisieren:

(290) Die erste Folge der Befriedigung bestimmter Bedürfnisse zusätzlich durch den Staat ist also sicher die weitere Beschneidung der persönlichen Gestaltungsfreiheit großer Bevölkerungskreise [...]. Und damit erhält der Staat die Kompetenz, seine Definition des sozialen Normalbürgers weiter zu vervollständigen, und er erhält das Recht, weiter in die Privatsphäre seiner Subjekte einzudringen, und er erhält weitere direkte Weisungsbefugnisse gegenüber dem einzelnen.
(FAZ, 10.7.1982, *Der Trick mit den sozialen Grundrechten*)

(291) Die Abgabenbelastung ist zu hoch geworden, weil der Staat den Fehler begangen hat, sich völlig in die Risikovorsorge hineinzudrängen. [...] Die Sozialdemokraten kämpfen um jedes Quentchen ‚Vollversorgung‘ in der sozialen Sicherung und marschieren unter anderem deswegen in der Wählergunst auf die 30-Prozent-Grenze zu. Die Bürger sind es leid, bevormundet zu werden. Sie wollen sich nicht von professionellen ‚Kostendämpfern‘ vorschreiben lassen, welchen Teil ihres Einkommens sie für Gesundheitsausgaben aufwenden sollen. Und sie begegnen mit wachsendem Argwohn einem Rentensystem, dessen Zwangsbeiträge ihnen keinen Raum für eine private Vorsorge läßt [...].
(FAZ, 30.7.1982, *Wider den Mißbrauch des Sozialen*)

Konkret verderbe der Sozialstaat den Menschen, weil er eine generelle *Anspruchsmentalität* (292) kreiere, so das zeittypische Schlagwort. Er verleite vernünftige Menschen, die für sich selbst sorgen wollten, zu unvernünftigem Handeln – beispielsweise dazu, ihr Potential nicht abzurufen und Leistungen zu beziehen, die sie eigentlich nicht bräuchten. Als unvermeidlicher Nebeneffekt des Sozialstaates wurde in diesem Zusammenhang aus der sozialen Sicherung der Missbrauch sozialer Leistungen gefolgert, häufig in Verbindung mit pauschalen Stigmatisierungen und Verurteilungen der Bürger bzw. der Empfänger staatlicher Sozialleistungen – von Kranken, Rentnern, Arbeitslosen u. a. – als verantwortungslos, unsolidarisch, arbeits- und leistungsunwillig und faul. Die ZEIT äußerte sich besonders abfällig, indem sie von *Scheinbehinderten, unechten Arbeitslosen* und *sozialen Schmarotzern* (292) sprach, welche die Allgemeinheit ausbeuteten:

(292) Der schlimmste Fehler der Reformer aber war, daß keiner von ihnen daran dachte, daß sich in der schönen neuen Welt, die sie schufen, das Verhalten der Menschen ändern könnte. Mißbrauch sozialer Gesetze als Massenerscheinung kam im Weltbild der Sozialpolitiker aller Parteien und der meisten Gewerkschafter nicht vor. [...] Die Kaltschnäuzigkeit, mit der clevere Zeitgenossen allerlei Wehwehchen zu den notwendigen MdE Punkten (Minderung der Erwerbsfähigkeit) addieren, um der Begünstigungen teilhaftig zu werden, die eigentlich den wirklich Behinderten zugedacht sind, macht deutlich, wie sehr die Sozialpolitiker die Gesellschaft korrumpiert haben, diese Scheinbehinderten beanspruchen dann Finanzmittel und Arbeitsplätze, die eigentlich dringend benötigt würden, um den wirklich Schwerbehinderten wirksam zu helfen. Und weil die unechten Arbeitslosen die Kassen der Bundesanstalt für Arbeit plündern, wird heute darüber diskutiert, ob nicht die Leistungen insgesamt gekürzt werden müssen – was zu einer groben Ungerechtigkeit gegenüber den wirklich Arbeitslosen führen würde, die jahrzehntelang hart gearbeitet und ihre Beiträge gezahlt haben. Diese Folgen einer mehr mit dem Herzen als mit dem Kopf betriebenen Sozialpolitik sind die schwerste Hypothek, die die sozial liberale Koalition ihren Nachfolgern hinterläßt. Staatsfinanzen lassen sich sanieren, Investitionen wieder ankurbeln. Eine sehr viel schwerere, vielleicht sogar unlösbare Aufgabe dagegen wird sein, der einmal erzeugten Anspruchsmentalität zu begegnen, die sozialen Schmarotzer von den wirklich Hilfsbedürftigen zu trennen, die Cleveren von den öffentlichen Kassen wegzujagen, die Interessengruppen wieder in ihre Schranken zu verweisen. Dies wird umso schwerer, je bedenkenloser jede Diskussion über die notwendige Reform der Reformen mit Schlagworten wie ‚asoziale Demontage' oder dem neuen Kampfruf von der ‚Ellenbogengesellschaft' erstickt wird. Wenn jemand mit den Ellenbogen arbeitet, dann sind es heute die Ausbeuter des Sozialstaates, die den wirklich Bedürftigen mehr als nur den Sitzplatz in den öffentlichen Verkehrsmitteln streitig machen.
(ZEIT, 24.9.1982, *Der Sozialstaat verdarb seine Kinder*)

(293) Eine weithin noch zu wenig betrachtete, aber gerade in unserer gegenwärtigen Lage vielleicht fatale Folge von Sozialsystemen, die immer mehr Menschen erfassen, ist, daß sie vielleicht diese Menschen davon abhalten, ihre eigenen Kräfte so zur Entfaltung zu bringen, wie es ihnen eigentlich möglich wäre. [...] Eine Krankenquote von sieben bis acht Prozent, die mit einem entsprechenden Ausfall an produktiver Arbeit und durch die Lohnfortzahlung mit Kostensteigerungen verbunden ist, schlägt sich in einer volkswirtschaftlichen Endabrechnung sowohl bei Wettbewerb und Leistungsbilanz wie letztendlich bei entgangenem Wachstum nieder.
(Hans Matthöfer, in: ZEIT, 7.5.1982, Wirtschafts- und Finanzpolitik: *Die Wurzel des Übels*)

(294) Nach Thilo Sarrazin ‚hat sich eine Mentalität herausgebildet, die immer gedankenloser die Sorge für wachsende Teile des Lebensunterhalts als staatliche Aufgabe betrachtet, während das Bewußtsein schwindet, daß die Verantwortung für die materielle Gestaltung der eigenen Lebensumstände zuallererst eine individuelle Herausforderung ist'. Sarrazin betrachtet die Dynamik des Sozialstaates als eine der Ursachen für die Krise.
(ZEIT, 28.5.1982, *Von der Dekadenz des Sozialstaates*)

Wie die obigen Textbeispiele zeigen, liegt dem Topos vom wuchernden Staat/überbordenden Sozialstaat eine Theorie der Selbstvernichtung oder eine Dekadenztheorie zugrunde. Dementsprechend postuliert das Argumentationsmuster, die Systeme sozialer Sicherung schafften einerseits nicht mehr finanzierbare, übertriebene Ansprüche auf einen gewissen Lebensstandard und Wohlstand; andererseits führten sie zu Trägheit und untergrüben den Drang zu arbeiten und etwas zu leisten, was zum Untergang Deutschlands führe. Noch bevor Guido Westerwelle 2010 vor dem zu spätrömischer Dekadenz einladenden „Vollversorgungsstaat" warnte, waren also Konstruktionen im Sinne von *Der Sozialstaat frisst seine Kinder* oder *Die BRD zerstört sich selbst* in Gebrauch.[105] Hierfür führe ich zwei weitere Beispiele an:

(295) Nichts aber hat die gegenwärtige ökonomische Misere so befördert wie die beständig vorangetriebene Sozialisierung persönlicher Risiken – gemeinhin ‚Ausbau des Sozialstaates' genannt. Der contrat social der modernen Massenwohlstandsgesellschaft setzt voraus, daß immer mehr Güter verteilt werden können – doch gleichzeitig zerstört der Wohlfahrtsstaat fortschreitend die Fundamente, auf denen er beruht. Je dichter das soziale Netz geknüpft wurde, umso übermächtiger wurde die Versuchung, es sich darin bequem zu machen – und umso geringer der Anreiz zur eigenen Leistung. [...] Gefährdet ist der Wohlstand für alle.
(ZEIT, 17.9.1982, *Wie weiter nach der Wende?*)

(296) Die Freien Demokraten – jedenfalls, die sich um Hans Dietrich-Genscher und Otto Graf Lambsdorff scharende Mehrheit – sehen eine wichtige Erklärung für die fehlende Wirtschaftsdynamik im Ausufern des Sozialstaates. Sie schließen sich der Diagnose des überwiegenden Teiles der wissenschaftlichen Ökonomie an, nach der die Kollektivierung der Lebensrisiken über ständig steigende Abgaben die Leistungsbereitschaft zuschüttet und die vermeintlich kostenlose Inanspruchnahme der Sozialleistungen den volkswirtschaftlichen Konsum zu Lasten der Investition und der Produktivität in die Höhe getrieben hat. [...] Als reichlich zugeteilt wurde, hätte weitsichtigen Politikern klar sein müssen, daß hier Übersteigerungen der Risikokollektivierung zugelassen wurden, die eines Tages das sie tragende Wachstumsfundament erdrücken würden.
(SZ, 18.9.1982, *Wirtschaftspolitische Auffassungen von SPD und FDP unvereinbar*)

Die Hypothese vom Sozialstaat und seinen Auswüchsen als für die „Krise" verantwortlich postuliert für deren Überwindung die Zurückdrängung des Staates/Sozialstaates auf sein als *normal* (297) erachtetes Maß. Erforderlich seien ferner ein radikales Umdenken und insbesondere eine Veränderung der „Anspruchsmentalität" und der Arbeitseinstellung. Diese Überzeugung war im Kri-

105 Am 11. Februar 2010 schrieb Guido Westerwelle in seinem Gastkommentar in der Tageszeitung DIE WELT: „Wer dem Volk anstrengungslosen Wohlstand verspricht, lädt zu spätrömischer Dekadenz ein. An einem solchen Denken kann Deutschland scheitern." Der frühere Vizekanzler und FDP-Vorsitzende argumentierte auf diese Weise gegen höhere Hartz-IV-Sätze.

sendiskurs 1982 weit verbreitet. Die politische Umsetzung der Erfordernisse wurde im Programm einer „Wende" nach Genscher und Lambsdorff sowie der neuen Bundesregierung unter Kohl gesehen, dem deshalb zuzustimmen sei:

(297) Sozialpolitik [hat sich] in den letzten Jahren zunehmend mehr zu einer Politik des sozialen Komforts entwickelt. [...] Die Sozialpolitik der letzten Jahre war vor allem durch ein Merkmal gekennzeichnet: durch Übertreibungen. [...] Sozialpolitik muß daher endlich auf das Maß des Normalen zurückgeführt werden. Erst dann wird sie wieder ausgewogen im eigentlichen Sinne des Wortes sein. Die Vorschläge der neuen Koalition zielen in diese Richtung [...]. Sie geben damit der polemisch gedachten Formel der ‚Ausgewogenheit' einen richtigen Inhalt. (FAZ, 30.9.1982, *Vom Mythos des Sozialen*)

5.5.2.2.3 Topos vom Marktversagen/Managementversagen

„Managementfehler der Vergangenheit werden noch viele Firmen zu Fall bringen."
(FAZ, 13.8.1982, *Trübe Aussichten*)

Wie eingangs erwähnt, ist der Topos vom Marktversagen/Managementversagen der ideologische Gegenspieler des dominierenden Topos vom Staats- und Politikversagen/Politikerversagen. Er macht die Marktwirtschaft bzw. Managementfehler für die „Krise" verantwortlich und begründet, dass man nicht auf die Kräfte des Marktes vertrauen dürfe. Zur Lösung der Probleme seien ein verstärktes Eingreifen des Staates und mehr politische Interventionen notwendig. Zwar wurde der Topos vom Marktversagen/Managementversagen im untersuchten Diskurs zur „Ölkrise" 1973/74 vereinzelt in einer Variante realisiert, die behauptet, die marktwirtschaftliche Verteilung von Gütern im Sinne des Angebot-und-Nachfrage-Prinzips führe nicht zu einer optimalen bzw. gerechten Verteilung des Öls. Weil demnach der Markt versagt habe, müsse der Staat eingreifen bzw. bestehe wirtschaftspolitischer Handlungsbedarf – etwa in Form von Ölrationierungen oder Preiskontrollen. Insofern ist im historischen Vergleich nicht vom Eintreten eines neuen Wissenssegments in den Krisendiskurs zu sprechen. Unter quantitativen Gesichtspunkten wird das Argumentationsmuster aber erst im hier betrachteten Untersuchungszeitraum relevant.

Im Krisendiskurs 1982 behauptet der Topos, nicht der Staat und politisches Fehlverhalten, sondern Managementfehler seien für die „Krise" verantwortlich. Die Manager hätten sich zu spät auf die „Krise" eingestellt und die falschen unternehmerischen Entscheidungen getroffen. Insbesondere die Arbeitslosigkeit und die Pleite der AEG wurden mit diesem Argumentationsmuster erklärt:

(298) Schwachstelle ist das Management. Eine Welle von Firmenzusammenbrüchen bringt Milliardenschäden für die deutsche Wirtschaft. [...] Das Institut für Mittelstandsforschung in Köln kommt in einer Untersuchung über Insolvenzursachen zu einem ähnlichen Urteil. 2300 Fälle aus der letzten großen Pleitenwelle Mitte der siebziger Jahre hatten die Instituts-

forscher nachträglich durchleuchtet. Das Ergebnis der Untersuchung ist für die Forscher ‚eindeutig'. Nicht nur die von den Unternehmen immer wieder beschworenen Rahmenbedingungen sind Ursachen des Sterbens – die Manager sind es meist selbst: ‚Die Unternehmenszusammenbrüche werden mehrheitlich durch ein innerbetriebliches Fehlverhalten der Betriebsführung verursacht'.
(SPIEGEL, 16.8.1982, *Schwachstelle ist das Management*)

(299) Die AEG war 99 Jahre lang eine der angesehensten Firmen der Welt – dank der Tüchtigkeit ihrer Mitarbeiter. Es ist nicht ihre Schuld, daß sich Haushaltsgeräte nicht mehr so gut verkaufen wie vor zehn Jahren; daß ein ungeheurer Schuldenberg den Riesen taumeln läßt. Sie arbeiten so zuverlässig wie immer: Ihre Produkte sind Weltspitze. Daß viele trotzdem ihren Arbeitsplatz verlieren, ist Schuld eines fehlerhaften Managements [...].
(BILD, 10.8.1982, *Krempeln wir die Ärmel hoch!*)

Zu erwähnen ist, dass Wendegegner den Topos vom Marktversagen/Managementversagen vereinzelt nutzten, um gegen die im Lambsdorff-Papier dezidiert entfaltete Investitions-Logik zu argumentieren (siehe Kap 5.5.1.5). Der Contra-Argumentation liegt die Denkweise zugrunde, dass Unternehmen ihr Kapital nicht für arbeitsplatzschaffende, sondern *-vernichtende* (300) Investitionen einsetzen würden. Dabei stellte man Analogien zur Situation in Großbritannien und den USA her. Die Ländervergleiche fungierten als Negativbeispiele, die mittels Analogieschluss aufzeigen sollten, was passieren könnte, wenn der Staat nicht eingreift und der freien Marktwirtschaft die Bewältigung der „Krise" überlässt:

(300) Offenbar hat selbst der gute Verdienst so manchen Manager nicht dazu bewegen können, alles Geld in neue Anlagen zu stecken. Sicherlich besteht ein Zusammenhang zwischen Gewinnen und Investitionen; doch die Gleichung höhere Gewinne gleich mehr Investitionen geht nicht immer auf. Genausowenig muß die Gleichung mehr Investitionen gleich mehr Beschäftigung immer zutreffen. Investieren heißt heute mehr denn je: menschliche Arbeitskraft durch Maschinen ersetzen (nicht zuletzt, weil Arbeit zu teuer geworden ist). [...] Ein Investitionsboom, den so viele herbeisehnen, könnte sich letztlich als eine erfolgreiche Job-Vernichtungsaktion erweisen. [...] Der Zeitgeist, der aus den USA und aus England herüberweht, verheißt eine Trendwende vom Staatlichen zum Privaten. Die Regierungen sollen wieder weniger zu sagen haben, die Steuern sollen gesenkt und das Gestrüpp staatlicher Vorschriften soll zum Wohle des freien Unternehmertums gelichtet werden. Die Beschäftigungsnöte, so die angelsächsische Heilsbotschaft, würden dann von selbst verschwinden. Doch bisher schafften die konservativen Regierungen in England und in den USA mit ihren Rezepten aus dem 19. Jahrhundert nur mehr Arbeitslosigkeit.
(SPIEGEL, 5.7.1982, *Mehr Freizeit oder mehr Arbeitslosigkeit?*)

(301) BÖRNER: Die AEG ist das Fiasko des deutschen Unternehmertums. Die Banken verlieren Geld, aber viele Tausende von Arbeitnehmern verlieren ihren Arbeitsplatz und damit ihren Lebensinhalt. Man muß in einer Marktwirtschaft verlangen, daß sich die Unternehmer nicht nur bei gutem Wetter auf die Schultern klopfen, sondern auch dann, wenn ihnen der Wind ins Gesicht bläst, wie jetzt im Falle der AEG, zu ihrer Verantwortung stehen. [...] Hier liegt un-

ternehmerisches Fehlverhalten vor, das kann wohl nicht bestritten werden. [...] Das Desaster des Herrn Reagan, der Frau Thatcher und das Dilemma der AEG haben deutlich bewiesen, wohin man kommt, wenn man die Sicherung der Arbeitsplätze dem freien Spiel der Kräfte überläßt. Und Dregger ist im Grunde, wenn ich seine Rezepte so lese, der Versuch, Reagan auf hessisch zu praktizieren.
(Hessische Ministerpräsident Holger Börner, in: SPIEGEL, 16.8.1982, *Dregger ist Reagan auf hessisch*)

5.5.2.3 Finaltopoi

Finaltopoi argumentieren mit politisch wünschenswerten Zuständen und bilden einen Bewertungsgrund für die Schlussfolgerung von den Datentopoi auf bestimmte Entscheidungen/Vorhaben/Maßnahmen. Im Rahmen der topologischen Diskursformation in Krisenzeiten wird sämtliches politische Handeln mit dem Ziel, die „Krise" zu bewältigen, begründet. Diesem Ziel dienlich zu sein, geben in verschiedenen Krisendiskursen bestimmte Absichten in handlungsmotivierender Funktion vor, so im Krisendiskurs 1982 in erster Linie die im Folgenden behandelten kontextspezifischen Prägungen des Finaltopos.

Obgleich das Wachstumsziel nicht als eigenes Argumentationsmuster ausgearbeitet wurde, z. B. im Rahmen eines Topos vom Wirtschaftswachstum, sind die dem Finaltopos zugeordneten Argumentationsmuster der Aufgabe, Wachstum zu erzeugen, um die Bundesrepublik aus der „Krise" zu führen, meist untergeordnet. Dies verdeutlichen viele der in diesem Kapitel angeführten Belege. Wirtschaftswachstum war im Untersuchungszeitraum 1982 ein fest etabliertes Wissenssegment. Es lag potentiell allen Argumentationen als erstrebenswerter Zweck zugrunde. Aufgrund seiner unhinterfragten Gültigkeit musste nicht mehr zwingend betont werden, dass Wachstum zur Lösung der Probleme notwendig und daher zu generieren sei. Es galt als selbstverständlich, dass Maßnahmen der Erzeugung von Wirtschaftswachstum und damit der Krisenbewältigung dienten. Die allgemeine Anerkennung von Wachstum als Ziel politischen Handelns kommt u. a. darin zum Ausdruck, dass – im Gegensatz zur „Ölkrise" 1973/74 – wachstumskritische Äußerungen ungesagt blieben. Aufgrund der Fülle des Materials war es methodisch nicht umsetzbar (und aufgrund des übergeordneten Verhältnisses vielleicht auch gar nicht nötig), jedes einzelne Vorkommen des Topos vom Wirtschaftswachstum zu annotieren und dementsprechend zu quantifizieren. Deshalb muss der Hinweis auf die Relevanz des Argumentationsmusters im Krisendiskurs 1982 genügen. In der folgenden Erörterung der Finaltopoi werde ich jedoch erläutern, in welcher Beziehung bestimmte Argumentationsmuster zum übergeordneten Ziel Wirtschaftswachstum stehen.

Im Diskurs zur „Ölkrise" 1973/74 wurde politisches Handeln maßgeblich durch die im „Stabilitätsgesetz" von 1967 formulierten wirtschaftspolitischen

Ziele motiviert (siehe Kap. 5.4.2.3). Dieser stabilitätspolitische Konsens, etwa der Vorsatz „Vollbeschäftigung“, hatte sich im Krisendiskurs 1982 – mehr oder weniger – aufgelöst. Zwar galten Wirtschaftswachstum und sichere Arbeitsplätze (108) nach wie vor als wünschenswerte und anzustrebende Zustände, um derentwillen bestimmte Dinge zu tun oder zu unterlassen seien. Angesichts der „Krise der Staatsfinanzen“ kam das Ziel der „Konsolidierung“ der Haushalte (57) hinzu. Vom Vorsatz der „Vollbeschäftigung“ ist jedoch kaum etwas zu lesen. Ebenfalls neu hinzugekommen ist der schon mehrfach erwähnte Investitionstopos (53), der in Zusammenhang mit dem Geltungsverlust und der Verdrängung nachfrageorientierter Wirtschaftspolitik auf Basis des Keynesianismus zu sehen ist. Des Weiteren ist ein wichtiger Unterschied zur „Ölkrise“ 1973/74 und damit historischer Wandel zu beobachten, insofern – wie bereits am Beispiel der Datentopoi herausgearbeitet – im Krisendiskurs 1982 der Sozialstaat als bedroht galt. Dementsprechend motivierten verschiedene Akteure politische Maßnahmen öfters mit dem Ziel, die soziale Sicherheit zu erhalten bzw. den Sozialstaat zu retten (41).

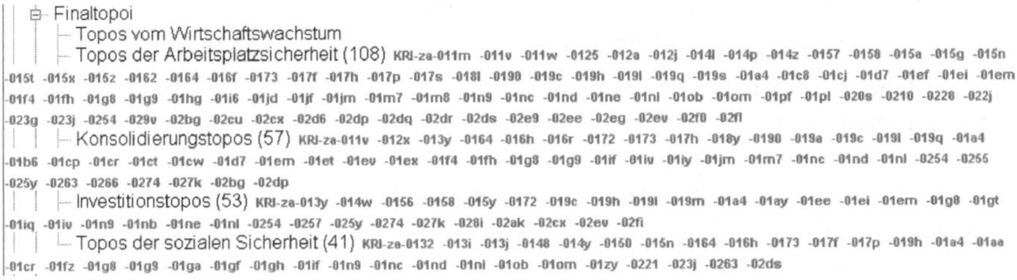

Abb. 19: Übersicht Finaltopoi „Wende“ 1982 in FuD

5.5.2.3.1 Arbeitsplatztopos

„Wir werden [die Krise] in den nächsten Jahren nur in den Griff bekommen, indem wir neue Arbeitsplätze schaffen.“
(Otto Graf Lambsdorff, in: BILD, 3.5.1982, *Es muß wieder Spaß machen, etwas zu leisten*)

„Die Bekämpfung von Arbeitslosigkeit ist für einen Sozialdemokraten auch ohne Druck der Gewerkschaften die wichtigste Aufgabe. All die Maßnahmen, die wir bisher ergriffen haben, weisen das aus.“
(Bundesminister für Arbeit und Sozialordnung Heinz Westphal, in: SPIEGEL, 23.8.19892, *Ein Sozialdemokrat muß auch Kröten fressen*)

Die Sicherheit der Arbeitsplätze bzw. die Schaffung neuer Arbeitsplätze oder der Abbau der Arbeitslosigkeit galten allgemein als wichtige Ziele politischen Handelns; sie wurden aus der Auffassung der Misere als „Krise der Beschäftigung“

und der Konstruktion eines Arbeitsplatzrisikos (siehe hierzu die Topoi der düsteren Gegenwartsdiagnose und Zukunftsprognose in Kap. 5.5.2.1.1) abgeleitet. Alle am Diskurs teilnehmenden Akteure – Wendebefürworter wie Wendegegner – begründeten ihr Wollen mit dem Arbeitsplatztopos. Insofern ist er konsensueller Bewertungsgrund für Schlussfolgerungen vom etablierten Krisenwissen auf bestimmte Entscheidungen/Vorhaben/Maßnahmen. Gleichwohl herrschte in Bezug auf die Frage, wie sich das Ziel sicherer Arbeitsplätze erreichen lässt, Dissens.

Wendegegner – insbesondere die Sozialdemokraten auf ihrem Parteitag (siehe hierzu Kap. 5.5.1.2) und Gewerkschaften – begründeten mit dem Ziel, Arbeitsplätze zu sichern und zu schaffen, Maßnahmen im Rahmen keynesianisch inspirierter Beschäftigungspolitik, weiterhin die Notwendigkeit weiterer Verschuldung, von Steuererhöhungen sowie von Sondersteuern für Besserverdienende und Unternehmen. Außerdem setzten sie sich mit dieser Begründung für die Arbeitszeitverkürzung ein. Der Arbeitsplatztopos war für die Wendegegner vorrangig und anderen Finaltopoi, so dem Konsolidierungstopos (siehe hierzu Kap. 5.5.2.3.2) und dem Investitionstopos (siehe hierzu Kap. 5.5.2.3.3), übergeordnet. Beispielsweise wurde argumentiert, im Zweifel sei es besser, sich höher zu verschulden, wenn dies Sicherung und Schaffung von Arbeitsplätzen diene. Die nachstehenden Beispiele vermitteln einen Eindruck vom Gebrauch dieses Argumentationsmusters im Sinne der Wendegegner:

(302) Willy Brandt und SPD-Geschäftsführer Peter Glotz meldeten beim Kanzler eine sozialdemokratische Forderung [...] an: Er müsse sich, zur Bekämpfung der Arbeitslosigkeit, für eine Steigerung der öffentlichen Investitionen stark machen.
(SPIEGEL, 28.6.1982, *Der Wechsel ist nötig – jetzt*)

(303) Fünf bis zehn Milliarden jährlich sollen durch zusätzliche Schulden, eine Ergänzungsabgabe für Besserverdienende, einen höheren Spitzensteuersatz [...] und eine Arbeitsmarktabgabe für Selbständige und Beamte reingeholt werden. Mit dem Geld will die SPD die Arbeitslosigkeit bekämpfen.
(BILD, 22.4.1982, *SPD-Parteitag: Alles erfassen, Dampf machen*)

(304) Die SPD tritt nachdrücklich für ein mittelfristiges staatliches Investitions- und Vollbeschäftigungsprogramm ein, das durch eine zeitlich befristete Ergänzungsabgabe, eine allgemeine Arbeitsmarktabgabe, über weitere Steuererhöhungen und durch zusätzliche Verschuldung finanziert werden soll.
(FAZ, 22.4.1982, *Die SPD dringt auf ein Beschäftigungsprogramm – Finanzierung durch Abgaben und Steuererhöhungen*)

(305) Die Forderung nach Verkürzung der Arbeitszeit [...] ergibt sich [...] aus der drängenden Suche nach Wegen, [...] die Arbeitslosigkeit in den Griff zu bekommen [...]. Es gibt [...] gute Gründe,

Arbeitszeitverkürzung neben aktiver Beschäftigungspolitik als wichtiges beschäftigungspolitisches Instrument zu empfehlen.
(Willy Brandt, in: ZEIT, 9.7.1982, *Mehr Beschäftigung durch weniger Arbeit*)

Zwar verfolgten auch Wendebefürworter – insbesondere FDP-Politiker, die Opposition aus CDU/CSU und Arbeitgeber – das Ziel, Arbeitsplätze zu sichern und zu schaffen, doch argumentierten sie im Anschluss an das Argumentationsmuster gegen das auf dem Münchener Parteitag herausgestellte sozialdemokratische Politikverständnis (siehe Kap. 5.5.1.2) und gegen staatliche Beschäftigungspolitik, indem sie den Nutzen solcher Ideen und Maßnahmen für die angestrebten Ziele (Krisenbewältigung, sichere Arbeitsplätze, Bekämpfung der Arbeitslosigkeit) anzweifelten. Die Mittel sozialdemokratischer Beschäftigungspolitik wurden als untauglich für den jeweils deklarierten Zweck bewertet und so delegitimiert:

(306) In Wahrheit ist für die FDP die Bekämpfung der Arbeitslosigkeit das wirklich drängende Problem, denn dahinter stecken menschliche Schicksale. BILD: Das sagt auch Heinz-Oskar Vetter ... Lambsdorff: Aber die Rezepte, die er gegen die Arbeitslosigkeit anbietet (Steuererhöhungen, mehr Schulden), würden in Wahrheit noch mehr Arbeitslosigkeit schaffen, deshalb sind wir dagegen.
(Otto Graf Lambsdorff, in: BILD, 22.4.1982, *Lambsdorff: Habe ich gesagt, daß die Koalition bis 84 hält?*)

(307) Die Münchner SPD-Beschlüsse dienten nicht dem Kampf gegen die Arbeitslosigkeit. Damit werde alles umgestoßen und als unzureichend heruntergemacht, was die Regierung bereits beschlossen habe. [...] Genscher: ‚Das kann nicht gutgehen‘.
(SPIEGEL, 26.4.1982, *Genscher: Das geht nicht gut*)

(308) Aber auch für den Chef der Westdeutschen Landesbank, Friedel Neuber, passen die Parteitagsbeschlüsse von München ‚überhaupt nicht in die Landschaft‘. [...] Karl-Heinz Narjes, Mitglied der Kommission der Europäischen Gemeinschaft, glaubt denn auch, daß die Sozialdemokraten mit ihren Parteitagsbeschlüssen gerade dem Kampf gegen die Arbeitslosigkeit einen schweren Rückschlag versetzen könnten.
(FAZ, 23.4.1982, *Scharfe Kritik der Wirtschaft an Parteitagsbeschlüssen*)

Es wurde bereits erwähnt, dass der Arbeitsplatztopos im Denken der Wendegegner anderen Finaltopoi als übergeordnet angesiedelt war. Im Denken der Wendebefürworter war dieses Argumentationsmuster nicht zwingend vorrangig, insofern sie bestimmte politische Handlungen auch ablehnten, indem sie auf einen Zielkonflikt zwischen verschiedenen Finaltopoi verwiesen. In diesem Sinne wurde etwa behauptet, Sicherung und Schaffung von Arbeitsplätzen durch staatliche Beschäftigungspolitik und die Einführung neuer Steuern zur Finanzierung arbeitsmarktpolitischer Programme führten zu noch mehr Schulden und zerstörten das Vertrauen der Wirtschaft. Somit würden die genannten Maßnahmen die Ziele der Haushaltskonsolidierung sowie die Stärkung der Angebotsseite gefährden, weshalb sie abzulehnen seien. Solche wie im Folgenden belegte Sequenzen aus Finaltopoi sind typisch für neoliberale Politikvorstellungen. Insbesondere Genscher machte von ihnen Gebrauch:

(309) Der FDP-Bundesvorsitzende Hans-Dietrich Genscher hat auf einem Landesparteitag der Hamburger Liberalen nachdrücklich weitere Steuererhöhungen, eine Ergänzungs- oder Arbeitsmarktabgabe und dirigistische Eingriffe in den Wirtschaftsablauf als nicht geeignet bewertet, Arbeitsplätze zu schaffen. Für die FDP sei die Überwindung der Beschäftigungsprobleme in der Bundesrepublik nicht eine quantitative Frage, sondern eine auf jeden einzelnen Arbeitssuchenden in seinen Persönlichkeitsrechten bezogene Aufgabe, die nur im Geiste freiheitlicher Politik gelöst werden könne. [...] ‚Angesichts von 1,8 Millionen Arbeitslosen in der Bundesrepublik werden jetzt Impulse für und nicht gegen Investitionen in der Wirtschaft gebraucht'.
(SZ, 26.4.1982, *Genscher gegen dirigistische Eingriffe*)

(310) Der SPD-Parteitag in München hat das notwendige Vertrauen zerstört. Wir müssen es neu schaffen. Wer die Arbeitslosigkeit bekämpfen will, darf nicht mehr Staat und Bürokratie wollen; er muß mehr Investition, mehr Einsatzbereitschaft, mehr Leistung wollen.
(Hans-Dietrich Genscher, in: BILD, 30.9.1982, *Genscher: SPD kann Wirtschaft nicht ankurbeln*)

(311) BILD: Glauben Sie, daß die SPD bei den Haushaltsberatungen wieder eine Ergänzungsabgabe oder einen höheren Spitzensteuersatz einbringen wird? Genscher: Ich hoffe nicht, denn sie weiß, daß das mit uns nicht zu machen ist, weil wir nicht Investitionen und damit Arbeitsplätze gefährden wollen.
(Hans-Dietrich Genscher, in: BILD, 19.5.1982, *Falkland – schnellstens eine friedliche Lösung*)

Wendegegner wiederum argumentierten – ebenfalls auf der Grundlage der Mittel-Zweck-Relation – gegen das liberale Politikverständnis sowie auch gegen das auf den Ideen von Genscher und Lambsdorff zur Krisenbewältigung basierende Programm der neuen Bundesregierung unter Helmut Kohl, indem sie ihrerseits den Nutzen von Maßnahmen zur Förderung der Wirtschaft für das Ziel, Arbeitsplätze zu sichern und zu schaffen, anzweifelten:

(312) Erneut scharf kritisiert hat der Vorsitzende der Gewerkschaft Textil-Bekleidung, Berthold Keller, das Programm der neuen Bundesregierung. Auf dem Gewerkschaftskongreß in Mainz erklärte er am Montag, die ‚schädlichen Ideen' von Bundeswirtschaftsminister Otto Graf Lambsdorff (FDP) seien noch überdeutlich zu sehen. [...] Lambsdorff sei es auch gewesen, der mit seinen ‚superliberalen' Vorstellungen die Arbeitsplätze in der mittelständischen Textil- und Bekleidungsindustrie aufs Spiel gesetzt habe.
(SZ, 19.10.1982, *„Schädliche Ideen Lambsdorffs"*)

(313) Heftig kritisiert wurde der Plan Arbeitsminister Blüms, eine halbjährige Lohnpause einzuführen. DGB-Chef Breit: ‚Indiskutabel, das bringt keinen einzigen Arbeitsplatz'.
(BILD, 7.10.1982, *Kohl: Krisengipfel gegen Arbeitslosigkeit*)

(314) Beschäftigungspolitisch verfehlt seien die Regierungsmaßnahmen, weil Arbeitslosigkeit nicht mit Lohnverzicht und Sozialabbau bekämpft werden könne. ‚Umverteilung von unten nach oben schränkt unten die Kaufkraft ein und führt oben zu mehr Geld auf den Sparkonten‘, rief Breit unter Beifall aus. Mit Lohnverzicht und Sozialabbau werde kein zusätzlicher Arbeitsplatz geschaffen. Deshalb treffe auch die von Bundesarbeitsminister Blüm (CDU) vorgeschlagene Lohnpause auf den Widerstand des DGB. Breit forderte erneut ein wirksames Beschäftigungsprogramm des Bundes und eine Ausweitung der Mitbestimmung.
(FAZ, 25.10.1982, *200 000 demonstrieren gegen einen Abbau sozialer Leistungen*)

5.5.2.3.2 Konsolidierungstopos

„Für die Strategen der Union steht, in richtiger Einschätzung sowohl der Sache als auch der Stimmung im Lande, die Sanierung der Staatsfinanzen an erster Stelle.“
(ZEIT, 17.9.1982, *Wie weiter nach der Wende?*)

„Konsolidierung der öffentlichen Haushalte durch Sparsamkeit.“
(FAZ, 11.9.1982, *„FDP ist nicht zur Wirtschaftslenkung bereit“*)

Abgesehen vom erstrangigen Argumentationsmuster der Sicherung und Schaffung von Arbeitsplätzen wurde im Krisendiskurs 1982 häufig mit dem Ziel argumentiert, man strebe eine „Konsolidierung“ an. Mit dem Konsolidierungstopos verbunden waren allgemeine Forderungen bezüglich einer *Sanierung der Staatsfinanzen*, so die im Einstiegs-Zitat belegte Sentenz. Dementsprechend wurden insbesondere die haushaltspolitischen Vorhaben der sozial-liberalen Koalition (siehe zum historisch-kommunikativen Kontext Kap. 5.5.1.4), aber auch Maßnahmen, die im Lambsdorff-Papier (siehe Kap. 5.5.1.5) angeführt worden waren, sowie das sozial- und wirtschaftspolitische Programm der neuen Bundesregierung unter Helmut Kohl (siehe Kap. 5.5.1.8) auf Basis des Konsolidierungstopos begründet. Die Akteure positionierten sich durch den Gebrauch des Konsolidierungstopos meist auf Seiten der Wendebefürworter.

Das Argumentationsmuster geht von der Prämisse aus, etwas – die Staatsfinanzen – sei nicht mehr „in Ordnung“ oder in seiner Funktionsfähigkeit bedroht, weshalb die Notwendigkeit einer „Konsolidierung“ bestehe bzw. bestimmte Erhaltungs-Maßnahmen ergriffen werden müssten. Der diagnostizierte „Konsolidierungs“-Bedarf orientierte sich meist an Konstruktionen krisenhafter Zustände und Gefahren, Belastungen und Risiken für den Staatshaushalt, beispielsweise auf Annahmen, die sich auf die zu erwartende Arbeitslosigkeit, das Staatsdefizit, die Verschuldung, das zukünftige Wirtschaftswachstum oder auch die Überlastungen des Sozialstaates beziehen. Das Argumentationsmuster wurde also aus den Datentopoi bzw. aus dem durch die Datentopoi konstituierten Krisenwissen, hauptsächlich aus den Topoi der düsteren Gegenwartsdiagnose und Zukunftsprognose (siehe Kap. 5.5.2.1.1) – speziell aus der Wahrnehmung einer „Krise der

Staatsfinanzen" – gefolgert. Der scheinbar ideologiefreie technokratische Ausdruck der *Konsolidierung* verrät dem Bürger jedoch häufig nicht, mithilfe welcher politischen Handlungen man gedachte, die „Krise" zu bewältigen. Es erscheint jedoch als plausibel, dass etwas getan werden muss.

Wie bereits in Zusammenhang mit der Beschreibung der Topoi der düsteren Zukunftsprognose und Gegenwartsdiagnose erwähnt, sollte die „Konsolidierung" über eine Reduzierung der staatlichen Ausgaben erreicht werden. Auch wurde bereits darauf hingewiesen, dass der Ausdruck *Konsolidierung* das Hyperonym eines ganzen Bündels untergeordneter Wörter ist, die – im Rahmen der *Sparpolitik* – Ausgabenkürzungen des Staates bezeichnen. Als nützlich im Sinne einer „Konsolidierung" erachtete man in erster Linie Einsparungen bei den Sozialleistungen. Die folgenden Belege veranschaulichen die sprachliche Realisierung des Argumentationsmusters:

(315) Der Haushalt muß saniert werden. Alle Fachleute sind sich einig, daß es dabei ohne die Einschränkung von sozialen Leistungen nicht abgehen kann. Das ist politisch schwierig, weil dabei gegen den Mythos der Unantastbarkeit des Sozialen angegangen werden muß. Eine neue Regierung wird diese Herkulesaufgabe bewältigen müssen. Dabei wird die Forderung nach ‚sozialer Ausgewogenheit' der Sanierungspolitik wie eine Barrikade gegen realistisches Handeln vorgeschoben. Wie so oft in der Politik handelt es sich dabei um ein heimtückisches Wort. Etwas scheinbar Vernünftiges oder sogar Selbstverständliches wird gefordert; doch dahinter versteckt sich der Mythos, der das unausweichlich Gebotene, nämlich die verrotteten Staatsfinanzen in Ordnung zu bringen, blockiert.
(FAZ, 30.9.1982, *Vom Mythos des Sozialen*)

(316) Zu Lambsdorffs Vorschlägen für eine Konsolidierung der Etats und der Sozialkassen zählen die Kürzung von Leistungsansprüchen bei Arbeitslosigkeit, mehr Eigenbeteiligung an Krankheitskosten, Streichung des Schüler-BAFöG und des Mutterschaftsurlaubsgeldes, die lineare Kürzung fast aller Wirtschaftssubventionen um 5 bis 10 Prozent und die Einführung eines Versicherungsabschlags bei der Inanspruchnahme der vorgezogenen Altersrente.
(SZ, 13.9.1982, *Lambsdorffs Vorschläge an Schmidt: Investitionen fördern und Sozialleistungen kürzen*)

(317) Mischnick sagte weiter, die jetzt anstehenden Probleme seien nur zu meistern, ‚wenn wir hart und kontinuierlich arbeiten, wenn wir weiter den Mut zu notwendigen, auch unpopulären Konsolidierungsmaßnahmen haben [...]. Einen anderen Weg zum Erfolg gibt es nicht'. [...] Es muß mittelfristig weiter gespart werden, damit die Zinsen sinken und die Haushalte konsolidiert werden können.
(SZ, 8.9.1982, *Zwei Tage vor Schmidts Regierungserklärung: Zwischen SPD und FDP treten die Gegensätze in der Steuerpolitik wieder offen zutage*)

(318) Der Kanzler bekräftigte auch die Absicht der Regierung, für den Haushalt 1983 einen Konsolidierungsbeitrag durch Leistungskürzungen in der Höhe von 5 bis 6 Mrd. DM zu leisten.
(SZ, 14.10.1982, *Leistung und Selbstverantwortung im Mittelpunkt*)

(319) Wir haben [...] ein haushaltspolitisches Dringlichkeitsprogramm beschlossen, das die zerrütteten Bundesfinanzen neu ordnen soll. Dabei wollen wir vorrangig die öffentliche Neuverschuldung durch eine strenge Haushaltsdisziplin wieder unter Kontrolle bringen. Erstens: Die nächste Rentenanpassung wird um ein halbes Jahr auf den 1. Juli 1983 verschoben. Es bleibt bei der Erhöhung von 5,6 Prozent. Zweitens: Die Finanzierungsprobleme der Bundesanstalt für Arbeit machen es notwendig, die Beiträge an die Rentenversicherung nach der Höhe der gewährten Lohnersatzleistung zu bemessen. In der Arbeitslosenversicherung sollen Leistungen mehr als bisher nach der Dauer der Beitragszahlung gestaffelt werden. Drittens: Zur Begrenzung des Kostenanstiegs in der gesetzlichen Krankenversicherung wird die Bundesregierung die Eigenbeteiligung bei Krankenhausaufenthalten auf 14 Tage erweitern. [...] Die sozial-medizinische Überprüfung von Krankschreibung muß durch Stärkung des vertrauensärztlichen Dienstes verbessert werden.
(Helmut Kohl, in: SZ, 14.10.1982, *Freie Leistung ist besser als staatliche Lenkung*)

Indem man jenes politische Handeln, welches dem Ziel der „Konsolidierung“ als dienlich behauptet wurde, häufig durch die Attribute *diszipliniert* oder *solide* charakterisierte, konnte das politische Verhalten derjenigen, die angeblich nicht primär um eine „Konsolidierung“ bemüht waren, weil sie etwa zur Sicherung und Neuschaffung von Arbeitsplätzen oder zur Absicherung vor sozialen Risiken die Staatsausgaben erhöhen wollten, als *undiszipliniert*, *unsolide*, *unseriös* oder *unverantwortlich* stigmatisiert werden. Die diskursive Abwertung bestimmter politischer Maßnahmen ist ein wichtiger (Neben)Effekt der Verwendung des Argumentationsmusters der „Konsolidierung“ im öffentlichen Diskurs. Wie der nachstehende Beleg zeigt, blieb der meist gegen die Sozialdemokraten gerichtete Vorwurf, *unsolide* zu wirtschaften, oft eher implizit:

(320) Zu den Etatberatungen in Bonn sagte er, der Haushalt müsse ‚solide finanziert‘ werden, ‚und das kann nur geschehen, wenn man auch die Bereitschaft hat, in Leistungsgesetze einzugreifen‘. Eine nicht zu verantwortende Staatsverschuldung [...] komme nicht in Frage.
(FAZ, 21.6.1982, *Die Koalition uneins über den Haushalt Brandt: Weiterregieren – wenn es irgend geht*)

5.5.2.3.3 Investitionstopos

„Wenn der Staat den Kampf gegen die Arbeitslosigkeit gewinnen will, muss er Investitionen fördern.“
(FAZ, 19.10.1982, *Das Ende des Tischlein-deck-dich*)

Dem Investitionstopos liegt die Prämisse zugrunde, die „Krise“ sei nur zu bewältigen, wenn privatwirtschaftliche Investitionen getätigt würden, welche die Sicherung und Schaffung von Arbeitsplätzen, „Konsolidierung“ der Finanzen des Staates und Generierung von Wirtschaftswachstum ermöglichten. Exemplarisch hierfür steht das folgende Zitat von Helmut Schmidt:

(321) Vorrang hat für uns Sozialdemokraten die Beseitigung der Massenarbeitslosigkeit, die Schaffung von Arbeitsplätzen, die Wiedergewinnung von ausreichendem Wirtschaftswachstum. Dafür brauchen wir mehr Investitionen [...]. Ohne Investitionen können neue Arbeitsplätze kaum geschaffen werden.
(SZ, 21.4.1982, *„Unsere Partei braucht eine neue große Kraftanstrengung"*)

Das Argumentationsmuster ist Ausdruck einer angebotsorientierten Denkweise und steht im Zentrum neoliberaler Argumentation. Wie in Kapitel 5.5.1.1 dargestellt, taucht der Investitionstopos im untersuchten Zeitraum erstmals im Wendebrief Genschers auf. Eine zusätzliche Popularisierung erfuhr es durch die Veröffentlichung des Lambsdorff-Papiers, das erfolgreiche Maßnahmen zur Krisenbewältigung grundsätzlich als von der Schaffung günstiger Investitionsbedingungen für Unternehmen abhängig darstellt (siehe Kap. 5.5.1.5). Die Schaffung günstiger Voraussetzungen für Investitionen, so die allgemeine Schlussfolgerung, sei nur im Falle einer „Wende" in der Sozial- und Wirtschaftspolitik zu erreichen. Dementsprechend positionierten sich Diskursteilnehmer durch den Gebrauch dieses Argumentationsmusters auf Seiten der Wendebefürworter:

(322) Die Unternehmer sind zu Investitionen in einer Zeit zu motivieren, in der die Unsicherheit über die weltwirtschaftliche Entwicklung größer denn je ist, wie die Bundesbank in ihrem letzten Monatsbericht feststellt. Patentrezepte gibt es dafür nicht. Ein westfälischer Unternehmer meinte dazu unlängst in einem Gespräch, eine Wende im Sinn eines Segelmanövers löse sicher nicht sofort alle Probleme, bringe aber vielleicht einen besseren Wind, der die Wirtschaft aus der Flaute bringe.
(FAZ, 27.9.1982, *Stunde der Hoffnung*)

(323) Nötig sei eine Wende in der Wirtschafts- und Sozialpolitik, die im Inland auf Wachstum durch Investition der privaten Wirtschaft [...] setze.
(FAZ, 11.9.1982, *Lambsdorff grenzt sich von den Sozialdemokraten ab*)

Das Argumentationsmuster fungierte meist als Oberprämisse in einer Kausalkette verschiedener Finaltopoi: Ohne Investitionen der Wirtschaft kein Wachstum, ohne Wachstum keine Lösung der Finanzierungsprobleme des Staates, keine Sicherung der Sozialsysteme und keine Lösung der Beschäftigungsprobleme, so die typische Sequenz. Aus der Rechnung oder Konstruktion „Investitionen der Wirtschaft = Krisenbewältigung" wurde für das politische Handeln die Aufgabe abgeleitet, die „Rahmenbedingungen" für Unternehmen zu verbessern und „Vertrauen" der Wirtschaft wiederherzustellen.

Tendenziell verschleiern Wendungen wie *Verbesserung der Rahmenbedingungen* oder *Herstellung von Vertrauen* das tatsächlich Intendierte. Hinter ihnen verbirgt sich die Zielvorstellung, es sei Aufgabe der Politik, Maßnahmen zu ergreifen, von denen man annahm, sie würden die Unternehmensgewinne steigern. Von einem so orientierten wirtschaftspolitischen Handeln erhoffte man sich, in den Unternehmen neuen Mut aufkommen zu lassen und sie so zur Tätigung von Investitionen zu veranlassen, wodurch es dann – der argumentativen Sequenz gemäß – quasi wie von selbst zur Lösung der Probleme kommen würde. Die dem Argumentationsmuster zugrundeliegende Zielbestimmung für politisches Handeln ist also, Investitionen der Privatwirtschaft zu fördern, die, so der Glaube, zur Bewältigung der „Krise“ führten (Schaffung von Arbeitsplätzen usw.). Sprachkritisch ist zu hinterfragen, ob die wohlgefügte Sequenz „Förderung der Wirtschaft = Investitionen = Krisenbewältigung“ so zwingend ist, wie sie in quasi naturgesetzlicher Kausalität erscheint.

Im Rahmen dieses Argumentationsmusters wurde zwischen *investitionsfeindlichen* und *investitionsfreundlichen* oder *vertrauenschaffenden* und *vertrauenzerstörenden* Maßnahmen unterschieden. Als investitionsfreundlich/vertrauenschaffend galten u. a. Vorhaben, die der Senkung der „Arbeitskosten“ dienten, etwa vorsichtige Tarifabschlüsse oder die Entlastung der Unternehmen bezüglich der „Lohnnebenkosten“ und Steuern. Weiterhin wurde im Anschluss an den Investitionstopos für den *Abbau bürokratischer Hemmnisse und Überreglementierung* (324), beispielsweise in Form *übertriebener Umweltschutzauflagen* (325), oder auch den Ausbau der Atomenergie (325) plädiert. Flankiert wurde die Argumentation im Sinne des Investitionstopos nicht zuletzt durch die angebliche Unverzichtbarkeit einer *Sparpolitik*, d. h. einer Senkung der Sozialleistungen (326). Nur auf diese Weise sei das Vertrauen der Wirtschaft zurückzugewinnen, sie zu Investitionen zu motivieren und somit die „Krise“ zu bewältigen. Die folgenden Textbeispiele belegen den Investitionstopos in der erörterten Fassung:

(324) In dieser Situation müsse die richtige Strategie zur Überwindung der Beschäftigungskrise auf neue und dauerhafte Arbeitsplätze abzielen. Dies sei nur mit neuem Wachstum und mit zusätzlichen Investitionen zu erreichen. [...] Lambsdorff gab folgende Ansatzpunkte für eine erfolgreiche Wachstums- und Investitionspolitik zu erkennen: Abbau bürokratischer Hemmnisse und Überreglementierung zum Beispiel im Wohnungsbau, Eingrenzung des Subventionsunwesens, Förderung des Selbständigwerdens, Ermutigung des Mittelstandes. Die nötige Umkehr in der Wirtschaftspolitik müsse sich aber vor allem in der Finanz- und der Sozialpolitik vollziehen. Die Staatsquote sei zurückzuführen, indem der Anstieg der Ausgaben über mehrere Jahre unter dem Zuwachs des Sozialprodukts gehalten werde. Der Etat müsse zu Lasten der konsumtiven und zugunsten der investiven Ausgaben umgeschichtet werden. Das Steuersystem sei insgesamt leistungsfreundlicher und ‚investitionsfördernder‘ zu gestalten.
(FAZ, 11.9.1982, *„FDP ist nicht zur Wirtschaftslenkung bereit“*)

(325) Vornehmlich sollen private Investitionen durch Steuererleichterungen gefördert [...] werden. Wie Lambsdorff will auch die Union politische und bürokratische Investitionshemmnisse abbauen – etwa ‚zu komplizierte‘ Genehmigungsverfahren für industrielle Neuanla-

gen, ‚übertriebene' Umweltschutzauflagen, ‚zu langwierige' Instanzenwege der Gerichte, so CDU-Wirtschaftssprecher Kurt Biedenkopf. [...] Sie möchten mehr Kernkraftwerke bauen, um den Strom zu verbilligen. [...] Gewerkschaftlich beherrschte Tariffonds lehnen beide ab.
(SPIEGEL, 20.9.1982, *Wenn nur die FDP nicht wieder reinkommt*)

(326) Er sehe keinen anderen Weg als eine neue und umfassende Anstrengung über Jahre hinweg, die Investitionen erleichtere und damit neue Arbeitsplätze und neue Beschäftigungschancen schaffe. [...] Daher komme es darauf an, die Investitionsbereitschaft und Investitionsfähigkeit der Unternehmen zu stärken. [...] Mit einem engagierten Debattenbeitrag bemühte sich der stellvertretende Vorsitzende der FDP-Fraktion, Cronenberg, Lambsdorff den Rücken zu stärken. Es komme darauf an, die investiven Kräfte zu stärken und die Leistungsbereitschaft und Leistungsmöglichkeiten von Unternehmern und Arbeitnehmern zu erhöhen. Dies könne nur gelingen, wenn die öffentlichen Defizite wirksam begrenzt würden. Dies sei nur möglich, wenn der Anstieg der Sozialleistungen und ihr Anteil am Bruttosozialprodukt gesenkt werde.
(FAZ, 17.9.1982, *Der Wirtschaftsminister sagt: Beschäftigung für alle, die arbeiten wollen*)

Zuvor wurde darauf hingewiesen, dass im Rahmen des hier erörterten Argumentationsmusters zwischen *investitionsfeindlichen* und *investitionsfreundlichen* bzw. *vertrauenschaffenden* und *vertrauenzerstörenden* Maßnahmen unterschieden wurde. Als investitionsfeindlich/vertrauenzerstörend galten beispielsweise die von den Sozialdemokraten auf ihrem Parteitag diskutierten Vorhaben (siehe Kap. 5.5.1.2). Man bescheinigte ihnen Unzweckmäßigkeit, weil sie „Investitionsscheu" verursachten, und lehnte sie deshalb ab:

(327) Die Beschlüsse, die unter anderem die Einführung einer Ergänzungsabgabe und einer Arbeitsmarktabgabe [...] sowie die Anhebung des Spitzensteuersatzes bei der Einkommens- und Körperschaftssteuer vorsehen, werden nach Ansicht der Vertreter aus Wirtschaft und Politik das schon erheblich gesunkene Vertrauen der Unternehmen in die Regierungspolitik zusätzlich belasten. So war auf dem schon zur Tradition gewordenen Handelsblatt-Konjunkturforum auf der Hannover-Messe von einer ‚Generalabsage an den Markt' die Rede. Weder Gert Becker, Vorstandsvorsitzender der Degussa, noch Karl Gustav Ratjen, Vorstandsvorsitzender der Metallgesellschaft, können sich unter derartigen Umständen vorstellen, daß die Aktionäre der Unternehmen noch bereit sind, für die dringend erforderlichen Investitionen noch mehr Kapital zur Verfügung zu stellen.
(FAZ, 23.4.1982, *Scharfe Kritik der Wirtschaft an Parteitagsbeschlüssen*)

(328) Grundlegende Neuorientierung der Wirtschafts- und Finanzpolitik ist jetzt gefordert. Die Steuerbelastungen [müssten] wachstumsgerechter verteilt werden: mit anderen Worten – die Besteuerung der Unternehmen sollte verringert werden. Wünschenswert sei eine Verlagerung von direkten zu indirekten Steuern; vor allem aber ein Abbau der ausgesprochen investitionsfeindlichen Gewerbesteuer.
(Vorstandssprecher der Deutschen Bank AG Wilfried Guth, in: SZ, 8.4.1982, *Bonn sollte auf Beschäftigungsprogramm verzichten*)

Wie bereits erwähnt, ist dieses Argumentationsmuster der Ausdruck einer angebotsorientierten Denkweise. Nicht nur Genscher und Lambsdorff, sondern auch die neue Bundesregierung unter Helmut Kohl assoziierte eine erfolgreiche Krisenbewältigung mit Investitionsbereitschaft und machte die Wirtschaftsförderung zu ihrem politischen Programm, womit es eine der zentralen Thesen des Neoliberalismus stützte.

5.5.2.3.4 Topos der sozialen Sicherheit

„Gerade schwierige Zeiten erfordern die Regierungsbeteiligung von Sozialdemokraten, um die Zerstörung des erreichten Bestandes an sozialer Sicherheit, an innerem und äußerem Frieden zu verhindern."
(Bundesminister der Justiz Jürgen Schmude, in: BILD, 26.7.1982, *Also sprach Minister Schmude*)

„Wenn an dem Denk-Stück des Wirtschaftsministers Lambsdorff etwas skandalös ist, dann allenfalls, daß erst jetzt ein Minister dieser Regierung ein umfassendes Konzept [...] zur Rettung des Sozialstaats vorlegt."
(ZEIT, 17.9.1982, *Ein Feldherr ohne Truppen*)

Wendegegner wie -befürworter gingen davon aus, der Sozialstaat sei bedroht. Daraus wurde für das politische Handeln die Aufgabe abgeleitet, die soziale Sicherheit zu erhalten und den sozialen Frieden zu wahren. Entscheidend für Argumentationen auf Basis des Topos der sozialen Sicherheit sowie die Positionierung der Diskursteilnehmer ist, was jeweils als Bedrohung für die soziale Sicherheit und den sozialen Frieden definiert wurde. Aus dieser Festlegung leiteten Akteure entweder Ablehnung oder das Erfordernis einer „Wende" und damit verbundene Maßnahmen ab.

Wendegegner sahen die soziale Sicherheit und den sozialen Frieden hauptsächlich durch die politischen Vorhaben von FDP und Union bedroht. Sie nutzten das Argumentationsmuster, um vor einer „Wende" und vor bestimmten Maßnahmen – wie der *Kürzung des Arbeitslosengeldes* (329) oder der *Selbstbeteiligung bei den Krankenkosten* (330) – zu warnen: Würde die „Wende" Erfolg haben, sei die Erhaltung der sozialen Sicherheit gefährdet. Insbesondere im Lambsdorff-Papier (siehe Kap. 5.5.1.5) und im Programm der neuen Bundesregierung (siehe Kap. 5.5.1.8) sahen Wendegegner einen Konflikt mit dem politischen Ziel der Erhaltung der erreichten sozialen Sicherheit und eine Aufkündigung des sozialen Konsenses:

(329) Die SPD wolle das soziale Netz in allen seinen Kernbereichen erhalten, und er [Willy Brandt; Anm. d. Verf.] wolle keinen Zweifel daran lassen, daß Schnitte ins soziale Netz mit ihr nicht zu machen sind. Die SPD sei nicht für eine Kürzung des Arbeitslosengeldes zu haben.
(SZ, 20.4.1982, *Auf dem Parteitag in München: Brandt: Die SPD darf ihre Fähigkeit zur Regierung nicht in Frage stellen*)

(330) Döding: Arbeitnehmer dürfen nicht zur Melkkuh werden. BILD: Was sagen Sie zur geplanten Eigenbeteiligung an Krankenhaus- und Kurkosten? Döding: Ein entschiedenes Nein. Das ist der Einstieg in die Selbstbeteiligung bei den Krankenkosten und damit ein Angriff auf die [...] soziale Sicherheit der Arbeitnehmer. Da machen wir nicht mit.
(Gewerkschafts-Vorsitzender Günter Döding, in: BILD, 29.6.1982, *Schlimm was Bonn plant*)

(331) BILD: Was erwarten Sie von einer neuen Regierung aus CDU/CSU und FDP? Loderer: Die Übernahme des verhängnisvollen Lambsdorff-Kurses. [...] Diese Politik aber würde den sozialen Konflikt vorprogrammieren. Deshalb appelliere ich an die Gewerkschaftsfreunde in der Union, an Norbert Blüm und seine Mitstreiter: Stoppt Lambsdorff, damit der soziale Friede gewahrt wird. Ich fürchte aber, dafür sind sie nicht stark genug.
(Vorsitzender der IG-Metall Eugen Loderer, in: BILD, 20.9.1982, *Was Loderer befürchtet: Permanente Unruhen in der Arbeiterschaft, wenn ...*)

(332) Gesellschaftspolitisch ist die vielgefeierte Wende allerdings eindeutig. Es ist die Wende zum Klassenkampf von oben nach unten und zur Umverteilung von unten nach oben. [...] Eine Lohnpause, das heißt praktisch eine verstärkt negative Entwicklung der Reallöhne, würde eine solche verhängnisvolle Politik in der Tat abrunden. Daß dieser Vorschlag ausgerechnet vom Arbeitsminister kommt, spricht Bände, ich sage noch einmal, diese Politik kann die Arbeitslosigkeit nur verschlimmern. Mit Ihrer Politik der tiefen und, wie wir meinen, ungerechten Einschnitte in das soziale Netz gefährden Sie außerdem eine der wichtigsten Rahmenbedingungen für eine gedeihliche wirtschaftliche und politische Entwicklung, den sozialen Frieden.
(SZ, 15.10.1982, *Der Bundestag diskutiert über die Regierungserklärung*)

Auch die Wendebefürworter betrachteten es als ihre Aufgabe, die soziale Sicherheit zu erhalten und den sozialen Frieden zu wahren. Ihrer Ansicht gemäß war diese Zielsetzung hauptsächlich durch die „Krise", insbesondere durch die angebliche finanzielle Überlastung des Sozialstaates (siehe Kap. 5.5.2.1.2), und das eventuelle Scheitern einer „Wende" in der Sozial- und Wirtschaftspolitik gefährdet. Demnach sahen die Wendebefürworter keinen Konflikt zwischen dem genannten politischen Ziel und den Ideen Lambsdorffs bzw. den mit „Wende" assoziierten politischen Vorhaben. Im Gegenteil: Wie schon Genscher in seinem Brief an die Mitglieder seiner Partei (siehe Kap. 5.5.1.1) betonten sie immer wieder, die „Wende" diene der Erhaltung der sozialen Sicherheit, sie sei sogar zwingend notwendig, wenn man den Sozialstaat bewahren wolle, weshalb die empfohlenen Maßnahmen unbedingt durchgeführt werden müssten. Im Kontext des Wendebriefes wurde bereits darauf hingewiesen, dass die Annahme, der Erhalt der sozialen Sicherheit und die Wahrung sozialen Friedens könnten ausgerechnet durch einen als *Umbau* (336) bezeichneten „Rückbau" des Sozialstaates erreicht werden, zu den Eigentümlichkeiten neoliberaler Logik und der von ihr inspirierten Konstruktion von Sachverhaltszusammenhängen zählt. Diese widersprüchlich anmutende Denkweise ist wohl vor dem Hintergrund der Theorie der Selbstvernichtung des

Sozialstaates zu sehen, der, um ihn vor sich selbst zu schützen, auf ein „vernünftiges" Maß zurechtgestutzt werden müsse (siehe hierzu den Topos vom wuchernden Staat/überbordenden Sozialstaat in Kap. 5.5.2.2.2). Die folgenden Beispiele vermitteln einen Eindruck vom Gebrauch des Topos der sozialen Sicherheit im Lichte der Wendebefürworter:

(333) Wir wollen das soziale Netz sichern.
(Helmut Kohl, in: BILD, 14.10.1982, *Kohl: So schaffen wir's. Deutsche helft mit*)

(334) Die Politik der Union diene dem Ziel, die ‚Säulen unseres Sozialstaates' tragfähig zu erhalten.
(FAZ, 23.10.1982, *Breit: Forderungen und Angebote des DGB unverändert*)

(335) Sozialer Frieden und soziale Sicherheit tragen zur Stabilität unserer freiheitlichen Ordnung bei. Das darf nicht gefährdet werden. Aber der soziale Konsens kann nicht auf der Grundlage eines Sozialleistungsniveaus gefunden werden, das nicht mehr bezahlbar ist.
(FAZ, 20.9.1982, *Demontage des Sozialstaats?*)

(336) ‚Wenn wir unser Sozialsystem auf Dauer wetterfest machen wollen, müssen wir mit Reformen am System selbst beginnen. Und da muß ganz klar sein: Nicht Abbau, sondern Umbau der sozialen Sicherung ist die Devise', erklärte Genscher.
(SZ, 26.4.1982, *Genscher gegen dirigistische Eingriffe*)

(337) Auch für den Bereich der Sozialpolitik hat der Bundeskanzler die im Koalitionspapier von Ende September angekündigten Vorhaben bestätigt. Die vorgesehenen Kürzungen im Sozialbereich seien zur Sicherung der Grundlagen einer soliden Sozialpolitik notwendig.
(SZ, 14.10.1982, *Leistung und Selbstverantwortung im Mittelpunkt*)

5.5.2.4 Topoi der Maxime

Der Topos der Maxime hat eine ähnliche Funktion wie der Finaltopos: Er bildet im Rahmen von Argumentationen einen Maßstab für die Bewertung politischen Handelns und wirkt handlungsmotivierend. Insofern Argumentationen auf Basis des Topos der Maxime sich auf allgemein als verbindlich geltende Leitbilder, Prinzipien, Normen und Werte beziehen, geben sie deutlich Aufschluss über das Wertesystem der Diskursteilnehmer.

Bezüglich der Topoi der Maxime hat verglichen mit der „Ölkrise" ein deutlicher diskursiver Wandel stattgefunden. Generell basiert der Krisendiskurs 1982 in stärkerem Maß auf bestimmten Werten und ist deshalb von deutlich anderer Qualität. Dabei dominiert der Gerechtigkeitstopos (112), der sich in die Prinzipien der ‚sozialen Gerechtigkeit' (85) und der ‚Leistungsgerechtigkeit' (27) untergliedert. Auf das letztgenannte Argumentationsmuster folgt mit 42 annotierten Textstellen der Sozialstaatstopos, womit abermals verglichen mit der „Ölkrise" 1973/47 ein neues Argumentationsmuster im Krisendiskurs auftaucht. Im Diskurs zur „Ölkrise“ dominiert der Topos der Marktwirtschaft die an Leitbilder, Prinzipien, Normen und Werte anknüpfenden Argumentationen. Er spielt auch im Untersuchungszeitraum 1982 mit 33 Belegen eine prägende Rolle, wobei er, dies sei vorweggenommen, nahezu identisch realisiert wurde. Neu hinzugekommen hingegen sind die Topoi der Eigenverantwortung (26) und der Subsidiarität (25), die eng miteinander und mit dem Topos der Marktwirtschaft verbunden sind. Historische Kontinuität zwischen beiden bislang betrachteten „Krisen“ besteht hinsichtlich des Solidaritätstopos (25).

- Topoi der Maxime
  - Gerechtigkeitstopos
    - soziale Gerechtigkeit/Verteilungsgerechtigkeit (85) KRI-za-011m -012j -012q -0132 -013i -013l -014p -015n -0172 -0173 -017s -019n -019q -01a4 -01aa -01ae -01b8 -01c8 -01eb -01ec -01fx -01fz -01g8 -01gf -01jf -01nj -01nl -01om -01pf -01sn -01ts -01ve -01x1 -020v -0254 -0263 -026j -0274 -02b9 -02bg -02cd -02cl -02dg -02e9 -02ee -02ej -02es -02ev -02f6 -02fl -02fn
    - Leistungsgerechtigkeit (27) KRI-za-012a -013g -013s -0158 -015r -0171 -0172 -018n -019l -019o -01ah -01b6 -01fx -01g8 -01ig -01nb -01nc -0274 -028i -02e6
  - Topos vom Sozialstaatsprinzip (42) KRI-za-011o -0132 -014h -014y -0150 -016g -017p -017s -018n -01a5 -01a7 -01aa -01ae -01b8 -01c8 -01cl -01eb -01g9 -01gf -01hg -01jf -01jn -01n9 -01nl -01om -01pf -01sn -01ts -01ve -01x1 -0254 -0263 -0266 -0274 -029v -02cu
  - Topos der Marktwirtschaft (33) KRI-za-0127 -012d -012s -014w -0172 -019l -019o -01a7 -01ah -01ay -01cc -01cw -01em -01m8 -01yt -0210 -0274 -027k -02cu -02d5 -02e8 -02es
  - Topos der Eigenverantwortung (26) KRI-za-012j -016h -0173 -018j -018n -0190 -019l -019m -019o -01aa -01em -01g8 -01ig -01jd -01jm -01nb -01nc -01nd -01zy -0274 -02ee
  - Subsidiaritätstopos (25) KRI-za-013z -0158 -015n -0173 -018j -01a4 -01em -01fw -01g8 -01if -01ig -01j4 -01jd -01jm -01jp -01nb -01nc -01nd -02d6 -02ed
  - Solidaritätstopos (25) KRI-za-012q -0158 -015f -015n -015z -0162 -0164 -0172 -017d -017p -018j -01c8 -01cc -01fx -01g9 -01jf -01jp -01n9 -01nd -01nl -0254 -02ee -02ej

Abb. 20: Übersicht Topoi der Maxime „Wende“ 1982 in FuD

5.5.2.4.1 Gerechtigkeitstopos

Insofern ‚Gerechtigkeit‘ ein positiv besetztes und nicht begründungsbedürftiges Hochwertkonzept ist, liegt seine argumentative Nutzung nahe. Dementsprechend war ‚Gerechtigkeit‘ im Krisendiskurs 1982 eine allgemein anerkannte Norm, mit der politisches Handeln legitimiert und infrage gestellt wurde. Sowohl Wendegegner als auch -befürworter beriefen sich auf ‚Gerechtigkeit‘ als Maßstab für politisches Handeln. Aus Gründen der Gerechtigkeit erachtete man bestimmte politische Handlungen als geboten oder nicht geboten. Dabei lassen sich zwei Gerechtigkeits-Konzepte, auf die man sich berief, um Entscheidungen/Vorhaben/Maßnahmen zurückzuweisen oder zu legitimieren, unterscheiden: (i) soziale Gerechtigkeit/Verteilungsgerechtigkeit und (ii) Leistungsgerechtigkeit.

Variante I: Soziale Gerechtigkeit/Verteilungsgerechtigkeit

„In der Wirtschaftspolitik sind große Teile der FDP wieder in einen Steinzeit-Liberalismus zurückgefallen. Dies ist für Sozialdemokraten völlig unerträglich. Wir bestehen auf einer Politik der sozialen Gerechtigkeit."
(BILD, 7.4.1982, *Koalition muß mehr SPD-Politik machen!*)

Als Idealnorm für politisches Handeln im öffentlich-politischen Krisendiskurs 1982 dominierte das allgemeine Prinzip der ‚sozialen Gerechtigkeit'. Insbesondere die Pläne der sozial-liberalen Koalition zur Bewältigung der „Finanzkrise des Staates", das Lambsdorff-Papier und das politische Programm der neuen Bundesregierung lösten Diskussionen über ‚soziale Gerechtigkeit' aus. Ideell wurde jedoch kaum näher bestimmt, was man darunter verstand. Im Kotext des Argumentationsmusters wird klar, dass es meist um Fragen der angemessenen Verteilung von materiellen Gütern, Lasten, Arbeit usw. auf die verschiedenen Bevölkerungsschichten ging. Sowohl Wendegegner als auch -befürworter nutzten den Gerechtigkeitstopos in dieser Spielart, was zu einem semantischen Kampf um den Begriff der ‚sozialen Gerechtigkeit' führte.

Gewerkschaften und Sozialdemokraten waren einerseits bemüht, sich durch Assoziation ihres sozial- und wirtschaftspolitischen Kurses mit sozialer Gerechtigkeit die Zustimmung zu bestimmten politischen Vorhaben zu sichern. Beispielsweise argumentierten sie auf Basis des Prinzips der ‚sozialen Gerechtigkeit' für eine höhere Besteuerung von Spitzeneinkommen, für Einschränkungen von Steuervergünstigungen und für eine Verkürzung der Arbeitszeit. Andererseits nahmen sie die oben genannten diskursiven Ereignisse zum Anlass, bestimmte Vorhaben am Leitbild ‚soziale Gerechtigkeit' zu prüfen, so die in den folgenden Beispielen referierten Beschlüsse zum Bundeshaushalt 1983:

(338) Wir sind beim Haushalt '83 am Rande dessen angelangt, was als sozial gerecht vertreten werden kann.
(BILD, 20.7.1982, *Regierungswechsel wäre eine Katastrophe*)

(339) Die ‚soziale Ausgewogenheit der Sparaktion' sei für die SPD unerläßlich, berichtete der Schmidt-Vertraute.
(SPIEGEL, 14.6.1982, *Selbstmord aus Angst vor dem Tod?*)

(340) Auch 1983 soll die Haushaltslücke durch kräftige Einschnitte ins soziale Netz geschlossen werden. Sind die Gewerkschaften zu Opfern bereit? Döding: Nur wenn das Paket sozial ausgewogen ist. Das hat aber nicht den Anschein. So soll der Arbeitslosenbeitrag erhöht werden, ohne daß endlich die Arbeitsmarktabgabe kommt. Es ist schlimm, daß auf diesem Wege Bauern, Selbständige und Beamte erneut verschont werden. Noch schlimmer ist, daß bei aller Sparerei kein Geld für beschäftigungswirksame Maßnahmen übrig bleibt.
(BILD, 29.6.1982, *Döding: Schlimm was Bonn plant*)

Die Beispiele zeigen, dass für die Realisierung des Argumentationsmusters das Schlagwort *soziale Ausgewogenheit* (339), aber auch *soziale Balance* eine wichtige Rolle spielte. Vor dem Hintergrund des Kriteriums der *Ausgewogenheit* oder *Balance* bewertete man den politischen Kurs des Antagonisten, insbesondere die *Sparpolitik*/Kürzungen bei den Sozialleistungen, als Normabweichung, als zugunsten des Kapitals das Gleichgewicht störend und als Verstoß gegen den Wert ‚Gerechtigkeit'. Im Lichte solcher Bewertungen wurden bestimmte Maßnahmen häufig durch Verdikte und Attribute wie (*sozial*) *unausgewogen* (341), (*sozial*) *ungerecht* oder *unsozial* (341) stigmatisiert und letztlich in ihrer Gültigkeit delegitimiert. Auch der Gebrauch der Vorwurfsvokabel *soziale Demontage* (343) ist für die Realisierung des Argumentationsmusters typisch, durch die man dem politischen Gegner zuschrieb, den „Abbau" des Sozialstaates zu betreiben. Im Folgenden führe ich weitere Beispiele für die geschilderte Verwendung des Argumentationsmusters an:

(341) Nach Auffassung des Deutschen Gewerkschaftsbundes sind die Sparbeschlüsse zum Bundeshaushalt 1983 konjunktur- und beschäftigungspolitisch verfehlt und sozialpolitisch unausgewogen. Die vorgesehenen Einschnitte in das soziale Netz [...] bedeuteten die direkte Fortsetzung der unsozialen Sparpolitik des letzten Jahres.
(SZ, 2.7.1982, *DGB: Unsoziale Sparpolitik*)

(342) Der IG-Metall-Vorsitzende Loderer kritisierte abermals die Pläne der Bundesregierung zur Haushaltssanierung als sozial unausgewogen. Für die Gewerkschaften werde es schwierig und schmerzlich, sich in diese neue Lage einzuleben und einen politischen Erfolg darin zu suchen, das Erreichte zu erhalten.
(SZ, 21.8.1982, *Späth für einschneidende Sparmaßnahmen*)

(343) Die Gewerkschaften wollen nach den Worten des Vorstandsmitgliedes der Industriegewerkschaft Metall, Hans Janssen, mit ihrer Kritik an den ‚unsozialen Sparmaßnahmen' der Bundesregierung und mit der ‚Mobilisierung gegen soziale Demontage' den arbeitnehmerfreundlichen Kräften in der SPD den Rücken stärken. [...] Er forderte, anstelle einer ‚unsozialen Krisenpolitik mit verheerenden Folgen' eine aktive Wirtschafts- und Beschäftigungspolitik zu setzen.
(SZ, 23.8.1982, *IG Metall erneuert Kritik am Haushalt 1983*)

(344) Als ‚unverschämte Herausforderung aller sozial Schwachen' bezeichnete der sozialpolitische Sprecher und stellvertretende Vorsitzende des Reichsbundes der Kriegsopfer, Behinderten, Sozialrentner und Hinterbliebenen, Hermann Salomonson, in Bonn die Ankündigung weiterer Eingriffe in soziale Leistungen durch Bundeswirtschaftsminister Otto Graf Lambsdorff (FDP). Diese Ankündigung nur zwei Tage nach dem Kabinettsbeschluß, den Bundeshaushalt 1983 um acht Milliarden Mark auf dem Rücken der Kriegsopfer, Sozialrentner, Arbeitslosen und Kranken zu entlasten, demaskiere Lambsdorff als ‚Scharfmacher der sozialen Demontage'.
(SZ, 12.7.1982, *Kritik an Haushaltsbeschlüssen hält an*)

Nicht nur Gewerkschaften und Sozialdemokraten verwendeten den Gerechtigkeitstopos. Kurz vor und unmittelbar nach dem Regierungswechsel wurde der Gerechtigkeitstopos häufig von der CDU genutzt. In erster Linie die Sozialausschüsse befürchteten, das Regierungsprogramm basiere weniger auf der christlichen Soziallehre als auf konservativen Ideen und auf den Thesen Lambsdorffs zur Sozial- und Wirtschaftspolitik. Diese Tendenz versuchte man teilweise durch Berufung auf das Prinzip der ‚Gerechtigkeit' abzuwehren, wie es etwa Helmut Kohl in seiner Regierungserklärung tat, was aber – wie der SPIEGEL in (346) vermutete – eher als strategisches Zugeständnis zu sehen ist:

(345) Die Vorschlage Lambsdorffs haben auch bei der CDU/CSU-Bundestagsfraktion keine uneingeschränkte Zustimmung gefunden. Helmut Kohl erklärte, die Ideen enthielten ‚auch Forderungen, die wir ablehnen, weil sie sozial nicht ausgewogen sind'.
(SZ, 14.9.1982, *Lambsdorffs Konzept schürt Koalitionskrach / SPD-Vorstand: Sozialer Konsens gefährdet*)

(346) Über Kreuz gerät der Graf indes mit den Unionschristen, wo es ans Mark seiner Vorschläge, an die soziale Balance, geht. Denn Lambsdorffs brutale Sparvorschläge kann eine Volkspartei wie die Christenunion, die auch an die Arbeitnehmer in ihren Reihen und unter ihren Wählern denken muß, kaum akzeptieren. [...] Fast alle fällten wie Helmut Kohl das Urteil: ‚Sozial unausgewogen'. Am deutlichsten schimpfte der um die Ruhrpott-Wähler besorgte nordrheinwestfälische Oppositionschef Kurt Biedenkopf über den ‚Husarenritt' Lambsdorffs, dem nur eine Minderheit in der Bevölkerung applaudieren könne. ‚Man kann ein soziales Netz nicht gerade zu einem Zeitpunkt in Frage stellen, zu dem eine immer größere Zahl von Menschen in dieses Netz fällt'. Selbst dem Franz Josef Strauß, schon immer ein Freund radikaler Sparmaßnahmen, ging der Lambsdorff-Katalog zu weit. Lambsdorff verabreiche ‚brutale Medizin', befand der CSU-Chef – auch er braucht bei den bayrischen Landtagswahlen am 10. Oktober Arbeitnehmerstimmen, um glorreich zu siegen. ‚Wir müssen uns mit den Gewerkschaften arrangieren', mahnte Kohl-Vorgänger Rainer Barzel. Der Nachfolger ist schon auf diesem Trip. Am letzten Dienstag machte sich Kohl vor der Unionsfraktion die Forderungen des Arbeitnehmerflügels zu eigen, die ihm Sozialexperte Adolf Müller am Montag überbracht hatte: Lambsdorffs Vorschläge, das Mutterschaftsgeld zu streichen und das Arbeitslosengeld von 68 auf 50 Prozent des letzten Nettoeinkommens herabzusenken, könne die Union nicht hinnehmen.
(SPIEGEL, 20.9.1982, *Wenn nur die FDP nicht wieder reinkommt*)

Auch Wendebefürworter aus den Reihen der FDP etikettierten ihren sozial- und wirtschaftspolitischen Kurs als sozial gerecht und versuchten, sich auf diese Weise die Zustimmung zu den politischen Vorhaben zu sichern, gegen welche die Wendegegner argumentierten, indem sie sich auf den Gerechtigkeitstopos beriefen. Der Besetzung und argumentativen Nutzung des Gerechtigkeitsbegriffs durch Wendebefürworter lag die Strategie zugrunde, ihn an die Bedingung der Krisenbewältigung zu knüpfen und vom Ziel sozialer Sicherheit abzukoppeln. Als Beispiel hierfür zitiere ich eine Textstelle aus dem Lambsdorff-Papier, die diese Strategie par excellence umsetzt:

(347) Wer bei einer solchen Politik den – in der Sache vordergründigen – Vorwurf einer ‚sozialen Unausgewogenheit' [...] macht, dem kann und muß entgegengehalten werden, daß nur eine solche Politik in der Lage ist, die wirtschaftliche Grundlage unseres bisherigen Wohlstandes zu sichern und die Wachstums- und Beschäftigungskrise allmählich und schrittweise zu überwinden. [...] Die schlimmste soziale Unausgewogenheit wäre eine andauernde Arbeitslosigkeit von 2 Millionen Erwerbsfähigen oder gar noch mehr. [...] Es kann im wirtschaftlichen und sozialen Bereich derzeit keine wichtigere Aufgabe geben, als die Arbeitslosigkeit zu bekämpfen, durch neues Wirtschaftswachstum wieder mehr Beschäftigung und auch eine allmähliche Lösung der öffentlichen Finanzierungsprobleme zu ermöglichen und damit schließlich alle Bürger am wirtschaftlichen und gesellschaftlichen Fortschritt teilnehmen zu lassen. Wir stehen vor einer wichtigen Wegkreuzung. Wer eine solche Politik als ‚soziale Demontage' oder gar als ‚unsozial' diffamiert, verkennt, daß sie in Wirklichkeit der Gesundung und Erneuerung des wirtschaftlichen Fundaments für unser Sozialsystem dient. ‚Sozial unausgewogen' wäre dagegen eine Politik, die eine weitere Zunahme der Arbeitslosigkeit und eine Finanzierungskrise der sozialen Sicherungssysteme zuläßt, nur weil sie nicht den Mut aufbringt, die öffentlichen Finanzen nachhaltig zu ordnen und der Wirtschaft eine neue Perspektive für unternehmerischen Erfolg und damit für mehr Arbeitsplätze zu geben. Die Konsequenz eines Festklammerns an heute nicht mehr finanzierbare Leistungen des Staates bedeutet nur die weitere Verschärfung der Wachstums- und Beschäftigungsprobleme sowie eine Eskalation in den Umverteilungsstaat, der Leistung und Eigenvorsorge zunehmend bestraft und das Anspruchsdenken weiter fordert – und an dessen Ende die *Krise des politischen Systems* steht.
(Otto Graf Lambsdorff, in: *Konzept für eine Politik zur Überwindung der Wachstumsschwäche und zur Bekämpfung der Arbeitslosigkeit*)

Der genannten Strategie gemäß erscheint Politik dann als sozial gerecht, wenn sie die „Krise" bewältigt, d. h. vor allem Arbeitsplätze schafft. Dies erinnert an den etwa zur Begründung der *Agenda 2010* genannten „Reformen" von Sozialdemokraten genutzten Slogan *Sozial/Gerecht ist, was Arbeit schafft.* Im Jahr 1982 ging man davon aus, dass demzufolge das Vorhaben, eine „Wende" zu realisieren, im Sinne der sozialen Gerechtigkeit sei, weil es dem Ziel diene, Arbeitsplätze zu schaffen. Im Rahmen dieser Absicht erachtete man – wie erwähnt – das Ziel soziale Sicherheit als untergeordnet und koppelte es vom Begriff der ‚Gerechtigkeit' ab.

Variante II: Leistungsgerechtigkeit

„Die Anstrengungen des einzelnen sollten sich wieder für ihn lohnen und zugleich zu einem Fortschritt für das Ganze führen."
(Helmut Kohl, in: FAZ, 14.10.1982, *Kohl verspricht eine Politik der Mitte*)

Wer mehr hat, soll größere „Lasten" schultern – so eine dem Gerechtigkeitstopos zugrundeliegende Denkweise. Dieses „Robin-Hood-Prinzip", wie man die argumentativ genutzte Gerechtigkeits- und Verteilungslogik nennen könnte, verwendeten in erster Linie Wendegegner. Wendebefürworter hingegen sahen im Leistungsprinzip die angemessene Form der Verteilung von materiellen Gütern, Lasten, Arbeit usw. auf alle Bevölkerungsschichten. Die Grundidee der Leistungsgerechtigkeit lässt sich wie folgt paraphrasieren: Jedes Individuum bekommt, was es leistet; wer nichts leistet, bekommt nichts. Offensichtlich entwickelte Helmut Kohl in seiner ersten Regierungserklärung als Bundeskanzler den Gedanken der Leistungsgerechtigkeit (siehe Kap. 5.5.1.8).

Charakteristisch für den Gerechtigkeitstopos in der genannten Fassung ist die Betonung des Konnexes zwischen Leistung (des Individuums) und Gegenleistung (des Staates):

(348) Es sei gerecht, den Zusammenhang zwischen Leistung und Gegenleistung wieder stärker herauszustellen. Wer Leistung verweigere, obwohl er leisten könnte, handele unsozial, sagte Kohl [...].
(FAZ, 14.10.1982, *Das neue Programm: Sich selbst etwas zutrauen und nicht auf den Staat warten*)

Aus der Auffassung, staatliche Leistung sei ein Gegenwert für individuelle Leistung, und der Annahme, das Gleichgewicht zwischen Leistung und Anspruch sei aus den Fugen geraten, wurde für den Staat die Aufgabe abgeleitet, Maßnahmen zu ergreifen, die dazu führten, dass sich *Leistung wieder lohnt* (349) – so der in diesem Zusammenhang charakteristische Slogan. Der Spruch geht also nicht auf Guido Westerwelle und die FDP zurück, die ihn bis heute als Wahlkampfslogan nutzt, sondern war eine Maxime der von Kohl avisierten „geistig-moralischen Wende“ und des Regierungsprogramms der konservativ-liberalen Koalition. Es scheint, als habe Helmut Kohl ihn in den öffentlich-politischen Diskurs eingeführt:

(349) Die Wirtschaft müsse von Investitionshemmnissen befreit werden, ‚damit sich Leistung wieder lohnt‘, sagte der CDU/CSU-Fraktionschef [...]. Heute werde der ‚Anständige und Loyale‘ gegenüber dem ‚Aussteiger‘ bestraft. Wer im Erwerbsleben etwas riskiere und investiere, habe Anspruch auf höheren Lohn und Gewinn, meinte Kohl [...].
(SZ, 27.9.1982, *Kohl: Leistung muß sich wieder lohnen*)

(350) BILD: Die Regierung hat Steuersenkungen für 1982 versprochen. Die SPD rückte aber wieder davon ab... Kohl: Der Leistungswille der Bürger wird durch immer höhere Steuern und Abgaben gedrosselt. [...] Wir brauchen ein Steuersystem, in dem sich Leistung wieder lohnt.
(Helmut Kohl, in: BILD, 15.7.1982, *Kohl: Haushalt wird den Herbst kaum überleben*)

(351) Der Grundsatz der Leistungsgerechtigkeit [muss] bei der Finanzierung der sozialen Sicherung [stärker beachtet werden], damit krasse Differenzen zwischen Finanzierungsbeitrag und Leistungsanspruch vermieden würden.
(FAZ, 18.8.1982, *Glombig fordert eine Gesamtreform des sozialen Sicherungssystems*)

(352) Leistung muß wieder belohnt, Leistungsverweigerung bestraft werden können. [...] Leistungswille und Leistungsbereitschaft müssen in unserem Volk motiviert und gefordert werden anstelle des unter Brandt und Genossen gezüchteten egoistischen Anspruchsdenkens! (FAZ, 23.9.1982, *Leistungswille statt Anspruchsdenken*)

Als gerecht und im Sinne des sozialen Friedens wurden, wie die oben zitierten Textstellen zeigen, u. a. Maßnahmen zur Förderung der Wirtschaft/Investitionen (349), Steuer- und Abgabesenkungen (350) und eine „Anpassung" der Ansprüche auf soziale Sicherung an „Geleistetes" bzw. Kürzungen bei den Sozialausgaben (351) begründet. Als ungerecht galten etwa der Verdienst für Hilfsarbeiter im Verhältnis zu Facharbeitern (353) oder das Niveau der Sozialhilfe, wie in (354) und (355):

(353) Die Arbeitgeberverbände: ‚Es ist leistungsfeindlich und ungerecht, daß Facharbeiter oft nicht viel mehr erhalten als Hilfsarbeiter'.
(BILD, 16.10.1982, *Verdienen Hilfsarbeiter zuviel?*)

(354) Die Hilfe von Arbeitslosen [...] so einzurichten, daß der Drang zu neuen Arbeitsplätzen allmählich erlischt, belastet die für solche Leistungen zahlenden anderen Arbeitnehmer in unsozialer Weise.
(FAZ, 30.9.1982, *Vom Mythos des Sozialen*)

(355) Auch in der Sozialpolitik forderte Lambsdorff eine Wende: Die Solidarität der Versicherten dürfe nicht länger zu Lasten der Fleißigen mißbraucht werden.
(FAZ, 11.9.1982, *„FDP ist nicht zur Wirtschaftslenkung bereit"*)

Typisch und äußerst zynisch im Sinne des Gerechtigkeitstopos in der hier dargestellten Variante ist die bereits in Zusammenhang mit dem Topos vom wuchernden Staat/überbordenden Sozialstaat (siehe Kap. 5.5.2.2.2) erwähnte Diffamierung von Menschen, die auf staatliche Hilfen angewiesen sind, als faul, leistungsunwillig oder Leistungsverweigerer. Der Bezug staatlicher Leistungen wurde als „Leben auf Kosten anderer" oder *Ausbeutung* (356) derjenigen, die etwas leisten würden, abqualifiziert. So ist die Konnotation ›asozial‹ für Sozialhilfeempfänger ein wichtiger (Neben)Effekt der Verwendung des Gerechtigkeitstopos bezogen auf das Prinzip der ‚Leistungsgerechtigkeit':

(356) Ziel unserer Sozialpolitik ist, die sozialen Leistungen auf die wirklich Hilfebedürftigen zu konzentrieren. Wo es Spielräume gibt, das Prinzip Leistung für Gegenleistung zu stärken, werden wir sie nutzen. [...] Wir wollen eine Gesellschaft, in der sich die Anstrengungen des einzelnen für ihn wieder lohnen. [...] Wir sind davon überzeugt, daß freie Initiative und Leistung für den einzelnen wie für das Ganze besser sind als staatliche Lenkung und Bevormundung. Wir vertrauen auf den Bürger, der seine Zukunft in seine Hände nimmt. [...] Wir wissen, daß Leistung, das schöpferische Schaffen der Menschen, einen sozialen Sinn hat und auch eine soziale Verpflichtung ist. Wer Leistung verweigert, obwohl er leisten könnte,

handelt unsozial. Er beutet seinen Nächsten aus. [...] Wir halten es für gerecht, den Zusammenhang zwischen Leistung und Gegenleistung wieder stärker herauszustellen. Wer diesen Zusammenhang leugnet, macht unser Volk ärmer und gefährdet die Grundlagen sozialer Sicherheit.
(Helmut Kohl, in SZ, 14.10.1982, *Freie Leistung ist besser als staatliche Lenkung*)

5.5.2.4.2 Sozialstaatstopos

„Aber unakzeptabel findet er den großen Rotstift bei wichtigen Sozialleistungen. [...] Ohne den Namen des Grafen zu nennen, warnt der Kanzler [...] davor, in einer Krise ‚Klassenkampf von oben‘ zu machen. Jedenfalls für Sozialdemokraten sei der Sozialstaat Verfassungsgebot.“
(ZEIT, 17.9.1982, *Scheiden tut weh*)

Der Sozialstaatstopos steht in enger Beziehung zum Topos der sozialen Sicherheit. Dem Argumentationsmuster liegen Berufungen auf das Sozialstaatsprinzip des deutschen Grundgesetzes zugrunde (GG Art. 20 (1); GG Art. 28 (1)).

Insbesondere Gewerkschaften nutzten den Topos, um gegen das Vorhaben einer „Wende“ zu argumentieren. Sie interpretierten bestimmte politische Maßnahmen – etwa *Einschnitte bei den sozialen Leistungen* (357) im Zuge der angestrebten „Konsolidierung“ des Haushaltes – als Angriff auf das Sozialstaatsprinzip und das Grundgesetz:

(357) ‚Hände weg vom Sozialstaat. Wer sich vergreift an sozialstaatlichen Prinzipien, der schwingt die Axt gegen das Grundgesetz und Selbstverständnis unseres Staates‘. Mit diesen Worten hat der in Berlin mit großer Mehrheit zum neuen Ersten Vorsitzenden des DGB gewählte Ernst Breit sich gegen jeden Einschnitt bei den sozialen Leistungen gewandt. [...] Sozialer Konsens müsse nun gegen ‚modisch aufgeputzte Ressentiments‘ verteidigt werden, worunter er offenbar jene ‚Neokonservativen‘ versteht, die das Vorhandensein überzogener sozialer Leistungen wenigstens überprüfen wollen.
(FAZ, 21.5.1982, *Breit: Wir kämpfen gegen jeden, der den Sozialstaat antastet*)

(358) Die Gewerkschaft Öffentliche Dienste, Transport und Verkehr (ÖTV) [...] sprach von Grundgesetzverletzungen durch die Koalition. Das geschäftsführende Vorstandsmitglied der Gewerkschaft, Monika Wulf-Mathies, schrieb im ÖTV-Mitgliedermagazin, die Gewerkschaften müßten sich wehren, wenn der Staat aufhöre, dem Verfassungsgebot zur Verwirklichung des Sozialstaates zu folgen.
(SZ, 6.8.1982, *FDP gerät mit ihrer Haushaltspolitik in scharfen Gegensatz zu SPD und DGB*)

(359) Erneut heftige Kritik erntete die FDP auch bei der Sachverständigen-Anhörung zu den geplanten Bonner Konsolidierungsmaßnahmen im Sozialbereich [...]. Nach Meinung des DGB, der in der FDP den Hauptschuldigen für die Abstriche im Sozialbereich sieht, gefährdet der Etatentwurf 83 die Substanz der sozialen Krankenversicherung. Der Koalitionsbeschluß sei ein ‚bewußter Einstieg‘ in eine generelle Selbstbeteiligung und rüttle an den Grundpfeilern des Systems der sozialen Sicherung. Am Ende dieser verhängnisvollen Tendenzwende werde wieder die ‚Arme-Leute-Krankenkasse‘ und die ‚Zwei-Klassen-Medizin‘ stehen, warnte

ein Gewerkschaftssprecher. Trotz der massiven Kritik des DGB und anderer Interessenverbände rechtfertigte Bundesarbeitsminister Heinz Westphal die geplanten Maßnahmen als unverzichtbar zur Sanierung der Staatsfinanzen.
(SZ, 6.8.1982, *FDP gerät mit ihrer Haushaltspolitik in krassem Gegensatz zu SPD und DGB*)

Die Beispiele zeigen, dass der Topos genutzt wurde, wenn soziale Errungenschaften – beispielsweise die gesetzliche Krankenversicherung wie in (359) – durch bestimmte Vorhaben (*Konsolidierungsmaßnahmen*) in ihrem Bestand als bedroht gesehen wurden. Das Prinzip der ‚Sozialstaatlichkeit' gebiete es, die als bestandsgefährdend gesehenen Maßnahmen abzuwehren.

Auch das Programm der neuen konservativ-liberalen Bundesregierung wurde seitens der Gewerkschaften unter Berufung auf den Sozialstaatstopos abgelehnt, so etwa die Blüm'sche *Atempause für die Sozialpolitik* (363). Insofern man die Vorhaben häufig als *Angriff* (360) auf den Sozialstaat und die Verfassung darstellte, inszenierten sich deren Gegner in der Rolle von Verteidigern des Sozialstaates und Hütern des Grundgesetzes:

(360) Die Vorstellungen einer Regierung Kohl/Genscher in der Sozial-, Gesundheits- und Arbeitsmarktpolitik wertet der Gewerkschaftsbund als Angriff auf die Substanz des Systems sozialer Sicherheit. Damit werde das im Grundgesetz garantierte Sozialstaatsprinzip ernsthaft in Frage gestellt. ‚Der DGB wird mit allen geeigneten Mitteln versuchen, die Verwirklichung dieser Absichten zu verhindern', heißt es in der am Mittwoch veröffentlichten Stellungnahme.
(FAZ, 30.9.1982, *„Dem Lambsdorff-Papier sehr nahe"*)

(361) Breit warf der Regierung vor [...] eine Politik zu betreiben, ‚die Wirtschaftskrise und Arbeitslosigkeit zum Anlaß nimmt, sozialstaatliche Prinzipien preiszugeben'.
(SZ, 21.10.1982, *Breit wirft der Bundesregierung Politik gegen die Arbeitnehmer vor*)

(362) IG-Metall-Vorstandsmitglied Judith bezeichnete in Dortmund die Bonner Sparbeschlüsse als ‚Weg zurück in die frühkapitalistische Klassengesellschaft'. Sie seien ein Anschlag auf das Sozialstaat-Prinzip des Grundgesetzes.
(FAZ, 25.10.1982, *200 000 demonstrieren gegen einen Abbau sozialer Leistungen*)

(363) Eine ‚geschlossene Abwehrfront' gegen die Pläne der neuen Bundesregierung zur Haushaltssanierung hat jetzt der stellvertretende IG-Metall-Vorsitzende Hans Mayr angekündigt. Denn dabei handle es sich nicht nur um ‚Sparmaßnahmen', sondern um einen ‚Angriff auf den Sozialstaat'. Das christlich-liberale Konzept nennt Mayr eine offene Kampfansage an die Arbeitnehmer. Und auch die von Vertretern der Sozialausschüsse propagierte ‚Atempause für die Sozialpolitik' sei nichts anderes als eine ‚Verschärfung der neokonservativen, angebotsorientierten Wirtschaftspolitik und damit der Marsch zurück in den Unternehmerstaat'. Gegen die systematische Zerstörung des sozialen Friedens würden die Gewerkschaften mit Demonstrationen protestieren, kündigte Mayr an. In der kommenden Tarifrunde werde sich seine Organisation unter keinen Umständen auf eine Lohnpause einlassen, wie sie der designierte Bundesarbeitsminister Norbert Blüm angeregt hatte. Mayr zeigte sich vor Funktio-

nären der Gewerkschaften befremdet darüber, daß Blüm schon in die Tarifpolitik einzugreifen versuche, bevor er überhaupt im Amt sei.
(FAZ, 4.10.1982, *IG Metall: „Angriff auf den Sozialstaat"*)

Insbesondere dem Lambsdorff-Papier wurde vorgeworfen, es richte sich gegen das Sozialstaatsprinzip, womit dessen Stigmatisierung als verfassungsfeindlich verbunden war. In diesem Sinne äußerte sich Helmut Schmidt in seiner „Abschiedserklärung", mit der er das Ende der sozial-liberalen Koalition besiegelte, wenn er das Vorhaben einer „Wende" als *Abwendung vom demokratischen Sozialstaat im Sinne des Art. 20 unseres Grundgesetzes und eine Hinwendung zur Ellenbogengesellschaft* definierte (siehe Kap. 5.5.1.7). Die vielzitierten Worte Helmut Schmidts prägten die öffentliche Wahrnehmung des Papiers als Angriff auf Sozialstaat und Grundgesetz. Aber auch die Gewerkschaften fanden mahnende Worte und lehnten die Ideen Lambsdorffs im Anschluss an den Sozialstaatstopos ab:

(364) Doch das war alles nichts verglichen mit der Reaktion zahlreicher Interessenverbände. Dabei war die IG Chemie mit der Bezeichnung ‚reaktionäres Konzept' noch vergleichsweise milde, obwohl sie argwöhnt, daß Lambsdorff nicht mehr und nicht weniger im Sinn habe als ‚einen Anschlag auf das im Grundgesetz verbürgte Verfassungsgebot eines demokratischen und sozialen Bundesstaates'.
(ZEIT, 17.9.1982, *Ein Feldherr ohne Truppen*)

Insofern dem Sozialstaatstopos das Credo zugrunde liegt, der Sozialstaat sei unbedingt zu erhalten, weil das Grundgesetz dies gebiete, ist er der Gegenspieler des Topos vom wuchernden Staat/überbordenden Sozialstaat, der behauptet, der Sozialstaat übersteige das Normalmaß und müsse auf ein praktikables Niveau „zurückgestutzt" werden.

5.5.2.4.3 Topos der Marktwirtschaft

„Bundeskanzler Kohl will die ökonomische Gesundung der Bundesrepublik und den Kampf gegen die Arbeitslosigkeit an der Linie der sozialen Marktwirtschaft orientieren, mit der der frühere Bundeskanzler Ludwig Erhard erfolgreich gewesen sei."
(SZ, 9.10.1982, *„Das Ökonomische Ist die Folge des Geistig-Moralischen"*)

Argumentationen auf Basis des Topos der Marktwirtschaft stehen deutlich in historischer Kontinuität zur „Ölkrise" 1973/74. So war auch 1982 mit dem genannten Argumentationsmuster die Wahrnehmung der „Krise" als Herausforderung für die marktwirtschaftliche Ordnung verbunden. Seit dem Parteitag der SPD (siehe Kap. 5.5.1.2) warnten Wendebefürworter wie die FDP und die wirtschaftsliberal orientierte Presse vor der Ausbreitung angeblich ökonomisch unvernünftiger antimarktwirtschaftlicher Kräfte und vor einem Abrutschen der SPD in den Sozialismus. Dementsprechend wurden die Ideen und Pläne der SPD als *dirigistische Eingriffe* (365) abgewertet oder als *sozialistische Vorstellungen* (366) stigmatisiert und abgelehnt, weil sie mit der marktwirtschaftlichen Ordnung nicht zu vereinbaren seien. Auch hier ist das Muster der Dystopie einer unfreien sozialistischen Bundesrepublik als Gegenentwurf zum Ideal der freiheitlichen-marktwirtschaftlichen Grundordnung der BRD nach dem Motto *Freiheit statt Sozialismus* zu beobachten.[106]

Ausgehend von Zweifeln an der ordnungspolitischen Konformität und Loyalität der Sozialdemokraten und der daraus resultierenden Ablehnung entsprechender Vorhaben wurde ein als *vernünftig* (365) deklarierter, der marktwirtschaftlichen Ordnung angepasster Kurs in der Sozial- und Wirtschaftspolitik befürwortet. Als dem Prinzip der ‚Marktwirtschaft' angepasste und deshalb legitime politische Mittel galten u. a. mehr Leistung, Leistungsgerechtigkeit und Wettbewerb, Wirtschaftsförderung, Deregulierung, Konsolidierung der öffentlichen Haushalte durch *Sparmaßnahmen*, Kürzung der Sozialleistungen und eine stärkere Selbstbeteiligung im Gesundheitswesen etc.:

(365) Die FDP hat die wirtschafts- und finanzpolitischen Beschlüsse des Münchener SPD-Parteitags entschieden abgelehnt. Genschers Partei hat gleichzeitig versucht, den sozialdemokratischen Koalitionspartner auf marktwirtschaftliche Ordnungsgrundsätze festzulegen. [...] Dies bedeute: ‚Keine zusätzlichen Steuer- und Abgabenerhöhungen; Verzicht auf dirigistische Eingriffe in den Wirtschaftsablauf [...]. Das Konzept der sozial-liberalen Koalition ist vernünftig; es entspricht den marktwirtschaftlichen Ordnungsprinzipien unserer Politik'. (FAZ, 28.4.1982, *Die FDP vermeidet Zusage der Dauerhaftigkeit dieser Koalition*)

(366) Die Bonner Liberalen erregen sich über die Wirtschafts-Beschlüsse des Münchner SPD-Parteitages [...]. Der Kanzler müsse deutlich erklären, was er von den sozialistischen Vorstellungen seiner Partei halte. ‚Das muß weg', forderte Genscher [...]. Je stärker der Koalitionspartner SPD in den Sozialismus abgleite, tönte der FDP-Chef, um so bedeutsamer werde die ‚politische Führungsaufgabe der Freien Demokraten'. Aus liberaler Verantwortung sah sich Genscher gar getrieben, ‚die Führung unseres Landes' zu übernehmen. Ob Ergänzungsabgabe zur Einkommensteuer für höhere Einkommen, ob Arbeitsmarktabgabe für Beamte

106 Andererseits warnten die SPD-Führung und die Gewerkschaften vor einem „CDU-Staat" und – öfters gestützt auf einen Ländervergleich – vor einer „neokonservativen Wirtschaftspolitik nach dem Muster Thatcher und Reagan" (FAZ, 22.4.1982, *Die SPD dringt auf ein Beschäftigungsprogramm – Finanzierung durch Abgaben und Steuererhöhungen*). Des Weiteren wurde vor einem *Klassenkampf von oben* und *Umverteilung von unten nach oben*, so die plakativen Formeln, gewarnt und vor schlechteren Zeiten für Arbeitnehmer(interessen), insgesamt vor einer „Wende" als nicht wünschenswertem Zustand, die gesellschaftliche Errungenschaften wie den Sozialstaat, Grundwerte wie Gerechtigkeit und den sozialen Konsens zerstören würde.

und Selbständige, ob Anhebung des Spitzensteuersatzes in der Einkommensteuer – die Freidemokraten hatten schöne Stichworte, um sich zu erregen.
(SPIEGEL, 3.5.1982, *Klabautermann aufbauen*)

(367) Die SPD setzte bei ihrem Parteitag im Frühjahr auf das sozialistische Rezept höherer Abgabenlasten und dirigistischer Staatseinwirkung. [...] Zu einem Sozialismus nach den Konzepten des Münchener SPD-Parteitags will Genscher sich nicht verstehen. Er sieht beide Bündnispartner jetzt vor der Entscheidung zwischen der Flucht in die Verschuldung und dem Mut zur Förderung des Leistungswillens, also – so sagt es Genscher – zwischen mehr und weniger Freiheit für den einzelnen Bürger. Darin liegt das FDP-Programm wohl kaum mehr für diese, aber für eine nächste Regierung beschlossen: marktwirtschaftliche Politik mit weniger Reglementierung, Bürokratie und Investitionshemmnissen, Gesundung der öffentlichen Haushalte ohne höhere Steuern und Abgaben, Bereinigung der Finanzierung der sozialen Sicherungssysteme ohne stärkere Abgabenlast. Eigeninitiative und Selbstvorsorge sind unvereinbar mit dem sozialistischen Ziel eines starken Sozialstaates. Für die Haushaltsverhandlungen bedeutet dieser Unterschied zunächst ein Nein der FDP zur Ergänzungsabgabe.
(FAZ, 13.9.1982, *Ein Wechsel – zur Kontinuität*)

(368) Bundeswirtschaftsminister Graf Lambsdorff hat am Freitag dazu aufgerufen, mit der Besinnung auf die marktwirtschaftlichen Grundsätze die lang andauernde Wirtschaftsflaute zu überwinden und mehr Arbeitsplätze zu schaffen. Auf dem ersten deutschen ‚Obermeistertag‘ des Zentralverbandes Sanitär, Heizung, Klima in der Bonner Beethovenhalle hat sich Lambsdorff mit einem Bekenntnis zu den Prinzipien der Leistungsbereitschaft, der Eigenverantwortung und der Anpassungsfähigkeit der Wirtschaft deutlich von den sozialdemokratischen Vorstellungen zur Überwindung der Krise abgegrenzt. Die FDP sei nicht bereit, die Arbeitslosigkeit mit den Methoden der Wirtschaftslenkung, mit mehr Steuern, mehr Sozialabgaben und noch mehr Schulden anzupacken. [...] Auch Handwerkspräsident Paul Schnitker rief die Politiker dazu auf, die gegenwärtige Wirtschaftskrise nach marktwirtschaftlichen Regeln zu überwinden. Erforderlich sei dazu vor allem der Abbau von überflüssigen Bürokratien und Innovationshemmnissen und die Konsolidierung der öffentlichen Haushalte durch Sparsamkeit. Schnitker unterstützte Lambsdorff mit der Forderung, zugunsten der investiven Ausgaben des Staates die konsumtiven Ausgaben einzuschränken. Außerdem müsse die Finanzierung der sozialen Sicherung den Realitäten angepaßt und ohne die Erhöhung von Steuern und Abgaben sichergestellt werden.
(FAZ, 11.9.1982, *„FDP ist nicht zur Wirtschaftslenkung bereit“*)

Die Beispiele verdeutlichen das Grundmuster der Argumentation: Die „Krise“ sei nur durch Mitteln zu bewältigen, die dem Prinzip ‚Marktwirtschaft‘ entsprechen würden. Dies steht in Konkurrenz zum Sozialstaatsprinzip. Galt im Lichte des Sozialstaatstopos u. a. die FDP als die Partei, die den Sozialstaat und die Bewältigung der „Krise“ gefährde, erscheint im Lichte des Topos der Marktwirtschaft die SPD als die Partei, die die politische Ordnung der Bundesrepublik und eine erfolgreiche Bewältigung der „Krise“ aufs Spiel setze, weil sie sich nicht konform verhalte. In diesem Zusammenhang wurde sie öfters an die Leitlinien der Regierung und – der Verwendung des Argumentationsmusters zur Zeit der „Ölkrise" 1973/74 gemäß – an ihr Bekenntnis zur Marktwirtschaft im Godesberger Programm erinnert:

(369) BILD: Was sagen Sie zu den SPD-Forderungen nach neuen Steuern und mehr Staatskontrolle der Wirtschaft? Scheel: Unübersehbar rückt die SPD in der Gesellschafts-, Wirtschafts- und Sozialpolitik mehr und mehr vom Godesberger Programm ab, das sich ja eindeutig zur sozialen Marktwirtschaft bekennt. Die SPD tendiert mehr zu einer Verwaltungs- und Verteilungswirtschaft. Dies ist aber nicht die Politik der Bundesregierung unter Helmut Schmidt. Die Beschlüsse von München werden also zu Problemen in der Regierung führen. BILD: Wieso? Scheel: Sie können von der FDP nicht mitgetragen werden, da sie ja das 1980 gemeinsam formulierte Regierungsprogramm in Frage stellen.
(Walter Scheel, in: BILD, 14.5.1982, *„Herr Scheel, zerreißt die FDP, wenn..."*)

Wurde im Zusammenhang des Sozialstaatstopos das Lambsdorff-Papier als Angriff auf den Sozialstaat und das Grundgesetz bewertet, so bejubelten Wendebefürworter es mit Berufung auf den Topos der Marktwirtschaft als „Programm für ‚lupenreine Marktwirtschaft'" (SPIEGEL, 13.9.1982, *Koalition: Der will da raus*), weswegen ihm zuzustimmen sei. Gleichzeitig ermahnten insbesondere Unternehmer und Wirtschaftsverbände die neue Bundesregierung, sich an die Grundsätze der Marktwirtschaft zu halten und den Vorschlägen Lambsdorffs zu folgen:

(370) In dieser schlimmen Krise wird es eine neue Regierung nicht leichter haben als die jetzige. Aber ein psychologisch gutes Signal wäre das schon. Eine neue Regierung müßte sich klar nach den Regeln der Marktwirtschaft verhalten.
(Otto Wolff von Amerongen, in: BILD, 17.9.1982, *Das Lambsdorff-Paket könnte uns aus der Krise führen*)

(371) Die deutsche Wirtschaft erwartet nach Darstellung des DIHT-Präsidenten von einer neuen Bundesregierung, daß sie sich klar nach den Regeln der Marktwirtschaft verhält.
(SZ, 20.9.1982, *Das Echo auf den Koalitionsbruch: Optimismus im Unternehmerlager – Skepsis im DGB*)

(372) Die Aktionsgemeinschaft Soziale Marktwirtschaft (ASM) forderte von der künftigen Bundesregierung eine konsequente, nicht an Gruppeninteressen orientierte marktwirtschaftliche Sanierungspolitik. [...] Gefahren für einen strikt marktwirtschaftlich orientierten Kurs der Wirtschafts- und Finanzpolitik sieht die ASM nicht zuletzt auch in der Tatsache, daß die FDP nicht nur aus Lambsdorff-Anhängern besteht, sondern auch ‚einen sozialistisch unterwanderten Flügel' hat.
(SZ, 20.9.1982, *Das Echo auf den Koalitionsbruch: Optimismus im Unternehmerlager – Skepsis im DGB*)

(373) Nach der Auflösung der sozial-liberalen Koalition wird es nach Meinung Essers Aufgabe der neuen Regierung sein, ‚auf marktwirtschaftlicher Grundlage eine wirtschaftspolitische Vorwärtsstrategie in die Wege zu leiten, die das private Investitionspotential stärkt'.
(BDA-Präsident Otto Esser, in: SZ, 22.9.1982, *Arbeitgeber erinnern an Lambsdorffs Thesenpapier*)

Nur durch Besinnung auf die Marktwirtschaft sei die Bundesrepublik Deutschland noch zu retten, so der Appell der Unternehmer(verbände) an die Politik. Getreulich und loyal bekannte sich Helmut Kohl in seiner „Antrittserklärung" zur sozialen Marktwirtschaft, wie das Eingangszitat dokumentiert.

5.5.2.4.4 Topos der Eigenverantwortung

„Wir müssen uns [...] zentralen Fragen widmen. [Notwendig] ist [...] eine programmatische Durchdringung der Sozialpolitik unter dem Gesichtspunkt ‚Selbstverantwortung und Selbstbeteiligung als Beitrag zur Selbstverwirklichung."
(Hans-Dietrich Genscher, in: ZEIT, 9.7.1982, *„Die Wende ist gelungen"*)

Der Topos der Eigenverantwortung ist mit dem zuvor behandelten Argumentationsmuster eng verbunden. ‚Eigenverantwortung' galt als sittliche Grundvoraussetzung für menschliches Verhalten im Gefüge der Marktwirtschaft. Das Argumentationsmuster ist in Zusammenhang mit den Diskussionen um den Sozialstaat zu sehen. Ihm liegt die Meinung zugrunde, das durch den Wohlfahrtsstaat entstandene Anspruchsdenken (siehe hierzu den Topos vom wuchernden Staat/überbordenden Sozialstaat in Kap. 5.5.2.2.2) müsse durch Eigenverantwortung abgelöst werden; die „Krise des Sozialstaates" sei nur durch einen Mentalitätenwandel im Sinne der Bereitschaft zu mehr Eigenverantwortung lösbar. Dabei ging man von einem Ideal des leistungswilligen, genügsamen und mündigen Bürgers – so die Ethik – aus. Der Topos ist charakteristisch für konservatives *und* liberales Denken.

Gemäß dem Motto „Jeder ist seines Glückes Schmied" weist das Schlagwort *Eigenverantwortung*, in dem das Argumentationsmuster verdichtet ist, die deontische Bedeutung auf, ›jedes Individuum soll für sich und sein Handeln einstehen bzw. für sich selbst sorgen‹. Insofern dies als Lösung der Probleme propagiert wurde, folgerte man, es sei Aufgabe des Staates, die Eigenverantwortung zu stärken. Da dem konservativ-liberalen Denken gemäß der intervenierende Sozialstaat jede Initiative lähme und außerdem die Möglichkeit zur Selbstbestimmung einschränke, argumentierte man auf Basis des Topos der Eigenverantwortung im Sinne der Zurückdrängung des Wohlfahrtsstaates. Die Argumentation fand häufig im Namen der individuellen Freiheit statt. Dementsprechend sind *Eigenverantwortung* und *Freiheit* ein für die Realisierung des Topos typisches Wortpaar. Im Rahmen des Wertesystems folgerichtig, werde durch die Einschränkung der staatlichen

Verantwortung für Wohlfahrt die Eigenverantwortlichkeit gestärkt und ein Beitrag zur Krisenbewältigung geleistet.

Die folgenden Beispiele veranschaulichen, dass man aus der Eigenverantwortung eine Politik der Eigen- oder Selbstbeteiligung folgerte. Nur durch Selbstbeteiligung – im Krisendiskurs 1982 durch Beteiligung der Bürger an den Kosten der Sozialversicherung, was Wendegegner als Einschränkung des Sozialstaatsprinzips verurteilten – könne die Eigenverantwortung gestärkt und der Sozialstaat entlastet werden:

(374) Gerade in Zeiten leerer Kassen schlägt die Stunde wirklicher Reformen, u. a. ist dann auch mehr Verantwortung des einzelnen Bürgers gefragt. Ein konkretes Beispiel: In der gesetzlichen Krankenversicherung ist es durchaus denkbar, durch Selbstbeteiligung die Selbstverantwortung der Bürger zu stärken.
(Hans-Dietrich Genscher, in: BILD, 19.5.1982, *Falkland – schnellstens eine friedliche Lösung*)

(375) Der Durchbruch zu wichtigen liberalen Zielen – mehr Selbstverantwortung auch durch Selbstbeteiligung in der Renten- und der Krankenversicherung – ist erreicht worden. Das habe ich seit dem Sommer des letzten Jahres gefordert, um eine wirkliche Wende im Bewußtsein und im Handeln durchzusetzen. Ich sage dies, auch wenn ich weiß, daß die Kollegen von der SPD das Wort von der Wende – wie ich glaube, zu Unrecht – nicht gern hören.
(Hans-Dietrich Genscher, in: ZEIT, 9.7.1982, *„Die Wende ist gelungen“*)

(376) Für die Zukunft erkennt Stoltenberg in dem Prinzip der Eigenverantwortlichkeit des Menschen einen tragenden Gedanken, den die Union zur Geltung bringen müsse. Das laufe – im Zusammenhang mit den notwendigen Sparmaßnahmen – vordergründig auf Begrenzungen in der Sozialpolitik hinaus. Es komme darauf an, soziale Ansprüche auf das zurückzuführen, was finanzierbar sei. Vor allem aber müsse erkennbar gemacht werden, daß auf diese Weise Verbesserungen auf dem Arbeitsmarkt zu erreichen seien, daß also den Eingriffen die Heilung folge.
(FAZ, 28.8.1982, *Stoltenberg sieht die FDP noch nicht als Regierungspartner der Union*)

(377) Mit einem Bekenntnis zu den Prinzipien der Eigenverantwortung in Wirtschaft und Gesellschaft [...] hat sich Bundeswirtschaftsminister Graf Lambsdorff [...] deutlich gegenüber den Sozialdemokraten abgegrenzt. [...] Nötig sei eine Wende in der Wirtschafts- und Sozialpolitik, die auf [...] mehr Eigenverantwortung in den Sozialversicherungssystemen setze.
(FAZ, 11.9.1982, *Lambsdorff grenzt sich von den Sozialdemokraten ab*)

(378) Der Umverteilungsstaat müsse gestoppt und die Eigenverantwortung der Bürger wieder gestärkt werden.
(SZ, 20.9.1982, *Das Echo auf den Koalitionsbruch: Optimismus im Unternehmerlager-Skepsis im DGB*)

(379) Besser wäre es wohl, die Eigenverantwortung der Versicherten durch eine sozialgestaffelte Selbstbeteiligung zu stärken.
(FAZ, 4.10.1982, *Sozialpolitik mit Blüm*)

5.5.2.4.5 Subsidiaritätstopos

„Kann man die Tendenz zur Unfreiheit, zur wachsenden Abhängigkeit in unserem Sozialsystem umkehren, indem man das Subsidiaritätsprinzip, also Eigenhilfe und Selbstverantwortung, mit den großen Solidargemeinschaften kombiniert?“
(Günter Verheugen, in: ZEIT, 22.10.1982, *Sind wir Liberalen noch zu retten?*)

Aus der ‚Eigenverantwortung‘ als sittlichem Prinzip im Rahmen der Marktwirtschaft, also mittels Übernahme der Verantwortung für sich selbst durch Beteiligung an der Risikovorsorge statt der Verlagerung der Verantwortung für das private Risiko auf den Staat, folgte im konservativen *und* liberalen Denken die Ablehnung des Solidaritätsprinzips, das traditionell die Auffassung vertritt, die Bürger seien nicht allein für sich verantwortlich. Der gesellschaftlichen Solidarität stellte man im Rahmen des marktwirtschaftlichen Denkens das Subsidiaritätsprinzip zur Seite, welches das Verhältnis zwischen Staat, Gesellschaft und Individuum und die Verteilung der Verantwortung zwischen ihnen neu regelte.

Der Maxime ‚Subsidiarität‘ zufolge soll der Staat nur dann Verantwortung übernehmen, wenn die ihm untergeordneten sozialen Einheiten – z. B. Länder, Kommunen, Familien, Einzelpersonen – nicht in der Lage sind, für sich selbst zu sorgen. Ist eine Einzelperson nicht fähig, ihre Probleme zu lösen, wird es im Rahmen des Subsidiaritätsprinzips als Pflicht der nächstgrößeren sozialen Einheit angesehen – der Familie, der Nachbarschaft oder des Freundeskreises –, ihr zu helfen. Im Sinne des Grundsatzes der ‚Subsidiarität‘ hat der Staat selbstbestimmtes Handeln möglichen zu machen, um es den untergeordneten sozialen Einheiten zu ermöglichen, Aufgaben selbstständig zu übernehmen. Der Kerngedanke ist also eine Krisenbewältigung, die sukzessiv von unten nach oben verläuft. Wann eine soziale Einheit bedürftig ist und Anspruch auf staatliche Hilfe hat bzw. was ihr an Eigenleistung zugemutet werden kann, ist Definitionssache und insofern Gegenstand diskursiver Verhandlungsprozesse.

Aus dem Subsidiaritätstopos wurden Argumentationen abgeleitet, die begründen, dass Sozial- und Wirtschaftspolitik sich auf *Hilfe zur Selbsthilfe* (380), so die im Zusammenhang des Argumentationsmusters häufig gebrauchte Formel, konzentrieren solle. Um in diesem Sinne eine subsidiäre Ordnung im Rahmen der Marktwirtschaft und eigenverantwortliches Handeln zu ermöglichen, etwa Familien zur Übernahme von Kindererziehung, Altenpflege und Krankenbetreuung zu befähigen, wurde insbesondere für eine Stärkung der Familie nach konservativem Bild (380), für die „Flexibilisierung“ der Arbeitszeit (381) und, wie in (382) und (383), für den „Abbau“ des die Initiative lähmenden Wohlfahrtsstaates argumentiert:

(380) Sozialpolitik müsse sich künftig auf die ‚Hilfe zur Selbsthilfe' konzentrieren. Als ‚vorrangige Aufgabe' einer CDU-Landesregierung in der Sozialpolitik wird die ‚Stärkung der Familie' angegeben.
(FAZ, 12.8.1982, *Zehn „Ausgangspositionen" für den Tag nach dem 26. September*)

(381) Noch bis in die fünfziger Jahre waren der Schutz vor den Grundrisiken des Lebens, wie Alter, Krankheit, Unfall und Arbeitslosigkeit wesentliche Voraussetzungen für die Verwirklichung der individuellen Freiheit des Menschen. Die politische Aufgabe stellt sich heute jedoch anders. Heute greift der Staat immer mehr in die Lebensbereiche seiner Bürger regelnd ein. Persönliche Verantwortung wird immer mehr zurückgedrängt. Um diese Fehlentwicklung zu stoppen, müssen wir uns neu orientieren. So bedarf die Verwirklichung der persönlichen Freiheit einer eigenverantwortlichen Lebensgestaltung nach dem Prinzip der Subsidiarität. Der Staat muß deshalb auf die Übernahme von Aufgaben verzichten, die eine einzelne oder jeweils kleinere Gemeinschaft erfüllen kann. Was der Bürger allein, in der Familie und im freiwilligen Zusammenwirken mit anderen ebensogut leisten kann, soll ihm vorbehalten bleiben. [...] Dieses allein kann durch eine eigenverantwortliche Gestaltung der Arbeitszeit erreicht werden.
(ZEIT, 30.7.1982, *Mehr Chancen durch weniger Arbeit*)

(382) Der zentrale Versorgungsstaat solle nicht weiter ausgebaut, dafür das soziale Netz grobmaschiger geknüpft werden, so daß ‚Bürgerbeteiligung und Selbstorganisation möglich sind'. Selbsthilfe statt Wohlfahrt von oben.
(SPIEGEL, 23.8.1982, *Wie ein Kaugummi*)

(383) Die Aufgabe ist gewaltig. Sie verlangte zunächst einmal [...], den Bürger durch Überzeugung dahin zu führen, daß er nicht mehr den Staat und die Bürokratie als Nothelfer in allen Lebenslagen ansieht. Selbst die Liberalen müssen wieder lernen, daß das Subsidiaritätsprinzip ein urliberales, nicht ein (böses) katholisches Prinzip ist. Der heutige Aberglaube an seine unbegrenzte Leistungsfähigkeit hat zur Überforderung des Staates und zu seiner Unfähigkeit geführt, denen durchgreifend zu helfen, die sich selbst nicht mehr helfen können. Der Aberglaube hat aber eine groteske Selbstüberforderung der Politiker provoziert. Sie bringen es nicht mehr fertig, die Grenzen ihrer Verantwortlichkeit zu erkennen. [...] Die FDP hat nur eine Wahl: Sie muß es in den nächsten zehn Jahren zu ihrer ersten Aufgabe machen, den Staat in all seinen Verästelungen in seine Schranken zu weisen.
(ZEIT, 10.9.1982, *Den Staat zurückdrängen*)

Wie im Zusammenhang der Analyse des Wendebriefs in Kapitel 5.5.1.1 erwähnt, ist ‚Subsidiarität' ein Konzept aus der katholischen Soziallehre. Die Beispiele zeigen, dass im Krisendiskurs der 1980er Jahre die Idee der ‚Subsidiarität' staatstheoretisch gewendet im Grunde auf die private Organisation staatlicher Daseinsvorsorge hinauslief. Dabei kam es im Rahmen des Subsidiaritätstopos zu einer Verschmelzung konservativer mit neoliberalen Positionen. Dementsprechend wurde zum einen die Stärkung des von der CDU vertretenen christlichen Familienbildes als Organisationsform auch für den Staat zum Zwecke der Krisenbewältigung propagiert; zum anderen deckte sich das Subsidiaritätsprinzip mit den marktwirtschaftlichen, an den Begriff der ‚Eigenverantwortung' anschließenden Vorstellungen der FDP vom „schlanken Staat" als Voraussetzung für eine erfolgreiche Bewältigung der „Krise".

5.5.2.4.6 Solidaritätstopos

„Und gerade junge Akademiker, die so gern über verfehltes Wachstumsdenken, Materialismus und andere Untugenden unserer Gesellschaft debattieren, sollten Verständnis dafür haben, wenn die Eingangsbesoldung für Akademiker im öffentlichen Dienst herabgesetzt wird. Für das gleiche Geld können dann nämlich einige ihrer Studienkollegen zusätzlich eingestellt werden, statt mit dem Diplom in der Tasche frustriert hinter dem Steuer eines Taxis zu sitzen."
(ZEIT, 17.9.1982, *Ein Feldherr ohne Truppen*)

Wie zur Zeit der „Ölkrise" 1973/74 wurden im Krisendiskurs 1982 auf Basis des Solidaritätstopos generell Argumentationen gebildet, die begründen, dass die Misere nur gemeinschaftlich gelöst werden könne, womit ebenfalls der Appell an das Zusammengehörigkeitsgefühl einer sozialen Gruppe/Institution verbunden war. Im Gegensatz zur „Ölkrise", als der Sozialstaat noch nicht in der Kritik stand und noch keine Gerechtigkeitsdebatte geführt wurde, verwendeten im Jahr 1982 Gewerkschaften und Sozialdemokraten den Solidaritätstopos, um sich für politische Maßnahmen im Sinne ihrer Auslegung des Begriffs der ‚sozialen Gerechtigkeit' (siehe Kap. 5.5.2.4.1) und/oder gegen Beschneidungen des Sozialstaates und eine sozial- und wirtschaftspolitische „Wende" auszusprechen. Hierfür einige Beispiele:

(384) Vor allem die Ergänzungsabgabe begründete er mit dem Hinweis, daß im Rahmen einer in schwerer Zeit besonders dringlichen Solidarität die Bezieher hoher Einkommen zuerst diese Solidarität gegenüber den sozial Schwächeren praktizieren müssen.
(FAZ, 21.5.1982, *Breit: Wir kämpfen gegen jeden, der den Sozialstaat antastet*)

(385) Neokonservativen Konzepten, die auf eine Spaltung und Entsolidarisierung der Gesellschaft hinausliefen, stelle die SPD eine Politik entgegen, die sich an der Solidarität der Starken mit den Schwachen orientiert. ‚Der Abbau der Arbeitslosigkeit erfordert Opfer von allen, die Arbeit und Einkommen besitzen. Also gerade auch von denen, die höhere und höchste Einkommen besitzen', heißt es in der Erklärung. Zwar wird das Wort Ergänzungsabgabe oder Arbeitsmarktabgabe nicht erwähnt, jedoch ist genau dies mit dieser Passage gemeint.
(SZ, 8.9.1982, *Zwischen SPD und FDP treten die Gegensätze in der Steuerpolitik wieder offen zutage*)

(386) Ihre steuerpolitischen Vorschläge machen im besonderen Maße Ihr Ziel deutlich, die Lasten der Krise auf den Rücken der einkommensschwachen Bürger abzuwälzen. Und das verletzt die Grundwerte der Solidarität und der Gerechtigkeit und gefährdet damit den sozialen und politischen Konsens.
(Horst Ehmke, in: SZ, 15.10.1982, *Der Bundestag diskutiert über die Regierungserklärung*)

(387) Es ist nicht solidarisch, wenn man den kleinen Leuten dauerhafte Lasten zumutet und die Reichen mit kleinen Verzichten davonkommen läßt [...].
(Willy Brandt, in: FAZ, 16.10.1982, *Brandt: Der Sturz des Bundeskanzlers Schmidt lag nicht im Interesse unseres Staates*)

Andererseits und häufiger nutzten Vertreter der CDU-geführten Bundesregierung den Solidaritätstopos, um die Bevölkerung durch moralische Appelle an den Gemeinsinn auf bevorstehende Schmälerungen ihres Lebensstandards vorzubereiten. Das Anmahnen von Solidarität in diesem Sinne diente dazu, die Notwendigkeit von Einschränkungen und Opfern zu vermitteln. Wie zur Zeit der „Ölkrise" bedeutete der Begriff ‚Solidarität' in diesem Zusammenhang, ›Akzeptanz für die Notwendigkeit von Verzicht‹. Es wurde also versucht, Opferbereitschaft als Ausdruck von Solidarität zu deklarieren. Die Deutschen sollten sich als Leidensgemeinschaft begreifen. Wer nicht zu Opfern bereit sei, verhalte sich gegenüber den Notleidenden der „Krise" unsolidarisch und verantwortungslos, so der implizit enthaltene oder explizit geäußerte, an die Bevölkerung adressierte Vorwurf. Dies sollten insbesondere die von Norbert Blüm angekündigte *Atempause in der Sozialpolitik* (388) und *zurückhaltende Lohnabschlüsse* (390) begründen:

(388) Der Solidarität willen, dem tragbaren Prinzip des Sozialversicherungssystems, möchte die Regierung eine Atempause verordnen. [...] Die von der Bundesregierung geplante Atempause in der Sozialpolitik sei ein Akt der Solidarität mit den Arbeitslosen. Die Atempause schaffe Mittel zur Bekämpfung der wachsenden Arbeitslosigkeit.
(FAZ, 23.10.1982, *Breit: Forderungen und Angebote des DGB unverändert*)

(389) Die ‚Politik der Erneuerung' sei der einzige erfolgversprechende Weg, um die finanziellen Fundamente des sozialen Netzes zu festigen. Dafür müßten den Bürgern Opfer zugemutet werden. Dazu werde die Bereitschaft zur Solidarität verlangt. Diese finde ihren Niederschlag in dem Vorschlag, der Sozialpolitik eine Atempause zu verordnen. Was Rentnern, Sozialleistungsempfängern und Beamten zugemutet werde, müsse für alle gelten.
(FAZ, 14.10.1982, *Das neue Programm: Sich selbst etwas zutrauen und nicht auf den Staat warten*)

(390) Jetzt müssen alle solidarisch zusammenstehen, damit die Wirtschaft wiederbelebt wird und die Arbeitslosigkeit bekämpft werden kann. Dazu gehören auch sehr zurückhaltende Lohnabschlüsse.
(BILD, 26.10.1982, *Stoltenberg '83 geht's rauf!*)

(391) BILD: Rechnen Sie mit hohen Lohnforderungen? Geißler: Das wäre nicht gut. Im Interesse der Arbeiter und der Arbeitslosen brauchen wir eine maßvolle Lohnpolitik wie in den vergangenen zwei Jahren. Das war eine verantwortungsvolle Politik des DGB. Wenn die Gewerkschaften jetzt versuchen, mehr rauszuholen für die, die einen Arbeitsplatz haben, und keine Solidarität mit den Arbeitslosen zeigen, dann werden wir mehr Inflation und noch mehr Arbeitslose bekommen.
(Heiner Geißler, in: BILD, 30.10.1982, *Bei uns gibt es keinen Rentenbetrug*)

Anders als zur Zeit der „Ölkrise" stand der Solidaritätstopos in enger Beziehung zu den Prinzipien der ‚Eigenverantwortung' und ‚Subsidiarität', die 1973/74 noch keine Rolle spielten. Wendegegner und Wendebefürworter stritten um die Semantik des Solidaritätsbegriffs. Wie im folgenden Textbeispiel dokumentiert, setzten Wendegegner den ordnungspolitischen Gedanken der ‚Eigenverantwortung' und ‚Subsidiarität' das Solidaritätsprinzip als traditionelle Form der Sozialversicherung entgegen bzw. räumten ihm Vorrang ein:

(392) SPIEGEL: Glotz spricht in einem Interview der SPD-Zeitung ‚Vorwärts' davon, über ‚vernünftige Formen der Selbsthilfe und Subsidiarität' wolle er mit sich reden lassen. Was meint er?
WESTPHAL: Ein Sozialdemokrat wird nichts gegen vernünftige Formen von Selbsthilfe sagen können. Auch gegen das Stichwort ‚Subsidiarität' ist nichts einzuwenden. Nur darf die Hilfe der größeren Gemeinschaft, der Gemeinde, der Sozialversicherung, für den einzelnen oder die Familie nicht erst dann einsetzen, wenn das Kind in den Brunnen gefallen ist. Denn wir Sozialdemokraten wissen, daß die Solidarität, also die Hilfe auf Gegenseitigkeit, den Vorrang haben muß vor einem unbilligen Zwang zur Selbsthilfe. So ist Glotz ja wohl zu verstehen.
(SPIEGEL, 23.8.1982, *Ein Sozialdemokrat muß auch Kröten fressen*)

Wendebefürworter wollten das hergebrachte Solidaritätsprinzip durch die Prinzipien der ‚Eigenverantwortung' und ‚Subsidiarität' – mehr oder weniger – ersetzen bzw. sahen es als nachrangig an. Es wurde bereits darauf hingewiesen, dass der Subsidiaritäts-Gedanke im Kontext des Krisendiskurses auf eine private Organisation staatlicher Daseinsvorsorge hinausläuft. Dies wird deutlich, wenn man prüft, welches politische Handeln auf seiner Grundlage legitimiert wurde (siehe Kap. 5.5.2.4.5). Norbert Blüm bezeichnete die private Organisationsform als *solidarisch* (393). Solche Benennungen, die sich seit dem Regierungswechsel im Oktober 1982 häufiger finden lassen, sind Versuche, den Solidaritätsbegriff zu besetzen bzw. – im Sinne der subsidiären Form der Verantwortungsteilung – ihn im Dienste einer *Entstaatlichung der Sozialpolitik* (393) umzudeuten. Diese Bedeutung des Begriffs ‚Solidarität' stellt das Gegenteil von seiner bisherigen Bedeutung dar:

(393) Trotz des Zwangs zum Sparen will der designierte Bundesarbeitsminister Norbert Blüm (CDU) in der künftigen Sozialpolitik von Beginn an das Prinzip der solidarischen Selbsthilfe verankern. Aus einem anonymen Sozialsystem müsse wieder eine ‚Wir-Gemeinschaft' werden, sagte Blüm bei einer Tagung zum Thema ‚Subsidiarität – Alternative zur staatlichen Anmaßung' der Sozialausschüsse der Christlich-Demokratischen Arbeitnehmerschaft (CDA) in Königswinter. Blüm appellierte an den Gemeinsinn der Bürger, sich nicht nur auf staatlichen Befehl solidarisch zu verhalten. Die von der Union vorgesehene ‚Atempause' in der Sozialpolitik, mit der ein ‚Stillstand der Ansprüche' durchgesetzt werden solle, sei eine solidarische Aufgabe für alle Bürger. [...] Die Hilfe zur Selbsthilfe für alte und kranke Menschen, die in ihrer eigenen Wohnung betreut würden, sei ein typisches Beispiel für die geplante ‚entstaatlichte Sozialpolitik' und für die Anwendung des Subsidiaritätsprinzips.
(SZ, 1.10.1982, *Blüm für „solidarische Selbsthilfe"*)

(394) Was gesucht wird, ist ein Weg heraus aus der Sozialbürokratie: Eine Veränderung der Gesellschaft, die Leistungskraft befördert und gleichzeitig Solidarität vor allem über Selbstverantwortung der Bürger sichert.
(ZEIT, 17.9.1982, *Wie weiter nach der Wende?*)

5.5.3 Zwischenfazit: Der Diskurs schafft neue Mehrheiten

„Links ist nicht mehr in, links ist Scheiße", schrieb der SPIEGEL am 6.1.1975 in einem Jahresrückblick. Die vermeintliche ideologisch-politische Veränderung wird im Artikel als *Tendenzwende* bezeichnet. Im öffentlichen sozial- und wirtschaftspolitischen Diskurs war die Verwendung des Ausdrucks *Tendenzwende* in der Bedeutung eines Mentalitätenwandels zu diesem Zeitpunkt neu. Während der „Ölkrise" 1973/74 wurde *Tendenzwende* ausschließlich in Zusammenhang mit der Konjunktur- und Preisentwicklung verwendet. Seit 1975 entwickelte sich der Ausdruck *Wende* zu einem vielbenutzten, auf einen politisch-ideologischen Wechsel referierenden Schlagwort. Dabei geht dem mit „Wende" verbundenen diskursiven Wandel die Diagnose einer „Krise" voraus, wie Wirsching (vgl. 2002: 129) feststellt.

Um einen Gesamtüberblick über die für die Konstruktion der Wirtschaftskrise 1982 und die Begründung der „Wende" genutzten Topoi zu gewährleisten, fasse ich die erläuterten kontextspezifischen Topoi zunächst in die topologische Formation des Diskurses. Dabei wird der diskursive Wandel im Vergleich zur „Ölkrise" 1973/74 ersichtlich:

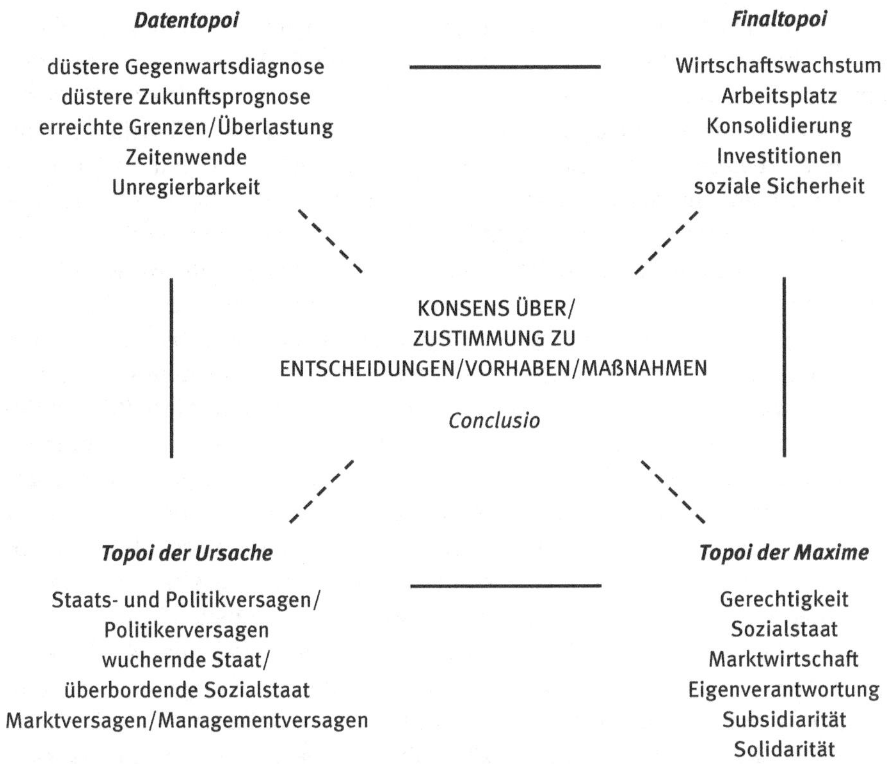

Abb. 21: Topologische Diskursformation „Wende“ 1982

Im Zuge der Erörterung der Datentopoi ist deutlich geworden, wie die „Krise“ sprachlich konstruiert wurde und wie bestimmte Akteure auf dieser Basis die Notwendigkeit einer „Wende“ als zur Lösung der Probleme unabdingbar begründeten. Die Konstruktion der „Krise“ erfolgte maßgeblich durch die Topoi der düsteren Gegenwartsdiagnose und Zukunftsprognose, die auf ähnliche Weise wie im Diskurs zur „Ölkrise“ 1973/74 realisiert wurden. Auch die „Krise“ 1982 galt als „Krise“ des Wirtschaftswachstums und der Beschäftigung. Insofern im Krisendiskurs 1982 sowohl der Geschichtstopos als auch der Zahlentopos und der Autoritätstopos ähnlich wie schon während der „Ölkrise“ 1973/74 in Verbindung mit den Topoi der düsteren Gegenwartsdiagnose und Zukunftsprognose genutzt wurden, um den strittigen Sachverhalt „Krise“ durch die Anführung scheinbar unstrittiger Argumente abzusichern, kann man hierbei von einer stabilen argumentativen Sprechhandlungssequenz der Krisenkonstruktion sprechen. Frappierend ist, dass die Darstellung der beiden bislang untersuchten „Krisen“ von 1973/74 und 1982 als jeweils historisch einmalig erfolgte, was zeigt, wie vergänglich die Wahrnehmung einer angeblich *noch nie* dagewesenen singulären Situation ist, deren Konstruktion aber offenbar immer wieder aufs Neue als Prämisse genutzt wurde, um politisches Handeln zu legitimieren. Im Vergleich zur „Ölkrise" 1973/74 bei den Datentopoi neu hinzugekommen ist die Diagnose einer „Krise der Staatsfinanzen" – einschließlich einer Bedrohung des Sozialstaates – und die im Topos der erreichten Grenzen/Überlastungstopos zum Ausdruck kommende Behauptung, der Sozialstaat sei erschöpft und am Ende. In diesem Rahmen sind u. a. die Finaltopoi der „Konsolidierung" einerseits, d. h. die Betonung der Notwendigkeit einer *Sparpolitik*, und der sozialen Sicherheit andererseits zu sehen, wobei letzterer davon ausgeht, dass der Sozialstaat nur durch seinen „Rückbau" zu erhalten sei. Der Topos der Zeitenwende kommt zwar in beiden Untersuchungszeiträumen vor und wird zur Begründung der „Krise" genutzt, doch unter inhaltlichen Gesichtspunkten ist ein diskursiver Wandel zu verzeichnen. Ihm liegt nicht mehr die Wahrnehmung einer historischen Zäsur (Ende der Nachkriegszeit) als Folge externer Ereignisse (Nahostkrieg und Aktionen der Ölförderländer) oder einer selbstverantworteten menschheitsgefährdenden Ressourcenerschöpfung („Grenzen des Wachstums") zugrunde, sondern die Auffassung, dass sich die Realität verändert habe. In diesem Zusammenhang war von gewandelten ökonomischen „Rahmenbedingungen" die Rede, welche als *Strukturwandel* oder *Strukturkrise* bezeichnet wurden, woraus man die Notwendigkeit einer „Anpassung" der BRD, der politischen Ordnung oder des Sozialstaates an die veränderte Realität folgerte. Nur durch eine solche „Anpassung" im Sinne der darwinistischen Idee *survival of the fittest* sei das jeweils als bedroht Geltende zu erhalten. Hierbei handelt es sich um einen Vorläufer des Globalisierungstopos der 1990er und der folgenden Jahre. Ebenfalls neu im Vergleich zur „Ölkrise" 1973/74 ist die Wahrnehmung einer Unregierbarkeit des Landes.

Die Topoi der Ursache bestätigen, dass die nachfrageorientierte Wirtschaftspolitik der sozial-liberalen Koalition und insbesondere die als schweres *Erbe* charakterisierte Sozialpolitik der Ära Willy Brandt für die „Krise" verantwortlich gemacht wurden. Nicht zuletzt habe Staats- und Politikversagen/Politikerversagen in den wuchernden Staat/überbordenden Sozialstaat geführt, von dem ebenfalls behauptet wurde, er habe die „Krise" verursacht. Daran schloss sich eine im Diskurs zur „Ölkrise" 1973/74 kaum geäußerte Kritik am Sozialstaat an. Insgesamt entwickelte sich der Krisendiskurs 1982 zu einem sozialpolitischen Krisendiskurs, in dem in erster Linie der Sozialstaat und Vorstellungen von Sozialstaatlichkeit problematisiert wurden, was den diskursiven Raum für neoliberale Deutungsmuster öffnete. Über die Dominanz klassisch neoliberaler Erklärungsmuster für die „Krise" kann nicht hinwegtäuschen, dass man vereinzelt – insbesondere in Zusammenhang mit der AEG-Pleite – auch Markt- und Managementversagen, so der Gegenspieler zum Topos vom Staats- und Politikversagen/Politikerversagen, die Schuld an der „Krise“ gab.

Bislang wurde nicht erwähnt, dass sich im Krisendiskurs 1982 ein Argumentationsmuster abzeichnet, das die geburtenstarken Jahrgänge und ausländische Arbeitskräfte für die „Krise“ verantwortlich macht. Hierin deutet sich der Topos vom demografischen Wandel an, der politisches Handeln – z. B. schärfere Regulierung der Zuwanderung – mit dem Argument der Bevölkerungsentwicklung legitimiert. Dementsprechend definiert Martin Wengeler (2010) für den Krisendiskurs 1982 einen Demografietopos. Zwar forderte auch Lambsdorff in seinem Papier auf der Grundlage der Feststellung eines demografischen Wandels die Berücksichtigung eines „demografischen Faktors“ (im Wortlaut: „Berücksichtigung des steigenden Rentneranteils in der Rentenformel“), womit ein neues Wissenssegment in den sozial- und wirtschaftspolitischen Diskurs Eingang fand. Im Gegensatz zum einzeltextanalytischen Befund Wengelers (vgl. 2010: 345) jedoch habe ich das Argumentationsmuster im Untersuchungszeitraum 1982 nicht in ausreichender Zahl gefunden, als dass sich seine Berücksichtigung rechtfertigen ließe. Tatsächlich wurde der „demografische Faktor“ erst 1997 eingeführt und von der neuen Bundesregierung unter Gerhard Schröder wieder abgeschafft (was dieser später als Fehler bezeichnete). Im Krisendiskurs 2003 zweifelte niemand mehr an den Herausforderungen durch den demografischen Wandel – es hieß, die Gesellschaft vergreise –, weswegen eine „Reform“ der Rentenversicherung unumgänglich sei, so die damals übliche Argumentation (siehe hierzu ausführlich Kap. 5.6.2.2.5). Schließlich wurde erst 2004 im Zuge der *Agenda 2010* genannten „Reformen“ mit dem „Nachhaltigkeitsfaktor“ der von Lambsdorff gewünschte demografische Aspekt in der Rentenformel berücksichtigt. Dennoch ist interessant, dass sich der Topos vom demografischen Wandel bereits 1982 abzeichnet, allerdings – abgesehen von dem Lambsdorff-Beleg – als Warnung vor der nachrückenden jungen Generation (den „Baby-Boomern“) und vor ausländischen Arbeitskräften. Hierzu sei folgendes Beispiel zitiert:

> Die Zahl der Arbeitslosen in der Bundesrepublik wird Ende dieses Jahres nach Berechnungen der Bundesanstalt für Arbeit in Nürnberg die Zwei-Millionen-Grenze ‚spürbar übertreffen‘. [...] Nach der Voraussage wird die Bevölkerungsentwicklung den Arbeitsmarkt in dieser Dekade zusätzlich belasten. Bis Mitte der 80er Jahre müsse mit einem jährlichen Zuwachs von 100 000 deutschen Arbeitskräften aus den geburtenstarken Jahrgängen der 60er Jahre gerechnet werden. Inwieweit es gelinge, die Zahl der nachrückenden ausländischen Erwerbstätigen in engeren Grenzen als bisher zu halten, erscheine bei der nachwachsenden zweiten und dritten Ausländergeneration ‚offen‘. (SZ, 10.4.1982, *Düstere Arbeitsmarkt-Prognose für 1982*)

Die Finaltopoi stehen in unmittelbarer Beziehung zu den Datentopoi; sie wurden aus den unterschiedlichen Prädikationen der „Krise“ abgeleitet. Wirtschaftswachstum und sichere Arbeitsplätze bildeten auch im Diskurs zur „Ölkrise“ 1973/74 allgemein anerkannte politische Ziele, mit denen man argumentierte. Doch scheint sich im Vergleich zur „Ölkrise“ im Krisendiskurs 1982 der stabilitätspolitische Konsens aufgelöst zu haben. Das Ziel der „Konsolidierung“ ist im Zusammenhang der „Krise der Staatsfinanzen“ zu sehen. Mit ihm wurden eine Reihe bislang nicht sagbarer *sparpolitischer* Maßnahmen begründet. Der Investitionstopos tauchte im Krisendiskurs 1982 ebenfalls neu auf. Dieses Argumentationsmuster ordnet das Streben nach Krisenbewältigung in quasi naturgesetzlicher Kausalität der Schaffung günstiger Investitionsbedingungen für Unternehmen unter. Günstige Voraussetzungen für Investitionen, so die allgemeine Schlussfolgerung, seien nur unter den Bedingungen einer „Wende“ in der Sozial- und Wirtschaftspolitik zu erreichen. Der Investitionstopos war bereits im Wendebrief Genschers vorgezeichnet und wurde später durch das Lambsdorff-Papier popularisiert. Indem die Regierung Kohl gelingende Krisenbewältigung mit Investitionsbereitschaft verknüpfte und Wirtschaftsförderung zu ihrem politischen Programm machte, griff sie den Investitionstopos bereitwillig auf und nahm ein zentrales Mantra des Neoliberalismus in ihr Regierungsprogramm auf. Schließlich wurde politisches Handeln durch das Ziel motiviert, den angeblich bedrohten Sozialstaat zu erhalten. Auf das Paradoxon in dem Gedankengang, dass dies durch seine „Verschlankung“ zu erreichen sei, wurde bereits mehrfach hingewiesen.

Deutlich zeigt sich der diskursive Wandel an den Topoi der Maxime und den damit verbundenen Besetzungen/Umdeutungen klassischer Begriffe sozialdemokratischen Selbstverständnisses wie ‚Reform‘, ‚Gerechtigkeit‘ und ‚Solidarität‘, was dazu führte, dass diese Begriffe zum bisherigen Gebrauch nahezu antonymische Bedeutungen annahmen. Beim Solidaritätsbegriff konnte schon im Diskurs zur „Ölkrise“ 1973/74 beobachtet werden, dass er argumentativ genutzt wurde, um durch Appelle an den Gemeinsinn die Opferbereitschaft der Bevölkerung zu verstärken und einschneidende *Sparmaßnahmen* akzeptabel zu machen. Anders als in der „Ölkrise“ 1973/74, als der Sozialstaat noch nicht so deutlich infrage gestellt wurde, setzten Wendebefürworter im Krisendiskurs 1982 an die Stelle hergebrachter Vorstellungen von Sozialstaatlichkeit im Sinne des klassischen Solidaritätsprinzips die Prinzipien der ‚Eigenverantwortung‘ und ‚Subsidiarität‘ als „neue“ sittliche Maßstäbe und als soziale Organisationsform für erfolgreiche Krisenbewältigung. Im Subsidiaritätsprinzip vereinen sich Elemente der katholischen Soziallehre und christlich-konservative Wertvorstellungen mit neoliberalen Vorstellungen von Leistungsgerechtigkeit und vom „schlanken Staat“. Wie im Diskurs zur „Ölkrise“ 1973/74 galt die Marktwirtschaft auch in dieser Phase als beste Form des Wirtschaftens und als Voraussetzung der Krisenbewältigung.

Das Beharren der Wendegegner auf die Grundsätze ‚soziale Gerechtigkeit‘/‚gerechte Verteilung‘ in ihrem Sinne sowie auf dem verfassungsrechtlich verbürgten Gebot der ‚Sozialstaatlichkeit‘ erscheint im Zusammenhang der neuen politischen Ordnungsvorstellungen als überholt, unmodern und Relikt vergangener Zeiten. Wendegegner nutzten zwar verschiedene der genannten Topoi, um vor der „Wende“ und ihren Folgen zu warnen. Sie hatten dem komplexen topischen Begründungsmuster der Wendebefürworter aber kaum etwas entgegenzusetzen. Dass nachfrageorientierte Wirtschaftspolitik im Sinne des Keynesianismus und hergebrachte Vorstellungen von Sozialstaatlichkeit an Verbindlichkeit verloren, wohingegen neoliberale Wirtschaftspolitik und Kürzungen im Bereich sozialer Leistungen des Staates mehrheitsfähig wurden, wie der Regierungswechsel und die Bestätigung der Kanzlerschaft Helmut Kohls durch Neuwahlen zeigen, war letztlich eine Auswirkung des öffentlich-politischen Krisendiskurses 1982.

Zusammenfassend kann festgehalten werden, dass das eingangs wiedergegebene zeitgeschichtliche Standardnarrativ in mancher Hinsicht den öffentlichen Krisendiskurs des Jahres 1982 abbildet. Sowohl im Fachdiskurs als auch im öffentlichen Diskurs geht dem Erfordernis einer „Wende“ die „Krise“ voraus. Die „Wende“ erscheint als zwingende Folge der „Krise“ und als Voraussetzung für eine erfolgreiche Krisenbewältigung. Aus der Konstruktion der „Krise“ wurde die Notwendigkeit einer „Wende“ abgeleitet, womit die Durchsetzung eines politischen Willens verbunden war. Dies ist ein wichtiger Unterschied zur „Ölkrise“ 1973/74, die weniger intentional konstruiert wurde, mit dem Ziel einen politischen Willen durchzusetzen. In diesem Zusammenhang sei noch einmal erwähnt, dass die unreflektierte Übernahme zentraler Begriffe des Meinungskampfes aus dem öffentlich-politischen Diskurs wie ‚Wende‘ und der ebenso unreflektierte Gebrauch zentraler Topoi des politischen Meinungskampfes – wie der Argumentationsmuster vom Staats- und Politikversagen/Politikerversagen oder wuchernden Staat/überbordenden Sozialstaat – jede Art von Geschichtsschreibung in Gefahr bringt, darin eingeschriebene Wirklichkeitssichten, Deutungsmuster, Werte und politische Willensbekundungen zu übernehmen.

Noch nicht beantwortet wurde die Frage, ob tatsächliche eine „Wende“ stattgefunden hat. Im Krisendiskurs der 1980er Jahre herrschte die Meinung vor, eine „Wende“ sei ausgeblieben. Dementsprechend stellte die SZ fest: „Wie die SPD hat auch die CDU die von Otto Graf Lambsdorff (FDP) geforderten tiefen Einschnitte ins soziale Netz nicht vollziehen wollen. Die Wende – das mögen einige mit Erleichterung aufnehmen – hat in der Sache noch nicht stattgefunden“ (SZ, 30.9.1982, *Wendemanöver, Keine Wende*). Die ZEIT (1.10.1982, *Neue Köpfe – alte Hüte*) konstatierte: „Von all den Kürzungen aber, die Otto Graf Lambsdorff in seinem nun schon fast historischen Papier [...] vorgeschlagen hatte, ist nichts mehr übriggeblieben.“ Und auch im Herbstgutachten der großen wirtschaftswissenschaftlichen Forschungsinstitute heißt es, dass die „Wirtschafts- und Finanzpolitik der neuen Bundesregierung [...] keine entscheidende Wende zu mehr Investitionen und Wachstum bewirken" würde; die ergriffenen sozial- und wirtschaftspolitischen Maßnahmen der neuen Bundesregierung entsprächen „nur teilweise den Erfordernissen" (SZ, 26.10.1982, *Herbstgutachten der fünf Institute*). Diese Einschätzungen werden von Historikern weitestgehend geteilt. So schreibt beispielsweise Angster (2012: 129) in Übereinstimmung mit der Wahrnehmung der Zeitgenossen, dass die „Sorgen der kritischen Öffentlichkeit [...] überzogen" gewesen seien; die Regierung Kohl habe

> im Grunde [...] in allen wesentlichen Politikfeldern die Linie ihrer Vorgänger fort[gesetzt]; zwar gab es durchaus Korrekturen, aber keine fundamentalen Richtungswechsel. [...] Eine tatsächliche ‚Wende' in der Bundesrepublik Deutschland ereignete sich erst mit dem Mauerfall.[107]

Obgleich die öffentliche und zeitgeschichtliche Diagnose zutreffen mag, greift sie zu kurz. Selbstverständlich wirken sich diskursive Wandlungen nicht unmittelbar auf das Regierungshandeln aus. Ohnehin ist diskursiver Wandel ein träges und schleichendes Phänomen von langer Dauer. Deshalb braucht es sicher auch eine Weile, bis sich Veränderungen in den Wissensformationen bzw. in den vorherrschenden Meinungen in der politischen Praxis niederschlagen. Doch diese Praxis orientiert sich an der herrschenden Meinung. Wenn sich die Legitimität von Wissen erst einmal ändert, was Diskurse leisten, kann sich auch das Regierungshandeln ändern. Insofern ist es nicht ausreichend, historische Kontinuitäten herzustellen, ohne den diskursiven Wandel, der Voraussetzung für eine *tatsächliche* „Wende" ist, zu berücksichtigen. Die in diesem Kapitel besprochenen diskursiven Ereignisse konstituierten neue Wissenselemente. Sie brachten diese in den öffentlichen Diskurs ein, erweiterten das Sagbarkeitsfeld durch die Ausbildung diskursiver Regelmäßigkeiten und fungierten in der Folge im Sinne einer *longue durée* auch als ein Formationssystem von Aussagen und somit als die Bedingung der Möglichkeit, plausible Argumente zu finden und Argumentationen zu bilden. Damit war, wie gesagt, die Durchsetzung eines politischen Willens verbunden. Der

107 Butterwegge (2014: 153) äußert sich ähnlich und resümiert: „Trotz recht einschneidender Kürzungen sozialer Leistungen blieb der Systemwechsel im Sinne einer neoliberalen Transformation des Wohlfahrtsstaates unter Helmut Kohl und Norbert Blüm aus." Er räumt aber ein, dass durch „zahlreiche Einschränkungen, Verschärfungen der Anspruchsvoraussetzungen bzw. Verkürzungen der Bezugsdauer von Transferleistungen sowie der Verankerung des Konkurrenzprinzips und dem Einbau marktwirtschaftlicher Strukturelemente in das Gesundheits- bzw. Sozialsystem [...] die Voraussetzungen für einen Systemwechsel geschaffen" (Butterwegge 2014: 153) worden seien.

Krisendiskurs 1982 ist ein bedeutender Meilenstein der neoliberalen Hegemonie in der öffentlich-politischen Meinung. Wichtigstes diskursives Ereignis in diesem Zusammenhang ist das Lambsdorff-Papier, das zum Wegweiser für die folgenden sozial- und wirtschaftspolitischen Krisendiskurse wurde. Der Krisendiskurs der 1990er Jahre schuf weitere Voraussetzungen für einen zunehmend als nicht mehr hinauszuschieben dargestellten Wandel, der sich in den unter rot-grün umgesetzten „Reformen“ umfassend politisch niederschlug.

5.6 Zur „Agenda 2010“: Der „Dritte Weg“ setzt sich durch

Nach 16-jähriger Amtszeit verlor die Bundesregierung unter Helmut Kohl die Gunst der Bevölkerung. Viele Wähler waren von der liberal-konservativen Sozial- und Wirtschaftspolitik enttäuscht, weil sich ihre Hoffnungen auf eine „Wende“ nicht erfüllt hatten (vgl. Butterwegge 2014: 155). Dementsprechend sah die Öffentlichkeit am Ende der Ära Kohl einen „Reformstau“. Die folgende Abbildung zeigt die diachrone Verteilung des Gebrauchs von *Reformstau* im DEREKO zwischen 1993 und 2010 und veranschaulicht die zunehmende Bedeutung dieses Schlagwortes im öffentlichen Sprachgebrauch der 1990er Jahre:[108]

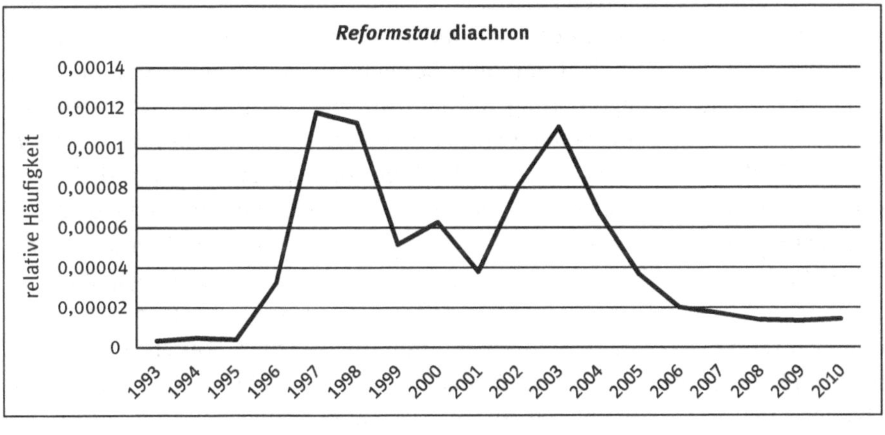

Abb. 22: *Reformstau* im DEREKO zwischen 1993 und 2010 (Jahresansicht)

108 Die quantitative Recherche wurde mit dem COSMAS II Client durchgeführt und basiert auf einer Grundgesamtheit von 11.211.828 Texten bzw. 2.628.025.159 Wörtern.

Gleichzeitig hatte sich seit Mitte der 1990er Jahre ein Diskurs um das Phänomen „Globalisierung“ formiert. Die nachstehende Abbildung zeigt die diachrone Verteilung des Gebrauchs von *Globalisierung* im DeReKo zwischen 1985 und 2010:[109]

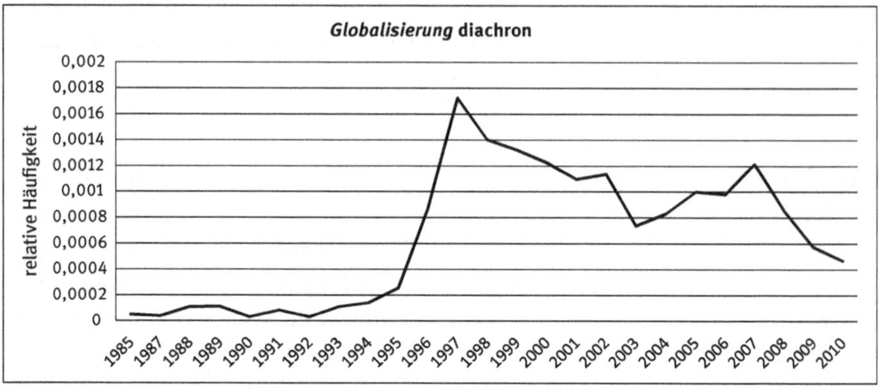

Abb. 23: *Globalisierung* im DeReKo zwischen 1985 und 2010 (Jahresansicht)

Die seit 1995 verstärkt einsetzende Wahrnehmung eines „Reformstaus“ gepaart mit der Deutung einer angeblichen Zeitenwende – *Globalisierung* genannt, auch als mutmaßlich unausweichliche neue *Rahmenbedingung* politischen, wirtschaftlichen und gesellschaftlichen Handelns bezeichnet – wurde als sozial- und wirtschaftspolitische Herausforderung und als zwingender Grund für „Reformen“ verstanden. Die hieraus abgeleiteten Forderungen nach Veränderungen, insbesondere der Sozialstaat müsse *umgebaut*, der Arbeitsmarkt *flexibilisiert* und die Wirtschaft *dereguliert* werden, fanden einen diskursiven Höhepunkt, als der damalige Bundespräsident Roman Herzog am 26. April 1997 in seiner „Berliner Rede“ oder „Ruck-Rede“ auf die Dringlichkeit sozial-, wirtschafts- und bildungspolitischer „Reformen“ hinwies. Der angesprochene Globalisierungs- und Reformdiskurs verdichtet sich in der salienten politischen Äußerung Herzogs: „Durch Deutschland muß ein Ruck gehen. Wir müssen Abschied nehmen von liebgewordenen Besitzständen. Alle sind angesprochen, alle müssen Opfer bringen, alle müssen mitmachen.“[110] Zeittypische Schlagwörter und formelhafte Wendungen der sozial- und wirtschaftspolitischen Diskussionen, in denen sich entsprechende Schlussfolge-

---

109 Die quantitative Recherche wurde mit dem COSMAS II Client durchgeführt und basiert auf einer Grundgesamtheit von 11.425.160 Texten bzw. 2.591.993.624 Wörtern.

110 Zitiert nach: [http://www.bundespraesident.de/SharedDocs/Reden/DE/Roman-Herzog/Reden/1997/04/19970426_Rede.html, zuletzt abgerufen am 28.03.2017].

rungen für politisches Handeln manifestieren, sind neben *Reformstau*, *Globalisierung*, *Umbau*, *Flexibilisierung* und *Deregulierung* u. a. *Eigenverantwortung*, *Wettbewerb*, *Standort (Deutschland)*, *Senkung der Lohnnebenkosten*, *Steuererleichterungen*, *schlanker Staat* durch *Privatisierung* und *Bürokratieabbau* (vgl. Klein 2015: 77).[111]

Als Gerhard Schröder 1998 das Amt des Bundeskanzlers übernahm, war die rot-grüne Regierungspolitik in einen sozial- und wirtschaftspolitischen Diskurs eingebettet, der sich, wie im vorstehenden Abschnitt angedeutet, allmählich aufgebaut hatte und eine „Wende“ oder „Reformen“ als dringend geboten erscheinen ließ. Vor diesem Hintergrund und auf Basis der neuerlichen Wahrnehmung einer „Krise“ sowie unterstützt durch die Öffentlichkeitsarbeit von Denkfabriken/Lobbyorganisationen[112], Wirtschaftsforschungsinstituten, den Rat von Experten und den medialen Mainstream erhöhte sich der diskursiv aufgebaute Reformdruck stetig. Nach Bestätigung der rot-grünen Bundesregierung im Herbst 2002 schien er sich vollends politisch zu entladen. Dementsprechend plädierte Schröder in einer Regierungserklärung vom 29. Oktober 2002 für „Reformen“, wobei sich zeigt, dass der im Diskurs zur „Ölkrise“ 1973/74 noch positiv besetzte Reformbegriff – im Sinne von ›Gesetzen zur Stärkung sozialer Sicherheit und der Rechte schwacher/benachteiligter Gruppen‹ – im Krisendiskurs 2003 dem Reformbegriff der 1980er Jahre (siehe Kap. 5.5) entsprach:

> Zu Reform und Erneuerung gehört auch, manche Ansprüche, Regelungen und Zuwendungen des deutschen Wohlfahrtsstaates zur Disposition zu stellen. Manches, was auf die Anfänge des Sozialstaates in der Bismarck-Zeit zurückgeht und noch vor 30, 40 oder 50 Jahren

---

111 Zur Hegemonie des neoliberalen Globalisierungs- und Reformdiskurses in den 1990er Jahren siehe die in Kap. 4, Anmerkung 26 angegebene Literatur.

112 Zu nennen wären etwa die Bertelsmann-Stiftung, die Initiative Neue Soziale Marktwirtschaft oder der von Meinhard Miegel geführte Bürgerkonvent. Diese und weitere Akteure wirkten als Diskurskatalysatoren. Sie prägten den sozial- und wirtschaftspolitischen Krisendiskurs im Jahr 2003 entscheidend mit und waren dementsprechend maßgeblich an der Produktion des gesellschaftlichen Konsenses in Bezug auf die Notwendigkeit von „Reformen“ beteiligt. Der im Jahr 2003 gegründete Bürgerkonvent etwa – mit illustren Mitgliedern wie Gerd Langguth, Kurt Biedenkopf, Ex-BDI-Chef Hans-Olaf-Henkel, Unternehmensberater Roland Berger, Otto Graf Lambsdorff, Rupert Scholz und dem ehemaligen Vorstands- und Aufsichtsratschef von BMW, Eberhard von Kuenheim – initiierte große Pressekampagnen, die von allen untersuchten Zeitungen/Zeitschriften verbreitet wurden, mit dem Ziel, meinungsbildend im Sinne bestimmter „Reformen“ auf den Krisendiskurs einzuwirken. Damit verbunden war eine Kritik am Sozialstaat, die Forderung, die staatlichen Aufgaben auf „Kernkompetenzen“ (*Deregulierung*) zu reduzieren und stärker auf Eigenverantwortung/Subsidiarität zu setzen sowie generell marktwirtschaftlich orientierte Positionen zu stärken.

berechtigt gewesen sein mag, hat heute seine Dringlichkeit und damit auch seine Begründung verloren.[113]

Was hier von Gerhard Schröder mit dem Begriff ‚Reform' verbunden wurde, ist nicht weniger als die Existenzberechtigung des deutschen Sozialstaates.

Ein weiterer nennenswerter Höhepunkt in der öffentlichen Debatte über mangelnde „Reformen" und die angebliche Reformunfähigkeit der Bundesrepublik ist Arnulf Barings vielbeachteter Aufruf *Bürger, auf die Barrikaden!*. In seinem am 19.11.2002 in der FAZ abgedruckten Appell bezichtigte Baring Politiker, die Unwahrheit zu sagen; sie würden „die wahre Lage verschweigen", nämlich dass die Staatsfinanzen nicht in Ordnung seien, dass „Deutschland seit langem im steten Niedergang ist." Die Ursache der Misere sah Baring darin, dass „wir" seit den 1970er Jahren „über unsere Verhältnisse gelebt haben." Nun müsse kräftig gespart werden, alle hätten ihre Ansprüche zu reduzieren. Außerdem seien dringend mehr „Wettbewerb, überall und allenthalben, an und zwischen Schulen, Universitäten, Ländern, Kommunen", „Selbständigkeit und Eigenverantwortung", Kürzungen bei den Sozialausgaben und mehr eigene Vorsorge nötig, um „Deutschland eine Chance der Erneuerung" zu geben, „um unsere Zukunft als führende, leistungsstarke Industrienation für unsere Kinder und Enkel zu sichern." Des Weiteren verglich der Historiker Baring Deutschland mit der DDR und beklagte den bürokratisch „aufgeblähten", seiner Meinung nach *entarteten* Staat, der die Probleme nur noch verschlimmere. Der wuchernde Staatsapparat führe zu Antriebslosigkeit, Politiker seien gelähmt und handlungsunfähig. Deshalb müsse alles „auf den Prüfstand." Wenn sich der Staat jetzt nicht *erneuere*, wenn jetzt die benötigten „Reformen" nicht in die Wege geleitet würden, dann, so Baring, „ist diese Republik am Ende." Im Sinne dieser Klage über Stillstand, die Unfähigkeit der Politiker und die Untauglichkeit des politischen Systems, und im Sinne des Aufrufs zur Erneuerung stellte Baring schließlich mit revolutionärem Pathos noch einmal fest, so wie bisher gehe es „auf keinen Fall" weiter. In der Luft liege ein Aufstand gegen das erstarrte politische System. „Bürger", so der zentrale Appell des Textes,

> auf die Barrikaden! Wir dürfen nicht zulassen, daß alles weiter bergab geht, hilflose Politiker das Land verrotten lassen. Alle Deutschen sollten unsere Leipziger Landsleute als Vorbilder entdecken, sich ihre Parole des Herbstes vor dreizehn Jahren zu eigen machen: Wir sind das Volk![114]

---

113 Gerhard Schröder: Regierungserklärung. In: Verhandlungen des Deutschen Bundestages. Stenographische Berichte. 15. Wahlperiode, 4. Sitzung, 29.10.2002. S. 51–171, hier S. 51. [http://dip21.bundestag.de/dip21/btp/15/15004.pdf, zuletzt abgerufen am 28.03.2017]

114 Natürlich schüren solche populistischen Einlassungen Politik- und Demokratieverdrossenheit. Wo es hinführt, wenn „besorgte Bürger" glauben, Deutschland und Europa seien bedroht,

Auch im Fachdiskurs sind solche Untergangs- und Erneuerungsvisionen wie die oben zitierten weit verbreitet. So geht etwa der Soziologe Rolf G. Heinze (1998) von einer *blockierten Gesellschaft* aus, die sich an die Zeitenwende anpassen müsse, um den Niedergang Deutschlands zu verhindern. Ähnliche Szenarien konstruieren der Historiker Paul Nolte (2004) in seinem Bestseller *Generation Reform: Jenseits der blockierten Republik* und der Wirtschaftswissenschaftler Hans-Werner Sinn (2003) in seinem Bestseller *Ist Deutschland noch zu retten?*. Nur durch eine Umgestaltung des Sozialstaates, so eine der zentralen Thesen von Sinn, sei der durch „Globalisierung“ und internationalen Wettbewerb bedrohte „Standort Deutschland“ vor dem Untergang zu bewahren.

5.6.1 Diskurschronik

Am 14. März 2003 gab Bundeskanzler Gerhard Schröder eine Regierungserklärung mit dem Titel *Mut zum Frieden und zur Veränderung* ab, die das *Agenda 2010* genannte Reformprogramm umfasste. Schröder verfolgte das Ziel, eine politische Neuorientierung zu erreichen und die als erforderlich angesehenen Veränderungen einzuleiten, etwa den *Umbau des Sozialstaates*, so der zeittypische metaphorische Phraseologismus. Die „Agenda-Rede“ ist das zentrale diskursive Ereignis im Krisendiskurs 2003. Insbesondere die den Arbeitsmarkt und das System der Sozialversicherung betreffenden „Reformen“ prägten den öffentlichen Krisendiskurs und den sozial- und wirtschaftspolitischen Diskurs im Allgemeinen über Jahre (bis heute).

Die Reaktionen auf die Agenda-Rede bilden ein intertextuelles Geflecht und konstituieren den in diesem Kapitel mit den Mitteln der Toposanalyse untersuchten Krisendiskurs. Die Agenda-Rede als diskursives Ereignis formt nicht nur einen nachfolgenden Diskurs, sondern sie steht auch im Zentrum eines Geflechts von sie formenden, zur Aufgabe traditioneller sozialdemokratischer Sozial- und Wirtschaftspolitik drängender und zu „Reformen“ antreibender diskursiver Ereignisse. Dazu zähle ich in chronologischer Reihenfolge das Lambsdorff-Papier von 1982, Anthony Giddens Buch *The Third Way* von 1998, das Schröder/Blair-Papier von 1999 und das unter der Aufsicht von Frank-Walter Steinmeier ver-

stünden vor dem Untergang und Politik sei von der Realität entfremdet, könne nicht helfen, wie es ihnen von Historikern und anderen „Experten“ jahrzehntelang in der Öffentlichkeit eingebrannt wurde – und die Medien hätten sich überdies gegen sie verschworen –, kann man derzeit wieder jeden Montag in Dresden und andernorts beobachten. Barings Aufruf scheint gefruchtet zu haben. PEGIDA und AFD haben sich die Parole des Herbstes 1989 – *Wir sind das Volk!* – zu eigen gemacht.

fasste Strategiepapier des Kanzleramtes vom Dezember 2002.[115] Diese diskursiven Ereignisse oder Schlüsseltexte bilden den Wissenshorizont, die ideologisch-programmatische Grundlage für die mit der „Agenda 2010" einhergehende sozial- und wirtschaftspolitische Neuorientierung. Eng damit verbunden sind die Konzepte ‚Dritter Weg' bzw. ‚Neue Mitte', ‚aktivierender Staat' und ‚Fördern und Fordern'. Nicht zuletzt, wie sich zeigen wird, ist die Agenda-Rede außerdem Bestandteil und Höhepunkt des schon seit den 1970er Jahren währenden Krisendiskurses. All dies ist Gegenstand der nun folgenden Ausführungen.[116]

---

115 In dieser Reihe müsste eigentlich auch der nach Schröders Regierungsantritt von der Bertelsmann-Stiftung in der Zeitschrift Capital publizierte wirtschaftspolitische Forderungskatalog für die ersten hundert Tage der Regierung stehen. Es gibt zahlreiche Hinweise darauf, dass die Bertelsmann-Stiftung im Hintergrund – abgeschottet von der demokratischen Kontrolle – an der Formulierung des politischen Kurses der rot-grünen Bundesregierung und der „Reformen" maßgeblich beteiligt war. Sie förderte insbesondere Projekte, in denen die Grundlagen der Arbeitsmarktreformen entwickelt wurden. Viele Forderungen der Bertelsmann-Stiftung wurden in der „Agenda 2010" berücksichtigt. Siehe hierzu etwa das Positionspapier der Bertelsmann-Stiftung zur „Reform" der Arbeitslosen- und Sozialhilfe: [http://doku.iab.de/chronik/2x/2002_06_31_20_bertelsmann.pdf, zuletzt abgerufen am 28.03.2017]. Auch Klein (2007a: 207f.) versteht das Lambsdorff-Papier als einen die Agenda-Rede und den Krisendiskurs 2003 prägenden Text, allerdings ohne ihn untersucht zu haben und auch nur in Form einer vagen Vermutung: „Der Forderungskatalog des damaligen Wirtschaftsministers von Lambsdorff (FDP) zur Kürzung etlicher Sozialleistungen spielte eine entscheidende Rolle beim Ende der sozialliberalen Koalition unter Helmut Schmidt. Ob und inwieweit Mitarbeiter des Kanzleramtes 2003 diesen in politischen Insider-Kreisen legendären Text zurate gezogen haben, ist allerdings unklar." (Unerwähnt lässt Klein, der seine Untersuchung anlässlich eines Gutachtens für die Bertelsmann-Stiftung im Rahmen eines Projektes zur „Optimierung politischer Reformprozesse" durchgeführt hat, den wirtschaftspolitischen Forderungskatalog für die ersten hundert Tage der Regierung der Bertelsmann-Stiftung.) Butterwegge (2014: 116f.) vertritt die Meinung, dass es sich beim Lambsdorff-Papier „um das offizielle Drehbuch für die Wirtschafts-und Sozialpolitik bis heute" handle, „so sehr entsprechen fast sämtliche Maßnahmen, die seither ergriffen wurden, dem dort niedergelegten Handlungskatalog. [...] Von einer zeitlichen Begrenzung der Bezugsdauer des Arbeitslosengeldes auf 12 Monate über die Einführung eines ‚demografischen Faktors' zur Beschränkung der Rentenhöhe [...] bis zur stärkeren Selbstbeteiligung im Gesundheitswesen listete das Lambsdorff-Papier fast alle ‚sozialen Grausamkeiten' auf, welche die Nachfolgeregierungen verwirklichten. Erst das ‚Hartz IV' genannte Gesetz der rot-grünen Koalition ging durch die Abschaffung der Arbeitslosenhilfe und die Absenkung des (an deren Stelle tretenden) Arbeitslosengeldes II auf Sozialhilfeniveau über den damals selbst auf einen Großteil der politischen Klasse provokativ wirkenden Forderungskatalog der FDP hinaus."

116 Auf das Lambsdorff-Papier gehe ich nicht noch einmal gesondert ein. Um die Relevanz der Denkschrift von 1982 für den Krisendiskurs 2003 zu unterstreichen, werde ich an einigen exemplarischen Aussagen diskursive Bezüge verdeutlichen.

5.6.1.1 Renaissance der Sozialdemokratie: Antony Giddens *The third Way* und das Schröder/Blair-Papier

Vor dem Hintergrund der Auflösung des liberalen kapitalistischen Konsenses seit den 1970er Jahren (siehe Kap. 5.3) – einschließlich des Sozialstaatskompromisses – und der Degeneration der Sozialdemokratie aufgrund der Hegemonie politisch konservativer und neoliberaler Strömungen seit den 1980er Jahren formulierte der britische Soziologe Anthony Giddens (1998) eine „neue“ sozialdemokratische Position. Er beabsichtigte, einen neuen Konsens herbeizuführen, um dem Geltungsverlust der von ihm als bedroht diagnostizierten Sozialdemokratie entgegenzuwirken und ihr Überleben zu sichern. Giddens bezog sich mit seinem Modell auf die Politik von Tony Blair (*New Labour*), der dabei war, sich von klassischen sozialdemokratischen Positionen zu lösen.

Die von ihm angestrebte Erneuerung sozialdemokratischer Programmatik nennt Giddens den *Dritten Weg*. Darunter versteht er

> eine Theorie und eine politische Praxis, mittels derer die Sozialdemokratie den grundlegenden Veränderungen in der Welt innerhalb der letzten zwei oder drei Jahrzehnte Rechnung trägt. Dies ist ein dritter Weg in dem Sinne eines Versuches, über die Sozialdemokratie alten Stils wie den Neoliberalismus hinauszugelangen. (Giddens 1998: 38)

Wie das Zitat verdeutlicht, geht Giddens von einer die Sozialdemokratie bedrohenden Zeitenwende aus, die ein Umdenken erforderlich mache. Dilemmata der Sozialdemokratie sieht er konkret neben dem Neoliberalismus in den mit der „Globalisierung“ einhergehenden Transformationen – nicht nur des politischen und wirtschaftlichen Systems, sondern auch in einem umfassenden Sinne, beispielsweise in der zunehmenden Individualisierung und insbesondere in der Auflösung der politischen Links-Rechts-Dichotomie. Die aktuellen Herausforderungen seien im Rahmen des bisherigen ideologisch-politischen Antagonismus nicht mehr zu bewältigen. Nur durch die Infragestellung überkommener Ansichten und die Überwindung ideologischer Gräben, so Giddens' Argumentation, könne das Überleben der Sozialdemokratie gesichert werden. (Vgl. Giddens 1998: 40–85.)

Dem Autor geht es um die als *Dritter Weg* bezeichnete „Integration von ‚Neoliberalismus‘ in Programm und Praxis der Sozialdemokratie“ (Doering-Manteuffel & Raphael 2012: 95). Im Zentrum des angeblich neuartigen Leitbildes steht der „aktivierende Staat“, der den Bürger stärker in die Pflicht nehmen soll. Zentrales Motto der Politik des „Dritten Weges“ sei: *„Keine Rechte ohne Verpflichtungen“* (Giddens 1998: 81). Die klassische Sozialdemokratie, so Giddens (1998: 81), neige dazu,

> Rechte als unbedingte Ansprüche zu behandeln. Mit der zunehmenden Individualisierung sollte eine Zunahme der Verpflichtungen des Einzelnen einhergehen. Die Arbeitslosenunter-

> stützung sollte beispielsweise an die Verpflichtung zu aktiver Arbeitssuche gekoppelt sein; Aufgabe des Staates ist es, darauf zu achten, daß die Sozialsysteme die Motivation für eine solche Suche nicht dämpfen. (Giddens 1998: 81)

Deutlich inspiriert durch Giddens veröffentlichten der soeben ins Amt gekommene Bundeskanzler Gerhard Schröder und der britischer Premierminister Tony Blair am 8.6.1999 gemeinsam ein Papier. Das *Schröder/Blair-Papier* mit dem Titel *Der Weg nach vorne für Europas Sozialdemokraten* ist ein Plädoyer für die Erneuerung sozialdemokratischer Politik in Europa und für bestimmte „Reformen". Es war vom damaligen Kanzleramtsminister Bodo Hombach und von Blairs Vertrautem Peter Mandelson verfasst worden. Der ausschließlich im Internet veröffentlichte Text liest sich wie eine Pränuntiation der Agenda-Rede Schröders.[117] Insofern das Schröder/Blair-Papier stark kritisiert wurde und relativ schnell wieder aus der öffentlichen Diskussion verschwand, fehlte diesem Konzept die öffentliche Legitimation. Dementsprechend lassen sich in den untersuchten Zeitungstexten kaum Bemühungen erkennen, die *Agenda 2010* genannten Reformvorhaben mit der von Schröder und Blair formulierten Programmatik (z. B. „Dritter Weg" oder „aktivierender Staat") zu verknüpfen. Dennoch muss das Papier hier als relevanter diskursiver Kontext thematisiert werden, denn es ist, wie bereits gesagt, als Wissenshorizont für die Legitimierung rot-grüner Politik und der „Agenda 2010" anzusehen und unter der Oberfläche des sichtbaren Diskurses durchaus wirksam.

Rainer Wimmer (1999: 8) weist darauf hin, dass das Papier zahlreiche in substantivischen Ausdrücken und formelhaften Wendungen versteckte Prädikationen und Implikationen enthält, die in ihrer Komposition „eine unmittelbare Plausibilität haben sollen", also argumentativen Charakter besitzen. „Für normale Leser/innen", so Wimmer (1999: 9), „werden die Routineformeln zu Leerformeln, die in ihrer Interpretationsbedürftigkeit eine Zumutung darstellen." Entgegen der Auffassung, es handle sich um „Leerformeln", ist es treffender davon zu sprechen, dass die sprachlichen Phänomene ihren begrifflichen Gehalt oder das Gemeinte verdecken. Deshalb möchte ich im Folgenden einige rhetorische Strategien des Schröder/Blair-Papiers aufzeigen und seine Argumentationslinie nachzeichnen, um zu explizieren, dass es sich eben nicht um bedeutungslose sprachliche „Hülsen" handelt, sondern um sehr pointierte ideologische und politische Konzepte, die durch uneindeutigen – aber nicht sinnleeren – Sprachgebrauch verschleiert werden. Wimmers Sprachkritik, die nicht den diskursiven Kontext bemüht und eine Art Aufzählung von und Klage über für ihn unver-

---

117 Das Schröder/Blair-Papier wird im Folgenden lediglich unter Angabe der Seitenzahlen zitiert nach: [https://www.kuwi.europa-uni.de/de/lehrstuhl/vs/politik3/Lehre_WS_11_12/Schroeder_Blair.pdf, zuletzt abgerufen am 28.03.2017].

ständliche Wörter und formelhafter Wendungen ist und auch nicht näher darauf eingeht, was prädiziert und impliziert wird, greift m. E. zu kurz, um nicht zu sagen, dass sie sich ihres linguistisch-pragmatischen Potentials beraubt.

Mit den programmatischen Schlagwörtern *Dritter Weg* und *Neue Mitte* formulierten Schröder und Blair ein sich als *modern* begreifendes sozialdemokratisches Selbstverständnis. Die Beschwörung eines *modernen Sozialdemokraten* im Gegensatz zum traditionellen Sozialdemokraten bzw. die Inszenierung von Sozialdemokraten in den Rollen „Modernisier“ und „Traditionalist“ ist eine der zentralen Strategien des Schröder/Blair-Papiers. Durch die Kontrastierung von „traditionell“ und „modern“ diskreditieren die Autoren klassisches sozialdemokratisches Denken und Handeln als überholt.[118] Insbesondere tradierte sozialdemokratische Grundbegriffe wurden auf diese Weise abgewertet bzw. als unzeitgemäß und revisionsbedürftig hingestellt, wie ich weiter unten ausführe.

In Einklang mit der Zuschreibung eines bestimmten Typus und Verhaltens als gestrig argumentierten Schröder und Blair – wie Giddens – vor dem Hintergrund der Annahme einer Zeitenwende. Damit man den neuen Realitäten gerecht werden könne, seien *Anpassungen* bestehender Überzeugungen an die veränderten gesellschaftlichen, politischen und wirtschaftlichen „Rahmenbedingungen“ erforderlich. Dabei würden Neoliberalismus und „Globalisierung“ – einschließlich internationalem Wettbewerb und zunehmendem Konkurrenzdruck auf den „Standort Deutschland“ –, aber auch der Übergang in eine Dienstleistungsgesellschaft zentrale Herausforderungen des 21. Jahrhunderts bzw. Bezugsgrößen für die geforderte *Anpassung* darstellen.[119] Neben der ‚Anpassungsfähigkeit‘ galt die

118 Den „Traditionalisten“ verkörperte etwa der damalige SPD-Vorsitzende und Finanzminister Oskar Lafontaine, der im März 1999 alle politischen Ämter niedergelegte und fortan als Kritiker des Kurses der Bundesregierung, insbesondere auch des Schröder/Blair-Papiers, auftrat. Nach Lafontaine hat das Papier „fatale Auswirkungen bis heute“ und zwar unter dem Gesichtspunkt, dass „ausgerechnet Sozialdemokraten sich in Sprache und Inhalt der plattesten Vorurteile der Neoliberalen bedienten“; das Papier sei eine „peinliche Verbeugung vor dem von den Herrschenden gemachten Zeitgeist“ und der „Startschuss für die unselige Agendapolitik“ (NEUES DEUTSCHLAND, 11.6.2014, *Peinliche Verbeugung vor dem Zeitgeist*) gewesen.

119 „Unsere Volkswirtschaften und die globalen Wirtschaftsbeziehungen haben einen radikalen Wandel erfahren. Neue Bedingungen und neue Realitäten erfordern eine Neubewertung alter Vorstellungen und die Entwicklung neuer Konzepte“ (S. 4); „Unsere Volkswirtschaften befinden sich im Übergang von der industriellen Produktion zur wissensorientierten Dienstleistungsgesellschaft der Zukunft. Sozialdemokraten müssen die Chance ergreifen, die dieser wirtschaftliche Umbruch mit sich bringt“ (S. 6); „Um in der heutigen Welt ein größeres Wachstum und mehr Arbeitsplätze zu erreichen, müssen Volkswirtschaften anpassungsfähig sein: Flexible Märkte sind ein modernes sozialdemokratisches Ziel“ (S. 6); Unternehmen dürften nicht „durch Regulierungen und Paragraphen erstickt werden“ und „die Produkt-, Kapital- und Arbeitsmärkte müssen al-

Maxime ‚Flexibilität' als Grundvoraussetzung für die Bewältigung der Herausforderungen der Zeit.

Auch Schröder und Blair vertraten die Ansicht, der Gegensatz zwischen links und rechts sei aufgehoben, und sie plädierten – ebenfalls wie Giddens – für eine Erneuerung der Sozialdemokratie jenseits des bisherigen ideologisch-politischen Antagonismus.[120] Eine allzu starre Vorstellung von linker bzw. sozialdemokratischer Politik verstelle den Blick auf die Realitäten und Notwendigkeiten, so der implizite Ideologievorwurf an die Adresse traditioneller Sozialdemokraten. Demgegenüber behaupteten Schröder und Blair, man brauche problemorientierte Politiker, die „Fragen ohne ideologische Vorbedingungen angehen und unter Anwendung ihrer Werte und Prinzipien nach praktischen Lösungen für ihre Probleme suchen" (S. 2); sie schrieben der Politik der „Neuen Mitte"/des „Dritten Weges" – im Gegensatz zu *ideologisch* – das Attribut *pragmatisch* zu. Diese Charakterisierung des *modernen* sozialdemokratischen Ansatzes als ideologieneutral diente dazu, traditionelles sozialdemokratisches Denken als irrational abzuwerten. Nur eine Politik des *modernen* und *pragmatischen* Regierens sei der Zeitenwende, die angeblich stattgefunden hat, angemessen, weil sie dank einer unverfälschten Wirklichkeitswahrnehmung die Realitäten erkenne und daraus die richtigen Schlüsse – *Anpassung, Flexibilität* – ziehe.[121] *Pragmatisch* und *modern* waren gleichsam die neuen SPD-Fahnenwörter. Macht man sich bewusst, aus welchen Ideen sich das Schröder/Blair-Papier offensichtlich speist, liest sich

---

lesamt flexibel sein" (S. 6); „Das rasche Vordringen des Informationszeitalters, insbesondere das enorme Potential des elektronischen Handels, verspricht, die Art, wie wir einkaufen, lernen, miteinander kommunizieren und uns entspannen, radikal zu verändern. Rigidität und Überregulierung sind ein Bremsklotz für die wissensorientierte Dienstleistungsgesellschaft der Zukunft. Sie ersticken das Innovationspotential, das zur Schaffung neuen Wachstums und neuer Arbeitsplätze erforderlich ist. Wir brauchen nicht weniger, sondern mehr Flexibilität" (S. 6f.).

120 „Die meisten Menschen teilen ihre Weltsicht längst nicht mehr nach dem Dogma von Links und Rechts ein. Die Sozialdemokraten müssen die Sprache dieser Menschen sprechen. [...] Modernisierung der Politik bedeutet nicht, auf Meinungsumfragen zu reagieren, sondern es bedeutet, sich an objektiv veränderte Bedingungen anzupassen" (S. 1).

121 „Die Politik der Neuen Mitte und des Dritten Weges richtet sich an den Problemen der Menschen aus, die mit dem raschen Wandel der Gesellschaften leben und zurechtkommen müssen. In dieser neu entstehenden Welt wollen die Menschen Politiker, die Fragen ohne ideologische Vorbedingungen angehen und unter Anwendung ihrer Werte und Prinzipien nach praktischen Lösungen für ihre Probleme suchen, mithilfe aufrichtiger, wohl konstruierter und pragmatischer Politik. Wähler, die in ihrem täglichen Leben Initiative und Anpassungsfähigkeit im Hinblick auf die wirtschaftlichen und sozialen Veränderungen beweisen müssen, erwarten das gleiche von ihren Regierungen und ihren Politikern" (S. 2). Im Schröder/Blair-Papier ist weder von zunehmenden sozialen Unterschieden, Armut noch von anderen gesellschaftlichen Realitäten als Ausgangspunkten politischen Handelns die Rede.

die Selbstzuschreibung von der *modernen* und *pragmatischen Politik* wie eine Parodie: Sie war nicht modern, sondern reaktionär, und nicht pragmatisch, sondern zutiefst ideologisch.

Gemäß den Theorien des „Dritten Weges“ und des „aktivierenden Staates“ entwickelten Schröder und Blair die Vorstellung eines *modernen* Staates/Sozialstaates, der Wachstum und Beschäftigung generieren soll, indem er seine Bürger stärker in die Pflicht nimmt, sie in diesem Sinne *aktiviert*. Arbeitsanreize sollten einerseits durch „Ausmerzung schlechter Leistungen“ und andererseits durch Förderung des „Unternehmergeist[es] auf allen Ebenen der Gesellschaft“ (S. 3) erreicht werden. Als Schädling etwa im Sinne eines Standortnachteils – denn nur einen solchen kann man *ausmerzen* wollen – galt insbesondere der wuchernde Staat bzw. der überbordende Sozialstaat. Der Sozialstaat, so die gängige neoliberale Grundthese des Papiers, schaffe Ansprüche und lähme jede „Initiative und Kreativität“ (S. 3), insbesondere den individuellen Leistungswillen. Letztlich führe er in die „Krise“ und sei deshalb zu *reformieren*.[122] Angesichts der problematischen Lage sei es Aufgabe *moderner* Sozialdemokraten, in „menschliches und soziales Kapital“ (S. 7) zu *investieren* und durch *Aktivierung* verschütteter Potentiale die Erwerbslosen zu befähigen, Initiative zu entwickeln und sie leistungsfähig zu machen. Dies könne nur gelingen, wenn man das „Sicherheitsnetz aus Ansprüchen“, den überbordenden Sozialstaat, in ein „Sprungbrett in die Eigenverantwortung“ (S. 9) umwandeln würde.

Für eine erfolgreiche Legitimierung politischen Handelns im Sinne *moderner Sozialdemokraten* musste das topisch nutzbare kollektive Wissen umstrukturiert, der Diskurs als Wissenssystem transformiert werden. Denn: Ein Problem war der Widerspruch zwischen den alten sozialdemokratischen Leitvorstellungen, auf die sich Schröder und Blair schwerlich stützen konnten, und der (angestrebten) Regierungspraxis. Dementsprechend wurden, wie bereits erwähnt, angesichts der diagnostizierten Zeitenwende tradierte sozialdemokratische Grundbegriffe als unzeitgemäß und revisionsbedürftig hingestellt. Dabei stand die *Anpassung* oder *Modernisierung* genannte Umdeutung des Gerechtigkeitsbegriffs im Mittelpunkt. Obwohl das Schröder/Blair-Papier schon bald aus dem öffentlichen Diskurs verschwand, initiierte es in der SPD eine Grundsatzdebatte über den Gerechtigkeitsbegriff und die Notwendigkeit seiner Neubestimmung in einer Zeit, in welcher der Staat nicht mehr die besten Voraussetzungen für soziale Gerechtigkeit schaffe. Zwar gab es, wie aufgezeigt, solche Umdeutungsversuche schon seit den 1980er Jahren, doch wurde der Verweis auf soziale Gerechtigkeit damals

122 „Ein Sozialversicherungssystem, das die Fähigkeit, Arbeit zu finden, behindert, muß reformiert werden“ (S. 9).

noch vornehmlich von Wendegegnern genutzt, um konservatives und liberales politisches Handeln zu delegitimieren (siehe Kap. 5.5.2.4.1).

Der Weg zu sozialer Gerechtigkeit, so Schröder und Blair, sei „mit immer höheren öffentlichen Ausgaben gepflastert" (S. 2) worden. Soziale Gerechtigkeit aber lasse sich nicht „an der Höhe der öffentlichen Ausgaben messen" (S. 2). Die herkömmliche Vorstellung von sozialer Gerechtigkeit und deren politische Umsetzung habe außerdem u. a. zu immer höheren „Lohnnebenkosten", zu einer hohen Steuerlast, zu Wettbewerbsnachteilen und zu Arbeitslosigkeit geführt. Das Problem liege darin, dass man „die Förderung der sozialen Gerechtigkeit" in der Vergangenheit

> mit der Forderung nach Gleichheit im Ergebnis verwechselt [hat]. Letztlich wurde damit die Bedeutung von eigener Anstrengung und Verantwortung ignoriert und nicht belohnt und die soziale Demokratie mit Konformität und Mittelmäßigkeit verbunden statt mit Kreativität, Diversität und herausragender Leistung. (S. 2)

Das sozialdemokratische Gerechtigkeitsverständnis wandelte sich also zunächst dahingehend, dass es von der im Sinne *modernen* sozialdemokratischen Selbstverständnisses als überholt geltenden ‚Verteilungsgerechtigkeit' abgekoppelt und mit dem Leistungsprinzip verknüpft wurde.[123]

Statt sozialer Gerechtigkeit im Sinne eines staatlich organisierten sozialen Ausgleichs zwischen den gesellschaftlichen Gruppen als Resultat politischen Handelns war das Ziel nunmehr die ‚Chancengerechtigkeit'. Mit diesem Konzept fand ein neues Wissenselement Eingang in den öffentlichen sozial- und wirtschaftspolitischen Krisendiskurs. Demnach wurde es zur Aufgabe des Staates erklärt, Gleichheit hinsichtlich der Möglichkeiten zu schaffen, der wie von selbst auch ein Mehr an sozialer Gerechtigkeit folgen würde, so die Logik. Der Begriff ‚soziale Gerechtigkeit' wurde in diesem Sinne u. a. zu ›lernen‹ (lebenslang), ›sich qualifizieren‹, ›weiterbilden‹, ›arbeiten‹, ›Leistung erbringen‹, aber auch ›Arbeit schaffen‹ umgedeutet. Dem liegt der Gedanke zugrunde, dass als produktiv geltende Tätigkeiten wie die soeben genannten zum angestrebten sozialen Ausgleich führten, wobei man den Staat als für die aktive Umsetzung der genannten Ziele nicht mehr zuständig ansah. Entweder man nutze seine „faire" Chance auf ‚Selbstverwirklichung', ‚Teilhabe' und ‚individuellen Freiheit' – so die dem Gerechtigkeitskonzept übergeordneten Grundwerte – oder nicht.

Zur Aufgabe des Sozialstaates wurde also erklärt, im Sinne der Gerechtigkeit die Teilhabe am politischen Prozess, am gesellschaftlichen Leben, am Arbeits-

---

123 Selbstkritisch kommentierten die Autoren dies wie folgt: „Wir haben Werte, die den Bürgern wichtig sind – wie persönliche Leistung und Erfolg, Unternehmergeist, Eigenverantwortung und Gemeinsinn – zu häufig zurückgestellt hinter universelles Sicherungsstreben" (S. 2).

markt, am Wohlstand usw. zu ermöglichen. Alle Menschen sollten in die Lage versetzt werden, eigenständig ihren Lebensunterhalt zu verdienen und ein selbstbestimmtes Leben zu führen. Wird jedoch die Frage nach der Qualität nicht gestellt, treten die Werte ‚Selbstverwirklichung‘, ‚Teilhabe‘ und ‚Freiheit‘ zwangsläufig in den Hintergrund. Da Schröder und Blair nach dem bereits in den 1980er Jahren entwickelten Motto *Sozial/Gerecht ist, was Arbeit schafft* (siehe Kap. 5.5.2.4.1) behaupteten, „Teilzeitarbeit und geringfügige Arbeit sind besser als gar keine Arbeit“, und da sie erwarteten, „daß jeder die ihm gebotenen Chancen annimmt“ (S. 9), darf bezweifelt werden, ob Aspekte wie angemessene Arbeitsbedingungen, Entlohnung und die Würde der Betroffenen bei den Überlegungen zum „aktivierenden Staat“ und zur Gerechtigkeit eine Rolle spielten. Weiterhin erscheint fraglich, ob dieses Verständnis von Gerechtigkeit, die Umstrukturierung der Frage des sozialen Ausgleichs, wirklich zu einem Mehr an individueller Freiheit führt.

Wie aufgezeigt, versahen Schröder und Blair den herkömmlichen Begriff der ‚sozialen Gerechtigkeit‘ mit einer negativen Konnotation (›staatlich subventionierte Gleichheit‹) und verknüpften ihn mit dem Leistungs-, Eigenverantwortungs- und – eher implizit – Subsidiaritätsprinzip (*gegenseitige Verantwortung*); desgleichen bereits das Lambsdorff-Papier und die FDP und CDU in den 1980er Jahren (siehe Kap 5.5). Auch bei Schröder und Blair ersetzten diese Prinzipien den Begriff der ‚Solidarität‘. Das zentrale Motto der Politik des „Dritten Weges“ aufgreifend halten sie fest, dass – im Interesse der „Fairness“ – eigene Anstrengung und Verantwortung stärker vergolten werden müssten:

> Der wirkliche Test für die Gesellschaft ist, wie effizient diese Ausgaben genutzt werden und inwieweit sie die Menschen in die Lage versetzen, sich selbst zu helfen. [...] Allzu oft wurden Rechte höher bewertet als Pflichten. Aber die Verantwortung des Einzelnen in Familie, Nachbarschaft und Gesellschaft kann nicht an den Staat delegiert werden. Geht der Gedanke der gegenseitigen Verantwortung verloren, so führt dies zum Verfall des Gemeinsinns, zu mangelnder Verantwortung gegenüber Nachbarn, zu steigender Kriminalität und Vandalismus und einer Überlastung des Rechtssystems. (S. 2)

Ähnlich der Klage Konservativer über den Werteverfall unterstellten Schröder und Blair, der fürsorgende Sozialstaat zerstöre eigenverantwortliches Handeln und gemeinwohlorientiertes Denken (*Gemeinsinn*), ja führe sogar zu *Kriminalität* und *Vandalismus* – als befeuere nicht gerade der freie Wettbewerb überwiegend Eigensinn und als befeuere nicht gerade Armut u. a. Kriminalität und Vandalismus. Dennoch sahen Schröder und Blair das Ziel ihres politischen Handelns im marktorientierten Konzept der Herstellung von ‚Chancengerechtigkeit'. Ungleichheit sollte dabei in einem gewissen Maße hingenommen werden.[124]

Das politische Konzept der ‚Chancengerechtigkeit' ist realitätsfern, weil es einen ursprünglichen Zustand gesellschaftlicher Gleichheit und gleicher Leistungsvoraussetzungen in der Praxis nicht gibt. Es blendet die ungleiche Verteilung von Kapitalien in einer Gesellschaft als realistischen Maßstab für die Chance auf Selbstverwirklichung, Teilhabe und für politische Entscheidungen aus. Angesichts der realen sozialen Ungleichheit von (staatlich geförderter Befähigung zu) selbstbestimmtem Leben oder Freiheit zu sprechen ist, sprachkritisch bemerkt, zynisch.[125]

124 „Für unsere Gesellschaften besteht der Imperativ der sozialen Gerechtigkeit aus mehr als der Verteilung von Geld. Unser Ziel ist eine Ausweitung der Chancengleichheit, unabhängig von Geschlecht, Rasse, Alter oder Behinderung – um sozialen Ausschluß zu bekämpfen und die Gleichheit zwischen Mann und Frau sicherzustellen. Die Menschen verlangen zu Recht nach hochwertigen Dienstleistungen und Solidarität für alle, die Hilfe brauchen – aber auch nach Fairneß gegenüber denen, die das bezahlen. Alle sozialpolitischen Instrumente müssen Lebenschancen verbessern, Selbsthilfe anregen, Eigenverantwortung fördern. Mit diesem Ziel wird in Deutschland das Gesundheitssystem ebenso wie das System der Alterssicherung umfassend modernisiert, indem beide auf die Veränderungen in der Lebenserwartung und die sich verändernden Erwerbsbiographien eingestellt werden, ohne den Grundsatz der Solidarität dabei preiszugeben" (S. 9).

125 Butterwegge (2014: 348–352) beurteilt dies wie folgt: „Die soziale Gerechtigkeit als ‚Fairness' zu definieren [...] bedeutet im Grunde, sie auf ein formales Verfahrensprinzip zu reduzieren und inhaltlich, d. h. hinsichtlich ihres materiellen Gehalts und der gesellschaftspolitischen Konsequenzen zu kastrieren. [...] Bei der Begriffserweiterung, die führende Sozialdemokrat(inn)en forderten, handelte es sich um eine inhaltliche Verkürzung des Gerechtigkeitsbegriffs. Die selbst in den Armuts- und Reichtumsberichten der Bundesregierung dokumentierte Schieflage der Einkommens- und Vermögensverteilung wurde damit akzeptiert. Sie sollte nur noch korrigiert werden, indem sozial Benachteiligte (bessere) Chancen erhielten, künftig gleichfalls ein (Arbeits-)Einkommen zu erzielen und im Ausnahmefall sogar ein kleines Vermögen zu bilden, was am Grundproblem des Auseinanderklaffens von Arm und Reich freilich wenig ändern würde. [...] So sinnvoll die Erweiterung des Gerechtigkeitsbegriffs [...] sein mag, so wenig darf sie vergessen machen, dass [der Chancengerechtigkeit; Anm. d. Verf.] durch soziale Ungleichheit der Boden entzogen wird. [...] In einer wohlfahrtsstaatlichen Demokratie ist Freiheit immer die Möglichkeit der Schwächsten, über ihr Leben selbst zu bestimmen, statt z. B. – unabhängvon der beruflichen Qualifikation wie der familiären Situation – jeden Arbeitsplatz annehmen zu müssen, aber gerade nicht die Möglichkeit von Begüterten und Spitzenverdienern, sich den allgemeinen Verpflichtungen zu entziehen. Wahlfreiheit kann nicht heißen, dass sich junge, gut verdienende und gesunde Arbeitnehmer/innen durch die Option für preiswerte Spezialtarife ihrer Krankenkasse aus der sozialen Verantwortung stehlen. Vielmehr muss Wahlfreiheit darin bestehen, dass sich Alleinerziehende für Teilzeitarbeit entscheiden können, ohne dadurch noch Jahrzehnte später gravierende Nachteile bei der Bemessung ihrer Altersrente zu haben."

Ganz in der Diktion des Wendebriefs von Genscher und des Lambsdorff-Papiers plädierten Schröder und Blair für eine „angebotsorientierte Agenda für die Linke“ (S. 4), um die Beschäftigungsprobleme zu lösen. Auf die eigentümliche Logik des Bekenntnisses, man wolle dabei den Sozialstaat „nicht abschaffen“ (S. 4), sondern erhalten bzw. *modernisieren* oder *umbauen*, wurde bereits mehrfach hingewiesen. Dem Diskurs der Wendebefürworter in den 1980er Jahren entspricht es, wenn betont wurde, die angebotsorientierte Politik des „Dritten Weges“ diene dem Schutz der sozialen Sicherheit, sie sei sogar zwingend notwendig, um den Sozialstaat zu retten (siehe hierzu den Topos der sozialen Sicherheit in Kap. 5.5.2.3.4).

Zu den wichtigsten Elementen der angebotsorientierten Politik für Linke rechneten Schröder und Blair die Anerkennung der Marktwirtschaft als Rahmen für politisches Handeln und Wettbewerb. Dies sei eine grundlegende Voraussetzung für die Förderung von Wachstum und Beschäftigung. Deshalb sei es Aufgabe der Politik, „Rahmenbedingungen, unter denen ein einwandfreies Spiel der Marktkräfte möglich ist“ (S. 5), und „Investitionsanreize“ zu schaffen. Gemäß der Theorie, der Markt sorge besser für das Wohl der Menschen als der Staat, und ausgehend von dem Gedanken, Unternehmen würden in Arbeitsplätze investieren, folgerten die Autoren, der Welthandel sei zu liberalisieren, die Staatsausgaben für den öffentlichen Dienst und für Sozialleistungen seien zu senken, „Effizienz-, Wettbewerbs- und Leistungsdenken“ (S. 3) sei einzuführen und in der Steuerpolitik sei ein Umdenken notwendig. Im Sinne eines solchen Umdenkens plädierten Schröder und Blair insbesondere für eine Senkung derjenigen Steuern, die Unternehmen belasten würden, weil diese sich hinderlich auf Investitionen, Beschäftigung, Wirtschaftswachstum und letztlich die öffentlichen Finanzen und den Sozialstaat auswirkten.[126] Wie man sieht, haben sich die Rezepte zur Bewältigung der „Krise“ seit den 1980er Jahren kaum geändert: Privatwirtschaftliche Investitionen, Kürzung der Staatsausgaben bei sozialen Leistungen, Steuersenkungen usw.

Nicht weniger kontraproduktiv auf Investitionen und damit auf die Schaffung neuer Arbeitsplätze oder das Wirtschaftswachstum usw., so die Annahme, wirkten sich „die Kosten der Arbeit für die Arbeitgeber“ (S. 6) aus. Was im Lambsdorff-Papier allenfalls angedacht war (*Verbilligung des Faktors Arbeit*) und im Wendediskurs 1982 keine zentrale Rolle spielte, hatte sich in den 1990er Jahren zu einem elementaren Wissenssegment des sozial- und wirtschaftspolitischen Krisendiskurses ausgebildet: die Senkung der gesetzlichen „Lohnnebenkosten“. Auch

126 „So stärken Körperschaftssteuersenkungen die Rentabilität und schaffen Investitionsanreize. Höhere Investitionen wiederum erweitern die Wirtschaftstätigkeit und verstärken das Produktivpotential. Dies trägt zu einem positiven Dominoeffekt bei, durch den Wachstum die Ressourcen vermehrt, die für öffentliche Ausgaben für soziale Zwecke zur Verfügung stehen“ (S. 5).

Schröder und Blair sahen hierin ein Allheilmittel für die Bewältigung der „Krise". Von den „Reformen" auf dem Arbeitsmarkt über die Steuerreform bis hin zur Neugestaltung der sozialen Sicherungssysteme wurde so gut wie jede avisierte Maßnahme mit der Notwendigkeit begründet, die „Lohnnebenkosten" seien zu senken. Dem Kohl'schen Phraseologismus entsprechend: *Leistung muss sich wieder lohnen* (siehe Kap. 5.5.2.4.1), sollte sichergestellt werden, dass „sich Arbeit für den einzelnen und die Familie lohnt" (S. 9) bzw. dass der „größte Teil des Einkommens [...] in den Taschen derer verbleib[t], die dafür gearbeitet haben" (S. 9). Auch dies sei im Sinne *moderner* sozialdemokratischer Wirtschaftspolitik.[127]

Zusammenfassend gesagt, markiert das Papier einen Wandel in der Sicht des fürsorgenden Staates, der, wie es hieß, nun dazu diene, *Chancengerechtigkeit* und *Eigenverantwortung* zu fördern und durch *Aktivierung* sicherzustellen, „daß es im Interesse der Menschen liegt, zu arbeiten" (S. 9). Resümierend können wir außerdem feststellen, dass dem sozialdemokratischen Erneuerungsdiskurs die dominierende fatalistische Weltanschauung zugrunde liegt, nach welcher der Transformationsdynamik der „Globalisierung" nichts entgegenzusetzen sei, was „Anpassungen" an den Wandel unausweichlich mache, um Schlimmeres zu verhindern: „Die unerwünschten Auswirkungen des Wandels werden umso stärker ausfallen, je länger man sich diesem Wandel widersetzt, aber es wäre Wunschdenken, sie leugnen zu wollen" (S. 10). Die Transformationsdynamik von „Globalisierung" habe somit „die ideologischen Alternativen zum Neoliberalismus ‚pulverisiert'" (Doering-Manteuffel & Raphael 2012: 96). Dieser Fatalismus

127 „Das System der Steuern und Sozialleistungen muß sicherstellen, daß es im Interesse der Menschen liegt, zu arbeiten. Ein gestrafftes und modernisiertes Steuer- und Sozialleistungssystem ist eine wesentliche Komponente der aktiven, angebotsorientierten Arbeitsmarktpolitik der Linken. Wir müssen: dafür sorgen, daß sich Arbeit für den einzelnen und die Familie lohnt. Der größte Teil des Einkommens muß in den Taschen derer verbleiben, die dafür gearbeitet haben; Arbeitgeber durch den gezielten Einsatz von Subventionen für geringfügige Beschäftigung und die Verringerung der Steuer- und Sozialabgabenlast auf geringfügige Beschäftigungsverhältnisse ermutigen, ‚Einstiegsjobs' in den Arbeitsmarkt anzubieten. Wir müssen ausloten, wieviel Spielraum es gibt, die Belastung durch Lohnnebenkosten mit Hilfe von Umweltsteuern zu senken; gezielte Programme für Langzeitarbeitslose und andere Benachteiligte auflegen, um ihnen die Möglichkeit zu geben, sich unter Beachtung des Grundsatzes, daß Rechte gleichzeitig auch Pflichten bedingen, wieder in den Arbeitsmarkt zu integrieren; alle Leistungsempfänger, darunter auch Menschen im arbeitsfähigen Alter, die Erwerbsunfähigkeitsleistungen beziehen, auf ihre Fähigkeit überprüfen, ihren Lebensunterhalt zu verdienen, und die staatlichen Stellen so reformieren, daß sie Arbeitsfähige dabei unterstützen, eine geeignete Beschäftigung zu finden. Unternehmergeist und Geschäftsgründungen als gangbaren Weg aus der Arbeitslosigkeit unterstützen. Solche Entscheidungen bringen erhebliche Risiken für diejenigen mit sich, die einen solchen Schritt wagen. Wir müssen diese Menschen unterstützen, indem wir diese Risiken kalkulierbar machen" (S. 9).

ist das Resultat des seit den 1980er Jahren sich konstituierenden und seit den 1990er Jahren hegemonialen sozial- und wirtschaftspolitischen Diskurses. Im historischen Vergleich interessant ist, dass die „Ölkrise“ als Herausforderung der nationalen Souveränität und der politischen Autorität wahrgenommen wurde – etwa die Aktionen der Ölförderländer und ihr Anspruch auf Neugestaltung der internationalen Beziehungen – und dass man politisches Handeln 1973/74 mit dem Argument begründete, angesichts dieser Zeitenwende Souveränität und Autorität behaupten zu müssen (siehe Kap. 5.4.2.1.3). Seit den 1990er Jahren hingegen wurde das politische Handeln mit dem Argument legitimiert, es bleibe keine Wahl, der Sozialstaat, der Arbeitsmarkt, die Bürokratie, das Arbeitsrecht, Tarifverträge und Löhne, Steuern, „Lohnnebenkosten“ usw. seien den Zwängen der nun als unkontrollierbar geltenden Zeitenwende und „Globalisierung“ *anzupassen*. Überlebensfähig – etwa im internationalen Wettbewerb – sei nur, was sich den Gegebenheiten durch *Flexibilität* unterwerfe. Fremdbestimmtheit galt offenbar nicht mehr als etwas, wogegen Widerstand zu leisten sei, um die ansonsten so hochgehaltene Selbstbestimmung zu ermöglichen, sondern als etwas, dass man nur anerkennen und somit dulden könne.

5.6.1.2 Crashtest: Das Strategiepapier des Kanzleramtes

Immer wieder sickerten Details über die geplanten „Reformen“ in den öffentlichen Diskurs. Im Dezember 2002 startete die Bundesregierung einen diskursiven Testballon, um herauszufinden, wie die Öffentlichkeit auf die Vorhaben reagieren würde. Zu diesem Zweck lancierte man in der Presse auszugsweise ein Strategiepapier des von Frank-Walter Steinmeier geleiteten Kanzleramtes mit dem Titel *Auf dem Weg zu mehr Wachstum, Beschäftigung und Gerechtigkeit*. Auf der „Lissabon-Strategie“ aufbauend beschreibt das Papier sozial- und wirtschaftspolitische Grundsätze der Bundesregierung. Wie das Schröder/Blair-Papier, das aufgrund seiner ideologisch-programmatischen Ausrichtung weniger konkrete Reformvorschläge enthält, ist das Kanzleramts-Papier eine Pränuntiation der Agenda-Rede und „prägte [...] sie unmittelbar“, so Klein (2007a: 207).[128]

Einleitend diagnostizierten die Verfasser eine düstere Gegenwart und prognostizierten eine düstere Zukunft: Deutschland befinde sich in einer schweren „Krise“, es drohe die Gefahr einer „anhaltenden Wachstumsschwäche mit hoher Arbeitslosigkeit“ (S. 2). Aus dem entworfenen Bild der Wirklichkeit wurde als Auf-

---

128 Das Papier ist abrufbar unter: [http://www.portal-sozialpolitik.de/uploads/sopo/pdf/2002/2002-12-20-Agenda-2010-Kanzleramtspapier.pdf, zuletzt abgerufen am 28.03.2017]. Im Folgenden werden bei Zitaten lediglich die Seitenzahlen angegeben.

gabe für die Wirtschaftspolitik abgeleitet, „Bürgern und Unternehmern wieder Vertrauen in die Zukunft unseres Landes zu geben und die Weichen in Richtung Wachstum und Beschäftigung zu stellen“ (S. 2). Wachstum und Beschäftigung galten dementsprechend als wichtigste wirtschaftspolitische Ziele.

Auf die Diagnose und Prognose einer düsteren Gegenwart und Zukunft folgte die Benennung von Ursachen. Diese wurden hauptsächlich in durch die „Globalisierung“ bewirkten Veränderungen, im demografischen Wandel, in der Ineffizienz bzw. den Kosten des Sozialstaates und in zu hohen „Lohnnebenkosten“ gesehen. Die Verfasser des Papiers stellten sogar einen unmittelbaren Kausalzusammenhang zwischen „Lohnnebenkosten“ und Arbeitslosigkeit her:

> Faustformel: ein Prozentpunkt mehr Sozialversicherungsbeiträge kostet im ersten Jahr rund 20.000 und im dritten Jahr schon rund 100.000 Arbeitsplätze. 1990 betrugen die Beitragssätze zur Sozialversicherung noch 35,5 %. Bis 1998 waren sie auf [...] 42 % gestiegen. Im gleichen Zeitraum ist die Arbeitslosigkeit von 2,6 Mio. auf 4,28 Mio. Arbeitslose im Jahresdurchschnitt gestiegen. (S. 15)

Um Vertrauen zu schaffen, „Wirtschaftswachstum und Beschäftigung anzukurbeln“ (S. 3), die als bedroht geltenden sozialen Sicherungssysteme zu erhalten und Deutschland – gemäß der „Lissabon-Strategie“ – „als Teil Europas bis zum Jahr 2010 zum wettbewerbsfähigsten und dynamischsten wissensbasierten Wirtschaftsraum der Welt zu machen“ (S. 3), sei es notwendig, „die an sich hervorragenden Systeme der sozialen Sicherung in Deutschland [...] grundlegend zu reformieren“ (S. 2), so das aus dem Zusammenhang von „Krise“ und Ursache Abgeleitete. Kernstrategie sei die „auf eine Absenkung der Lohnnebenkosten abzielende Modernisierung der sozialen Sicherungssysteme“ (S. 15).

Infolge solcher grundlegenden „Reformen“ könnten außerdem nicht nur die „Lohnnebenkosten“, sondern auch die Steuern gesenkt und die Staatsfinanzen „konsolidiert“ werden (vgl. S. 6). Die „Konsolidierung“ der Staatsfinanzen „über mehr Verschuldung, die den Handlungsspielraum des Staates immer weiter einengt (Zinsen und Tilgung), oder höhere Steuern“ (S. 8) wurde dabei unter Berufung auf die Prinzipien der ‚Nachhaltigkeit‘ und der ‚Generationengerechtigkeit‘ ausgeschlossen (vgl. S. 8f.). Vielmehr sei bei den „konsumtiven Staatsausgaben“ (S. 6) zu *sparen*, d. h. eben „Reformen“ durchzuführen, etwa den Sozialstaat durch Umsetzung einer Arbeitsmarkt-, Renten- und Gesundheitsreform effizienter zu gestalten.[129]

---

129 Das Sparziel sollte u. a. durch Kapitaldeckung, Privatisierung, mehr Wettbewerb und Eigenbeteiligung bei der Renten- und Krankenversicherung erreicht werden. Entsprechende Vorschläge diesbezüglich erarbeitete die am 21. November 2002 eingesetzte „Rürup-Kommission“. Als er-

Die „Reformen“ flankierend seien überdies „günstige Rahmenbedingungen“ (S. 8) für privatwirtschaftliche Investitionen zu schaffen bzw. die Unternehmen durch Senkung der Steuern und „Lohnnebenkosten“ und durch „Bürokratieabbau“ (S. 6) zu stärken. Eine „Konsolidierung“ der Haushalte über die Einnahmeseite sei problematisch, weil dadurch die Steuern und Sozialbeiträge steigen und folglich die Investitionsbereitschaft sinken würde (vgl. S. 9). Der klassischen angebotsorientierten Denkweise gemäß ging man also davon aus, dass Unternehmensgewinne zur Schaffung neuer Arbeitsplätze führten.[130] Maßnahmen, die Unternehmensgewinne nicht steigerten, etwa eine zusätzliche Kreditaufnahme oder die Erhöhung von Steuern und Sozialbeiträgen, wurden deshalb – vor dem Hintergrund des Ziels, die Beschäftigungssituation zu verbessern – abgelehnt.

Um die Notwendigkeit von „Reformen“ und einer *Sparpolitik* zu untermauern, verwiesen die Verfasser des Papiers auf den „Stabilitäts- und Wachstumspakt“, der von den EU-Mitgliedsstaaten, insbesondere von den Staaten der Eurozone, fordert, ihre jährlichen Haushaltsdefizite auf drei Prozent des Bruttoinlandprodukts (BIP) und ihre Verschuldungen auf 60 Prozent des BIPs zu begrenzen.[131]

Das Strategiepapier zusammenfassend äußerten sich die Autoren wie folgt: Man gedenke umzusetzen, „was vor wenigen Monaten noch als Tabu galt“ (S. 3). Inhalt und rhetorischer Aufbau des Strategiepapiers lesen sich wie die Rekon-

---

folgreich gilt die Einführung des „Nachhaltigkeitsfaktors“, der das Prinzip der ‚Nachhaltigkeit‘ und implizit auch das Prinzip der ‚Generationengerechtigkeit‘ schon im Namen trägt und den bereits von Lambsdorff 1982 geforderten demografischen Aspekt in der Rentenformel berücksichtigt. Auf dem Arbeitsmarkt sollte durch Umsetzung des Hartz-Konzeptes gespart werden. Das Strategiepapier des Kanzleramtes nennt diesbezüglich folgende Punkte: „Zusammenlegung von Sozial- und Arbeitslosenhilfe“; „Neue Regelungen bei der Zumutbarkeit“, um es „Drückebergern“ schwerer zu machen, „die Arbeitslosenversicherung auszunützen“; „Liberalisierung der Leih- und Zeitarbeit“; „Völlige Neuregelung des Niedriglohnsektors“; neue Formen der Existenzgründung durch Einführung der „Ich-AGs“ und Änderungen des Rechtes der geringfügigen Beschäftigungen („Mini-Jobs“ und „Midi-Jobs“) (S. 16f.).

130 Nach Butterwegge (2014: 200) wird deutlich, dass „die Planer ihr Hauptaugenmerk auf das Kapital und seine Möglichkeiten der Profitmaximierung richteten, weil sie dessen Interessen mit dem Allgemeinwohl gleichsetzten und maßlos übertriebene Erwartungen im Hinblick auf die arbeitsplatzschaffende Wirkung von Unternehmensgewinnen hegten.“

131 Bei Überschreitung der Defizitgrenzen drohen Sanktionen. Sogar Regierungen können über die Disziplinierungs-Instrumentarien der EU stürzen, wie das Beispiel Griechenland im Jahr 2015 zeigt. Der Verweis auf den „Stabilitäts- und Wachstumspakt“ als supranationaler Rahmen politischen Handelns erleichterte im bundesrepublikanischen Krisendiskurs die Begründung der „Reformen“. Er kann Regierungen also auch nützen. Dementsprechend wurde die Bundesrepublik am 21. Januar 2003 wegen der als zu hoch geltenden Neuverschuldung von 3,75 Prozent des BIP von der EU mit einem möglicherweise milliardenteuren Defizit-Strafverfahren belangt, womit die Verschärfung des Regierungskurses legitimiert wurde.

textualisierung des Lambsdorff-Papiers, das ebenfalls mit einem Tabubruch kokettiert, in den Zusammenhang der neuerlichen „Krise" mit dem Ziel, die Bundesrepublik widerstandsfähig zu machen. Ein wesentlicher konzeptioneller Unterschied zur Strategie der Krisenbewältigung 1982 ist nicht erkennbar, dafür aber eine Verschiebung hinsichtlich des Glaubens an die Wirksamkeit einzelner Maßnahmen für die erfolgreiche Bewältigung der „Krise". Nach dem im diskurshistorischen Vergleich zwar nicht gänzlich neuen, aber im Jahre 2003 leitenden Grundsatz „mehr Netto vom Brutto" galt als „Königsweg für mehr Vertrauen und Beschäftigung" die „Absenkung der Steuer- und Abgabenbelastung" durch „Modernisierung der sozialen Sicherungssysteme" (S. 12). Äußerst zynisch ist es, dass in diesem Zusammenhang gesagt wurde, durch Senkung von Steuern und Sozialbeiträgen lasse man den Menschen zudem die finanzielle „Freiheit", selbst zu sparen, etwa „für die Altersvorsorge" (S. 5). Hierfür steht die Formel *Freiheit für Selbstvorsorge*.

Zur Bewältigung der „Krise" wurde es nicht nur als hinderlich angesehen, dass Arbeit zu teuer sei, sondern auch – im Sinne des Prinzips der ‚aktivierenden Arbeitsmarktpolitik' –, dass Arbeitslosen- und Sozialhilfe zu hoch seien. Solange etwa der monatliche Sozialhilfeanspruch einer Familie über dem liege, was sie durch Arbeit an Einkommen erzielen könne, schaffe der Staat negative Anreize, indem er „Arbeitslose für die Aufnahme einer Arbeit finanziell" (S. 13) bestrafe. Arbeitslosen- und Sozialhilfe auf einem bestimmten Niveau seien außerdem ungerecht gegenüber denjenigen, die Arbeit hätten.

Das Strategiepapier des Kanzleramtes offenbart klassisches neoliberales Denken. Das sozialdemokratische Fahnenwort dieser Zeit, *Modernisierung*, ist unter diesem Gesichtspunkt ein Euphemismus für sozial- und wirtschaftspolitische Konzepte aus den 1980er Jahren, die im Jahr 2003 als fortschrittlicher „makroökonomisch konsistenter Wirtschaftspolitik-Mix" dargestellt wurden, der „die Wachstumskräfte in Deutschland wieder entfesselt" (S. 23), so das Dogma.

5.6.1.3 Das Hartz-Konzept und die Verkündung der „Agenda 2010"

„Es wird sich etwas ändern. Es wird Heulen und Zähneklappern bei allen geben."
(Gerhard Schröder, in: BILD, 3.5.2003, *Kanzler Schröder*)

Agenda 2010 – erstmals von Schröder im Bundestag *zwanzigzehn* ausgesprochen – ist nicht nur Hyperonym eines Katalogs zu realisierender sozial- und wirtschaftspolitischer „Reformen". *Agenda 2010* ist auch das Label für die rotgrüne Regierungspolitik seit 1998. Dies bedeutet, dass 2003, zum Zeitpunkt der Agenda-Rede, schon wegweisende „Reformen" des *Agenda 2010* genannten Maßnahmenkataloges auf den Weg gebracht worden waren. Insofern diese „Reformen“, in deren Zentrum neben der Steuer- und Rentenreform[132] insbesondere die „Reform“ des Arbeitsmarktes standen, Kernbereiche der „Agenda 2010“ darstellen, kann die Rede Schröders auch als nachträglicher Legitimierungsversuch *moderner* rot-grüner Regierungspolitik im Sinne des „Dritten Weges“ bzw. der „Neuen Mitte“ aufgefasst werden.

Am 22. Februar 2002 richtete die rot-grüne Bundesregierung die vom VW-Personalvorstandsmitglied Peter Hartz geleitete Kommission *Moderne Dienstleistungen am Arbeitsmarkt* ein. Außer Hartz zählten zu ihren Mitgliedern Manager, Unternehmensberater, Politiker und Wissenschaftler. Die „Hartz-Kommission“ hatte den Auftrag, ein Programm zur Umgestaltung der damaligen Nürnberger Bundesanstalt für Arbeit in eine effizienzorientierte Dienstleistungsagentur zu erarbeiten. Außerdem sollte sie ein Programm zur Bekämpfung der Arbeitslosigkeit entwickeln. Das „Hartz-Konzept“ prägte den öffentlichen sozial- und wirtschaftspolitischen Diskurs im Bundestagswahlkampf 2002.

Basierend auf dem Verdacht, Arbeitslosen mangele es an Eigeninitiative, sie seien aufgrund überbordender Sozialleistungen faul, wurde im Schlussbericht der Kommission – der Programmatik des „Dritten Weges“/der „Neuen Mitte“ entsprechend – der Grundgedanke einer „aktivierenden Arbeitsmarktpolitik“ entwickelt und auf die Formel *Fördern und Fordern* zugespitzt. Hilfebedürftige sollten durch den „aktivierenden Staat“ gefördert werden, „d. h. von der Bundesagentur für Arbeit als ‚modernen Dienstleister‘ intensiv betreut und durch zusätzliche Maßnahmen qualifiziert [werden], um weiterhin als ‚Humankapital‘ auf dem Arbeitsmarkt gefragt zu sein“ (Hegelich, Knollmann & Kuhlmann 2011: 50). Ein „Fordern“ sollte beispielsweise insofern stattfinden, als die Pflicht der Arbeitssuchenden zu eigenverantwortlichem Handeln hervorgehoben wurde, wobei der Staat entsprechende „Verhaltensanreize“ geben müsse, und insofern als man dem Prinzip der ‚Leistungsgerechtigkeit‘ gemäß die Berechtigung zum Bezug staatlicher Dienstleistungen und sozialer Hilfen von zu erbringenden Gegenleistungen abhängig machte. Nach Butterwegge (2014: 337) übernahm man damit jenes an

---

132 Die erste Stufe der Steuerreform trat am 1.1.2001 in Kraft. Die Steuerreform beinhaltete u. a. Senkungen der Steuersätze (überproportional bei den oberen Einkommensgruppen) und Steuerentlastung für Unternehmen (um den „Standort Deutschland“ attraktiver zu machen). Vgl. hierzu ausführlicher Butterwegge (2014: 165–171). Im Zusammenhang der rot-grünen Rentenreform 2000/01 ist die nach dem damaligen Bundesminister für Arbeit und Sozialordnung Walter Riester benannte Riester-Rente zu sehen. Sie läuft auf eine (partielle) Kapitaldeckung und Privatisierung der gesetzlichen Rentenversicherung mit mehr Selbstbeteiligung hinaus und wurde insbesondere mit dem demografischen Wandel und der Notwendigkeit von mehr Generationengerechtigkeit sowie der Senkung der „Lohnnebenkosten“ begründet. Butterwegge (vgl. 2014: 171–176) beleuchtet einige Resultate der Rentenreform kritisch.

das konservativ-liberale Staatskonzept der 1980er Jahre (z. B. den Gedanken der ‚Subsidiarität') erinnernde angloamerikanische Modell,

> das ‚welfare' durch ‚workfare' ersetzte und [das] die SPD als führende Regierungspartei der Bunderepublik in den folgenden Jahren benutzte, um den hiesigen Sozialstaat, vor allem jedoch dessen Verhältnis zu existentiell von seinen Geld-, Dienst- und Sachleistungen abhängigen Menschen grundlegend zu verändern. Neu definiert wurden vor allem die Rechte und Pflichten des Bürgers zum Gemeinwesen: ‚Nun ist nicht mehr der Staat für die Lösung sozialer Probleme zuständig, sondern der Bürger ist eigenverantwortlich und der Staat aktiviert den Bürger nur noch, damit dieser seine Probleme selber lösen kann (Fördern und Fordern)'. (Koch 2005: 134)

Die Pläne der Kommission fanden Eingang in die vier zwischen 2003 und 2005 in Kraft getretenen „Hartz-Gesetze".

Die Hartz-Gesetze regelten u. a. die Einrichtung von *Kundenzentren* und *Personal-Service-Agenturen* (*PSA*) im Rahmen der in *Arbeits-Agenturen* umbenannten *Arbeitsämter*. Schon allein die Bezeichnung *Kundenzentren* zeigt, dass Beratung, Vermittlung und Betreuung, letztlich Arbeitsmarkt- und Sozialpolitik, „vermarktwirtschaftlicht" werden sollten. Arbeitslose galten fortan unter betriebswirtschaftlichen Gesichtspunkten als *Kunden*. Als ein solcher trat man durch die Inanspruchnahme von Diensten der *Agenturen* und durch den Bezug von Sozialleistungen in eine Geschäftsbeziehung ein und wurde als Schuldner angesehen, der, will er Leistungen beziehen, für das Erhaltene eine Gegenleistung zu erbringen hat. Daran, so scheint mir, hat sich bis heute nicht viel geändert.[133]

Weiterhin regelten die Hartz-Gesetze u. a. die Erhöhung der Hürden für Anspruch auf und Höhe von Hilfeleistungen für Arbeitslose, etwa anknüpfend an das Prinzip der ‚Subsidiarität' durch die Einführung von „Bedarfsgemeinschaften". Außerdem regelten die Hartz-Gesetze die Einführung von „Mini-Jobs" – und damit die Verringerung sozialversicherungspflichtiger Arbeitsverhältnisse und neue Möglichkeiten für geringfügig entlohnte Beschäftigung sowie für „steuer- und abgabenfreie Nebenjobs für Erwerbstätige" (Butterwegge 2014: 188) – und

---

133 Neben der Entwicklung von Eigeninitiative, etwa im Sinne einer an bestimmte Bedingungen geknüpften aktiven Arbeitssuche, bestand eine solche Gegenleistung u. a. darin, die eigene Arbeitskraft zu „verkaufen", insofern als dass die *PSA* Arbeitslose einstellen sollten, um sie an Unternehmen zu *verleihen*. Dagegen wäre grundsätzlich nichts einzuwenden. Nun ist allgemein bekannt, dass *Leih-* oder *Zeitarbeiter* weniger Rechte haben und schlechter bezahlt werden als die Stammbelegschaft. Man hoffte zwar, dass die befristet Geborgten in den Unternehmen *kleben* bleiben würden, wie es hieß, doch dies scheint eher die Ausnahme als die Regel zu sein. *Leih-* oder *Zeitarbeit* hebelt Tariflöhne aus und führt zur Ausweitung des Niedriglohnsektors. Außerdem wird durch ihren unbefristet möglichen Einsatz der Kündigungsschutz umgangen.

die Möglichkeit der Gründung von „Ich-AGs“. Letztere sollten Selbstständigkeit von ehemals abhängig beschäftigten Arbeitnehmern fördern.[134]

Als folgenschwer erwiesen sich die Pläne zur „Zusammenlegung“ von Arbeitslosen- und Sozialhilfe zum Arbeitslosengeld II (*Hartz IV*). Wie Butterwegge (2014: 189) anmerkt, hatte die Hartz-Kommission „die Höhe des Arbeitslosengeldes II [...] offengelassen.“ Erst Gerhard Schröder legte in seiner Agenda-Rede fest, dass Arbeitslosen- und Sozialhilfe auf dem Niveau der Sozialhilfe „zusammenzulegen“ seien, was de facto auf die Abschaffung der Arbeitslosenhilfe und die Umbenennung von *Sozialhilfe* in *Arbeitslosengeld II* (*Hartz IV*) hinauslief. Im Sinne der „aktivierenden Arbeitsmarktpolitik“ sollten durch Abschaffung der Arbeitslosenhilfe und „Einführung“ des Arbeitslosengeldes II auf Höhe des Existenzminimums Anreize, Stellen anzunehmen, geschaffen werden. Mit Erlass von *Hartz IV* wurde das „Fordern“ in Form einer massiven Verstärkung des Drucks konkretisiert, „auch schlecht bezahlte Arbeit aufzunehmen und sich nicht in der ‚sozialen Hängematte‘ auszuruhen“ (Hegelich, Knollmann & Kuhlmann 2011: 50). Oder, wie Schröder und Blair es in ihrem Papier von 1999 formuliert hatten: *Moderne Sozialdemokraten wollen das Sicherheitsnetz aus Ansprüchen in ein Sprungbrett in die Eigenverantwortung umwandeln.*[135]

Nach Butterwegge (2014: 188) markieren das Hartz-Konzept und dessen politische Umsetzung

> eine historische Zäsur für die Entwicklung des Wohlfahrtsstaates, aber auch von Armut bzw. Unterversorgung in der Bundesrepublik. Besonders mit dem ‚Hartz IV‘ genannten Artikelgesetz waren gravierende Änderungen im Arbeits- und Sozialrecht verbunden, die zu einer sozialen Spaltung führten und das gesellschaftliche Klima der Bundesrepublik über Jahrzehnte hinweg belasten dürften.

---

134 Butterwegge (2014: 187) kommt zu dem Schluss, dass viele Arbeitslose, „die den Weg in die Selbstständigkeit beschritten, [...] häufig nur unternehmerische Kümmerexistenzen, die mit Auslaufen der Förderung überwiegend im Bankrott endeten“, fristeten.

135 Man nahm also die Marginalisierung der Betroffenen in Kauf, um sie durch finanziellen Druck zu erziehen, wobei im Paradigma der „Aktivierung“ durch die neuen verschärften Zumutbarkeitsregelungen oder die Verpflichtung zu „Ein-Euro-Jobs“, deren Ablehnung mit Sanktionen belegt wurde, immer weniger nach dem Sinn von Arbeit, aber auch immer weniger nach den Arbeitsbedingungen, der Entlohnung und schon gar nicht nach der Würde der Arbeitslosen gefragt wurde (diesen Zielen sah sich die bisherige Sozialhilfe eher noch verpflichtet) – Hauptsache Arbeit. *Aktivierung* bedeutete also u. a. ›restriktive gesetzliche Disziplinierung zur Annahme jeder Arbeit zu jedem Preis‹. Betrachtet man die Folgen von *Hartz IV*, erhält man genügend Hinweise darauf, dass Arbeit um jeden Preis mit dem Ziel, den Sozialstaat zu entlasten und zu erhalten oder auch die Einnahmen und die Produktivität/das Wirtschaftswachstum zu steigern, wohl kaum zu einem eigenverantwortlichen Leben führt.

In der Tat hatte das Gesetzespaket, insbesondere das *Hartz IV* genannte Gesetz, gravierende soziale Veränderungen zur Folge, etwa durch die Entrechtung von Arbeitnehmern, die Ausweitung des Niedriglohnsektors, der Züge von Zwangsarbeit annahm (Pflicht zur Annahme von „Ein-Euro-Jobs"), oder die Ausdehnung befristeter Beschäftigungsverhältnisse. Nicht zuletzt entfiel zum „ersten Mal seit 1949 [...] eine Sozialleistung, die Millionen Menschen manchmal über einen längeren Zeitraum hinweg erhalten hatten" (Butterwegge 2014: 197). Die vorliegende Arbeit zeigt auf, wie die Umsetzung der „Agenda 2010" diskursiv ermöglicht wurde bzw. inwiefern der massenmediale Krisendiskurs seit 1973 dazu beitrug, dass „Reformen" wie die Hartz-Gesetze Anfang der 2000er Jahre erwartet wurden und 2003 realisiert werden konnten.

Nachdem Gerhard Schröder im März 2003 das „Bündnis für Arbeit" als gescheitert erklärte, weil die diskursive, auf Konsensfindung zielende Kooperation zwischen Staat, Arbeitgebern und Gewerkschaften bei der Umsetzung sozial- und wirtschaftspolitischer „Reformen" ergebnislos blieb, war der Weg frei für die „Agenda 2010".

Schon Wochen vor dem tatsächlichen Termin wurde Schröders Agenda-Rede als Erfüllung des seit langem Gewünschten herbeigesehnt. Die bevorstehende Regierungserklärung wurde allgemein als letzte Chance, Deutschland zu retten, angesehen. Die Vorberichterstattung hatte hohe Erwartungen an die Rede und an den Tatendrang der Bundesregierung, „Reformen" umzusetzen, entstehen lassen. Man erwartete von Schröder nicht weniger als eine „Ruck-" oder eine „Blut-, Schweiß- und Tränenrede", und es fehlte nicht an Ratschlägen für „Reformen".[136]

Da Melanie Schröter (2004) und Josef Klein (2007a) die rhetorische Form der Agenda-Rede bereits herausgearbeitet haben, muss dies hier nicht nochmals im Detail geschehen. Gemäß der topologischen Diskursformation, der auch das Kanzleramtspapier in seinem Aufbau entspricht, diagnostizierte und prognostizierte der Bundeskanzler einleitend eine düstere Gegenwart und Zukunft (*Wachstumsschwäche, Stagnation*), woraus er die Notwendigkeit von „Reformen" ableitete. Darauf folgt, wie üblich, die Benennung von Ursachen der „Krise".

---

136 So riet etwa der Unternehmensberater Roland Berger: „Er muss den Bürgern ehrlich sagen, wo wir stehen und was wirklich nötig ist! Er muss dafür sorgen, dass Deutschland nicht länger Schlusslicht in Europa bleibt" (BILD, *Runter mit den Steuern!*). Auch die BILD-Zeitung war voller Vorfreude und machte Stimmung für bestimmte „Reformen": „HEUTE IST DER TAG! Kanzler Gerhard Schröder will mit einer dramatischen Rede vor dem Bundestag Deutschland aus der Krise reißen. Alle hoffen, dass der Kanzler endlich auch das Thema Steuersenkungen anpackt. Denn: Steuern runter macht Deutschland munter! Nur mit weniger Abgaben kommen wir wieder aus der Krise!" (14.3.2003, *Steuern runter macht Deutschland munter!*).

Diese sah Schröder, ebenfalls wie schon das Kanzleramtspapier, in *strukturellen* Problemen, insbesondere in den hohen *Lohnnebenkosten* (und in der *Bürokratie*), die einerseits – so die Denkweise – die Einkommen und damit den Konsum belasteten und andererseits Unternehmen von Investitionen und damit von der Schaffung von Arbeitsplätzen abhielten.[137] Außerdem verwies Schröder wiederholt auf die *Globalisierung* oder auf *Veränderungen* des sozialen und wirtschaftlichen Rahmens, auf eine *seit 50 Jahren unveränderte Struktur der Sozialsysteme* bzw. auf den überbordenden Sozialstaat[138] sowie auf das Arbeitsrecht (*Kündigungsschutz, Tarifverträge*) und den *demografischen Wandel* als für die „Krise“ verantwortliche Faktoren. Auch Schröder folgerte aus dem gezeichneten Bild der Wirklichkeit und den von ihm selbst benannten Ursachen die dringende Notwendigkeit zu handeln und forderte in der Diktion des Lambsdorff-Papiers, die Wirtschaftspolitik müsse „Vertrauen wieder herstellen“ und „die Rahmenbedingungen für mehr Wachstum und für mehr Beschäftigung“ (S. 2479) verbessern. Im Sinne dieser und weiterer als erstrebenswert erachteter Ziele politischen Handelns[139] und durch Berufung auf bestimmte Maximen[140] betonte Schröder, die „Krise“ könne nur durch Veränderungen oder „Reformen“ bewältigt werden, insbesondere durch den *Umbau des Sozialstaates*.[141] Welche Maßnahmen im Einzelnen ergriffen werden müss-

137 „Deutschland hat […] mit einer Wachstumsschwäche zu kämpfen, die auch strukturelle Ursachen hat. Die Lohnnebenkosten haben eine Höhe erreicht, die für die Arbeitnehmer zu einer kaum mehr tragbaren Belastung geworden ist und die auf der Arbeitgeberseite als Hindernis wirkt, mehr Beschäftigung zu schaffen. Investitionen und Ausgaben für den Konsum sind drastisch zurückgegangen“ (Gerhard Schröder: Regierungserklärung: *Mut zum Frieden und zur Veränderung*. In: Verhandlungen des Deutschen Bundestages. Stenographische Berichte. 15. Wahlperiode, 32. Sitzung, 14.3.2003. S. 2479–2552, hier S. 51. [http://dip21.bundestag.de/dip21/btp/15/15032.pdf, zuletzt abgerufen am 16.02.2017]). Im Folgenden werden bei Zitaten lediglich die Seitenzahlen angegeben.

138 „Die Struktur unserer Sozialsysteme ist seit 50 Jahren praktisch unverändert geblieben. An manchen Stellen, etwa bei der Belastung der Arbeitskosten, führen Instrumente der sozialen Sicherheit heute sogar zu Ungerechtigkeiten. Zwischen 1982 und 1998 sind allein die Lohnnebenkosten von 34 auf fast 42 Prozent gestiegen“ (S. 2481).

139 Etwa die *Verbesserung der Wettbewerbsfähigkeit*, die *Sicherung einer Spitzenposition für Deutschland im internationalen Vergleich*, die *Erhaltung der Substanz des Sozialstaates*, die *Haushaltskonsolidierung*, die Einhaltung des *Stabilitätspaktes*, die *Ermunterung zu Investitionen* durch *Senkung der Lohnnebenkosten* und *Steuern* sowie durch *Entbürokratisierung*, *Standortsicherung* oder die Erhaltung des *Wohlstandsniveaus*.

140 Beispielsweise auf das *Sozialstaatsprinzip*, auf *Solidarität*, *Eigenverantwortung* und *Eigenleistung*, *Flexibilität*, *Generationengerechtigkeit*, *Chancengerechtigkeit* oder *Europa*.

141 „Daraus ergibt sich nur eine Konsequenz: Der Umbau des Sozialstaates und seine Erneuerung sind unabweisbar geworden. Dabei geht es nicht darum, ihm den Todesstoß zu geben, sondern ausschließlich darum, die Substanz des Sozialstaates zu erhalten. Deshalb brauchen wir

ten, um die genannten Ziele zu erreichen und die „Krise“ zu bewältigen, legte Schröder „Punkt für Punkt“ (S. 2479) dar.

Wieder vergleichbar mit dem Lambsdorff-Papier macht den größten Teil der Agenda-Rede ein sozial- und wirtschaftspolitischer Maßnahmenkatalog aus, dessen Verkündung Schröder mit den folgenden Worten einleitete: „Wir werden die Leistungen des Staates kürzen, Eigenverantwortung fördern und mehr Eigenleistung von jedem Einzelnen abfordern müssen“ (S. 2479). Dazu bestehe keine Alternative: „Entweder“, so Schröder, „wir modernisieren, und zwar als soziale Marktwirtschaft, oder wir werden modernisiert, und zwar von den ungebremsten Kräften des Marktes, die das Soziale beiseite drängen würden“ (S. 2481).[142] Mit dieser unverhohlenen Warnung sicherte sich der Bundeskanzler die Medienresonanz und die öffentliche Aufmerksamkeit, wie Klein (vgl. 2007a: 217f.) bemerkt – tatsächlich handelt es sich um eine vielzitierte Passage.

Im Gegensatz zum Verlangen nach oder Postulieren von „Reformen“ der ihr vorgängigen diskursiven Ereignisse gab Schröder die „Agenda 2010“ „im Modus der ANKÜNDIGUNG“ (Klein 2007a: 207) und, so wäre zu ergänzen, der FESTSTELLUNG bekannt.[143] Nach Klein (vgl. 2007a: 212) führte Schröder insgesamt 66 Einzelmaßnahmen auf und ordnete sie, für Laien kaum nachvollziehbar, 23 übergeordneten Feldern zu, die sich auf die drei Bereiche *Konjunktur und Haushalt*, *Arbeit und Wirtschaft*, *soziale Absicherung im Alter und Krankheit* verteilen. Die Komplexe *Arbeit und Wirtschaft* bezeichnete Schröder als das „Herzstück [der] Reformagenda“ (S. 2484).

Die brisanten Inhalte der Agenda-Rede verbergen sich hinter vielen Einzelmaßnahmen und der Auflistung von bereits Geleistetem, mit der Schröder seine Ankündigung von „Reformen“ begann, beispielsweise: Schaffung „neuer Formen der Beschäftigung und der Selbstständigkeit“ (S. 2484); Angleichung der „Rechte

durchgreifende Veränderungen“ (S. 2481). Nach Butterwegge (2014: 202) hatten mit dieser Argumentation, „die im Grunde einen Blankoscheck für Leistungseinschränkungen und Kürzungsmaßnahmen darstellt, [...] bisher noch fast alle Politiker seit Heinrich Brüning [...] eine reaktionäre, restriktive bzw. regressive Sozialpolitik gerechtfertigt, weil sie wussten, dass durch eine offene Kampfansage gegenüber dem Wohlfahrtsstaat kaum Wählerstimmen zu gewinnen sein würden.“

142 Butterwegge (2014: 202) weist darauf hin, dass Schröder auf diese Weise „alle von ihm unternommenen Schritte als ‚kleineres Übel‘, auch wenn sie in die Richtung einer neoliberalen Modernisierung wiesen und politisch den Weg für noch marktradikalere Lösungen ebneten“, rechtfertigte.

143 „Ich möchte Ihnen heute Punkt für Punkt darlegen, welche Maßnahmen nach Überzeugung der Bundesregierung vorrangig ergriffen und umgesetzt werden müssen – für Konjunktur und Haushalt, für Arbeit und Wirtschaft, für die soziale Absicherung im Alter und bei Krankheit“ (S. 2479).

und Pflichten der Arbeitsuchenden“ (S. 2484); Umbau der damaligen Bundesanstalt für Arbeit; *Flexibilisierung* des Arbeitsmarktes durch Abbau bürokratischer Hemmnisse bei der Zeit- und Leiharbeit, „dass die Unternehmen ihren Bedarf an qualifizierten Arbeitskräften flexibel decken können“ (S. 2484); Verringerung der Sozialbeiträge bei schlecht bezahlten Jobs; Verlängerung der „Möglichkeiten zur befristeten Beschäftigung [...], für die über 50-Jährigen sogar ohne zeitliche Grenze“ (S. 2484). So umschrieb Schröder die Umsetzung des Hartz-Konzeptes insgesamt euphemistisch im Sinne einer „Verbesserung der Rahmenbedingungen zur Bekämpfung der Arbeitslosigkeit“ (S. 2484).

In die Auflistung von bereits Geleistetem eingebettet wurden „Reformen“ angekündigt, die noch umzusetzen seien, wobei das bereits Geleistete als der größere Teil dargestellt wurde. Die Darstellung der noch anstehenden „Reformen“ leitete Schröder mit der Frage „Sind die sozialen Hilfen wirklich Hilfen für die, die sie brauchen?“ ein und betonte, er akzeptiere nicht, „dass Menschen, die arbeiten wollen und können, zum Sozialamt gehen müssen, während andere, die dem Arbeitsmarkt womöglich gar nicht zur Verfügung stehen, Arbeitslosenhilfe beziehen“ (S. 2484). Was Schröder in diesem Zusammenhang zwar nicht explizit sagte, aber meinte, ist, dass staatliche Hilfen von der Leistungsbereitschaft der Hilfebedürftigen abhängig gemacht werden sollten. Daraus folgt zwangsläufig, dass die Prüfung von Arbeitslosen auf ihren Nutzen für den Arbeitsmarkt verschärft werden muss, denn ihnen wurde ja – wie mehrfach erwähnt – unterstellt, sie seien – auch bedingt durch die Höhe der Sozialleistungen – eher leistungsunwillig.

Im Zentrum der Agenda-Rede steht die schon im Hartz-Konzept angedachte „Zusammenlegung“ der Arbeitslosen- und Sozialhilfe, die Schröder jetzt „einheitlich auf einer Höhe – auch das gilt es auszusprechen –, die in der Regel dem Niveau der Sozialhilfe entsprechen wird“ (S. 2485), festlegte, wodurch gemäß dem Prinzip der „aktivierenden Arbeitsmarktpolitik“ „Anreize für die Aufnahme von Arbeit“ (S. 2485) geschaffen werden sollten. An die Adresse derjenigen, die nicht bereit seien, Arbeit anzunehmen, wandte Schröder sich mit folgenden Worten: „Niemandem aber wird künftig gestattet sein, sich zulasten der Gemeinschaft zurückzulehnen“ (S. 2485). Staatliche Hilfen sollten also nicht nur von der Leistungsbereitschaft der Menschen, sondern auch von ihrer Bereitschaft, so gut wie jede Arbeit anzunehmen, abhängig gemacht werden, denn – und das ist der nächste Paukenschlag – die Zumutbarkeitskriterien für die Aufnahme von Arbeit sollten „verändert“ (S. 2485), d. h. verschärft werden. „Wer zumutbare Arbeit ablehnt“, so Schröder mahnend, „der wird mit Sanktionen rechnen müssen“ (S. 2485).

Des Weiteren verkündete Schröder die Reformierung des Arbeits- und Sozialrechts „an den Stellen, an denen sich im Laufe der Jahre Beschäftigungshemmnisse entwickelt haben“ (S. 2485). Unter einem solchen „Beschäftigungshemmnis“ verstand der Bundeskanzler insbesondere den Kündigungsschutz – der ja schon durch die Möglichkeit einer unbefristeten Befristung von Zeit- und Leiharbeit umgangen werden konnte –, weil dieser Neueinstellungen verhindere. Deshalb galten Kündigungsschutz sowie übrigens auch Tarifverträge als problematisch und als Nachteil im internationalen Wettbewerb. Zur „Standort- und Arbeitsplatzsicherung" (S. 2487) sei eine flexiblere Handhabung des allzu starren Arbeitsrechts, das unbeweglich mache und „Anpassungen" an die Misere verhindere, zu ermöglichen.[144]

Die Verkündung der noch umzusetzenden „Reformen" erfolgte, wie man sieht und wie bereits erwähnt, eingebettet in eine quantitativ umfangreichere Auflistung des bereits Umgesetzten sowie teilweise auch in klassische sozialdemokratische Gerechtigkeits-Ethik. Der Clou dieses parenthetischen Redeaufbaus ist, dass die Aufzählung des bereits Geleisteten, wovon ich hier nur einen Bruchteil genannt habe, Schröder während seiner Rede stetigen Beifall sicherte, denn er konnte davon ausgehen, dass das Gros der Maßnahmen bei den Regierungsparteien Zustimmung finden würde. (Vgl. Klein 2007a: 217–221.) Nachdem sich Schröder durch den Redeaufbau wieder einigen Beifall gesichert hatte, verkündete er noch, dass man das Arbeitslosengeld begrenzen werde. Dies begründete er mit dem Prinzip der ‚Generationengerechtigkeit' und mit der Notwendigkeit, die „Lohnnebenkosten" zu senken und sogenannte Arbeitsanreize zu schaffen.[145]

Aufgrund der Arbeitslosigkeit und wegen des demografischen Wandels sei es zudem unabdingbar, „bei der Rentenversicherung nachzujustieren" (S. 2489). Eben deshalb sei auch eine „Reform" des *verkrusteten* Gesundheitswesens dringend geboten, „um das hohe Gut Gesundheit für alle finanzierbar [zu] halten"

---

144 „Arbeitsrecht und Tarifverträge ergänzen sich in Deutschland zu einem dichten Netz geregelter Arbeitsbeziehungen. Das schafft Sicherheit. Aber es ist häufig nicht so flexibel und ausdifferenziert, wie es in einer komplexen Volkswirtschaft im internationalen Wettbewerb sein muss. Die Verantwortlichen – Gesetzgeber wie Tarifpartner – müssen in Anbetracht der wirtschaftlichen Situation und der Arbeitsmarktlage ihre Gestaltungsspielräume nutzen, um Neueinstellungen zu erleichtern. Dazu ist es unabdingbar, dass in den Tarifverträgen Optionen geschaffen werden, die den Betriebspartnern Spielräume bieten, Beschäftigung zu fördern und zu sichern" (S. 2487).

145 „[Wir] müssen aufhören – das ist der Kern dessen, was wir vorschlagen –, die Kosten von Sozialleistungen, die der Gesellschaft insgesamt zugute kommen, immer nur und immer wieder dem Faktor Arbeit aufzubürden. [...Es] wird unausweichlich nötig sein, Ansprüche und Leistungen zu streichen, Ansprüche und Leistungen, die schon heute die Jüngeren über Gebühr belasten und unserem Land Zukunftschancen verbauen. [...] Durch unsere Maßnahmen zur Erneuerung der sozialen Sicherungssysteme senken wir die Lohnnebenkosten. Das ist gewiss nicht immer einfach und die Maßnahme, die wir zusätzlich durchführen müssen, ist es erst recht nicht. Wir werden das Arbeitslosengeld für die unter 55-Jährigen auf zwölf und für die über 55-Jährigen auf 18 Monate begrenzen, weil dies notwendig ist, um die Lohnnebenkosten im Griff zu behalten. Es ist auch deswegen notwendig, um [...] Arbeitsanreize zu geben" (S. 2489).

(S. 2490). Ferner werde das Gesundheitswesen insbesondere durch Missbrauch belastet, weshalb dessen „Reform“ mit einem Mentalitätenwandel im Sinne eines „kostenbewussten Verhaltens“ (S. 2490) verbunden sein müsse.[146] Aufgabe des Staates sei es, mehr *Wettbewerb* im Gesundheitswesen zu fördern, Leistungen zu kürzen und zu streichen (z. B. Kranken- und Mutterschaftsgeld) und stattdessen die *Eigenverantwortung* zu stärken, d. h. *Eigenvorsorge*, etwa motiviert durch ein Belohnungssystem, bzw. *Eigenbeteiligung* (u. a. in Form der Praxisgebühren) zu fordern (vgl. S. 2491f.). Vorbild seien hierfür die skandinavischen Länder – so der zeittypische Vergleich in argumentativ stützender Funktion –, „die durch systematische Förderung gesundheitsbewussten Verhaltens wichtige Beiträge zur Kostensenkung im Gesundheitswesen erzielt haben“ (S. 2492). Schröder beendete die Verkündung seines Maßnahmenkataloges, der sämtliche Reformvorschläge bündelt, die bisher diskutiert worden waren – seien es beispielsweise die Überlegungen zur Steuerreform, das Hartz-Konzept oder die Vorschläge der Rürup-Kommission –, mit den Worten:

> Ich habe das, was ich „Agenda 2010“ genannt habe, vorgestellt. Ich habe beschrieben, was wir leisten müssen, um unsere Schwierigkeiten zu überwinden – Schritt für Schritt, gar keine Frage, aber wir müssen das anpacken – und Deutschlands Stärke neu zu entwickeln. Unser Land hat – daran kann doch kein Zweifel bestehen – große Potenziale, Potenziale, die wir durch eine gemeinschaftliche Anstrengung wecken können und wecken müssen. (S. 2492)

Mit einem abschließenden Plädoyer für Chancengerechtigkeit im Bildungswesen unabhängig von der sozialen Herkunft und für Generationengerechtigkeit[147] sicherte sich Schröder noch einmal die Zustimmung und den Beifall der Regierungsparteien und insgesamt, trotz der Verkündung einschneidender „Reformen“, die nicht mit Beifall bedacht worden waren, eine positive Aufnahme seiner Rede.

---

146 „Das Gefühl einer gemeinsamen Verantwortung im Gesundheitssystem ist nahezu verschwunden. Viele agieren nach dem Grundsatz des raschen, auch des bedenkenlosen Zugriffs. Eine Mentalität der Selbstbedienung hat das Gefühl der Solidarität verdrängt. Deshalb sage ich: Hier ist auch in den Haltungen aller Akteure ein Umdenken notwendig“ (S. 2490).

147 „Wir haben die Pflicht, den nachfolgenden Generationen die Chancen auf ein gutes Leben in einer friedlichen und gerechten Welt nicht durch Unbeweglichkeit zu verbauen. Das ist der Grund dafür, dass wir den Mut zu Veränderungen brauchen. [...] Wir Deutsche können stolz sein auf die Kraft unserer Wirtschaft, auf die Leistungen unserer Menschen, auf die Stärke unserer Nation wie auch auf die sozialen Traditionen unseres Landes. Wir haben alles, um eine gute Zukunft für unsere Kinder zu schaffen. Wenn alle mitmachen und alle zusammenstehen, dann werden wir dieses Ziel erreichen. Ich danke Ihnen für Ihre Aufmerksamkeit“ (S. 2493).

Wie mehrfach erwähnt, verstecken sich die verhältnismäßig wenigen brisanten Inhalte unter einem Wust von Einzelmaßnahmen und hinter der Auflistung von bereits Geleistetem, also einem parenthetischen Redeaufbau. Um Schröders rhetorische Strategie zu verstehen, muss man sich außerdem vorstellen, wie einschläfernd es wirkt, anderthalb Stunden lang der Verlesung eines nüchtern gehaltenen rhetorisch nicht besonders ausgeschmückten Maßnahmenkataloges zuzuhören. Das Kalkül dabei ist, durch die „katalogartige Detailaufzählung einer Vielzahl gesetzgeberischer Maßnahmen" (Klein 2007a: 211) die Aufmerksamkeit von den brisanten und für die SPD revolutionären Inhalten abzulenken und durch die relativ gleichrangige Darstellung sämtlicher Maßnahmen die eigentlichen Zumutungen als nicht besonders bedeutsam erscheinen zu lassen. Indem Schröder gestützt auf den Katalogstil und im von Klein (2007a) beschriebenen Modus der ANKÜNDIGUNG unvermittelt erklärt, was zu tun ist, bzw. indem er Fakten schafft und verglichen mit den anderen in dieser Arbeit untersuchten Regierungserklärungen nur knapp und eher implizit mithilfe von Schlagwörtern begründet, warum die „Reformen" unabdingbar seien, entzieht er sich jeder Notwendigkeit, die Maßnahmen zu rechtfertigen, und macht sich so unangreifbarer. Explizit argumentiert die Rede nur in den einleitenden und schließenden Abschnitten. In den Worten Kleins (2007a: 217) spart sich der Bundeskanzler „weitgehend das Legitimieren seiner Agenda", denn „relevante Argumente des Kanzlers hätten in manchen sozialdemokratischen Ohren sehr ‚neoliberal' und damit unannehmbar geklungen."

Gemessen am Lambsdorff-Papier klingt die Agenda-Rede selbst in ihrer dargebotenen Form neoliberal. Schröders Maßnahmenkatalog liest sich wie derjenige Lambsdorffs (siehe hierzu Anmerkung 74): Von Vorschlägen zur Haushaltspolitik, Wirtschaftsförderung, Belebung des Arbeitsmarktes, zu Einsparungen bei den Sozialleistungen[148], Steuersenkungen mit dem Ziel, Investitionen und damit die Schaffung von Arbeitsplätzen zu fördern oder die Forderung nach mehr Eigenverantwortung und Selbstbeteiligung im Renten- und Gesundheitssystem. Insofern Lambsdorff beispielsweise „nur" für Kürzungen bei der Sozialhilfe und nicht für die Abschaffung der Arbeitslosenhilfe plädierte oder sich „nur" dafür aussprach, den Kündigungsschutz nicht mehr zu erweitern, ging die „Agenda 2010" noch über die Vorschläge von 1982 hinaus.

Die öffentlichen Reaktionen der Gewerkschaften und der Sozialdemokraten zeigen, dass die „Agenda 2010" für viele inakzeptabel war, weil sie ihren Grundüberzeugungen zuwiderlief. Schröder versuchte dem sozialdemokrati-

148 Etwa durch Senkung des Arbeitslosengeldes, Verschärfung der Voraussetzungen für den Bezug von Arbeitslosengeld, Begrenzung der Dauer des Bezugs von Arbeitslosengeld, Verschärfung der Zumutbarkeitsregeln, „Flexibilisierung" des Arbeitsrechtes, „Deregulierung".

schen Erneuerungsdiskurs entsprechend, das sozialdemokratische Wertesystem mit neoliberalen Konzepten zu verknüpfen. Dabei wurden sozialdemokratische Grundorientierungen im Sinne einer diagnostizierten oder prognostizierten „Krise“ hinsichtlich ihres Nutzens für Problemlösungen infrage gestellt. Die dadurch entstandene „Lücke“ sollte durch Adaption neoliberaler Strategien der Krisenbewältigung geschlossen werden. Dies zeigt der häufige Gebrauch von im neoliberalen Denken positiv besetzten Schlagwörtern wie *Wettbewerb*, *Eigenverantwortung* oder *Flexibilität*. Der Ausdruck *Gerechtigkeit* hingegen kommt kaum vor „und wenn, dann nie in der für die SPD obligatorischen Kollokation soziale Gerechtigkeit“, wie Klein (2007a: 225) richtig feststellt. Zu ergänzen wäre, dass er ausschließlich bezogen auf Chancen- und Generationengerechtigkeit gebraucht wurde.

Schröder stellte insbesondere die traditionellen sozialdemokratischen Ansichten über den Sozialstaat infrage. Er deklarierte ihn zwar zur Vorbedingung für eine positive Zukunft: „Es liegt doch auf der Hand, dass eine Gesellschaft wie die unsere eine wirklich gute Zukunft nur als Sozialstaat haben kann“ (S. 2489); dies sei aber nur durch eine „Reform“ des Sozialstaates zu erreichen: „Der Umbau des Sozialstaates und seine Erneuerung sind unabweisbar geworden“, um „die Substanz des Sozialstaates zu erhalten. Deshalb brauchen wir durchgreifende Veränderungen“ (S. 2481).

Bislang wurde im vorstehenden fast ausschließlich der reformbefürwortende Diskusstrang thematisiert. Selbstverständlich sind im Krisendiskurs 2003 auch reformkritische oder -ablehnende Positionen zu finden. Wie im Wendediskurs 1982 wurden „Reformen“ verlangt oder befürchtet oder man stellte sich ihnen entgegen. Dementsprechend lassen sich wieder grob zwei Gruppen von Akteuren unterscheiden: Reformbefürworter und Reformgegner. Die Gegner der „Reformen“ setzten diesen ähnlich wie 1982 nicht sehr viel mehr als die Berufung auf soziale Gerechtigkeit, hinsichtlich der geplanten Lockerung des Kündigungsschutzes Warnungen vor dem Abbau von Arbeitnehmerrechten und die mittlerweile routinemäßige Stigmatisierung der Vorhaben Schröders durch Schlagwörter wie *Sozialabbau* und den in den 1990er Jahren zum politischen Kampfwort gewordenen Ausdruck *Neoliberalismus* entgegen. Deshalb konzentriert sich die im Folgenden präsentierte Toposanalyse weiter auf den Diskursstrang der Reformbefürworter und fragt, mit welchen Argumentationsmustern im Gefüge der topologischen Diskursformation die *Agenda 2010* genannten sozial- und wirtschaftspolitischen „Reformen“ öffentlich legitimiert wurden.[149] Auf die zahlreichen Einzelmaßnah-

149 Zu kritischen Reaktionen auf die „Agenda 2010“ von Seiten des linken Flügels der SPD und der Gewerkschaften vgl. Klein (2007a).

men kann nicht eingegangen werden.[150] Zentrale politische Akteure unter den Reformbefürwortern waren im hier untersuchten öffentlichen Diskurs 2003 neben Gerhard Schröder der Bundesminister für Wirtschaft und Arbeit Wolfgang Clement und der SPD-Vorsitzende Franz Müntefering sowie Generalsekretär Olaf Scholz.

5.6.2 Kontextspezifische Topoi

5.6.2.1 Datentopoi

Die Diskurschronik verdeutlicht, dass schon lange vor der hier untersuchten Debatte zur „Agenda 2010" intensiv über die Notwendigkeit von „Reformen" gestritten wurde. Als Schröder die „Agenda 2010" dann proklamierte, galt es als Realität, dass Deutschland sich in einer „Krise" befinden würde; nur durch „Reformen" sei es wieder auf den rechten Weg zu bringen. Aufgrund dieser diskursiv vorherrschenden Meinung konnte die „Agenda 2010" schlicht als etwas dargestellt werden, das getan werden müsse, ohne dieses Erfordernis in der Öffentlichkeit argumentativ zu legitimieren. Damit erklärt sich das vergleichsweise geringe Vorkommen von Argumentationsmustern im untersuchten öffentlichen Diskurs. Dennoch ließen sich einige Topoi finden, mit denen die Notwendigkeit der *Agenda 2010* genannten „Reformen" begründet wurden. Folgende Abbildung zeigt die Datentopoi im Krisendiskurs 2003:

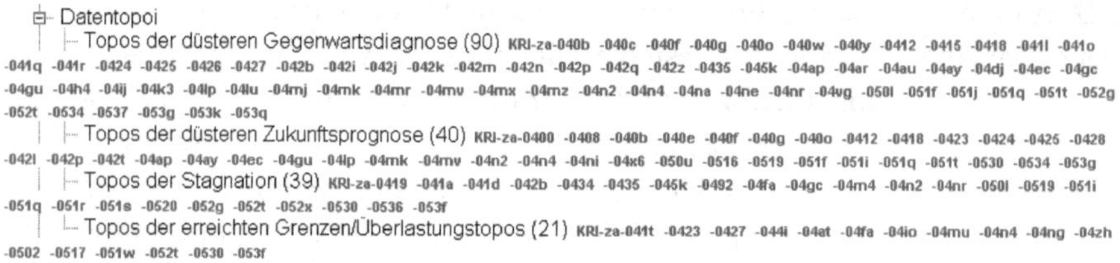

Abb. 24: Übersicht Datentopoi „Agenda 2010" in FuD

Wie in den zuvor untersuchten Krisendiskursen dominieren im Gefüge der topologischen Diskursformation bei den Datentopoi, welche die „Krise" als soziale Wirklichkeit begründen und auf dieser Basis politisches Handeln legitimieren, die kontextspezifischen Argumentationsmuster der düsteren Gegenwartsdiagnose (90) und Zukunftsprognose (40). Insofern die düsteren Gegenwartsdiagnosen

150 Vgl. hierzu Butterwegge (2014) und (2015).

meist durch Verweise auf Gefahren oder schlechte Zeiten in düstere Zukunftsprognosen übergehen, auf diese Weise ein Bedrohungsszenario entwerfen und Zukunftsängste evozieren, fasse ich die Argumentationsmuster in der Beschreibung wieder zusammen. Auf die genannten Topoi folgt mit 39 Belegen der Topos der Stagnation. Dabei handelt es sich um ein im historischen Vergleich neues Argumentationsmuster, das in Zusammenhang mit der Debatte um den „Reformstau“ zu sehen ist, den die „Agenda 2010“ aufzulösen versprach. Der Topos der erreichten Grenzen/Überlastungstopos (21) tauchte erstmals im Wendediskurs 1982 auf und bildete sich seitdem im öffentlichen Diskurs zu einem konventionellen Mittel der Krisenkonstruktion heraus. Ein deutlicher historischer Wandel zur „Ölkrise“ 1973/74 und zur „Krise“ 1982 ist hinsichtlich des Topos der Zeitenwende zu erkennen, der nicht mehr in nennenswertem Umfang als verstehensrelevantes vorausgesetztes Wissen von anschließenden Argumentationen in der Funktion des Datentopos identifiziert werden konnte, sondern als etwas, das wünschenswert sei. Damit erfüllt er im Krisendiskurs 2003 die Funktion eines Finaltopos.

5.6.2.1.1 Topoi der düsteren Gegenwartsdiagnose und Zukunftsprognose

„Die Probleme in Wirtschaft und am Arbeitsmarkt wachsen Tag für Tag. Mit Reförmchen ist da schon lange nichts mehr zu machen!“
(Bild, 29.4.2003, *Reförmchen statt Reformen?*)

Wie während der „Ölkrise“ 1973/74 und der „Krise“ 1982 zählen die Topoi der düsteren Gegenwartsdiagnose und Zukunftsprognose im Untersuchungszeitraum 2003 zu den dominierenden Segmenten kollektiven Wissens, an das angeknüpft wurde, um „Krise“ als Gegenstand zu begründen. Nach dem Grundsatz, alle Ausgaben sollen *auf den Prüfstand* (398), leitete man aus den Sachverhaltskonstruktionen das Erfordernis einer politischen Neuorientierung und von „Reformen“ bzw. bestimmten politischen Maßnahmen ab. Dabei unterscheiden sich die Krisenszenarien im historischen Vergleich – insbesondere zwischen den Untersuchungszeiträumen 1982 und 2003 – semantisch kaum voneinander. Dem Wendediskurs 1982 ähnlich wurde die „Krise“ in den gebräuchlichsten sprachlichen Realisierungen der hier behandelten Topoi als ein gegenwärtiger und künftiger Zustand der Wachstumsschwäche und, damit einhergehend, der Arbeitslosigkeit sowie als miserable finanzielle Lage des Staates/Sozialstaates charakterisiert. Im Jahr 2003 stellte niemand mehr infrage, dass bezüglich Wirtschaftswachstum, Beschäftigung und Staatsfinanzen/Sozialstaat eine „Krise“ existiere und dass eine politische Erneuerung notwendig sei, um Schlimmeres zu verhindern. Den Mustern der Argumentationen seit der „Ölkrise“ 1973/74 entsprechend wurde die Faktizität der gegenwärtigen und künftigen „Krise“ meist mit apodiktischem Geltungsanspruch behauptet:

(395) Deutschland ist ein Sanierungsfall!
(Edmund Stoiber, in: Bild, 31.7.2003, *CSU-Chef Stoiber. Deutschland Sanierungsfall*)

(396) Tatsache ist: Ein Zehntel der arbeitsfähigen Deutschen hat keinen Arbeitsplatz [...]. Tatsache ist: Im kommenden Winter werden es fünf Millionen sein. Wenn keine durchgreifenden Korrekturen erfolgen, kann die Arbeitslosigkeit steigen.
(Helmut Schmidt, in: Zeit, 22.5.2003, *Weil Deutschland sich ändern muss*)

(397) Die Bundesrepublik Deutschland ist in der Krise. An allen Ecken und Enden drängen sich die Probleme auf. [...] So evident und mittlerweile für jedermann greifbar der Handlungsbedarf ist, so handlungsunfähig erscheinen vielfach die Politik und die staatlichen Organe. Dabei ist offensichtlich, daß es nicht mehr mit Korrekturen im Detail getan ist, sondern daß in zentralen Bereichen unserer Gesellschaftsordnung eine Reform an Haupt und Gliedern vonnöten ist.
(FAZ, 31.1.2003, *Reform an Haupt und Gliedern*)

(398) Die Regierung kann kaum noch Schritt halten mit den fast täglich neuen Hiobsbotschaften von allen Fronten des deutschen Sozialstaats. Wo Schröder und seine Mannschaft im Moment auch hinblicken, sie sehen in den Abgrund. Der Zustand der Staatsfinanzen? Miserabel. Die Sozialversicherungssysteme? Außer Kontrolle. Der Arbeitsmarkt? Katastrophal. [...] Die Staatsfinanzen sind inzwischen so sehr außer Kontrolle geraten, dass alle Ausgaben auf den Prüfstand gehören. Das kann richtig wehtun.
(Spiegel, 2.6.2003, *Außer Kontrolle*)

Die Bezeichnungen für die wirtschaftliche Phase, in der sich die Bundesrepublik befinde oder bald befinden würde – etwa Synonyme und metaphorische Konzeptualisierungen wie *Rezession, Stagnation* (399); *Nullwachstum, Katastrophe* (400); *Heer von Arbeitslosen, riesige Etatlöcher* (401); *Stillstand, Minuswachstum, Siechtum* oder *Hinschied* (402) – ähneln ebenso den sprachlichen Realisierungen der Argumentationsmuster in den Jahren 1973/74 und 1982 wie die dramatisierenden Attribute bezüglich der makroökonomischen Kennzahlen – etwa *düster, kraftlos, schlimm* (399); *erschüttert, lahmt, tröpfeln, milliardenschwere Lasten* (401) oder *hilflos* (402):

(399) Rezessions-Alarm in Deutschland! Laut Wirtschafts-Institut DIW schrumpfte die deutsche Wirtschaft im 4. Quartal 2002, die Leistung deutscher Firmen sank um 0,2 Prozent! Für das laufende Jahr sieht es ähnlich düster aus. Das DIW rechnet für das 1. Quartal mit ‚Stagnation' (Stillstand). ‚Gegenwärtig ist die wirtschaftliche Entwicklung in Deutschland kraftlos und droht in eine Rezession abzugleiten', so die Experten. [...] Besonders schlimm sieht es für den Arbeitsmarkt aus. Der Bundesverband deutscher Banken rechnet in diesem Jahr im Schnitt mit 4,3 Millionen Arbeitslosen – 100 000 mehr als bisher erwartet.
(Bild, 20.2.2003, *Rezessions-Alarm Deutsche Wirtschaft schrumpft!*)

(400) Die deutsche Wirtschaft tritt auf der Stelle. Für das letzte Quartal 2002 melden Bundesbank und Statistiker ein Nullwachstum. Dieses Jahr könnte die Konjunktur unter die Wasserlinie

tauchen. Der Deutsche Industrie- und Handelskammertag (DIHK) schließt eine Rezession (Minuswachstum) nicht aus. Was bedeutet das für meinen Job? [...] Nach DIHK-Umfrage planen fast 40 % aller Chefs Stellenabbau. So viele wie zuletzt im Rezessionsjahr 1993. Michael Rogowski, Präsident des Bundesverbands der Deutschen Industrie: ‚Nullwachstum ist eine Katastrophe für den Arbeitsmarkt. Wir befürchten einen Anstieg der Arbeitslosigkeit um rund 250 000 auf 4,3 Millionen im Jahresschnitt'. Vorjahr: 4,06. Das Institut IfW rechnet mit 4,4 Mio. ohne Job – im Schnitt!
(BILD, 28.2.2003, *Nullwachstum*)

(401) Der Bundeshaushalt für dieses Jahr ist bereits in seinen Grundfesten erschüttert, bevor er überhaupt im Gesetzblatt steht. Weil die Konjunktur weiter lahmt, tröpfeln die Steuereinnahmen nur. Gleichzeitig wird Eichel für das wachsende Heer von Arbeitslosen zur Kasse gebeten. Und in den kommenden Jahren wird der Finanzminister zusätzliche milliardenschwere Lasten verkraften müssen. Ein Abbau der Neuverschuldung, in besseren Zeiten einst Hans Eichels Markenzeichen, rückt in weite Ferne. [...] Eine schwache Konjunktur reißt riesige Löcher in den Etat [...] Der Bundesfinanzminister braucht einen echten Befreiungsschlag, um sich aus der Klemme zu lösen. Notwendig ist eine Neuorientierung der Finanzpolitik.
(ZEIT, 10.4.2003, *Eichels einzige Chance*)

(402) Lang ist es um unser Haus geschlichen. Jetzt tritt es durch die Tür. Das Gespenst der Rezession. Rezession heißt nicht nur Stillstand. Rezession ist Minuswachstum. Wirtschaftliches Siechtum, quälend langer Hinschied. Vieles stolpert seit Monaten schon rückwärts: die Umsätze der Geschäfte, die Zahl der Arbeitsplätze. Für die Glücklichen, die einen Job haben, bleiben in der Rezession die Löhne vielleicht noch eine Zeit lang gleich. Dann könnten sie durchaus auch sinken! Die Renten, gebunden an die Lohnentwicklung, reißt es dann hinterher. Wir paddeln hilflos im Mahlstrom, der immer stärker einwärts gurgelt, dabei täglich Tausende von Existenzen in die Tiefe zieht. Die Steuereinnahmen fallen frei. Der Staat steht vor laufenden Verpflichtungen in Milliardenhöhe, weiß nicht aus noch ein. Macht er noch mehr Schulden, betrügt er unsere Kinder, die eines Tages zahlen müssten – unverantwortlich, indiskutabel! Die Stunde der Wahrheit ist gekommen. Der Kanzler muss das tun, worauf ihn sein Amtseid verpflichtet: Schaden vom deutschen Volk abwenden. Der Worte sind genug gedrechselt. Jetzt müssen Taten her.
(BILD, 20.2.2003, *Das Gespenst der Rezession*)

Typischerweise wurden die düsteren Gegenwartsdiagnosen und Zukunftsprognosen durch Gebrauch des die Einmaligkeit der „Krise" stützenden Geschichtstopos hervorgehoben. Schon wieder habe man es mit der schwersten „Krise" seit der *Weimarer Republik* (403), in der *Geschichte der Bundesrepublik* (404), *seit der Wiedervereinigung* (406) usw. zu tun. Mithilfe des Zahlentopos in Verbindung mit dem Ausdruck *Rekord* (406) wurde auch 2003 die historische Singularität der „Krise" zusätzlich unterstrichen, und die Berufung auf Autoritäten wie Wirtschaftsinstitute und Ökonomen (407) validierten das tatsächliche Vorliegen der „Krise". Bei dieser Sequenz handelt es sich um eine seit 1973/74 sehr stabile argumentative

Verbindung, die darauf insistiert, dass Handlungen/„Reformen“ und schließlich auch Opfer dringend geboten seien:

(403) Dabei ist die Malaise auf dem Arbeitsmarkt weitaus gravierender, als alle offiziellen Statistiken zeigen, die die Bundesanstalt für Arbeit jeden Monat veröffentlicht: Demnach gibt es derzeit rund 4,5 Millionen Arbeitslose. Erschreckend genug. Doch werden die versteckten Joblosen in ABM-Programmen oder der stillen Reserve mitgezählt, dann, so schätzen Experten, liegt die Zahl bei über sieben Millionen – höher als in der Endphase der Weimarer Republik.
(SPIEGEL, 19.5.2003, *Der Offenbarungseid*)

(404) Seit Anfang der Woche räumt auch die Bundesregierung ein, dass das Wirtschaftswachstum in Deutschland in diesem Jahr zum dritten Mal in Folge weniger als ein Prozent betragen wird. Die Republik steckt in der längsten Wirtschaftskrise ihrer Geschichte.
(ZEIT, 30.4.2003, *Wie eine Tasche leer*)

(405) Deutschland steckt in der schwersten Finanzkrise seit über fünfzig Jahren. Die Krise hat alle erfaßt: Bund, Länder und Kommunen. [...] Es droht an vielen Orten eine Schuldenfalle.
(FAZ, 31.5.2003, *An Subventionskürzungen führt kein Weg vorbei*)

(406) Ein neuer trauriger Rekord: Ende Februar waren in Deutschland 4,706 Mio. Menschen ohne Job – der dritthöchste Stand seit der Wiedervereinigung! Superminister Wolfgang Clement (SPD) reagierte bestürzt auf den unerwartet deutlichen Anstieg: ‚Das ist eine überaus ernste Situation. Wer es jetzt nicht begreift, wird es nie begreifen‘. In seiner Regierungserklärung am Freitag nächster Woche werde der Kanzler die nötigen Reformen beschreiben. Clement: ‚Dann werden sich alle entscheiden müssen, ob sie mitgehen. Das wird kein Spaziergang sein und wird auch bedeuten, Abschied zu nehmen von einigem, was zur Gewohnheit geworden ist‘.
(BILD, 7.3.2003, *4,7 Millionen Arbeitslose. 4,7 Millionen ohne Job. Schafft endlich Arbeit!*)

(407) Das renommierte Berliner Wirtschaftsinstitut DIW warnt davor, dass Deutschlands Wirtschaft schrumpft. Von April bis Juni werde die Wirtschaftsleistung um 0,1 % sinken, so die Forscher.
(BILD, 13.6.2003, *Institut sieht Rezession in Deutschland*)

Zu beobachten sind außer einer deutlichen Zunahme von Verweisen auf Autoritäten diverse Vergleiche mit anderen Ländern in einer die Argumentation stützenden Funktion. Die Ländervergleiche haben sich insofern gewandelt, als die einstige *Wirtschaftslokomotive* Deutschland nun per Analogieschluss als *Schlusslicht* (408) im internationalen Länder-Ranking dargestellt wurde, was das Versagen der Bundesrepublik belegen sollte. Dabei fungierten Japan häufig als Negativbeispiel und die USA als Positivbeispiel. Hierbei handelt es sich um ein im untersuchten Krisendiskurs neues argumentativ genutztes Wissenselement:

(408) Und das alles nur, weil aus der ehemaligen Lokomotive der europäischen Wirtschaft das Schlusslicht geworden ist. Kein Land in der gesamten EU weist ein so geringes Wirtschaftswachstum auf wie Deutschland. Die Deutschen bekommen sogar eine Rüge von der EU, weil sie ihren Haushalt stärker überziehen, als die Schulden-Kriterien der Euro-Währungsunion das erlauben.
(SZ, 1.2.2003, *Deutschland abseits*)

(409) Die Bundesrepublik steckt, da sind sich alle Ökonomen einig, nicht bloß in einer Konjunkturdelle. Die Wachstumsschwäche ist chronisch, zum siebten Mal in Folge zählt das Land des Wirtschaftswunders zu Europas ökonomischen Schlusslichtern. ‚Wesentliche Kennzeichen der Entwicklung ähneln jenen, die man seit zehn Jahren in Japan beobachten kann‘, warnt Hans-Werner Sinn, der Präsident des Münchner Ifo-Instituts.
(SPIEGEL, 19.5.2003, *Der Offenbarungseid*)

(410) Deutschland ist das Wachstumsschlußlicht in der Europäischen Union. Und diese hinkt insgesamt den Vereinigten Staaten hinterher. Das Wachstum fällt in Deutschland für das gerade zu Ende gegangene Jahr 2002 deutlich niedriger aus, als zuvor prognostiziert worden war.
(FAZ, 25.1.2003, *Viel zuwenig Wachstumspolitik*)

Wie bereits erwähnt, leitete man – im Sinne des sozialdemokratischen Erneuerungsdiskurses (siehe Kap. 5.6.1.1) – aus den Krisenszenarien die Notwendigkeit einer politischen Neuorientierung ab. Von der *Modernisierung* des Arbeitsmarktes und Steuersenkungen bis hin zum *Umbau* der Sozialsysteme sah man die Verwirklichung dieser Umkehr in den von Schröder avisierten „Reformen“ bzw. in der „Agenda 2010“.

5.6.2.1.2 Topos der Stagnation

„Wir Deutschen leiden mindestens seit 1989 an einem Reformstau.“
(Helmut Schmidt, in: ZEIT, 22.5.2003, *Weil Deutschland sich ändern muss*)

Die im vorherigen Abschnitt beschriebenen Argumentationsmuster flankierend, behauptet der Topos der Stagnation, die Bundesrepublik verharre seit Jahren im Stillstand, verfolge keine klaren politischen Ziele, habe aufgehört sich zu entwickeln und sei *reformunfähig* (411). Der Topos der Stagnation geht unmittelbar in den Unregierbarkeitstopos über. Er ist in Zusammenhang mit der auch unter Historikern weit verbreiteten Klage über den seit dem Ende der Ära Kohl diagnostizierten *Reformstau* (413) und die *verkrustete* (411) oder *blockierte Republik* (414) zu sehen. Insbesondere die Strukturen des Arbeitsmarktes und der Sozialversicherungssysteme galten als *verkrustet* (411; 412). Die Unveränderlichkeit wurde öfters mit den Ausdrücken *strukturelles Problem* oder *Strukturkrise* (413) bezeichnet, womit die Implikation verbunden ist, ein Fehler im politischen System liege vor.

Das Argumentationsmuster begründet die Notwendigkeit, die *Reformblockaden* (414) zu durchdringen – und zwar schnell. Obgleich es dabei um Themen ging, die für viele Sozialdemokraten tabu waren, wurde die „Agenda 2010" und speziell die Frage des Kündigungsschutzes zum *Testfall* (414) für die Reformfähigkeit und Regierbarkeit der Bundesrepublik stilisiert und so legitimiert:

(411) Ansehen und Gewicht der Bundesrepublik Deutschland schrumpfen, weil die einstige wirtschaftliche Führungsnation inzwischen als marode, rückständig und reformunfähig gilt. ‚Deutschland ist ein Problem', sagt der amerikanische Finanzguru George Soros über das einst stärkste und inzwischen schwächste Mitglied der Europäischen Union. ‚Man muss sich fragen, welchen Stellenwert Deutschland noch hat'. [...] [Es] ist ein psychologischer Befreiungsschlag nötig. Der kann nur von der Bundesregierung kommen, die mit einem großen Wurf bei Arbeitsmarkt- oder Steuerpolitik den Willen zeigt, die verkrustete Republik aufzubrechen.
(SZ, 1.2.2003, *Deutschland abseits*)

(412) Die Bundesrepublik sei in den letzten 40 bis 50 Jahren in vielen Bereichen ‚verkrustet', beklagt der Wirtschaftsminister und kündigt an, jeden Monat eine neue Reform auf den Weg zu bringen. Schon in den nächsten Wochen will er mit Gewerkschaften und Arbeitgebern darüber reden, wie sich der Kündigungsschutz für Kleinbetriebe lockern lässt. Gleichzeitig soll der Druck auf die Bundesanstalt für Arbeit erhöht werden. Die Mega-Behörde soll wesentlich schlanker werden und ihr Geld effizienter einsetzen.
(SPIEGEL, 20.1.2003, *Angst vorm Dammbruch*)

(413) Unabhängig von konjunkturellen Schwankungen haben wir in Deutschland eine fundamentale Strukturkrise: Im Aufschwung entstehen kaum neue Jobs, im Abschwung erwischt es uns deutlich härter als andere Länder. Wir stehen vor einem Reformstau in einem Umfang und in einer Tiefe, wie dieses Land ihn seit 50 Jahren nicht erlebt hat. [...] Es muss wieder Sinn machen, in diesem Land zu investieren. Als Erstes würde ich mir deshalb den verkrusteten Arbeitsmarkt vornehmen. Eine Lockerung des Kündigungsschutzes hat zwar nicht die Bedeutung, die Befürworter und Gegner eines solchen Vorhabens unterstellen, aber Symbolwirkung. Wenn in diesem Land eine Ehe leichter geschieden werden kann als ein Arbeitsverhältnis beendet, dann stimmt etwas nicht.
(Friedrich Merz, in: SPIEGEL, 1.3.2003, *‚Den Sumpf austrocknen'*)

(414) Der ratlose Kanzler hat nun sein größtes Projekt, die ‚Agenda 2010', zum ‚Testfall' für die Frage erklärt, ob seine Partei, die SPD, dieses Land noch regieren kann. Doch die Reformblockaden, unter denen die von Arbeitslosigkeit und Auszehrung der sozialen Kassen, von Überalterung und Globalisierung geschüttelte Republik seit Jahren schon leidet, schüren den Verdacht, dass es weniger an der SPD liegt, wenn es wieder nicht klappt, sondern am Land. Die Zweifel wachsen nicht nur in Berlin, ob die blockierte Republik nach den Regeln des Grundgesetzes überhaupt noch zu regieren ist.
(SPIEGEL, 12.5.2003, *Die enthauptete Republik*)

Die Ursache für Stillstand, *Reformstau* und Blockade sah man einerseits im Staats- und Politikversagen/Politikerversagen. Wie exemplarisch in Barings Aufruf *Bür-*

ger, auf die Barrikaden! belegt, wurde Politikern vorgeworfen, sie seien mutlos und träge, sähen die Realität nicht, weigerten sich, die Wahrheit zur Kenntnis zu nehmen, und verhinderten deshalb den Fortschritt (siehe Kap. 5.6.2.2.3). Außerdem schwäche der fürsorgende Sozialstaat den Reformwillen der Bevölkerung (siehe Kap. 5.6.2.2.2). Andererseits inszenierte man Gegner der „Reformen“, insbesondere die Gewerkschaften, in der Rolle von *Blockierern* (415), *Bremsern* (416) und *Besitzstandswahrern*, die durch ihre ablehnende Haltung und das einseitige Vertreten von Gruppeninteressen, so der Vorwurf, einen Reformprozess verhinderten. Die folgenden Belege veranschaulichen dies:

(415) Wir haben ja das Phänomen, daß die deutsche Wirtschaftspolitik der letzten 20 Jahre eine Art Oblomow-Syndrom herangezüchtet hat. Man liegt träge auf dem Diwan und sinniert über Verbesserungen der Sozialsysteme. Nur während bei Gontscharow die Aristokratie degeneriert vor sich hindämmerte, dämmert bei uns die politische Klasse. Und das prägt die Bevölkerung. Vor einigen Wochen fragte ich eine Chinesin, die seit zwei Jahren in Deutschland lebt, was für sie die auffälligste Eigenschaft der Deutschen sei. Sie antwortete: Faulheit. [...] Es ist mittlerweile ein Zustand erreicht, in dem die Antriebskräfte in vielen Bereichen der Gesellschaft durch die alles überwuchernde Fürsorge auf bedrohliche Weise geschwächt sind. [...] Die Blockierer sind die Gewerkschaften. Die Nichtversteher sind die politischen Eliten, die nicht begreifen, was im täglichen Geschäft den einzelnen Mitarbeiter und das Unternehmen umtreibt.
(FAZ, 25.2.2003, *Uns Deutschen wurde das Oblomow-Syndrom angezüchtet*)

(416) Deutschland, einst die Wachstumslokomotive Europas, bummelt den Nachbarländern seit Jahren hinterher. Das Modell Deutschland mitsamt seinen mächtigen Gewerkschaften, die den sozialen Frieden sichern und den Wohlstand mehren, taugt nicht mehr zum Vorbild. Immer mehr sehen darin das eher abschreckende Beispiel für eine verkrustete Gesellschaft, die zu grundlegenden Reformen nicht mehr fähig ist. Der Wohlstand des Landes stagniert. Seit Jahren schon nagt man an der Substanz – und lebt auf Pump. [...] Als Bremser, Blockierer und ewige Neinsager gelten die Gewerkschaften, die sich doch stets an der Spitze des Fortschritts wähnen, in weiten Teilen der Bevölkerung. ‚Eine Plage für unser Land‘ nennt sie FDP-Chef Guido Westerwelle – und trifft damit den Zeitgeist.
(SPIEGEL, 5.5.2003, *Lobby des Stillstands*)

Kompromisse, die soziale Standards sichern sollten, galten dem Zeitgeist gemäß als die Reformfähigkeit der Bundesrepublik behindernd. Dementsprechend erklärte Schröder kurz vor Verkündung der „Agenda 2010“, das „Bündnis für Arbeit“ sei gescheitert. Gelegentlich auch gab man der ebenfalls auf Kompromissen basierenden, gewaltengeteilten, föderalistischen und parlamentarischen Demokratie die Schuld an der Blockierung der Handlungsfähigkeit der Republik. Insbesondere das Grundgesetz, welches dieses (Entscheidungs-)System regelt, galt als altmodisch, weshalb, so die Schlussfolgerung, die staatliche Grundordnung zu überdenken sei. Hierzu einige Belege:

(417) Stehen dagegen, wie derzeit, grundlegende Reformen und Richtungsentscheidungen und damit vor allem auch Maßnahmen an, die vielen Gruppen und Interessenten ‚weh tun' und ‚weh tun' müssen, so kann sich die föderative Politikverflechtung mit ihren Blockademöglichkeiten und Kompromißzwängen in der Tat als hindernd und lähmend erweisen. Insofern wird man tatsächlich sagen müssen, daß sich in unserem föderalistischen System, so wie es sich in nunmehr über fünfzig Jahren unter der Geltung des Grundgesetzes entwickelt hat, auch Hemmnisse für die Steuerungs- und Reformfähigkeit des Staates herausgebildet haben [...].
(FAZ, 31.1.2003, *Reform an Haupt und Gliedern*)

(418) Verkeilt sind die Gewalten, deren geschickte Ausbalancierung und Teilung der französische Staatsdenker Montesquieu einst zur Grundlage freiheitlicher Staatsführung erklärt hat. Regierung, Gesetzgebung, Rechtsprechung: Sie fallen sich ständig in den Arm. Staatliche Gewalt und gesellschaftliche Mächte, deren geordnetes Zusammenwirken vom Grundgesetz erfolgreich geregelt schien, können sich nicht mehr über die Verteilung des einst so reichlich vorhanden Wohlstands einigen. Bund und Länder erweisen sich als eine total veraltete Staatsmaschinerie, mit der keiner mehr vorankommt: Das Grundgesetz der Hightech-Gesellschaft des 21. Jahrhunderts ähnelt einem VW-Käfer, Baujahr Mai 1949 – das waren die mit den Brezelfenstern.
(SPIEGEL, 12.5.2003, *Die enthauptete Republik*)

(419) Verfassungsexperten, Wirtschaftsführer oder Politikberater sind sich einig: Die deutsche Verfassung, die in diesen Tagen 54 Jahre alt geworden ist, bremst Reformen, statt sie zu befördern, hindert Parlament, Regierung und Gerichte, zukunftsfähige Entscheidungen inmitten eines vereinten Europa, einer globalisierten Wirtschaft, grenzüberschreitender Gefahren für die innere Sicherheit und die Sozialsysteme zu treffen. Mit dem Oldie aus dem Jahr 1949 ist die Lösung der gesellschaftlichen und wirtschaftlichen Konflikte des 21. Jahrhunderts nicht mehr möglich.
(SPIEGEL, 26.5.2003, *Republik der Bürger*)

Der Topos der Stagnation zielt letztlich immer darauf, dass zur Überwindung des Stillstands endlich eine politische Erneuerung eingeleitet werden müsse bzw. dass die überfälligen „Reformen" im Sinne der „Agenda 2010" zu realisieren seien.

5.6.2.1.3 Topos der erreichten Grenzen/Überlastungstopos

„Deutschland lebt über seine Verhältnisse."
(Hans Eichel, in: BILD, 19.5.2003, *Muss Finanzminister Eichel jetzt zurücktreten?*)

Wie im Wendediskurs 1982 war die Wahrnehmung der „Krise" 2003 von der Vision des (baldigen) Erreichens der finanziellen Belastungsgrenze des Sozialstaates geprägt. In der vorherrschenden öffentlichen Meinung galt der Sozialstaat mit seinen hohen Ausgaben als zu teuer, weshalb prognostiziert wurde, er stehe *kurz vor dem Kollaps* (420):

(420) Der Sozialstaat steht kurz vor dem Kollaps. [...] Schon jetzt hat der Sozialstaat seine Grenzen gesprengt. 700 Milliarden Euro, so hat die Regierung ausgerechnet, müssen öffentliche Kassen pro Jahr für Bürger zahlen, die keine Arbeit haben, krank sind, pflegebedürftig, alt – oder einfach Sozialfälle. [...] ‚Alles, was wir euch über die Finanzierbarkeit des Sozialstaats gesagt haben, war Unsinn‘ – dieses Bekenntnis, sagt Miegel, habe nur aus Mangel an Mut noch kein Politiker abgelegt.
(SPIEGEL, 26.5.2003, *Republik der Bürger*)

Mit der postulierten Überlastung des Sozialstaates begründete man die Notwendigkeit einer *radikalen Wende* (421) in der Sozial- und Wirtschaftspolitik bzw. einer Neuorganisation der Sozialversicherungssysteme im Sinne der „Agenda 2010“. Wie im Diskurs der Wendebefürworter 1982 diente das Argumentationsmuster im Jahr 2003 desgleichen dazu, die Überwindung traditioneller sozialdemokratischer Vorstellungen von Sozialstaatlichkeit und damit verbundener Konzepte, beispielsweise des Begriffs der ‚sozialen Gerechtigkeit‘ bzw. ‚Verteilungsgerechtigkeit‘ (422) (siehe hierzu ausführlich Kap. 5.6.2.4.1), als akzeptabel erscheinen zu lassen. Im Rahmen der Diskurschronik wurde bereits darauf hingewiesen, dass in diesem Zusammenhang hergebrachtes sozialdemokratisches Denken als *überholt* (422) hingestellt und diskreditiert wurde. Konkret sei ein Zusammenbruch der Sozialsysteme nur durch Kürzungen bei den Sozialleistungen, mehr Selbstbeteiligung usw. zu verhindern:

(421) Als Gerhard Schröder im vorigen Jahr seine Regierungserklärung im Bundestag abgab, war die Richtung bereits deutlich: ‚Manches, was auf die Anfänge des Sozialstaats in der Bismarck-Zeit zurückgeht‘, müsse zu Beginn des 21. Jahrhunderts neu und anders organisiert werden. Gemeint war damit jenes Modell der Kranken-, Alters- und Angestelltenversicherung, das Bismarck vor 120 Jahren schuf – und das heute, angesichts explodierender Beiträge und steigender Arbeitslosenzahlen, vor dem Kollaps steht. Diese Woche will der Kanzler nun die Details seiner Pläne nachliefern. Nötig ist, da sind sich alle Experten einig, eine radikale Wende – und kein mutloses Weiter-so.
(SPIEGEL, 10.3.2003, *Reformen*)

(422) Ohne eine neue Theorie des Wohlfahrtsstaats ist die SPD nicht mehr regierungsfähig. Die Sozialsysteme sind nicht mehr bezahlbar. Viele Sozialdemokraten wollen diese unbestreitbare Tatsache einfach nicht wahrhaben. Wir hier unten, die da oben ist überholtes Denken. Die moderne Wissensgesellschaft braucht einen neuen Begriff von sozialer Gerechtigkeit.
(ZEIT, 8.5.2003, *Die soziale Selbstgerechtigkeit*)

(423) Ich setze auf Einsparungen in den Sozialsystemen, die wir auf Dauer nicht wie bisher finanzieren können. Für Sozialausgaben und Zinsen auf die Bundesschuld gebe ich heute 62 Prozent des Bundeshaushalts aus. Vor 40 Jahren waren das noch 23 Prozent. Damit ist das Problem beschrieben. Das kann so nicht weitergehen.
(Hans Eichel, in: SPIEGEL, 12.5.2003, *Eine bittere Niederlage*)

In einer alternativen Variante geht der Topos von der Prämisse aus, die Grenze der Staatsverschuldung sei erreicht. In dieser Form ist das Argumentationsmuster auch im Wendediskurs 1982 belegt. Im Jahr 2003 stand es überdies im historisch-kommunikativen Kontext der Debatte um den „EU-Stabilitätspakt“. Weil Deutschland drohe, die im Stabilitätspakt vorgeschriebene Grenze der Staatsverschuldung von drei Prozent des Bruttoinlandsprodukts zu überschreiten bzw. diese bereits überschritten habe, sei der Staatshaushalt durch eine *Sparpolitik* zu „konsolidieren“ – insbesondere eine weitere Neuverschuldung lasse der Stabilitätspakt nicht zu – und seien die sozialen Sicherungssysteme und der Arbeitsmarkt im Sinne der „Agenda 2010“ zu *modernisieren*. Wie 1982 diente das Argumentationsmuster in dieser Fassung in erster Linie der Durchsetzung austeritätspolitischer Ziele. Neu war die angebliche Notwendigkeit der Konformität mit den Kriterien der EU bei der Staatsverschuldung in maßregelnder Funktion:

(424) Hans Eichel, dessen Markenzeichen einst solide Finanzen waren, steht vor einem Debakel. Verglichen mit dem ursprünglichen Finanzplan, steigt die Nettokreditaufnahme rapide an. Die Staatsverschuldung wird auch 2003 die vom europäischen Stabilitätspakt vorgeschriebene Grenze überschreiten, und zwar noch weitaus deutlicher als im vergangenen Jahr. [...] Schon heute ist unwahrscheinlich, dass der Finanzminister wenigstens 2004 seine neuen, drastisch reduzierten ‚Minimalziele‘ (ein Eichel-Mitarbeiter) erreicht und die von Stabilitätspakt gezogenen Verschuldungsgrenzen einhält. Und völlig illusorisch ist seine ursprüngliche Absicht, 2006 einen ausgeglichenen Bundesetat vorzulegen.
(ZEIT, 8.5.2003, *Wenn der Rotstift regiert*)

(425) Statt zu sinken, steigt die Neuverschuldung in schwindelnde Höhen, jenseits der von europäischem Stabilitätspakt gezogenen Grenzen. Eichel muss jetzt damit fertig werden.
(ZEIT, 15.5.2003, *Club der Sparer*)

(426) Das Wachstum siecht knapp über der Nulllinie dahin, 4,2 Millionen Arbeitslose dürften es im Jahresschnitt werden. Der rot-grüne Finanzplan war schon im Herbst das Schreibpapier nicht wert: Der Staat wird 2003 einmal mehr zum EU-Buhmann, weil er sich mit mehr als drei Prozent des Bruttoinlandsproduktes verschuldet. Beileid, Deutschland!
(ZEIT, 16.1.2003, *In Trippelschritten*)

(427) Eine Woche nach der Bewertung des deutschen Stabilitätsprogramms läßt Solbes abermals keinen Zweifel daran, daß die deutsche Wirtschafts-, Finanz- und Sozialpolitik deutlich zu wünschen übriglasse. Besonders bei den öffentlichen Haushalten seien kaum Fortschritte zu verzeichnen. Dies sei insbesondere darauf zurückzuführen, daß es nicht gelungen sei, den Referenzwert von 3 Prozent des Bruttoinlandsprodukts für das gesamtstaatliche Defizit einzuhalten. Auch für dieses Jahr sei es höchst ungewiß, ob das Kriterium für die Neuverschuldung eingehalten werden könne.
(FAZ, 15.1.2003, *Deutschland unter den Schlußlichtern*)

(428) Und wie in Deutschland begründet auch in Portugal die Regierung ihren Kurs oft nur mit einem Wort: ‚Brüssel‘. Denn hinter dem Sparzwang steht ein Diktat, das sich die Länder der Euro-Zone selbst auferlegt haben: der Stabilitätspakt. Die Regeln der Währungsunion und die Vorgaben der EU-Kommission sind strikt [...]. Egal, wie desolat die Konjunkturlage ist. Es sei ‚absolut notwendig‘, dass die Länder der Euro-Zone ‚alle Anstrengungen unternehmen‘, die Vereinbarungen einzuhalten, heißt es in dem am Mittwoch veröffentlichten Jahresbericht der Kommission. Im Klartext: Eichel soll noch mehr sparen.
(ZEIT, 22.5.2003, *Eingeschnürt und abgewürgt*)

In Zusammenhang mit dem Topos der erreichten Grenze/Überlastungstopos im Jahr 1982 wurde bereits darauf hingewiesen, dass die Überzeugungskraft des Argumentationsmusters darauf beruht, was im Rahmen der stets politisch konstruierten virtuellen Grenzen als machbar dargestellt wurde, wobei man politisches Handeln als Handeln in engen Grenzen mit wenig Handlungsspielraum konzipierte. Wer über die diskursive Macht verfügt, in Fragen der Finanzierbarkeit oder Verschuldung Grenzen zu ziehen, und wer die Deutungshoheit besitzt, festzulegen, wann das kritische Maß überschritten ist, bestimmt den Rahmen für legitimes politisches Handeln.

5.6.2.2 Topoi der Ursache

Im Unterschied zur „Ölkrise“ 1973/74 und zum Wendediskurs 1982 erfolgte die Attribuierung von Ursachen zu den Daten, d. h. die Erklärungen dessen, wie die „Krise“ entstanden ist bzw. wer Schuld an ihr hat und weshalb die „Agenda 2010“ notwendig und hinzunehmen ist, im Krisendiskurs 2003 auf Basis eines Topos, der die hohen „Arbeitskosten“ – insbesondere die „Lohnnebenkosten“ – für die Misere verantwortlich macht (36). Des Weiteren wurde dem Wendediskurs von 1982 folgend die Schuld an der „Krise“ dem wuchernden Staat/überbordenden Sozialstaat (33) zugeschrieben. Die Kritik am Sozialstaat bestand also fort. Überdies ist hinsichtlich des Topos vom Staats- und Politikversagen/Politikerversagen (30) zwischen 1973 und 2003 Stetigkeit zu beobachten. Zum Bestand argumentativ genutzten gesellschaftlichen Wissens hinzu kamen die Topoi der stark regulierten Gesellschaft/Überregulierung (26) und des demografischen Wandels (18). Das erste dieser beiden Argumentationsmuster sieht in einem Zuviel an ungeliebten Regelungen, das letztgenannte in der angeblichen Überalterung der Gesellschaft die Ursache der „Krise“:

Abb. 25: Übersicht Topoi der Ursache „Agenda 2010" in FuD

5.6.2.2.1 Topos der hohen Arbeitskosten

„Von Vollbeschäftigung scheint Deutschland in Zeiten zunehmender Arbeitslosigkeit weiter entfernt denn je. An Arbeit fehlt es gleichwohl nicht. Aber im Wohlfahrtsstaat ist sie oft nicht mehr zu bezahlen."
(FAZ, 2.5.2003, *Arbeit für alle*)

Die Auffassung, man lebe in einem *Steuer- und Abgabenstaat*, wie von Lambsdorff in (432) behauptet, bildete im Krisenjahr 2003 ein dominierendes Segment gesellschaftlichen Wissens, das erklärte, warum sich die BRD in einer „Krise" befindet. Der Topos der hohen Arbeitskosten ist hauptsächlich in der Weise realisiert, dass insbesondere die „Lohnnebenkosten" Arbeit übermäßig verteuerten und so zur Verschärfung der „Krise" beitragen würden. Damit verbunden grassierte die Meinung, bei Steuern und Beiträgen zur Sozialversicherung handle es sich im Grunde um Einkommensverluste. Dementsprechend liegt dem Argumentationsmuster die Sicht zugrunde, dass Steuern und Sozialbeiträge verloren seien. Der Staat raube dem Bürger sein verdientes Geld, um es anderweitig zu verteilen. Dies habe fatale Auswirkungen auf das Verhalten der Einzelnen. Die Folge der *Belastung des Faktors Arbeit mit den hohen Lohnnebenkosten* (430) sei, dass Arbeit von der Bevölkerung als unattraktiv wahrgenommen werde, was sich negativ auf den Leistungswillen auswirken würde. Dies komme u. a. in überlangen Studienzeiten, einer starken Zunahme der Frühverrentung, häufigen Krankschreibungen und Schwarzarbeit (429) sowie auch in der Zunahme von Arbeitslosigkeit (430) zum Ausdruck. Dass der Wohlfahrtsstaat für ein auskömmliches Leben sorge, lähme ebenfalls den Willen, von der eigenen Arbeit zu leben. (Siehe hierzu den Topos vom wuchernden Staat/überbordenden Sozialstaat in Kap. 5.6.2.2.2.) Charakteristisch für dieses Argumentationsmuster ist die Konstruktion eines *Circulus vitiosus* aus hohen Abgaben, steigender Arbeitslosigkeit und steigenden Beiträgen:

(429) Wie Berechnungen der Experten zeigen, fließen von 100 Euro, die ein Handwerksmeister einem Kunden für geleistete Arbeiten seines Mitarbeiters in Rechnung stellt, etwa zwei Drittel, also 66,67 Euro, in eine öffentliche Kasse – sei es in Form von Steuern, sei es in Form von Abgaben an Kassen der Sozialversicherung. Nur etwa ein Drittel, 33,33 Euro, fließen als

Individualeinkommen an den Handwerksmeister und als Individuallohn an seinen Mitarbeiter. [...] Was die Aktivität ‚Arbeiten für ein Einkommen‘ betrifft, so verhält sich der Staat gegenüber dem Arbeitenden so, als ob der Arbeitsminister auf jeden Lohnzettel aufdrucken ließe: ‚Warnung des Arbeitsministers: Arbeit gefährdet Ihre Gesundheit‘. Und viele Menschen scheinen diese Warnung zu beherzigen. Sie studieren überlang, sie gehen früh in Pension, melden sich häufig krank, sie arbeiten schwarz, sie kämpfen für eine ständige Verkürzung der Wochenarbeitszeit. Damit aber schrumpft das Substrat, auf das Abgaben erhoben werden, mit der Folge, daß die Finanznot den Staat zwingt, die Abgabenquote weiter zu erhöhen. Der Anstieg der Krankenkassenbeiträge ist hierfür ein aktuelles Beispiel.
(FAZ, 22.3.2003, *Die Perversion eines Prinzips*)

(430) Doch die Ursachen der Misere, das weiß auch der Arbeitsamtschef aus Nürnberg, sitzen in Wahrheit tiefer: Das eigentliche Problem sei die Belastung des Faktors Arbeit mit den hohen Lohnnebenkosten, denn die ‚wirken wie eine Strafsteuer auf Arbeit‘. Seit Monaten fordert Gerster, der Abgabensatz müsse runter – und zwar deutlich. Nur dann komme der Job-Motor wieder in Gang, nur dann lasse sich die ‚German Disease‘, die deutsche Krankheit, überwinden: ‚Die Lücke zwischen Brutto- und Nettogehalt muss kleiner werden‘. [...] Die Folgen für Jobs, Wachstum und Investitionen sind verheerend. [...] Je höher die Beiträge, umso höher die Arbeitslosenrate. Und je weniger Menschen einen Job haben, desto kräftiger steigen die Beiträge. [...] Die Renovierung der sozialen Sicherungssysteme sei von nun an ‚die wichtigste innenpolitische Aufgabe dieser Legislaturperiode‘. [...] Nötig ist ein weit reichender Umbau des gesamten Abgabensystems – eine Revolution. Denn nur wenn die Sozialkassen wirklich vom Faktor Arbeit entkoppelt werden, lässt sich das dramatische Wechselspiel von explodierenden Beiträgen und steigender Arbeitslosigkeit durchbrechen.
(SPIEGEL, 10.3.2003, *Abschied von Bismarck*)

(431) Inzwischen ist es unbezahlbar. Die Kassen des Staates sind leer, die Systeme der sozialen Sicherung stehen vor dem Kollaps. Ihre steigenden Kosten verteuern den Faktor Arbeit zusätzlich, was zu weiterer Arbeitslosigkeit führt – ein Teufelskreis.
(SPIEGEL, 5.5.2003, *Lobby des Stillstands*)

Bereits im Wendediskurs 1982 war die Meinung aufgetaucht, dass die Höhe der „Arbeitskosten“ – aber auch die Höhe der Steuern und die Regulierungen des Arbeitsmarktes – „Standortnachteile“ im internationalen Wettbewerb in Zeiten der „Globalisierung“, Belastungen für die Produktivität der Wirtschaft bzw. der Unternehmen und somit eine Gefahr für die Sicherheit der Arbeitsplätze darstellen würden. Seit den 1990er Jahren hatte sich aus dieser Sicht ein eigenständiges und vielbenutztes Argumentationsmuster entwickelt, mit dem u. a. die „Verschlankung“ des Staates und die „Deregulierung“ des Arbeitsmarktes begründet wurden. Auch in der Debatte um die „Agenda 2010“ galten Steuern und „Arbeitskosten“ als Belastungen der Produktivität und somit als Risiken für den heimischen Arbeitsmarkt:

(432) Ein Unternehmer will Klarheit und Verläßlichkeit der politischen Daten, er will eine Ausgewogenheit auch im Verhältnis zu denjenigen, mit denen er es zu tun hat, vor allem mit

den Tarifvertragspartnern. Er will die Möglichkeit haben, nicht nur die Arbeitsbedingungen, sondern auch die Entgeltbedingungen in seinem eigenen Betrieb mit seinen eigenen Leuten, mit seinen Betriebsvertretungen, zu arrangieren. Und er will wissen, wie die steuerlichen Belastungen aussehen, ob es sich überhaupt noch lohnt, in einem Steuer- und Abgabenstaat dieser Art und Güte unternehmerisch tätig zu werden, oder ob er nicht lieber ins Ausland geht. Den jungen Leuten steht doch die Welt offen. Das ist aber nicht das, was wir brauchen.
(Otto Graf Lambsdorff, in: FAZ, 6.1.2003, *Das System steuert in seine akute Gefährdung hinein*)

(433) Fast jedes vierte deutsche Unternehmen erwägt eine Produktionsverlagerung ins Ausland, und zwar vor allem, weil die Arbeitskosten sowie Steuern und Abgaben zu hoch sind.
(FAZ, 31.5.2003, *An Subventionskürzungen führt kein Weg vorbei*)

Das Argumentationsmuster verdichtet sich in der Sentenz *Arbeit ist zu teuer*. Bereits im Schröder/Blair-Papier und im Strategiepapier des Kanzleramtes wurde diese im neoliberalen Mainstream schon seit Jahrzehnten vertretene Sicht nun auch von Sozialdemokraten vertreten und im Rahmen der Erneuerungsprogrammatik in den öffentlichen Diskurs eingespeist, um bestimmte „Reformen" zu legitimieren:

(434) Industrie-Präsident Michael Rogowski: ‚Arbeit in Deutschland ist einfach zu teuer. Deshalb müssen die Lohnnebenkosten runter'.
(BILD, 4.1.2003, *Januar-Schock. 4,5 Mio Arbeitslose?*)

(435) Arbeit ist zu teuer, die Regierung macht sie noch teurer, weil sie Geld in Systeme pumpen muss, die sich längst auflösen.
(SZ, 22.1.2003, *Nach uns die Flut*)

(436) Bedeutender als internationaler Wettbewerb ist die negative Wirkung der Abgabenlast auf die private Beschäftigung [...]. Vor allem die Sozialabgaben wirken deutlich negativ auf die Beschäftigung im Dienstleistungssektor [...]. Faustformel: ein Prozentpunkt mehr Sozialversicherungsbeiträge kostet im ersten Jahr rund 20 000 und im dritten Jahr schon rund 100 000 Arbeitsplätze. Wie schädlich steigende Lohnnebenkosten sind, zeigt die Entwicklung seit der Wiedervereinigung: 1990 betrugen die Beitragssätze zur Sozialversicherung noch 35,5 Prozent. Bis 1998 waren sie auf den historischen Höchstwert von 42 Prozent gestiegen. Im gleichen Zeitraum ist die Arbeitslosigkeit von 2,6 Millionen auf 4,28 Millionen Arbeitslose im Jahresdurchschnitt gestiegen. Die Zahl der Erwerbstätigen ging von 38,5 Millionen auf 37,2 Millionen in 1997 zurück. Deswegen [...] ist eine der Kernstrategien der Bundesregierung die auf eine Absenkung der Lohnnebenkosten abzielende Modernisierung der sozialen Sicherungssysteme.
(FAZ, 4.1.2003, *Auf dem Weg zu mehr Wachstum, Beschäftigung und Gerechtigkeit*)

Verdichtet sich das Argumentationsmuster in der Sentenz *Arbeit ist zu teuer*, ist das Diktum *Arbeit muss sich wieder lohnen* (um den Willen zur Arbeit zu fördern) Kondensat der Schlussfolgerung aus dem Topos der hohen Arbeitskosten. Insofern behauptet wurde, die „Krise“ sei die Folge der hohen „Arbeitskosten“, schloss man, Arbeit sei insbesondere durch Senkung der Steuern und „Lohnnebenkosten“ rentabler zu machen (siehe hierzu den Topos der billigen Arbeit/Rentabilitätstopos in Kap. 5.6.2.3.5), was etwa durch Privatisierungen und Senkung der Sozialleistungen erreicht werden könne. Hierfür einige Beispiele:

(437) Wie kann es sein, dass sich im unteren Bereich des Arbeitsmarktes durch Nichtstun vielfach ein höheres Einkommen erzielen lässt als durch Arbeit? [...] In Deutschland werden, anders als in vielen Ländern Europas, die großen Lebensrisiken – Alter, Krankheit, Arbeitslosigkeit – nahezu ausschließlich von Arbeitern, Angestellten und ihren Arbeitgebern abgesichert. Mit dem Ergebnis, dass die Kosten dafür weit höher liegen, als die Wirtschaft zu tragen vermag. Auch deshalb gibt es in der Bundesrepublik fast fünf Millionen Menschen ohne Beschäftigung.
(Spiegel, 17.3.2003, *Die Ruckel-Rede*)

(438) Drei Tage sind es noch bis zur Regierungserklärung von Bundeskanzler Gerhard Schröder (SPD) im Bundestag: Deutschland wartet gespannt, welche Reformen er ankündigen wird. Die Deutschen, die unter immer höheren Steuern und Abgaben ächzen, erhoffen sich vor allem ein klares Signal für den Aufschwung. Sie fordern jetzt: Kanzler, es ist höchste Zeit! Knall die Steuern runter, damit Deutschland aus der Krise kommt!
(Bild, 11.3.2003, *Kanzler, es ist höchste Zeit. Runter mit den Steuern!*)

(439) Um Arbeit lukrativer zu machen, muss sie von Abgaben befreit werden. Doch mehr Arbeitslose und mehr Rentner erfordern Geld, und wer bezahlt? Der Arbeitnehmer. Seine Sozialabgaben sind ebenso gestiegen wie sein Anteil am Steueraufkommen. Andere bezahlen bis heute so gut wie gar nichts für die Krisenbewältigung: [...] mancher Sozialfall hat sich sein Leben zwischen Stütze und Schwarzarbeit eingerichtet, weil die staatlichen Anreize ihm genau dies nahe legen.
(Zeit, 16.1.2003, *In Trippelschritten*)

Meist ist dieses Argumentationsmuster eng mit den Topoi vom Staats- und Politikversagen/Politikerversagen und vom wuchernden Staat/überbordenden Sozialstaat verknüpft, wie einige der angeführten Beispiele zeigen. Somit wurden in einer weiteren Attribution von Ursachen hauptsächlich politisches Versagen und der Wohlfahrtsstaat für die Höhe der „Lohnnebenkosten“ verantwortlich gemacht. Deshalb müsse die Senkung der „Lohnnebenkosten“ beim Sozialstaat ansetzen, so die Logik der dargestellten argumentativen Serie. Formeln wie *Umbau von X* (des Sozialstaates, der sozialen Sicherungssysteme, des Abgabensystems usw.) oder – wie im Kanzleramtspapier – *Modernisierung der sozialen Sicherungssysteme* (436) brachten diese Sichtweise immer wieder zum Ausdruck. „Reformen“ im Sinne der „Agenda 2010“, so glaubte man, würden dies leisten.

5.6.2.2.2 Topos vom wuchernden Staat/überbordenden Sozialstaat

„Der Bundeskanzler und seine wichtigsten Helfer haben – mal wieder – Großes vor. Aus dem sozialen Netz müsse endlich wieder ‚ein Trampolin werden', das Bedürftige ‚in ein eigenverantwortliches Leben zurückfedert', verspricht Gerhard Schröder. Wirtschaftsminister Wolfgang Clement verheißt ‚durchgreifende Reformen' und den ‚Abschied von alten Gewohnheiten'."
(SPIEGEL, 10.3.2003, *Ganz heiße Kiste*)

Einer seit den 1980er Jahren weit verbreiteten Sichtweise entsprechend wurde die „Krise" im Jahr 2003 als Resultat des wuchernden/Staates überbordenden Sozialstaates begründet. Im Wendediskurs 1982 hatte sich dieses Argumentationsmuster noch gegen ein sozialdemokratisches Staats- und Politikverständnis gerichtet. Seither standen insbesondere der traditionelle Sozialstaat und dessen angebliche Auswüchse in der Kritik, die zurückgedrängt werden müssten, wenn man die Probleme überwinden wolle. Im Rahmen der Debatte um die „Agenda 2010" verwendeten u. a. führende Sozialdemokraten diesen Topos, um die von ihnen als „modern" dargestellte sozialdemokratische Auffassung von Sozialstaatlichkeit und das damit verbundene sozial- und wirtschaftspolitische Handeln zu legitimieren. Damit folgten sie weitgehend dem Sozialstaatsverständnis und den politischen Forderungen der Wendebefürworter von 1982, etwa dass der Sozialstaat das Wachstum hemme und *umzugestalten* sei, d. h. *Steuern zu senken* oder *Sozialausgaben* und *Regulierungen abzubauen* (440) seien:

(440) In diesem Zusammenhang ist heute die wachstumshemmende Wirkung eines zu weit getriebenen Wohlfahrtsstaats zu beklagen. [...] Die umfangreiche Verteilungspolitik muß so umgestaltet werden, daß sie das Wachstum nicht beeinträchtigt. Dazu sind Steuern zu senken, Sozialausgaben zu durchforsten und Regulierungen, die überwiegend verteilungsorientiert sind, deutlich abzubauen.
(FAZ, 25.1.2003, *Viel zuwenig Wachstumspolitik*)

Wie in den 1980er Jahren herrschte auch in dieser Phase wieder eine moralphilosophische Haltung vor, die unterstellte, der Sozialstaat habe auf Menschen eine verderbende Wirkung. Er sei bevormundend und schränke die individuelle Freiheit ein, verführe zu *Trägheit* (441), schwäche die *Antriebskräfte* (442), verleite zum *Nichtstun* (443), erzeuge ein *Anspruchs- und Besitzstandsdenken* (444), kreiere „Mitnahmeeffekte" oder stifte zum Missbrauch sozialer Hilfen an. Sozialleistungen galten gegenüber den Arbeitnehmern, die mit ihren Steuergeldern und Sozialbeiträgen „das Riesenheer der Sozialhilfeempfänger finanzier[en], von denen die meisten – trotz guter Gesundheit – fürs Nichtstun bezahlt werden" (Peter Gauweiler, in: BILD, 24.2.2003, *Sind die Gewerkschaften eine Plage?*), als moralisch nicht zu rechtfertigen und in ihrer Höhe als sozial ungerecht. Insofern war mit diesem Argumentationsmuster immer auch eine unsachliche Abwertung Hilfebedürftiger als „Sozialschmarotzer“, die auf Kosten der Arbeitnehmer lebten, verbunden. Die folgenden Beispiele veranschaulichen dies:

(441) Wie hat alles angefangen? In den späten sechziger Jahren setzte sich in der Bundesrepublik eine Erwartung durch, die den Sozialstaat zum Wohlfahrtsstaat umdeutete. Die Gesellschaft wurde unbeweglicher, träger, verwöhnter. Schon am Ende der siebziger Jahre begann eine Diskussion, die auf die offenkundigen Gefahren dieser Entwicklung hinwies. Und tatsächlich versuchte nach dem Regierungswechsel 1982 die Politik, einen neuen Kurs einzuschlagen. Schon bald jedoch wurde klar, daß die Mehrheit der Bürger in einer Überflußgesellschaft für ein solches Vorhaben wenig Begeisterung aufbringt.
(FAZ, 2.5.2003, *Arbeit für alle*)

(442) Es ist mittlerweile ein Zustand erreicht, in dem die Antriebskräfte in vielen Bereichen der Gesellschaft durch diese alles überwuchernde Fürsorge auf bedrohliche Weise geschwächt sind.
(FAZ, 25.2.2003, *Uns Deutschen wurde das Oblomow-Syndrom angezüchtet*)

(443) Die vermeintlichen sozialen Errungenschaften, die sozial- wie christdemokratische Politiker jahrzehntelang in einem bizarren politischen Wettlauf angehäuft haben, entpuppen sich oft genug als staatlich geförderte Anleitungen zum Nichtstun und zum Betrug: Da gibt es Arbeitslose, die keinen Job suchen, Sozialhilfebezieher, die mit schwarzen Nebenjobs mehr verdienen als reguläre Arbeitnehmer, Scheininvalide, die von ihren Arbeitgebern mit getricksten ärztlichen Attesten in die Erwerbsunfähigkeit gedrängt werden. [...] Weil Milliarden um Milliarden in den Subsystemen versickern, fehlt das Geld da, wo es benötigt würde. [...] Wie sieht das Konzept aus für den planmäßigen Rückbau des wild wuchernden Sozialstaates, der heute allen alles verspricht?
(SPIEGEL, 19.5.2003, *Der Offenbarungseid*)

(444) Auch die Bürger verhalten sich auf dem politischen Markt eigennutzorientiert. Sie wollen sich vom Staat mit allerlei Wohltaten beschenken lassen, auf daß ihr eigener Lebensstandard unentwegt steige und auf hohem Niveau gefestigt werde. Hierin wurzelt das verbreitete Anspruchs- und Besitzstandsdenken.
(FAZ, 28.6.2003, *Wider das pathologische Lernen in der Politik*)

Die Beispiele zeigen, dass man wie im Wendediskurs 1982 von einer Dekadenz des Sozialstaates ausging. Insofern die Ursache der „Krise“ in den Strukturen des Sozialstaates zu suchen sei, müsse das Sozialstaatssystem in seiner gegenwärtigen Form überwunden werden. Diese verbreitete Denkweise und Schlussfolgerung belegt das nachstehende Textbeispiel exemplarisch:

(445) Durch seine Versprechungen unterdrückt der Sozialstaat den Hang zur vorausschauenden Vorsorge. [...] Die fehlende Dynamik hat mit sozialen Strukturen zu tun. Der Sozialstaat macht die Menschen abhängig, und zwar von seinen eignen Strukturen, die doch angeblich darauf angelegt sein sollen, die Menschen unabhängiger zu machen. [...] Es müßte die Aufgabe der Politik sein, Strukturen für die Zukunftsvorsorge zu schaffen, die nicht die eingebaute Krise schon in sich tragen. Alle Umlagesysteme, die in die Zukunft hineinragen,

tragen den Keim der Krise in sich, weil sie dazu benutzt werden, Verteilungsprobleme zu vertagen. Unter dem Stichwort ‚Krise' wäre es also Aufgabe der Politik, solche Systeme abzulösen.
(FAZ, 7.2.2003, *Der Pioniergeist muß wieder eine Lobby bekommen*)

Häufig wurde unter Berufung auf die Maxime der ‚Eigenverantwortung' (siehe Kap. 5.6.2.4.2) gefolgert, ein Mentalitätenwandel sei notwendig, wobei die Abkehr vom „bösen" Sozialstaat als Voraussetzung für eine Besserung im Sinne einer Umstrukturierung der angeblich vorherrschenden Versorgungsmentalität und für die *Aktivierung* des Leistungswillens angesehen wurde. Eine Alternative zur bisherigen sozialstaatlichen Ordnung sah man im Subsidiaritätsprinzip (siehe Kap. 5.6.2.4.3). Im historischen Vergleich zeigt sich, dass sich das Argumentationsmuster seit 1982 nicht verändert hat. Den Prinzipien des ‚aktivierenden Sozialstaates' und des ‚Förderns und Forderns' entsprechend wurde mithilfe des Topos vom wuchernden Staat/überbordenden Sozialstaat im Krisendiskurs 2003 insbesondere die Kürzung der Arbeitslosenhilfe bzw. die „Zusammenlegung" von Arbeitslosengeld und Sozialhilfe (sprich *Hartz IV*) propagiert. Ziel sollte dabei sein, finanzielle Anreize für die Suche und Annahme einer Arbeit zu schaffen, wie man es euphemistisch ausdrückte:

(446) ‚Unser soziales Netz ist zu komfortabel aufgelegt und deshalb zu teuer', ärgert sich der Banker. Klar sei es wichtig, dass Menschen aufgefangen würden, wenn sie ihren Job verlieren ‚aber dann muss es doch auch finanzielle Anreize geben, dass sie selbst wieder aktiv werden und zumindest was suchen'.
(SZ, 22.1.2003, *Nach uns die Flut*)

(447) Ein durchschnittlicher Bezieher von Arbeitslosengeld im Perleberger Arbeitsamt bekommt 139 Euro pro Woche. Bei Arbeitslosenhilfeempfängern liegt der Durchschnitt bei wöchentlich 105 Euro. Das sei ‚auskömmlich', sagt Arbeitsamtschef Gerhard Imig, und deshalb ein Problem. Nun will die Bundesregierung die Bezugsdauer des Arbeitslosengeldes verkürzen. Die anschließende Arbeitslosenhilfe soll auf das Niveau der Sozialhilfe gesenkt werden, sich also nicht mehr am einstigen Gehalt orientieren, sondern an einem staatlich festgelegten Existenzminimum. [...] Derzeit fehle der Anreiz, eine Arbeit aufzunehmen.
(ZEIT, 28.5.2003, *Wende oder Ende?*)

(448) Auch beim Thema Arbeitslosen- und Sozialhilfe ist eine scharfe Vorbemerkung angebracht. Wer glaubt oder glauben machen will, hier handle es sich um ein Basiseinkommen, auf das jeder Arbeitsfähige Anspruch hat, unabhängig davon, ob er arbeitet, hat den Sozialstaat als Schlaraffenland mißverstanden. [...] Arbeitslosen- und Sozialhilfe müssen miteinander verschmolzen werden. Mehr als fünf Milliarden Euro jährlich lassen sich gesamtstaatlich einsparen, wenn die Verschmelzung mit einer Absenkung der Arbeitslosenhilfe auf das Sozialhilfeniveau einhergeht und nicht zu verkappten Leistungserhöhungen bei der Sozialhilfe mißbraucht wird. Im Klartext heißt das: Die Arbeitslosenhilfe in ihrer heutigen Form muß

ersatzlos abgeschafft werden. In keinem Land der Welt gibt es eine dauerhafte Alimentierung von Arbeitsfähigen.
(Oswald Metzger, in: FAZ, 26.4.3003, *Im Schlaraffenland der Unverantwortlichen*)

5.6.2.2.3 Topos vom Staats- und Politikversagen/Politikerversagen

„Rezession, Steuerdesaster, Staatsversagen: Allen Versprechungen zum Trotz lebt Deutschland ungeniert über seine Verhältnisse. Ohne eine grundlegende Reform des Sozialsystems droht der Republik der Infarkt.“
(SPIEGEL, 19.5.2003, *Der Offenbarungseid*)

Dass staatliches und politisches Versagen und/oder die Unfähigkeit der Politiker die „Krise“ verursacht hätten, ist seit der „Ölkrise“ 1973/74 ein kontinuierlich genutzter Topos im sozial- und wirtschaftspolitischen Krisendiskurs. Dementsprechend wurde das Argumentationsmuster auch im Zusammenhang der Debatte um die „Agenda 2010“ zur Staats- und Politikkritik, zur Infragestellung hergebrachten politischen Handelns sowie zur Unterstreichung der Notwendigkeit politischer Veränderungen genutzt. Während die Bundesregierung in erster Linie externen Faktoren wie dem Irak-Krieg die Schuld an der „Krise“ gab, verwendete insbesondere die Opposition dieses Argumentationsmuster, um die Regierungspraxis zu beanstanden:

(449) Nach einer neuen Studie des Instituts der Deutschen Wirtschaft wollen im laufenden Jahr 38 von 44 Branchen Jobs streichen. Betroffen: Einzelhandel, Bau, Handwerk, Gastgewerbe, Autoindustrie, aber auch Banken, Versicherungen, Maschinenbau und chemische Industrie sowie Tourismus und Informationstechnologien. Stabile Branchen: Eisen/Stahl, Gummi, Luft- und Raumfahrzeugbau, Feinmechanik/Optik, Speditionen und Werbewirtschaft. Zu den Hauptproblemen rechnen die Forscher [...] eine ‚verkorkste Wirtschafts- und Sozialpolitik‘.
(BILD, 4.1.2003, *Januar-Schock. 4,5 Mio Arbeitslose?*)

(450) Deutschland steht am Rande der Rezession! [...] Oppositions-Chefin Angela Merkel (CDU) [...]: ‚Schröder und Rot-Grün haben das Land voll an die Wand gefahren‘.
(BILD, 16.5.2003, *ohne Titel*)

(451) Ein großer Teil der Misere geht auf das Konto der Bundesregierung. Sie vermittelt den Eindruck, als könne sie die Probleme dieses Landes nicht lösen. Ohne durchdachtes Konzept diskutiert sie seit Monaten, wie sich die Steuern für Bürger und Unternehmen erhöhen ließen. Durch hektisches Hin und Her in der Finanzpolitik sorgt sie für einen Vertrauensverlust bei Bürgern und Kapitalanlegern, wie selten eine Regierung zuvor.
(SZ, 1.2.2003, *Deutschland abseits*)

(452) Allerdings ist der Bundesregierung vorzuhalten, daß sie bisher Kunstfehler auf Kunstfehler begangen hat. Nahezu alles, was sie in der vergangenen Legislaturperiode an Regelungen auf den Weg gebracht habe, schlage sich in höheren Kosten und mehr Regulierung nieder,

schreibt Joachim Starbatty. Das Ziel, den Arbeitsmarkt zu beleben, werde so verfehlt. Auch die Abwendung des ‚blauen Briefes' aus Brüssel war ein solcher Kunstfehler auf dem Weg zu soliden Finanzen. Fazit: Es ist höchste Zeit, zu handeln.
(FAZ, 22.2.2003, *Des Kanzlers Kunstfehler*)

Wie in der „Ölkrise" 1973/74 und im Wendediskurs 1982 wurden auch in dieser Phase die Schuldzuschreibungen meist durch den Ausweis negativer Folgen bestimmter Entscheidungen/Vorhaben/Maßnahmen in der Vergangenheit begründet. So konnte man gegen traditionelle sozialdemokratische Politik und für einen Umschwung im Sinne der „Agenda 2010" argumentieren.

5.6.2.2.4 Topos der stark regulierten Gesellschaft/Überregulierung

„Ursache [...] ist die durchregulierte Gesellschaft, die wir über Jahrzehnte in Deutschland aufgebaut und, anders als in anderen Ländern, nicht rechtzeitig in Frage gestellt haben. Unsere Bürokratie, unser Anspruchsdenken, unsere mangelnde Einsicht in die Notwendigkeit von Reformen."
(Wolfgang Clement, in: SPIEGEL, 14.4.2003, *Wir sind am Anschlag*)

Wie bereits in Zusammenhang mit dem Topos der hohen Arbeitskosten angedeutet, galten – neben den „Belastungen" durch Steuern und Sozialbeiträge („Lohnnebenkosten") – die allzu regulierte Gesellschaft, das *Dickicht der Vorschriften* oder die *Bürokratie* (454) als Ursachen der Misere. Deren „Reform" wurde zur *Schicksalsfrage* für den *Wirtschaftsstandort Deutschland* (453) im internationalen Wettbewerb im Rahmen der „Globalisierung" stilisiert:

(453) Wichtige Teile des geltenden deutschen Arbeitsrechts wirken entgegen ihrem Normzweck beschäftigungs- und arbeitnehmerfeindlich. Sie sind eine Ursache der Massenarbeitslosigkeit. Das Arbeitsrecht ist ein bedeutender Faktor für den Wirtschaftsstandort Deutschland. [...] Beispiele für beschaffungshemmende und arbeitnehmerfeindliche Fehlsteuerungen des Arbeitsrechts sind: der überzogene Kündigungsschutz, die Anhäufung vertragsfremder Risiken im Arbeitsvertrag, Teile der betrieblichen Mitbestimmung, das fehlgedeutete Günstigkeitsprinzip im Tarifrecht, die richterrechtliche Deformation des Arbeitskampfrechts. In Deutschland ist das rechtswirksam abgeschlossene Arbeitsverhältnis unter der Führung des Bundesarbeitsgerichts von Rechtsprechung und Lehre zu einem ‚Lebensbund' stilisiert worden. Eine Ehe ist in Deutschland einfacher und schneller auflösbar als ein Arbeitsverhältnis. [...] Überzogener Sozialschutz verhindert neue Arbeitsplätze. [...] Fazit: Korrekturen im deutschen Arbeitsrecht sind überfällig. [...] Wir brauchen eine konzertierte Reform in allen genannten Bereichen. Es ist eine Schicksalsfrage für den Wirtschaftsstandort Deutschland, ob die Normsetzer des Arbeitsrechts endlich den Mut und die Kraft zu diesen überfälligen Reformschritten aufbringen.
(FAZ, 25.2.2003, *Mehr Beschäftigung durch Arbeitsrechtsreform*)

(454) Das Dickicht der steuer- und arbeitsschutzrechtlichen, hygienischen und sicherheitstechnischen Vorschriften [ist] zu dicht. Mancher umsatz- und kapitalschwache Betrieb erstickt schon am Aufwand, den er nur für die Bürokratie treiben muß. Andere, die eine Selbstän-

digkeit erwägen, schrecken vor diesen Hürden gleich zurück und bleiben lieber arbeitslos.
(FAZ, 8.1.2003, *Zurück zum Dirigismus*)

(455) Die Rezession ist nur die sichtbare Spitze des Eisbergs. Darunter verbirgt sich das die Wirtschaft erstickende Geflecht von Abertausenden gesetzlicher und obrigkeitlicher Vorschriften. Auch wenn der Abschwung überwunden sein wird, bleibt Deutschland ein Schlusslicht in Westeuropa. Es sei denn, wir stellten die Weichen um!
(Helmut Schmidt, in: Zeit, 22.5.2003, *Weil Deutschland sich ändern muss*)

Die Beispiele veranschaulichen, dass man allgemein die als ineffizient geltenden Regelungen und insbesondere die Arbeitnehmerrechte, unter ihnen speziell den Kündigungsschutz, beklagte und für die „Krise“ verantwortlich machte. Sie seien an die Realitäten („Globalisierung“ und „Standortwettbewerb“) *anzupassen* bzw. zu *deregulieren*, zu *entriegeln* oder zu *flexibilisieren* (456), so die zentralen Schlagwörter, in denen implizit die Schlussfolgerung aus dem Topos der stark regulierten Gesellschaft/Überregulierung zum Ausdruck kommt, dass die sozialen Schutzrechte einzuschränken seien. Hierzu führe ich weitere Belege an:

(456) ‚Die Kündigungsschutzregelung ist immer mehr zu einem Einstellungshemmnis geworden‘, klagte Arbeitgeberpräsident Dieter Hundt. [...] Schon lange sind sich fast alle Experten und viele Parteipolitiker einig, dass der deutsche Arbeitsmarkt dringend ‚dereguliert‘, ‚entriegelt‘ und ‚flexibilisiert‘ werden müsste.
(Spiegel, 27.1.2003, *Die Rache des Gutgemeinten*)

(457) Wer als Arbeitnehmer sieht, wie die Menschen rechts und links von ihm arbeitslos werden, der klammert sich verständlicherweise zunächst einmal an seinen Kündigungsschutz. Angesichts dieses natürlichen Reflexes hat die Politik zwei Aufgaben: Sie muß überzeugend darüber aufklären, daß die Beschäftigungsschwäche eben auch die Folge eines zu dicht gewebten Netzes von Schutzbestimmungen ist; und sie muß gegen diesen natürlichen Reflex eine Entscheidung treffen. [...] Überregulierte soziale Fürsorge- und Schutzsysteme sind letztlich nichts anderes als eine Arbeitsplatzverhinderungsmaschine. Der Unternehmer steht vor der Alternative, eine neue Idee umzusetzen und dafür neue Mitarbeiter einzustellen oder dies zu unterlassen, weil er weiß, daß er diese Mitarbeiter im Mißerfolgsfall weiter beschäftigen muß oder sich nur zu hohen Kosten von ihnen trennen könnte. Immer häufiger entscheidet er sich dafür, das Risiko nicht einzugehen. Das ist eine Aufschwungbremse. Und arbeitnehmerfreundlich würde ich das letztlich auch nicht nennen.
(Hans D. Barbier, in: FAZ, 25.2.2003, *Uns Deutschen wurde das Oblomow-Syndrom angezüchtet*)

(458) Wichtiger ist sicher, dass wir in der Arbeitsmarktpolitik die falschen Rezepte hatten. Das wissen wir heute. Wir hätten vor allem dafür sorgen müssen, dass Arbeitslose erfolgreich vermittelt werden, dass sie wieder arbeiten können. Stattdessen drehte sich bisher fast alles

um die sozialen Schutzrechte, die aber nicht wirklich schützen, sondern dazu beitragen, dass eine soziale Notlage – die Arbeitslosigkeit – fortgeschrieben wird.
(SPIEGEL, 14.4.2004, *Wir sind am Anschlag*)

Wie diese Zitate zeigen, sollte Arbeit nicht nur billig werden, sondern außerdem auch möglichst frei von jeder Regulierung. Vor dem Hintergrund der „Globalisierung" und der internationalen Konkurrenz versuchte man, auf Basis des Topos der stark regulierten Gesellschaft/Überregulierung gut bezahlte Arbeitsplätze, soziale Sicherheit und soziale Schutzrechte als Standortnachteile darzustellen. Die dem Argumentationsmuster zugrundeliegende Behauptung entspringt einer perfiden Logik: Arbeitslosigkeit sei die Folge der Existenz von Arbeitnehmerrechten und das Arbeitsrecht ganz generell ein Nachteil im Standortwettbewerb und deshalb *beschäftigungs- und arbeitnehmerfeindlich* sowie *Ursache der Massenarbeitslosigkeit* (453), weswegen – so die Schlussfolgerung – Korrekturen bzw. „Reformen" im Sinne des Abbaus sozialer Schutzrechte notwendig seien, um den „Wirtschaftsstandort Deutschland" wieder attraktiv zu machen. Die Perfidität dieser Argumentation wird deutlich, wenn man sich vor Augen führt, dass im Kalkül des Topos der „Standort Deutschland" mit den schlechtbezahltesten und entrechtetsten Arbeitsplätzen des weltweiten Arbeitsmarktes konkurrieren sollte, z. B. denjenigen in Brasilien, Indien und China. Offenbar hielt man die dort üblichen Arbeitsbedingungen für erstrebenswert oder zumindest nicht für verwerflich. Dabei implizierte man überdies, dass die hiesigen Arbeitnehmerrechte eine Gefahr für den eigenen Arbeitsplatz darstellen würden. Um die Auslagerung der Arbeit ins Ausland zu verhindern, sei der Abbau von Arbeitsplätzen hinzunehmen. Mit diesem Topos tauchte im historischen Vergleich der untersuchten Zeiträume ein neues Wissenselement im öffentlichen Krisendiskurs auf, das ausgerechnet auch Sozialdemokraten, die sich nach ihrem Selbstverständnis für Arbeitnehmerrechte einsetzen, nutzten, um die „Agenda 2010" zu legitimieren.

5.6.2.2.5 Topos vom demografischen Wandel

„Die Alterung der Gesellschaft untergräbt die Fundamente des Sozialstaats: Die Kosten für Rente und Gesundheit lassen sich nicht mehr wie bisher finanzieren."
(SPIEGEL, 5.5.2003, *Lobby des Stillstands*)

Zwar hatte sich der Topos vom demografischen Wandel bereits im Krisendiskurs 1982 abgezeichnet, doch zählte er zu jener Zeit noch nicht zu den zentralen Segmenten im gesellschaftlichen Wissen, an die man anknüpfte, um das Auftreten der „Krise" zu erklären. Darüber hinaus wurde das sich abzeichnende Argumentationsmuster in ganz anderer Weise realisiert, nämlich als Verweis auf die geburtenstarken Jahrgänge und auf den Zuzug ausländischer Arbeitskräfte, die als

Bedrohung für den Arbeitsmarkt angesehen wurden. Hingegen war im Krisendiskurs 2003 davon die Rede, dass die Gesellschaft vergreise.

Der Topos vom demografischen Wandel behauptet, die diagnostizierte und prognostizierte „Krise“ resultiere aus der niedrigen Geburtenrate gepaart mit einer Überalterung der Gesellschaft. Aus dieser Prämisse folgerte man, der gesellschaftliche *Wohlstand* sei gefährdet bzw. der erreichte Besitzstand könne nicht erhalten werden (459), der Sozialversicherung drohe der Zusammenbruch (461). Dies mache ein Umdenken oder *Veränderungen im sozialen und wirtschaftlichen System* (459) dringend erforderlich:

(459) Anders oder zumindest stärker als in den Vereinigten Staaten, Frankreich und anderen Industrieländern kommt hier aber ein drängendes, überwölbendes gesellschaftliches Problem dazu: Die Jungen müssen lernen, dass sie zu wenige sind, um den Wohlstand der Gesellschaft in seiner aktuellen Form zu erhalten, es sei denn, das soziale und wirtschaftliche System würde komplett verändert. Deutschland altert und ist darauf nicht vorbereitet. [...] ‚Erstmals seit langer Zeit sind die Schultern der Kommenden schmaler‘, warnt der Ökonom Meinhard Miegel. ‚Heute nur schwer zu lösende Probleme könnten für sie unlösbar sein‘, die sozialstaatlichen Besitzstände stünden ‚vor nachhaltigen Veränderungen bis zum Widerruf‘.
(SZ, 22.1.2003, *Nach uns die Flut*)

(460) Die Demografie ist ein [...] besonders hungriger Wohlstandsfresser. Eine Gesellschaft, deren Bürger immer älter werden und es sich zugleich leisten, immer weniger Kinder zu bekommen, die wird eben auch immer teurer.
(ZEIT, 3.7.2003, *Vertreibung aus dem Paradies*)

(461) Die deutschen Sozialleistungssysteme sind Schönwettersysteme, die nur zeitlich begrenzt funktionsfähig sind. Sie sind nach dem Prinzip der Kettenbriefe konstruiert: Man verspricht den zuerst Zahlenden, daß immer wieder neue Zahler in die Verpflichtungen eintreten; die Nächsten tun dies in der Hoffnung, daß das auch für sie gelte. Wenn es auf Grund der demographischen Entwicklung immer weniger Zahler gibt, die schließlich die Zahlungen verweigern, brechen die Systeme endgültig zusammen.
(FAZ, 22.2.2003, *Des Kanzlers Kunstfehler*)

Sah man sich in den 1980er Jahren von der nachrückenden jungen Generation, den „Baby-Boomern“, und von ausländischen Arbeitskräften bedroht, galten im Rahmen der Debatte um die „Agenda 2010“ kinderlose und alte Menschen als sozial unverträgliche Belastungen und Gefahren für den gesellschaftlichen Wohlstand, den derzeitigen Besitzstand und die Sozialversicherungssysteme. Im Sinne des sozialdemokratischen Erneuerungsdiskurses wurde mit dem Topos vom demografischen Wandel allgemein die Notwendigkeit begründet, das klassische Verständnis von Sozialstaatlichkeit zu überwinden:

(462) Die sozialdemokratische Theorie des Sozialstaats und der sozialen Gerechtigkeit muss neu formuliert werden, und zwar nicht wegen temporärer Budgetprobleme oder irgendeines läppischen (aber von uns Deutschen erfundenen) Defizitkriteriums im ‚Stabilitätspakt' der EU. [...] Wir – und die meisten europäischen Nachbarstaaten mit uns – sind eine alternde Gesellschaft. Erstmals in der Menschheitsgeschichte ist der Anteil älterer Menschen größer als der jüngerer. In 40 Jahren stehen in Deutschland acht ältere Menschen von über 60 Jahren nur noch drei jungen gegenüber, die ihr 20. Lebensjahr noch nicht erreicht haben. Dieser Trend ist weder durch gutes Zureden noch durch Familienpolitik umkehrbar. Wer bestreitet, dass diese Entwicklung einen weitgehenden Umbau des Renten- und Gesundheitssystems verlangt, frönt einem ebenso trotzigen wie lebensgefährlichen Traditionalismus.
(Peter Glotz, in: ZEIT, 8.5.2003, *Die soziale Selbstgerechtigkeit*)

Insbesondere das Renten- und Gesundheitssystem seien an die gesunkene Geburtenrate und die alternde Gesellschaft anzupassen, etwa – wie mit Einführung der „Riester-Rente" 2001 begonnen – durch Privatisierung, Abschaffung der Frühverrentung, längere Lebensarbeitszeiten oder Absenkung des Rentenniveaus – also durch Maßnahmen, die im Rahmen der „Agenda 2010" realisiert werden sollten. Zur Veranschaulichung des Topos vom demografischen Wandel in der beschriebenen Umsetzung führe ich erneut einige Beispiele an:

(463) Besonders krass ist das Missverhältnis zwischen Schein und Wirklichkeit in der Rentenversicherung. Es geht schon damit los, dass die angebliche Versicherung in Wahrheit gar keine ist. Es gibt keine Rücklagen, nicht mal ein mathematisch abgesichertes Modell ihrer Finanzierbarkeit. Doch niemand soll das merken. [...] Das System funktioniere ‚wie ein Kettenbrief-Prinzip', sagt der Darmstädter Ökonom Rürup: Alles läuft gut, solange genügend neue Einzahler nachrücken. Alles gerät ins Wanken, wenn es an Nachwuchs fehlt. [...] Seit den späten sechziger Jahren bringen die Deutschen immer weniger Kinder zur Welt. Spätestens im Jahr 2050 muss fast jeder Beschäftigte rechnerisch einen Rentner ernähren. Was daraus folgt, müsste sich jedem Grundschüler erschließen: Sollen die Jungen nicht mit immer höheren Rentenbeiträgen überfordert werden, müssen die Altersgeld-Ansprüche in Zukunft deutlich sinken. Doch die Manager des Alterssicherungssystems mochten die simple, seit 20 Jahren erkennbare Problematik nicht wahrhaben – und haben das System noch munter ausgebaut.
(SPIEGEL, 19.5.2003, *Der Offenbarungseid*)

(464) Tatsache ist: Wegen der stetigen Überalterung unserer Gesellschaft und der Frühverrentung als Regelfall wird die Finanzierbarkeit der Renten zu einem Hauptproblem des Haushalts.
(Helmut Schmidt, in: ZEIT, 22.5.2003, *Weil Deutschland sich ändern muss*)

(465) Es hat sich in den jüngeren Generationen inzwischen herumgesprochen, daß allein schon wegen der demographischen Entwicklung die umlagefinanzierte Standardrente absinken muß.
(FAZ, 13.3.2003, *Wie Ökonomen Deutschland wieder auf Wachstumskurs bringen würden*)

Die sozialen Sicherungssysteme, insbesondere das Rentensystem, könnten nicht länger wie bisher finanziert werden und seien zu *modernisieren*. Den Auftrag zur

Anpassung der Rente an die demografische Entwicklung hatte Schröder in seiner Agenda-Rede der „Rürup-Kommission“ erteilt. Nur durch „Reformen“ im Sinne der „Agenda 2010“ könne man der „Alterspyramide“ mit immer weniger Beitragszahlern und immer mehr Rentnern, so die häufig auch durch Infografiken gestützte, bedrohlich wirkende Argumentation (man denke an den breiten Bauch), gerecht werden. Mit dem „Nachhaltigkeitsfaktor“ wurde 2004 schließlich der schon im Lambsdorff-Papier von 1982 gewünschte demografische Aspekt in der Rentenformel berücksichtigt.

5.6.2.3 Finaltopoi

„Wir schaffen mit unserer ‚Agenda 2010‘ die Voraussetzungen für mehr Wachstum“, sagte Schröder am 14. März 2003 in seiner Agenda-Rede. Im Krisenjahr 2003 wurde vielfach mit dem als politisch wünschenswert dargestellten Zustand Wachstum argumentiert. Wirtschaftswachstum war seit den 1970er Jahren ein etabliertes Wissenssegment und übergeordneter Zweck politischen Handelns. Aufgrund seiner unhinterfragten Legitimität, musste nicht mehr eigens darauf hingewiesen werden, dass Wachstum zur Lösung der Probleme notwendig und deshalb zu generieren sei. Außerdem galt es als selbstverständlich, dass empfohlene Maßnahmen der Generierung von Wirtschaftswachstum und damit der Krisenbewältigung dienten. Für wie selbstverständlich diese Ansichten gehalten wurden, zeigt sich daran, dass anders als während der „Ölkrise“ 1973/74 wachstumskritische Äußerungen – wie im Wendediskurs 1982 – weitgehend ungesagt blieben.

Insofern Wirtschaftswachstum seit den 1970er Jahren allgemein als Voraussetzung für die erfolgreiche Bewältigung einer „Krise“ angesehen wurde und ein Generieren desselben auch in den 1980er Jahren den meisten Argumentationen als erstrebenswerter Zweck zugrunde lag, wurde ebenfalls in der hier untersuchten Reformdebatte kein eigener Topos vom Wirtschaftswachstum annotiert. Wachstumssteigerungen und damit die Lösung der Probleme seien insbesondere durch eine sozial- und wirtschaftspolitische Umkehr zu erreichen. Nur eine Politik im Sinne der „Agenda 2010“ könne Wachstum herbeiführen. Neben Wirtschaftswachstum galten sichere Arbeitsplätze (57) als wünschenswert und motivierten zu bestimmten „Reformen“. Hierbei handelt es sich wie beim zuvor genannten Topos um ein seit den 1970er Jahren durchgängig genutztes Argumentationsmuster.

Dass der Topos der Zeitenwende (43) im Krisendiskurs 2003 in der Funktion eines Finaltopos auftauchte, ist ein grundlegender historischer Wandel im Rahmen der topologischen Diskursformation. In Kontinuität mit dem Wendediskurs 1982 wurden die „Reformen“ öfters mit dem Ziel der Erhaltung des als bedroht geltenden Sozialstaats begründet – so der Topos der sozialen Sicherheit (22). Vor dem

Hintergrund der diagnostizierten und prognostizierten „Krise der Staatsfinanzen“ galt außerdem die „Konsolidierung“ der Haushalte (18), weshalb bestimmte Dinge zu tun oder zu unterlassen seien, als wichtiges Ziel politischen Handelns. Neu hinzu kam der mit dem Ursachen benennenden Topos der hohen Arbeitskosten eng verbundene Topos der billigen Arbeit/Rentabilitätstopos (15), der mit dem Ziel günstiger und rentabler Arbeit als wünschenswertem Zustand argumentiert. Die politische Aufgabe, Arbeit durch „Reformen“ zu verbilligen und ertragreicher zu machen, steht wiederum mit dem im Wendediskurs 1982 etablierten Investitionstopos in Zusammenhang (14):

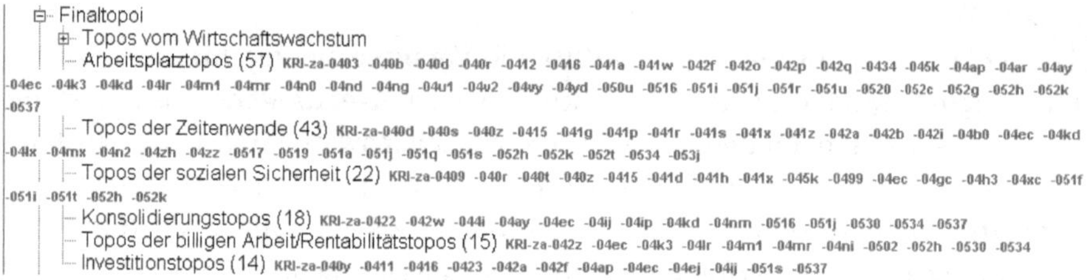

Abb. 26: Übersicht Finaltopoi „Agenda 2010“ in FuD

5.6.2.3.1 Arbeitsplatztopos

„‚Wir haben 20 Jahre lang vergebens versucht, die Arbeitslosigkeit zu bekämpfen‘, sagt Clement. ‚In dieser Lage muss an jeder Stellschraube gearbeitet werden‘.“
(Spiegel, 1.3.2003, *Da bin ich unerbittlich*)

Das im vorherigen Kapitel beleuchtete übergeordnete Wachstumsziel war unmittelbar verknüpft mit dem Ziel und der Motivation für politisches Handeln, als bedroht geltende Arbeitsplätze – so die Prämisse des Arbeitsplatztopos – zu sichern und neue Arbeitsplätze zu schaffen. Seit der „Ölkrise“ 1973/74 zählt das mit dem Topos verbundene Arbeitsplatzrisiko zu den fest verankerten Segmenten gesellschaftlichen Wissens über „Krisen“, aus dem die Zielvorstellung, die dem Argumentationsmuster zugrunde liegt, abgeleitet wurde. Dementsprechend zitierte die FAZ das im öffentlichen Diskurs vielbeachtete Strategiepapier des Kanzleramtes, das als Richtlinie für künftiges Regierungshandeln fungierte, mit den folgenden Worten: Es sei „vordringliche Aufgabe der Wirtschaftspolitik“, „die Weichen in Richtung Wachstum und Beschäftigung zu stellen“ (4.1.2003, *Auf dem Weg zu mehr Wachstum, Beschäftigung und Gerechtigkeit*).

Herrschte im Wendediskurs 1982 zwischen den politischen Parteien noch Dissens bezüglich der Frage, wie sich das Ziel, Arbeitsplätze zu sichern und neu zu schaffen, erreichen lässt, war es im Krisendiskurs 2003 parteiübergreifender Konsens, dass nur „Reformen“ im Sinne der „Agenda 2010“ zu mehr Beschäftigung führten. Hatten die Sozialdemokraten mit dem Arbeitsplatztopos in den 1980er Jahren fast ausschließlich Maßnahmen im Rahmen einer keynesianisch inspirierten Konjunktur- und Beschäftigungspolitik sowie u. a. die Notwendigkeit von zusätzlicher Verschuldung, Steuererhöhungen, Sondersteuern für Besserverdienende und Unternehmen oder Arbeitszeitverkürzungen begründet, so sprachen sich die Befürworter der „Agenda 2010“ um Gerhard Schröder auf Basis des gleichen Argumentationsmusters nun gegen solche klassisch sozialdemokratischen Lösungsroutinen aus. Entsprechend wurde von führenden Sozialdemokraten immer wieder behauptet, sozialstaatliche Fürsorge, hohe Löhne, „Lohnnebenkosten“, eine Regulierung des Arbeitsmarktes bzw. soziale Schutzrechte wie der Kündigungsschutz seien dem Ziel, die Beschäftigung zu fördern, nicht dienlich. Vielmehr würde das Genannte die Lage verschlimmern (siehe hierzu die Topoi der Ursache in Kap. 5.6.2.2) und sei deshalb abzulehnen. Die folgenden Beispiele veranschaulichen das Argumentationsmuster in seiner gegen traditionell sozialdemokratische Politikvorstellungen gerichteten Funktion. Der Nutzen von neoliberalen Politikvorstellungen sowie Maßnahmen zur Förderung der Wirtschaft mit dem Ziel, Arbeitsplätze zu sichern und neu zu schaffen, wurde 2003 kaum noch hinterfragt:

(466) Ganz wichtig ist, dass wir ein Konzept gegen die viel zu hohe Arbeitslosigkeit brauchen. Ein Sozialstaat mit Rundumversorgung hilft da nicht! Nicht die Faulheit, sondern die Leistungsbereitschaft muss gefördert werden.
(Bild, 14.3.2003, *Hallo, Kanzler! Das wollen wir heute hören!*)

(467) Nahezu alles, was die Regierung in der vergangenen Legislaturperiode an Regelungen auf den Weg gebracht hat, hat die Bürokratie- und Lohnnebenkosten erhöht sowie die Regulierung verdichtet: Lohnfortzahlung für Kranke, Kündigungsschutz, Sozialpflichtigkeit geringfügiger Beschäftigungsverhältnisse, Scheinselbständigkeit, Teilzeitregelung, Beschäftigungsbrücke und Novellierung des Betriebsverfassungsgesetzes. Nicht die unternehmerische Beweglichkeit hat sie stärken, sondern die maroden Sozialkassen speisen wollen. Das waren sämtlich Aktionen, die dem strategischen Ziel der Belebung des Arbeitsmarktes zuwiderliefen – ein kapitaler Kunstfehler.
(FAZ, 22.2.2003, *Des Kanzlers Kunstfehler*)

In der Debatte um die „Agenda 2010“ herrschte die Auffassung vor, es sei *beschäftigungsfreundlich*, den Arbeitsmarkt zu *deregulieren* oder zu *liberalisieren* (469) bzw. Arbeitnehmerrechte zu *flexibilisieren* (470), „Lohnnebenkosten“ durch eine „Reform“ des Sozialstaates zu senken, d. h. Sozialleistungen zu kürzen, auf Steuererhöhungen und Neuverschuldung zu verzichten und niedrigere Löhne zu akzeptieren (471). Nur durch politische Maßnahmen dieser Art könnten Arbeitsplätze gesichert und neu geschaffen werden. Dies entspricht dem Gebrauch des Argumentationsmusters durch die Wendebefürworter in den 1980er Jahren, der dem damaligen sozialdemokratischen Politikverständnis entgegengerichtet war:

(468) ‚Mir geht es nicht um eine Deregulierung des Arbeitsrechts, sondern um seine beschäftigungsfördernde Erneuerung', sagte Clement am Freitag im Bundestag. Ein Gesetzentwurf des Ministeriums liegt noch nicht vor. Die Reform des Kündigungsschutzes werde Teil eines Masterplans zum Bürokratieabbau, der frühestens im Sommer fertig sein soll.
(SZ, 17.2.2003, *Viele Stimmen für eine umstrittene Reform*)

(469) Neue Jobs sollen durch eine weitere Liberalisierung des Arbeitsmarkts entstehen. Die Bürokratie wird reduziert, damit Firmengründer leichter und schneller zum Zuge kommen.
(SPIEGEL, 10.2.2003, *Aufbruch in die Blockade?*)

(470) Wolfgang Clement (SPD) hat bei der Vorlage des Jahreswirtschaftsberichts eine umfassende Reform des Arbeitsrechts angekündigt. ‚Wir müssen uns endlich aus dem wirtschaftspolitischen Teufelskreis von Wachstumsschwäche und Arbeitslosigkeit befreien', sagte Clement am Mittwoch in Berlin und sprach von einem ‚Jahr der entscheidenden Weichenstellungen in der Wirtschafts-und Finanzpolitik'. Der Minister bestätigte trotz des Widerstands der Gewerkschaften seine Absicht, den Kündigungsschutz zu flexibilisieren.
(SZ, 30.1.2003, *Clement will Arbeitsrecht komplett überarbeiten*)

(471) Betriebsrat und Arbeitgeber müssen je nach wirtschaftlicher Lage des Unternehmens über Arbeitsplatzerhalt durch niedrigere Löhne entscheiden können.
(BILD, 13.3.2003, *Runter mit den Steuern!*)

Mit dem allgemein akzeptierten Ziel, Beschäftigung zu sichern und neue Arbeitsplätze zu schaffen, wurde 2003 zugunsten umfassender „Reformen" des Arbeitsmarktes argumentiert. Insbesondere die „Agenda 2010" und mit ihr verbundenes politisches Handeln wie die Förderung von Leih- und Zeitarbeit (472), die Kürzung des Arbeitslosengeldes (473), die Abschaffung der Arbeitslosenhilfe und die Einführung des Arbeitslosengeldes II (*Hartz IV*) auf dem Niveau der Sozialhilfe wurden als zielkonforme Mittel eingestuft und entsprechend legitimiert:

(472) Bei der Flexibilisierung des Arbeitsmarktes spielt die Zeitarbeit nicht nur in München eine wichtige Rolle. Nach einer Studie von McKinsey & Comp. Analysis könnten mit ihrer Hilfe in Deutschland bis zu einer Million neue Arbeitsplätze geschaffen werden. ‚Zeitarbeit', konstatiert Tanja Siegmund, ‚ist ein sehr flexibles Arbeitsmodell und bietet Firmen die Möglichkeit, Mitarbeiter mit den notwendigen Fähigkeiten zum richtigen Zeitpunkt einstellen zu können'.
(SZ, 26.4.2003, *Den Klebe-Effekt ausnutzen*)

(473) Am weitesten wagt sich Schröder beim Arbeitslosengeld vor. Das soll auf zwölf Monate beschränkt werden. Nur wer älter als 55 ist, bekommt es für anderthalb Jahre. Als er diese Passage seiner Rede vorträgt, schlägt ihm eisiges Schweigen aus den eigenen Reihen entgegen.

Ökonomen zollen ihm mehr Respekt als die eigenen Genossen. ‚Das ist ein mutiger Schritt in die richtige Richtung, der so nicht zu erwarten war‘, lobt Arbeitsmarktexperte Schmidt. Menschen ohne Beschäftigung würden sich künftig mehr anstrengen, einen Job zu finden. Aus dem gleichen Grund will Schröder die relativ hohe Arbeitslosenhilfe abschaffen und mit der Sozialhilfe zusammenlegen – ‚in der Regel auf dem Niveau der Sozialhilfe‘.
(Spiegel, 17.3.2003, *Die Ruckel-Rede*)

(474) Mit einem Totalumbau des staatlichen Fürsorgesystems für Langzeitarbeitslose und Bezieher von Sozialhilfe will der Kanzler nicht nur drei Milliarden Euro im Jahr sparen. Er hofft auch auf eine neue Waffe gegen das schlimmste Übel seiner Amtszeit: Im Februar erreichte die Arbeitslosigkeit einen neuen Rekordwert von 4,7 Millionen. Eine Fusion der vom Bund getragenen Arbeitslosenhilfe mit der kommunalen Sozialhilfe könnte, so der Plan der Regierung, die Wende bringen: Die Leistungen sollen beschnitten und damit der Druck auf die Arbeitslosen erhöht werden, einen Job anzunehmen.
(Spiegel, 10.3.2003, *Ganz heiße Kiste*)

Im historischen Vergleich der untersuchten Zeiträume fungiert der Arbeitsplatztopos seit der „Ölkrise“ 1973/74 als ein zentrales sprachliches Mittel der Legitimation politischen Handelns (damals noch im Rahmen des Stabilitätstopos). Dies mag nicht verwundern, denn einen Arbeitsplatz und die Sicherheit, in Zukunft nicht arbeitslos zu werden, woll(t)en die Meisten. Die obigen Beispiele zeigen, dass man das Problem im Unterschied zur „Ölkrise“ 1973/74 und zum Wendediskurs 1982 nicht so sehr in einem Mangel an Arbeitsplätzen als vielmehr im überbordenden Sozialstaat bzw. in der Arbeitsunwilligkeit der Menschen sah (siehe Kap. 5.6.2.2.2). Der Sozialstaat finanziere Arbeitslosigkeit, und die Arbeitslosen, so die in den 1980er Jahren aufkeimende und im Krisenjahr 2003 zum Leitmotiv politischen Handelns gewordene Unterstellung, strengten sich nicht an, um eine Arbeit zu finden. In diesem Sinne sah man Arbeitslosigkeit vordergründig als ein Problem der Vermittlung. Mit der schon im Hartz-Konzept angelegten Sicht auf Arbeitslosigkeit als Problem der Vermittlung wurde ein neues Wissenselement in den öffentlichen Krisendiskurs eingeführt. Dass es bei den Überlegungen bezüglich der Arbeitsmarktreformen scheinbar darum ging, Arbeit, von der man annahm, sie sei da und müsse nur angenommen werden, zu vermitteln, veranschaulicht der folgende Beleg:

(475) Im August soll das Kabinett die Zusammenlegung von Arbeitslosen- und Sozialhilfe beschließen – auf dem Niveau der niedrigeren Sozialhilfe. [...] Ziel aller Reformbemühungen am Arbeitsmarkt sei es, nicht weiter Arbeitslosigkeit zu finanzieren, sondern Arbeit zu vermitteln, betonte Clement. ‚Wir müssen alle Instrumente überprüfen, ob sie wirklich zu mehr Vermittlung führen‘.
(SZ, 26.3.2003, *Regierung schließt Steuererhöhung aus*)

Die Konstruktion von Arbeitslosigkeit als Vermittlungsproblem legt die Schlussfolgerung nahe, Problemlösungen würden davon abhängen, ob es gelingt, durch *effizientere* Instrumentarien dafür zu sorgen, dass jemand eine Arbeit findet. Im Sinne der Unterstellung, Arbeitslose seien unwillig und faul, zielten die Maßnahmen, die ergriffen werden sollten, nun darauf ab, die Arbeitslosen durch *Leistungskürzungen* (476) unter Druck zu setzen, eine Arbeit aufzunehmen bzw. – wie es euphemistisch hieß – *Anreize* (480) zur Arbeitssuche und -aufnahme zu schaffen oder sie zu *aktivieren*. Im Sinne der sich bereits in den 1980er Jahren abzeichnenden Devise *Sozial/Gerecht ist, was Arbeit schafft* (siehe Kap. 5.5.2.4.1) galt allerdings so gut wie jede Tätigkeit als zumutbar: vom „1-Euro-Job" und schlecht bezahlter Arbeit über befristete Arbeitsplätze sowie Leih- und Zeitarbeit bis hin zu Minijobs und „Ich-AGs". Wie bereits in Zusammenhang der Diskurschronik und der Erörterung des Hartz-Konzeptes erwähnt, wurde nicht mehr nach der Qualität und dem Sinn von Arbeit oder nach der Würde der Betroffenen gefragt: „Arbeit für Alle – um jeden Preis" lautete das Motto der rot-grünen Bundesregierung:

(476) Von den 4,6 Millionen Arbeitslosen sei nur ein Drittel arbeitswillig, ein weiteres Drittel lasse sich immerhin ‚ziehen und locken', das restliche Drittel hingegen müsse der Staat ‚schieben'. Bei diesen Menschen gelte es, eine Mentalität zu brechen – nicht nur, aber eben auch mit Sozialkürzungen.
(SPIEGEL, 7.4.2003, *Explosives Gemisch*)

(477) Eine Politik, die zu mehr Wachstum und mehr Beschäftigung führt, ist die sozialste Politik überhaupt. Wer arbeitsfähig ist und Arbeit angeboten bekommt, muss mit deutlichen Kürzungen der Sozialleistungen rechnen, wenn er sie verweigert.
(SPIEGEL, 19.5.2003, *Alles muss auf den Prüfstand*)

(478) Vollbeschäftigung ist kein Versprechen, sondern eine Zielsetzung. Hierzulande wird das immer gern verwechselt. Aber ich bin überzeugt, dass wir Vollbeschäftigung erreichen können. Nur wird es dann um andere Jobs gehen als früher, die Arbeitswelt wird anders sein. Dafür muss es mehr personennahe Dienstleistungen geben und mehr befristete Arbeitsplätze, Leiharbeitnehmer, und Mini- und Midi-Jobs gehören auch dazu.
(ZEIT, 5.6.2003, *Jeder Job ist zumutbar*)

(479) Clement: Wir reden über einen grundlegenden Umbau, der dafür sorgen soll, alle Menschen wieder in Beschäftigung zu bringen. Das ist das Ziel. Und darum geht es auch, wenn wir Arbeitslosen- und Sozialhilfe zusammenlegen. In Zukunft müssen alle, die arbeiten können und Arbeit suchen, auch ein Arbeitsangebot bekommen. Das kann ein Mini- oder Midi-Job sein, das kann Zeit- und Leiharbeit sein, es kann auch ein eigenes Kleingewerbe sein. All diese Arbeitsmöglichkeiten sind jetzt da, und es ist zumutbar, davon Gebrauch zu machen.
(Wolfgang Clement, in: SPIEGEL, 14.4.2003, *Wir sind am Anschlag*)

(480) Eine Zusammenfassung von Arbeitslosenhilfe und Sozialhilfe auf dem Sozialhilfeniveau ist geboten, um die Arbeitsanreize für Arbeitslose zu verstärken.
(FAZ, 13.3.2003, *Wie Ökonomen Deutschland wieder auf Wachstumskurs bringen würden*)

Nur die Gewerkschaften stemmten sich gegen die tiefgreifenden „Reformen“ auf dem Arbeitsmarkt (wenn auch vergeblich, wie man heute weiß).

5.6.2.3.2 Topos der Zeitenwende

„Ich bin sicher: Die SPD in ihrer Gesamtheit weiß, dass – um es mit Hegel auszudrücken – die wirkliche Freiheit die Einsicht in die Notwendigkeit ist.“
(Gerhard Schröder, in: SPIEGEL, 19.4.2003, *Dann lasst uns streiten!*)

Im Unterschied zur „Ölkrise“ 1973/74 und zum Wendediskurs 1982 war in der Debatte um die „Agenda 2010“ im Jahr 2003 nur vereinzelt von einer Zeitenwende die Rede, aus der man die Notwendigkeit eines Umdenkens und bestimmter politischer Handlungen ableitete. In den wenigen Belegen, in denen Zeitenwende als Datum oder Prämisse anschließender Argumentationen vorkommt, wurde diese als „radikal veränderte Bedingung“ (FAZ, 15.3.2003, *Niemand wird sich entziehen dürfen*) der wirtschaftlichen Basis oder als „globalisierte Welt“ (SPIEGEL, 5.5.2003, *Lobby des Stillstands*), als Ende des „Industriezeitalter[s] mit seinen Regelungen und Traditionen“ (Wolfgang Clement, in: SPIEGEL, 14.4.2003, *Wir sind am Anschlag*) oder als „veränderte Arbeits- und Lebenswelt“ (ZEIT, 8.5.2003, *Zwanzig Jahre Sozialabbau waren der falsche Weg*) und als Übergang in eine „Dienstleistungs- und Wissensgesellschaft“ (SPIEGEL, 19.5.2003, *Der Offenbarungseid*) prädiziert. Aufgrund der „veränderten Realitäten“, so Schröder (SPIEGEL, 19.4.2003, *Dann lasst uns streiten!*) insbesondere an die Adresse der Gewerkschaften, könne man nicht mehr am sozial- und wirtschaftspolitischen Status quo festhalten; es seien „die notwendigen Schlüsse“ zu ziehen, d. h. „Reformen“ im Sinne der „Agenda 2010“ zu ergreifen.

Wie eingangs erwähnt, wurde im Unterschied zur „Ölkrise“ 1973/74 und zum Wendediskurs 1982 im Jahr 2003 von der soeben beschriebenen Deutung der Wirklichkeit als Zeitenwende in argumentativer Funktion eines Datums oder einer Prämisse nur vereinzelt Gebrauch gemacht. Dennoch herrschte die Meinung vor, die Bundesrepublik würde sich in einer Transformationsphase befinden. Die Ausführungen im Rahmen der Diskurschronik zeigen deutlich, dass die Wahrnehmung einer Zeitenwende den sozialdemokratischen Erneuerungsdiskurs und die der „Agenda 2010“ vorausgegangenen diskursiven Ereignisse grundsätzlich formte und dass die Politik des „Dritten Weges“ oder der „Neuen Mitte“ mithilfe dieser Wissenskonstellation gerechtfertigt wurde. Gleichwohl durchbrach die Wahrnehmung einer Zeitenwende nicht plötzlich die bestehende Ordnung des

Diskurses und versetzte die Gesellschaft nicht wie zur Zeit der „Ölkrise“ 1973/47 in eine Art Schockzustand, aufgrund des Empfindens eines epochemachenden Einschnitts. Vielmehr hatte sich das seit den 1990er Jahren konstituierte Wissen bezüglich einer Zeitenwende hinsichtlich der „Globalisierung“, des sozialen Wandels, der Veränderungen der Arbeitsweisen und dergleichen mehr 2003 im kollektiven Bewusstsein derart verfestigt und normalisiert, dass man es als unhinterfragte Prämisse für anschließende Argumentationen voraussetzen konnte. Insofern brauchte nicht mehr ausdrücklich betont zu werden, dass man an das Ende einer Ära gelangt sei. Allen war klar, dass die Zeit knapp sei, dass Gewohntes überdacht werden müsse, dass „Anpassungen“ der Mentalitäten sowie „Reformen“ dringend erforderlich seien.

Abgesehen davon, dass der Topos der Zeitenwende 2003 nur in abgeschwächter Form zur Konstruktion der „Krise“ beitrug und als unhinterfragter Bestandteil gesellschaftlichen Wissens vorausgesetzt wurde, ist die Zeitenwende im öffentlichen Krisendiskurs 2003 in erster Linie eine Zielvorstellung für politisches Handeln, die man aus dem Krisenszenario, das die Datentopoi begründen, ableitete. Aufgrund der Wachstumsschwäche, der miserablen Lage auf dem Arbeitsmarkt, der problematischen Situation der Staatsfinanzen, der stagnierenden Entwicklung und vor allem aber der Zukunftslosigkeit des Sozialstaates, wie er in der Bundesrepublik bestehe, sei radikales Umdenken erforderlich und man müsse in eine neue Epoche nur noch eingeschränkt möglicher Sozialstaatlichkeit überwechseln und so das traditionelle deutsche Sozialmodell überwinden. Exemplarisch bringt dies der Historiker Paul Nolte in (481) zum Ausdruck.

Zur *Transformation von Vorstellungen und Institutionen* bzw. der *Vertreibung des 19. Jahrhunderts aus den Köpfen der SPD* (481) und somit zur Krisenbewältigung seien bestimmte Maßnahmen – nämlich diejenigen, die mit der „Agenda 2010“ tatsächlich umgesetzt wurden – zu ergreifen. Dies kommt im Textkorpus immer wieder durch die formelhafte Wendung *Umbau des Sozialstaates* – eine Maßnahme, die als unvermeidbar galt – zum Ausdruck. Die folgenden Beispiele veranschaulichen, dass die Zeitenwende 2003 weniger als Datum oder Prämisse anschließender Argumentationen angeführt wurde, sondern eher als etwas, das zu tun sei, um die Probleme zu lösen, sollte nicht alles noch schlimmer werden:

(481) Der Schritt, den die SPD eigentlich zu tun hätte, ist in vieler Hinsicht noch größer als derjenige von Godesberg 1959. Es geht um nicht weniger als die Transformation von Vorstellungen und Institutionen, die noch aus dem späten 19. Jahrhundert, aus der Zeit des Bismarckschen Kaiserreichs, stammen. [...] Es steht also ein großer Umbau an, die endgültige Vertreibung des 19. Jahrhunderts aus den Köpfen der SPD. Die deutsche Sozialdemokratie tut sich mit diesem Wandel schwerer als manche ihrer Schwesterparteien in anderen europäischen Ländern. Denn das Erbe der klassischen Arbeiterbewegung ist für sie noch immer von großer Be-

deutung. Auch ist die Partei mit den Traditionen der deutschen Wohlfahrtsstaatlichkeit, auf manchmal paradoxe Weise, besonders eng verwachsen. Es wird vermutlich auch weiterhin rechte und linke Sozialdemokraten geben, traditionelle und reformbereite. Aber zweierlei wird es bald nicht mehr geben: das alte, kollektivistisch-korporatistische Gesellschaftsmodell und den Bismarck-Adenauerschen Sozialstaat. Darauf sollte sich die SPD besser rechtzeitig einstellen.
(Paul Nolte, in: ZEIT, 13.2.2003, *Stürzt SPD-Chef Bismarck!*)

(482) Es tut sich was in der Arbeitsmarktpolitik, der jahrelange Stillstand scheint überwunden. Erste Schritte in die richtige Richtung werden getan, wenn auch noch sehr zögerlich. Ohne eine kopernikanische Wende in der Lohn- und Tarifpolitik bleibt Clement ein arbeitsmarktpolitischer Don Quichotte, der gegen die lohn- und tarifpolitischen Windmühlenflügel der Gewerkschaften kämpft. Clement sollte sich als nächstes die Legalisierung betrieblicher Bündnisse für Arbeit auf die Fahnen schreiben. Daneben ist eine grundlegende Reform der sozialstaatlichen Transfers unabdingbar. Die Arbeitslosenhilfe sollte abgeschafft, die Sozialhilfe anreizverträglich reformiert, der Einfluss der Kommunen gestärkt werden. Schließlich muss die Beratung und Vermittlung am Arbeitsmarkt effizienter erfolgen. Der beste Weg ist eine weitgehende Privatisierung der Bundesanstalt für Arbeit.
(SZ, 22.1.2003, *Zögernder Kopernikus*)

(483) Optimismus fällt uns gegenwärtig nicht leicht. Aber die erste Nachkriegsgeneration hat doch Zielstrebigkeit und Tatkraft vorgemacht – und die heutige Generation deren Gene geerbt. Sie hat auch den demokratischen Aufbau geerbt, die Leistungsfähigkeit, den Sozialstaat und die Vereinigung der lang geteilten Nation. Unsere Wirtschafts- und Exportkraft steht hinter Amerika und Japan an dritter Stelle. Unsere Löhne sind die höchsten der Welt – wir haben die meisten bezahlten Feier- und Urlaubstage – unser Gesundheitssystem ist eines der besten der Welt. Unsere Renten sind höher als je zuvor, unser Wohlstand und unsere privaten Ersparnisse sind es auch. Unter diesen glänzenden Voraussetzungen sollen unsere Politiker zum Umbau nicht fähig sein? Wollen wir denn auch noch Weltmeister im Jammern werden? Selbstverständlich kann während des Umbaus der Wohlstand nicht steigen. Aber ohne Umbau würde er sinken und sinken.
(Helmut Schmidt, in: ZEIT, 22.5.2003, *Weil Deutschland sich ändern muss*)

Schon der sozialdemokratische Erneuerungsdiskurs erklärte die Zeitenwende im Sinne einer „Reform“ der Gesellschaft zur dringlichsten Aufgabe der Politik. Ziel politischen Handelns sei, den erforderlichen Umbruch einzuleiten, den Wandel voranzutreiben, zu *modernisieren*. In diesem Sinne ist das folgende Zitat Schröders aus der Agenda-Rede vom 14. März 2003 zu verstehen, die das Ziel der Zeitenwende mit ihrem programmatischen Titel *Mut zur Veränderung* explizit benennt: „Entweder wir modernisieren, und zwar als soziale Marktwirtschaft, oder wir werden modernisiert, und zwar von den ungebremsten Kräften des Marktes, die das Soziale beiseite drängen würden.“ Mit diesen Worten legitimierte Schröder seinen sozial- und wirtschaftspolitischen Maßnahmenkatalog als das kleinere Übel. Zur (neoliberalen) *Modernisierung* genannten Zeitenwende, die durch die „Agenda 2010“ vorangetrieben werden sollte, bestehe keine Alternative, weil man andernfalls, so die unheilverheißende Warnung Schröders, den *Kräften des Marktes* unterliegen werde. Diese konstruierte Alternativlosigkeit war zentrales Element seiner Argumentation und kommt auch in den folgenden BILD-Zitaten zum Ausdruck:

(484) Die Notwendigkeit von Reformen sei allerdings ‚unbestritten in der gesamten SPD'. Kanzler Schröder werde in seiner Regierungserklärung am 14. März die Grundzüge der neuen Politik erläutern.
(BILD, 4.3.2003, *Nach der Wahl-Schlappe*)

(485) ‚Die von Schröder skizzierten Reformmaßnahmen sind notwendig'.
(BILD, 14.3.2003, *Kanzler, heute gilt's!. Steuern runter macht Deutschland munter!*)

(486) Der Grundansatz der Agenda 2010 ist alternativlos. Es kommt nicht nur darauf an, Gutes zu wollen – man muss auch das Richtige tun.
(Hans Eichel, in: BILD, 25.4.2003, *Zerreißt der Reformstreit die SPD, Herr Eichel?*)

(487) Machen wir uns doch nichts vor: Zu den Reformen, die hier auf dem Tisch liegen, gibt es keine Alternative.
(Peer Steinbrück, in: BILD, 29.4.2003, *Der Kanzler droht wieder mit seinem Rücktritt*)

(488) Ihr wisst doch selbst, dass es zu unserem Reformkonzept keine Alternative gibt!
(Gerhard Schröder, in: BILD, 22.5.2003, *Hans, jetzt ist mal gut! Müntefering faltet Eichel zusammen*)

Die angeführten Belege, deren Zahl sich leicht vergrößern ließe, zeigen, dass die Schlagwörter *notwendig* und *alternativlos*, die in sachlich unangemessener Weise behaupten, nur die eine angepriesene Lösung sei möglich, schon vor der „Banken- und Finanzkrise" 2008/09 zur Legitimation politischen Handelns verwendet wurden. Wie Angela Merkel und die damalige Bundesregierung in der „Banken- und Finanzkrise" sparten sich auch Schröder und sein Gefolge durch die Behauptung von Notwendigkeiten und Alternativlosigkeit die argumentative Legitimation der „Agenda 2010". Deren Umsetzung wurde im Rahmen des Topos der Zeitenwende ohne jede plausible Begründung zur politischen Aufgabe erklärt.

Der Topos der Zeitenwende ist im Jahr 2003 als eine aus den Daten abgeleitete Konklusion und Zielvorstellung zu verstehen. Deshalb ist er im Rahmen der topologischen Diskursformation bei den Finaltopoi zu finden und nicht wie im Kontext der „Ölkrise" 1973/74 und des Wendediskurses 1982 bei den Datentopoi. Die Zeitenwende wurde erwartet, angestrebt oder verlangt und als unbestreitbare Notwendigkeit politischen Handelns dargestellt. Die Darstellung einer Zeitenwende als zur Bewältigung der „Krise" notwendig und alternativlos erfolgte im Dienste der Legitimation des Bruchs mit sozialdemokratischen Traditionen und der Durchsetzung der „Agenda 2010“, welche als Beginn einer neuen Epoche bejaht werden sollte.

5.6.2.3.3 Topos der sozialen Sicherheit

„Der Umbau des Sozialstaates und seine Erneuerung sind unabweisbar geworden. Dabei geht es nicht darum, ihm den Todesstoß zu geben, sondern ausschließlich darum, die Substanz des Sozialstaates zu erhalten. Deshalb brauchen wir durchgreifende Veränderungen.“
(Gerhard Schröder, Regierungserklärung: *Mut zum Frieden und zur Veränderung*, 14.3.2003)

Der Topos der sozialen Sicherheit kommt im öffentlichen Krisendiskurs seit der „Wende“ 1982 beständig vor. Befürworter wie Gegner der „Reformen“ sahen im Kontext der Debatte um die „Agenda 2010“ die soziale Sicherheit bedroht und behaupteten, ihr Ziel sei, den Sozialstaat zu erhalten.

Anders als die Gegner der „Reformen“ erachteten ihre Befürworter das Ziel der sozialen Sicherheit durch die „Krise“ – etwa durch die hohe Arbeitslosigkeit und die Ausgaben des Sozialstaates – als gefährdet. In Kontinuität zur Argumentation der Wendebefürworter in den 1980er Jahren, zuerst in Genschers Wendebrief, wurde auch jetzt gefolgert, nur durch Umsetzung der „Agenda 2010“ könne man die soziale Sicherheit erhalten; die „Reformen“ seien unabdingbar, wolle man den Sozialstaat retten bzw. die Leistungsfähigkeit der sozialen Sicherungssysteme bewahren, weshalb man sie unverzüglich umsetzen müsse. Die sonderbare Annahme, der Sozialstaat könne nur durch umfassende „Reformen“ und somit ausgerechnet durch seinen bereits 1982 als *Umbau* bezeichneten „Rückbau“ erreicht werden, so etwa in (336), war nun auch bei führenden Sozialdemokraten weit verbreitet. Exemplarisch kommt diese Argumentation im Eingangszitat aus der Agenda-Rede Schröders zum Ausdruck. Auch die folgenden Belege veranschaulichen die Denkweise, die dem Argumentationsmuster, wie es von Reformbefürwortern verwendet wurde, zugrunde lag:

(489) Die Menschen erwarten vom Staat, daß er die sozialen Sicherungssysteme durch umfassende Reformen erhält.
(Strategiepapier des Kanzleramtes, zitiert nach: FAZ, 4.1.2003, *Auf dem Weg zu mehr Wachstum, Beschäftigung und Gerechtigkeit*)

(490) Mit ein paar Korrekturen hier und da, da sind sich alle Fachleute einig, lässt sich das deutsche Modell der Sozialversicherungen nicht retten. Nötig ist ein weit reichender Umbau des gesamten Abgabensystems – eine Revolution.
(SPIEGEL, 10.3.2003, *Abschied von Bismarck*)

(491) Wenn Gerhard Schröder in der Reihe der sozialdemokratischen Bundeskanzler nicht als Fußnote verschwinden will, muss er sich von heute an als Reformator ohne Furcht und Tadel beweisen. [...] Jetzt endlich muss er das Versprechen einlösen. Auch wenn das Klagelied,

von Zwickel, Bsirske, Sommer und Engelen-Kefer noch schriller ertönt. Sonst geht unser Sozialstaat, der eine große kulturelle Errungenschaft ist, demnächst in die Binsen.
(BILD, 3.2.2003, *Das sagen die Experten*)

(492) Man muss sich das System vornehmen und fragen: Wie kriegen wir es hin, dass unser Sozialstaat auch in Zukunft funktioniert? [...] Die landläufige Meinung, ‚ihr dürft als Sozialdemokraten eine Aufgabe, die unabweisbar ist, nur dann in Angriff nehmen, wenn ihr anderen auf den Deckel haut, ist keine rationale Politik. Wir müssen die sozialen Systeme in Ordnung bringen, unabhängig davon, was man in anderen Bereichen machen muss. [...] Wenn man die sozialen Sicherungssysteme reformieren will, weil sie nur so in der Substanz erhalten werden können, dann muss man die Veränderung auch in diesem System durchsetzen. [...] Die SPD ist der Auffassung, dass mit der ‚Agenda 2010' richtige Antworten auf die Herausforderung gegeben sind, Substanz von Sozialstaatlichkeit unter radikal veränderten Bedingungen zu erhalten.
(Gerhard Schröder, in: SPIEGEL, 19.4.2003, *Dann lasst uns streiten!*)

(493) SPIEGEL: Ihr Programm lässt sich mit wenigen Worten zusammenfassen: Weniger Sozialstaat kann sozialer sein. Clement: Das, was wir vorhaben, ist kein Abschied vom Sozialstaat. Er wird umgebaut, weil er sonst kein Sozialstaat bleiben würde. Bisher haben wir gesagt: Wir können das finanzieren und die Probleme damit heilen. Heute müssen wir sagen: Wir können damit weder die Probleme heilen, noch können wir es weiter finanzieren. Daraus ziehen wir jetzt die Konsequenzen. Das ist keine Abkehr von sozialdemokratischen Grundüberzeugungen; es ist eine Abkehr von falschen Instrumenten.
(Wolfgang Clement, in: SPIEGEL, 14.4.2003, *Wir sind am Anschlag*)

Im Gegensatz zu den Befürwortern der „Reformen" sahen ihre Gegner das Ziel der sozialen Sicherheit bzw. den Sozialstaat als durch die „Agenda 2010" bedroht, was zur Ablehnung derselben führte. Die rot-grüne Bundesregierung wolle mit ihren „Reformen" nicht die soziale Sicherheit erhalten, sondern den Sozialstaat abschaffen, so die Warnung. Demnach nutzten unterschiedliche Akteure den Topos der sozialen Sicherheit, um einerseits für und andererseits gegen die „Agenda 2010" und das mit ihr verbundene politische Handeln zu argumentieren.

Insbesondere die Gewerkschaften und der linke Flügel der SPD stellten sich auf der Grundlage des Topos der sozialen Sicherheit gegen die Reformvorhaben der rot-grünen Bundesregierung. Das Argumentationsmuster verdichtet sich im Gebrauch der Reformgegner im Schlagwort *Sozialabbau* und in der Formel *Einschnitt ins soziale Netz*, was zu betreiben man den Reformbefürwortern vorwarf. Diese Vorwürfe hatten außerdem zum Ziel, den 2003 vorherrschenden Reformbegriff, der die Erhaltung der sozialen Sicherheit/Rettung des Sozialstaates zu verfolgen behauptete, negativ zu besetzen. Die nachstehenden Belege verdeutlichen, wie die Reformgegner den Topos verwendeten:

(494) Hilmar Höhn, Sprecher des Deutschen Gewerkschaftsbundes, warf den Arbeitgebern vor, sie hätten ‚nur Vorschläge für Sozialabbau auf breiter Front‘ gemacht.
(BILD, 4.3.2003, *Was wird jetzt aus den Arbeitslosen?*)

(495) IG-Metall-Chef Klaus Zwickel nannte Schröders Reformpläne ‚einseitig und ungerecht‘: ‚Sie belasten ausschließlich Arbeitnehmer, Arbeitslose und Kranke‘. Schon heute wollen Zwickel und DGB-Chef Michael Sommer bei einer Kundgebung in Hamburg gegen ‚Sozialabbau‘ mobil machen.
(BILD, 2.4.2003, *Gewerkschaften wollen gegen Kanzler demonstrieren*)

(496) In den Verbänden der freien Wohlfahrtspflege glaubt man schon seit dem vergangenen Jahr, dass die Regierung mit ihrem Umbau des Sozialstaats weit hinter Bismarck zurückgehen werde, und die Regierungserklärung des Kanzlers vom 14. März hat ihre schlimmsten Befürchtungen bestätigt. Seit Monaten werden in den Verbänden Papiere veröffentlicht, in denen vor allem vor der Kürzung der künftig zusammengelegten Arbeitslosen- und Sozialhilfe auf Sozialhilfeniveau gewarnt wird. ‚Dies ist ein sozialstaatlicher Abbau, wie er in der Geschichte der Bundesrepublik noch nie vorgenommen wurde‘, stellt der Hauptgeschäftsführer des Paritätischen Wohlfahrtsverbandes, Ulrich Schneider, fest.
(SZ, 12.4.2003, *Wenn es für alle nicht mehr reicht, springen die Armen ein*)

(497) DGB-Chef Michael Sommer droht: Wenn Schröder Einschnitte in Arbeitnehmerrechte und Tarifautonomie plane, müsse er wissen, ‚dass er sich die Gewerkschaften zum Feind macht!‘ Auch IG-Metall-Chef Klaus Zwickel warnte den Kanzler vor Einschnitten ins soziale Netz: ‚Für uns ist der Sozialstaat kein Auslaufmodell!‘
(BILD, 5.3.2003, *Kanzler Schröder. Riesenkrach mit den Gewerkschaften*)

(498) Die Parteilinke warnt in einem Brief an Schröder entschieden vor drastischen Einschnitten ins soziale Netz.
(BILD, 10.3.2003, *Schafft der Kanzler diese Woche die Wende?*)

5.6.2.3.4 Konsolidierungstopos

Wie im Krisendiskurs zur „Wende“ 1982 wurde vor dem Hintergrund der Wahrnehmung, die Staatsfinanzen seien nicht „in Ordnung“ oder im „Ungleichgewicht“, vielfach mit dem Ziel argumentiert, man müsse die Staatsfinanzen „konsolidieren“. In der „Konsolidierung“ der Staatsfinanzen bzw. im „Abbau der Staatsverschuldung“ (SPIEGEL, 13.1.2003, *Wir überführen Eichel*) sah man die Voraussetzung für eine erfolgreiche Bewältigung der „Krise“. Die diesem Argumentationsmuster zugrundeliegende Zielvorstellung für politisches Handeln verdichtet sich in der seit den 1980er Jahren verwendeten Äußerung, dass die *Staatsfinanzen zu sanieren* seien. Ihr liegt die gängige metaphorische Konzeptualisierung des Staatshaushaltes als ‚marodes Gebäude‘ zugrunde.

In den 1980er Jahren war mit dem Konsolidierungstopos der gegen die Sozialdemokraten gerichtete Vorwurf verbunden, diese wirtschafteten undiszipliniert, unsolide oder unverantwortlich bzw. könnten nicht mit Geld umgehen. Der von Wendebefürwortern erhobene Vorwurf diente dazu, bestimmte Vorschläge als zur Bewältigung der „Krise“ untauglich hinzustellen und auf die Notwendigkeit einer *Sparpolitik* hinzuweisen. Auch im Krisenjahr 2003 wurde aus diesem Argumentationsmuster die Notwendigkeit einer *Sparpolitik* bzw. einer Reduzierung der Staatsausgaben abgeleitet, wobei es insbesondere um die Kürzung der Sozialleistungen ging. Häufiger nutzte der SPD-Minister Hans Eichel den Konsolidierungstopos, um für einen *ausgeglichenen Haushalt* (499) zu plädieren und auf diese Weise „Reformen“ im Sinne der „Agenda 2010“ zu legitimieren:

(499) SPIEGEL: Ihr erklärtes politisches Ziel ist es bisher gewesen, bis 2006 einen ausgeglichenen Haushalt vorzulegen, der ohne neue Schulden auskommt. Wäre es nicht langsam an der Zeit, von dieser Wunschvorstellung Abschied zu nehmen? Eichel: [...] Entscheidend ist, dass wir alles tun, dieses Ziel so schnell wie möglich zu erreichen. Ob es am Ende zwei oder drei Jahre länger dauert, hängt von den ökonomischen Bedingungen ab. Das bedeutet, dass wir unsere Politik der Konsolidierung nicht aufgeben werden.
(Hans Eichel, in: SPIEGEL, 12.5.2003, *Eine bittere Niederlage*)

(500) Eine sparsame Ausgabenpolitik mit dem Ziel eines ausgeglichenen Haushalts bleibt nötig.
(BILD, 13.5.2003, *ohne Titel*)

(501) SPIEGEL: Was muss denn jetzt konkret und sofort geschehen? Peffekoven: Die Konsolidierung muss sofort und entschieden angegangen werden. Das geht entweder mit Steuererhöhungen. Das halte ich in dieser Situation für grundsätzlich falsch. Da bleibt nur der zweite Weg, und der heißt Ausgabenkürzungen. Alles muss auf den Prüfstand. Wir müssen uns fragen, wo der Staat zu Gunsten der Privatwirtschaft zu entlasten ist. Auch die Subventionen und die Ausgaben für die Arbeitsmarktpolitik müssen wesentlich gekürzt werden. SPIEGEL: Bei allem Willen zur Konsolidierung: Wie sollen die laufenden Ausgaben bewältigt werden? Peffekoven: Man wird nicht umhinkommen, in Leistungsgesetze, die heute bestehen, einzugreifen. Das heißt, Zusagen für Subventionen, Zusagen für soziale Transferleistungen, Zusagen, arbeitspolitische Maßnahmen zu finanzieren, können nicht länger aufrechterhalten werden. Wenn man dazu nicht bereit ist, wird es keinen Konsolidierungserfolg geben.
(Rolf Peffekoven, in: SPIEGEL, 19.5.2003, *Alles muss auf den Prüfstand*)

(502) Wir brauchen ein Programm für den schrittweisen Abbau der öffentlichen Verschuldung, wir müssen die Sozialversicherung reformieren, und wir müssen Subventionen abbauen.
(Bundesbankpräsident Ernst Welteke, in: BILD, 16.7.2003, *Wir müssen wieder mehr Vertrauen in uns haben*)

5.6.2.3.5 Topos der billigen Arbeit/Rentabilitätstopos

Bereits im Wendediskurs 1982 hatte es Anzeichen dafür gegeben, dass die Regierung Kohl ihre Sozial- und Wirtschaftspolitik an dem Motto *Arbeit/Leistung muss sich wieder lohnen* orientieren würde. In dieser oft benutzten formelhaften Wendung kommt die dem Argumentationsmuster zugrundeliegende Zielvorstellung der Arbeitsrentabilität zum Ausdruck. Schon Lambsdorff hatte in seinem Papier für eine *Verbilligung des Faktors Arbeit* plädiert (siehe Kap. 5.5.1.5), und auch Helmut Kohl sprach sich in seiner Regierungserklärung vom 13.10.1982 für eine Gesellschaft aus, „in der sich die Anstrengungen des einzelnen für ihn wieder lohnen“ (siehe Kap. 5.5.1.8). Im Sinne dieser Denkweise oder Zielvorstellung, die durch das Prinzip der ‚Leistungsgerechtigkeit‘ motiviert ist, galt die „Verbilligung der Arbeit“ bzw. die Entlastung der Einkommen von den angeblichen *Aufschlägen, Belastungen* (503) oder staatlichen Entwendungen in Form von Steuern und Beiträgen zu den Sozialversicherungssystemen – wie auch im Schröder/Blair-Papier von 1998 und im Strategiepapier des Kanzleramtes von 2002 im Krisenjahr 2003 – als Universalie für erfolgreiche Krisenbewältigung. Insbesondere die „Agenda 2010“ wurde vor dem Hintergrund des Ziels, Arbeit zu verbilligen bzw. rentabler zu machen, begründet. Diese Aufgabe für politisches Handeln leitete man aus der 2003 dominierenden Auffassung her, man lebe in einem *Steuer- und Abgabenstaat*, der für die „Krise“ verantwortlich sei (siehe hierzu den Topos der hohen Arbeitskosten in Kap. 5.6.2.2.1).

Den Königsweg zur Rentabilisierung der Arbeit sah man in einer Senkung der Steuern und „Lohnnebenkosten“. Dadurch würden die Menschen in die Lage versetzt, mehr zu konsumieren und mehr zu sparen sowie mehr *Eigenvorsorge* (506) zu betreiben. Gleichzeitig würden die Unternehmen entlastet, weil die Lohnsteigerungen moderater ausfielen. Außerdem gewännen sie neues Vertrauen, d. h., so die Denkweise, die Unternehmen seien eher bereit, in Arbeitsplätze zu investieren (507) (siehe hierzu den Investitionstopos in Kap. 5.6.2.3.6). Arbeitslose würden bei Annahme einer Arbeit nicht mehr länger durch hohe Abgaben finanziell bestraft, folglich seien die „positiven Anreize“, die sie dazu motivierten, einer Arbeit nachzugehen, größer. Sozial- und wirtschaftspolitische Regulierungen und Maßnahmen, die Arbeit unrentabel machen würden, etwa Steuern und Sozialbeiträge, wurden auf Basis dieses Argumentationsmusters abgelehnt (507). Mit dem Ziel, Steuern und „Lohnnebenkosten“ zu senken, um Arbeit lohnender zu machen, wurde in der Debatte um die „Agenda 2010“ schließlich so gut wie jedes politische Handeln – insbesondere die „Reform“ des Gesundheits- und Rentensystems und die Arbeitsmarktreformen bzw. das Hartz-Konzept – legitimiert. Die folgenden Beispiele veranschaulichen das Argumentationsmuster:

(503) Wie kriegt man es hin, dass der mit einem 40-prozentigen Sozialaufschlag belastete Faktor Arbeit wieder entfesselt wird, so dass die Schwarzarbeit schrumpft und die reguläre Beschäftigung wächst?
(SPIEGEL, 19.5.2003, *Der Offenbarungseid*)

(504) Die Lohnnebenkosten müssen runter. Aber man muss sich auf andere Weise quälen, um sie zu senken. zeit: Zum Beispiel? Schmoldt: Es gibt drei große Reformprojekte. Bei der Rente

haben wir – Stichwort Riester-Rente – bereits einen beachtlichen Schritt getan [...]. Das zweite Reformprojekt betrifft die Arbeitsvermittlung, Stichwort Hartz. Eine bessere Vermittlung von Arbeitslosen senkt die Abgaben. Und nun kommt das dritte Reformvorhaben, Stichwort Rürup-Kommission. Da geht es vor allem um Effizienzsteigerungen und Kostenentlastungen im Gesundheitswesen.
(Zeit, 23.1.2003, *Wir müssen uns quälen*)

(505) ‚Ihr müsst erst die Ziele festlegen und dann die Instrumente', riet am Wochenende der ehemalige dänische Premierminister Poul Rasmussen den jüngeren Sozialdemokraten, deren ‚Netzwerk' gerade in Potsdam seine Jahrestagung abhielt. ‚Dann könnt ihr die Menschen auch begeistern'. Dafür müssten die Ziele klar sein – aber gerade erst ist es wieder unklarer geworden, was die Regierung in der Wirtschaftspolitik will. Eine Überschrift von Schröders Agenda 2010 lautete: Senkung der Lohnnebenkosten.
(Zeit, 26.6.2003, *Dieses ewige Hin und Her*)

(506) Noch vor ein paar Tagen erklang Mozart in der Meistersingerhalle, aber am Montag ist Schluss mit Konzert, dann kommt der Kanzler. Zweite Regionalkonferenz der SPD, zweiter Kampftag um die Agenda 2010, diesmal in Nürnberg: [...] Arbeitnehmer sollen ihr Krankengeld durch Eigenvorsorge finanzieren und auf diese Weise die Lohnnebenkosten senken – Schröder will Arbeit billiger machen.
(Zeit, 30.4.2003, *Wie eine Tasche leer*)

(507) SPIEGEL: Was muss jetzt geschehen? Wie lässt sich aus Deutschland wieder eine leistungs- und wachstumsstarke Volkswirtschaft machen? Clement: Wenn wir die privaten Investitionen wieder anfeuern wollen, müssen wir Steuern und Lohnnebenkosten senken. Wir müssen dafür sorgen, dass die Kreditwirtschaft wieder funktioniert, damit vor allem mittelständische Unternehmen kreditfähig bleiben und Eigenkapital bilden können. [...] Die Steuern können wir nicht weiter erhöhen.
(Wolfgang Clement, in: Spiegel, 14.4.2003, *Wir sind am Anschlag*)

(508) Sie [die Gesundheitsreform; Anm. d. Verf.] ist aber ein wesentlicher Teil der Agenda 2010. Damit senken wir die Lohnnebenkosten. Das ist ein Beitrag für mehr Wachstum und Beschäftigung. Ulla Schmidt ist hier in der Verantwortung.
(Hans Eichel, in: Spiegel, 12.5.2003, *‚Eine bittere Niederlage'*)

5.6.2.3.6 Investitionstopos

Der im angebotsorientierten neoliberalen Denken fest verankerte Investitionstopos stellt erfolgreiche Krisenbewältigung als von günstigen Investitionsbedingungen für Unternehmen abhängig dar. Wie im Wendediskurs 1982, erstmals im Wendebrief Genschers, wurde das Argumentationsmuster in der hier untersuchten Reformdebatte verwendet, um zu begründen, dass es Aufgabe der Politik sei, entsprechende *Rahmenbedingungen* (509), ein günstiges „Investitionsklima" oder *neues Vertrauen* (511) herzustellen, statt aktiv Konjunktur- und Beschäftigungspolitik zu betreiben.

Unter anderem wurde auf Basis des Investitionstopos für eine „Reform“ der Unternehmensbesteuerung bzw. für Steuersenkungen, eine Senkung der Löhne und „Lohnnebenkosten“ sowie eine „Deregulierung“ des Arbeitsmarktes bzw. des Arbeitsrechtes argumentiert. Nur durch derartige Maßnahmen könne das Vertrauen der Unternehmen gewonnen und könnten *Anreize für Investitionen* (514) geschaffen werden, wovon man sich auch erhoffte, die Misere des Wachstums, der Staatsfinanzen und der Beschäftigung zu lösen. Ohne Investitionen der Wirtschaft – so die seit den 1980er Jahren stabile Sequenz aus Finaltopoi, in der neben Investitionen nun auch die im vorigen Kapitel beschriebene „Verbilligung der Arbeit“ als Oberprämisse fungierte – kein Wachstum, und ohne Wachstum keine Lösung der Finanzierungsprobleme des Staates und der Beschäftigungsprobleme und schließlich desgleichen keine Sicherung der Sozialsysteme. Letztlich wurde auch die „Agenda 2010“, welche die soeben genannten Maßnahmen zur Schaffung günstiger Voraussetzungen für Investitionen empfohl, auf Basis des Investitionstopos legitimiert:

(509) Statt sich auf das zu besinnen, was des Staates Aufgabe wäre – die Verbesserung der allgemeinen Rahmenbedingungen für wirtschaftliche Tätigkeit –, kommt Clement mit neuen Förderprogrammen (als ob es davon nicht schon genug gäbe).
(FAZ, 8.1.2003, *Zurück zum Dirigismus*)

(510) Wachstum geschieht in Unternehmen, und hierfür kann der Staat allenfalls günstige Rahmenbedingungen schaffen.
(FAZ, 25.1.2003, *Viel zu wenig Wachstumspolitik*)

(511) Bundeskanzler Schröder versucht mit seiner Agenda 2010 neues Vertrauen in den Standort Deutschland aufzubauen. Damit Arbeitsplätze geschaffen werden können.
(Hans-Olaf Henkel, in: BILD, 31.5.2003, *Begreift es endlich!*)

(512) Peffekoven: Arbeitsplätze schaffen nur Unternehmen. Für die ist das eine Investition. Die werden sie nur vornehmen, wenn sie positive Erwartungen an die Zukunft haben. [...] Außerdem muss sich die Schaffung von Arbeitsplätzen rentieren. Dafür haben wir aber zu hohe Steuern, zu hohe Sozialabgaben und einen zu rigiden Arbeitsmarkt.
(Rolf Peffekoven, in: SPIEGEL, 19.5.2003, *Alles muss auf den Prüfstand*)

(513) SPD-Generalsekretär Scholz gab sich trotz der Kritik aus Ländern und Union zuversichtlich, daß die Beschlüsse verwirklicht werden. Es werde sich erweisen, daß immer mehr der Beteiligten ‚mitmachen‘. Die Steuersenkung sei wichtig für das Vertrauen, das eine Voraussetzung für Investitionen sei. ‚Dieses Optimismus-Signal muß von allen mitgetragen werden‘.
(FAZ, 1.7.2003, *Die Union gespalten – die FDP sagt Schröder Hilfe zu*)

(514) Gespannt sind nun die Unternehmer, die auf einen ‚großen Wurf‘ hoffen, wie es Dieter Hundt, der Präsident der Bundesvereinigung der Deutschen Arbeitgeberverbände, for-

muliert. Sie wollen Anreize für Investitionen, also geringere Lohnnebenkosten und mehr Freiheiten beim Heuern und Feuern.
(Spiegel, 10.3.2003, *Reden um zu überleben*)

Der Investitionstopos unterscheidet sich weder in der sprachlichen Realisierung noch in den auf seiner Basis begründeten politischen Maßnahmen vom Gebrauch des Argumentationsmusters in den 1980er Jahren. Anders als im Wendediskurs 1982 jedoch wurde der Investitionstopos 2003 nicht mehr verwendet, um sozialdemokratisches Regierungshandeln infrage zu stellen. Damals hieß es noch, die von den Sozialdemokraten auf ihrem Parteitag diskutierten Vorhaben seien investitionsfeindlich/vertrauenzerstörend, verursachten „Investitionsscheu" und seien deshalb abzulehnen. Der Investitionstopos wurde nun verwendet, um sozialdemokratisches Regierungshandeln zu legitimieren. Dies zeigt deutlich die Adaption neoliberaler Leitideen durch die Sozialdemokratie.

5.6.2.4 Topoi der Maxime

Wie im Wendediskurs 1982 dominierte in der Debatte um die „Agenda 2010" die Maxime der ‚Gerechtigkeit' (41) als Bewertungsmaßstab und als Motivation für politisches Handeln. Neben den hergebrachten Prinzipien der ‚sozialen Gerechtigkeit'/‚Verteilungsgerechtigkeit' und der ‚Leistungsgerechtigkeit' segmentiert sich das Argumentationsmuster in die Variante der ‚Generationengerechtigkeit', womit im historischen Vergleich ein neues Wissenselement im öffentlichen Krisendiskurs auftauchte. Nicht mehr vertreten waren der Sozialstaatstopos und der Solidaritätstopos, was auf eine Verengung des Diskurses hinsichtlich eines bestimmten Wertekanons hinweist. Im angedeuteten Sinne der Diskursverengung stehen die Topoi der Eigenverantwortung (20) und der Subsidiarität (20) in deutlicher Kontinuität zu den 1980er Jahren:

- Topoi der Maxime
  - Gerechtigkeitstopos (41) KRI-za-0403 -040f -040p -040s -041a -041d -041l -041p -041r -041s -041x -0434 -04ap -04at -04dj -04ec -04ij -04io -04kd -04lp -04mu -04n0 -04n8 -04nb -04nd -04xc -051f -051i -051q -052c -052g -052h
  - Topos der Eigenverantwortung (20) KRI-za-040y -0412 -0416 -042y -042z -0433 -0434 -04ej -04h3 -04kd -051i -052h -0534 -053s
  - Subsidiaritätstopos (11) KRI-za-0434 -04at -04dj -04n8 -052h -0534

Abb. 27: Übersicht Topoi der Maxime „Agenda 2010" in FuD

5.6.2.4.1 Gerechtigkeitstopos

Variante I: Soziale Gerechtigkeit/Verteilungsgerechtigkeit

Den 1980er Jahren ähnlich dominierte auch 2003 das Prinzip der ‚sozialen Gerechtigkeit'/‚Verteilungsgerechtigkeit'. Die „Agenda 2010“ löste – vergleichbar etwa mit dem Lambsdorff-Papier – heftige Diskussionen über den Gerechtigkeitsbegriff aus, wobei erneut ein semantischer Kampf zwischen den Gegnern und Befürwortern der „Reformen“ um diesen Begriff zu beobachten ist. Insbesondere der linke Flügel der SPD und die Gewerkschaften hielten am Begriff der ‚Verteilungsgerechtigkeit' fest, d. h. es ging ihnen primär um die aus ihrer Sicht angemessenere Parzellierung von materiellen Gütern, Lasten, Arbeit usw. auf die verschiedenen Bevölkerungsschichten. Sie beriefen sich auf ‚Gerechtigkeit' als Maßstab für politisches Handeln, indem sie forderten, „[d]ie soziale Gerechtigkeit muss Kriterium für Reformen sein“ (Entwicklungshilfeministerin Heidemarie Wieczorek-Zeul, in: SPIEGEL, 3.2.2003, *Kalter Nebel*). Mit der Berufung auf das Prinzip ‚soziale Gerechtigkeit'/‚Verteilungsgerechtigkeit' bezog man gegenüber den selbsternannten *Modernisierern* in der SPD und schließlich gegen die „Agenda 2010“ Position. Weil die „Reformen“ nicht der gängigen Gerechtigkeitsnorm entsprächen, seien sie abzulehnen:

(515) Verteilungsgerechtigkeit mahnte Rau an und die Erhaltung des Sozialstaats. ‚Der Leitsatz für die Reform der sozialen Sicherungssysteme muss lauten: Über Bismarck hinaus und nicht hinter Bismarck zurück'.
(SZ, 12.4.2003, *Wenn es für alle nicht mehr reicht, springen die Armen ein*)

(516) Für eine ‚gerechte Lastenverteilung' und gegen den Glauben, Sozialstaatsreformen führten das Land aus der wirtschaftlichen Rezession, wirbt ein neues Strategiepapier der Linken.
(SPIEGEL, 10.2.2003, *Aufbruch in die Blockade?*)

(517) BILD: Herr Schreiner, wollen Sie und die anderen SPD-Rebellen den Kanzler stürzen? Schreiner: Nein. Wir wollen nur mehr Einfluss auf die aktuelle Politik nehmen. Und wir wollen darauf achten, dass es bei anstehenden Reformen gerecht zugeht.
(Ottmar Schreiner, in: BILD, 19.4.2003, *ohne Titel*)

(518) DGB-Chef Michael Sommer in seiner Rede nach dem kurzen Kanzler-Auftritt: ‚Das hat mit sozialer Gerechtigkeit nichts zu tun!'
(BILD, 29.4.2003, *Der Kanzler droht wieder mit seinem Rücktritt*)

(519) Michael Sommer: Nein! Längere Arbeitszeiten sind ein Irrweg. Wir müssen darüber reden, wie sich Arbeit gerechter verteilen lässt. Über vier Millionen Menschen, die stempeln gehen müssen, das ist einfach Wahnsinn. Ich setze 2003 eine Teilzeitoffensive der Gewerkschaften dagegen.
(Michael Sommer, in: BILD, 13.1.2003, *Gewerkschafts-Boss fordert. Wer viel verdient, soll weniger arbeiten!*)

Wie im Wendediskurs 1982 auf Seiten der Wendegegner spielten in der Debatte um die „Agenda 2010" auf Seiten der Reformgegner für die Realisierung des Argumentationsmusters verschiedene Schlagwörter eine wichtige Rolle. Dementsprechend verdichtet sich das Argumentationsmuster auf lexikalischer Ebene beispielsweise in den Vokabeln *soziale Ausgewogenheit* (520) oder *soziales Augenmaß* (521). Vor dem Hintergrund solcher Kriterien wurden Bewertungen politischer Maßnahmen als Normabweichung, als das Gleichgewicht störend (zugunsten des Kapitals) und als Verstoß gegen den Wert ‚Gerechtigkeit' vorgenommen. Im Lichte solcher Bewertungen wurden bestimmte Maßnahmen häufig durch Verdikte und Attribute wie *einseitig und ungerecht* (522), *unsozial* (523) oder *neoliberal* (524) stigmatisiert und letztlich in ihrer Gültigkeit delegitimiert. Auch die Benutzung der Vorwurfsvokabel *Sozialabbau* (522), durch die man dem politischen Gegner zuschrieb, den „Abbau" des Sozialstaates zu betreiben, ist für die Realisierung des Argumentationsmusters typisch, wie die folgenden Beispiele u. a. zeigen:

(520) Hans Mülligans, zum Beispiel, Betriebsratschef beim Berliner Telefonbauer DeTeWe: An die frohe Botschaft der Agenda glaubt er nicht. ‚Die schafft keinen einzigen Arbeitsplatz', sagt er. Und sozial unausgewogen sei sie auch.
(ZEIT, 15.5.2003, *Die Agenda-Affäre*)

(521) Der SPD-Landesvorsitzende Franz Thönnes kritisierte die Politik der rot-grünen Bundesregierung scharf. [...] Thönnes forderte im NDR: ‚In Berlin muss klar erkennbar werden, wie das Gesamtkonzept zur Erneuerung Deutschlands mit sozialem Augenmaß aussieht!' [...] Berlin muss jetzt eine klare, für alle nachvollziehbare Politik der sozialen Gerechtigkeit machen!
(BILD, 4.3.2003, *Nach der Wahl-Schlappe*)

(522) IG-Metall-Chef Klaus Zwickel nannte Schröders Reformpläne ‚einseitig und ungerecht': ‚Sie belasten ausschließlich Arbeitnehmer, Arbeitslose und Kranke'. Schon heute wollen Zwickel und DGB-Chef Michael Sommer bei einer Kundgebung in Hamburg gegen ‚Sozialabbau' mobil machen.
(BILD, 2.4.2003, *Gewerkschaften wollen gegen Kanzler demonstrieren*)

(523) Hatte Ver.di-Vorstandsmitglied Isolde Kunkel-Weber in der Hartz-Kommission noch die Hand für durchgreifende Reformen gehoben, kündigt sie nun Demonstrationen gegen Gersters ‚unsoziale Sparpolitik' an.
(SPIEGEL, 14.4.2003, *Zweiklassenrecht im Amt*)

(524) Doch auch an der SPD-Basis – durch vielfältige personelle Überschneidungen eng mit den Arbeitnehmerorganisationen verbunden – wird heftig gegen die Kanzler-Pläne gegrummelt, die viele Genossen als ungerecht und neoliberal empfinden.
(SPIEGEL, 7.4.2003, *Explosives Gemisch*)

Den Befürwortern der „Agenda 2010“ war klar, dass die „Reformen“ aufgrund ihres krassen Gegensatzes zum traditionellen sozialdemokratischen Denken von der politischen Basis der SPD und von der breiten Öffentlichkeit nur akzeptiert würden, wenn es gelänge, eine Transformation des Gerechtigkeitsbegriffs plausibel zu machen. Dementsprechend heißt es im Strategiepapier des Kanzleramtes: „Die Akzeptanz einer erfolgreichen Reformpolitik wird maßgeblich auch davon abhängen, ob die Menschen die Politik der Bundesregierung als gerecht bewerten.“ Das heißt, man sah sich gezwungen, den Gerechtigkeitsbegriff umzudeuten, um Annehmbarkeit für die „Agenda 2010“ zu schaffen. Im Rahmen dieser Umdeutungsstrategie warf die SPD-Führung ihren Kritikern vor, an veralteten Konzepten festzuhalten – worauf schon im Rahmen der Diskurschronik hingewiesen wurde. Um die Probleme lösen zu können, müsse man eine neue *moderne* Theorie von Sozialstaatlichkeit und Gerechtigkeit entwickeln:

(525) Ohne eine neue Theorie des Wohlfahrtsstaats ist die SPD nicht mehr regierungsfähig. Die Sozialsysteme sind nicht mehr bezahlbar. Viele Sozialdemokraten wollen diese unbestreitbare Tatsache einfach nicht wahrhaben. Wir hier unten, die da oben ist überholtes Denken. Die moderne Wissensgesellschaft braucht einen neuen Begriff von sozialer Gerechtigkeit.
(Peter Glotz, in: ZEIT, 8.5.2003, *Die soziale Selbstgerechtigkeit*)

Das Zitat entspricht dem Grundton jenes sozialdemokratischen Erneuerungsdiskurses, den Schröder in der deutschen Öffentlichkeit seit dem Ende der 1990er Jahre initiiert und zusammen mit Tony Blair im Schröder/Blair-Papier programmatisch formuliert hatte. In diesem Zusammenhang sind die von Schröder in seiner Agenda-Rede vorgestellte Idee der ‚Chancengerechtigkeit‘ (526) (wurde im öffentlichen Krisendiskurs 2003 nur vereinzelt aufgerufen) und die Prinzipien der ‚Subsidiarität‘ (528) und ‚Eigenverantwortung‘ (531) zu erwähnen, die dem sozialdemokratischen Erneuerungsdiskurs zufolge Alternativkonzepte zur ‚sozialen Gerechtigkeit‘/‚Verteilungsgerechtigkeit‘ darstellen sollten:

(526) Der Staat soll den Rahmen setzen und darüber hinaus Chancengerechtigkeit schaffen, damit sich Individualität besser entfalten kann.
(Gerhard Schröder, in: SPIEGEL, 7.7.2003, *Viel Kraft in diesem Land*)

(527) Selbst wenn die unterschiedlich sinnvollen staatlichen Transferleistungen nicht Unsummen verschlüngen [...], müsste man sich fragen, ob ‚soziale Gerechtigkeit‘ heute nicht vor allem die Verteilung von Fähigkeiten bedeutet. Von wirklichen, tatsächlichen Fähigkeiten wohlgemerkt – nicht von freundlichen Endlos-Weiterbildungsschleifen und gut gemeinten, aber ungedeckten Bildungszertifikaten. In diese Richtung versuchten Gerhard Schröder und der britische Premier Tony Blair schon 1999 die Debatte zu lenken: ‚Der Weg zur sozialen Gerechtigkeit war mit immer höheren öffentlichen Ausgaben gepflastert, ohne Rücksicht auf Ergebnisse oder die Wirkung der hohen Steuerlast auf Wettbewerbsfähigkeit, Beschäftigung oder private Ausgaben‘, schrieben sie in ihrem gemeinsamen Papier: ‚Soziale Gerechtigkeit

lässt sich aber nicht an der Höhe der öffentlichen Ausgaben messen. Der wirkliche Test für die Gesellschaft ist, wie effizient diese Ausgaben genutzt werden und inwieweit sie die Menschen in die Lage versetzen, sich selbst zu helfen'. [...] Nichts ist heute so gerecht wie die entschlossene Ausweitung von Bildungschancen. [...] Bildung ist heute der zentrale Schlüssel, der den Weg zu den Grundgütern der Gerechtigkeit eröffnet [...]. Und im SPD-Leitantrag zum Agenda-Parteitag liest man: ‚Es ist immer Ziel sozialdemokratischer Gerechtigkeitspolitik gewesen, größere Teilhabechancen für mehr Menschen zu schaffen. Ungerecht ist jeder statische, auf die Verwaltung und Zuteilung fixierte Gerechtigkeitsbegriff'. Diese Linie, würde sie diskutiert und am Ende befolgt, zwänge den Sozialdemokraten die kritische Reflexion vieler eingeschliffener sozialstaatlicher Praktiken auf. Aber sie wäre zutiefst im Interesse der Menschen, für die sie kämpfen wollen.
(Zeit, 28.5.2003, *Wende oder Ende?*)

(528) Demgegenüber erlauben das konsequent angewandte Subsidiaritätsprinzip und der daraus sich ergebene schlanke – aber starke – Staat eine sehr viel gezieltere Umverteilung von oben nach unten. Die Revitalisierung des Arbeitsmarktes durch eine Senkung der Kollektivlohnquote schafft große Effizienzgewinne für die Volkswirtschaft. Diese ermöglichen bei richtiger Dosierung eine gezielte Hilfe für die Schwächeren in der Gesellschaft, ohne daß übermäßige negative Anreizeffekte oder eine Überlastung der Staatskasse die Folge wären. In einer solchen Welt sind die Schwächsten der Gesellschaft bessergestellt als in der heutigen Welt. Insofern entspricht das Subsidiaritätsprinzip gerade auch den Gerechtigkeitsvorstellungen, wie sie unter anderen der Sozialphilosoph John Rawls formuliert hat: die Welt so einzurichten, daß es den Schwächsten so gut wie möglich geht.
(Carl Christian von Weizäcker, in: FAZ, 22.3.2003, *Die Perversion eines Prinzips*)

Teil der Umdeutungsstrategie der Befürworter der „Reformen" war es, den Gerechtigkeitsbegriff der Zielvorstellung der sicheren Arbeitsplätze unterzuordnen, indem man behauptete, gerecht sei Politik, wenn sie Arbeit schaffe. Beispielgebend wurde dies bereits im Lambsdorff-Papier von 1982 umgesetzt. Insbesondere Schröder nutzte im Krisendiskurs 2003 die Formel *Sozial/Gerecht ist, was Arbeit schafft*. Eben deshalb sei die „Agenda 2010" im Sinne der Gerechtigkeit, weil ihre „Reformen" dazu dienten, Arbeitsplätze zu schaffen. Soziale Sicherheit wurde dabei als nachrangiges Ziel hingestellt. Reformbefürworter hielten es etwa für unsozial, Arbeitslosengeld (über einen Bestimmten Zeitraum hinaus) zu zahlen, bis man in der Sozialhilfe „landet" (531):

(529) Was die rot-grüne Regierung im Sinn hat, ist etwas anderes, und daran werden sich die Deutschen noch gewöhnen müssen. Es wird mehr befristete Jobs geben, mehr vom Staat geförderte ehrenamtlich Engagierte und mehr Niedriglohnkräfte, die mal mit, mal ohne ergänzendes Geld vom Staat arbeiten. Die Haltung zu einfachen Tätigkeiten hat sich grundsätzlich geändert. Es gilt die Maxime: Fast jeder Job ist besser als kein Job. ‚Sozial ist, was Beschäftigung schafft', hat dazu der Bundeskanzler gerade beim 140. Geburtstag der SPD gesagt.
(Zeit, 28.5.2003, *Und die SPD bewegt sich doch*)

(530) Gerecht ist, was Menschen in Erwerbsarbeit bringt.
(Gerhard Schröder, in: ZEIT, 5.6.2003, *Jeder Job ist zumutbar*)

(531) Clement: Es ist jedenfalls nicht sozial, 32 Monate lang Arbeitslosengeld zu zahlen. Sozial ist, dafür zu sorgen, dass niemand 32 Monate ohne Arbeit ist. Das Sozialamt ist Hilfsmittel, aber nicht Garant des Sozialstaates. Da habe ich ganz klare Vorstellungen vom Sinn und vom Wert des Lebens. Ich weiß, dass die Abhängigkeit von Sozialämtern nicht wirklich freier macht. [...] Das, was wir vorhaben, ist kein Abschied vom Sozialstaat. Er wird umgebaut, weil er sonst kein Sozialstaat bleiben würde. Bisher haben wir gesagt: Wir können das finanzieren und die Probleme damit heilen. Heute müssen wir sagen: Wir können damit weder die Probleme heilen, noch können wir es weiter finanzieren. Daraus ziehen wir jetzt die Konsequenzen. Das ist keine Abkehr von sozialdemokratischen Grundüberzeugungen; es ist eine Abkehr von falschen Instrumenten. [...] [I]m Sinne von Gerechtigkeit und Freiheit wieder mehr in Richtung Eigenverantwortung: in den Schulen, Hochschulen, Städten, Gemeinden, aber vor allem bei jedem Einzelnen. Wir brauchen wieder die, die Verantwortung übernehmen, die nicht immer nur nach den Anderen fragen.
(Wolfgang Clement, in: SPIEGEL, 14.4.2003, *Wir sind am Anschlag*)

Zusammenfassend gesagt, nutzte die SPD-Führung den transformierten Gerechtigkeitsbegriff als Argument für Maßnahmen, die Sozialdemokraten in den 1980er Jahren auf Basis des gleichen Argumentes abgelehnt hatten – nämlich um den Sozialstaat und die soziale Sicherheit zu delegitimieren. Man muss sich allerdings fragen, wie hier geschehen, nach welchem Verständnis ein *schlanker Staat* (528) tatsächlich „gerechter“ sein kann.

Variante II: Leistungsgerechtigkeit

Wie die Wendebefürworter in den 1980er Jahren sahen die Reformbefürworter in der Debatte um die „Agenda 2010“ ein angemessenes Kriterium für die Verteilung materieller Güter im Leistungsprinzip, im Zusammenspiel von Leistung (des Staates) und Gegenleistung (des Individuums), das im sozialdemokratischen Erneuerungsdiskurs in der Wendung *Fördern und Fordern* zum Ausdruck kommt. Aus der Auffassung, staatliche Leistung sei ein Gegenwert für individuelle Leistung bzw. es sei nur das zu verteilen, was zuvor durch Arbeit verdient worden ist, und aus der Annahme, das Gleichgewicht zwischen Leistung und Anspruch sei aus den Fugen geraten, wurde für den Staat die Aufgabe hergeleitet, man müsse Maßnahmen ergreifen, die dazu führten, dass sich *Arbeit wieder lohnt* (534), so eine weitere typische Sentenz. Insbesondere Ansprüche auf soziale Sicherung sollten von „Geleistetem“ abhängig gemacht werden. Wie im Wendediskurs 1982 wurde auf diese Weise der „Rückbau“ des Sozialstaates begründet, etwa in Form von *Hartz IV*:

(532) Es sind in der Rede viele wichtige Dinge angesprochen worden, aber jetzt müssen sie in die Tat umgesetzt werden. Gefehlt hat mir die Aussage, dass derjenige, der viel arbeitet, auch mehr verdienen muss.
(Showmaster Dieter Thomas Heck, in: BILD, 15.3.2003, *Der Kanzler blieb zu unverbindlich*)

(533) Dem Satz ‚Wer viel leistet, soll auch viel behalten' wird sicherlich weitgehend zugestimmt. Folglich lohnt es sich auch für den wenig Verdienenden, viel Verdienende zu akzeptieren, solange diese dafür sorgen, daß die Wirtschaft floriert und auch ihm, dem wenig Verdienenden, zusätzlichen Wohlstand beschert. Ihre Grenze findet diese Argumentation allerdings an der Vorstellung von ‚unangemessen großen Einkommensunterschieden' oder auch schlicht an dem – in Deutschland wohl besonders ausgeprägten – Neid.
(FAZ, 25.1.2003, *Viel zuwenig Wachstumspolitik*)

(534) MERKEL: Deshalb müssen wir wieder zu den Ursprüngen der sozialen Marktwirtschaft zurückkommen. Das ist etwa die Tatsache, daß Arbeit sich lohnen muß. Derjenige, der arbeitet, muß mehr in der Tasche haben, als wenn er nicht arbeitet und von Sozialhilfe lebt. Deshalb bemühen wir uns ja, Arbeitslosenhilfe und Sozialhilfe zusammenzubringen und sie dort, wo die Anonymität am geringsten ist, in den Kommunen, zu verankern. Dort ist Mißbrauch besser feststellbar. In den sozialen Sicherungssystemen muß sich die Tatsache widerspiegeln, daß die Beschäftigung heute einen höheren selbständigen Anteil hat. Das heißt, die Eigenanteile in den Sicherungssystemen werden langfristig steigen und die solidarisch erwirtschafteten Anteile werden sinken.
(Angela Merkel, in: FAZ, 7.2.2003, *Der Pioniergeist muß wieder eine Lobby bekommen*)

(535) SPIEGEL: Die Regierung plant bereits die Zusammenlegung von Arbeitslosen- und Sozialhilfe. Das müsste Ihnen doch gefallen. Merz: Auf geht's, kann ich da nur sagen. Allein in den letzten zehn Jahren – das ist also nicht nur Rot-Grün – sind die Sozialhilfeausgaben der Kommunen um 30 Prozent gestiegen. [...] Aus diesem hohen Transfer für Nichtarbeit müssen wir heraus [...]. Ich spreche von dem einen Drittel der Sozialhilfeempfänger, das arbeitsfähig ist. Für sie darf es keine Leistungen ohne Gegenleistung mehr geben.
(Friedrich Merz, in: SPIEGEL, 1.3.2003, *Den Sumpf austrocknen*)

Variante III: Generationengerechtigkeit

In Kapitel 5.6.1.3 wurde bereits darauf hingewiesen, dass sich Schröder in seiner Agenda-Rede, wenn er von Gerechtigkeit sprach, ausschließlich auf die Prinzipien der ‚Chancengerechtigkeit' und der ‚Generationengerechtigkeit' berief. Gerechtigkeitsvorstellungen im hergebrachten sozialdemokratischen Sinne spielten kaum noch eine Rolle. Auch im der Rede Schröders folgenden öffentlichen Krisendiskurs wurde politisches Handeln an dem moralischen Maßstab, wie sich dieses Handeln auf die nachfolgenden Generationen auswirken würde, gemessen. Der Topos der Generationengerechtigkeit wurde häufig durch die Wortverbindung *unsere Kinder* realisiert, womit man Empathie hervorzurufen versuchte. Insbesondere die Staatsverschuldung bzw. Maßnahmen, die diese erhöhten, lehnte man auf Basis des Argumentationsmusters ab. Es sei unverantwortlich, Jüngere ungebührlich zu belasten und so ihre Zukunftschancen zu verringern. Man sei verpflichtet, so der dem Topos zugrundeliegende emotionale Appell, für die nachfolgenden Generationen zu sorgen, d. h. ihretwegen nicht mehr über die Verhältnisse zu leben, also zu *sparen* (538) bzw. die Haushalte zu *konsolidieren* (539) und/oder die Sozialleistungen zu kürzen (540). Nur „Reformen“ im Sinne der „Agenda 2010“ trügen dazu bei, *unseren Kindern* auch in Zukunft ein gutes Leben zu ermöglichen. Es folgen einige Beispiele, die den Topos der Generationengerechtigkeit veranschaulichen:

(536) Es ist gerade acht Jahre her, als der damalige Minister für soziale Wohltaten, Norbert Blüm, alle Warnungen in den Wind geschlagen und eine arbeitsplatzfeindliche Finanzierung durchgesetzt hat. Das Gezerre um die Pflegeversicherung ist typisch für viele Reformprojekte in diesem Land: Statt Sozialreformen, an denen man sich langfristig orientieren kann, gibt es meist nur noch welche, die bis kurz nach dem übernächsten Wahltermin halten. [...] Statt die Interessen über Generationen hinweg zu sichern, orientiert man sich am nächsten Wahltermin. Deshalb sollte ab jetzt vor jeder Reform immer auch diese Frage beantwortet werden: Wie wirkt sie sich auf unsere Kinder aus?
(Hans Olaf Henkel, in: BILD, 1.3.2003, *Schluss mit dem Reformchaos*)

(537) Der Staat steht vor laufenden Verpflichtungen in Milliardenhöhe, weiß nicht aus noch ein. Macht er noch mehr Schulden, betrügt er unsere Kinder, die eines Tages zahlen müssten – unverantwortlich, indiskutabel!
(BILD, 22.2.2003, *Das Gespenst der Rezession*)

(538) ‚Der Weg in den Schuldenstaat ist unverantwortlich gegenüber unseren Kindern‘. Nach Ansicht der Landesregierung sollte Schröder sparen [...].
(FAZ, 1.7.2003, *Die Union gespalten – die FDP sagt Schröder Hilfe zu*)

(539) Wir werden nicht den Weg gehen, einseitig und egoistisch nur diejenigen zu entlasten, die heute aktiv sind, die Kosten aber durch Verschuldung auf die kommenden Generationen abzuwälzen. Das ist kein verantwortbarer Weg. Deshalb halten wir am Ziel der Haushaltskonsolidierung und an dem im Stabilitätspakt vereinbarten Rahmen fest.
(FAZ, 15.3.2003, *Niemand wird sich entziehen dürfen*)

(540) Ohne Rücksicht auf die immer größere Zeche, die wir gesamtstaatlich haben auflaufen lassen, handelten wir alle nach dem Motto der verblendeten Adligen vor der Französischen Revolution: Nach uns die Sintflut! Ich habe massive moralische und ökonomische Skrupel, in einer begrenzten Welt unbegrenzte Verschwendung zu tolerieren. Der Raubbau an den natürlichen Lebensgrundlagen, die endlich sind wie der Lebensraum für die Gattung Mensch auf diesem Planeten, empört mich genauso wie ein Leben in Saus und Braus, aber auf Pump. Unsere Kinder und Enkel sollen unsere Zinsen und unsere Renten bezahlen? Diese Vorstellung ist geradezu zynisch, weil unsere Freiheitsexzesse künftige Gestaltungsspielräume vernichten. Kurz gesagt: Sie enden in der Unfreiheit. Wir müssen mit der Zukunft teilen. Dieser Verteilungskampf ist in unserer Gesellschaft längst wichtiger als die traditionellen Verteilungskämpfe im Hier und Jetzt. Nur die Staaten, die ihre sozialen Sicherungssysteme auf

langfristige Tragfähigkeit anlegen und mehr auf Privatvorsorge als auf Kollektivversorgung setzen, werden ihre künftigen Beitrags- und Steuerzahler leistungsfähig halten.
(FAZ, 26.4.2003, *Im Schlaraffenland der Unverantwortlichen*)

Sprachkritisch könnte einerseits der manipulative Charakter des dem Topos zugrundeliegenden Pathos – und damit die Redlichkeit der Argumentation – hinterfragt werden. Andererseits wäre anzuzweifeln, ob ein zwingender Zusammenhang zwischen Schulden heute und finanzieller Belastung morgen besteht. Ebenso ließe sich folgern, dass die zur „Konsolidierung" der Staatsfinanzen vorgeschlagenen Kürzungen im Sozialbereich sich belastend auf nachkommende Generationen auswirkten. Demnach wäre zu fragen, ob das durch den Topos der Generationengerechtigkeit Begründete tatsächlich – wie behauptet – im Interesse *unserer Kinder* ist. Die steigende Armutsquote legt das Gegenteil nahe. Neben Alleinerziehenden und Rentnern sind oft junge Menschen von Armut betroffen oder bedroht. Offen bleibt in diesem Zusammenhang letztlich die Antwort auf die Frage, wessen Kinder mit *unsere* gemeint sind.

5.6.2.4.2 Topos der Eigenverantwortung

„Wir brauchen wieder die, die Verantwortung übernehmen, die nicht immer nur nach den Anderen fragen."
(Wolfgang Clement, in: SPIEGEL, 14.4.2003, *Wir sind am Anschlag*)

Im Rahmen des sozialdemokratischen Erneuerungsdiskurses appellierte man immer wieder an die Maxime der ‚Eigenverantwortung' als sittlichen Maßstab für menschliches Verhalten und für die Aktivitäten von Institutionen wie Bildungseinrichtungen. Der Topos der Eigenverantwortung wurde auch im öffentlichen Krisendiskurs 2003 öfters gebraucht. Er steht in deutlicher Kontinuität zum Wendediskurs 1982. So hieß es, die „Krise des Sozialstaates" sei nur durch einen Mentalitätenwandel im Sinne der Bereitschaft zu mehr Eigenverantwortung bzw. Selbstvorsorge zu lösen. Verbunden damit war die Forderung nach einem „schlanken Staat" und einer *Leistungsgesellschaft* (543). Hierzu einige Beispiele:

(541) Das Umsorgtsein ist so verführerisch, weil die meisten Menschen gerne in der Illusion der Kostenlosigkeit leben. Wo alles kollektiv angeboten und kollektiv finanziert wird, da wird das Kostenrechnen verlernt. Und es wird auch das Gefühl verlernt, möglicherweise könnte man in Eigenverantwortung etwas Besseres aus seinen Talenten machen als das, was kollektiv angeboten wird. Hier eine Veränderung der Mentalität herbeizuführen ist nicht leicht – aber es wäre lohnend, es zu versuchen.
(Otto Graf Lambsdorff, in: FAZ, 6.1.2003, *Das System steuert in seine akute Gefährdung hinein*)

(542) Auch die Bundesbank präsentierte dem Kanzler, kurz vor seiner Hauruck-Rede am 14. März, einen Notfahrplan, Titel: ‚Wege aus der Krise'. Allen Vorschlägen ist gemeinsam, dass sie

mehr Eigenverantwortung fordern und einen Staat, der sich selbst zurücknimmt. Es soll für die Bürger weniger Sicherheit geben, aber mehr Chancen. Mit anderen Worten: die Mentalität der Deutschen muss sich dramatisch verändern. Sie dürfen den Sozialstaat nicht mehr als freundlichen Helfer in einem mehr oder weniger schwierigen Alltag betrachten, sondern nur noch als Retter in der Not.
(Spiegel, 19.5.2003, *Der Offenbarungseid*)

(543) Aus unserem Wohlfahrtsstaat muss wieder eine Leistungsgesellschaft werden. Wir müssen endlich nach der Devise von John F. Kennedy handeln: Frage nicht, was dein Land für dich tut, sondern, was du für dein Land tun kannst.
(BILD, 13.3.2003, *Runter mit den Steuern!*)

Entsprach der Topos der Eigenverantwortung in den 1980er Jahren dem vorherrschenden konservativ-liberalen Denken, wurde er 2003 vielfach von führenden Sozialdemokraten verwendet, um die „Agenda 2010“ zu legitimieren. Dementsprechend stellte Schröder in seiner Agenda-Rede der Präsentation des sozial- und wirtschaftspolitischen Maßnahmenkataloges folgende Ankündigung voran: „Wir werden die Leistungen des Staates kürzen, Eigenverantwortung fördern und mehr Eigenleistung von jedem Einzelnen abfordern müssen“ (Gerhard Schröder, Regierungserklärung: *Mut zum Frieden und zur Veränderung*, 14.3.2003). Nun, wie sich zeigt, waren auch die sich ja traditionell als *modern* verstehenden Sozialdemokraten von der ca. 20 Jahre alten Denkweise überzeugt, dass der intervenierende Sozialstaat jede Initiative lähme und die Möglichkeit zur Selbstbestimmung einschränke, weshalb er zurückzudrängen und anstatt seiner – den Postulaten der Theorie des „Dritten Weges“ bzw. der „Neuen Mitte“ gemäß – Eigenverantwortung zu *fördern* und Eigenleistung zu *fordern* sei, um die „Krise“ zu bewältigen. Dementsprechend äußerte sich Schröder im Spiegel:

(544) Natürlich muss sich der Staat auch künftig für die großen Lebensrisiken, Arbeitslosigkeit und Krankheit, zuständig fühlen. Gleichzeitig brauchen wir mehr individuelle Verantwortung, weil das, was wir uns an Leistungen gern vorstellen, nicht aufzubringen ist.
(Gerhard Schröder, 7.7.2003, *Viel Kraft in diesem Land*)

Eigenverantwortliches Handeln bedeutete aber insbesondere mehr Selbstbeteiligung, d. h. die Privatisierung von Kosten, und Privatvorsorge im Renten- und Gesundheitssystem, worauf sich der Einzelne durch Sparen vorzubereiten habe:

(545) Die Notwendigkeit, Zahnersatz haben zu müssen, ist – von anderweitig zu versichernden Unfällen abgesehen – etwas Vorhersehbares. Darauf kann man sich schon in jüngeren Jahren durch Sparen vorbereiten.
(Hans D. Barbier, in: FAZ, 10.1.2003, *Bis an die Zähne*)

Die durch den Topos der Eigenverantwortung gerechtfertigte Ausgliederung von Leistungen für Zahnersatz aus der gesetzlichen Krankenversicherung ist nur ein Beispiel für die diskursive Produktion von Benachteiligungen für ganze soziale Sichten, nämlich derer, die ohnehin unzureichend versorgt sind und kaum eine Chance auf ein selbstbestimmtes Leben haben. Deshalb ist es zynisch, in diesem Sinne von Eigenverantwortung (und Freiheit) zu sprechen.

War die Argumentation auf Basis des Topos der Eigenverantwortung für eine stärkere Beteiligung der Bürger an den Kosten der Sozialversicherung im Wendediskurs 1982 von Sozialdemokraten noch als Einschränkung des Sozialstaatsprinzips abgelehnt worden, berief sich 2003 niemand mehr auf das im Grundgesetz verbürgte Prinzip der ‚Sozialstaatlichkeit'. Wie schon in den 1980er Jahren war eigenverantwortliches Handeln nicht zuletzt in die Idee einer subsidiären Organisationsform des (schlanken) Staates eingebettet, was der folgende Abschnitt zeigt.

5.6.2.4.3 Subsidiaritätstopos

Dem Subsidiaritätstopos liegt die Auffassung zugrunde, dass sich nur aus einer subsidiär organisierten staatlichen Ordnung der zur Krisenbewältigung dringend benötigte „schlanke Staat" ergebe. Diesen zu schaffen, so die 2003 dominierende Argumentation auf Basis des Topos, sei geboten, um „negative Anreize" (soziale Sicherheit würde den Leistungswillen bzw. die Motivation, von eigener Arbeit zu leben, beeinträchtigen) einzudämmen und dadurch den Sozialstaat zu entlasten bzw. ihn schließlich zu retten. In diesem Sinne unterscheidet sich der Gebrauch des Subsidiaritätstopos nicht von seiner Verwendung in den 1980er Jahren.

Auch in der Debatte um die „Agenda 2010" wurde ‚Subsidiarität' der gesellschaftlichen ‚Solidarität' zur Seite gestellt oder dem nur noch von Gewerkschaften vertretenen „alten" Solidaritätsprinzip übergeordnet. Man strebte eine Neuregelung der Verantwortungsteilung zwischen Staat, Gesellschaft und Individuum bzw. eine Neuorganisation von Sozialstaatlichkeit an. Die Menschen sollten etwa durch Beteiligung an der Risikovorsorge mehr Eigenverantwortung übernehmen. Demgemäß bezweckte der Subsidiaritätstopos auch in dieser Phase des Diskurses die Begründung einer privaten Organisation der staatlichen Daseinsvorsorge und die Kürzung von Sozialleistungen. Es sei Aufgabe des Staates, diese Form der Eigenverantwortung – was gemeint ist, verdeutlicht sich noch einmal an der typischen Wortverbindung in diesem Zusammenhang *Hilfe zur Selbsthilfe* (547) – zu fördern:

(546) Wir müssen darüber reden, dass nicht die lange Dauer der Zahlung von Arbeitslosengeld oder Sozialhilfe darüber entscheidet, ob ein Gemeinwesen sozial ist oder nicht. Viel wichtiger ist die Frage, wie es seinen Bürgern die Möglichkeit verschafft, sich ihren eigenen Le-

bensunterhalt selbst zu verdienen und ihr Leben auch materiell vollständig oder zumindest weitestgehend selbst zu gestalten. Das bedeutet in Zukunft auch, dass jede zumutbare Arbeit angenommen werden muss.
(Wolfgang Clement, in: SPIEGEL, 14.4.2003, *Wir sind am Anschlag*)

(547) Die neue Sozialhilfe ist so auszugestalten, daß der Subsidiaritätsgedanke unseres Sozialstaats wieder zum Tragen kommt. Staatliche Hilfe kann immer nur Hilfe zur Selbsthilfe sein, keine Voll- oder Teilkaskoversicherung für alle Lebenslagen. Nur wer sich selbst nicht selbst helfen kann – wegen Krankheit und Alter –, erhält die entsprechende Hilfe ohne Gegenleistung. Arbeitsfähige werden, wenn sie Sozialhilfe beziehen, zu entsprechender gemeinnütziger Beschäftigung herangezogen.
(Oswald Metzger, in: FAZ, 26.4.2003, *Im Schlaraffenland der Unverantwortlichen*)

(548) Dem Prinzip der Subsidiarität entspricht, daß ‚dasjenige, was der einzelne aus eigener Initiative und mit eigener Kraft leisten kann, ihm nicht entzogen und der Gesellschaftstätigkeit zugewiesen werden darf‘ (Sozialenzyklika Quadragesimo Anno des Papstes Pius XI. von 1931). Den Finanzen der sozialstaatlichen Einrichtungen droht der Kollaps in nicht allzu ferner Zukunft. [...] Die Finanzkrise des Staates [...] bietet die Chance einer radikalen Reform, in der das Subsidiaritätsprinzip wieder vom Kopf auf die Füße gestellt wird. Damit kann auch das Verhältnis zwischen Subsidiarität und Solidarität neu verstanden werden. Die Vorstellung eines Gegensatzes von Solidarität und Subsidiarität ist abwegig. Nur durch Subsidiarität kann Solidarität optimal gewährleistet werden. Es geht nicht um ‚soviel Solidarität wie möglich, soviel Subsidiarität wie nötig‘, sondern um die Maximierung einer wohlverstandenen Solidarität durch konsequente Anwendung des Subsidiaritätsprinzips. Der Sozialstaat des heutigen Status quo bewirkt ein enormes Maß an Umverteilung. Aber diese Umverteilung ist keineswegs nur eine Umverteilung von oben nach unten. Würde das Hochschulwesen zu einem großen Teil durch Gebühren finanziert und durch ein entsprechendes staatliches Kreditsystem für Studenten ergänzt und würden die eingesparten Gelder verwendet, um die Mehrwertsteuer von 16 Prozent auf 15 Prozent zu senken, so wäre dies eine Umverteilung zugunsten jener Bevölkerungsschichten, die mangels Begabung oder Schulbildung nicht studieren können, und zu Lasten der Schichten, die dank einer Hochschulbildung ein überdurchschnittliches Einkommen im Laufe ihres Lebens erwarten können. Das heutige Finanzierungssystem stellt eindeutig eine Umverteilung von unten nach oben dar. [...] Die heutige hohe Grenzbelastung menschlicher Arbeit mit zwei Dritteln Kollektiveinkommen bewirkt ein wesentlich höheres Ausmaß an Schwarzarbeit, als dies ein subsidiär aufgebautes System täte. Insofern ist der Status quo eine massive Umverteilung zugunsten der Gruppen, die von Schwarzarbeit Gebrauch machen, und zu Lasten der Gruppen, die dies nicht können oder wollen. Es leuchtet nicht ein, daß diese Begünstigung der Schwarzarbeit eine Umverteilung von oben nach unten wäre. [...] Demgegenüber erlauben das konsequent angewandte Subsidiaritätsprinzip und der daraus sich ergebene schlanke – aber starke – Staat eine sehr viel gezieltere Umverteilung von oben nach unten. Die Revitalisierung des Arbeitsmarktes durch eine Senkung der Kollektivlohnquote schafft große Effizienzgewinne für die Volkswirtschaft. Diese ermöglichen bei richtiger Dosierung eine gezielte Hilfe für die Schwächeren in der Gesellschaft, ohne daß übermäßige negative Anreizeffekte oder eine Überlastung der Staatskasse die Folge wären. In einer solchen Welt sind die Schwächsten der Gesellschaft bessergestellt als in der heutigen Welt. Insofern entspricht das Subsidiaritätsprinzip gerade auch den Gerechtigkeitsvorstellungen, wie sie unter anderen der Sozial-

philosoph John Rawls formuliert hat: die Welt so einzurichten, daß es den Schwächsten so gut wie möglich geht.
(Carl Christian von Weizäcker, in: FAZ, 22.3.2003, *Die Perversion eines Prinzips*)

Ob es die Selbstbestimmung hilfebedürftiger Menschen fördert, wenn der Staat durch seine „Verschlankung" *negative Anreizeffekte* (548) einschränkt und die Betroffenen so dazu erzieht, jede als *zumutbar* bezeichnete Arbeit anzunehmen, wie Wolfgang Clement in (546) fordert, und ob dies mit anderen Gerechtigkeitsvorstellungen als der Maxime der ‚Leistungsgerechtigkeit' in Einklang zu bringen ist, erscheint zweifelhaft. Wie auch das Beispiel des Subsidiaritätstopos zeigt, bestand die „Agenda 2010" aus „neoliberalen Ladenhütern" der 1980er Jahre, was man *Reformen* nannte.

5.6.3 Zwischenfazit: Der Diskurs als Modernisierer

In den 1990er Jahren setzte die Konstruktion eines „Reformstaus" gepaart mit der Deutung einer angeblichen Zeitenwende (*Globalisierung*) ein. Dies wurde als sozial- und wirtschaftspolitische Herausforderung und als zwingender Grund für „Reformen" aufgefasst. Über die Parteigrenzen hinweg hatte sich 2003 ein auf „Reformen" drängender Diskurs etabliert. Der „Reformstau" müsse aufgelöst werden, um Deutschland zu retten, so die im öffentlichen und im fachlichen Diskurs weit verbreitete Meinung. Mit der anschließenden Formulierung eines sich als „modern" begreifenden sozialdemokratischen Selbstverständnisses, mit der Politik des „Dritten Weges" oder der „Neuen Mitte" und mit dem Konzept des den Bürger stärker in die Pflicht nehmenden „aktivierenden Staates", was seinen diskursiven Kulminationspunkt in der „Agenda 2010" fand, ging die Erosion sozialdemokratischer Identität einher (vgl. Doering-Manteuffel & Raphael 2010: 18f.). Die „Agenda 2010", die damit verbundene Überwindung traditioneller Vorstellungen von ‚Gerechtigkeit', ‚Sozialstaatlichkeit' oder auch von ‚Arbeit', ist nicht nur in den Globalisierungs- und Reformdiskurs der 1990er Jahre und in den sozialdemokratischen Erneuerungsdiskurs eingebettet; sie ist auch Resultat und Höhepunkt des sozial- und wirtschaftspolitischen Krisendiskurses seit den 1970er Jahren und steht in deutlicher Kontinuität zum Wendediskurs 1982. Die Folgende Abbildung fasst die in der Debatte um die „Agenda 2010" verwendeten Topoi im Gefüge der topologischen Diskursformation zusammen:

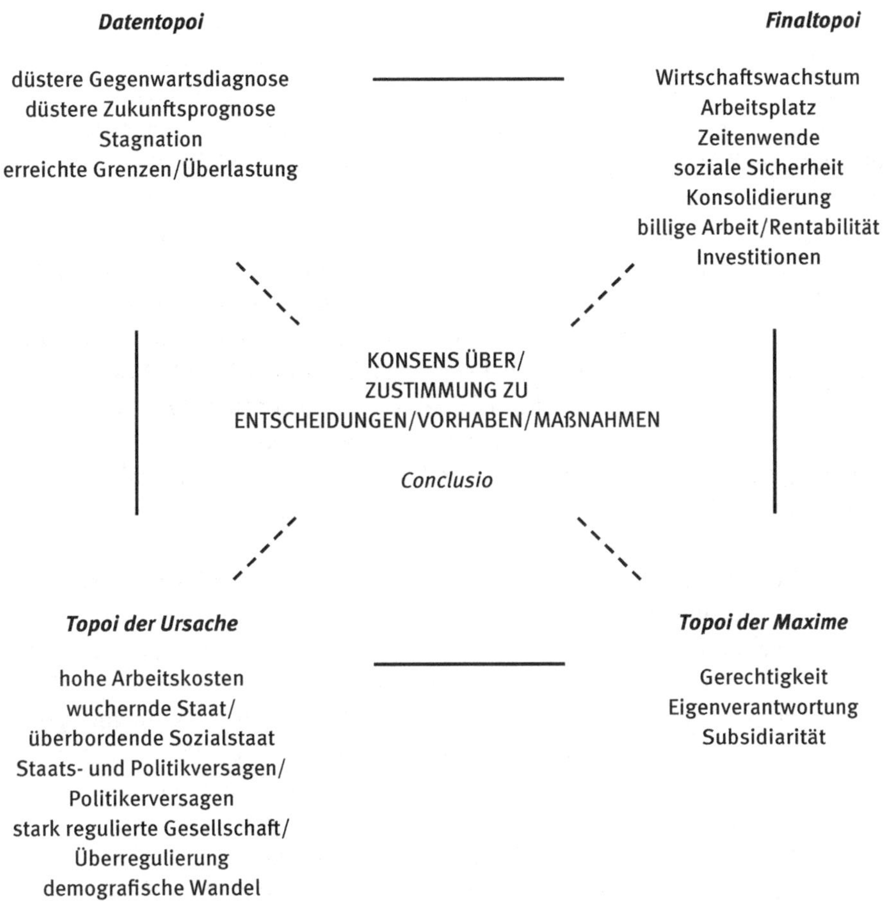

Abb. 28: Topologische Diskursformation „Agenda 2010“ 2003

Wie in den 1970er und 1980er Jahren dominieren im Gefüge der topologischen Diskursformation bei den Datentopoi, welche die „Krise“ als soziale Wirklichkeit begründen und politisches Handeln legitimieren, die kontextspezifischen Argumentationsmuster der düsteren Gegenwartsdiagnose und Zukunftsprognose. Die Krisenkonstruktionen unterscheiden sich kaum voneinander. Im Jahr 2003 stellte niemand mehr infrage, dass bezüglich Wirtschaftswachstum, Beschäftigung und Staatsfinanzen/Sozialstaat eine – abermals als historisch einmalig charakterisierte – „Krise“ existiere und dass, so die Schlussfolgerung, eine politische Erneuerung und „Reformen“ im Sinne der „Agenda 2010“ notwendig seien, um Schlimmeres zu verhindern.

Vor dem Hintergrund der Debatte um den „Reformstau" kam im historischen Vergleich zwischen den untersuchten Zeiträumen bei den Datentopoi lediglich der Topos der Stagnation neu hinzu. Dieses Argumentationsmuster erzeugte Handlungsdruck und begründete die Notwendigkeit, die „Blockaden" der Republik und die „Verkrustungen" des Arbeitsmarktes und der Sozialversicherungssysteme durch „Reformen" schnell aufzulösen. Der diskursiv erzeugte Problemdruck war so groß, dass die „Agenda 2010" als unabdingbar akzeptiert wurde.

Wie im Wendediskurs 1982 war die Wahrnehmung der „Krise" von der Vorstellung des Erreichens der finanziellen Belastungsgrenze des Sozialstaates, der als zu teuer angesehen wurde, geprägt. Aus diesem Grund seien ebenfalls die sozialen Sicherungssysteme und der Arbeitsmarkt im Sinne der „Agenda 2010" zu „modernisieren". Ebenfalls diente das Argumentationsmuster auch der Durchsetzung austeritätspolitischer Ziele. Ein neuer diskursiver Aspekt, der in diesem Zusammenhang auftauchte, war die angebliche Notwendigkeit der Konformität mit den Kriterien der EU hinsichtlich der Staatsverschuldung in disziplinierender Funktion.

Im Unterschied zur „Ölkrise" 1973/74 und zum Wendediskurs 1982 – wobei sich schon damals andeutete, dass man Arbeit als zu teuer empfand – sah man die Hauptursache der „Krise" in den hohen „Arbeitskosten", insbesondere in den „Lohnnebenkosten". Die „Agenda 2010" wurde immer wieder durch die Argumentation legitimiert, dass sie Arbeit durch Senkung der Steuern und „Lohnnebenkosten", so die aus dem Argumentationsmuster abgeleitete und ebenfalls argumentativ genutzte Zielvorstellung für politisches Handeln, rentabler mache. Dies sei wiederum durch einen *Umbau des Sozialstaates* zu erreichen, wie es phraseologisch-metaphorisch häufig ausgedrückt wurde.

Außerdem wurde in Kontinuität zum Wendediskurs 1982 dem wuchernden Staat/überbordenden Sozialstaat die Schuld an der „Krise" zugeschrieben. Die Kritik am traditionellen Sozialstaat und seinen angeblichen Auswüchsen, die zurückzudrängen seien, lässt sich seit den 1980er Jahren als ein fester Bestandteil von Krisendiskursen beobachten. Ihr liegt u. a. die Ansicht zugrunde, der Sozialstaat sei dekadent und habe auf den Menschen eine verderbende Wirkung, etwa indem er eine „Anspruchsmentalität" erzeuge. Deshalb müsse das Sozialsystem in seiner gegenwärtigen Form überwunden werden. Seit den 1980er Jahren sah man eine Lösung für dieses Problem in der Hinwendung zu den Prinzipien der ‚Eigenverantwortung' und ‚Subsidiarität'. Bei der Forderung nach subsidiär organisierter Solidarität, beim Konstrukt einer „Bedarfsgemeinschaft", handelt es sich im Grunde um eine Form der Zwangskollektivierung zur Entlassung des Staates aus der sozialen Verantwortung.

In allen untersuchten Zeiträumen, so auch im Diskurs zur „Agenda 2010", wird dem Staat, der Politik und/oder Politikern die Schuld an der „Krise" zugeschrieben. Der Topos vom Staats- und Politikversagen/Politikerversagen verbindet Staats- und Politikkritik mit der Infragestellung hergebrachten politischen Handelns, insbesondere sozialdemokratischer Politik, und betont die Notwendigkeit politischer Veränderungen, wie 2003 im Sinne der „Agenda 2010“. Somit trägt er wesentlich zur Transformationsdynamik seit den 1970er Jahren bei.

Dass man im Jahr 2003 auch bestimmte als ineffizient geltende Regelungen, insbesondere die sozialen Schutzrechte, deren „Reform“ unabdingbar sei, und den demografischen Wandel im Sinne einer Überalterung der Gesellschaft, weswegen das klassische Verständnis von Sozialstaatlichkeit zu überwinden sei, für die „Krise“ verantwortlich machte, kam neu zum Bestand des argumentativ nutzbaren gesellschaftlichen Wissens hinzu. Frappierend ist, dass ausgerechnet auch Sozialdemokraten, die sich nach ihrem Selbstverständnis für Arbeitnehmerrechte einsetzen, den Topos der stark regulierten Gesellschaft/Überregulierung nutzten, um die „Agenda 2010“ zu legitimieren.

Hinsichtlich der Finaltopoi ist festzuhalten, dass Wirtschaftswachstum seit den 1970er Jahren als ein etabliertes Wissenssegment und ein anderen Finaltopoi übergeordneter Zweck politischen Handelns anzusehen ist. Weiterhin lässt sich beobachten, dass seit den 1980er Jahren wachstumskritische Äußerungen weitestgehend ungesagt blieben. Dementsprechend wurde die „Agenda 2010“ im Jahr 2003 mit dem Ziel legitimiert, Wachstum zu generieren. Desgleichen handelt es sich beim Arbeitsplatztopos um ein während der „Ölkrise“ 1973/74 etabliertes und seither kontinuierlich verwendetes Argumentationsmuster, mit dem Akzeptanz für nahezu jedes politische Handeln geschaffen werden konnte. 2003 richtete sich der Arbeitsplatztopos insbesondere gegen traditionell sozialdemokratische Politikvorstellungen, die in den Jahrzehnten zuvor auf Basis dieses Topos noch legitimiert worden waren. Mit dem allgemein akzeptierten Ziel, Beschäftigung zu sichern und neue Arbeitsplätze zu schaffen, wurde 2003 zugunsten umfassender „Reformen“ des Arbeitsmarktes argumentiert. Insbesondere die „Agenda 2010“ und mit ihr verbundenes politisches Handeln – wie die Förderung von Leih- und Zeitarbeit, die Kürzung des Arbeitslosengeldes, die Abschaffung der Arbeitslosenhilfe und die Einführung des Arbeitslosengeldes II (*Hartz IV*) auf dem Niveau der Sozialhilfe – wurden als zielkonforme Mittel eingestuft und entsprechend plausibilisiert. War man in den 1970er und 1980er Jahren eher noch davon ausgegangen, dass die Probleme in einem Mangel an Arbeitsplätzen liegen würden, glaubte man 2003 Arbeitslosigkeit sei im überbordenden Sozialstaat bzw. in der Arbeitsunwilligkeit der Menschen begründet und insofern ein Vermittlungsproblem. Maßnahmen wie die eben genannten zielten nun darauf ab, Arbeitslose unter Druck zu setzen und so „Anreize“, eine Arbeit zu suchen und aufzunehmen, zu schaffen. Dies wurde auch als *Aktivierung* bezeichnet. Dabei standen nach dem Motto *Sozial/Gerecht ist, was Arbeit schafft* die Qualität und der Sinn von Arbeit oder die

Würde der Betroffenen im Hintergrund, denn so gut wie jede Arbeit galt neuerdings als zumutbar.

Die „Ölkrise“ 1973/74 und der Wendediskurs 1982 waren von der Wahrnehmung einer fundamentalen Zeitenwende geprägt. In der Debatte um die „Agenda 2010“ im Jahr 2003 war nur vereinzelt von einer Zeitenwende die Rede, aus der man die Notwendigkeit eines Umdenkens und bestimmter politischer Handlungen ableitete. Vielmehr ist die Zeitenwende eine Zielvorstellung für politisches Handeln im Sinne einer „Modernisierung“ oder „Reform“ der Gesellschaft, die aus dem Krisenszenario, das die Datentopoi begründen, abgeleitet wurde. Mit der Forderung nach einer Zeitenwende ging die Durchsetzung eines politischen Willens einher, insbesondere die Forderung nach Überwindung des traditionellen deutschen Sozialmodells, die durch die „Agenda 2010“ vorangetrieben werden sollte.

Die „Agenda 2010“ wurde mit den Zielen der Erhaltung des als bedroht geltenden Sozialstaates, der Notwendigkeit der „Konsolidierung“ der Haushalte und der Schaffung günstiger Bedingungen für privatwirtschaftliche Investitionen begründet, die bereits im neoliberalen Denken der 1980er Jahre fest verankert waren und sich gegen sozialdemokratische Politikvorstellungen richteten. Nun dienten diese Zwecke der Legitimation sozialdemokratischen Regierungshandelns. Hinzu kam der mit dem Ursachen benennenden Topos der hohen Arbeitskosten eng verbundene Topos der billigen Arbeit/Rentabilitätstopos. Allerdings hatte schon Lambsdorff in seinem Papier für eine *Verbilligung des Faktors Arbeit* plädiert, damit sich *Leistung wieder lohnt*. Insbesondere die „Agenda 2010“ wurde vor dem Hintergrund des Ziels begründet, Arbeit zu verbilligen bzw. rentabler zu machen.

Als Bewertungsmaßstab und als Motivation für politisches Handeln dominierte wie im Wendediskurs 1982 die Maxime der ‚Gerechtigkeit‘, wobei zum einen traditionelle Vorstellungen von ‚sozialer Gerechtigkeit‘/‚Verteilungsgerechtigkeit‘ in Konkurrenz zu als „modern“ ausgewiesenen Vorstellungen von ‚Leistungsgerechtigkeit‘ standen; zum anderen trat mit der ‚Generationengerechtigkeit‘ im historischen Vergleich ein neues Wissenselement in den öffentlichen Krisendiskurs ein. Nur „Reformen“ im Sinne der „Agenda 2010“ trügen dazu bei, *unseren Kindern*, wie es hieß, auch in Zukunft ein gutes Leben zu ermöglichen.

In deutlicher Kontinuität zu den 1980er Jahren stehen die Topoi der Eigenverantwortung und der Subsidiarität, die in Zusammenhang mit dem sozialdemokratischen Erneuerungsdiskurs und der Gerechtigkeitsdebatte Alternativkonzepte zur ‚sozialen Gerechtigkeit‘/‚Verteilungsgerechtigkeit‘ bzw. zum bestehenden Sozialstaat darstellen sollten.

Zusammenfassend gesagt, zeigt sich am historischen Vergleich der untersuchten Topoi, dass im Jahr 2003 die sich ja traditionell als *modern* verstehenden Sozialdemokraten von ca. 20 Jahre alten und teilweise noch älteren Denkweisen überzeugt waren und diese nutzten, um die „Agenda 2010“ zu legitimieren. Insofern ist der (Erneuerungs-)Diskurs zur „Agenda 2010“ reaktionär, obgleich historisch rückwärtsgewandte „Reformen“ plötzlich als „modern“ galten. Wenn Schröder eine „moderne“ Sozial- und Wirtschaftspolitik wollte, dann war damit offensichtlich die Abkehr von traditioneller sozialdemokratischer Politik gemeint. Die Sozialdemokraten waren dem liberalen Wendeappell der 1980er Jahre gefolgt. Mit der „Agenda 2010“ gab man vieles von dem auf, was einst, in den 1970er und 1980er Jahren, als sozialer Fortschritt gepriesen worden war und 2003 als unmodern galt.

Entsprechend der herausgearbeiteten hegemonialen Diskursformation stellt auch die Zeitgeschichtsschreibung fest, dass sich in den 1990er Jahren die „Probleme des bundesdeutschen Sozialstaates“ (Recker 2005: 106) verschärft hätten. Bereits in den 1980er Jahren seien die „strukturellen Verwerfungen“ (Recker 2005: 106) sichtbar geworden. Schon die Regierungen Schmidt und Kohl aber hätten nicht beherzt genug „Anpassungsmaßnahmen im Bereich von Renten- und Krankenversicherung sowie zugunsten der Flexibilisierung des Arbeitsmarktes“ (Recker 2005: 107) ergriffen. Die neue „rot-grüne Bundesregierung mit Gerhard Schröder [...] stand vor dem Dilemma, daß eine Konsolidierung der Sozialleistungssysteme in Deutschland unausweichlich war“, so Recker (2005: 107) in realistischer Diktion, womit sie die Sachzwang-Logik des dominanten öffentlichen sozial- und wirtschaftspolitischen Diskurses reproduziert und gleichzeitig den geschichtswissenschaftlichen Fachdiskurs auf diese Weise produziert. Nach Bestätigung der Regierung Schröder im Jahr 2002 „und angesichts der immer offenkundiger werdenden Dringlichkeit, den überforderten Wohlfahrtsstaat an die finanziellen und demographischen Realitäten anzupassen“, habe sich die Bundesregierung mit der „Agenda 2010“ endlich bereit gezeigt,

> durch die finanzielle Entlastung der Sozialsysteme, durch eine Umsteuerung in der Renten- und Krankenversicherung, durch eine Reform des Arbeitsmarktes sowie durch parallele wachstumspolitische Impulse bisherige Verkrustungen aufzubrechen und den bundesdeutschen Sozialstaat an die neue Situation anzupassen. Damit holte sie nach, was andere Länder in Europa bereits zuvor vollzogen hatten, nämlich ihre Sozialsysteme dem gesellschaftlichen Wandel, von der Alterung der Gesellschaft bis zur Auflösung des ‚Normalarbeitsverhältnisses‘, anzupassen. Die Tatsache, daß diesen Systemen die demographische Stütze durch eine zahlenmäßige jüngere Generation fehlt, die die ‚Bürde der Älteren und ihrer gestiegenen Lebenserwartung tragen könnte, und daß der Staat Ansprüche geweckt hat, denen er mit den bisherigen Organisations- und Finanzierungsprinzipien nicht mehr gerecht werden kann, war bereits vor 1990 erkennbar. [...] Die Folgen von Globalisierung [...] haben die Grenzen des Sozialstaats noch schmerzlicher erkennbar werden lassen; hier einen Umbau zu erreichen, der diesen Faktoren Rechnung trägt, wird die Aufgabe der Zukunft sein. [...] Vor allem die Globalisierung erwies sich als entscheidende Herausforderung für die Wirtschaftspolitik der Bundesregierung. Die Einbindung in die Weltwirt-

> schaft, die Konkurrenz neuer Märkte [...] sowie der weltweite Wettbewerb [...] schränkten die wirtschaftspolitische Autonomie staatlichen Handelns ein [...]. Zudem [...] verlagerten [international operierende Unternehmen im Zeichen weltweiter Konkurrenz; Anm. d. Verf.] Fertigungen und Dienstleistungen an den günstigsten Standort [...]. Dies ließ nicht nur die Unternehmensleitungen nach Qualität und Wert des Standort Deutschland fragen und entsprechende Schlußfolgerungen ziehen, sondern bedeutete für die Bundesregierung, generell die Rolle des Staates gegenüber der Wirtschaft neu zu bestimmen und an diese neue Perspektive anzupassen. (Recker 2005: 107ff.)

Man reibt sich schon ein wenig die Augen bei so viel Diskursvergessenheit der Zeitgeschichtsschreibung. Interessant wird zu beobachten, wie die „Agenda 2010" im wissenschaftlichen Fachdiskurs künftig weiter bewertet wird. Eine problemorientierte kritische Geschichts- und Politikwissenschaft würde sich möglicherweise mit den sozialen Folgen befassen und zu einer negativen Bewertung kommen; eine hegemonieorientierte Geschichts- und Politikwissenschaft würde sich möglicherweise nach den dominanten Argumentationen richten und die Erfolge der rot-grünen Sozial- und Wirtschaftspolitik für den Erhalt der BRD, ihres politischen Systems oder der Gesellschaft betonen und zu einer positiven Bewertung kommen. Mag sein, dass durch die „Agenda 2010" mehr Menschen arbeiten. Häufig tun sie dies aber anders, als es bisher üblich war. Prekarisierung und Pauperisierung sind soziale Folgen der diskursiv ermöglichten „Reformen". Aber wie sagte Schröder: *Gerecht ist, was Menschen in Erwerbsarbeit bringt.*

6 Schluss

Die sprachliche Konstruktion bzw. Verstehbarmachung von „Krisen" vollzieht sich auf der Basis des topischen Wissens. Dieses ist ein Teil des verstehensrelevanten Wissens einer Gesellschaft. Die in der vorliegenden Arbeit identifizierten Argumentationsmuster bilden den zentralen Bestand des topischen gesellschaftlichen Wissens, das seit den 1970er Jahren zur Produktion sozial- und wirtschaftspolitischer „Krisen" genutzt wird. Es ist einer bestimmten historischen Formation des Diskurses, einer topologischen Diskursformation, entsprechend organisiert. Einzelne Topoi begründen eine „Krise", erklären ihre Ursachen und berufen sich auf Handlungsziele und Maximen. In den komplexen Vorgang der so beschaffenen argumentativen Krisen-Konstruktion im öffentlichen Diskurs sind politische Entscheidungsprozesse und Prozesse der Legitimation politischen Handelns eingebettet. Dabei muss nach am Diskurs partizipierenden Akteuren unterschieden werden. Argumentationsmuster sind immer Ausdruck verschiedener Diskurspositionen. In historischer Perspektive verstetigt und verändert sich der Bestand des topischen gesellschaftlichen Wissens in Krisenzeiten und damit auch die politische Kultur der BRD.

In den 1970er Jahren bildete sich ein diskursiv konstituiertes Krisenbewusstsein aus. Damit war ein allmählich fortschreitender, sozialer und politischer Wandel verbunden. Historiker sprechen vom Ende der Nachkriegszeit und vom Beginn eines neuen Zeitalters. Die „Ölkrise" 1973/74 kann als eines der wichtigsten diskursiven Ereignisse gelten, das den Übergang in dieses neue Zeitalter beschleunigte. In der Geschichtsschreibung fungiert sie als Symbol des Umbruchs. Auch hinsichtlich der Geschichte des sozial- und wirtschaftspolitischen *Diskurses* ist in den 1970er Jahren eine Zäsur zu setzen. In der Nachkriegszeit und in der Zeit des Wirtschaftsbooms aufgebaute positive Zukunftserwartungen wurden enttäuscht, die Legitimität der Sozial- und Wirtschaftsordnung bzw. der liberale kapitalistische Konsens bezüglich einer keynesianisch inspirierten Politik im Rahmen der Marktwirtschaft wurde infrage gestellt. Dies bestätigt die Erkenntnisse der Zeitgeschichtsschreibung bzw. die Strukturbruch-These (vgl. Doering-Manteuffel & Raphael 2012). Obgleich die Theorie und das politische Konzept des Keynesianismus – weil als zur Lösung der Probleme ungeeignet erachtet – an Bedeutung verloren, und obwohl die politischen Möglichkeiten zur Bewältigung der „Krise" ausgeschöpft zu sein schienen, nahmen infolge der „Ölkrise" 1973/74 Bestrebungen zur politischen Planung und Versuche, gesellschaftliche und wirtschaftliche Entwicklungen zu steuern, zu. Vom Ende des Machbarkeitsglaubens zu sprechen wäre somit verfrüht. Noch nicht in der Kritik stand zu jener Zeit der Sozialstaat. Er wurde vielmehr unhinterfragt als für die Sicherung der Zukunft des Individuums

DOI 10.1515/9783110521221-007

und für Wahrung und Mehrung des Wohlstandes zuständig angesehen. Seit der „Ölkrise" 1973/74 jedoch galten gesellschaftlicher Wohlstand und Stabilität als bedroht, und Bürgerinteressen büßten an Geltung ein. Aufgrund des Bemühens, die Zukunft zu sichern und Wohlstand und Stabilität zu erhalten, waren Maßhalteappelle wieder vermittelbar. Außerdem galten austeritätspolitische Ziele neuerdings als erstrebenswert.

Der in den 1970er Jahren einsetzende diskursive Wandel, die Infragestellung der Problemlösungskompetenz des Staates und somit des Konsenses der Nachkriegszeit, wurde durch die Wahrnehmung einer „Krise" in den 1980er Jahren und durch die öffentliche Debatte über die Notwendigkeit einer „Wende" im Jahr 1982 verstärkt. Außerdem gab man nun dem Sozialstaat – respektive der Politik, die ihn aufgebaut hatte – die Schuld an der „Krise". Hier konvergieren öffentlicher Diskurs und Fachdiskurs deutlich (vgl. etwa Angster 2012: 71–78; Butterwegge 2014: 71; Nützenadel 2005: 361). Der sozial- und wirtschaftspolitische Diskurs formierte sich neoliberalen Vorstellungen gemäß, die in den 1990er Jahren diskursive Hegemonie erlangten. Zunächst aber sind ein Nebeneinander und ein Interferieren des etablierten Wissenssystems und der neuen Ideen zu beobachten. Allmählich wurde sodann dem Kapital, dem Eigeninteresse und dem individuellen Nutzen Vorrang gegenüber dem Gemeininteresse und dem Wunsch nach staatlicher Zukunftssicherung sowie Wahrung und Mehrung des Wohlstandes eingeräumt. Die Rechtfertigung für die „Wende" oder den Bruch mit der Sozial- und Wirtschaftsordnung bzw. mit dem keynesianisch fundierten Konsens der Nachkriegszeit sowie mit der Sozialdemokratie lieferte das Lambsdorff-Papier.

Hinsichtlich der Debatte um die „Agenda 2010" hatte sich der neoliberale Wendediskurs durchgesetzt und traditionell sozialdemokratische Leitvorstellungen von Sozial- und Wirtschaftspolitik, insbesondere bezüglich der Sozialstaatlichkeit, verdrängt. Diese galten nun – selbst unter Sozialdemokraten – als nicht mehr *modern*. Der Diskurs zeitigte auch tiefgreifende politische und soziale Folgen. Die „Agenda 2010" war eine politische Antwort auf den Krisendiskurs, der sich seit den 1970er Jahren entwickelt hatte; ohne ihn wäre es nicht möglich gewesen, die „Reformen" durchzusetzen.

„Eine tatsächliche ‚Wende' in der Bundesrepublik Deutschland ereignete sich erst mit dem Mauerfall", so Angster (2012: 129). Ob und wann eine *tatsächliche* „Wende" stattgefunden hat, vermag der Diskursanalytiker nicht zu beantworten. Jedenfalls scheint seit dem Mauerfall im kollektiven Gedächtnis fast völlig verlorengegangen zu sein, dass sich vor der 1989er Wende schon einmal eine „Wende" ereignet hatte. Diese begann in den 1970er Jahren. Sie vollzog sich im Sinne eines latenten und schleichenden, von den Beteiligten oft unbemerkten Wandels der öffentlichen Meinung bzw. des gesellschaftlichen Wissens und gipfelte in den *Agenda 2010* genannten „Reformen". Die vorliegende Arbeit beschreibt relevante diskursive Ereignisse und im Diskurs dominierende Topoi, auf deren Basis es zur „Wende" kommen konnte, sowie ihr Vorkommen bei verschiedenen Akteuren als das zu einer bestimmten Zeit Sagbare und ihre diachrone Veränderung als Wandel des zu sagen Möglichen.

Will man die Zeitgeschichte und Phänomene historischen und sozialen Wandels verstehen, muss man Diskurse und deren Wahrheitswirkungen, gesellschaftliche und politische Wirklichkeitswahrnehmungen, alltägliche sprachliche Handlungen, Kommunikationsweisen und dergleichen mehr beachten. Diskurse konstituieren historische und soziale Realitäten, bewirken Beharrung und Veränderung im Denken und Handeln. Wenn die Betrachtung der Wissenssysteme und Deutungsmuster unterbleibt, läuft jede Form von Geschichtsschreibung Gefahr, nicht das erforderliche Misstrauen entwickeln zu können, um Distanz zum Gegenstand der Untersuchung zu schaffen. Dies kann zur Folge haben, dass sie die Wissenssysteme/Deutungsmuster reproduziert, statt sie zu rekonstruieren und dadurch transparent zu machen.

Die genuine Aufgabe der linguistischen Diskursgeschichte sehe ich in der Herstellung von Transparenz. Das durchsichtig Gemachte im Hinblick auf seine sozialen Konsequenzen und/oder vor dem Hintergrund bestimmter Ideale kritisch zu kommentieren, wie es in der vorliegenden Arbeit in unterschiedlichem Maße geschehen ist, oder eine solche Auseinandersetzung zu unterlassen, liegt in der Verantwortung der Forschenden. Dies ist eine Gewissensfrage, die nichts mit dem Anspruch an die Wissenschaftlichkeit zu tun hat. Im Folgenden skizziere ich drei Bereiche für künftige Forschungen, die hier erbrachte Ergebnisse nutzen könnten:

(1) Interessant wäre zu ergründen, ob und wie sich in späteren „Krisen", etwa in der „Banken- und Finanzkrise" seit 2008, der diskursive Wandel fortgesetzt hat. In Zusammenhang mit Forderungen, die Finanzmärkte stärker zu regulieren, ist beispielsweise die Rede vom Erwachen „neokeynesianische[r] Konzepte" (Plumpe 2010: 25) oder von einem neuen Konsens im Sinne eines ideologiefreien und flexiblen politischen Pragmatismus als neuer Form des Regierens und des Krisenmanagements (vgl. Maeße 2013) (also von dem, was in historischer Perspektive schon die Sozialdemokraten Helmut Schmidt und Gerhard Schröder für sich beanspruchten und was man heute Angela Merkel zuschreibt). Dies könnte geprüft werden.

(2) Krisendiskurse wie die hier untersuchten dürften sich seit Entstehung des modernen Kapitalismus in der ersten Hälfte des 19. Jahrhunderts rekonstruieren lassen. Es handelt sich also nicht um Exklusivphänomene der Gegenwartsgeschichte seit den 1970er Jahren, sondern um Phänomene langer Dauer, denen es gilt auf die Spur zu kommen. So wäre in diskursgeschichtlicher Perspektive eine Folgeforschung interessant, die sich z. B. mit den „Krisen" der Weimarer Republik

und der Zeit vor dem Ersten Weltkrieg befasst. Dies könnte einen wesentlichen Beitrag zur Rekonstruktion – und somit zum Verständnis der Genese – des gesellschaftlichen Krisenbewusstseins und der politischen Kultur in der Gegenwart leisten.

(3) „Krisen" sind Zeiten der Entscheidung. In Krisenzeiten besteht ein erhöhter Legitimations- und Problemlösungsdruck. „Krisen" lassen sich als Einschnitte oder disruptive Ereignisse im Sinne von Herausforderungen für die Legitimität der existenzsichernden epistemischen Basis einer Gesellschaft und politischer und sozialer Ordnungen verstehen. Wie die vorliegende Arbeit gezeigt hat, ist der Umgang mit „Krisen" ein Prozess, der zwischen Verstetigung und Wandel pendelt, in dem sich Wissensformationen und Ideen, Wertesysteme, Deutungsmuster und Handlungsroutinen stabilisieren und neu ausbilden. Die Stabilisierung und Neuverhandlung ehemals etablierter Gewissheiten kann als Resilienzprozess verstanden werden. Resilienz bedeutet im hier gemeinten Sinne die Fähigkeit von Menschen, Gruppen, Gesellschaften, Kulturen – allgemein von sozialen Einheiten – durch flexibles und kreatives Verhalten mit „Krisen" umzugehen bzw. Widerstandskraft gegenüber den angeblich unheilvollen Veränderungsprozessen zu entwickeln.

Insofern „Krisen" auf die Anerkennung bislang kollektiv geltender Gewissheiten störend wirken, wodurch eine Gesellschaft in ihren Grundfesten erschüttert werden kann, provozieren sie einen Bedarf nach Resilienz. Werden die normativen Bedingungen der sozialen Interaktion bzw. verstehensrelevantes gesellschaftliches Wissen, Ideen, Wertesysteme, Deutungsmuster und Handlungsroutinen relativiert und wird sozialen Einheiten die existenzgefährdende Vulnerabilität ihrer Geltungsbasis bewusst, kann man auf das Verfahren der Argumentation zurückgreifen, um einen neuen Konsens herzustellen, um die gesellschaftliche Geltungsbasis zu sichern bzw. um Unsicherheiten zu absorbieren und so den Zusammenhalt der Gesellschaft zu gewährleisten. Dies basiert auf der Strategie, die als bedroht wahrgenommene Einheit so umzugestalten, dass sie weiter existieren kann und vor künftigen „Krisen" geschützt ist. Allerdings sind Veränderungen im epistemischen Haushalt einer Gesellschaft auf Dauer nicht möglich, wenn das Neue nicht akzeptiert wird. Durch gelingende Argumentation können sich die Gesellschaft, Wissen, Ideen, Wertesysteme, Deutungsmuster und Handlungsweisen als resiliente Einheiten erweisen. Unter *Gelingen* ist in diesem Fall die erfolgreiche Legitimation infrage gestellter sozialer Gewissheiten und/oder die Durchsetzung neuer Gewissheiten zu verstehen.

Wenn man Konsens als gesellschaftlichen Integrationsmechanismus begreift, ist das sprachliche Handlungsmittel der Argumentation eine wichtige Voraussetzung für den Fortbestand und letztlich für die Resilienz einer Gesellschaft bzw. von Wissensformationen und Ideen, Wertesystemen, Deutungsmustern und

Handlungsroutinen. Die Rhetorik und die Topik, die Verfügung topischen Wissens und sprachlicher Strategien und Mittel, sich vorherrschender Meinungen zu bedienen, um Überzeugungen zu schaffen, sind ein kulturelles Kapital im Sinne Bourdieus oder Ressourcen „gesellschaftlichen Erfolgs und der Überwindung von Krisen und Konflikten“ (Ueding & Steinbrink Bernd 2011: 172) bzw. der gesellschaftlichen Selbstbehauptung (und natürlich auch eine Machtressource). Weiterführend wäre nun im Anschluss an den Resilienzbegriff eine Theorie der Argumentation im Sinne einer radikal anthropologischen Rhetorik zu entwerfen, welche die fundamentalte Funktion rhetorischer Verfahren für das soziale Leben und Überleben herausarbeitet. Die vorliegende Arbeit hat hierzu einen ersten empirischen Beitrag geleistet, indem sie aus dem Vorrat der Sprache, genauer aus Sprachhandlungen in argumentativer Funktion, einen Komplex topischer Wissensressourcen und darauf basierender sprachlicher Strategien erschließt, die, so meine Hypothese, maßgeblich zur Resilienz der bundesrepublikanischen Gesellschaft und der kapitalistischen Sozial- und Wirtschaftsordnung in Krisenzeiten seit 1973 beitrug.

Literaturverzeichnis

Abelshauser, Werner (1983): *Wirtschaftsgeschichte der Bundesrepublik Deutschland.* Frankfurt a. M.
Abelshauser, Werner (2011): *Deutsche Wirtschaftsgeschichte: von 1945 bis zur Gegenwart.* 2., überarb. u. erw. Aufl. München.
Angermüller, Johannes, Martin Nonhoff, Eva Herschinger, Felicitas Macgilchrist, Martin Reisigl, Juliette Wedl, Daniel Wrana & Alexander Ziem (Hrsg.) (2014a): *Diskursforschung. Ein interdisziplinäres Handbuch. Theorien, Methodologien, Kontroversen.* Bd. 1. Bielefeld.
Angermüller, Johannes, Martin Nonhoff, Eva Herschinger, Felicitas Macgilchrist, Martin Reisigl, Juliette Wedl, Daniel Wrana & Alexander Ziem (Hrsg.) (2014b): *Diskursforschung. Ein interdisziplinäres Handbuch. Methoden und Praxis der Diskursanalye: Perspektiven auf Hochschulreformdiskurse.* Bd. 2. Bielefeld.
Angster, Julia (2003): *Konsenskapitalismus und Sozialdemokratie. Die Westernisierung von SPD und DGB.* München.
Angster, Julia (2012): *Die Bundesrepublik Deutschland 1963–1982.* Darmstadt.
Aristoteles (1999): Rhetorik. In: Gernot Krapinger (Hrsg.): *Aristoteles: Rhetorik. Übersetzung.* Stuttgart.
Aristoteles (2004): Topik. In: Tim Wagner & Christof Rapp (Hrsg.): *Aristoteles: Topik. Übersetzung und Kommentar.* Stuttgart.
Austin, John L. (1977) [1957]: Ein Plädoyer für Entschuldigungen. In: George Meggle (Hrsg.): *Analytische Handlungstheorie.* Bd. 1. Frankfurt a. M., S. 8–42.
Bär, Jochen A. (2015): *Hermeneutische Linguistik. Theorie und Praxis grammatisch-semantischer Interpretation. Grundzüge einer Systematik des Verstehens.* Berlin u. a.
Bär, Jochen A. & Thomas Niehr (2012): Alternativen zum Elfenbeinturm. Die Linguistik will stärker in die Öffentlichkeit hineinwirken. In: *Aptum – Zeitschrift für Sprachkritik und Sprachkultur.* Jhg. 8, H. 03/2012, S. 281–287.
Bluhm, Claudia, Dirk Deissler, Joachim Scharloth & Anja Stukenbrock (2000): Linguistische Diskursanalyse: Überblick, Probleme, Perspektiven. In: *Sprache und Literatur in Wissenschaft und Unterricht.* Jhg. 31, H. 86, S. 3–21.
Bogdal, Klaus-Michael (2007): *Historische Diskursanalyse der Literatur.* 2., erw. Ausg. Heidelberg.
Böke, Karin (1996a): Überlegungen zu einer Metaphernanalyse im Dienste einer „parzellierten" Sprachgeschichtsschreibung. In: Karin Böke, Matthias Jung & Martin Wengeler (Hrsg.): *Öffentlicher Sprachgebrauch. Praktische, historische und interdisziplinäre Perspektiven. Georg Stötzel zum 60. Geburtstag gewidmet.* Opladen, S. 431–452.
Böke, Karin (1996b): Politische Leitvokabeln in der Adenauer-Ära. Zu Theorie und Methodik. In: Karin Böke, Frank Liedtke & Martin Wengeler (Hrsg.): *Politische Leitvokabeln in der Adenauer-Ära.* Berlin, New York, S. 19–50.
Böke, Karin (1997): Die „Invasion" aus den „Armenhäusern Europas". Metaphern im Einwanderungsdiskurs. In: Matthias Jung, Martin Wengeler & Karin Böke (Hrsg.): *Die Sprache des Migrationsdiskurses. Das Reden über „Ausländer" in Medien, Politik und Alltag.* Opladen, S. 164–193.
Böke, Karin, Matthias Jung, Thomas Niehr & Martin Wengeler (2000): Vergleichende Diskurslinguistik. Überlegungen zur Analyse national heterogener Textkorpora. In: Thomas Niehr &

DOI 10.1515/9783110521221-008

Karin Böke (Hrsg.): *Einwanderungsdiskurse. Vergleichende diskurslinguistische Studien.* Opladen, S. 11–26.

Böke, Karin, Frank Liedtke & Martin Wengeler (Hrsg.) (1996): *Politische Leitvokabeln in der Adenauer-Ära.* Berlin, New York.

Bornscheuer, Lothar (1976): *Topik. Zur Struktur der gesellschaftlichen Einbildungskraft.* Frankfurt a. M.

Bornscheuer, Lothar (1977): Zehn Thesen zur Ambivalenz der Rhetorik und zum Spannungsgefüge des Topos-Begriffs. In: Heinrich F. Plett (Hrsg.): *Rhetorik. Kritische Positionen zum Stand der Forschung.* München, S. 204–212.

Bornscheuer, Lothar (1989): Neue Dimensionen und Desiderata der Topik-Forschung. In: *Mittellateinisches Jahrbuch.* Jhg. 1987, H. 22, S. 2–27.

Bornscheuer, Lothar (2001): Topik. In: Klaus Kanzog & Achim Masser (Hrsg.): *Reallexikon der deutschen Literaturgeschichte. Begründet von Paul Merker und Wolfgang Stammler.* 2. Aufl. Berlin, New York, S. 455–475.

Brunner, Otto, Werner Conze & Reinhart Koselleck (Hrsg.) (1972–1997): *Geschichtliche Grundbegriffe. Historisches Lexikon zur politisch-sozialen Sprache in Deutschland.* 8 Bde. Stuttgart.

Bubenhofer, Noah (2009): *Sprachgebrauchsmuster. Korpuslinguistik als Methode der Diskurs- und Kulturanalyse.* Berlin, New York.

Busch, Albert (2007): Der Diskurs: ein linguistischer Proteus und seine Erfassung – Methodologie und empirische Gütekriterien für die sprachwissenschaftliche Erfassung von Diskursen und ihrer lexikalischen Inventare. In: Ingo H. Warnke (Hrsg.): *Diskurslinguistik nach Foucault. Theorie und Gegenstände.* Berlin, New York, S. 141–163.

Busse, Dietrich (1986): Überlegungen zum Bedeutungswandel. In: *Sprache und Literatur in Wissenschaft und Unterricht.* Jhg. 17, H. 58, S. 51–67.

Busse, Dietrich (1987): *Historische Semantik.* Stuttgart.

Busse, Dietrich (1988): Kommunikatives Handeln als sprachtheoretisches Grundmodell der historischen Semantik. In: Ludwig Jäger (Hrsg.): *Zur historischen Semantik des deutschen Gefühlswortschatzes. Aspekte, Probleme und Beispiele seiner lexikographsichen Erfassung.* Aachen, S. 247–272.

Busse, Dietrich (1997): Das Eigene und das Fremde. Annotationen zu Funktion und Wirkung einer diskurssemantischen Grundfigur. In: Matthias Jung, Martin Wengeler & Karin Böke (Hrsg.): *Die Sprache des Migrationsdiskurses. Das Reden über „Ausländer" in Medien, Politik und Alltag.* Opladen, S. 17–35.

Busse, Dietrich (2000): Historische Diskurssemantik. Ein linguistischer Beitrag zur Analyse gesellschaftlichen Wissens. In: *Sprache und Literatur in Wissenschaft und Unterricht.* Jhg. 31, H. 86, S. 39–53.

Busse, Dietrich (2003a): Begriffsgeschichte oder Diskursgeschichte? Zu theoretischen Grundlagen und Methodenfragen einer historisch-semantischen Epistemologie. In: Carsten Dutt (Hrsg.): *Herausforderungen der Begriffsgeschichte.* Heidelberg, S. 17–38.

Busse, Dietrich (2003b): Diskursanalyse in der Sprachgermanistik – Versuch einer Zwischenbilanz und Ortsbestimmung. In: Ulrike Haß & Christoph König (Hrsg.): *Literaturwissenschaft und Linguistik.* Marbach, S. 175–187.

Busse, Dietrich (2003c): Historische Diskursanalyse in der Sprachgermanistik – Versuch einer Zwischenbilanz und Ortsbestimmung. In: Martin Wengeler (Hrsg.): *Deutsche Sprachgeschichte nach 1945. Diskurs- und kulturgeschichtliche Perspektiven. Beiträge zu einer Tagung anlässlich der Emeritierung Georg Stötzels.* Hildesheim, New York, S. 8–19.

Busse, Dietrich (2005): Architekturen des Wissens – Zum Verhältnis von Semantik und Epistemologie. In: Ernst Müller (Hrsg.): *Begriffsgeschichte im Umbruch.* Hamburg, S. 43–57.
Busse, Dietrich (2006): Text – Sprache – Wissen. Perspektiven einer linguistischen Epistemologie als Beitrag zur Historischen Semantik. In: Lutz Danneberg, Wilhelm Schmidt-Biggemann, Horst Thomé & Friedrich Vollhardt (Hrsg.): *Scientia Poetica 10.* Berlin, New York, S. 101–137.
Busse, Dietrich (2007): Diskurslinguistik als Kontextualisierung – Sprachwissenschaftliche Überlegungen zur Analyse gesellschaftlichen Wissens. In: Ingo H. Warnke (Hrsg.): *Diskurslinguistik nach Foucault. Theorie und Gegenstände.* Berlin, New York, S. 81–105.
Busse, Dietrich (2008a): Begriffsgeschichte – Diskursgeschichte – Linguistische Epistemologie. Bemerkungen zu den theoretischen und methodischen Grundlagen einer Historischen Semantik in philosophischem Interesse anlässlich einer Philosophie der Person. In: Alexander Haardt & Nikolaj Plotnikov (Hrsg.): *Diskurse der Personalität: Die Begriffsgeschichte der ‚Person' aus deutscher und russischer Perspektive.* München, S. 115–142.
Busse, Dietrich (2008b): Diskurslinguistik als Epistemologie. Das verstehensrelevante Wissen als Gegenstand linguistischer Forschung. In: Ingo H. Warnke & Jürgen Spitzmüller (Hrsg.): *Methoden der Diskurslinguistik. Sprachwissenschaftliche Zugänge zur transtextuellen Ebene.* Berlin, New York, S. 57–88.
Busse, Dietrich (2009a): *Semantik. Eine Einführung.* Paderborn.
Busse, Dietrich (2009b): Prädikation durch Wortbildung. Zum Zusammenhang von Wortgrammatik und Satzsemantik. In: Wolf-Andreas Liebert & Horst Schwinn (Hrsg.): *Mit Bezug auf Sprache. Festschrift für Rainer Wimmer.* Tübingen, S. 485–507.
Busse, Dietrich (2012): *Frame-Semantik. Ein Kompendium.* Berlin, Boston.
Busse, Dietrich (2013a): Linguistische Diskurssemantik: Rückschau und Erläuterung nach 30 Jahren. In: Dietrich Busse & Wolfgang Teubert (Hrsg.): *Linguistische Diskursanalyse: neue Perspektiven.* Wiesbaden, S. 31–53.
Busse, Dietrich (2013b): Diskurs – Sprache – Gesellschaftliches Wissen. Perspektiven einer Diskursanalyse nach Foucault im Rahmen einer Linguistischen Epistemologie. In: Dietrich Busse & Wolfgang Teubert (Hrsg.): *Linguistische Diskursanalyse: neue Perspektiven.* Wiesbaden, S. 147–185.
Busse, Dietrich (2013c): Linguistische Diskursanalyse. Die Macht der Sprache und die soziale Konstruktion der Wirklichkeit aus der Perspektive einer linguistischen Epistemologie. In: Willy Viehöfer, Reiner Keller & Werner Schneider (Hrsg.): *Diskurs – Sprache – Wissen. Interdisziplinäre Beiträge zum Verhältnis von Sprache und Wissen in der Diskursforschung.* Wiesbaden, S. 51–77.
Busse, Dietrich & Wolfgang Teubert (1994): Ist Diskurs ein sprachwissenschaftliches Objekt? Zur Methodenfrage der historischen Semantik. In: Dietrich Busse, Fritz Hermanns & Wolfgang Teubert (Hrsg.): *Begriffsgeschichte und Diskursgeschichte. Methodenfragen und Forschungsergebnisse der historischen Semantik.* Opladen, S. 10–28.
Busse, Dietrich & Wolfgang Teubert (2013a): Vorwort. In: Dietrich Busse & Wolfgang Teubert (Hrsg.): *Linguistische Diskursanalyse: neue Perspektiven.* Wiesbaden, S. 7–10.
Busse, Dietrich & Wolfgang Teubert (2013) [1994]: Ist Diskurs ein sprachwissenschaftliches Objekt? Zur Methodenfrage der historischen Semantik. In: Dietrich Busse & Wolfgang Teubert (Hrsg.): *Linguistische Diskursanalyse: neue Perspektiven.* Wiesbaden, S. 13–30.
Busse, Dietrich & Wolfgang Teubert (Hrsg.) (2013b): *Linguistische Diskursanalyse: neue Perspektiven.* Wiesbaden.

Butterwegge, Christoph (2014): *Krise und Zukunft des Sozialstaates*. 5., aktual. Aufl. Wiesbaden.

Butterwegge, Christoph (2015): *Hartz IV und die Folgen. Auf dem Weg in eine andere Republik?* 2. Aufl. Weinheim.

Curtius, Ernst Robert (1993) [1948]: *Europäische Literatur und lateinisches Mittelalter*. 11. Aufl. Tübingen.

Diaz-Bone, Rainer (2013): Soziologische Perspektiven auf die Diskurslinguistik nach Foucault. In: Dietrich Busse & Wolfgang Teubert (Hrsg.): *Linguistische Diskursanalyse: neue Perspektiven*. Wiesbaden, S. 271–286.

Dieckmann, Walther (1989): Rezension zu: Dietrich Busse (1987): Historische Semantik. Analyse eines Programms (Stuttgart: Klett-Cotta 1987, 334S.). Vielleicht ist Wortsemantik doch noch erlaubt? In: *Zeitschrift für germanistische Linguistik*. Jhg. 17, H. 2, S. 221–225.

Doering-Manteuffel, Anselm & Lutz Raphael (2012): *Nach dem Boom. Perspektiven auf die Zeitgeschichte seit 1970*. 3., erg. Aufl. Göttingen.

Domasch, Silke (2007): *Biomedizin als sprachliche Kontroverse. Die Thematisierung von Sprache im öffentlichen Diskurs zur Gendiagnostik*. Berlin, New York.

Dreesen, Philipp (2013): Kritik als Erkenntnismodus, Praxis und Untersuchungsgegenstand in der Diskurslinguistik. In: Ulrike Hanna Meinhof, Martin Reisigl & Ingo H. Warnke (Hrsg.): *Diskurslinguistik im Spannungsfeld von Deskription und Kritik*. Berlin, S. 169–201.

Eggler, Marcel (2006): *Argumentationsanalyse textlinguistisch. Argumentative Figuren für und wider den Golfkrieg von 1991*. Tübingen.

Eggs, Ekkehard (1984): *Die Rhetorik des Aristoteles. Ein Beitrag zur Theorie der Alltagsargumentation und zur Syntax von komplexen Sätzen (im Französischen)*. Frankfurt a. M. u. a.

Eitz, Thorsten (2003): *Aids. Krankheitsgeschichte und Sprachgeschichte*. Hildesheim, New York.

Eitz, Thorsten & Isabelle Engelhardt (2014): *Politische Sprache der Weimarer Republik*. Hildesheim, New York.

Eitz, Thorsten & Georg Stötzel (2007): *Wörterbuch der „Vergangenheitsbewältigung". Die NS-Vergangenheit im öffentlichen Sprachgebrauch*. Bd. 1. Hildesheim.

Eitz, Thorsten & Georg Stötzel (2009): *Wörterbuch der „Vergangenheitsbewältigung". Die NS-Vergangenheit im öffentlichen Sprachgebrauch*. Bd. 2. Hildesheim.

Eitz, Thorsten & Martin Wengeler (2013a): Vergessene Diskurse? Zur Diskursgeschichte der Weimarer Republik am Beispiel des Themas Wirtschaft. In: Ekkehard Felder (Hrsg.): *Faktizitätsherstellung in Diskursen. Die Macht des Deklarativen*. Berlin, Boston, S. 309–327.

Eitz, Thorsten & Martin Wengeler (2013b): Semantische Kämpfe in der Weimarer Republik. Zur vergessenen Geschichte politischer Sprache in Deutschland. In: Jörg Kilian & Thomas Niehr (Hrsg.): *Politik als sprachlich gebundenes Wissen. Politische Sprache im lebenslangen Lernen und politischen Handeln*. Bremen, S. 33–44.

Ellwein, Thomas (1989): *Krisen und Reformen. Die Bundesrepublik seit den sechziger Jahren*. München.

Felder, Ekkehard (Hrsg.) (2006): *Semantische Kämpfe. Macht und Sprache in den Wissenschaften*. Berlin, New York.

Foucault, Michel (1974) [1966]: *Die Ordnung der Dinge*. Frankfurt a. M.

Foucault, Michel (1977) [1975]: *Überwachen und Strafen. Die Geburt des Gefängnisses*. Frankfurt a. M.

Foucault, Michel (1981) [1969]: *Archäologie des Wissens*. Frankfurt a. M.

Foucault, Michel (1983) [1976]: *Der Wille zum Wissen. Sexualität und Wahrheit.* Bd. 1. Frankfurt a. M.
Foucault, Michel (1989a) [1984]: *Der Gebrauch der Lüste. Sexualität und Warheit.* Bd. 2. Frankfurt a. M.
Foucault, Michel (1989b) [1984]: *Die Sorge um sich. Sexualität und Wahrheit.* Bd. 3. Frankfurt a. M.
Foucault, Michel (2001): *Die Ordnung der Dinge. Gespräch mit Raymond Bellour.* In: Michel Foucault, Daniel Defert & François Ewald (Hrsg.): *Dits et écrits. 1954–1988.* Paris, S. 644–652.
Foucault, Michel (2012) [1972]: *Die Ordnung des Diskurses.* Frankfurt a. M.
Friedman, Milton (1957): *A Theory of the Consumption Function.* Pricenton.
Gardt, Andreas (1999): *Geschichte der Sprachwissenschaft in Deutschland. Vom Mittelalter bis ins 20. Jahrhundert.* Berlin.
Gardt, Andreas (2007): Diskursanalyse – Aktueller theoretischer Ort und methodische Möglichkeiten. In: Ingo H. Warnke (Hrsg.): *Diskurslinguistik nach Foucault. Theorie und Gegenstände.* Berlin, New York, S. 27–52.
Geertz, Clifford (1987): *Dichte Beschreibung. Beiträge zum Verstehen kultureller Systeme.* Frankfurt a. M.
Gerhardt, Marlis (1974): Wilhelm von Humboldt und die moderne Sprachtheorie. In: Marlis Gerhardt (Hrsg.): *Linguistik und Sprachphilosophie.* München, S. 11–27.
Gessmann, Martin, Stefan Jordan, Hermann Danuser, Valeska von Rosen, Filippo Ranieri, Gregor Kalivoda & Klaus Ostheeren (2009): Topos. In: Gert Ueding (Hrsg.): *Historisches Wörterbuch der Rhetorik.* Band 9: St–Z. Tübingen, S. 630–724.
Geyer, Martin H. (2010): Auf der Suche nach der Gegenwart. Neue Arbeiten zur Geschichte der 1970er und 1980er Jahre. In: *Archiv für Sozialgeschichte.* Jhg. 50, S. 643–669.
Giddens, Anthony (1998): *Der dritte Weg. Die Erneuerung der sozialen Demokratie.*
Glaser, Barney G. & Anselm L. Strauss (2010): *Grounded Theory. Strategien qualitativer Forschung.* 3., unv. Aufl. Bern.
Göttlich, Udo (2002): Massenmedium. In: Helmut Schanze (Hrsg.): *Metzler Lexikon. Medientheorie Medienwissenschaft.* Stuttgart, Weimar, S. 193–194.
Graf, Rüdiger (2010): Gefährdungen der Energiesicherheit und die Angst vor der Angst: Westliche Industrieländer und das arabische Ölembargo 1973/74. In: Patrick Bormann, Thomas Freiberger & Judith Michel (Hrsg.): *Angst in den Internationalen Beziehungen.* Bonn, S. 227–249.
Graf, Rüdiger (2014): *Öl und Souveränität. Petroknowledge und Energiepolitik in den USA und Westeuropa in den 1970er Jahren.* Berlin u. a.
Gredel, Eva (2014): *Diskursdynamiken. Metaphorische Muster zum Diskursobjekt Virus.* Berlin, New York.
Harras, Gisela (2004): *Handlungssprache und Sprechhandlung. Eine Einführung in die theoretischen Grundlagen.* 2., durchg. u. erw. Aufl. Berlin, New York.
Hegelich, Simon, David Knollmann & Johanna Kuhlmann (2011): *Agenda 2010. Strategien – Entscheidungen – Konsequenzen.* 1. Aufl. Wiesbaden.
Heinze, Rolf G. (1998): *Die blockierte Gesellschaft. Sozioökonomischer Wandel und die Krise des „Modell Deutschland".* Wiesbaden.
Hermanns, Fritz (1989): Deontische Tautologien. Ein linguistischer Beitrag zur Interpretation des Godesberger Programms der SPD. In: Josef Klein (Hrsg.): *Politische Semantik. Be-*

deutungsanalytische und sprachkritische Beiträge zur politischen Sprachverwendung. Opladen, S. 69–149.

Hermanns, Fritz (1995): Sprachgeschichte als Mentalitätsgeschichte. Überlegungen zu Sinn und Form und Gegenstand historischer Semantik. In: Andreas Gardt, Klaus Mattheier & Oskar Reichmann (Hrsg.): *Sprachgeschichte des Neuhochdeutschen. Gegenstände, Methoden, Theorien.* Tübingen, S. 69–101.

Hermanns, Fritz (2007): Diskurshermeneutik. In: Ingo H. Warnke (Hrsg.): *Diskurslinguistik nach Foucault. Theorie und Gegenstände.* Berlin, New York, S. 187–210.

Hermanns, Fritz (2012) [1995]: Sprachgeschichte als Mentalitätsgeschichte. Überlegungen zu Sinn und Form und Gegenstand historischer Semantik. In: Heidrun Kämper, Angelika Linke & Martin Wengeler (Hrsg.): *Fritz Hermanns. Der Sitz der Sprache im Leben. Beiträge zu einer kulturanalytischen Linguistik.* Berlin, Boston, S. 5–36.

Hermanns, Fritz (2012) [1994]: Linguistische Anthropologie. Skizze eines Gegenstandsbereiches linguistischer Mentalitatsgeschichte. In: Heidrun Kämper, Angelika Linke & Martin Wengeler (Hrsg.): *Fritz Hermanns. Der Sitz der Sprache im Leben. Beiträge zu einer kulturanalytischen Linguistik.* Berlin, Boston, S. 37–66.

Hermanns, Fritz (2012) [2003]: *Die Globalisierung.* Versuch der Darstellung des Bedeutungsspektrums der Bezeichnung. In: Heidrun Kämper, Angelika Linke & Martin Wengeler (Hrsg.): *Fritz Hermanns. Der Sitz der Sprache im Leben. Beiträge zu einer kulturanalytischen Linguistik.* Berlin, Boston, S. 311–336.

Hobsbawm, Eric (2014) [1994]: *Das Zeitalter der Extreme. Weltgeschichte des 20. Jahrhunderts.* München.

Hoeres, Peter (2013): Von der „Tendenzwende" zur „geistig-moralischen Wende". Konstruktion und Kritik konservativer Signaturen in den 1970er und 1980er Jahren. In: *Vierteljahreshefte für Zeitgeschichte.* Jhg. 61, H. 1, S. 93–119.

Hohensee, Jens (1994): „Und sonntags wieder laufen...". Die erste Ölkrise 1973/74 und ihre Perzeption in der Bundesrepublik Deutschland. In: Michael Salewski & Ilona Stölken-Fitschen (Hrsg.): *Moderne Zeiten. Technik und Zeitgeist im 19. und 20. Jahrhundert.* Stuttgart, S. 175–197.

Hohensee, Jens (1996): *Der erste Ölpreisschock 1973/74. Die politischen und gesellschaftlichen Auswirkungen der arabischen Erdölpolitik auf die BRD und Westeuropa.* Stuttgart.

Hünemörder, Kai F. (2004): Kassandra im modernen Gewand. Die umweltapokalyptischen Mahnrufe der frühen 1970er Jahre. In: Frank Uekötter & Jens Hohensee (Hrsg.): *Wird Kassandra heiser? Die Geschichte falscher Ökoalarme.* Wiesbaden, Stuttgart, S. 78–97.

Jäger, Ludwig (1975): *Zu einer historischen Rekonstruktion der authentischen Sprach-Idee F. de Saussures.* Diss. Düsseldorf.

Jäger, Siegfried (2005): Diskurs als „Fluß von Wissen durch die Zeit". Ein transdisziplinäres politisches Konzept. In: *Aptum – Zeitschrift für Sprachkritik und Sprachkultur.* Jhg. 1, H. 1, S. 52–72.

Jäger, Siegfried (2010): Einblicke. Foucaultsche und sprachwissenschaftliche Diskursanalyse. In: *DISS-Journal. Zeitung des Duisburger Instituts für Sprach- und Sozialforschung (DISS).* H. 19, S. 32.

Jäger, Siegfried (2012): *Kritische Diskursanalyse. Eine Einführung.* 6., vollst. überarb. Aufl. Münster.

Jarausch, Konrad H. (2006): Krise oder Aufbruch? Historische Annäherungen an die 1970er Jahre. In: *Zeithistorische Forschungen/Studies in Contemporary History.* Jhg. 3, H. 3, S. 334–341.

Jarausch, Konrad H. (Hrsg.) (2008): *Das Ende der Zuversicht? Die siebziger Jahre als Geschichte.* Göttingen.

Johannsen, Margret (2011): *Der Nahost-Konflikt.* 3., aktual. Aufl. Wiesbaden.

Jung, Matthias (1994a): Zählen oder Deuten? Das Methodenproblem der Diskursgeschichte am Beispiel der Atomenergiedebatte. In: Dietrich Busse, Fritz Hermanns & Wolfgang Teubert (Hrsg.): *Begriffsgeschichte und Diskursgeschichte. Methodenfragen und Forschungsergebnisse der historischen Semantik.* Opladen, S. 60–81.

Jung, Matthias (1994b): *Öffentlichkeit und Sprachwandel. Zur Geschichte des Diskurses über die Atomenergie.* Opladen.

Jung, Matthias (1996): Linguistische Diskursgeschichte. In: Karin Böke, Matthias Jung & Martin Wengeler (Hrsg.): *Öffentlicher Sprachgebrauch. Praktische, historische und interdisziplinäre Perspektiven. Georg Stötzel zum 60. Geburtstag gewidmet.* Opladen, S. 453–472.

Jung, Matthias (1997): Lexik und Sprachbewußtsein im Migrationsdiskurs. Methodik und Ergebnisse wortbezogener Untersuchungen. In: Matthias Jung, Martin Wengeler & Karin Böke (Hrsg.): *Die Sprache des Migrationsdiskurses. Das Reden über „Ausländer" in Medien, Politik und Alltag.* Opladen, S. 194–213.

Jung, Matthias (2000): Diskurshistorische Analyse als linguistischer Ansatz. In: *Sprache und Literatur in Wissenschaft und Unterricht.* Jhg. 31, H. 86, S. 20–38.

Jung, Matthias (2005) [1994]: Öffentlichkeit und Sprachwandel. Zur Geschichte des Diskurses über Atomenergie. In: Martin Wengeler (Hrsg.): *Sprachgeschichte als Zeitgeschichte. Konzepte, Methoden und Forschungsergebnisse der Düsseldorfer Sprachgeschichtsschreibung für die Zeit nach 1945.* Hildesheim, New York, S. 79–145.

Jung, Matthias (2011): Diskurshistorische Analyse: eine linguistische Perspektive – Discourse history analysis: a linguistv approach. In: Reiner Keller, Andreas Hirseland, Werner Schneider & Willy Viehöfer (Hrsg.): *Handbuch sozialwissenschaftliche Diskursanalyse. Band 1: Theorien und Methoden.* 3., erw. Aufl. Wiesbaden, S. 37–59.

Jung, Matthias, Thomas Niehr & Karin Böke (Hrsg.) (2000): *Ausländer und Migranten im Spiegel der Presse. Ein diskurshistorisches Wörterbuch zur Einwanderung seit 1945.* Opladen.

Jung, Matthias, Martin Wengeler & Karin Böke (Hrsg.) (1997): *Die Sprache des Migrationsdiskurses. Das Reden über „Ausländer" in Medien, Politik und Alltag.* Opladen.

Kalwa, Nina (2013): *Das Konzept „Islam". Eine diskurslinguistische Untersuchung.* Berlin, Boston.

Kammler, Clemens & Rolf Parr (Hrsg.) (2007): *Foucault in den Kulturwissenschaften. Eine Bestandsaufnahme.* Heidelberg.

Kammler, Clemens, Rolf Parr & Ulrich Johannes Schneider (Hrsg.) (2008): *Foucault – Handbuch. Leben – Werk – Wirkung.* Stuttgart, Weimar.

Kämper, Heidrun, Angelika Linke & Martin Wengeler (Hrsg.) (2012): *Fritz Hermanns. Der Sitz der Sprache im Leben. Beiträge zu einer kulturanalytischen Linguistik.* Berlin, Boston.

Karasek, Tom (2008): Versuch über den Globalisierungsdiskurs. In: Clemens Knobloch, Ronald Hartz & Tom Karasek (Hrsg.): *Inszenierte Konflikte – Inszenierter Konsens. Konflikt- und Einigkeitskommunikation in Printmedien und Organisationen.* Münster, S. 49–100.

Karasek, Tom (2009): Globalsierung und Reform. Die Hegemonie des Globalisierungs- und Reformdiskurses am Beispiel der *Frankfurter Allgemeinen Zeitung. In:* Stephan Habscheid & Clemens Knobloch (Hrsg.): *Einigkeitsdiskurse. Zur Inszenierung von Konsens in organisationaler und öffentlicher Kommunikation.* Wiesbaden, S. 71–116.

Keller, Reiner (2010): *Diskursforschung. Eine Einführung für SozialwissenschaftlerInnen.* 4. Aufl. Wiesbaden.

Keller, Reiner (2011): *Wissenssoziologische Diskursanalyse. Grundlegung eines Forschungsprogramms*. 3. Aufl. Wiesbaden.

Keller, Reiner (2012): Der menschliche Faktor. Über Akteur(inn)en, Sprecher(inn)en, Subjektpositionen, Subjektivierungsweisen in der Wissenssoziologischen Diskursanalyse. In: Reiner Keller, Werner Schneider & Willy Viehöfer (Hrsg.): *Diskurs-macht-Subjekt. Theorie und Empirie von Subjektivierung in der Diskursforschung*. Wiesbaden, S. 69–107.

Keller, Reiner, Andreas Hirseland, Werner Schneider & Willy Viehöfer (Hrsg.) (2010): *Handbuch sozialwissenschaftliche Diskursanalyse*. Bd. 2: Forschungspraxis. 4. Aufl. Wiesbaden.

Keller, Reiner, Andreas Hirseland, Werner Schneider & Willy Viehöfer (Hrsg.) (2011): *Handbuch sozialwissenschaftliche Diskursanalyse*. Bd. 1: Theorien und Methoden. 3., erw. Aufl. Wiesbaden.

Keller, Reiner & Inga Truschkat (2013): Einleitung. In: Reiner Keller & Inga Truschkat (Hrsg.): *Methodologie und Praxis der Wissenssoziologischen Diskursforschung*. Bd. 1: Interdisziplinäre Perspektiven. Wiesbaden, S. 9–23.

Keller, Rudi (1977): Kollokutionäre Akte. In: *Germanistische Linguistik*, H. 1–2, S. 5–50.

Keller, Rudi (1995): *Zeichentheorie. Zu einer Theorie semiotischen Wissens*. Tübingen, Basel.

Keller, Rudi (2003): *Sprachwandel. Von der unsichtbaren Hand in der Sprache*. 3., durchges. Aufl. Stuttgart.

Kepplinger, Hans Mathias (2011): Die Konstruktion der Ölkrise 1973/74. In: Hans Mathias Kepplinger (Hrsg.): *Realitätskonstruktionen. Theorie und Praxis öffentlicher Kommunikation*. Wiesbaden, S. 153–176.

Kerchner, Brigitte & Silke Schneider (Hrsg.) (2006): *Foucault: Diskursanalyse in der Politik. Eine Einführung*. Wiesbaden.

Kienpointner, Manfred (1992a): *Alltagslogik. Struktur und Funktion von Argumentationsmustern*. Stuttgart, Bad Cannstatt.

Kienpointner, Manfred (1992b): Argument. In: Gert Ueding (Hrsg.): *Historisches Wörterbuch der Rhetorik*. Bd. 1: A–Bib. Tübingen, S. 889–904.

Kienpointner, Manfred (2003): Nouvelle Rhétorique. In: Gert Ueding (Hrsg.): *Historisches Wörterbuch der Rhetorik*. Bd. 6: Must–Pop. Tübingen, S. 344–352.

Kienpointner, Manfred (2005): Dimensionen der Angemessenheit. Theoretische Fundierung und praktische Anwendung linguistischer Sprachkritik. In: *Aptum – Zeitschrift für Sprachkritik und Sprachkultur*. Jhg. 1, H. 3, S. 193–219.

Kilian, Jörg, Thomas Niehr & Jürgen Schiewe (2010): *Sprachkritik. Ansätze und Methoden der kritischen Sprachbetrachtung*. Berlin, New York.

Klein, Josef (1987): *Die konklusiven Sprechhandlungen. Studien zur Pragmatik, Semantik, Syntax und Lexik von BEGRÜNDEN, ERKLÄREN-WARUM, FOLGERN und RECHTFERTIGEN*. Tübingen.

Klein, Josef (1989): Wortschatz – Wortkampf – Wortfelder in der Politik. In: Josef Klein (Hrsg.): *Politische Semantik. Bedeutungsanalytische und sprachkritische Beiträge zur politischen Sprachverwendung*. Opladen, S. 3–50.

Klein, Josef (1995): Asyl-Diskurs. In: Ruth Reiher (Hrsg.): *Sprache im Konflikt*. Berlin, New York, S. 15–71.

Klein, Josef (2000): Komplexe topische Muster. Vom Einzeltopos zur diskurstyp-spezifischen Topos-Konfiguration. In: Thomas Schirren & Gert Ueding (Hrsg.): *Topik und Rhetorik. Ein interdisziplinäres Symposium*. Tübingen, S. 625–649.

Klein, Josef (2001a): ‚Erklären‘ und ‚Argumentieren‘ als interaktive Gesprächsstrukturen. In: Klaus Brinker, Gerd Antos, Wolfgang Heinemann & Sven F. Sager (Hrsg.): *Text- und Gesprächslinguistik. 2. Halbband: Gesprächslinguistik.* Berlin, New York, S. 1309–1329.

Klein, Josef (2001b): Zur Semantik der Nachrüstungsdebatte. In: Jürgen Mahrun & Manfred Wilke (Hrsg.): *Raketenpoker um Europa. Das sowjetische SS 20-Abenteuer und die Friedensbewegung.* München, S. 151–161.

Klein, Josef (2002): Topik und Frametheorie als argumentations- und begriffsgeschichtliche Instrumente, dargestellt am Kolonialdiskurs. In: Dieter Cherubim & Karlheinz Jakob (Hrsg.): *Neue deutsche Sprachgeschichte: Mentalitätsgeschichtliche, kultur- und sozialgeschichtliche Zugänge.* Berlin, New York, S. 167–181.

Klein, Josef (2003): Politische Rede. In: Gert Ueding (Hrsg.): *Historisches Wörterbuch der Rhetorik.* Bd. 6: Must–Pop. Tübingen, S. 1465–1521.

Klein, Josef (2007a): Linguistische Hermeneutik politischer Rede. Eine Modellanalyse am Beispiel von Kanzler Schröders Verkündung der Agenda 2010. In: Fritz Hermanns & Werner Holly (Hrsg.): *Linguistische Hermeneutik.* Tübingen, S. 201–238.

Klein, Josef (2007b): Texte mit globaler Resonanz. Auch ein Beitrag zu diskursivem ‚Kampf der Kulturen‘. In: *Aptum – Zeitschrift für Sprachkritik und Sprachkultur.* Jhg. 3, H. 2/2007, S. 122–138.

Klein, Josef (2009): ERKLÄREN-WAS, ERKLÄREN-WIE, ERKLÄREN-WARUM. Typologie und Komplexität zentraler Akte der Welterschließung. In: Rüdiger Vogt (Hrsg.): *Erklären: gesprächsanalytische und fachdidaktische Perspektiven.* Tübingen, S. 25–36.

Klein, Josef (2010a): Hartz-Sprache. In: Stephan Habscheid & Michael Klemm (Hrsg.): *Sprachhandeln und Medienstrukturen in der politischen Kommunikation.* Tübingen, S. 133–144.

Klein, Josef (2010b): Politische Sprachstrategien – dargestellt am schweizerischen, deutschen und US-amerikanischen Beispielen. In: Kersten Sven Roth & Christa Dürscheid (Hrsg.): *Wahl der Wörter – Wahl der Waffen? Sprache und Politik in der Schweiz.* Bremen, S. 19–35.

Klein, Josef (2011a): Sprache, Macht und politischer Wettbewerb. In: *Sprachreport*, H. 4, S. 3–9.

Klein, Josef (2011b): Diskurse, Kampagnen, Verfahren. Politische Texte und Textsorten in Funktion. In: *Mitteilungen des deutschen Germanistenverbandes*, H. 3, S. 289–298.

Klein, Josef (2013): Der saliente politische Satz – ein Kristallisationspunkt kollektiven Wissens. In: Jörg Kilian & Thomas Niehr (Hrsg.): *Politik als sprachlich gebundenes Wissen. Politische Sprache im lebenslangen Lernen und politischen Handeln.* Bremen, S. 137–158.

Klein, Josef (2015): Blühende Landschaften – Scheinasylanten – Globalisierung. Sprache und Politik in den 1990er Jahren. In: *Indes.* Jhg. 1, H. 4, S. 69–78.

Klug, Nina-Maria (2012): *Das konfessionelle Flugblatt. Eine Studie zur Semiotik und historischen Textanalyse.* Berlin, Boston.

Knobloch, Clemens (1998): *Moralisierung und Sachzwang. Politische Kommunikation in der Massendemokratie.* Duisburg.

Knobloch, Clemens (2008): ‚Globalisierung‘ oder die Rhetorik der kontrahierten Nation. In: Clemens Knobloch, Ronals Hartz & Tom Karasek (Hrsg.): *Inszenierte Konflikte – Inszenierter Konsens. Konflikt- und Einigkeitskommunikation in Printmedien und Organisationen.* Münster, S. 177.

Kopperschmidt, Josef (2005): *Argumentationstheorie zur Einführung.* 2. Aufl. Hamburg.

Kopperschmidt, Josef (Hrsg.) (2006): *Die neue Rhetorik: Studien zu Chaim Perelman.* Paderborn.

Koselleck, Reinhart (1967): Richtlinien für das Lexikon politisch-sozialer Begriffe der Neuzeit. In: *Archiv für Begriffsgeschichte.* Jhg. 11, H. 1, S. 81–99.

Koselleck, Reinhart (1979a): Begriffsgeschichte und Sozialgeschichte. In: Reinhart Koselleck (Hrsg.): *Historische Semantik und Begriffsgeschichte.* Stuttgart, S. 19–36.
Koselleck, Reinhart (Hrsg.) (1979b): *Historische Semantik und Begriffsgeschichte.* Stuttgart.
Koselleck, Reinhart (2006): *Begriffsgeschichten. Studien zur Semantik und Pragmatik der politischen und sozialen Sprache.* Frankfurt a. M.
Kraus, Manfred (1994): Enthymem. In: Gert Ueding (Hrsg.): *Historisches Wörterbuch der Rhetorik.* Bd. 2: Bie–Eul. Tübingen, S. 1197–1222.
Kreuz, Christian (2014): *Der Schuld-Komplex. Ein hermeneutisch-korpuslinguistischer Einblick in den Schulddiskurs während des Ersten Weltkriegs und der Weimarer Republik.* Trier. [http://ubt.opus.hbz-nrw.de/volltexte/2014/859/, zuletzt abgerufen am 06.03.2017].
Kreuz, Christian & David Römer (2015): Kulturelle Artefakte als Gegenstand der Diskursforschung. In: Heidrun Kämper & Ingo H. Warnke (Hrsg.): *Diskurs – Interdisziplinär. Zugänge, Gegenstände, Perspektiven.* Berlin, Boston, S. 229–244.
Kuck, Kristin & David Römer (2012): Metaphern und Argumentationsmuster im Mediendiskurs zur „Finanzkrise". In: Anja Peltzer, Kathrin Lämmle & Andreas Wagenknecht (Hrsg.): *Krise, Cash & Kommunikation. Die Finanzkrise in den Medien.* Konstanz, München, S. 71–93.
Kühn, Peter (1992): Adressaten und Adressatenkarussell in der öffentlichen und politischen Auseinandersetzung. In: Joachim Dyck, Walter Jens & Gert Ueding (Hrsg.): *Rhetorik. Ein internationales Jahrbuch.* Tübingen, S. 51–66.
Kupper, Patrick (2004): „Weltuntergangs-Vision aus dem Computer". Zur Geschichte der Studie „Die Grenzen des Wachstums" von 1972. In: Frank Uekötter & Jens Hohensee (Hrsg.): *Wird Kassandra heiser? Die Geschichte falscher Ökoalarme.* Wiesbaden, Stuttgart, S. 98–111.
Landwehr, Achim (2009): *Historische Diskursanalyse.* 2. Aufl. Frankfurt a. M., New York.
Lanthaler, Franz, Hanspeter Ortner, Jürgen Schiewe, Richard Schrodt & Horst Sitta (2003): Was ist der Gegenstand der Sprachwissenschaft? Einladung zur Diskussion [„Bozener Manifest"]. In: *Sprachreport.* Jhg. 19, H. 2, S. 1–5.
Larcher, Bendel Sylvia (2015): *Linguistische Diskursanalyse. Ein Lehr- und Arbeitsbuch.* Tübingen.
Lasch, Alexander (2013): Sind serielle Texte ein Gegenstand linguistischer Diskursanalyse? Zu diskursbeständigen und diskursverändernden ‚Lebensbeschreibungen' in rituellen Kontexten. In: Dietrich Busse & Wolfgang Teubert (Hrsg.): *Linguistische Diskursanalyse: neue Perspektiven.* Wiesbaden, S. 381–399.
Liebert, Wolf-Andreas (2004): Diskursdynamik in der Risikokommunikation. Eine diskurslinguistische Untersuchung der Trierer Luftschadstoff-Debatte 1974–2001. In: *Deutsche Sprache. Eine Zeitschrift für Theorie Praxis Dokumentation.* Jhg. 2004, H. 2, S. 137–161.
Liedtke, Frank, Martin Wengeler & Karin Böke (Hrsg.) (1991): *Begriffe besetzen. Strategien des Sprachgebrauchs in der Politik.* Opladen.
Maas, Utz (1984): *„Als der Geist der Gemeinschaft eine Sprache fand". Sprache im Nationalsozialismus.* Opladen.
Maeße, Jens (2013): „Krisenmanagement". Eine neue Form des ökonomischen Regierens? In: Martin Wengeler & Alexander Ziem (Hrsg.): *Sprachliche Konstruktionen von Krisen. Interdisziplinäre Perspektiven auf ein fortwährend aktuelles Phänomen.* Bremen, S. 85–110.
Marx, Karl (1972) [1852]: Der achtzehnte Brumaire des Louis Bonaparte. In: Karl Marx & Friedrich Engels (Hrsg.): *Werke.* Berlin, S. 115–123.
Maset, Michael (2002): *Diskurs, Macht und Geschichte. Foucaults Analysetechniken und die historische Forschung.* Frankfurt a. M., New York.

Meinhof, Ulrike Hanna, Martin Reisigl & Ingo H. Warnke (Hrsg.) (2013): *Diskurslinguistik im Spannungsfeld von Deskription und Kritik.* Berlin.

Mende, Silke (2011): *„Nicht rechts, nicht links, sondern vorn". Eine Geschichte der Gründungsgrünen*. München.

Niehr, Thomas (2004): *Der Streit um Migration in der Bundesrepublik Deutschland, der Schweiz und Österreich. Eine vergleichende diskursgeschichtliche Untersuchung*. Heidelberg.

Niehr, Thomas (2012a): Rezension zu: Constanze Spieß. 2011. Diskurshandlungen. Theorie und Methode linguistischer Diskursanalyse am Beispiel der Bioethikdebatte (Sprache und Wissen 7). Berlin, New York: De Gruyter. xvi, 593 S. In: *Zeitschrift für Rezensionen zur germanistischen Sprachwissenschaft.* Jhg. 4, H. 2, S. 251–256.

Niehr, Thomas (2012b): Politolinguistik – Diskurslinguistik: Gemeinsame Perspektiven und Anwendungsbezüge. In: Kersten Sven Roth & Carmen Spiegel (Hrsg.): *Angewandte Diskurslinguistik. Felder, Probleme, Perspektiven.* Berlin, S. 73–88.

Niehr, Thomas (2014a): *Einführung in die linguistische Diskursanalyse.* Darmstadt.

Niehr, Thomas (2014b): *Einführung in die Politolinguistik.* Göttingen.

Niehr, Thomas & Karin Böke (Hrsg.) (2000): *Einwanderungsdiskurse. Vergleichende diskurslinguistische Studien*. Opladen.

Niehr, Thomas & Karin Böke (2010): Diskursanalyse unter linguistischer Perspektive – am Beispiel des Migrationsdiskurses. In: Reiner Keller, Andreas Hirseland, Werner Schneider & Willy Viehöfer (Hrsg.): *Handbuch sozialwissenschaftliche Diskursanalyse. Bd. 2: Forschungspraxis.* 4. Aufl. Wiesbaden, S. 359–385.

Nolte, Paul (2004): *Generation Reform. Jenseits der blockierten Republik.* München.

Nora, Pierre (Hrsg.) (2005): *Erinnerungsorte Frankreichs.* München.

Nussbaumer, Markus (1995): *Argumentation und Argumentationstheorie.* Heidelberg.

Nützenadel, Alexander (2002): Abschied vom Sonderweg. Die Wirtschafts- und Sozialgeschichte der Bundesrepublik. In: *Neue Politische Literatur.* XLVII, S. 277–299.

Nützenadel, Alexander (2005): *Stunde der Ökonomen. Wissenschaft, Expertenkultur und Politik in der Bundesrepublik 1949–74*. Göttingen.

Nützenadel, Alexander (2007): Wirtschaftskrisen und die Transformation des Sozialstaates im 20. Jahrhundert. In: *Archiv für Sozialgeschichte.* Jhg. 47, S. 31–46.

Öhlschläger, Günther (1979): *Linguistische Überlegungen zu einer Theorie der Argumentation*. Tübingen.

Öhlschläger, Günther (1980): Zum Explizieren von Voraussetzungen beim Argumentieren. In: *Zeitschrift für Literaturwissenschaft und Linguistik,* 10 (38/39), S. 152–167.

Ottmers, Clemens (2007): *Rhetorik.* 2. Aufl. Stuttgart.

Perelman, Chaïm & Lucie Olbrechts-Tyteca (2004) [1958]: *Die neue Rhetorik: eine Abhandlung über das Argumentieren.* 2 Bde. Stuttgart, Bad Cannstatt.

Pielenz, Michael (1993): *Argumentation und Metapher.* Tübingen.

Plumpe, Werner (2010): *Wirtschaftskrisen: Geschichte und Gegenwart.* München.

Plumpe, Werner (2013): Die Wirtschaftskrise 1966/67 und ihre Bedeutung in der deutschen Wirtschaftsgeschichte. In: Martin Wengeler & Alexander Ziem (Hrsg.): *Sprachliche Konstruktionen von Krisen. Interdisziplinäre Perspektiven auf ein fortwährend aktuelles Phänomen.* Bremen, S. 19–29.

Ptassek, Peter (1994): Endoxa. In: Gert Ueding (Hrsg.): *Historisches Wörterbuch der Rhetorik.* Band 2: Bie–Eul. Tübingen, S. 1134–1138.

Raithel, Thomas, Andreas Rödder & Andreas Wirsching (Hrsg.) (2009): *Auf dem Weg in eine neue Moderne? Die Bundesrepublik Deutschland in den siebziger und achtziger Jahren.* München.

Rapp, Christof & Tim Wagner (2004): Einleitung. In: Tim Wagner & Christof Rapp (Hrsg.): *Aristoteles: Topik. Übersetzung und Kommentar.* Stuttgart, S. 7–42.

Recker, Marie-Luise (2005): *Geschichte der Bundesrepublik Deutschland.* 2., überarb. u. erw. Aufl. München.

Reisigl, Martin (2013): Die Stellung der historischen Diskurssemantik in der linguistischen Diskursforschung. In: Dietrich Busse & Wolfgang Teubert (Hrsg.): *Linguistische Diskursanalyse: neue Perspektiven.* Wiesbaden, S. 243–271.

Reisigl, Martin & Ingo H. Warnke (2013): Diskurslinguistik im Spannungsfeld von Deskription, Präskription und Kritik. Eine Einleitung. In: Ulrike Hanna Meinhof, Martin Reisigl & Ingo H. Warnke (Hrsg.): *Diskurslinguistik im Spannungsfeld von Deskription und Kritik.* Berlin, S. 7–35.

Roelcke, Thorsten (1989): Rezension zu: Dietrich Busse (1987): Historische Semantik. Analyse eines Programms (Stuttgart: Klett-Cotta 1987, 334S.). Kommunikative Handlung und Diskurs. Aspekte und Probleme einer handlungstheoretisch begründeten historischen Diskurssemantik. In: *Zeitschrift für germanistische Linguistik.* Jhg. 17, H. 2, S. 211–220.

Römer, David (2012): „Politikversagen!" – Relationale Toposanalyse: Überlegungen zu einem Verfahren linguistischen Interpretierens und dessen sprachkritischer Anwendbarkeit am Beispiel eines Diskursausschnitts zu „Krisen". In: *Aptum – Zeitschrift für Sprachkritik und Sprachkultur.* Jhg. 8, H. 03/2012, S. 193–216.

Römer, David & Martin Wengeler (2013a): „Die Globalisierung ist ein ökonomisches Phänomen mit politischen Folgen". Linguistische Diskursanalyse am Beispiel der sprachlichen Konstruktion der ‚Arbeitsmarktkrise' 1997. In: *Zeitschrift für Diskursforschung.* Jhg. 1, H. 2, S. 137–158.

Römer, David & Martin Wengeler (2013b): „Wirtschaftskrisen" begründen/mit „Wirtschaftskrisen" legitimieren. Ein diskurshistorischer Vergleich. In: Martin Wengeler & Alexander Ziem (Hrsg.): *Sprachliche Konstruktionen von Krisen. Interdisziplinäre Perspektiven auf ein fortwährend aktuelles Phänomen.* Bremen, S. 269–288.

Roth, Kersten Sven (2008): Interpersonale Diskursrealisationen – Überlegungen zu ihrer Integration in die diskurssemantische Forschung. In: Ingo H. Warnke & Jürgen Spitzmüller (Hrsg.): *Methoden der Diskurslinguistik. Sprachwissenschaftliche Zugänge zur transtextuellen Ebene.* Berlin, New York, S. 323–358.

Roth, Kersten Sven (2015): *Diskursrealisationen. Grundlegung und methodischer Umriss einer pragmatisch-interaktionalen Diskurssemantik.* Berlin.

Ruoff, Michael (2007): *Foucault – Lexikon. Entwicklung – Kernbegriffe – Zusammenhänge.* Paderborn.

Sarasin, Philipp (2010): *Michel Foucault. Zur Einführung.* Hamburg.

Schanetzky, Tim (2007): *Die große Ernüchterung. Wirtschaftspolitik, Expertise und Gesellschaft in der Bundesrepublik Deutschland 1966–1982.* Berlin.

Scharf, Hans-Werner (1977): *Ein Beitrag zur Diskontinuität der Sprachtheorie in der Geschichte der neueren Linguistik.* Diss. Düsseldorf.

Scharloth, Joachim, David Eugster & Noah Bubenhofer (2013): Das Wuchern der Rhizome. Linguistische Diskursanalyse und Data-driven Turn. In: Dietrich Busse & Wolfgang Teubert (Hrsg.): *Linguistische Diskursanalyse: neue Perspektiven.* Wiesbaden, S. 343–380.

Scherf, Harald (1986): *Enttäuschte Hoffnungen – vergebene Chancen. Die Wirtschaftspolitik der sozialliberalen Koalition 1969–1982.*

Schiewe, Jürgen (1998): *Die Macht der Sprache. Eine Geschichte der Sprachkritik von der Antike bis zur Gegenwart.* München.

Schiewe, Jürgen (2003): Wege der Sprachkritik nach 1945. In: Martin Wengeler (Hrsg.): *Deutsche Sprachgeschichte nach 1945. Diskurs- und kulturgeschichtliche Perspektiven. Beiträge zu einer Tagung anlässlich der Emeritierung Georg Stötzels.* Hildesheim, New York, S. 125–138.

Schiewe, Jürgen & Martin Wengeler (2005): Zeitschrift für Sprachkritik und Sprachkultur. Einführung der Herausgeber zum ersten Heft. In: *Aptum – Zeitschrift für Sprachkritik und Sprachkultur.* Jhg. 1, H. 1, S. 1–12.

Schirren, Thomas & Gert Ueding (Hrsg.) (2000): *Topik und Rhetorik. Ein interdisziplinäres Symposium.* Tübingen.

Scholz, Ronny & Martin Wengeler (2012): „Steuern runter macht Deutschland munter" und „Kriegen die Pleitebanker auch noch einen Bonus?" Zwei Wirtschaftskrisen in BILD. In: *Osnabrücker Beiträge zur Sprachtheorie*, H. 81, S. 155–176.

Scholz, Ronny & Alexander Ziem (2015): Das Vokabular im diskurshistorischen Vergleich. Skizze einer korpuslinguistischen Untersuchungsheuristik. In: Heidrun Kämper & Ingo H. Warnke (Hrsg.): *Diskurs – Interdisziplinär. Zugänge, Gegenstände, Perspektiven.* Berlin, Boston, S. 281–313.

Schröter, Melanie (2004): Ruck-Rede oder Rücklein-Lyrik. Wie ‚rhetorisch' war die „Ruck- und Reformrede" Schröders vom 14. März 2003? In: *Sprachreport.* Jhg. 20, H. 2, S. 20–27.

Schultz, Heiner (1979): Begriffsgeschichte und Argumentationsgeschichte. In: Reinhart Koselleck (Hrsg.): *Historische Semantik und Begriffsgeschichte.* Stuttgart, S. 43–74.

Sinn, Hans-Werner (2003): *Ist Deutschland noch zu retten?* 1. Aufl. München.

Spieß, Constanze (2008): Linguistische Diskursanalyse als Mehrebenenanalyse – Ein Vorschlag zur mehrdimensionalen Beschreibung von Diskursen aus forschungspraktischer Perspektive. In: Ingo H. Warnke & Jürgen Spitzmüller (Hrsg.): *Methoden der Diskurslinguistik. Sprachwissenschaftliche Zugänge zur transtextuellen Ebene.* Berlin, New York, S. 237–259.

Spieß, Constanze (2011): *Diskurshandlungen. Theorie und Methode linguistischer Diskursanalyse am Beispiel der Bioethikdebatte.* Berlin, Boston.

Spitzmüller, Jürgen (2005): *Metasprachdiskurse. Einstellungen zu Anglizismen und ihre wissenschaftliche Rezeption.* Berlin, New York.

Spitzmüller, Jürgen (2013): Metapragmatik, Indexikalität, soziale Registrierung. Zur diskursiven Konstruktion sprachideologischer Positionen. In: *Zeitschrift für Diskursforschung.* Jhg. 1, H. 3, S. 263–287.

Spitzmüller, Jürgen & Ingo H. Warnke (2011): *Diskurslinguistik. Eine Einführung in Theorien und Methoden der transtextuellen Sprachanalyse.* Berlin, Boston.

Steger, Hugo (1983): Sprache im Wandel. In: Wolfgang Benz (Hrsg.): *Die Bundesrepublik Deutschland. Geschichte in drei Bänden. Bd. 3: Kultur.* Frankfurt a. M., S. 15–46.

Steger, Hugo (1989): Sprache im Wandel. In: *Sprache und Literatur in Wissenschaft und Unterricht.* Jhg. 20, H. 63, S. 3–31.

Stetter, Christian (1974): *Sprachkritik und Transformationsgrammatik. Zur Bedeutung der Philosophie Wittgensteins für die sprachwissenschaftliche Theoriebildung.* Düsseldorf.

Stierle, Karlheinz (1979): Historische Semantik und die Geschichtlichkeit der Bedeutung. In: Reinhart Koselleck (Hrsg.): *Historische Semantik und Begriffsgeschichte.* Stuttgart, S. 154–189.

Stötzel, Georg (1978): Heinrich Bölls sprachreflexive Diktion. Sprachwissenschaftliche Interpretation eines Interviews. In: *Linguistik und Didaktik.* Jhg. 33, H. 9, S. 54–74.

Stötzel, Georg (1980): Konkurrierender Sprachgebrauch in der deutschen Presse. Sprachwissenschaftliche Textinterpretation zum Verhältnis von Sprachbewußtsein und Gegenstandskonstitution. In: *Wirkendes Wort.* Jhg. 30, H. 1, S. 39–53.

Stötzel, Georg (1986): Normierungsversuche und Berufungen auf Normen bei öffentlicher Thematisierung von Sprachverhalten. In: Albrecht Schöne (Hrsg.): *Kontroversen, alte und neue: Akten des 7. internationalen Germanisten-Kongresses in Göttingen 1985.* Göttingen, S. 86–100.

Stötzel, Georg (1990): Semantische Kämpfe im öffentlichen Sprachgebrauch. In: Gertrude Cepel-Kaufmann, Winfried Hartkopf, Ariane Neuhaus-Koch & Hildegard Stauch (Hrsg.): *„Stets wird die Wahrheit hadern mit dem Schönen." Festschrift für Manfred Windfuhr zum 60. Geburtstag.* Köln, Wien, S. 421–444.

Stötzel, Georg (1991): Geleitwort. In: Frank Liedtke, Martin Wengeler & Karin Böke (Hrsg.): *Begriffe besetzen. Strategien des Sprachgebrauchs in der Politik.* Opladen, S. 7–8.

Stötzel, Georg (1993): Sprachgeschichte als Problemgeschichte der Gegenwart. Vorstellung eines Konzepts. In: Hans-Jürgen Heringer & Georg Stötzel (Hrsg.): *Sprachgeschichte und Sprachkritik. Festschrift für Peter von Polenz zum 65. Geburtstag.* Berlin, New York, S. 111–128.

Stötzel, Georg (1994): Der öffentliche Sprachgebrauch in der Bundesrepublik Deutschland seit 1945 – Entwicklungen und Auseinandersetzungen. In: Hans-Jürgen Heringer, Gunhild Samson, Michel Kauffmann & Wolfgang Bader (Hrsg.): *Tendenzen der deutschen Gegenwartssprache.* Tübingen, S. 41–80.

Stötzel, Georg (1995): Einleitung. In: Georg Stötzel & Martin Wengeler (Hrsg.): *Kontroverse Begriffe. Geschichte des öffentlichen Sprachgebrauchs in der Bundesrepublik Deutschland.* Berlin, New York, S. 1–18.

Stötzel, Georg & Thorsten Eitz (2002): *Zeitgeschichtliches Wörterbuch der deutschen Gegenwartssprache.* Hildesheim.

Stötzel, Georg & Martin Wengeler (Hrsg.) (1995): *Kontroverse Begriffe. Geschichte des öffentlichen Sprachgebrauchs in der Bundesrepublik Deutschland.* Berlin, New York.

Stüwe, Klaus (2005): *Die Rede des Kanzlers. Regierungserklärungen von Adenauer bis Schröder.* Wiesbaden.

Teubert, Wolfgang (2002): Die Bedeutung von Globalisierung. In: Oswald Panagl & Horst Stürmer (Hrsg.): *Politische Konzepte und verbale Strategien. Brisante Wörter – Begriffsfelder – Sprachbilder.* Frankfurt a. M. u. a., S. 149–168.

Teubert, Wolfgang (2006): Korpuslinguistik, Hermeneutik und die soziale Konstruktion der Wirklichkeit. In: *Linguistik Online.* Jhg. 28, H. 3, S. 41–60.

Teubert, Wolfgang (2013): Die Wirklichkeit des Diskurses. In: Dietrich Busse & Wolfgang Teubert (Hrsg.): *Linguistische Diskursanalyse: neue Perspektiven.* Wiesbaden, S. 54–146.

Toulmin, Stephen E. (2008) [1958]: *The Uses of Argument.* 8., aktual. Aufl. Cambridge.

Ueding, Gert & Steinbrink Bernd (2011): *Grundriß der Rhetorik. Geschichte, Technik, Methode.* 5., aktual. Aufl. Stuttgart.

Uekötter, Frank & Jens Hohensee (Hrsg.) (2004): *Wird Kassandra heiser? Die Geschichte falscher Ökoalarme.* Wiesbaden, Stuttgart.

Viehweg, Theodor (1974): *Topik und Jurisprudenz. Ein Beitrag zur rechtswissenschaftlichen Grundlagenforschung*. 5., durchges. u. erw. Aufl. München.

Vogel, Friedemann (2013): Linguistische Diskursanalyse als engagierte Wissenschaft?! Ein Plädoyer für eine „Theorie der Praxis als Praxis". In: Ulrike Hanna Meinhof, Martin Reisigl & Ingo H. Warnke (Hrsg.): *Diskurslinguistik im Spannungsfeld von Deskription und Kritik*. Berlin, S. 279–298.

Humboldt, Wilhelm von (1972) [1827–1829]: Über die Verschiedenheit des menschlichen Sprachbaues. In: Andreas Flitzner & Klaus Giel (Hrsg.): *Wilhelm von Humboldt. Werke in Fünf Bänden*. Bd. III. 4., unv. Aufl. Darmstadt, S. 144–368.

Polenz, Peter von (1973): Rezension zu: OTTO BRUNNER, WERNER CONZE und REINHART KOSELLEK (Hrsg.), Geschichtliche Grundbegriffe. Historisches Lexikon zur politisch-sozialen Sprache in Deutschland. In: *Zeitschrift für germanistische Linguistik*. Jhg. 1, H. 1, S. 235–241.

Polenz, Peter von (2000): *Deutsche Sprachgeschichte. Vom Spätmittelalter bis zur Gegenwart*. 2., überarb. u. erg. Aufl. 3 Bde. Berlin, New York.

Polenz, Peter von (2009): *Geschichte der deutschen Sprache*. 10., völlig neu bearb. Aufl. Berlin, New York.

Wagner, Tim (2009): Topik. In: Gert Ueding (Hrsg.): *Historisches Wörterbuch der Rhetorik*. Band 9: St–Z. Tübingen, S. 605–626.

Warnke, Ingo H. (2000): Diskursivität und Intertextualität als Parameter sprachlichen Wandels. Prolegomena einer funktionalen Sprachgeschichtsschreibung. In: Ingo H. Warnke (Hrsg.): *Schnittstelle Text: Diskurs*. Frankfurt a. M., S. 215–222.

Warnke, Ingo H. (2002a): Texte in Texten – Poststrukturalistischer Diskursbegriff und Textlinguistik. In: Kirsten Adamzik (Hrsg.): *Texte – Diskurse – Interaktionsrollen. Analysen zur Kommunikation im öffentlichen Raum*. Tübingen, S. 1–17.

Warnke, Ingo H. (2002b): Adieu Text – bienvenue Diskurs? Über Sinn und Zweck einer poststrukturalistischen Entgrenzung des Textbegriffs. In: Ulla Fix, Kirsten Adamzik, Gerd Antos & Michael Klemm (Hrsg.): *Brauchen wir einen neuen Textbegriff? Antworten auf eine neue Preisfrage*. Frankfurt a. M. u. a., S. 125–141.

Warnke, Ingo H. (2004): Diskurslinguistik als Kulturwissenschaft. In: Walter Erhart (Hrsg.): *Grenzen der Germanistik. Rephilologisierung oder Erweiterung?* Stuttgart, Weimar, S. 308–324.

Warnke, Ingo H. (2007a): Diskurslinguistik nach Foucault – Dimensionen einer Sprachwissenschaft jenseits textueller Grenzen. In: Ingo H. Warnke (Hrsg.): *Diskurslinguistik nach Foucault. Theorie und Gegenstände*. Berlin, New York, S. 3–24.

Warnke, Ingo H. (Hrsg.) (2007b): *Diskurslinguistik nach Foucault. Theorie und Gegenstände*. Jhg. 25. Berlin, New York.

Warnke, Ingo H. (2009): Die sprachliche Konstituierung von geteiltem Wissen in Diskursen. In: Ekkehard Felder & Marcus Müller (Hrsg.): *Wissen durch Sprache. Theorie, Praxis und Erkenntnisinteresse des Forschungsnetzwerkes „Sprache und Wissen"*. Berlin, New York, S. 113–140.

Warnke, Ingo H. & Jürgen Spitzmüller (2008a): Methoden und Methodologie der Diskurslinguistik – Grundlagen und Verfahren einer Sprachwissenschaft jenseits textueller Grenzen. In: Ingo H. Warnke & Jürgen Spitzmüller (Hrsg.): *Methoden der Diskurslinguistik. Sprachwissenschaftliche Zugänge zur transtextuellen Ebene*. Berlin, New York, S. 3–54.

Warnke, Ingo H. & Jürgen Spitzmüller (Hrsg.) (2008b): *Methoden der Diskurslinguistik. Sprachwissenschaftliche Zugänge zur transtextuellen Ebene*. Berlin, New York.

Weinrich, Harald (1976): Von der Alltäglichkeit der Metasprache. In: Harald Weinrich (Hrsg.): *Sprache in Texten.* Stuttgart, S. 90–112.

Wengeler, Martin (1992): *Die Sprache der Aufrüstung. Zur Geschichte der Rüstungsdiskussion nach 1945.* Wiesbaden.

Wengeler, Martin (1995): „Der alte Streit ‚hier Marktwirtschaft, dort Planwirtschaft' ist vorbei". Ein Rückblick auf die sprachlichen Aspekte wirtschaftspolitischer Diskussionen. In: Georg Stötzel & Martin Wengeler (Hrsg.): *Kontroverse Begriffe. Geschichte des öffentlichen Sprachgebrauchs in der Bundesrepublik Deutschland.* Berlin, New York, S. 35–91.

Wengeler, Martin (2000): „Gastarbeiter sind auch Menschen". Argumentationsanalyse als diskursgeschichtliche Methode. In: *Sprache und Literatur in Wissenschaft und Unterricht.* Jhg. 31, H. 81, S. 54–69.

Wengeler, Martin (2003): *Topos und Diskurs. Begründung einer argumentationsanalytischen Methode und ihre Anwendung auf den Migrationsdiskurs (1960–1985).* Tübingen.

Wengeler, Martin (2005a): *Assimilation, Ansturm der Armen* und die *Grenze der Aufnahmefähigkeit*: Bausteine einer linguistisch „integrativen" Diskursgeschichtsschreibung. In: Claudia Fraas & Michael Klemm (Hrsg.): *Mediendiskurse.* Frankfurt a. M. u. a., S. 39–57.

Wengeler, Martin (2005b): 25 Jahre Düsseldorfer Sprachgeschichtsschreibung für die Zeit nach 1945. Bilanz und Perspektiven. In: Martin Wengeler (Hrsg.): *Sprachgeschichte als Zeitgeschichte. Konzepte, Methoden und Forschungsergebnisse der Düsseldorfer Sprachgeschichtsschreibung für die Zeit nach 1945.* Hildesheim, New York, S. 1–18.

Wengeler, Martin (2005c): „Das Szenario des kollektiven Wissens einer Diskursgemeinschaft entwerfen". Historische Diskurssemantik als „kritische Linguistik". In: *Aptum – Zeitschrift für Sprachkritik und Sprachkultur.* Jhg. 1, H. 3, S. 262–282.

Wengeler, Martin (Hrsg.) (2005d): *Sprachgeschichte als Zeitgeschichte. Konzepte, Methoden und Forschungsergebnisse der Düsseldorfer Sprachgeschichtsschreibung für die Zeit nach 1945.* Hildesheim, New York.

Wengeler, Martin (2007): Topos und Diskurs – Möglichkeiten und Grenzen der topologischen Analyse gesellschaftlicher Debatten. In: Ingo H. Warnke (Hrsg.): *Diskurslinguistik nach Foucault. Theorie und Gegenstände.* Berlin, New York, S. 165–186.

Wengeler, Martin (2008a): Das *Merkelmeter* mit seinem *theoretischen Reformoptimum.* Zu Kommunikations- und Sprachstrategien der *Initiative Neue Soziale Marktwirtschaft.* In: Steffen Pappert, Melanie Schröter & Ulla Fix (Hrsg.): *Verschlüsseln, Verbergen, Verdecken in öffentlicher und institutioneller Kommunikation.* Berlin, S. 85–110.

Wengeler, Martin (2008b): „Ausländer dürfen nicht Sündenböcke sein" – Diskurslinguistische Methodik, präsentiert am Beispiel zweier Zeitungstexte. In: Ingo H. Warnke & Jürgen Spitzmüller (Hrsg.): *Methoden der Diskurslinguistik. Sprachwissenschaftliche Zugänge zur transtextuellen Ebene.* Berlin, New York, S. 207–236.

Wengeler, Martin (2011): Linguistische Diskursanalysen – deskriptiv, kritisch oder kritisch durch Deskription? In: Jürgen Schiewe (Hrsg.): *Sprachkritik und Sprachkultur. Konzepte und Impulse für Wissenschaft und Öffentlichkeit.* Bremen, S. 35–48.

Wengeler, Martin (2012): Historische Diskurssemantik. Das Beispiel Wirtschaftskrisen. In: Kersten Sven Roth & Carmen Spiegel (Hrsg.): *Angewandte Diskurslinguistik. Felder, Probleme, Perspektiven.* Berlin, S. 43–60.

Wengeler, Martin (2013a): Historische Diskurssemantik als Analyse von Argumentationstopoi. In: Dietrich Busse & Wolfgang Teubert (Hrsg.): *Linguistische Diskursanalyse: neue Perspektiven.* Wiesbaden, S. 189–215.

Wengeler, Martin (2013b): Aspekte eines gemeinsamen Diskursbegriffs für das Forschungsnetzwerk „Sprache und Wissen". In: Ekkehard Felder (Hrsg.): *Faktizitätsherstellung in Diskursen. Die Macht des Deklarativen.* Berlin, Boston, S. 57–73.

Wengeler, Martin (2013c): „Unsere Zukunft und die unserer Kinder steht auf dem Spiel." Zur Analyse bundesdeutscher Wirtschaftskrisen-Diskurse zwischen deskriptivem Anspruch und diskurskritischer Wirklichkeit. In: Ulrike Hanna Meinhof, Martin Reisigl & Ingo H. Warnke (Hrsg.): *Diskurslinguistik im Spannungsfeld von Deskription und Kritik.* Berlin, S. 37–63.

Wengeler, Martin (2013d): Argumentationsmuster und die Heterogenität gesellschaftlichen Wissens. Ein linguistischer Ansatz zur Analyse kollektiven Wissens am Beispiel des Migrationsdiskurses. In: Willy Viehöfer, Reiner Keller & Werner Schneider (Hrsg.): *Diskurs – Sprache – Wissen. Interdisziplinäre Beiträge zum Verhältnis von Sprache und Wissen in der Diskursforschung.* Wiesbaden, S. 145–166.

Wengeler, Martin (2016): Diskursorientierte Argumentationsanalyse. In: Thomas Niehr, Jörg Kilian & Martin Wengeler (Hrsg.): *Handbuch Sprache und Politik.* Bremen.

Wengeler, Martin & Alexander Ziem (2010): „Wirtschaftskrisen" im Wandel der Zeit. Eine diskurslinguistische Pilotstudie zum Wandel von Argumentationsmustern und Metapherngebrauch. In: Achim Landwehr (Hrsg.): *Diskursiver Wandel.* Wiesbaden, S. 335–354.

Wengeler, Martin & Alexander Ziem (2014): Wie über Krisen geredet wird. Einige Ergebnisse eines diskursgeschichtlichen Forschungsprojektes. In: *Zeitschrift für Literaturwissenschaft und Linguistik.* Jhg. 44, H. 173, S. 52–74.

Wichter, Sigurd (1999): Gespräch, Diskurs und Stereotypie. In: *Zeitschrift für germanistische Linguistik.* Jhg. 27, H. 3, S. 261–284.

Wilke, Jürgen (Hrsg.) (1999): *Mediengeschichte der Bundesrepublik Deutschland.*

Wimmer, Rainer (1999): Zwischen den Zeilen des Schröder/Blair-Papiers. In: *Sprachreport.* Jhg. 15, H. 4, S. 7–9.

Wirsching, Andreas (2002): Die mediale „Konstruktion" der Politik und die „Wende" von 1982/83. In: *Historisch-Politische Mitteilungen,* S. 127–139.

Wodak, Ruth (2005): Sprache und Politik – Sprache in der Politik – Sprache/Sprechen über (Sprache in/und) Politik: Möglichkeiten und Grenzen diskursanalytischer Vorgangsweisen. In: *Aptum – Zeitschrift für Sprachkritik und Sprachkultur.* Jhg. 1, H. 2, S. 135–153.

Wolfrum, Edgar (2006): *Die geglückte Demokratie: Geschichte der Bundesrepublik Deutschland von ihren Anfängen bis zur Gegenwart.* Stuttgart.

Wrana, Daniel, Alexander Ziem, Martin Reisigl, Martin Nonhoff & Johannes Angermüller (Hrsg.) (2014): *DiskursNetz. Wörterbuch der interdisziplinären Diskursforschung.* Berlin.

Ziem, Alexander (2005): Begriffe, Topoi, Wissensrahmen. Perspektiven einer semantischen Analyse gesellschaftlichen Wissens. In: Martin Wengeler (Hrsg.): *Sprachgeschichte als Zeitgeschichte. Konzepte, Methoden und Forschungsergebnisse der Düsseldorfer Sprachgeschichtsschreibung für die Zeit nach 1945.* Hildesheim, New York, S. 315–348.

Ziem, Alexander (Hrsg.) (2007): *Aptum. Zeitschrift für Sprachkritik und Sprachkultur.* Themenheft „Globalisierung".

Ziem, Alexander (2008a): Frame-Semantik und Diskursanalyse – Skizze einer kognitionswissenschaftlich inspirierten Methode zur Analyse gesellschaftlichen Wissens. In: Ingo H. Warnke & Jürgen Spitzmüller (Hrsg.): *Methoden der Diskurslinguistik. Sprachwissenschaftliche Zugänge zur transtextuellen Ebene.* Berlin, New York, S. 89–116.

Ziem, Alexander (2008b): *Frames und sprachliches Wissen. Kognitive Aspekte der semantischen Kompetenz.* Berlin, New York.

Ziem, Alexander (2013a): Wozu kognitive Semantik? In: Dietrich Busse & Wolfgang Teubert (Hrsg.): *Linguistische Diskursanalyse: neue Perspektiven.* Wiesbaden, S. 217–240.
Ziem, Alexander (2013b): Kognitive Abstraktionsstufen deklarativen Wissens. Evidenz aus korpusbasierten Fallstudien. In: Ekkehard Felder (Hrsg.): *Faktizitätsherstellung in Diskursen. Die Macht des Deklarativen.* Berlin, Boston, S. 147–171.
Ziem, Alexander (2014): Lexikalisches Wissen und argumentativer Gebrauch: vom Nutzen qualitativ-korpusbasierter Analysen. In: *Aptum – Zeitschrift für Sprachkritik und Sprachkultur.* Jhg. 10, H. 2, S. 115–139.
Ziem, Alexander, Ronny Scholz & David Römer (2013): Korpuslinguistische Zugänge zum öffentlichen Sprachgebrauch: spezifisches Vokabular, semantische Konstruktionen und syntaktische Muster in Diskursen über „Krisen". In: Ekkehard Felder (Hrsg.): *Faktizitätsherstellung in Diskursen. Die Macht des Deklarativen.* Berlin, Boston, S. 229–358.

Verzeichnis der Tabellen und Abbildungen

Tabellen

Abbildungen

DOI 10.1515/9783110521221-009

Stichwortverzeichnis

Kolibri 360 GmbH
Ferdinand-Jühlke-Straße 7
99095 Erfurt, Deutschland
produktsicherheit@kolibri360.de